XINSHIDAI
ZHONGGUO TESE SHEHUIZHUYI
JINGJI LUNCONG

新时代中国特色社会主义经济论丛

新时代
中国特色社会主义财政理论探索
2022

厦门大学《新时代中国特色社会主义财政理论探索》编写组/著

厦门大学出版社
XIAMEN UNIVERSITY PRESS
国家一级出版社
全国百佳图书出版单位

图书在版编目（CIP）数据

新时代中国特色社会主义财政理论探索. 2022 / 厦门大学《新时代中国特色社会主义财政理论探索》编写组著. -- 厦门 ：厦门大学出版社，2023.12

（新时代中国特色社会主义经济论丛）

ISBN 978-7-5615-9154-3

Ⅰ. ①新… Ⅱ. ①厦… Ⅲ. ①财政理论-研究-中国 Ⅳ. ①F812.0

中国版本图书馆CIP数据核字(2023)第207486号

责任编辑 江珏玙
美术编辑 李夏凌
技术编辑 朱 楷

出版发行 厦门大学出版社
社 址 厦门市软件园二期望海路 39 号
邮政编码 361008
总 机 0592-2181111 0592-2181406(传真)
营销中心 0592-2184458 0592-2181365
网 址 http://www.xmupress.com
邮 箱 xmup@xmupress.com
印 刷 厦门集大印刷有限公司

开本 787 mm×1 092 mm 1/16
印张 26.25
插页 1
字数 560 千字
版次 2023 年 12 月第 1 版
印次 2023 年 12 月第 1 次印刷
定价 89.00 元

前　言

党的二十大报告提出“高举中国特色社会主义伟大旗帜，全面贯彻习近平新时代中国特色社会主义思想”，并指出“以中国式现代化全面推进中华民族伟大复兴”。财政作为“国家治理的基础和重要支柱”，在中国式现代化进程中，能够充分发挥“有为政府”的作用促进经济高质量发展。党的十九大报告提出“加快建立现代财政制度”，党的二十大报告则进一步提出“健全现代预算制度，优化税制结构，完善财政转移支付体系”，由此进一步凸显财政在中国式现代化建设中的重要性。理论是行动的先导，现代财政制度的建立和完善需要学者们在理论层面进一步深挖细究，本书汇集了 2019 年至 2021 年期间，厦门大学财政系教师关于现代化财政制度建设的部分研究成果，包括财政理论篇、财政政策篇和财政体制篇三个专题。这些成果从理论基础、政策效果、机制路径、体制改革空间等视角对新时代中国特色社会主义财政理论进行了探索和验证，体现了财政研究的实用性、超前性、科学性和严谨性。但受能力所限，很多观点可能还不成熟，还有很多值得完善的地方，欢迎读者批评指正。

各章的主要负责人有：张馨（第一章）、邓力平（第二章和第三章）、杨斌（第四章、第十九章和第二十章）、刘晔（第五章、第六章、第十四章、第十五章和第十六章）、蔡伟贤（第七章）、王艺明（第八章和第十七章）、陈工（第九章）、梁若冰（第十章）、林细细（第十一章）、黄寿峰（第十二章、第十三章和第二十二章）、谢贞发（第十八章）、冯俊诚（第二十一章）、陶新宇（第二十三章）、邓明（第二十四章）等。

本书的研究和出版工作获得了厦门大学经济学院和王亚南经济研究院、福建省特色新型智库——社会经济政策量化评估中心、福建省高校人文社科重点研究基地——厦门大学公共财政研究中心、福建省财政厅绩效处的资助，在此一并致谢。

CONTENTS 目录

第一部分 财政理论篇

第二部分 财政政策篇

第三部分　财政体制篇

第一部分
财政理论篇

第一章 “市场失效论”和“公共产品论”不成立吗？

——论市场经济下财政学的理论基础*

张 馨**

第一节 导言和文献综述

多年来我国财政学界一直存在对“市场失效论”和“公共产品论”(以下简称“两论”)的质疑与否定。这些质疑与否定大致可以分为两个阶段，一个是20世纪90年代在围绕中国公共财政理论的争论中产生的；另一个则是近年来在围绕新时代财政基础理论讨论过程中产生的。在前一阶段的讨论中，本人是亲身参与者。当时对“两论”明确提出质疑或否定的，主要有许毅(1997)、叶子荣(1998)、赵志耘和郭庆旺(1998)等。对于这些质疑，本人都曾专门撰文进行讨论，在澄清对“两论”相应误解的同时，明确提出自己的观点并将这些观点都收录在《公共财政论纲》一书中(张馨，1999)。此后，虽也有一些文章提出不同观点(杨志勇，1998；刘晔，2006、2008、2009)，但当时并没有引起人们的注意与重视。而在后一阶段，随着近年来对新时代财政基础理论创新的呼声越来越高，也产生了很多质疑与否定(刘尚希，2018；李俊生，2014、2018；刘晔，2018)，这些质疑或否定的很多观点也收录在中国财政学会(2019)“廊坊会议”和“泰安会议”的会议纪实中。

对于近年来的质疑与否定，尽管我有所耳闻和接触，但是并没有认真关注，也就没有参与其中。因为我认为那不过是人们没有真正弄懂“两论”所引起的结果，随着时间的推移，人们对“两论”的理解将逐步加深，这些质疑和否定大体上将自动消失。然而前段时间由于某种原因，我认真阅读了几篇有关文章，才发现问题远没有这么简单，对“两论”的误解已经很深，在年轻教师和学生中引起了很大的混乱，亟须消除和澄清之，否则将至少产生以下严重问题：

(1)我国财政学的教与学将陷于混乱之中。“两论”是财政学的基础理论，否定了它们，整个市场型的财政学体系将从根基上被否定。在没有新的财政学取而代之之前，还

* 本章写作时间为2021年，本章论述以2021年为时间节点。

** 张馨，教授，厦门大学经济学院财政系。

是在现有框架和内容下教学，老师所教的却正是自己所否定的，那不仅是别扭和难受，严格地讲，是无法教与学的，即使可以采用淡化财政基础理论，更多介绍财政活动具体内容的办法也罢。进一步看，如果财政学的基础理论都不成立了，那么，摇摇欲坠的财政学专业被取消就更有理由了。

(2)影响我国财政理论的探索和创新的正确进行。"两论"并不是某些人随心所欲、灵机一动的产物，而是财政理论界在几百年的市场经济形成发展过程中，紧密联系社会经济实践产生的结果。换言之，"两论"具有鲜明的市场经济性质。作为公共财政论的基础理论和核心理论，否定"两论"就从根本上否定了市场型的公共财政论。值此我国全面深化市场化改革之际，对"两论"的否定，将对健全完善公共财政制度和创新中国式现代公共财政理论产生严重的负面影响，故值得慎重对待和认真探讨。

第二节　如何看待"市场失效论"及政府市场二元对立观

对于"两论"的质疑，首先是针对将政府与市场二元对立观(刘晔，2006)。"西方传统的公共财政逻辑确实把政府和市场对立起来，……把政府看作外在于市场的力量。……没有政府的强制力保护产权，市场是无法运作的。所以，从这个角度来看，政府不是外在于市场的，而是它本身就内在于市场，因为没有政府对产权的界定和保护就没有市场交易。"①

如果断章取义地看待这种观点，这段话显然是不成立的。正是由于政府外在于市场，所以它才能保护产权，保护市场。市场之所以需要政府的保护，正是由于市场本身不能保护自己，使得外在于市场的力量尤其是政府，能够以非市场方式为市场提供保护。这点，相信人们也是赞同的，因为这样的分析，逻辑清晰明确，也很容易理解，但又出现了更深一层的思考与质疑："传统财政学似乎把市场和政府看作两个不同的资源配置主体，现在有个问题，市场到底是资源配置的行为主体还是一种组织机制？从直接意义上看，市场活动的行为主体应该是企业、家庭等。所以，市场本质上不是一种资源配置的主体，而是一种组织机制……但是，如果我们看政府的话，从直接意义上看政府似乎可以成为一个资源配置的行为主体，表现为政府强制征税，政府直接安排各项支出。从这个角度看，市场是一种组织机制，而政府是一种资源配置主体。"②因此，政府和市场没有对称性，难以产生二元对立，其结论就是以此为起点的市场失效论无法成立。

对于这一质疑的回答，关键在于如何看待"什么是'市场'"这一根本问题。可以这么说，在中国，"市场"是一个使人认识越来越迷糊、越来越混乱和越来越错误的基本概念，

---

① 中国财政学会.新时代财政理论创新探索："廊坊会议"纪实[M].北京：中国财政经济出版社，2019：123-124.

② 中国财政学会.新时代财政理论创新探索："廊坊会议"纪实[M].北京：中国财政经济出版社，2019：124.

是几大部专著都难以辨析论证清楚的问题。

这一质疑认为，“市场”不是“资源配置的行为主体”，而是“一种组织机制”，乍一看是很有见地的，不是说“市场在资源配置中起决定性作用”吗？但认真思索一下则不然。既然“市场”不是行为主体，又怎么会是组织机制呢？

对此，我的看法是：“市场”既不是行为主体，也不是组织机制，因为它是一个总体，是包含多个维度多个层面的庞杂复合体；但它又是行为主体，又是组织机制，因为它们在不同角度不同场合都可以这么看，问题是你从哪个角度去认识之和把握之。

就“市场”而言，如从中文字面意义上看，它由“市”与“场”两个词构成，前者是“交易”，两个人之间的交易；而后者则是“场所”，是交易发生的场所。如果望文生义，“市场”就是一个交易的场所。当然，如从英文来看，市场(market)也应至少包括市场主体(market entities)、市场体系(market system)和市场机制(market mechanism)等多维要素。但在这么简单的词义背后，却包含着极为复杂的内容：(1)它是交易活动和交易行为，无数行为主体两两交换活动的有机复合体所形成的体系和制度，就构成了“市场经济体制”。(2)它是自愿的和等价的交换，是私人独立自主的行为。无数的市场行为主体是独立的，他们之间的身份地位是平等的，无数的自愿等价的市场交换活动的结果，就是市场机制作用的发挥和社会资源的有效配置。(3)市场行为主体的独立性是受到政府保护的。但这种状态从历史上看，不是政府恩赐的结果，而是市场主体挣脱传统束缚，将政府这一“外在”力量置于自身决定和约束之下的产物，政府并不会“内在”地为市场提供保护。

同样的，“政府”这一概念亦如此，直观地看，政府只是一个组织，但它也是一个庞杂的复合体，行为主体只是政府的一个维度，还包括诸如机制、制度、活动方式、活动内容等多个维度。

如果这样考虑，将市场与政府相对立是可以的，尤其是在西方的学术环境中更是如此。我国有着几千年的考证传统，传至现代更为认真，但也往往使得人们陷入概念的迷宫难以自拔，而西方学术界似乎没有这类问题，他们的理论似乎“粗糙”得多，在我国学术界的穷究下甚至显得谬误百出，但这是我们自己的思维问题，是我们缺乏市场经济背景所产生的问题。就像市场与政府的关系就如此。其实，只要将两者的主体对主体、组织对组织、机制对机制、制度对制度，是完全可以将两者对应起来分析的，或者说是可以将两者“二元对立”的。

质疑政府与市场二元对立的另一个理由，是认为政府主体也是市场主体。产生这一问题大约有两个原因：

(1)政府本身直接在市场中进行的等价交换活动。每年各国政府直接从市场购买的产品和服务无疑是天文数字，但此时的政府已不是“政府”了，它已异化为与企业和私人具有等同身份的市场主体了。此时的政府行为已不是“政府”行为，而是与企业和私人无

异的市场行为了。实际上,当我们使用“政府”这一概念时,是不包括和不考虑这类政府行为的。因此,这不能作为政府也是市场主体的依据。

(2)政府作为非市场主体开展的活动,是典型意义上的“政府”活动,我们所讨论的与市场关系,其实是仅局限于这一性质的政府的。因为政府只有此时才是政权组织,才具有政治权力,才以非市场手段课征税款,才从“公共”角度提供各种服务,等等。这与市场活动是完全不同的。但对于“两论”的质疑则认为,“根本上看,政府与市场并非截然不同的两种资源配置机制,而是实现个人间交易合作的两种制度安排。尽管表面上看,市场交易具有平等和自愿的特征,而政府干预则具有强制和权威的特征;但根本上,政府的强制性是作为多数票表决的公共选择的结果,而在这一公共选择过程中,参与投票的人也是平等和自愿的。因此从起点来看,政府与市场没有实质区别”(刘晔,2017)。

这段话是既对又不对的。说它对,是因为“从起点来看,市场和政府是没有实质区别的”,但这不仅是因为政府选择是多数票表决结果,其“投票的人也是平等和自愿的”,更根本的是因为市场经济下一切都市场化了,政府也处于市场的根本决定与作用之下。但它又是不对的,因为政府活动与市场活动毕竟是两回事,政府活动是公共选择,遵循一人一票的多数决定机制;而市场活动是私人选择,遵循一元一票的个人决定机制,说两者是一样的似乎有些牵强。如果这种说法成立,实际上就为政府名正言顺地进入市场、名正言顺地直接从事市场活动提供了理论依据。如果那样,现实中的市场体系还是真正的市场经济体制吗?

其实,政府与市场二元对立的观点,既是对市场经济现实状况的理论概括,更是对市场发展历史的理论把握。众所周知,市场经济体制最初是在西欧起步的,此时社会的最基本矛盾并不是资本与劳动的对立,而是新兴市场因素与封建主的对立,其突出的表现就是市场与政府的对立。西欧的市场因素之所以能够生存下来并发展壮大,根本原因就在于资本和个人摆脱了身份依附的束缚,就在于它们控制了封建主政权。此后西欧社会的市场化过程,也一直表现为市场和政府二元对立的不断博弈,市场逐步完全控制了政府,政府行为受到了市场的根本决定。由此形成的市场与政府关系是,它们都在市场的根本决定作用下“二元对立”,既分工,又协作,共同构成了统一的市场经济活动。在这种背景下,专门探讨政府分配活动的财政学,从市场与政府既一致又对立的角度分析问题,不是很自然吗?

第三节　如何正确认识公共产品论

对“两论”的否定,很大程度上集中在对“公共产品论”的质疑上,认为以公共产品为标准是无法划分政府和市场边界的,其中又以对“公共产品”一词的认识最为迷糊和混乱。应当说,我国财政学界从开始到现在都没有翻译好解释好这个词。“公共产品”一词在我国使用已经有30个年头，人们早已司空见惯，怎么还这么说？岂不奇哉怪哉！

之所以这样，主要原因有三个：(1)老师的失职。现在回想起来，我们这些最初在课堂上讲授公共产品论，使用“公共产品”一词的人，从一开始就没有很好地理解这一问题，“以其昏昏”，当然是不能“使人昭昭”的。原本寄希望于学生超越老师，希望随着教学的持续和深入，以后年轻教师和学生们会解决这个问题，不料却是比当时的我们更为迷惘了。(2)西方语境产生的问题。在西方没有问题的名词术语，到了我们这儿就把自己搞得晕晕忽忽的，哪里还谈得上进一步探讨和弄清问题？(3)我国的学术环境进一步使问题复杂化。比如人们指出，“一辆汽车，按物的属性看是排他性的，但如由私人购买和使用则成为私家车，由单位购买和使用则成为俱乐部物品的集体车辆，由政府购买并投入公共运营则成为公交车。因此，公共物品问题应该置于具体社会关系中去理解，放在社会共同体共同需要中去解释”(刘晔，2018)。这段话的意思是：小汽车可以是私人产品，也可以是公共产品，其定位取决于产品所处的社会关系。类似问题在一些学术讨论会上也偶然听到过，但没有引起共鸣，很快就销声匿迹了。其实，多年前我也让研究生们讨论：枪支如果由私人拥有，它显然是私人产品；如果战士持有它，是公共产品还是私人产品？但反应平平，就没有深入下去了。

现在是到了回答这些问题的时候了。

这一问题涉及对整个公共产品论的质疑的解答，还是要回溯到源头上去。众所周知，有些西方的名词术语，汉语是难以准确翻译的，这不仅是因为没有完全对应或大致相似的汉语名词，还因为这些名词术语所表达的对象、背景、文化、习俗以及意向等都有很大的不同，无论采用何种汉语名词，歧义仍然是很大的。“公共产品”一词就是典型，它引起了我国财政学界的很大混乱，就毫不奇怪了。

1990年，当第一次接触到“public goods”这个词时，我是完全蒙了，完全不知道应当如何翻译，因为我完全难以把握该词的词义。我不知道我出国之前就已接触过的“公共财”就是其汉语译词，但即使知道也没有用，因为这一译词也是不准确的。我在不断阅读和思考之后，勉强使用了“公共产品”一词去翻译它，但心中是非常没把握的，而且知道是不准确的。这点，我想以后人们在使用“公共物品”“公共品”“公共商品”“公共货物”等术语时，不知是否也有着同样的感觉？但没想到，人们却相信这些不准确的译词是准确的，不但不去追溯它的英语原意，反而紧抠着“产品”或“物品”“商品”“品”“财”等词的中文含义去思考问题，这就使得问题更加复杂和迷糊了。

现在回想起来，“public goods”这个词是完全无法用单一的汉语名词准确翻译的。这不仅是因为它以我们从未有过的思维方式和角度，向人们展示了一个全新的领域与问题，而当时人们又缺乏足够的市场环境和实践去感悟之，更主要的是“goods”这个词所产生的困难。人们学英语时最初都会遇到这个单词，其词义是那么的浅显易懂，“好的”这个词谁不懂啊！但在这儿如果译为“好的”，变成“公共好的”，就完全是不伦不类，牛头不

对马嘴了。在这种背景下,“公共产品”一词实际上是一种无奈的选择。

从那以后,30 多年过去了,这一问题常常会浮现在我的脑际,逐步加深了对问题的看法:“goods”在这里是复数,是名词,而不是我们非常熟悉的形容词。作为名词的“good”,其意思应当是利益、益处、好处,等等,复数是表示多种多样的利益和好处。这样,“public goods”就是多种多样的“公共利益”“公共好处”等等,而提供公共产品就是为公众提供利益和好处。正因如此,我在上课时一直是将“公共产品”定义为“具有共同消费性质的服务”。现在看来,这样定义基本上是正确的,但严格地讲,“公共产品”的定义应当是“具有共同消费性质的体系性服务”。

如果这样来理解“公共产品”一词,关于枪支和小汽车是不是公共产品的问题就能够得到解答了,这就是它们都只是私人产品,而不是公共产品,不管它们是属于私人、集体还是政府都如此。因为它们完全符合私人产品的划分标准,都有着鲜明的使用时的对抗性和排他性。那么,又应如何看待国防使用的枪支和行政单位使用的小汽车呢?

从上述的分析中我们可以理解,讲国防是典型的公共产品,讲行政单位是典型的提供公共产品的机构,指的都是它们提供的公共利益和公共好处。当无数的个人以武器和其他物质装备起来,共同构成了一整套的国防体系时,它们就为全体社会成员提供了保护,这就提供了“国防”这一公共产品,而不管它所使用的物质都只是私人产品也罢。附带指出,如果进一步深究,实际上政府机构包括国防所使用的所有产品都只能是私人产品,如电脑、打印机、纸张、笔墨以及大炮、坦克、飞机等我们熟视无睹的东西都如此,而不仅仅是小汽车和枪支了。这种现象实际上是市场经济是一个有机统一体的反应,即这些产品和服务都由市场提供,其中大部分由私人直接取走形成私人消费,而小部分则通过政府或其他公共途径形成公共消费。

然而,将“good”译为“产品”“物品”等,就直观地误导了人们对问题的分析,使得人们陷入将事物非此即彼地区分为是私人产品,或是公共产品的思维误区与困境之中;将其用于分析现实问题,种种疑问的产生并得出公共产品论不成立的结论,是顺理成章的。但是,如果从私人产品共同构成的公共服务体系所提供的公共服务去考察,诸如小汽车等现象还会困扰人们对“公共产品”的认识吗?

第四节　如何认识“公共产品”难以划分市场与政府边界问题

“公共产品”难以划分市场与政府边界,是对“两论”的另一有力质疑。这实际上是哪些活动和事项应由市场做,哪些应由政府做,是否能够以“公共产品”为标准加以区分和确定的问题。我想,答案应当是又可以又不可以,为什么这么说呢?

对此问题,现代财政学是以前三章(导论除外)的篇幅系统地作出回答的[①]。因此,要回答这个问题,就要回到财政学的教学内容上去。在此我想问所有讲授过财政学的老师,您在讲授财政学时,是如何理解前三章,即“市场失效”、“公共产品”和“公共选择”这三章的?对于我来说,从最初接触原版西方财政学时,就饱受以下问题困扰,直至很久才逐步有所领悟:

(1)为什么整本书是以这三章打头?如果调整全书的顺序结构,将它们调到后面的某个位置是否可行?答案显然是否定的,那就意味着它们在整个财政学中起着不可替代的奠基作用,居于基础性地位。

(2)为什么三章中又以“市场失效”这章开头?如果它与后面两章互换位置是否可行?我认为是不行的。这是因为,如果不从市场失效问题的分析入手,公共产品论将成为无源之水、无本之木,谈论公共产品问题就毫无意义。“公共产品”现象是有人类就有的,是与人类相共存的。作为“社会”的“人”,其消费从来都可区分为个体的和集体的,或个人的和公共的两大类,但公共产品问题只是在市场经济背景下才被提出,这显然不是偶然的,正是为了进一步回答市场失效问题才应运而生的。如果它不能处理市场失效问题,财政学紧接着安排这一章干什么?

(3)这三章之间有着怎么样的逻辑顺序和结构?为什么是这样的顺序和结构?以我们的思维习惯和学习方式,要掌握与领悟这些全新的理论是非常困难的。比如对我来说,一开始对前三章相互间的逻辑顺序和勾稽关系就是完全找不到北的。

这三个问题我是在以后不断的思考中,才逐步得出自己感到说得通的结论的。我相信,许多老师是考虑过上述问题的,但想到什么程度和得出什么结论就另当别论了。下面谈谈我对这些问题的看法,看看以“公共产品”为标准能不能划分市场与政府的边界。

首先,市场失效是公共财政学的逻辑起点。近年来,人们对于市场失效论的否定,也就是对财政学的这个基点和前提的否定。例如认为“市场失效不足以构成政府干预与公共财政理论的逻辑起点”“市场失效既不构成政府干预和财政介入的充分条件,也不构成其必要条件”(刘晔和谢贞发,2008)等等。但本人认为,要从根本上否定这个起点是很困难的,因为它涉及的不仅是公共经济学问题,而且是整个西方经济学体系的问题。这里作一扼要回顾,只是为了更好地解答这里的问题。

在现代经济学体系中,微观经济学是基础,它论证了充分竞争的市场能够有效配置社会资源,但到最后却提出了市场失效和公共产品问题,由此进一步延伸出公共经济学,其基点和切入点很自然的是市场失效问题,然后开始对政府和财政问题的分析。这就是财政学第一章的基本内容和体系,即从市场失效入手,提出市场与政府关系问题,分析了

---

① 例如以本人所主译的布朗和杰克逊的《公共部门经济学》为例,除了第一章导言以外,前三章分别是“现代国家的经济职能”(市场失效论)、“公共产品的经济分析”和“公共选择”。

两者的对立及分工与协作的关系。

其次,第二章接着分析了公共产品问题。这种顺序表明,公共产品论是服务于市场失效论的,是服务于市场与政府边界划分的。这一章的内容在我国引起了激烈争论,那么,让我们来看看这一章是如何解答问题的。

前文关于"小汽车"问题的解答,尽管只是厘清了"公共产品"概念上的混乱和误解,但也为澄清公共产品论问题提供了基础和前提。公共产品论遇到的最大困难,还是公共产品提供主体的多变性问题。财政学充分意识到这点,因而这一章很快就转入了"混合产品"问题的分析。由于混合产品是公共产品的常态和主要存在形式,混合产品提供主体的多变性使得问题大大复杂化了,似乎混合产品由谁提供是很随意的。如果这样,"公共产品"标准的确是难以划分政府与市场的界线的。这一章介绍的公共产品最佳供应模型,只是对资源配置最佳状态的描述,并没解答哪些活动应当由政府提供,应提供多少,应参与多大份额;而哪些活动政府不应介入等问题。换言之,问题在这一章并没有得到根本的解决。分析至此,似乎"公共产品"的确难以划分市场和政府间的界线。然而,问题到此并没有结束,因为问题的解决是被留给了第三章的。

最后,第三章是公共选择论。它回答了由谁提供混合产品的问题,这就是由社会公众通过公共选择程序来决定。正是由于混合产品中公共性与私人性处于混合状态,使得同一产品既可以由私人提供,也可以由政府提供,还可以私人和政府都参与提供但又有不同的搭配比例,甚至还可以谁都不提供而听之任之等多种多样的状态。这一问题乍一看很玄乎很难回答,但置于公共选择之下则简单明了。由于此时政府是为公众提供利益,并相应地要由公众承担成本,这就有个成本收益的考量权衡问题,当然由公众决定政府是否参与、如何参与以及参与多大份额。"公众"是由一个一个的"私人"组成的,此时每个人都有自己的成本收益评判。这种评判每个人都不同,有时反差是强烈的,此时由一人一票独立自主投票作出的公共选择,因时因地对同一混合产品给出不同的选择,不就非常自然了吗?

于是,在前两章的基础上,第三章最终解答了如何划分政府与市场之间边界的问题。既然公共产品是"公共利益""公共消费",那么在市场经济下,它就必须由"公共"来决定,具体看是通过政府预算和税法等来确定的,政府负责执行。在这里,社会公众通过立法程序决定和控制了政府的活动范围、领域与事项,而其他活动范围、领域和事项则留给了市场,留给了企业和个人。这样的结果,就是政府处于市场失效领域,提供着私人所需要的公共产品;而市场有效领域则是企业和个人的天地,由他们提供自己所需要的私人产品。两者之间存在着的混合区间,则市场和政府的参与是有着多种表现状态的。从这个意义上看,"公共产品"是能够作为划分市场和政府界线的标准的。

但问题到此还没有结束,对"两论"的质疑进一步指出,当"市场失效时,资源转由政府来配置以弥补市场失效。但如同公共选择理论所表明的,政府也会失效,而当政府失效时又只能由市场来弥补,由此陷入循环反复,逻辑上最终无法解决资源配置上的效率问题,也无法解释政府与市场的合理边界”(刘晔,2017)。

其实,市场和政府之间相互弥补失效,并不等于进入逻辑上的死循环。政府失效是天然存在的,现实生活中政府活动低效浪费甚至严重失误的现象并不少见。在市场经济的环境中,一切都市场化了,由市场来弥补政府失效,是理所当然的,也是必须的。不过,乍一看政府失效又回过头来要市场弥补,似乎是怪异的,是陷入了“死循环”。对此问题应当这样来认识的:(1)公共选择不是政府选择,而是市场选择,其结果是符合市场效率准则要求的。这其实是对政府失效的根本弥补。(2)作为市场化的社会,不管是市场活动还是政府活动,从根本上看都是在市场决定下展开的,体现的是市场的意志。此时政府弥补市场缺陷,一方面是市场要求政府这么做,另一方面又必须依据市场的根本意愿来进行的。政府弥补市场失效时的失误,通过公共选择和社会舆论,可以并且必须由市场来纠正,这就是政府失效的市场弥补。换言之,市场失效的政府弥补和政府失效的市场弥补都统一于市场的决定作用之下,整个社会资源无论是市场配置的部分,还是政府配置的部分,都必须符合市场效率准则的要求,都是市场机制对资源配置起决定性作用的落实与结果,是不存在“死循环”问题的。

分析至此,对“两论”的主要质疑都已作了解答,不知人们是否仍然认为“两论”是不成立的?

第五节 结论与启示

总括起来,“两论”争议集中在以下几个基本问题上,由此可以得出若干结论,它们是可以为我国目前正在探索的财政理论创新提供基本启示的。

首先,“两论”争议的根本问题,是财政理论是否应当建立于市场经济基点之上的问题。

财政学有着鲜明的市场经济基础,它紧密地依托市场经济而形成自己的学科体系与内容,从而形成了清晰的“市场有效—市场失效—公共产品—公共选择—政府职能—政府各项收支活动”的主线。这是人们耳熟能详的,就不多说了,这儿从历史进程角度谈谈可能的启示。最初的市场经济的产生,是市场自身的力量冲破封建束缚的结果,经济学从纯市场经济入手构建整个理论体系,是有着历史与现实的坚实基础的。而众所周知的“小政府”“小财政”和“夜警国家”“廉价政府”,则是对“市场失效”与“公共产品”问题的最初探索,在古典经济学家尤其是约翰·穆勒那儿,得到了很好的论证、概括与描述。与此同时,市场经济逐步形成的过程,也就是政府和财政被纳入法律约束与控制的过程,是整个社会法治化的过程。所有这些,在几百年的发展之后,最后形成了“市场失效论”、“公共产品论”和“公共选择论”,构成了财政学奠基性的前三章,是公共财政学具有市场性的

根本表现，决定了公共财政学具有完全的市场经济基点。相应的启示是，我国财政新理论的构建，应当以市场经济为根本出发点，紧密地与市场经济相适应和相联系。

其次，“两论”争议的核心问题是财政理论如何看待和处理市场与政府的关系问题。

“两论”争议直接间接都涉及市场与政府的关系问题。所谓“不是冤家不聚头”，市场和政府两者相生相克，又共存共荣，在恩恩怨怨之中已走过数百年的历程。公共财政论集中反映和研究了这一问题，诸如两者之间的边界划分等，则是其典型。

一方面，在市场和政府关系中，政府失效是症结问题。就市场而言，真正对它具有致命和否定威胁的只有政府。换言之，政府对市场的危害，才是最大和最根本的“政府失效”。古代中国之所以没能自发走入市场经济体制，就是因为封建皇权过于强大；而西欧之所以能够自发转型成功，根本的还在于市场因素控制了政府，从而防止和避免了政府对市场的根本危害。总之，没有“政府失效”的根本克服，就没有市场经济。即使这样，在市场经济不断健全完善的数百年中，政府挣脱市场束缚，违背市场意愿行事的事例仍然不是少数，即“政府失效”始终是一个现实存在，仍然需要市场去约束和控制。而我国正处于健全完善市场经济体制阶段，如何防止和避免政府失效，是一个亟须解决的问题。

另一方面，“市场失效”在我国也是一个非常现实的问题。我国市场化改革的关键和症结，从来都是政府，都是政府是否愿意，是否能够按照市场的要求自我革命的问题。在我国，市场天生患有软骨病，缺乏自我发展成为独立的经济体制形态的能力与力量。计划经济时期对市场因素的否定是极为有力的，因为这是强大的政权力量的作用；改革开放时期市场因素和市场体系的蓬勃发展，市场经济体制在我国的“初步建立”，也完全是政府批准和支持的产物，或者说是政府对市场培育和推动的结果。40 多年来，市场化改革能改什么，能走多远，从根本上看仍然是政府作用的结果。而健全完善市场经济体制，则是政治决议的要求和决定。在这种背景下形成的我国市场体系和市场经济制度，仍然有着种种缺陷和不足，其中许多是我国所特有的市场失效，两千多年的“重农抑商”文化对市场骨子里头的歧视和鄙视更是有着强烈的负面影响。为此，如何确保市场发挥自己的决定性作用，而不是仅靠政府去推动改革以培育和健全市场，是当前改革要解决的关键问题之一。相应地，财政新理论也应当在这方面作出贡献。

再次，“两论”争议的深层问题是公共财政论是否成立的问题。

“两论”是“公共财政论”的理论基石，对这两个理论的否定，就抽空了公共财政论的根基，就从根本上否定了“公共”财政论。西方财政学之所以一开始就全力以赴，一环扣一环地描述和论证市场失效、公共产品和公共选择问题，就因为通过对这三个问题的具体分析、概括与总结，系统地总结了财政的“公共性”，给出了市场经济下政府和财政的活动领域、作用范围、运行方式、运行机理以及基本特征等，对此时的财政是“公共”性质的财政作了最基础和系统的肯定与论证。一旦这几个理论被否定，也就谈不上什么“公共”财政及其理论了，由此形成的新理论，不管冠以什么名称，都不是与市场经济相适应的财政理论和财政学体系。那将不是公共财政论的进一步创新与深化,而是否定;反之,坚持了“两论”,在“两论”基础之上提出新看法,形成新理论,则是对我国公共财政论的完善与发展。

最后,“两论”争议的症结问题,是“公共产品”概念及其相关的理论问题。

所谓的“名不正则言不顺”,“公共产品”之所以在我国引起很大混乱,不准确的译词是一个重大原因。既然是“公共产品”译词的问题,那么,是否以新名词替代之,使之“名正言顺”呢?我试图这样做,也一直期待着年轻教师和学生们能够给出更准确的译词,因为他们英语远比我们好,接受新观念能力也远比我们强。但至今为止,似乎还没有发现更好的译词。既然这样,可能还是继续使用“公共产品”译词为好:(1)就相对最为准确的“公共利益”一词而言,它的适用范围过于宽泛,并不适合作为专门的学术用语;(2)“公共产品”一词本身就是矮子中选高个,在没有更高的情况下,还是它最高;(3)“公共产品”一词经过30年的使用,人们早已司空见惯,也可以继续沿用之。

其实,译词问题固然重要,但更重要的是真正理解“public goods”一词的含义,这就是“具有共同消费性质的系统性服务”,或“公共利益系统”,并进而在此含义的基点上去弄懂弄通“公共产品论”问题。对该词以及相关理论的误解,根本的还在于我国不同于西方的国情、环境和文化。在数百年的市场经济氛围熏陶下,西方社会早已形成根深蒂固的市场文化,而我国的市场经济体制形成还时日过短,计划经济的影响和痕迹仍然存在,决定了理解公共产品问题仍然有很大的困难。因此,转变思维观念和研究角度,可能是在我国实现财政理论创新的前提条件之一。

在财政学中,公共产品论与市场失效论和公共选择论是相互联系的整体,在整个理论链条中处于核心地位,正因如此,它也成为争议的症结问题。为此,在探索财政新理论的时候,不应孤立地看待公共产品问题,而应当联系市场失效论和公共选择论,联系整个公共财政论,去考虑问题、研究问题,否则往往会得出许多似是而非的结论,产生误解就不可避免了,那将从根本上影响新理论的形成和研究的成效。

以上所讲的并不是什么新东西,但在目前的状况下还是有必要写下来,希冀能对当前的财政学教学和财政理论研究有所助益。财政作为“国家治理的基础和重要支柱”,在新时代背景下需要进一步实现理论创新和实践创新。但创新的取向是建立与我国市场经济体制相适应的现代财政制度,即新时代的公共财政制度。在这一过程中,市场失效论和公共产品论等基础理论仍起着重要的理论支撑和实践指导意义。

本章参考文献

C.V.布朗(C.V.Brown),P.M.杰克逊(P.M.Jackson),2000.公共部门经济学[M].北京:中国人民大学出版社.

李俊生,2014.盎格鲁-撒克逊学派财政理论的破产与科学财政理论的重建:反思当代“主流”财政理论[J].经济学动态(4):117-130.

李俊生,姚东旻,2018.财政学需要什么样的理论基础?:兼评市场失灵理论的“失灵”[J].经济研究,53(9):20-36.

刘尚希,2018.纪念改革开放四十周年系列活动之一 廊坊会议:新时代 新起点 财政基础理论研究再启航[J].财政研究(6):2-31.

刘晔,2006.我国公共财政理论创新与进一步发展[J].当代财经(05):16-21.

刘晔,2009.对税收本质的重新思考:基于制度视角的分析[J].当代财经(4):32-36.

刘晔,2017.公共财政的制度结构分析[J].公共财政研究(5):4-13.

刘晔,2018.由物到人:财政学逻辑起点转变与范式重构:论新时代中国特色社会主义财政理论创新[J].财政研究(8):40-49.

刘晔,谢贞发,2008.对公共财政逻辑起点的重新思考:市场失效的理论纷争与现实启示[J].厦门大学学报(哲学社会科学版)(01):10-17.

许毅,1997.对国家、国家职能与财政职能的再认识:兼评公共产品论与双元结构论[J].财政研究(5):3-10,15.

叶子荣,1998.“公共财政”辨析:与张馨同志商榷[J].财政研究(4):3-5.

张馨,1999.公共财政论纲[M].北京:经济科学出版社.

赵志耘,郭庆旺,1998.“公共财政论”质疑[J].财政研究(10):3-5.

中国财政学会,2019.新时代财政理论创新探索:“廊坊会议”纪实[M].北京:中国财政经济出版社.

中国财政学会,2019.新时代财政理论创新探索:“泰安会议”纪实[M].北京:中国财政经济出版社.

第二章　人民财政：共和国财政的本质属性与时代内涵*

邓力平**

2019 年是中华人民共和国成立 70 周年，也是中国共产党在全国执政的第 70 个年头。在这一重要时刻，认真学习领会习近平总书记关于“为中国人民谋幸福，为中华民族谋复兴，是中国共产党人的初心和使命”的重要论述，笔者对把握作为党执政兴国重要基础的共和国财政 70 年发展有了全新感悟。共和国财政的本质属性是什么？贯穿共和国财政发展历程的内在逻辑是什么？可以认为，从 70 年前“中国人民从此站起来了”的那一天开始，我国财政就鲜明地体现出“人民性”这一本质属性。“共和国财政”就是“人民财政”，就是为“人民当家作主”的财政，就是“为人民服务”的财政，就是在党的领导下发挥特定职能、为中国人民谋幸福、为中华民族谋复兴做出贡献的财政。简言之，共和国财政的根本任务就是“人民财政为人民”。70 年来，我国财政这一本质属性既一以贯之，又在不同时期被赋予特定要求。今天，我们在以习近平同志为核心的党中央领导下走进新时代，共和国财政的“人民性”有了新的时代内涵。习近平新时代中国特色社会主义思想，特别是“以人民为中心的发展思想”，为“人民财政”在新时代更好体现本质、发挥作用指明了方向，必须认真领会与准确把握。

第一节　人民财政是共和国财政的本质属性

研究共和国财政，就是要沿着中国人民 70 年来从“站起来”到“富起来”再到“强起来”的轨迹，就是要明确共和国财政的本质就是其“人民性”，就是要用“人民财政为人民”将改革开放前后两个时期的财政发展贯穿起来研究，就是要探寻新时代“人民财政为人民”的更高要求与时代内涵。要做到这些，就要学好习近平新时代中国特色社会主义思想，特别是“以人民为中心的发展思想”。

从党的十八大闭幕后习近平总书记强调的“人民对美好生活的向往，就是我们的奋

---

* 本章写作时间为 2019 年，故本章论述以 2019 年为时间点。

** 邓力平，教授，博士生导师，厦门大学经济学院，厦门国家会计学院。

斗目标”开始，到党的十八届五中全会首次提出“以人民为中心”的理念，再到党的十九大形成“以人民为中心”的完整体系，立意高远，旗帜鲜明。“以人民为中心的发展思想”在习近平新时代中国特色社会主义思想中具有特殊位置，如在习近平新时代中国特色社会主义经济思想、习近平总书记关于坚持和完善人民代表大会制度的重要思想体系中都有突出体现，再联系这次习近平总书记重申的“为中国人民谋幸福，为中华民族谋复兴，是中国共产党人的初心和使命”，我们真切感受到习近平总书记一以贯之的为民情怀和党中央的为民执政理念。基于此，笔者坚定认为，必须用“以人民为中心”的发展思想来统领对共和国 70 年财政发展的研究。

其一，学习新思想，坚信贯穿财政 70 年的本质属性就是“人民财政”。

习近平总书记指出：“无论我们走多远，取得多少成绩，都不要忘记初心，都不要忘记来时之路。”从党的局部执政到全面执政的实践上看，“人民财政为人民”始终是中国财政的本质属性。从理论层面上看，按照马克思主义基本原理，我们既要看到财政现象、财政工作与财政政策，但始终不能忘记这些后面的财政本质。改革开放初期关于财政本质的大讨论今天依然有启示。虽然在一般财政本质讨论中各有观点，但对于与共和国同时产生的我国财政之本质，财政理论界始终有共识，这就是我国财政必须体现人民性，就是“人民财政”。老一辈财政理论工作者都强调，人民财政是社会主义公有制财政，社会主义财政是“取之于民，用之于民”，财政为人民所有，为人民利益服务，得到人民支持。这些观点，无论我们用新中国成立以来始终强调的“人民当家作主”“为人民服务”，还是用今天的“以人民为中心”的发展思想来衡量，都是正确的，我们要坚信“人民财政”的基本定位，并跟着时代步伐探寻实现形式。笔者回顾这些，要说明的是研究财政本质的重要性，因为其决定了财政职能、地位、作用、范围与工作。一些年来，研究财政问题的角度很多，新观点不少，但透过现象看本质少了，研究共性的多了，研究特性的少了，这一倾向值得注意。我们可以研究共性特征的国家财政，公共财政、法治财政等，但只有人民财政是我们独有的、本质的、体现社会主义优越性的，“人民财政为人民”就是共和国财政的本质属性，必须始终铭记和践行。

其二，学习新思想，明确改革开放前后“人民财政”的实现形式与持续发展。

习近平总书记指出，“我们党领导人民进行社会主义建设，有改革开放前和改革开放后两个历史时期，这是两个相互联系又有重大区别的时期，但本质上都是我们党领导人民进行社会主义建设的实践探索”，“不能用改革开放后的历史时期否定改革开放前的历史时期，也不能用改革开放前的历史时期否定改革开放后的历史时期”。这一精辟论述是研究共和国财政 70 年发展的重要指南。去年我们庆祝了改革开放 40 周年，总结了改革开放以来财政发展的成功经验。而回顾 70 年，就是要将改革开放前后的财政发展作为整体看待，而为这一整体性研究提供基础的就是“人民财政”本质属性，连接改革开放前后财政之“相互联系”的就是“人民财政为人民”理念，而体现改革开放前后财政发展之

"重大区别"的则是这一理念在不同条件下的特定内涵。要研究不同历史条件下"人民财政"的实现形式，特别要研究为什么既坚持"人民财政"本质，又选择了改革开放这一"第二次革命"，从而在更高水平上努力完成"人民财政为人民"的根本任务。

其三，学习新思想，把握新时代"人民财政"的基本内涵与更高要求。

党的十八大闭幕后，习近平总书记在 2013 年 1 月 5 日重要讲话中指出，"中国特色社会主义是社会主义，不是别的什么主义"。党的十九大闭幕后，习近平总书记又在 2018 年 1 月 5 日重要讲话中指出，"新时代是中国特色社会主义新时代，而不是别的什么新时代"。笔者有幸两次都在现场聆听，始终将这两句经典之言铭刻在心，今天更将其作为研究"人民财政"在新时代发展的基本遵循。简言之，新中国成立初期就开始的社会主义财政是"人民财政"，改革开放后形成的中国特色社会主义财政也是"人民财政"，进入新时代的中国特色社会主义财政还是"人民财政"，且必须体现出新的更高要求。我们这一代财政理论工作者的任务，就是要研究好、把握好"一以贯之、与时俱进"的财政人民性之具体表现形式。

长期以来，笔者以"中国特色社会主义财政"为研究对象，提出中国特色社会主义财政应该具有"五大特征"，即对应着影响财政发展的"国家性质、运行机制、所处阶段、发展动力、涉外程度"五个要素，中国特色社会主义财政应具有国家性、公共性、发展性、改革性与统筹性，是五个特性的有机统一。近年来，笔者力图用这五大特征来把握中国特色社会主义财政在新时代的发展，例如在财政国家性框架内研究了"人民财政"命题，研究新时代财政发展改革的新进展。但从整体上看，还没有将"人民财政"这一本质属性运用到中国特色社会主义财政的其他方面中，值得再拓展。例如，就财政公共性而言，"人民财政"本质属性如何在新时代中国特色社会主义市场经济新发展中加以体现；就财政发展性而言，财政之人民性如何在当前社会主要矛盾发生变化的新形势下给予凸显；就财政改革性而言，"人民财政"应如何从全面深化改革的体制性支持中得到全面落实；而就财政统筹性而言，我国财政应如何既要用"人民财政"的发展为现代国家财政提供中国方案，又要能为推动构建人类命运共同体下的各国财政关系做贡献。今天，认真领会习近平总书记"以人民为中心的发展思想"和"不忘初心、牢记使命"主题教育，笔者体会，用"人民财政"之本质属性来全面审视、衡量和把握我国财政之国家性、公共性、发展性、改革性与统筹性时，就能对共和国财政"人民财政为人民"的时代内涵与更高要求有全面深刻的理解，下面依次简要阐述。

第二节　人民财政要坚持党的领导和体现制度安排

共和国财政 70 年发展历史告诉我们，我国财政的国家性质决定了财政的本质属性，财政国家性既有"国家一般"，又有(乃至更有)"社会主义国家性质"。人民财政无论在改革开放前后采用何种运行模式，财政运作都始终坚持党的领导和接受人民监督。这一

“党管财政、政府运作、人大监督”的制度性安排既包含 70 年一以贯之的本质，又有党的十八大以来赋予的鲜明特点。这里谈两点认识。

其一，坚持党管财政，确保人民财政的正确方向。

坚持党对经济工作的集中统一领导，是中国特色社会主义制度的一大优势，是做好经济工作的根本保证。中国共产党除了人民利益之外没有自己的特殊利益，党的一切工作都是为了实现好、维护好、发展好最广大人民的根本利益。人民群众是共产党人的衣食父母，人民立场是中国共产党的根本政治立场，人民是党长期执政的最大底气。基于这些基本判断，就必须理直气壮地强调“党管经济”“党管财政”，因为党代表人民利益来管理经济与财政，是人民财政的本质所在，更在新时代中得到充分体现。在收入方面，“党管税收”原则得到全面落实。例如，去年国地税机构合并就是党中央的重大决策部署，国务院有关部门认真贯彻落实，取得了良好效果。再如，党中央面对国内外复杂形势做出了“加大减税降费力度、实施更大规模的减税和更明显降费”的重大决策，国务院有关部门认真贯彻落实，财政系统制订方案，税务铁军精锐出战，确保政策措施落地生根。在支出方面，“党管支出”原则体现得越来越清晰，中央经济工作会议确定的经济政策决定了支出政策，支出政策决定了支出预算，党指向哪里财政支出就投向哪里，财政部在这方面做得到位实在，有目共睹。总之，坚持“党管财政”，就是始终体现“人民财政”的根本要求，就是新时代财政人民性的首要体现。

其二，坚持人大监督，助力人民财政有效运行。

人民代表大会制度是我国的根本政治制度，是党的领导、人民当家作主和依法治国的统一载体。人大及其常委会的一项重要法定职责是行使监督权，而对财政(预决算)的依法审查监督是人大监督权的重要部分，体现的是对“人民财政”的“人民监督”，是人民行使国家财政管理权力的重要体现。从政府编制预算、人大审批预算，到政府执行预算、人大监督预算，政府与人大各司其职，落实党中央的决策部署，推动经济社会的不断前行，长期以来已经形成了完整的中国特色财政预算监督体系。党的十八大以来，党中央持续做出了预决算监督体制改革的决策，明确“人大预算审查监督重点由收支平衡、赤字规模向支出预算和政策拓展”，2018 年，中共中央办公厅印发了落实决策要求的指导意见。几年来，全国和地方各级人大及其常委会贯彻党中央的决策，使人大审查监督预决算的“老任务”持续有了“新特征”，成为展现新时代财政人民性的重要标志。

结合这些年在全国和地方人大常委会从事预决算监督工作的实践，这里就新时代对“人民财政”的“人民监督”谈三点体会。一是人大对财政预决算的审查监督是体现“人民财政为人民”这一共同目标。人大监督是“党管财政、政府运作、人大监督”完整链条的组成部分，在代表人民利益的中国共产党的领导下，人民通过人大制度对“人民政府”的“人民财政”进行“人民监督”，根本利益是一致，这与西方议会与财政的关系截然不同。人大及其常委会、人民代表审查监督预算的立场与方向是明确的，那就是不论是狭义的预算审查决定权还是广义的审查监督权，都要按照“党管监督、依法监督、正确监督、有效监督”原则，都要做到“财政要好、审查要严、报告要过、监督要实”。二是要正确把握人大预算审查监督的范围，在我国制度性安排下，人大对预决算的审查监督，绝不是西方式的“只管支出”，而是“收支联动、重点拓展”。在“收支联动”方面，要把握社会主义制度与社会主义市场经济对财政平衡的特定要求，妥善处理好“以支定收”和“以收定支”的辩证关系；而在“重点拓展”方面，要努力向过去做得相对不够的“以支定收”方向拓展。三是要用“以人民为中心”发展思想来把握与统领“人大审查监督预算重点向支出预算和政策拓展”的时代含义，这里有两个依次递进的层面。第一个层面强调审查监督的重点是厘清市场与政府边界，强调事权与支出责任的划分。这一方面以前做得不够，现在还要加强。第二个层面是“党管财政”“党管支出”的要求通过政府与人大的密切配合来实现。党中央确定经济政策，据此形成支出政策，财政部门据此编制支出预算。人大则根据党中央确定的经济政策与支出政策，依法重点对支出预算进而全部收支预算进行审查批准，并在预算执行过程中进行有效监督，确保党中央确定的支出项目落实到位。理解这一重点拓展的关键就是把握“人民财政为人民”本质要求在新时代的体现，党代表人民利益做出决策，人民政府对“人民财政”的有效运作是将人民利益落到实处，人大则通过对“人民财政”运作的法定批准和有效监督来确保人民利益实现，形成合力都是为了“增强人民群众的获得感、幸福感和安全感”，这就是“以人民为中心”思想在财政预算领域的生动体现，必须长期坚持。

第三节　人民财政要体现资源配置方式变革的要求

共和国 70 年来，党带领人民持续探索前行，就主要资源配置方式而言，经历了从计划经济向市场经济的变革，并在中国特色社会主义市场经济下取得了辉煌成就。伴随着资源配置方式的深刻变革，嵌印着“人民财政”本质特征的共和国财政也同样进行了探索，对应着不同的“配置性保障”。在社会主义加计划经济的年代，“人民财政”与“计划财政”相伴而行，而在社会主义市场经济发展路上，“人民财政”与市场经济所要求的“公共财政”相适应，不断体现中国特色。进入新时代后，当我们在“以人民为中心的发展思想”指引下对社会主义市场经济有了新认识后，“人民财政”本质属性与社会主义市场经济的内生联系得到了前所未有的巩固。这里谈两点认识。

其一，从公共财政一般到中国特色公共财政的探索。

理论和实践都证明，市场配置资源是最有效率的形式。市场经济本质上就是市场决定资源配置的经济，其突出的共性就是“供求决定、价格导向”，这也是市场经济既不姓“资”也不姓“社”的那部分。市场经济这一基本特征对财政的要求就是“公共财政”，笔者曾将之概括为“取之有道，用之有方”。“取之有道”是指国家在通过税收这种经济行为主体“必要负担”来获取收入的过程中，要尽可能减少对供求的影响和对价格的扭曲，做到

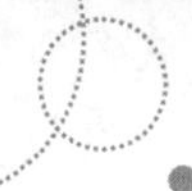

“低税率、宽税基、简税制”;而“用之有方”指的则是获取的收入主要用于提供公共产品与服务。改革开放 40 年,我们成功地“拿来了”并“用好了”市场经济,从市场在资源配置中起“基础性”到“决定性”作用,“取之有道,用之有方”理所当然成为我们努力的方向。

必须指出的是,和市场经济“供求决定、价格导向”共性一样,公共财政虽然既不姓“资”也不姓“社”,但在中国特色社会主义市场经济下用了,就应是中国特色公共财政,必须把握这一特定公共财政的形态。例如,笔者坚持从国体政体出发,强调社会主义国家公共财政不能简单照搬资本主义国家公共财政,要警惕以资本主义公共财政作为参照系而带来的“普世价值”影响。又如,笔者坚持在国情条件下,“提供公共产品与服务”主要就是“保障和改善民生”,必须从政治经济社会发展的实际来界定民生的特定内涵。再如,笔者坚持立足初级阶段,强调我国财政公共性和发展性的统一。今天看待这些观点,总体虽然正确,但总感到有欠缺。究其原因,主要就是财政之“人民财政”本质特征被关注不够,对“人民财政”与“公共财政”在社会主义市场经济下结合的关键点也研究不够。

其二,认识“以人民为中心”的社会主义市场经济对财政的要求。

党的十八大以来,我们对社会主义市场经济的认识达到了新高度。习近平主席 2018 年 4 月 10 日在博鳌论坛上指出,40 年改革开放成功的经验就是,“既坚持了社会主义制度,又坚持了社会主义市场经济的改革方向”。在社会主义加市场经济的条件下,我们既充分利用市场经济优势来推动改革促进发展,又体现人民当家作主、让人民群众享受到改革发展成果。这一实践在“以人民为中心”思想旗帜下进入了新境界,使我们能更好把握社会主义市场经济与资本主义市场经济的本质区别。笔者的学习体会有二,一是应该明确,“以人民为中心”的市场经济就是社会主义市场经济,而“以资本为中心”的市场经济就是资本主义市场经济。二是我们要做的,就是“使市场在资源配置中起决定性作用,但绝不能让资本成为社会生活中的决定性力量”。新时代中国特色社会主义市场经济就是要“以人民为中心”统领各项工作。在财政方面,就要高扬“人民财政”旗帜,在社会主义市场经济下做到始终坚持的“取之于民、用之于民”。从新时代对财政的要求来看,就是要树立“财政要为‘以人民为中心’的社会主义市场经济做贡献”的理念,既要迸发动力,创造财富,还要能够使发展的成果让人民群众共享。简言之,就是要做到“取之于民、用之于民”(人民财政)与“取之有道、用之有方”(公共财政)的结合,做到“实现共同富裕”与“促进市场活力迸发”的统一。

第四节　人民财政要依据社会主要矛盾变化而发挥作用

人民财政在坚持了制度性安排、配置性保障的基础上,还要适应阶段性要求,即财政要依据经济社会发展的所处阶段,依据社会主要矛盾的变化而持续发挥作用。回顾 70 年发展,共和国财政始终是在坚持初级阶段基本国情前提下,为从财政角度助力解决“人民"与"发展"的关系,不断探索前行。这里谈两点认识。

其一,社会主要矛盾变化决定"人民财政"与特定发展财政理念的结合。

随着党对我国社会主要矛盾判断的变化,"人民财政"在三个不同时期都与特定发展财政理念相结合。一是新中国成立后"人民财政"与"生产建设财政"的结合。1956年党的八大对社会主要矛盾做出判断,即"人民对于建立先进的工业国的要求同落后的农业国的现实之间的矛盾,人民对于经济文化迅速发展的需要同当前经济文化不能满足人民需要的状况之间的矛盾",这一判断决定"人民财政"与"生产建设财政"相伴而行,后者虽然在满足人民需要方面发挥过重要作用,但最终形成的"全能财政"还是反映出经济体制与生产力水平的不相适应,从财政角度凸显了改革的迫切性。二是改革开放后"人民财政"与"发展财政"的结合。党的十一届六中全会将社会主要矛盾表述为"人民日益增长的物质文化需要同落后的社会生产之间的矛盾",这一变化反映了党和国家以经济建设为中心的决心,并在建立社会主义市场经济的探索中展现出了中国发展速度。在这一高速增长时期,笔者研究了初级阶段下中国特色的"发展财政",强调财政"促进发展"的重要职能,财政在保民生的同时,还要拿出一些钱来搞建设、谋发展,提出要研究"土地财政""经营城市"等发展财政实现形式,也提出要考虑市场经济对发展财政载体运用的制约。今天看待这些研究,可以认为就是在给定社会主要矛盾下对"人民财政"与"发展财政"关系的探讨。三是进入新时代后"人民财政"与"新发展理念"下的发展财政新实践的结合。党的十九大做出了"我国社会主要矛盾已经转化为人民日益增长的美好生活需要和不平衡不充分的发展之间的矛盾"。正是为了要解决"人民"需要与"发展"之不平衡不充分的矛盾,党明确提出了"必须坚持以人民为中心的发展思想,不断促进人的全面发展、全体人民共同富裕",提出用新发展理念引领高质量发展。我们既要坚持财政具有为满足"人民对美好生活的需要"而促进"发展"的首要任务,又要在"不平衡不充分的发展"约束下,探寻新时代发展财政的新形式,实现人民财政与发展财政新实践的统一,研究过去在高速增长阶段形成的传统做法如何调整为符合高质量发展所需的新做法,我们正在这条道路上奋力前行。

其二,在对"发展"与"民生"的统筹中体现"人民财政"本质要求。

共和国70周年走到今天,社会主要矛盾变了,但我国依然处在社会主义初级阶段的基本国情和依然是世界上最大发展中国家的国际地位没有变。因此,要深刻认识这一现实对财政之"国情制约"的判定,始终处理好"发展"与"民生"的关系,坚持对促进发展与保障民生的正确把握;具体在财政支出中,就是要处理好"发展支出"与"民生支出"的关系。改革开放前,我们也希望通过发展来改善民生,但由于资源配置方式的错配难以达到预期。改革开放引入市场经济后,从坚持市场与政府关系的认识出发,有了"以税收为主的财政收入主要用于保障和改善民生,促进经济社会发展,维护国家安全、维持国家机构正常运转"的基本判断,有了"民生支出在前、发展支出在后"的一般排序,形成了社会主义市场经济下财政公共性与发展性统一的共识。在新时代中,用“以人民为中心”的发展思想来再审视,用“‘以人民为中心’的社会主义市场经济”定义来再思考,应如何在坚持发展和民生统筹中既始终体现财政人民性,又能为促进经济高质量发展做出财政贡献呢?笔者观点有四:一是把握新时代对财政提出的新要求,财政要继续有效完成“服务发展”与“改善民生”的双重任务;二是在财政支出安排中要坚持“有发展才有民生”和“在一定条件下民生就是发展”的辩证统一;三是要继续坚持“保障和改善民生要从国情出发”的观点,始终不忘“尽力而为、量力而行、循序渐进、持之以恒”的思路,实现“不做不切实际的承诺”与“承诺了的就要兑现”的统一,合理引导预期;四是要加强财政支出的制度化建设,合理安排民生、发展与国家运转三大支出的动态比例,提高管理水平,以“增强人民群众的获得感”作为首要标准。

近年来,财政部按照“以人民为中心”发展思想的要求,根据党中央确定的目标方向,在统筹民生支出与发展支出方面做了大量工作。党的十九大提出落实新发展理念和打好防范化解重大风险、精准脱贫、污染防治三大攻坚战的明确任务,财政部及时准确地将党提出的、体现人民群众根本利益的这些要求落实在支出中。这里以精准扶贫支出为例。坚决打赢脱贫攻坚战,这是党中央的重大决策。财政部贯彻打赢脱贫攻坚战“务必一鼓作气、顽强作战,不获全胜决不收兵”的要求,编制扶贫支出,加大扶贫投入,创新扶贫方式,提高精准程度,效果不断显示。可以认为,扶贫支出持续增加,体现的是社会主义制度的优越性,体现的是“以人民为中心”社会主义市场经济的能力,这也就是新时代财政统筹发展与民生关系的典范。财政资金用于扶贫,既是支持贫困地区摆脱贫困之发展财政的体现,也是“弱有所扶”作为社会主义社会基本民生之一的体现,是社会主义公共财政的题中之义。以资本为中心的资本主义市场经济是不可能将精准扶贫视为公共产品的。因此,财政资金增大对扶贫投入,绝不是一般意义上的国家财政或普通层面上的公共财政,而是在党的领导下,集中人民的力量办好符合人民群众根本利益大事的人民财政。

第五节　人民财政要有不断完善的财政体制和对应财政理论支持

对于财政 70 年的发展,在体制性支持方面,如果用“变”与“不变”的辩证观来看,不变的是“人民财政为人民”的本质属性,变的则是随着时代要求不断发展完善中的财政体制,变的是与这些体制变革相适应而调整、充实乃至更新的财政理论。财政体制是优化资源配置、维护市场统一、促进社会公平、实现国家长治久安的制度保障,是最终实现财政增进人民福祉的重要体制支持。70 年来的财政体制发展,所体现的鲜明导向都是以人民为出发点,都是探寻特定时期最适应的体制机制。从计划经济到市场经济,我们有过经验,也有教训,有过曲折,也走过弯路,值得认真总结。同样,对于和给定体制相适应的财政理论发展,我们也要既结合历史条件下来加以评价,更要伴随时代发展而加快理论创新,从而更好体现“人民财政”的本质属性。这里就财政体制与理论发展分别谈点认识。

其一,中国特色的现代财政制度是人民财政实现的体制保障。

对于从计划经济到市场经济变革过程中不断探索、发展与改革的财政体制发展进程,大家都很熟悉,这里不予细述。今天我们已经到了要建立现代财政制度的新阶段,这是中央的决策,是大家的共识。现在的关键是如何全面理解现代财政制度的中国特色,理解这一现代财政制度如何能成为实现人民财政的体制保障。习近平总书记关于国家治理体系与能力现代化的重要思想为我们这一研究定了基调。党的十八届三中全会后,习近平总书记在2014年2月17日讲话中指出,“全面深化改革的总目标是完善和发展中国特色社会主义制度,推进国家治理体系和治理能力现代化。这两句话是一个统一整体,前一句规定了根本方向,这个方向就是中国特色社会主义道路,而不是其他什么道路。后一句规定了在根本方向指引下完善和发展中国特色社会主义制度的鲜明指向,两句话都讲,才是完整的、全面的”。这一重要讲话同样适应我们对于中国特色现代财政制度的把握,那就是要在完善和发展中国特色社会主义财政的前提下,建立我国自己的现代财政制度。党的十九大后,笔者认真学习“以人民为中心的发展思想”,更加坚定了这一理解。我们不可以只讲“现代财政制度”,而少去研究“中国特色社会主义财政”的本质,少去研究新时代对这一财政的新要求。今天用“人民财政”的观点来理解,就是中国特色现代财政制度必须体现财政的“人民性”特征,在我国,财政体制的“现代性”与“人民性”不可分离。2019年7月5日,在党和国家机构改革总结会上,习近平总书记指出,要“把加强党的长期执政能力建设同提高国家治理水平统一起来”,这一最新要求进一步明确了坚持中国特色社会主义制度与国家治理体系能力现代化不可分割的关系,因为党的领导是中国特色社会主义最本质的特征,因此推进国家治理体系能力现代化和党代表人民利益长期执政完全一致。认真学习领会这些讲话,我们对中国特色现代财政制度的理解就会进一步升华,“党管财政”、“人民财政”与“现代财政制度”在中国大地上融为一体,我们就是要在党的领导下,努力在现代财政制度建立中体现财政的“人民性”。

笔者欣慰地看到,近年来,各项财税体制改革正在体现着“以人民为中心的发展思想”,展现着“人民财政为人民”的本质属性,为中国特色现代财政制度建立增砖添瓦。仅以去年完成的个人所得税制改革为例。通过拉大最低三档应税税率的级差,让绝大多数人民群众有了减负的获得感;通过保留最高边际税率并引入反避税条款,提高了个税调节贫富差异的能力。这与资本主义市场经济下“劫贫济富”的个税改革有着根本区别。此外,还将赡养老人作为专项附加扣除项目之一纳入综合计税,顺应了中华民族“百善孝为先”的优良传统,充分体现文化自信和人民需求,为社会主义市场经济发展从财税角度提供了文化自信的支撑。这些都是中国特色社会主义市场经济下“人民财政”的现实表现。

其二,实践催生的观念变革与理论创新是人民财政历久弥新的源泉。

我们这一代财政理论工作者生在红旗下、长在红旗下,经历计划经济年代,沐浴改革开放春风。为了研究与体制变革相对应的财政理论发展,笔者翻阅了很多文献,其中对两篇不同时期的重量级文章有了深刻印象。一是老一辈财政学家许毅教授 1984 年为新中国成立 35 周年撰写的《建立具有中国特色的社会主义财政理论》一文。该文回顾了计划经济和改革开放初期财政理论的发展,通篇既饱含着老一辈学者对"人民财政"本质属性的深刻理解,让我们再次熟悉对应那个时代财政体制而形成的财政理论,包括"国家分配论"、财政平衡理论、"三财之道"等,里面包含着多少学术老前辈的努力与心血。总体上看,这一经典文章总结的是从"社会主义财政理论"到"中国特色的社会主义财政理论"的发展进程,为我们把握财政理论发展的第二个 35 年提供了重要的接续基础。二是亲身参与财政改革过程的楼继伟老部长 2019 年撰写的《40 年重大财税改革的回顾》一文。该文总结了我国财政在逐步建立社会主义市场经济中的改革发展,字里行间体现着老领导对人民财政为实现中华民族伟大复兴中国梦提供制度保障的追求,全景翔实地展示了社会主义市场经济和国家治理现代化中财政体制的变化,为我们分析改革开放期间财政理论的发展提供了关键性体制性背景。正是沿着这一体制变革轨迹,我们有幸参与了中国特色前提下对"公共财政""发展财政""现代财政"等的探索。可以看出,该文描述的是从"中国特色的社会主义财政理论"到"中国特色社会主义财政理论"的进程,并对今天在新时代"以人民为中心"发展思想下对"新时代中国特色社会主义财政理论"的研究提出了不少重要见解。

读了这两篇和其他文章,笔者的基本体会是,一路发展而来的我国财政体制变革始终催生中国特色财政理论的丰富发展,而两者共同成为共和国人民财政历久弥新、持续发展的理论佐证与体制支撑。这里仅以财政平衡理论的发展变化谈点体会。在我国,如何财政平衡,笔者认为就是三句话:一是财政就是一收一支,收支就要讲平衡;二是对财政平衡的理解与时俱进;三是贯穿在与时俱进之财政平衡观中的是不变的"人民财政为人民"本质属性。在计划经济财政体制年代,坚持"国力论"是平衡,"三大平衡"是平衡,"一无内债、二无外债"是平衡,这一平衡观体现的特定历史条件下经济社会对财政的要求,是发挥财政作用提高人民生活水平的需要,财政人民性、财政体制与对应财政理论三者是统一的,改革开放后,"四大平衡"是平衡,"包干制"时的"收支平衡,略有结余"是平衡,预算法强调的"量入为出、不列赤字"还是平衡。这一时期财政人民性、财政体制与财政理论发展也是统一的,体现了改革进程的探索与变化。党的十八大后,财政平衡思想又有了新变化。党的十八届三中全会提出,年度预算的重点由平衡状态、赤字规模向支出预算和政策拓展,建立跨年度预算平衡机制和逐步从中期规划迈向中期预算。这是新的"动态平衡观",这里不变的是收支平衡主题,变动的是实现平衡的时空。在风险可控、时间可控前提下,"赤字用好"是平衡,"债务控好"也是平衡,跨年度是平衡,中期预算还是平衡。我们既要把握“以收定支”与“以支定收”的统一,又要重点向支出预算与政策拓展,既要体现市场政府关系定位,更要体现“人民支出为人民”的时代要求,目的都是解决发展的不平衡不充分,为了更好地满足人民对美好生活的需要。这一新财政平衡观在2019年得到更进一步的体现。一方面,财税部门既坚决贯彻党中央决策部署,确保减税降费措施落地生根,又盘活资金与精准支出并举,同时党和政府带头过紧日子,“统筹财政收支,做到财政平衡”,目的都是更有效地运用加力增效的积极财政政策来应对国内外形势变化,达到“增强人民群众获得感”的目的,体现的依然还是“人民财政为人民”的本质属性与基本导向。

第六节 人民财政是中国人民对现代国家财政发展的贡献

习近平主席在2018年4月8日会见联合国秘书长时指出,“我们所做的一切,都是为人民谋幸福、为民族谋复兴、为世界谋大同”。这一重要观点为研究人民财政时代内涵的国际侧面提供了指南。中国特色社会主义财政统筹性是与中国对外开放与走向世界进程相联系的。由于特定历史条件,共和国前30年的财政统筹性处于萌芽状态。改革开放40年来,国家对外开放内外统筹的步伐不断加大。包括笔者在内的理论工作者,持续研究我国财政服务对外开放进程的具体措施,加强风云变幻国际形势下财政应对各种机遇和挑战的能力提升,形成中国特色社会主义财政统筹性理念提炼与实践归纳。当前世界正面临百年未遇之大变局,中国国力不断强大,开放大门越开越大,大国担当日益显现,对全球格局的影响也在扩大。面对新形势,中国财政服务国家对外战略大局的能力也要提升,新时代人民财政的国际侧面要放在“为世界谋大同”的视野中看待,放在全方位对外开放、全方位推进大国外交、推进构建人类命运共同体中来把握,这里谈两点认识。

其一,作为新型财政的人民财政要为现代国家财政现代化提供中国方案。

本章重点论述了“人民财政”时代内涵的国内体现,但必须同时认识到“人民财政为人民”本质属性不仅包含“为人民谋幸福”和“为民族谋复兴”的内容,也蕴含着“为世界谋大同”的国际内涵,党的十八大以来,国家发展有了新战略,大国战略有了新思维,这为中国财政在新形势下服务统筹内外两个发展大局提出新要求。在新时代中,中国财政的重要亮点就是响亮地提出了“大国财政”口号,有效地实施了许多有国际影响力的政策措施,充实了中国特色涉外财政的理论与实践,取得了丰硕的阶段性成果。党的十九大之后,构建人类命运共同体被写入宪法,我们在世界上高高举起中国特色社会主义伟大旗帜,“用成功实践昭示世人,通往现代化的道路不止一条,只要找准正确方向,驰而不息,条条大路通罗马”。从财政角度来看,中国财政也正用自己的成功向世界宣告,通往财政现代化的道路也不止一条,人民财政的理论与实践可以为现代国家财政现代化提供中国方案，特别是给广大发展中国家实现财政可持续发展提供一个全新选择。

其二，人民财政与资本财政要在人类命运共同体中共存、合作与竞争。

党的十九大报告提出，世界多极化、经济全球化、社会信息化、文化多样化深入发展是当今世界发展的大势。2019 年习近平主席在出席亚洲文明对话大会时，又将顺序调整为"世界多极化、经济全球化、文化多样化、社会信息化"，其寓意是深刻的。在这四大趋势的深刻变化中，现有国际关系必然面临调整，塑造包括中国贡献在内的、符合各国人民利益的新型国际关系势在必行，而国际财经治理体系的重构既是新型国际关系的重要部分，又将极大影响中国道路在世界关系中的说服力与话语权。从国家间财政关系的角度看待人类命运共同体发展，笔者有两个基本判断。一是未来相当长的一段时间内，和我们一起构建人类命运共同体的主要还是资本主义国家，这些国家实行的还是资本主义市场经济。可以认为，以资本为中心的市场经济就是资本主义市场经济，这种制度性与体制性结合安排下对应的财政，固然有一般国家财政的共性，其中有些体制设置与实际运作当然包含人类经济社会发展的智慧结晶 但究其本质而言，这种财政就是"资本财政"。因此，中国的人民财政将与为数不少的资本财政在相当一段时期内共同存在，相互联系，共同促进人类命运共同体下现代国家间财政关系的形成。在这一过程中两者既是共存的，也是互补的，这一过程中必然还有矛盾和冲突，我们要站在"为世界谋大同"的高度来认识这一共存、合作与竞争关系，推进之，努力之。二是在坚信中国人民财政一定能为人类命运共同体发挥独特作用的同时，更要坚定这样的信念，这样的判断，即"以人民为中心"的社会主义市场经济一定比以资本为中心的资本主义市场经济更有生命力，"人民财政"一定优于"资本财政"，中国人民财政的实践一定会更加丰富并逐步为更多的世界各国逐渐理解乃至接受，从而在"为人类求解放"的路径发展中做出中国财政独特的贡献。

本章参考文献

楼继伟，2019.40 年重大财税改革的回顾[J].财政研究(2)：3-29.

习近平，2016.在庆祝中国共产党成立 95 周年大会上的讲话[M].北京：人民出版社.

习近平，2018.开放共创繁荣　创新引领未来：在博鳌亚洲论坛 2018 年年会开幕式上的主旨演讲[M].北京：人民出版社.

习近平，2018.在纪念马克思诞辰 200 周年大会上的讲话[M].北京：人民出版社.

习近平，2019.关于坚持和发展中国特色社会主义的几个问题[J].求是(7)：4-12.

习近平，2019.在"不忘初心、牢记使命"主题教育工作会议上的讲话[J].求是(13)：4-13.

新华社，2018-03-07.中共中央办公厅印发《关于人大预算审查监督重点向支出预算和政策拓展的指导意见》[N].人民日报(1).

第三章　实现全人类共同价值的中国方案与财政理论研究*

邓力平　王智烜**

习近平总书记在庆祝中国共产党成立一百周年大会上提出“以史为鉴、开创未来，必须不断推动构建人类命运共同体”，并指出“中国共产党将继续同一切爱好和平的国家和人民一道，弘扬和平、发展、公平、正义、民主、自由的全人类共同价值，坚持合作、不搞对抗，坚持开放、不搞封闭，坚持互利共赢、不搞零和博弈，反对霸权主义和强权政治，推动历史车轮向着光明的目标前进”。全人类共同价值是由习近平主席在2015年9月第七十届联合国大会一般性辩论上首次提出的，在而后多次重要场合中也反复强调这一理念。这次在建党百年大会上再次庄严重申，并表述了实现这一共同价值的中国方案，高屋建瓴，意义深远。

笔者认真学习领悟习近平总书记七一重要讲话精神，努力领会在当前错综复杂国际环境中再次强调全人类共同价值的深刻含义，有三点基本体会。其一，要正确把握“全人类共同价值”与“中国方案”的内在联系。这里有三个依次递进的判断：一是全人类共同价值客观存在，是全人类追求的共同目标与价值取向；二是在现实世界不同制度、不同阶段，不同民族、不同文化条件下，实现和践行全人类共同价值有多种方案；三是实现全人类共同价值的中国方案是其中最重要、最具生命力并越来越得到广泛公认的伟大实践。其二，必须明确“实现全人类共同价值的中国方案”就是我们始终坚持的中国特色社会主义道路，就是走在新时代的中国特色社会主义伟大实践，就是中国共产党“为人民谋幸福、为民族谋复兴、为世界谋大同”的生动体现。一路走来，我们坚定地在中国自己的发展道路上奋斗并取得了伟大成就，今天我们更在道德和价值高地上再次阐明了中国实践与世界大同的关系，更加鼓舞人心，更加信服天下。习近平总书记是在庆祝建党百年“以史为鉴、开创未来”之“九个必须”的大框架中强调推动构建人类命运共同体，强调弘扬全人类共同价值的。“九个必须”是全面完备的宏大体系，是实现全人类共同价值中国方案的完整表述，是中国道路、中国理论、中国制度、中国文化的集中展示。其三，以习近平同

---

* 本章写于2021年，故本章论述以2021年为时间点。

** 邓力平，教授，博士生导师，厦门大学经济学院，厦门国家会计学院；王智烜，厦门国家会计学院。

志为核心的党中央在“百年变局、世纪疫情”之复杂条件下再次重申“实现全人类共同价值的中国方案”，将对我国社会科学理论体系构建具有重要引领作用，中国财政理论研究也不例外。在中国特色社会主义实践中成长起来的中国财政理论，已经与西方财政理论及其实践形成了鲜明对比。笔者认为，中国特色社会主义财政理论要在与西方财政理论并存、比较、对话、平视、竞争的进程中不断展示优势，要逐步被越来越多的国家和民众所接受，就既要通过实力去证明，也要靠道德和理论高地的夺取去引领。实现全人类共同价值之中国方案的提出，就是为我们提供这样的指引、启示和力量，促进我们更好地坚持、完善和发展中国自己的财政理论体系和生动实践。

笔者始终紧跟中国特色社会主义财政理论的发展。改革开放以来，笔者既关注社会主义市场经济条件下财政的共性，更积极归纳总结我国财政发展的个性，逐步提出了中国特色社会主义财政之国家财政、公共财政、发展财政和统筹财政的“四位一体”分析框架。党的十八届三中全会开启全面深化改革后，笔者又提出了中国特色社会主义财政之国家性、公共性、发展性、改革性与统筹性“五大特征”的表述。在党的十九届四中全会提出坚持和完善中国特色社会主义制度、推进国家治理体系和治理能力现代化的决定后，笔者又提出了新时代“党管财政”“人民财政”等中国特色社会主义财政理念。在建党百年之际，笔者认真领悟习近平总书记七一重要讲话精神，认为中国特色社会主义财政理论的持续丰富与完善还可以从“实现全人类共同价值的中国方案”角度来再提炼。在从事财政理论研究中，我们要坚持共性与个性结合，要立足“实现全人类共同价值的中国方案”这一价值高地，不断完善正在形成的中国特色社会主义财政理论。这是一个大课题，非一文所能穷尽。本章仅围绕财政政治理论、国家财政理论、市场财政理论和统筹财政理论等领域的几个方面谈一些体会。

第一节 “党管财政”理念与中国财政政治理论

在当今政治多极化的世界中，各国人民在进行价值判断和政治选择时，都会形成与之相匹配的政治制度与上层建筑。过去多年在引入、借鉴与评价源于西方国家实践的财政理论时，我们发现这些理论往往与西方价值观念和实现这一理念的西方实践相联系。在与西方同行交流中，我们时常处于守势，苦于找不到能够理直气壮强调全人类共性价值并适合中国实践的答案。今天，全人类共同价值给出了答案，这是人类不同文明价值、文化背景、现实政治下可以提炼凝聚成的“最大同心圆”，反映了当前世界各国人民对价值理念的共识。中国作为全人类共同价值这一重要表述的提出者和倡导者，为人类跨越封闭、对抗、零和博弈、霸权主义和强权政治提供了价值遵循和理论基础。习近平总书记在 2021 年 7 月中国共产党与世界政党领导人峰会上特别强调要“以宽广胸怀理解不同文明对价值内涵的认识，尊重不同国家人民对价值实现路径的探索，把全人类共同价值具体地、现实地体现到实现本国人民利益的实践中去”。可以认为,全人类共同价值是开放和包容的,各国基于自身国情来践行全人类共同价值具有多样性。基于此,中国共产党团结带领中国人民为了实现中华民族伟大复兴,在革命、建设、改革事业中不断蹚出的中国特色社会主义道路,当然就是践行全人类共同价值的中国方案,必须旗帜鲜明地宣示,必须坚定不移地作为和各国对话的基础。财政是各国政府职能的基本组成部分,也是各国实现全人类共同价值之不同方案的组成部分。在中国共产党领导下的我国财政是党和国家事业的重要组成部分,也是实现全人类共同价值之中国方案的重要组成部分。2021 年 6 月,财政部刘昆部长在党史学习教育主题讲授时指出,要“传承弘扬以政领财、以财辅政的优良作风,旗帜鲜明讲政治,以实际行动践行‘两个维护’”。基于“实现全人类共同价值中国方案”在财政领域的体现,笔者认为我国财政理论的首要任务,就是要为做好“以政领财、以财辅政”工作提供理论依据,就是要建立中国自己的财政政治理论。

建立中国自己的财政政治理论,首先要明晰与西方财政政治理论的根本区别。西方财政理论是围绕不同时期西方私有制国家市场与政府关系的变化而发展的。西方财政理论经过重商主义、古典主义、凯恩斯主义和新古典主义等多个阶段的发展,形成了较为完备的体系。总的看来,西方财政理论主要是以国家为主体研究财政收支活动、较少阐述财政阶级性但本质上是为资产阶级统治服务的理论。特别是在新古典主义下,无论是貌似与制度安排无关的一般财政纯理论,还是以布坎南等为代表的公共选择理论,都是将微观个体利益与私有制度作为基本前提,都是将经济人假设推广到政府层面去研究政府失灵、寻租等表现,都是将西方国家政治安排与对应财政活动作为标杆,将所谓普世通用的西方价值体系和实践方案作为衡量标准。笔者多年来始终坚持,西方主流的财政政治理论仅适用于西方政治经济环境,并不适合在我国借鉴和使用。例如,作为西方财政政治理论重要代表的公共选择理论是建立在西方价值体系之上,与选民投票、多党轮流执政、“三权鼎立”和两院制等西方政治制度相联系的。对西方所谓“普世”价值我们应始终抵制,因为人类历史长河已经证明西方价值体系并非放之四海都适用,与之相联系的政治经济制度不应被世界所有国家普遍接受。实际上,人类历史并没有被西方价值体系所终结,反而呈现出今天政治多样化的发展路径。从这个角度再看全人类共同价值的提出,就是要明确其与西方“普世”价值完全不同。全人类公共价值的中国方案提出,就是要在中国财政理论体系的构建中,把中国财政政治理论确立摆在首位。这一理论既要能体现“共同价值”又要符合“中国方案”,就是要研究中国人民自己选择的政治制度下的财政活动一般规律。

建立中国自己的财政政治理论,就要理解“实现全人类共同价值的中国方案”这一制度安排的核心是党的领导,就要把握我国政治制度的根本要求,就要充分领悟“中国共产党领导是中国特色社会主义最本质的特征,是中国特色社会主义制度的最大优势,是党和国家的根本所在、命脉所在,是全国各族人民的利益所系、命运所系”,从而把“党管财

政”这一理念放在中国财政政治理论构建的统领地位。在近年研究中，笔者回顾我国革命、建设、改革事业中的财政发展，始终认为“党管财政”是确保我国财政沿着正确方向发展的根本保证。而从财政政治理论出发，坚持“党管财政”理论的统领地位，就是要与公共选择理论等西方财政政治理论形成鲜明对比，就是要展现出我国制度的强大优势。西方公共选择理论的基础就是经济人等一系列假设，而中国共产党没有自己特殊的利益，在任何时候都把人民利益放在第一位，这是作为马克思主义政党的中国共产党区别于西方政党的显著标志。基础前提不同，得出的结论也就大相径庭。个人主义、利益集团等条件下的西方政府失灵肯定导向政府滥用财政资源进而需要控制财政规模等结论。而为中国人民谋幸福，为中华民族谋复兴的中国共产党，必将形成人民至上的政府，而与之匹配的财政也理应比西方财政覆盖的领域更广、受益的范围更大、使用的效益更好。简言之，中国财政政治理论既要研究一国财政活动对全人类共同价值的倡导与追求，又研究在党的领导下不断推进中国财政造福人民、惠及全球的实践方案。

当前我们要紧紧围绕“党管财政”这一根本要求来加快中国财政政治理论的建设步伐。笔者近年来特别研究了“党管财政”的基本原则、主要内容、制度安排、工作重点等，强调要在这一理念下研究党对财政工作的集中统一领导、明确党对财政改革的举旗定向作用、把握党对财政重点领域和关键环节的一锤定音作用等重要内容。与此同时，笔者还将“党管财政”扩展为“党管财政、财政为党、财政为民、财政为国”的完整表述，这既是因为党、人民、国家的利益是一体的，也是因为在党的领导下，财政将在进行伟大斗争、建设伟大工程、推进伟大事业、实现伟大梦想中起到重要作用。因此，遵从“党管财政、财政为党、财政为民、财政为国”之“党管财政”理念，我们就能在坚持社会主义基本方向下为“以政领财、以财辅政”工作提供理论依据，就能在“实现全人类共同价值的中国方案”实践中推进中国财政政治理论系统构建。

第二节 “人民财政”理念与中国国家财政理论

国家是宏观层面实现不同个体追求共同价值目标的主体。在实现全人类共同价值的过程中，国家是制订、实践和调整各自方案的执行者。因此，研究全人类共同价值和各国方案下的财政理论，就必须将国家财政放在重要位置。而从财政与国家的角度出发，从古至今任何国家都有财政，财政与国家存在天然联系，财政是国家职能的重要组成部分，因此研究国家财政也是理论研究的题中之义。基于此，研究中国自己的国家财政理论就是要在“实现全人类共同价值的中国方案”下研究国家财政共性与个性的结合，特别要研究为了实现追求“共同价值”共性而展示“中国方案”的特征和属性。笔者曾在庆祝中华人民共和国成立 70 周年之际，回顾了共和国财政一路走来的历程，提出从共和国成立伊始，我国国家财政就鲜明地体现出“人民性”这一本质属性。因此，我国国家财政理论就应当始终站稳人民立场，不断研究“人民财政”的本质属性和时代内涵。在庆祝建党百年之际，笔者高兴地看到越来越多理论界同仁加强了对“人民财政”的研究。笔者这里从“实现全人类共同价值的中国方案”角度再对“人民财政”理念作进一步阐释，主要以“民主”与“发展”这两个价值取向为例。

从全人类共同价值所弘扬的精神来看，“人民财政”在发展过程中首先集中体现了人民当家作主的中国特色社会主义民主优势。中国特色社会主义民主政治始终坚持党的领导、人民当家作主、依法治国有机统一。这既保证了党、人民和国家的利益是一致的，也不断展现出中国特色社会主义民主的优势和特点。而从财政理论出发，可以看到“党管财政”和“人民财政”是一体的。“党管财政”确保了“人民财政”的正确方向，“人民财政”又是“党管财政”的必然要求。我们还应认识到“党管财政”和“人民财政”还必然通过法治财政去巩固已有的实践经验。新时代以来，在全面推进依法治国总目标下，伴随着中国特色社会主义法治体系不断完善，以《中华人民共和国预算法》修订与“落实税收法定原则”等立法工作为代表的法治财政工作持续推进。这充分彰显了“党管财政”、“人民财政”与法治财政的同频共振，共同在财政层面推进我国人民当家作主事业，这也成为体现中国特色社会主义民主优势的鲜活案例。

在理解“人民财政”助力人民当家作主的过程中，我们要充分认识中国特色人民代表大会制度的强大优势，把握其与时俱进的时代特征，明确“人民财政”在其中的独特作用，认识这一“中国方案”所呈现的价值取向与世界意义。中国特色社会主义进入新时代以来，全国各级人大及其常委会深入学习贯彻习近平总书记关于坚持和完善人民代表大会制度的重要思想，不断推进民主政治建设。这其中特别包含着对“人民财政”职能作用发挥的全新展示，即“人民财政”在接受民主监督、服务人民民主中表现出“一体两翼”的新特征。这里的“一体”指人民代表大会制度，其作为我国的根本政治制度代表人民行使国家权力，就包括对我国财政运行情况进行监督的权力。“两翼”则是指对财政的民主监督，内容主要有二：“一翼”是人大代表根据《预算法》、《关于人大预算审查监督重点向支出预算和政策拓展的指导意见》以及《预算法实施条例》等法律法规对财政预算进行批准、审查和监督，简言之就是“人民的钱”由人民批准并由人民审查和监督；另“一翼”则是人大代表根据《中共中央关于建立国务院向全国人大常委会报告国有资产管理情况制度的意见》《全国人大常委会关于加强国有资产管理情况监督的决定》等法律法规文件监督国有资产管理，简言之就是“人民的资产”由人民政府管理并受人民监督。我国人大监督职能在“人民财政”理念支撑下的不断强化，既体现了中国特色社会主义民主政治建设不断向前，更表明了监督这一民主职能在中国不断展示着新的时代特征。

在坚持“人民财政”理念前提下研究国家财政理论，我们还要充分把握中国国家财政始终致力于推动“以人民为中心”之发展的重要职能。发展是全人类共同价值的重要内涵，更是解决我国一切问题的基础和关键，财政自然要在发展中发挥重要职能作用。笔者通常用 18 个字来总结国家财政促进发展的基本特征,即通过"配置、分配、稳定"的国家财政职能,使用"生财、聚财、用财"的国家财政实现方法去达到"稳固、平衡、强大"的国家财政目标。应当说,回顾我国财政长期发展历程,我国财政就是围绕上述职能、目标与方法努力做好"促进发展、围绕中心、服务大局、维护稳定、宏观调控"等经济社会发展工作。进入新时代以来,财政作为国家治理的基础和重要支柱,持续成为坚持和完善中国特色社会主义制度、推进国家治理体系和治理能力现代化的重要力量。从"深化财税体制改革",到"加快建立现代财政制度",再到"建立现代财税体制",我国财政始终通过改革的力量去释放制度的发展红利,围绕"现代预算制度、现代央地关系、现代税收制度"等重要方面去对接国家治理现代化的体系与目标。在开启全面建设社会主义现代化国家新征程上,我国财政将在原有重点方向上持续拓展"加强财政资源统筹""完善现代债务管理"等新抓手,按照立足新发展阶段、贯彻新发展理念、构建新发展格局的要求,持续推动高质量发展。而这些国家财政体制的深化改革、国家财政促进发展的一切努力,目的都是实现"发展为了人民、发展依靠人民、发展成果由人民共享"。这是"人民财政"的应有之义,也是用令世人信服的发展佐证"实现全人类共同价值的中国方案"的强大力量,既有持续发展事实,又有价值追求导向。

第三节　社会主义市场经济与中国市场财政理论

对主要配置资源方式的选择从来与现代财政活动密切相关。在世界上绝大多数国家都采用市场作为资源配置主要方式的今天,现代财政活动都必须以此作为必要前提与制约条件。这就是市场经济下财政的含义,对应的财政理论也可以称为市场财政理论。改革开放以来,在学习和借鉴西方市场经济运作、建设中国特色社会主义市场经济的进程中,我们始终面临的一个问题,就是要如何辨别出西方市场经济中哪些属于市场经济共性,即哪些内容既不姓"社"也不姓"资",这是需要予以保留的;哪些内容是仅属于西方私有制为前提的市场经济个性,这是需要加以甄别和剔除的。这样的辨析就是对反映西方市场经济下财政活动的公共财政理论引进与消化的过程。必须清醒认识,这些财政理论中哪些是与一般市场经济要求相对应的,必须赞同吸收;哪些是与资本主义市场经济特定安排相联系的,必须警惕并明确反对。经历了改革开放四十多年实践,特别是中国特色社会主义进入新时代后,这一答案已经愈发明晰。笔者始终认为,基于"供求决定、价格导向"的市场经济特征以及由此延伸出的市场竞争、法治建设以及营商环境等都属于市场经济的共性,是既不姓"社"也不姓"资"的部分,我们需要在社会主义市场经济建设中不断完善。而与西方"普世"价值体系、政治制度和上层建筑紧密联系、与西方私有制下市场经济发展实践不可分割的部分,我们要予以坚决抵制,不能有丝毫犹豫。同理,与一般市场经济要求对应的财政理论范畴必须采用;而与资本主义市场经济活动本质相连或紧密交错的财政理念与实践必须坚决反对。理论界在这一重大问题上的立场总体鲜明,但在具体判断中仍存不足。人们往往难以区分市场经济一般与运行已久西方市场经济的异同,从而自觉或不自觉地将反映着西方"普世"价值与资本主义市场经济特征的财政理念等同为公共财政一般。长期以来,包括笔者在内的学者强调这样一种逻辑,即市场经济是一种资源配置方式,但这一方式的实现形式各异;中国特色社会主义市场经济是一种资源配置方式,其对应的公共财政就是中国式公共财政,并进而论证我国这种市场财政实践的优势与成果。笔者今天依然坚持这一观点,但从"实现全人类共同价值的中国方案"的高度来把握,笔者进一步认为,社会主义市场经济是最能体现全人类共同价值的资源配置方式,中国大地上正在进行的社会主义市场经济伟大实践,就是实现这一共同价值中国方案的重要载体。而在这一实践中形成的中国市场财政理论,必将在与基于西方"普世"价值和资本主义市场经济的财政理论之对比、辨析中体现出更加强大的生命力。这里仅就社会主义市场经济中体现的全人类共同价值和对财政的要求作一简要梳理,并以中国特色民生财政做一佐证。

之所以做出"社会主义市场经济是最能体现全人类共同价值的资源配置方式"的判断,主要是源于对中国特色社会主义市场经济四个重要特征的认识。而这些认识决定了中国财政在社会主义市场经济条件下运行的目标、任务、重点与特征。其一,"以人民为中心"的市场经济就是社会主义市场经济。我国社会主义市场经济需要发挥市场在资源配置中的决定性作用,笔者基于以人民为中心的视角认为这里所指的资源就是经济资源。之所以指出经济资源,就是必须旗帜鲜明地明确,市场可以在我国经济资源配置中起决定性作用,但资本决不能进入国体政体、党政军群等重要部门,资本不能在社会政治资源配置中成为决定性力量。只有这样才能确保人民利益的最大化,才能确保人民享受发展的成果,才能保证公平正义的实现,人民才能享受真正的民主自由。财政作为人民政府发挥重要职能的经济活动,必须始终据此突出以人民为中心,围绕这一基点来发挥作用。其二,以公有制为基础的市场经济是社会主义市场经济。在社会主义初级阶段,我们要坚持以公有制为主体、多种所有制经济共同发展的基本经济制度,贯彻"两个毫不动摇"。既毫不动摇巩固和发展公有制经济,保证党执政兴国的基础稳定,又毫不动摇鼓励、支持、引导非公有制经济发展,通过多种所有制经济共同推进社会主义市场经济长期健康发展。财政作为经济活动的重要组成部分,应在贯彻"两个毫不动摇"中发挥重要作用。其三,致力于实现共同富裕的市场经济是社会主义市场经济。共同富裕是社会主义的本质要求,是区别于资本主义社会两极分化的重要特征。我们要领悟党中央关于在高质量发展中促进共同富裕的要求,财政要在初次分配、再分配、三次分配协调配套的基础性制度安排中发挥必要作用,推动全体人民朝着共同富裕目标扎实迈进。其四,能够与"集中力量办大事"等制度性优势相匹配的市场经济是社会主义市场经济。"集中力量办大事"是社会主义国家的制度性优势,实践证明其能同市场经济结合并高效发挥作用,也最能维护最广大人民群众的根本利益。这和西方政府“小政府大社会”“一盘散沙”特征与市场经济的结合形成了鲜明对比。我国财政是实现“集中力量办大事”的重要手段，我国通过财政政策等促进统筹推进疫情防控和经济社会发展就是典型案例，成绩举世公认，效果有口皆碑。

按照这样理解的社会主义市场经济性质，体会这样一路走来我国市场经济的巨大能量，我们就能坚信实现全人类共同价值与社会主义市场经济能够有效结合，就能坚信随岁月前行，这一组合必定优于西方“普世”价值与资本主义市场经济的组合，对应的中国市场财政理论也将优于西方市场财政理论。笔者长期研究中国市场财政理论，并持续探索既保证效率又确保公平、既注重民生又考虑发展、既关注今天又把握明天的理论表现形式。这里不予详细展开，仅以新时代民生财政在体现公平中的作用进行简要说明。当前，我国已经实现了第一个百年奋斗目标，历史性地解决了绝对贫困问题，这在人类社会实现公平的进程中具有里程碑意义。在此过程中，财政部门全力以赴支持打赢脱贫攻坚战，通过中央财政专项扶贫资金、中央财政衔接推进乡村振兴补助资金等财政支出，加强普惠性、基础性、兜底性民生建设。由此，民生财政通过支持全面建成小康社会，成为近年来市场财政促进社会公平的重要途径。除此之外，随着《基本公共服务领域中央与地方共同财政事权和支出责任划分改革方案》《国家基本公共服务标准(2021 年版)》等政策文件的出台，以及推进财政支出标准化、健全省以下财政体制等改革的推进，民生财政在促进基本公共服务均等化中的作用不断增强，这将有力促进我国社会公平的实现。而在当前朝着共同富裕目标迈进的新征程中，各地财政部门都在探索促进这一社会主义市场经济成功关键一步的各种方式，理论界必须高度关注这些新实践，必须始终与时代同行。

第四节　构建人类命运共同体与中国统筹财政理论

党的十八大以来，在构建人类命运共同体大旗引领下，中国为推动构建新型国际关系、共同创造世界更加美好未来做了大量工作，赢得了爱好和平国家和人民的高度认同。在这一过程中，中国财政始终把握定位，坚持为统筹中华民族伟大复兴战略全局和世界百年未有之大变局这两个大局服务，并在这一伟大实践中逐步形成了中国统筹财政理论。笔者长期关注这一理论的发展，也做了归纳探讨，今天站在“实现全人类共同价值中国方案”的高度来审视，又有了新领悟。中国财政在统筹内外两个大局上做的工作应视为对全人类共同价值的践行，是实现这一共同价值之中国方案的财政篇章，我们应加强从这一侧面把握的力度，并在实践中继续完善对应的理论体系，这既包括服务国家大局又有益于人类命运共同体构建的统筹财政理论，也包括能助力构建以合作共赢为目标的新型国家间财政关系之理论框架。这里主要谈三个方面。

其一，在助力全人类共同价值实现的过程中，中国财政始终致力于和平与发展理念的实现。在实现第一个百年奋斗目标的进程中,我国高举和平、发展、合作、共赢旗帜,始终奉行独立自主的和平外交政策,坚持统筹国内国际两个大局,始终不渝走和平发展道路。应当说,我国的发展离不开和平的国际环境和稳定的国际秩序。同时,我国的和平发展道路既为希望和平发展的国家提供了中国方案,也成为世界和平发展的重要力量。从狭义角度研究统筹财政支持和平发展,就必须看到在国内层面,我国国防费开支保持适度和克制,国防费占 GDP 比重长期低于世界平均水平;在国际层面,我国积极参加联合国维和行动,及时缴纳维和行动经费并持续加大维护世界和平发展的相关投入。而从广义角度出发,就必须研究推动构建人类命运共同体赋予统筹财政的时代使命。从和平共处五项原则、和平发展道路、构建和谐世界一路走来,推动构建人类命运共同体思想是我国不同时期重大外交思想和主张的创新和升华,而和平发展是其中的重要基石。多年来,在推动构建人类命运共同体的进程中,中国财政已经在解决治理赤字、信任赤字、和平赤字、发展赤字中提供了中国智慧和中国方案。特别是通过《“一带一路”融资指导原则》等共同标准的出台,我国财政部门推动“一带一路”融资体系的建立,推动了“一带一路”建成和平之路、繁荣之路、开放之路、创新之路、文明之路,为实现第二个百年奋斗目标提供了和平与发展的国际基础。

其二,面对错综复杂的国际形势,中国财政在处理国家间财政经济关系中始终促进公平正义价值的实现。当前,百年变局和世纪疫情交织叠加,世界进入动荡变革期。我们必须理解百年变局下“世界多极化、经济全球化、文化多样化、社会信息化”深入发展对中国财政定位的深刻含义。我们过去多年对世界格局的提法是“经济全球化、世界多极化、科技信息化”,之后又延伸为“经济全球化、世界多极化、科技有进步、全球新问题”。在此世界格局中,“经济全球化”放在首位意味着各国对经济全球化“有认同、共推进”。但在当下百年变局中,“世界多极化”已事实上居于“经济全球化”之前,这说明国家间的政治关系影响是当今世界的首要因素,主要国家对“经济全球化”共识持续削弱,合作共赢与孤立主义、顺全球化与逆全球化针锋相对。站在历史的十字路口,中国财政坚定站在历史正确的一边,站在人类进步的一边,不断践行全人类共同的正义价值。近年来,中国财政通过“大国财政”理念服务大国外交,以负责任大国形象推进财经外交。具体来看,中国财政促进亚洲基础设施投资银行、金砖国家新开发银行等一批新型多边机构形成和发展。中国财政助力“一带一路”建设成为范围最广、规模最大的国际合作平台和最受欢迎的国际公共产品,推动着新型国际财政经济关系的逐步形成。

其三,在建设更高水平开放型经济新体制的进程中,中国财政始终不断践行人类共同的自由价值理念。2021 年是我国加入世界贸易组织的第 20 个年头。回望过去 20 年,我国坚决维护多边贸易体系,促进国际贸易和投资自由化便利化,不断践行全人类自由价值,逐渐成为顺应和推动经济全球化发展的重要支撑。站在“两个一百年”进程和加入世界贸易组织 20 年这一时间耦合点上,我们看到全球新冠疫情起伏反复,逆全球化与慢全球化交织进行，世界的不稳定性和不确定性持续加大。在这一背景下，我们既要明确经济全球化是不可逆的潮流，更要通过中国财政力量继续助力推动国际贸易和投资自由化。例如，“十三五”期间，中国财政会同相关部门连续多次自主降低关税并有效应对贸易摩擦，充分捍卫了贸易自由化。站在新征程上，中国财政将继续推进贸易和投资自由化便利化，在更大范围、更宽领域、更深层次实施对外开放。而随着中国特色社会主义道路的成功为越来越多的人所认同，中国将为世界范围内人的全面发展提供更加自由的国际政治经济环境，将会更坚定地朝着世界大同的崇高目标奋力前行，这也是我们研究中国统筹财政理论与实践必须时刻铭记的时代责任。

本章参考文献

邓力平，2012.财政热点与财政理论：国际政治视角的分析[J].财政研究(11)：2-6.

邓力平，2016.中国特色社会主义财税思考[M].厦门：厦门大学出版社.

邓力平，2019.人民财政：共和国财政的本质属性与时代内涵[J].财政研究(8).

刘昆，2021.以史鉴今 资政育人 奋力开创财政高质量发展新局面[J].中国财政(13)：4-11.

习近平，2015-09-29.携手构建合作共赢新伙伴 同心打造人类命运共同体[N].人民日报(002).

习近平，2021.在庆祝中国共产党成立100周年大会上的讲话[M].北京：人民出版社.

习近平，2021-07-07.习近平出席中国共产党与世界政党领导人峰会并发表主旨讲话[N].人民日报(001).

第四章　论新时代我国财政收入体系的改革与完善*

杨　斌**

中国特色社会主义已经进入新时代,与之相适应,经济也步入高质量发展新阶段。一方面,经济增长从高速增长转变为中高速增长,相应地,财政收入增长进入平稳期甚至放慢期;另一方面,为解决发展不平衡不充分问题,应对更加复杂困难的局面,财力需求持续增加,财政平衡压力增大。因此,有必要研究新时代我国财政收入体系的改革完善,以贯彻新发展理念、构建新发展格局、推动高质量发展,支撑第二个百年奋斗目标实现。

第一节　新时代中国财政收入体系改革面临的主要问题

改革开放以来我国推行以税制改革为主体的财政收入体系改革取得不少成效,其鲜明特点是在经济高速增长的情况下,财政收入特别是税收收入以超过 GDP 增长的更快速度增长,使政府获得足够的财政收入,为保持国家长期稳定和逐步解决经济社会发展中的重大问题提供了财力支持。但对比进入新时代的新要求,财政收入体系改革也面临新问题。

第一,在改革目标导向上,过去主要以市场经济的需要为导向,财政收入体系建构和税制改革主要关注如何适应市场经济制度的需要,从中国特色社会主义制度属性进行整体谋划显得不足。

一直以来,财政收入体系改革主要着眼于一般的公共财政方面即税收方面,而忽视了作为社会主义国家国有资产收益分享机制的构建,对国有资产经营风险全民共担但收益非全民共享的不对称性问题没有加以解决。在全民所有制下,经营性国有资产的经营收益和非经营性资产的增加值,法律上都应归属于全体人民,但实际生活中,还未存在明确具体的分享机制。一些领域还存在国家所有被转化为部门所有、地区所有、企业所有的情况,存在为小单位和个人的私利侵害国有资产所有者——全体人民利益的情况。

---

* 本章写作时间为 2021 年,故本章论述以 2021 年为时间点。

** 杨斌,教授,博士生导师,厦门大学经济学院财政系。

虽然建立了国有资本经营预算，但对国有企业和非企业大量资产统计不够完整、利润核算存在低估现象，即使按现行会计制度核算的被低估的利润也存在上缴比例过低问题。目前庞大的国有资产数额与微乎其微的国有资本经营预算收入存在严重不对称。2019 年，经营性国有资产总额（包括金融和非金融资产）527.1 万亿元，扣除负债后，国有资本权益或净资产总额 85 万亿元；[①]金融企业以外国有企业税后净利润 2.63 万亿元。[②] 2019 年，仅在 A 股上市的国有或国有控股的 36 家银行实现净利润 1.70 万亿元，其中工商银行、建设银行、中国银行、农业银行、交通银行和邮政储蓄银行六大国有银行实现净利润（集团口径）逾 1.1 万亿元。[③] 但当年国有资本经营预算收入只有 3971.82 亿元，[④]仅为国有经营性净资产的 0.47%。除了经营性国有资产外，2019 年全国行政事业性国有资产总额 37.7 万亿元，负债总额 10.7 万亿元，净资产 27 万亿元。[⑤] 其中也产生大量国有资产净收益（如国有医院、国有大学社会服务净收入等），这些净收益既没有通过国有资本经营预算加以核算、体现，也没有通过任何机制分享给其法定所有者——全体人民，而是被单位独享。

此外，我国全民所有的国有资产还包括大量可估价或不可估价的土地和其他资源资产及收益或增值，目前基本上也是法定全民公有，但实际被地区或部门享有。在国有资产收益中，国有土地收益是重要内容。但目前土地收益分配制度不完善。土地收益以土地出让金名义在政府性基金预算中作为一个科目加以体现，一方面名不副实，因为土地收益属于资产性收益，与具有强制性课征性质的其他类别政府性基金不同，且收入和支出缺乏具体信息；另一方面收益分享主体错位，政府掌握的土地按法律规定属于全民所有，应当由中央政府代表全体人民收集净收益，通过一定方式由全国人民分享，但实际状况是土地收益主要由所在市和县一级政府独享，加剧区域不公平和发展不平衡，还造成土地供应垄断，影响房价合理性。

第二，从改革遵循的思维方式看，过去大多借鉴甚至照搬西方的理论和做法，结合中国实际不够，容易将建立现代财税制度简单地当成借鉴西方的制度，将现代化等同于西方化或美国化。

财政税收领域，中国方案、中国经验、中国模式、中国理论自信不足，造成中国特色社会主义理论、模式、制度的鲜明独创性与财政领域西方理论、模式、制度的简单照搬的不对称和不协调性。如关于建立所得税特别是个人所得税为主体的税制结构；建立以不动

---

① 国务院关于 2019 年度国有资产管理情况的综合报告[EB/OL].(2020-10-15)[2021-01-20]. http://www.npc.gov.cn/npc/c30834/202010/8459210b544e4b9dba931e5b4682e9fa.shtml.

② 财政部资产管理司.2019 年 1～12 月全国国有及国有控股企业经济运行情况[EB/OL].(2020-01-21)[2021-01-20]. http://zcgls.mof.gov.cn/.

③ 吕东，2020-04-30.A 股 36 家银行去年盈利联袂增长[N].证券日报(A1).

④ 财政部预算司.2019 年全国国有资本经营收入决算表[EB/OL].(2020-07-31)[2021-01-20]. http://yss.mof.gov.cn/2019qgczjs/202007/ t20200731_3559761.htm.

⑤ 国务院关于 2019 年度国有资产管理情况的综合报告[EB/OL].(2020-10-15)[2021-01-20]. http://www.npc.gov.cn/npc/c30834/202010/ 8459210b544e4b9dba931e5b4682e9fa.shtml.

产财产税为主体的地方税体系;税负结构从以企业为主向以个人为主转变等观念和思路都是源于西方理论和美国实践,且不少已经是过时的理论和被认为存在严重弊端的实践(杨斌,2020a)。

第三,从改革的具体路径看,以单项改革为主,系统推进缺乏,造成一些领域形式变化多、实质转变少的状况。

新增值税制度仍然是生产地课税模式,此外仍保留大量全值流转税的规则和办法,如小规模纳税人、金融业特殊征税办法、增值税普通发票。某些长期被诟病的改革领域还没有触及,如以"政府性基金"名义收取的大量收入还没有被列入改革规范的范围。这与新时代推进国家治理体系和治理能力现代化的要求尚有距离。减税降费政策对减轻实体经济负担发挥了一定作用,但也存在一刀切、撒胡椒面、缺乏精准的问题。社会保险基金缴费和待遇制度还因居民身份不同存在巨大差异。据统计,2018 年,城乡居民基本养老保险人均养老金 1819 元,只是机关事业单位基本养老保险人均退休金的 26.04%、企业职工基本养老保险人均退休金的 69.15%。[①] 差异的产生,不仅因为收入差异引起的缴费水平差异,还因为财政补贴力度不同。虽然财政补贴占城乡居民基本养老保险基金收入的比例已高达 70%,但该养老保险承保人数最多,因此人均财政补贴是最低的,只有 530 元,分别是机关事业单位养老保险基金和城镇企业职工养老保险基金人均财政补贴的 7.12%和 41.63%。[②]

第四,从改革的着力方向看,过去基本是围绕政府本身财政需要,以保财力为主要着力点。近几年也关注企业特别是中小型企业、新兴产业的负担情况,着力激发经济发展动力,但关注微观主体和人民群众的切身感受着力不够。

在新时代,经济发展进入高质量阶段,我国财政收入体系与经济高质量发展和构建强大的国内经济循环体系的要求尚存在一些不兼容现象,微观主体税负感强烈,迫切需要降低微观主体税负感,提高受益感(闫坤 等,2020)。更一般地讲,还缺失及时回应纳税人普遍关切并有效约束财政收入规模、优化收入结构的机制(郑方辉 等,2019),也缺乏有效扩大内需、释放内需潜力、提升消费层次、建设超大规模的国内市场的财政收入政策体系,难以适应构建以国内大循环为主体、国内国际双循环相互促进的新发展格局。

第五,从改革的方法看,一刀切的倾向还十分明显,中国作为最大的发展中国家内在多样化不够充分,一些方面还存在与化解经济社会发展主要矛盾之目标相脱节的情况。

进入新时代,我国社会主要矛盾已经转化为人民日益增长的美好生活需要和不平衡

① 人力资源和社会保障部.2019 年度人力资源和社会保障事业发展统计公报[EB/OL].(2020-06-05)[2021-01-20]. http://www.mohrss.gov. cn/-gkml/ghtj/tj/ndtj/202009/W020200911401822058532.pdf;财政部预算司.2019 年全国社会保险基金支出决算表[EB/OL].(2020-07-31)[2021-01-20]. http://yss. mof. gov. cn/2019qgczjs/202007/t20200731_3559854.htm;财政部预算司.2019 年全国社会保险基金收入决算表[EB/OL].(2020-07-31)[2021-01-20].http://yss.mof.gov.cn/ 2019qgczjs/202007/t20200731_3559768.htm.

② 杨斌,2021.财政学[M].4 版.大连:东北财经大学出版社:301-302.

不充分的发展之间的矛盾。在中国,经济主体差别巨大,除了城乡差别、收入差距、区域差距外,还存在不同经济体制就业人员待遇差距(即所谓体制内、外待遇差异)、垄断性企业和竞争性企业员工待遇差异、同一个城市居民因是否本地户籍导致公共服务和社会保险待遇的差异。财政收入体系以及一般公共预算支出不仅没有纠正上述差异,还成为产生上述差异的直接原因之一,存在逆向财政机制(杨斌 等,2017)。作为主体税种的流转税实行生产地课税加上分税制,产生了发达地区对不发达地区的"虹吸"效应,加大了地区发展的不平衡。

第二节　新时代财政收入体系进一步改革完善应坚持的基本原则

(一)整体谋划财政收入体系,突出国有资产收益分配

新时代全面深化改革的总目标是完善和发展中国特色社会主义制度,不是单纯的市场经济制度。财政收入体系建构和税制改革不仅要依据建立完善市场经济的要求,还需要从社会主义特有制度属性进行整体谋划。中国经济制度的最大特色以及最大的优越性在于实行中国特色社会主义市场经济。这个制度不仅有世界通行的市场经济机制,还要有社会主义机制,是二者的有机统一体。其中社会主义机制最突出的内涵是实行全民所有制。全民所有制实行国家所有制或政府所有制,由政府管理经营全民所有的资产。但政府并不是实际所有者,而只是受全体人民委托管理经营国有资产;政府要根据人民的意愿和要求,精心管理经营一切归全体人民所有的国有资产,保证保值增值并通过一定方式让全体人民分享国有资产收益。

因此,未来财政改革要把国有资产(包括企业、自然资源、行政事业单位、军事单位等)收益和增值权益作为财政收入系统最重要的内容列入改革完善的议题。要普查统计国有资产存量,拟定有别于市场经济下一般性会计制度的核算办法,全面增加国家财政的资产性收入并通过一定方式让其所有者——全体人民直接分享。建立一种新型社会主义财政收入体系,在税收支撑的一般公共产品供给体系以外,新建一个由国有资产收益支撑的新型社会主义公共产品供给体系,体现以人民为中心的发展思想,实现发展为了人民、发展依靠人民、发展成果由人民共享的发展观、现代化观。

(二)摒弃西方思维方式,根植中国国情

学习西方的理财治税经验无可厚非,但不顾中国实际和西方实践缺陷照搬照抄,且以西方的理论和制度为标准或模式来检验中国的改革成果,看上去先进、现代,但实际是落后的思维方式。比较典型的例子,首先是有关个人所得税的主张,不少学者仍然主张实行多档次、高税率的综合型个人所得税,认为这种税制模式有利于对收入分配进行调

节。实际上在20世纪60年代最优所得税理论出现以后,上述观点就已经被认为是不正确的了。已有研究表明(OECD,2008),不论是在美国,还是在中国,个人所得税是一个奉行成本很高、对收入分配调节作用有限、福利损失比较大的税种。

其次,主张以财产税为主体建立地方税体系也明显是源自美国的理论和经验。美国等国家之所以选择财产税作为地方财政的主体税种,是与其特有的历史、政治体制相联系的。美国属于联邦制国家,实行多样化、地方自治、高度分权的体制,各类政府自治,不存在隶属关系。美国各州不仅仅设置市、县、乡镇一类的一般目的政府,还存在许多为特定目的行使特定功能的地方政府,如负责基础教育的学区,负责医疗服务的医院区,承担排水、防洪、灌溉、水土保持的自然资源管理区,消防局,住房与社区发展局,等等。这些都独立于一般市县政府之外。正是由于联邦、州和地方各类政府都是自治和相对独立的,不存在像中国那样可通过上级政府统一收税,然后再进行政府间层层分割的机制。理论界也一再通过实证研究表明,财产税绝非良税,其负面效应明确无疑,但因为难以找到更合适的财政方案,美国地方政府依赖财产税和税外收费既是历史形成的也是无奈选择的安排。财产税作为美国地方政府的主体税种,深刻地影响了地方政府公共产品的供给水平,导致富人与穷人在不同区域聚集,从而引起区域间的收入不平等。研究表明财产税在收入分配方面具有潜在的恶化效应。具体而言,在税负转嫁效应下,以中低收入群体为主的承租者承担了更多的财产税税负;财产税作为地方受益税,推动富人区住宅高档化和富人聚居,同时推高房价并迫使收入较低者迁移到房价与税负更低的平民区,从而导致贫富分区、阻断合理流动(林庆鉴,2019)。

我们要像坚定中国特色社会主义道路、制度和理论那样,主要根植于中国国情,不仅依据市场经济,更要依据社会主义的实际,敢于独创中国自己的财政收入体系。

(三)契合经济发展变化格局,促进经济社会更加协调发展

经济进入高质量发展新阶段,其特征是经济增长不再持续高速增长,而是由规模型的粗放增长转向效率型的集约式增长,产业结构由中低端转向中高端,由要素驱动转向创新驱动。近一个时期以来,国际经贸争端频发,国内经济增长速度趋缓,消费、投资、出口增幅缩小,除了垄断性行业外,企业特别是中小微企业困难加剧,金融风险和财政收支矛盾凸显。未来财政收入体系和税制改革与以往财力相对充裕的状况不同,要面临常态化的矛盾,即:一方面要减税让利以激活主体活力、促进经济发展;另一方面要增加收入以应对重大挑战、抵御重大风险、克服重大阻力、解决重大矛盾。2019年我国一般公共预算赤字额27600亿元,赤字率2.79%;2020年受新冠疫情影响赤字率将达到3.68%,显性债务率从2019年的38.46%增长到2020年的50%。①

① 财政部.关于2019年中央和地方预算执行情况与2020年中央和地方预算草案的报告[EB/OL].(2020-05-30)[2021-01-20]. http://www.mof.gov.cn/gkml/caizhengshuju/202005/t20200530_3523307.htm.

在这种发展变化的新形势下，一方面，税制改革要改变单纯保财力的导向，主要着眼点要放在适度减税降费、加强税源培植、激发经济活力特别是经济发展新动能上。税负不仅不能提升，还应当有所减轻。主要税种改革要发生实质转变，而不是形式整合，要进一步简化而不是使税制复杂化。在确保税制简化的情况下，针对居民因身份差异而发生的名义收入与实际收入的差异，分类处置，而不是按美国思维提倡综合，这样才能增进实质公平。

另一方面，要大力增加政府财力。财政收入的增加必须依靠系统地推进税收、国有资产收益、土地收益、政府性基金、收费等收入形式整体联动，从整体和长远角度谋划财政事宜，也要避免通过减税政策降低的税收负担通过非税收入重新施加在居民与企业身上(谷成 等,2020)。

此外，财政收入体系和税制改革要着眼于消除地区差异、收入(待遇)差异，而不是加剧区域发展不均衡和不同阶层公共服务不均等。这需要进一步改革流转税(包括增值税、消费税和关税)，探索从生产地课税转变为消费地课税的可行途径，进而从税制本身解决税源地与用税地不一致所造成的税制不公平问题，克服发达地区对不发达地区的“虹吸”效应，促进区域协调发展。还需要进一步完善社会保险体系，逐步实现社会保险从身份差异、区域差异转变为国民待遇无差别。

(四)坚持税收制度确实稳定，增强财政政策预期提高政策效果

税收制度不能朝令夕改，如果经常变动，会使纳税人无法预期，从而无法长期谋划产业发展和开展正常经济活动，会对经济活动特别是长期性活动形成干扰。早有研究表明，在竞争充分、拥有的信息和能力相同，且市场不存在准入限制的情况下，只要原先的税制不变，竞争的结果会导致税后净收益相等，总是会出现横向公平，税制经常变化不仅破坏税制公平，而且因为经济活动难以预期导致效率损失(杨斌,2008)。税制运行存在成本，包括征税成本和纳税成本。税制越复杂、越含糊，税收成本就越大。税法和管理规章制度要明确、简明、稳定。要尽可能简化税制，能够实行单一税制的，就不实行复合税制，能实行源泉扣缴的地方，就不实行综合申报；税务专用设备成本要低廉，税务代理制度要简便易行，税务设备的采购和推行、管理制度的改革要公开、透明，非有纳税人及其代表参与不得随意指定税务专用设备、随意推行税务代理或其他一切需要纳税人负担费用的税务管理措施。

第三节　改革完善财政收入体系的对策建议

(一)全面改革国有资本经营预算，建立经营性国有资产收益预算体系

所有国有资产经营单位应当将归属于国有资产所有者的权益，扣除发展基金后，按

一定比率上缴。为此,要设立税后净收益中用于再投资即发展基金的规范,同时按行业、企业规模、经营情况、历史状态等确定不同的上缴比率。经营性国有资产变卖、重组收益都要先上缴,才能进行后续安置补偿、折价入股等经济行为。鼓励国有企业按市场规则确定优秀人才的薪酬水平,加大国有企业吸收人才的能力和吸引力,促进国有企业可持续高质量发展,但要防止薪酬普惠化和形成新型“铁饭碗”,特别是垄断性“铁饭碗”。为防止虚增成本特别是随意确定内部员工薪酬待遇,压低利润,要改革统计和会计核算办法,研究建立国有企业特别会计准则。

根据筹集上来的资金数量规模,安排合理支出。首先,通过设立国有资产收益权证制度,将主要部分的国有资产上缴收益,归属于其法定所有者,使社会主义全民所有制得到实际体现。具体路径可以是建立基本生活保障收入(basic income),抑或完善基础的社会保险制度(杨斌,2020b)。其次,增加能提升国家竞争力、将来能够给全体人民带来进一步收益的战略性行业投资。

(二)改革完善土地收益分配制度,建立土地收益预算体系

首先,将土地收益从政府性基金预算中剥离出来,在国有资产财政和预算体系中设立专门的土地收益二级预算体系,提供全国所有地方有关国有土地收益的具体统计和核算数据。其次,由中央政府代表国有土地所有者——全国人民,在全国范围内建立多家土地资产经营公司,对土地供应实行竞争供给,净收益在中央、省、市、县之间进行合理分配。既保证国有土地资产保值增值,又改变当前市、县政府作为单一土地供应主体的状态,从而破除土地供应垄断,增加房地产市场竞争性,让房价回归合理(杨斌,2020b)。

(三)进一步改革简化增值税,降低税负,促进区域均衡发展

应对中国经济下行和适应供给侧结构性改革的实际需要,通过适当降低税率,以制度化减税为目标进一步完善增值税制度。增值税税率要从混合型转变为标准型(杨斌,2008)。对小规模纳税人、服务性金融业免税,同时不予抵扣进项税额,避免实行低税率同时进项税额不能或难以抵扣造成的双重负担。针对多档税率的弊端,尽可能实行单一税率。一方面,进一步按税制原理规范税制;另一方面,落实增值税最终负担落于消费者的中性优点。

在找到合适的方法实现从生产地课税转为消费地课税之前,应当改革分税制。应将除关税外的其他流转税作为中央税,由中央按各地人口和消费水平等因素实行转移支付,先将较不发达地区居民实际负担的流转税返还给居住地,然后根据公共服务均等化原则再进行另一层面的转移支付。

(四)着眼于国际税收竞争,以简化为目标推进个人所得税改革

个人所得税改革不仅要考虑国内因素,还要从国际税收竞争角度着眼。个人所得税最高边际税率偏高,不利于人才特别是高端人才的流入,从而损害竞争力,因为个人所得

税是影响人力资源特别是高素质人才流动的重要因素(龚辉文,2017)。最高税率对应的应税所得额偏低也会造成同样结果。在个人所得税税率和对应的应税所得额设计上,既要照顾对高收入者征收较高税收的社会普遍心理,也要关注高税率和对应的应税所得额对国际人才流动的影响,改革的路径应该是适当降低最高边际税率,同时提高高税率对应的应税所得额水平,以便减少对高层次人才的反激励效应(杨斌,2016)。

实践表明,高税率、多档次的累进个人所得税,不是调节收入分配的有效手段。个人所得税可在 2018 年改革基础上,进一步简化税制,基础扣除额也可以规定为总收入的一定百分比,并继续减少税率档次。通过改革,个人所得税应成为实质上的单一税或准单一税,以减少纳税成本和征税成本。

(五)遗产税不宜作为中国税制体系的选项

在国外,近几年遗产税的征收备受争议。赞成征收的人认为遗产税对缓和分配不公,补充所得税的不足,促进创造、上进、自立自强的社会风气有一定作用。遗产税有减少富裕家庭子女因继承父母的遗产而出现懒惰的效应,从而避免扼杀子女的才华和活力,也同时促进社会进步。但也有研究认为,把遗产税作为消减财富过分集中的收入分配工具可能适得其反,有可能使收入分配更加不公平。因为遗产税会减少储蓄,从而减少资本,而减少资本将减少就业,导致劳动力实际收入下降,使较穷的劳动力阶层的收入份额减少。遗产税鼓励富人在有生之年花费更多的钱,使实际的不平等加剧(哈维 · 罗森 等,2015)。因此,有观点认为遗产税是对努力奋斗的成功人士的处罚,也是对没有挥霍浪费的节俭人士的处罚。

从世界各国的实践看,遗产税是一种偷税严重、征税成本高的税种。由于遗产税的应税财产项目涉及面广、某些财产查实困难、估价不易准确、易于逃避,各国还没有找到防止偷税的有效办法。遗产税收入有限,相对征税成本却比较大(杨斌,2008)。正因为上述原因,遗产税从来不是一个值得借鉴的税种,未来我国应坚持不把遗产税作为中国税制体系的选项。

(六)完善财税政策,实施精准减税降费政策

首先,应在进一步规范增值税制度的基础上,对农业和粮食生产实行"进项税额补偿"①,消除对农产品的税收歧视;对国家确定的战略产业,实行特殊税收优惠政策。其次,应按照同样条件享受同等优惠的原则,进一步清理和优化税收优惠政策,避免只让个

---

① "进项税额补偿"是指,如果对农业或粮食生产实行免征增值税政策,由于农业生产过程中的进项税额得不到抵扣,所以政府应该对其给予一定 的"进项税额补偿"。比如,在欧洲,农产品生产者(农民)不需要缴纳增值税,即跟小规模纳税人和金融业主一样,不在增值税体系之内。但他们既不能抵扣农机、化肥等增值税进项税额,也不能开出增值税发票,将进项税加在出售产品的价格里,因此,对比其他缴纳增值税的行业,他们是"亏"了,亏在进项税额不能抵扣。欧盟为了减轻农民负担和公平起见,对农民出售农产品实行按销售额一定比例的"进项税额补偿"办法,即农民不缴纳增值税,但能得到一笔"退税"。

别企业得益的不公平政策配置方式，既精准地鼓励企业进行风险投资和创新活动，以提高企业竞争力，又消除过度差别的税收政策对市场公平竞争造成的障碍，支持统一市场的形成。最后，在加大一般公共预算和动用国有资产收益补充社保基金的前提下，进一步降低社会保险费率，同时取消不必要的政府性基金和行政事业收费。

本章参考文献

龚辉文，2017.国际税收竞争是现代税制改革的主要推动力[J].税务研究(9)：14-19.

谷成，潘小雨，2020.减税与财政收入结构：基于非税收入变动趋势的考察[J].财政研究(6)：19-34.

哈维·罗森，特德·盖亚，2015.财政学[M].10 版.郭庆旺，译.北京：中国人民大学出版社.

林庆鉴，2019.美国房产税及其收入分配效应研究[D].厦门大学.

闫坤，鲍曙光，2020.我国财政收入增速下滑分析[J].中央财经大学学报(9)：3-13，2.

杨斌，2008.税收学原理[M].北京：高等教育出版社.

杨斌，2016.综合分类个人所得税税率制度设计[J].税务研究(2)：30-37.

杨斌，2020a.思维方式与理财治税[J].税务研究(1)：5-13.

杨斌，2020b.马克思剥削理论与社会主义分益制财政体制[J].厦门大学学报(哲学社会科学版)(2)：1-11.

杨斌，胡文骏，2017.逆向财政机制与城乡收入差距[J].厦门大学学报(哲学社会科学版)(3)：46-56.

郑方辉，费睿，2019.财政收入绩效评价：兑现减税降费政策目标的价值工具[J].中国社会科学(6)：85-105，205-206.

OECD. Growing unequal? income distribution and poverty in OECD countries[R/OL]. [2021-01-20]. OECD Publishing, Paris, Oct. 2008. https:// doi. org/10. 1787/9789264044197-en.

第五章　中国共产党百年历程中的财政实践探索与思想理论结晶*

刘　晔**

今年是中国共产党百年华诞。百年来的光辉历程，是党把马克思主义普遍原理与中国实际相结合，带领中国人民实现从站起来到富起来再到强起来的伟大飞跃的历史进程。在这一过程中，党领导下的财政工作对不同时期的中国革命、建设、改革、发展都发挥了基础和支柱作用。同时，党在领导财政工作过程中也积累了丰富的实践探索经验和深刻的思想理论结晶。因此，概要梳理百年历史进程中党领导财政工作的理论和实践，破解中华民族伟大复兴历史进程中的财政密码，不论对于深化当前的"四史"学习还是对于接续未来的实践探索都具有重要的现实意义。

财政学界对百年来的中国财政史已有很多梳理，其中较为系统的有李炜光、赵云旗(2013)的新民主主义革命时期财政史；陈光焱(2013)、叶青和鄢圣鹏(2013)的中华人民共和国财政史；刘尚希、傅志华(2018)对改革开放 40 年财政史的研究，等等。与已有研究相比，本章的特色和贡献在于：首先，本章是以党对财政工作的领导来概述和总结财政史的，并始终围绕各个时期社会主要矛盾和党的中心工作来理解财政工作的地位和作用；其次，本章并不只是单纯回顾财政史，而是同时总结各个时期党在领导财政工作实践进程中所产生的思想理论，并做到史论结合；最后，本章并不限于概括各个历史时期党领导财政工作的理论和实践，而是遵循理论逻辑、实践逻辑和历史逻辑相统一的原则，在综观百年历程基础上总结其一脉相承的逻辑脉络。

第一节　供给型财政：新民主主义革命时期党领导财政工作的理论与实践

自 1921 年建党到 1949 年新中国成立，是中国共产党领导中国人民进行新民主主义

* 本章写作时间为 2021 年，故本章论述以 2021 年为时间点。

** 刘晔，教授，博士生导师，厦门大学经济学院财政系。

革命的历史时期。尽管在建党之初，中国共产党也提出了自己对财政工作的纲领性设想[①]，但由于当时尚未掌握任何局部政权，所以实践中党所领导和管理的只是自身的党务财政收支。在新民主主义革命时期，作为依托政治权力而开展分配关系的财政收支，则始于1927年10月中国共产党开辟第一个红色政权——井冈山革命根据地，并先后经历了土地革命、抗日战争和解放战争等不同的阶段。

(一)时代和实践催生出供给型财政理论思想

"时代是思想之母，实践是理论之源"，任何时期财政实践的探索和理论的创新都离不开时代和实践所提出的问题。党领导下的财政工作同样如此，并且与同时期党领导下的军事、政治和经济等工作相互关联、互相促进并都共同指向那个时代所需要解决的迫切问题。而每一个时代的问题又是由那个时代的社会主要矛盾所决定的。正如毛泽东同志所指出的"帝国主义和中华民族的矛盾、封建主义和人民大众的矛盾"[②]是近代以来一直到新民主主义革命时期中国社会的主要矛盾，并由此决定了中国共产党的革命纲领和中心任务[③]。尤其在1927年以后，随着以井冈山革命根据地等为代表的红色政权的建立，正式形成了在党的领导下，以农村革命根据地为主要依托、以武装斗争为主要形式的中国革命新道路。

在新民主主义革命时期的不同阶段，尽管党所领导的财政工作具有各自不同的特点，但是从总体上看，相似性是主要的，而差异性是次要的。如何有效组织和动员根据地(解放区)财力物力来保障战争供给，始终是革命战争时期党领导下的财政工作的首要任务。在这样的时代背景和实践基础上，中国共产党形成了相应的"供给型财政"思想理论。对这一思想理论最概要的总结就是毛泽东同志所提出的"发展经济，保障供给，是我们的经济工作和财政工作的总方针"[④]。作为贯穿党领导的革命战争时期全过程的供给型财政理论，在统筹考虑和辩证看待军事、经济和财政关系基础上形成如下主要财政思想理论。

1.保障战争供给的财政职能论

革命战争时期的供给型财政理论将党领导下的财政职能明确定位在保障战争供给上。这一财政职能在革命战争早期党的纲领性报告中就得以明确[⑤]，根本上看这是由新民主主义革命时期党的反帝反封建的革命纲领和以武装斗争为主要形式的革命任务所

---

① 如在1921年党的一大纲领中曾提出"消灭资本家私有制，没收机器、土地、厂房和半成品等生产资料，归社会公有"；1922年党的二大宣言中曾提出"废除丁漕等重税""废除厘金及一切额外税则""规定限制田租率的法律"等财政主张。

② 毛泽东，1991.毛泽东选集：第二卷[M].北京：人民出版社：631.

③ 尤其体现在1922年中共二大正式提出了明确彻底的反帝反封建的民主革命纲领。

④ 毛泽东，1991.毛泽东选集：第三卷[M].北京：人民出版社：891.

⑤ 例如毛泽东在《全国苏维埃第二次代表大会上的报告》中就指出："苏维埃财政的目的，在于保证革命战争的给养与供给，保证苏维埃一切革命费用的支出。"

决定的，也是由当时中国最广大人民的根本利益所决定的。

2.经济决定财政的财政观

财政职能是保障战争供给，而要实现战争保障却有赖于经济发展，由此产生了“经济决定财政”的财政观。从土地革命战争时期党中央所提出的“从发展经济来增加我们的财政收入，是我们财政政策的基本方针”①，到解放战争时期“发展生产，保障供给……仍是解决财经问题的适当方针”②，均鲜明体现出“经济决定财政”的财政观。

3.协调人民短期利益和长远利益的财政分配观

战争作为人财物的巨大消耗战，供给型财政不可避免地在短期内加重人民负担。但党作为中国最广大人民利益的代表，需要运用财政这一调节分配关系的手段来统筹人民短期利益和长远利益。一方面，党深刻认识到短期内“人民负担虽然一时有些重，但是……打败了敌人，人民就有好日子过，这个才是革命政府的大仁政”；另一方面，“仍要注意赋税的限度，使负担虽重而民不伤”③，即在发展经济和合理负担的基础上通过取用有度来兼顾人民的短期利益和财政的可持续性。

（二）供给型财政理论的政策安排与成功实践

在供给型财政思想理论指导下，党进行了有效的战时财政动员并取得了成功的实践经验。

1.财政支出向战争供给倾斜，保障了革命战争的需要

从党领导武装斗争和掌握革命根据地政权开始，财政安排的原则就是“先前方，后后方；先红军，后地方”，由此在不同历史阶段始终将财力优先用于战争供给与后勤装备上。如以抗日战争时期陕甘宁边区为例，1943 年直接的军务费和用于前线供给的被服费两项合计占财政总支出的 63.85%，同年行政费、民政费、教育费、财务费等都仅占总支出的 0.1%～0.2%间④。再如在解放战争中，1947 年党中央在华北财经会议决议中明确“军费开支可占财政开支总数的 85%……一切为了前线”⑤。总之，党领导下的财政工作从中国人民的根本利益和长远利益出发，通过集中财力保障供给，为革命战争最终胜利奠定了物质基础。

2.在收支关系上采取以“量出为入”为主的政策方针

作为供给型财政，需要以保障战争供给最低要求来筹划收入，因此党领导下的财政工作在大部分时间里采取以“量出为入”为主的政策方针。对此，毛泽东曾指出“应当计

① 毛泽东，1991.毛泽东选集：第一卷[M].北京：人民出版社：134.

② 毛泽东，1991.毛泽东选集.第四卷[M].北京：人民出版社：1176.

③ 毛泽东，1991.毛泽东选集.第三卷[M].北京：人民出版社：895.

④ 陕甘宁边区财政经济史编写组，1981.抗日战争时期陕甘宁边区财政经济史料摘编：第六编[M].西安：陕西人民出版社：65.

⑤ 华北解放区财政经济史料选编编辑组，1996.华北解放区财政经济史料选编[M].北京：中国财经出版社：296.

算……在整个反‘围剿’斗争中物质需要的最低限度”①。由于战时财政的性质决定了在大部分时间里“收入必须服从支出……在保证政治任务完成的原则下计划收入”②。

3.在财政支出上执行“厉行节约、反对浪费”的政策方针

要有效保障战争供给，就需要相应压缩行政支出和其他支出。党在领导革命战争一开始就确立了节俭的财政原则，并在部队和干部中采取了最低生活标准的供给制。尤其在抗战中财政最困难时期，抗日根据地在 1942—1943 年间进行了三次严格的精兵简政活动，有效节约了财政支出，提高了支出效率。

4.在财政收入上奉行“强本开源”“合理负担”的政策方针

党在实践中主要采取两方面政策。一方面遵循经济决定财政的财政观，从苏区建设开始就通过各项政策来发展经济进而充裕财源，其中也包括财政经济建设支出、发行建设公债等办法来促进经济发展，尤其在“取之于民”的同时积极发展公营经济，在自力更生基础上实现生产自给③。另一方面要充分考量人民负担并尽可能做到税负的合理分配，即使税收负担更多地由剥削者来承担④。如苏区从最开始，就在党的领导下实施了依阶级征收的累进土地税政策⑤，既实现了量能负担，也从根本上体现了财政的人民性。

5.在财政管理上实行“统一领导”的政策方针

供给型财政理论要求实践中实行在党中央“统一领导”下集中统一管理的财政政策，才能有效保障和统筹战争供给。因此自 1931 年中央苏区成立就实行了“统一领导、分级管理”的财政管理体制，并建立起统一的预决算、会计、审计和国库制度等。而从管理机构来看，从 1931 年中央苏区中隶属于中央执行委员会的中央财政部，到 1949 年接受党中央直接领导的中央财经委员会，都在机构和职能上保障了党对战时财政的集中统一领导。

第二节　建设型财政：计划经济时期党领导财政工作的理论与实践

从 1949 年新中国成立到 1952 年底，由于大规模剿匪作战和抗美援朝战争等军事活动，这时期财政仍具有相当程度的战时供给型财政特征。此外党和国家也通过发展生产、统一财政来稳定物价、恢复经济。而自 1953 年中国实施第一个五年计划开始，一般

---

① 毛泽东，1991.毛泽东选集：第一卷[M].北京：人民出版社：202.

② 陕甘宁边区财政经济史编写组，1981.抗日战争时期陕甘宁边区财政经济史料摘编：第六编[M].西安：陕西人民出版社：4.

③ 其中最典型例子是抗日战争时期陕甘宁边区大生产运动，到 1943 年生产自给率达到 79.5%。

④ 例如，毛泽东在《新解放区农村工作的策略问题》中就提出“在财政政策上实行合理负担，使地主富农多出钱”。（参见毛泽东，1991.毛泽东选集：第四卷[M].北京：人民出版社：1326.）

⑤ 李炜光，赵云旗，2013.新民主主义革命时期财政史：上[M].长沙：湖南人民出版社：61.

认为中国开始了计划经济时期，这一时期持续到 1978 年改革开放为止。

(一)计划经济实践产生了建设型财政理论思想

从 1953 年中国实施第一个五年计划开始，尤其是随着 1956 年底“三大改造”的基本完成，我国社会主要矛盾和党的中心任务发生了深刻变化。时代和实践所提出的新问题是，如何在一个落后的农业国基础上尽快实现工业化。1956 年，党在八大决议中提出“我们国内的主要矛盾，已经是人民对于建立先进的工业国的要求同落后的农业国的现实之间的矛盾，已经是人民对于经济文化迅速发展的需要同当前经济文化不能满足人民需要的状况之间的矛盾”，同时在 1953 年“一五”计划提出“优先发展重工业”的基础上继续提出“必须继续坚持优先发展重工业的方针”①。

重工业优先发展是我国当时面临外部威胁和封锁情况的国家战略选择，但在一穷二白的农业国基础上，很难靠市场自发实现重工业优先发展所需的资金积累(林毅夫，1999)。由此，国家选择采取计划经济模式通过资源集中配置的方式来实现。而财政最重要的职能则转变为通过国家对国民收入的分配，为工业化筹集和供应资金。在这样的时代和实践基础上，党在领导财政工作过程中形成了“建设型”财政思想理论。这一思想理论的核心在于正确处理积累和消费间的比例关系，如李先念于 1957 年所指出的“财政是对国民收入进行分配和再分配的工具……关系到国家积累和人民消费间的比例关系”②。而同期中国财政学术界也在马克思政治经济学和中国实践相结合的基础上产生了“国家分配论”这一财政基础理论③，为计划经济时期“建设型财政”理论做了学理阐释。概要看，“建设型财政”理论在计划经济和工业化实践基础上形成如下财政基本理论思想。

1.国家分配的财政本质论

“财政问题是一个分配问题”④，即认为财政本质上是以国家为主体的分配关系。由此，国家通过财政分配来调节和影响全社会积累和消费比例关系、农业轻工业和重工业比例关系、重点建设和一般项目间比例关系。

2.筹集和供应资金的财政职能论

计划经济体制下的财政一方面发挥财政收入“为高速度发展国民经济而筹集资金”的筹集资金职能，另一方面通过财政支出“在积累和消费、各部门和各项目间分配和供应资金”的供应资金职能⑤，保证工业化经济计划目标的实现。

---

① 中国共产党第八次全国代表大会关于政治报告的决议[EB/OL].(2008-06-04)[2019-01-05].https://www.gov.cn/test/2008－06/04/content_1005260.htm.

② 李先念，1992.李先念论财政金融贸易(1950—1991)：上卷[M].北京：中国财政经济出版社：272.

③ 西南财经大学许廷星教授于 1957 年出版了题名为《关于财政学的对象问题》的专著，首次较为明确地提出国家分配论财政本质观。

④ 李先念，1992.李先念论财政金融贸易(1950—1991)：上卷[M].北京：中国财政经济出版社：390.

⑤ 《社会主义财政学》编写组，1980.社会主义财政学[M].北京：中国财政经济出版社：31.

3.积累与消费比例关系论

财政作为以国家为主体的分配关系，首先需要安排好积累和消费间的比例关系。要实现工业化特别是重工业优先发展的战略目标，必须保持较高的积累率和基本建设支出。但如果积累率过高则不仅相应挤占消费支出影响人民生活水平，也会影响国民经济综合平衡特别是容易造成农轻重间的比例失衡。

4.综合平衡论

李先念同志提出"财政上有个原则，收支平衡、略有结余"[①]、"财政、信贷、物资三者必须平衡"[②]。在计划经济体制下，既要实现工业化的资金积累和重工业优先发展，又要保证国民经济有计划按比例发展，需要做好综合平衡，尤其是首先要财政收支平衡、不列赤字。

(二)计划经济时期建设型财政理论的政策安排与实践探索

1.形成为工业化筹集建设资金的计划型财政收入机制

与国家集中配置资源的计划经济体制相适应，我国形成为工业化筹集建设资金的计划型财政收入机制，并主要形成两条路径：一是从农业国现实出发，主要利用工农产品"剪刀差"的价格机制把农村的农业剩余转移成城市的国有企业盈利[③]，形成工业化资金的积累机制；二是国家财政对国有企业采取利润全额上缴、统收统支的财政模式，使得企业利润转化为财政收入。由此，在国家集中配置资源基础上统筹用于工业化建设投资及重工业优先发展。

2.财政支出安排具有明显的生产建设型特征

为发挥财政为工业化供应资金的职能，我国财政支出呈现出明显的建设型特征。1953—1978年，经济建设支出占我国财政总支出的比重达到了57.9%，最高年份甚至达到70.4%；而在经济建设支出中，基本建设支出比重又达到68%[④]。另据测算，计划经济时期对重工业的补贴率高达37.57%(姚洋、郑东雅，2008)。由此，我国财政支出基本满足了计划经济对工业化的资金需求，对我国建成独立的、较为完整的工业体系发挥了重要作用。

3.在"统一领导、分级管理"基础上形成了财力高度集中的财政体制

计划经济时期在中央和地方财政关系上，我国一直遵循"统一领导、分级管理"的体制安排。作为一个大国，虽然有必要赋予地方财政管理权限，但计划经济本质上作为国家集中配置资源的经济体制决定了集权型财政体制。由此在计划经济时期，虽然我国也

---

① 李先念，1992.李先念论财政金融贸易(1950—1991)：上卷[M].北京：中国财政经济出版社：299.

② 李先念，1992.李先念论财政金融贸易(1950—1991)：上卷[M].北京：中国财政经济出版社：240.

③ 据估计计划经济时期工农产品价格剪刀差作为隐性税赋大约有6000亿元。(参见：周其仁，2002.产权与制度变迁[M].北京：社会科学文献出版社：50.)

④ 根据《中国财政年鉴1992》第898～901页数据计算而得。

在不同时期对地方采取一些放权政策,但总体而言还是形成中央高度集中的财政体制。高度集中、统收统支的财政体制,是与计划经济体制和国家工业化初期“集中力量办大事”相适应的。

4.财政收支总体平衡,适应了经济建设计划性要求

为适应计划经济时期“有计划、按比例”发展国民经济的要求,在综合平衡论指导下,我国在大体上执行了收支平衡的财政政策。1953—1978 年,我国约只有三分之一年份出现了财政赤字,而赤字率也都不大①。由此适应了计划经济下国民经济综合平衡的要求。

综上所述,计划经济时期建设型财政通过财政收支及管理政策,总体上适应了我国工业化初期大规模建设资金的需求。1953—1978 年,我国工业总产值年均增长 11.3%,其中重工业年均增长率为 13.64%。到 1978 年,我国工业总产值占工农业总产值的比重已经由 1949 年的 30%提高到 72.2%,而重工业占工业总产值的比重则由 1949 年的 26.4%提高到 56.9%②。在工业化和重工业优先发展基础上,同期我国国防工业和国防装备也有了较大程度的保障。

第三节　公共财政:改革开放和社会主义市场经济建设时期党领导财政工作的理论与实践

计划经济时期,建设型财政虽然对我国工业化起了重要作用,但通过财政进行强制高积累的模式和统收统支的体制,也相应抑制了居民消费增长和企业、地方积极性的发挥。同时,建设型财政所赖以存在的计划经济体制,在进入 20 世纪 70 年代末后愈发显得僵化。1978 年底,以党的十一届三中全会为标志,我国进入了改革开放的新的历史时期。

(一)时代主题和改革实践催生出公共财政理论思想

党的十一届三中全会提出“据新的历史条件和实践经验……对经济管理体制和经营管理方法着手认真的改革”③,从而在实践上开启了对传统计划经济体制的渐进改革,也在思想上开始了对我国社会主要矛盾的重新认识。1981 年党的十一届六中全会提出“我国所需要解决的主要矛盾,是人民日益增长的物质文化需要同落后的社会生产之间的矛盾”,而在新的历史时期只有通过对传统计划经济进行体制改革才能有效解决这一社会主要矛盾。由此,在改革开放新实践的基础上,党对计划和市场的关系经历了一个认识逐渐深化的过程,并进而开启了财政工作的新实践和新理论。

---

① 中华人民共和国国家统计局,2001.中国统计年鉴 2001[M].北京:中国统计出版社:245-247.

② 家统计局工交物资统计司,1986.中国工业经济统计资料(1949—1984)[M].北京:中国统计出版社:95.

③ 中国共产党第十一届中央委员会第三次全体会议公报[EB/OL].(2009-10-13)[2019-01-05].https://www.gov.cn/test/2009-10/13/content_1437683.htm.

1982年党的十二大在总结近几年经济体制改革实践的基础上提出“贯彻计划经济为主、市场调节为辅”；1984年党的十二届三中全会上进一步确立了“在公有制基础上的有计划的商品经济”[①]的改革目标；1987年党的十三大在原有表述基础上提出“国家调节市场，市场引导企业”[②]的新经济运行机制；1992年1月，邓小平同志在视察南方发表重要讲话时提出“市场经济不等于资本主义，社会主义也有市场”[③]；1992年10月，党的十四大正式宣布了建立社会主义市场经济体制的改革目标。

可见，改革开放的过程就是一个渐进市场化的过程，经济市场化伴随着财政公共化而逐步深入，实践的变化进而引发对财政理论的重新思考。早在1982年，针对计划经济时期建设型财政所导致的积累率过高问题，陈云就指出“从全局看，第一是吃饭，第二要建设”[④]；同年，邓小平也提出“不要把基本建设摊子铺得太大……战略重点，一是农业，二是能源和交通，三是教育和科学”[⑤]。由此意味着财政开始将重点转向基础性、公共性领域。财政改革实践的进展也对中国财政学术界产生了影响，尤其随着1992年我国明确社会主义市场经济改革目标以后，围绕着公共财政理论产生了大量的学术讨论、研究与争鸣，总体上认为与我国市场经济相适应的财政模式应是公共财政（张馨，1999）。1998年底，全国财政工作会议正式提出“构建中国的公共财政基本框架”；2003年，党的十六届三中全会则进而提出“健全公共财政体制”[⑥]；2007年，党的十七大报告又提出了“完善公共财政体系”……正如李岚清同志所指出的，“社会主义市场经济条件下的财政，与计划经济条件下的生产建设经营财政相比，最大的不同点就是公共财政”[⑦]。因此，在市场化改革实践基础上，党在领导财政工作过程中逐步形成了公共财政基本思想理论，其要点如下：

1.市场失灵的财政职能论

如十四大报告最初对中国特色社会主义市场经济所做的概括——“市场在社会主义国家宏观调控下对资源配置起基础性作用”，即要发挥市场在资源配置中的基础性作用，政府主要通过宏观调控为市场竞争构建一个良好的外部环境而不过多干预企业等市场主体的微观经营。由此政府财政资源配置职能则限于“市场失灵”领域，即市场能做的让

---

① 中共中央关于经济体制改革的决定[EB/OL].(1984-10-20)[2021-01-05].https://www.gov.cn/test/2008-06/26/content_1028140.htm.

② 沿着有中国特色的社会主义道路前进[EB/OL].(1987-10-25)[2021-01-05].https://www.gov.cn/test/2007-08/29/content_730445.htm.

③ 邓小平，1993.邓小平文选：第三卷[M].北京：人民出版社：373.

④ 陈云，1995.陈云文选：第三卷[M].北京：人民出版社：309.

⑤ 邓小平，1993.邓小平文选：第三卷[M].北京：人民出版社：143.

⑥ 中共中央关于完善社会主义市场经济体制若干问题的决定[EB/OL].(2003-10-14)[2021-01-05].https://www.gov.cn/gongbao/content/2003/content_62494.htm.

⑦ 李岚清，2000.以“三个代表”重要思想为指导逐步建立公共财政框架[A]//项怀诚.以“三个代表”重要思想为指导逐步建立公共财政框架[C].北京：经济科学出版社：7.

市场去做，市场做不好又需要做的才由财政来做。

2.一视同仁的公共服务论

市场经济作为公平竞争的经济，政府要对所有市场主体一视同仁地公平对待。由此，应该一视同仁地公平征税，一视同仁地提供公共服务。正如李岚清所指出的“公共财政就是满足社会公共需要而进行的政府收支活动”[①]。

3.非营利性的财政观

市场经济下政府应充当裁判员而不是运动员，因此财政支出应以满足公共需要而不以营利为目的。正如李岚清所指出的“如果财政直接参与市场竞争，与民争利，就会使正常的市场秩序受到损害”[②]。

4.合理分权的财政体制论

与计划经济国家集中配置资源不同，市场经济中公共财政作为满足公共需要的财政模式，需要在中央统一领导下合理划分中央和地方的财权和事权。由中央提供全国性公共服务，地方提供地方性公共服务。由此，1993 年十四届三中全会就提出“合理划分中央与地方事权……建立中央税收和地方税收体系”[③]。

(二)公共财政理论的政策安排与改革实践

从 1978 年到 2012 年，党在领导财政工作中通过改革探索，在经济市场化改革进程中形成财政公共化改革的实践探索和成功经验，并大体可以分为三个阶段。

1.以财政放权让利为特征的自发改革阶段(1978—1992 年)

这一阶段通过打破计划经济下形成的财政“统收统支”，财政以放权让利为基本特征，来调动企业和地方积极性。由此对国有企业先后实行了企业基金制(1978 年)、利润留成制(1979 年)、利改税(1983 年)、承包制(1986 年)等改革，扩大了企业经营自主权，向培育独立的市场主体方向迈出重要步伐。1980 年起，在中央和地方财政关系上也开始打破计划经济下高度集中、统收统支的财政体制，大致形成各种不同形式的包干制，调动了地方积极性。总体上看，这一阶段随着经济市场化因素的引入，我国财政制度开始自发地朝公共化方向演变。一方面，税收日益取代国有企业利润成为财政收入主体，税收收入占预算内收入比重由 1978 年的 45.9%上升到 1992 年的 94.6%；另一方面，财政经济建设支出占比大幅下降，由 1978 年的 64.1%下降到 1992 年的 40.5%[④]。当然，本阶段财政公共化改革具有“摸着石头过河”的自发性和探索性特征。

---

① 李岚清.以“三个代表”重要思想为指导逐步建立公共财政框架[A]//项怀诚.以“三个代表”重要思想为指导逐步建立公共财政框架[C].北京：经济科学出版社，2000：2.

② 李岚清.以“三个代表”重要思想为指导逐步建立公共财政框架[A]//项怀诚.以“三个代表”重要思想为指导逐步建立公共财政框架[C].北京：经济科学出版社，2000：8.

③ 中共中央关于建立社会主义市场经济体制若干问题的决定[EB/OL].(1993-11-14)[2021-01-05].https://news.ifeng.com/mainland/special/zgsqjszqh/others/200810/1006_4778_818642.shtml.

④ 根据《中国财政年鉴 1998》第 448 页数据计算。

2.顺应市场经济改革目标的自我改革阶段(1993—1998年)

在党的十四大正式确立我国社会主义市场经济体制的改革目标后,自1993年开始我国就以适应社会主义市场经济体制为目标来进行财政制度的自我改革调整。从财政收入看,1994年的税制改革建立起了以增值税为主体的流转税体系,不同所有制企业税制的统一从根本上体现了公共财政一视同仁公平征税的原则;从财政支出看,这期间我国通过进一步增加财政公共性支出、将建设性支出集中于基础设施等,增强了财政市场失灵性和非营利性特征。尤其是这期间财政加大了对各项社会保障的支出,凸显出财政的公共服务特征。此外,1994年的分税制改革,通过划分中央地方税种、建立转移支付制度,适应了市场经济对财政适度分权的要求。

3.明确公共财政改革目标的自觉改革阶段(1999—2012年)

随着1998年底我国明确提出"构建公共财政基本框架",我国财政改革就自觉地以公共财政理论为指导来进行。从税收制度看,1999年起我国进行农村税费改革进而扩大到其他领域,通过清费立税,建立起以税收为主的政府收入体系,2004年开始我国启动了新一轮税制改革,通过增值税转型(2008年)、内外资企业两税合并(2009年)、营改增试点(2012年),实现了行业间、内外资企业间的税负公平;从财政支出看,这一阶段财政公共服务支出均大幅度增长,并基于城乡统筹的原则向农村延伸和覆盖,向一视同仁提供公共服务迈出重要步伐;此外,通过实施部门预算(1999年)、国库集中收付制度(2001年)、政府采购(2002年)、政府收支分类(2007年)等预算改革,财政的公共性大大增强。

第四节　现代财政:进入新时代以来党领导财政工作的理论与实践

自2012年底党的十八大以来,我国改革开放和中国特色社会主义建设进入了新时代。这一新时代与改革开放以来的发展既一脉相承,又有很大不同,尤其是随着社会主要矛盾发生了新变化而呈现出新时代的新特征。而党在领导新时代财政工作过程中也产生了新思想、新理念,从而推动了新时代财政理论的新发展和财政实践的新变化。

(一)基于新时代和新实践所产生的现代财政理论思想

十八大以来,我国经济社会发展站在了一个新的历史起点上,一方面,我国仍处于社会主义初级阶段,仍处于进一步完善社会主义市场经济过程中,这决定了我国仍需进一步全面深化之前的市场经济体制改革。2013年党的十八届三中全会在全面深化改革中首次提出"使市场在资源配置中起决定性作用"[①],由此进一步明确了市场经济改革的目

① 此前一直使用的则是"市场在资源配置中起基础性作用"的表述。(中共中央关于全面深化改革若干重大问题的决定[EB/OL].(2013-11-12)[2021-01-05].https://www.gov.cn/jrzg/2013-11/15/content_2528179.htm.)

标和决心。而另一方面，虽然我国作为世界上最大发展中国家的国情没有变，但经过长期努力，我国已经改变了原来贫穷落后的面貌，社会生产力已经显著提高。同时，我国发展阶段、改革进程、社会环境、外部条件也都发生了很大变化。由此，2017 年党的十九大正式提出“中国特色社会主义进入新时代”的新的历史定位。与此相对应，党的十九大提出“我国社会主要矛盾已经转化为人民日益增长的美好生活需要和不平衡不充分的发展之间的矛盾”[①]。社会主要矛盾的变化意味着在新时代党的中心工作虽然仍是经济建设，但要更注重实现全面协调可持续的现代化发展。同时也要与全面深化改革的总目标相衔接，实现国家治理现代化。

基于新时代主题和新实践要求，党的十八届三中全会首次提出“建立现代财政制度”，由此“现代财政”成为新时代党领导财政工作的理论概括和思想指导。如果说公共财政是与市场经济相适应的财政制度，那么当中国特色社会主义市场经济进入新时代即现代市场经济以后，与之相适应的则是现代财政制度。可见，现代财政制度是与现代市场经济和现代国家治理相适应的财政制度，由此体现了其与公共财政制度间的历史继承性和时代创新性。概要看，新时代的现代财政思想理论具有以下主要观点。

1.民生财政观

十八大伊始，以习近平同志为核心的党中央就明确提出“人民对美好生活的向往就是我们的奋斗目标”[②]。而从社会主要矛盾来看，新时代“人民日益增长的美好生活需要”主要是教育、医疗、社保、养老等公共服务内容，这些民生领域公共服务的短板则与财政资源投入不平衡不充分有关。习近平同志在黑龙江调研时就指出“财政等公共资金配置使用要向民生领域倾斜”[③]。由此可见，建立以民生福祉为中心的财政制度是现代财政的本质内涵(刘晔，2018)。

2.国家治理财政观

十八届三中全会在提出“建立现代财政制度”目标时，也同时对财政工作做了划时代的定位——“财政是国家治理的基础和重要支柱”。而“国家治理体系和治理能力现代化”又是作为全面深化改革的总目标之一提出来的，因此新时代赋予了财政职能更高的定位。如果说公共财政是与市场经济相适应的财政，那现代财政则不仅仅是从经济体制改革角度来定位，而必须从国家治理即包括经济、政治、社会、文化和生态文明的“五位一体”总体布局来定位，从全面深化改革的整体性、系统性和协同性来考虑财政职能。国家治理在本质上是治理公共风险(刘尚希 等，2018)，因此在国家治理财政观下，防范和化解公共风险是现代财政的重要职能(陈龙，2020)。

---

① 决胜全面建成小康社会，夺取新时代中国特色社会主义伟大胜利[EB/OL].(2017-10-18)[2021-01-05].https://www.gov.cn/zhuanti/2017-10/27/content_5234876.htm.

② 习近平，2014.习近平谈治国理政：第一卷[M].北京：外文出版社：4.

③ 习近平，2017.习近平谈治国理政：第二卷[M].北京：外文出版社：363.

3.全面法治财政观

十九大报告提出“坚持依法治国、依法执政、依法行政共同推进”[①]。在国家治理体系现代化中,全面依法治国是一个核心点,而政府法治又是关键。要全面实现政府法治,将政府权力关进制度的笼子里,首先需要从财政法治做起,毕竟政府的行为和权力的运用都离不开财力的支持。因此,新时代对现代财政制度提出了全面法治化的要求,具体则要从税收法治和预算法治入手来实现。

4.新发展理念财政观

在着力破解新时代社会主要矛盾过程中,党的十八届五中全会首次提出“要坚持创新、协调、绿色、开放、共享”的新发展理念。由此对新时代财政改革实践提出了新的要求,也赋予了现代财政理论以新发展内涵,主要包括增强财税政策对创新驱动发展的激励作用;通过财政转移支付和公共服务均等化来促进区域协调发展;通过财税改革实现环境友好和可持续发展;建设大国财政以参与全球治理和国际公共产品供给;通过脱贫攻坚和收入再分配实现共享发展。

(二)新时代现代财政理论的政策安排与成功实践

1.财政支出向民生领域倾斜,保障和改善民生成效显著

积极保障和改善民生是新时代现代财政制度的主基调,由此带来财政民生支出的大幅增长。以教育、医疗、社保和就业、保障性住房、环保节能、城乡社区这六项民生财政支出来看,其总金额由2012年的59863亿元增长到2019年的123614亿元,占一般公共预算总支出的比重则由2012年的47.4%上升到2019年的51.8%[②]。尤其是这期间财政全力支持脱贫攻坚战,2013—2020年中央财政累计安排补助地方财政专项扶贫资金6569.73亿元,且年均增长约22.3%[③]。到2020年底,我国消除了绝对贫困,全面建成小康社会[④]。

2.实施大规模减税降费,促进高质量发展和民生保障

进入新时代以来,为适应供给侧结构性改革和高质量发展要求,我国以新发展理念为指导实施了大规模减税降费。尤其是从2017年开始每年均提出明确的减税降费目标,而2017—2020年间各年度实际减税降费分别达到1万亿元、1.3万亿元、2.3万亿元和2.6万亿元,均超额完成年度目标[⑤]。从减税降费具体政策来看,均以技术创新、双创企业、小微企业、个体工商户、工薪阶层为减税重点,体现出促进高质量发展和民生保障

---

① 习近平,2020.习近平谈治国理政:第三卷[M].北京:外文出版社:18.

② 根据《中国统计年鉴2013》表9-3和《中国统计年鉴2020》表7-3计算而得。

③ 根据财政部网站(http://www.mof.gov.cn/zhuantihuigu/fpzjzczl/)/专题数据计算。

④ 习近平:在全国脱贫攻坚总结表彰大会上的讲话[EB/OL].(2021-2-25)[2021-01-05].https://www.gov.cn/govweb/xinwen/2021-02/25/content_5588869.htm.

⑤ 数据来自各年度中央和地方预算执行情况与中央和地方预算草案的报告。

的特点。尤其是 2020 年面对疫情冲击,减税降费主要用于保就业、保基本民生、保市场主体,体现了鲜明的民生取向。

3.推进财政全面法治建设,有效服务国家治理

在全面依法治国战略布局下,我国财政法治建设大大增强,在预算法治和税收立法上体现得尤为突出。从预算改革来看,随着 2015 年我国新预算法的实施,我国预算首次实现了全口径审查和监督;2017 年起开始实施地方人大预算联网监督工作,实现了预算全过程实时在线监督;2018 年起实施全方位、全过程和全覆盖的全面预算绩效管理。这些改革都大大增强了预算的法治性。从税收立法来看,进入新时代以来我国已先后通过了环保税、船舶吨税、烟叶税、耕地占用税、车辆购置税、资源税、城建税、契税 8 个税种的全国人大立法并颁布实施,立法税种由 3 个增加为 11 个,税收法定程度大大提高。

4.深化税制改革,贯彻新发展理念

以创新、协调、绿色、开放、共享的新发展理念为指导,我国进一步深化了新时期税制改革。如"营改增"经试点后逐步扩围,并于 2016 年 5 月最终实现全面"营改增",由此实现了行业间税负公平,推动了行业的协调发展;2013 年以来我国多次调整对创新企业的企业所得税税收优惠,密集使用研发费用加计扣除等工具,促进经济创新驱动发展;通过对资源税从价计征改革(2014 年)、新增环境保护税(2018 年)等税制改革助力于绿色发展;积极创新自由贸易区税收制度,出台海南自由贸易港税收优惠政策,推动"一带一路"共建国家税制协调,从而促进新时代的开放发展;2019 年起改革个人所得税制,首次实现了综合与分类相结合的税制类型,并新增六项专项附加扣除,由此使得税负更加公平,有利于促进共享发展。

第五节　党领导财政工作:百年历程中一以贯之的逻辑脉络

回顾百年来党领导财政工作的实践探索与理论创造,可以发现,其本身就是百年党史的重要内容之一。各个历史时期所产生的"供给型财政""建设型财政""公共财政""现代财政",既对党领导人民夺取政权、执掌政权、巩固政权,也对中国革命、建设、改革、发展起到了基础和支柱作用。尽管在不同历史时期,财政实践和理论从具体内容上看有很大差异,如党史中新中国成立前与新中国成立后、新中国史中改革开放前与改革开放后、社会主义发展史中计划经济时期与市场经济时期、改革开放史中新时代前与新时代后,但百年历程中一以贯之的逻辑脉络依然清晰可见,并对当前及未来具有重要启示意义。

(一)坚持党对财政工作的领导是百年历程中一以贯之的逻辑脉络

回顾百年历程可以发现,不论不同历史时期的财政实践经验和财政理论思想有多么大的差异,坚持党对财政工作的领导是贯穿始终一脉相承的逻辑主线。正如李先念所指出的，"我们财政工作是为实现党的总路线服务的。财政上……所有这些问题都必须在党的领导下"①。正是党紧紧依靠人民，在破解不同历史时期社会主要矛盾过程中形成符合人民根本利益和时代要求的中心工作，并在围绕和服务党的中心工作过程中形成相应的财政实践探索经验和财政理论思想，才支持了中华民族从站起来到富起来再到强起来的伟大飞跃的历史进程。如习近平同志指出的"中国共产党领导是中国特色社会主义最本质的特征"②，要发挥好新时代现代财政制度对国家治理的基础和支柱作用，坚持和加强党对财政工作的领导始终是一个最重要的原则和方向。

（二）坚持人民财政的本质属性是百年历程中一以贯之的逻辑脉络

回顾百年历程可以发现，不同时期党领导财政工作的实践经验和思想理论尽管在形式上有较大差异，坚持财政的人民性则是贯穿始终一脉相承的逻辑主线。正如周恩来同志在 1954 年《政府工作报告》中所指出的"我们的财政是'取之于民，用之于民'的人民财政"③。综观百年，不同历史时期所产生的"供给型财政""建设型财政""公共财政""现代财政"尽管在理论和实践具体内容上有重大区别，但从根本上看，它们都只是不同时期人民财政具体实现形式的区别而已。贯穿其始终的本质则是党依靠人民、代表人民立足于不同历史时期的中国国情、时代背景和发展阶段来实现好最广大人民根本利益的"人民财政"。因此，在第二个百年奋斗目标开启之际，坚持"以人民为中心"的财政理念来进一步增进新时代的民生福祉，仍是当前及今后党领导的财政工作的根本和重心。

（三）坚持将马克思主义中国化时代化是百年历程中一以贯之的逻辑脉络

综观百年历程可以发现，党在不同历史时期所形成的财政思想理论都是马克思主义基本原理与中国国情和时代特征相结合的产物。"供给型财政"理论是马克思主义基本原理与中国革命根据地实际相结合的产物，实际上也是"农村包围城市、武装夺取政权"中国新民主主义革命理论的有机组成部分；"建设型财政"理论则是马克思社会主义建设的基本原理、计划经济的共性特征与中国作为落后农业国实际相结合的产物，实际上也是中国特色社会主义革命和建设理论的重要组成部分；"公共财政"理论则是马克思主义基本原理、市场经济一般规律与中国特色社会主义基本经济制度、独特的经济转轨路径实际相结合的产物，实际上也是中国特色社会主义理论的重要组成部分；"现代财政"理论则是马克思主义基本原理与中国特色社会主义的时代特征相结合的产物，实际上也是马克思主义中国化最新成果即习近平新时代中国特色社会主义思想的重要组成部分。上述各不同时期的财政理论都一脉相承又与时俱进地回答了在不同时代背景和实践基础上要建立什么样的财政制度，怎样建立这样的财政制度等基本问题。

---

① 李先念，1992.李先念论财政金融贸易（1950—1991）：上卷［M］.北京：中国财政经济出版社：412.

② 习近平，2017.习近平谈治国理政：第二卷［M］.北京：外文出版社：18.

③ 周恩来，1997.周恩来选集：下卷［M］.北京：人民出版社：142.

(四)坚持"实践—理论—实践"的路径是百年历程中一以贯之的逻辑脉络

回顾百年历程可以发现,党在各个不同历史时期的财政实践探索和财政理论创新,都始终遵循"实践—理论—实践"的马克思主义认识论的逻辑进路,即从时代和实践所提出的、所要解决的新问题中进行财政理论创造,进而再将财政思想理论用于指导实践并接受实践的检验。当然,各时代所提出的问题及所需要解决的问题都很多,由此各个时代所需要解决的社会主要矛盾则成为那个时代所提出的最核心问题,把握和回答这一最核心的问题则成为理论创造之源;同时将在此基础上产生的理论用于指导实践,则成为实践探索的基本遵循。综观百年,不同历史时期所产生的"供给型财政""建设型财政""公共财政""现代财政"虽然在具体内容上有很大差别,但都是在围绕着破解各个时期社会主要矛盾的财政实践中产生并被实践证明是有效的财政理论。因此,"实践—理论—实践"的逻辑路径始终是一以贯之的基本脉络,也由此实现了理论逻辑、实践逻辑和历史逻辑三者的统一。

(五)坚持发挥财政的基础和支柱作用是百年历程中一以贯之的逻辑脉络

回顾百年历程可以发现,不同历史时期党所领导的财政工作对中国革命、建设、改革、发展都起到了基础和支柱作用。"供给型财政"通过发挥保障战争供给的财政职能,对新民主主义革命最终胜利、对党在局部执政发展到全国执政起了基础和支柱作用;"建设型财政"通过发挥为工业化筹集和供应资金的财政职能,对新中国初期工业化尤其是重工业优先发展,对国防工业和新生政权的巩固起了基础和支柱作用;"公共财政"通过为市场提供公共服务,从而服务改革开放和社会主义市场经济建设,对生产力发展和政权稳定起了基础和支柱作用;"现代财政"则通过服务国家治理和增进民生福祉,对人民民生幸福和国家长治久安起了基础和支柱作用。从党最初提出服务于"武装夺取政权"革命战争的"供给型财政"思想理论,到十八届三中全会提出"财政是国家治理的基础和重要支柱"的"现代财政"思想理论,综观百年历程可以发现,党历来不只是把财政看作一个单纯的经济范畴,而是将其同时看作是一个关系政权建设的政治范畴,坚持发挥财政的基础和支柱作用也是百年历程中党领导财政工作一以贯之的逻辑脉络。

本章参考文献

《社会主义财政学》编写组,1980. 社会主义财政学[M]. 北京:中国财政经济出版社.

陈光焱,2013. 中国财政通史(第十卷):中华人民共和国财政史(上)[M]. 长沙:湖南人民出版社.

陈龙,2020. 国家治理"3+1"架构下的财政能力集:基于公共风险视角的分析[J]. 财政研究(11):21-32.

陈云，1995. 陈云文选：第三卷[M]. 北京：人民出版社.

邓小平，1993. 邓小平文选：第三卷[M]. 北京：人民出版社.

华北解放区财政经济史料选编编辑组，1996. 华北解放区财政经济史料选编[M]. 北京：中国财经出版社.

李岚清，2000. 以"三个代表"重要思想为指导逐步建立公共财政框架[A]// 项怀诚. 以"三个代表"重要思想为指导逐步建立公共财政框架[C].北京：经济科学出版社.

李炜光，赵云旗，2013. 中国财政通史(第九卷)：新民主主义革命时期财政史[M].长沙：湖南人民出版社.

李先念，1992. 李先念论财政金融贸易(1950—1991)：上卷[M]. 北京：中国财政经济出版社.

林毅夫，1999. 中国的奇迹：发展战略与经济改革[M]. 上海：上海三联书店.

刘尚希，李成威，杨德威，2018. 财政与国家治理：基于不确定性与风险社会的逻辑[J]. 财政研究(1)：10-19.

刘尚希，傅志华，等，2018. 中国改革开放的财政逻辑(1978—2018)[M]. 北京：人民出版社.

刘晔，2018. 加快建立以民生福祉为中心的现代财政制度[J]. 厦门大学学报(哲社版)(3)：15-22.

毛泽东，1991. 毛泽东选集：第1～4卷[M]. 北京：人民出版社.

陕甘宁边区财政经济史编写组，1981. 抗日战争时期陕甘宁边区财政经济史料摘编：第六编[M]. 西安：陕西人民出版社.

习近平，2014. 习近平谈治国理政：第一卷[M]. 北京：外文出版社.

习近平，2017. 习近平谈治国理政：第二卷[M]. 北京：外文出版社.

习近平，2020. 习近平谈治国理政：第三卷[M]. 北京：外文出版社.

姚洋，郑东雅，2008. 重工业与经济发展：计划经济时代再考察[J]. 经济研究(4)：26-40.

叶青，鄢圣鹏，2013. 中国财政通史(第十卷)：中华人民共和国财政史(下)[M]. 长沙：湖南人民出版社.

张馨，1999. 公共财政论纲[M]. 北京：经济科学出版社.

周恩来，1997. 周恩来选集：下卷[M]. 北京：人民出版社.

第六章　综合性、有思想、立本体、重实践——对新时代财政基础理论研究的若干思考*

刘　晔**

第一节　引　言

财政基础理论研究历来是具有鲜明的中国传统和中国特色的财政学研究内容。早在 1964 年召开的第一次全国财政理论讨论会上,就主要围绕财政本质等基础理论问题而展开,并确立了作为计划经济时期财政基础理论"分配论"的主流地位。而后在全国财政理论讨论会之外还专设了全国财政基础理论研讨会①。但在进入 21 世纪以后,财政基础理论讨论和研究曾经经历了一个相对低潮期,财政学界也更多地转向财税具体问题的研究特别是实证研究②。自 2013 年"财政是国家治理的基础和重要支柱"于党的十八届三中全会提出以来,我国财政学界又重新开始重视财政基础理论研究③。特别是 2018 年以来,中国财政学会已先后四次在廊坊、泰安、长沙和南昌举办了"新时代中国特色社会主义财政基础理论研讨会",产生了广泛而深远的影响。

在此背景下,本章拟提出并探讨财政基础理论的几个问题,期望能够进一步形成共识并吸引更多财政学者特别是年轻的财政学者参与到财政基础理论的研究和讨论中来。这几个问题是:

(1)有没有存在财政基础理论?

(2)什么样的理论才能算是财政基础理论?

(3)如何评价财政基础理论,即判断一个理论是不是好的理论的标准是什么?

---

* 本章写作时间为 2020 年,故本章论述以 2020 年为时间点。

** 刘晔,教授,博士生导师,厦门大学经济学院财政系。

① 早期称为"财政基本理论",如 1980 年 8 月由中国财政学会组织在北京举办的,以及 1982 年由中国社科院财贸所组织在厦大举办的,都以"全国财政基本理论座谈会"或"全国财政基本理论讨论会"命名。

② 依笔者的考证,自 2002 年 7 月由中国财政学会组织,由中南财经政法大学在湖北黄石承办了"全国财政基础理论研讨会"后约十多年的时间内,再没有举办过全国性的财政学基础理论研讨会。

③ 如 2014 年 10 月,中国社会科学院财经战略研究院组织全国专家在北京召开了"国家治理与财政学基础理论创新研讨会"。

(4)新时代为什么还需要财政基础理论？

(5)新时代需要什么样的财政基础理论？

第二节　有没有存在财政基础理论

在我国，财政基础理论的研究从一开始就具有中国传统和特色，是基于自身国情制度和实践基础上的独立探索。20 世纪 50 年代初在引进苏联的“货币关系论”后，只经历了短暂的几年时间，我国财政学界在基于自身实践的基础上就否定了“货币关系论”(张馨 等，2000)，而在马克思主义基本原理基础上基于本国实践开始了独立的理论建构过程，并确立了以“国家分配论”为主流学派的中国第一代财政基础理论[①]。当然，在进入 21 世纪以后，随着高等教育国际化步伐的加快，我国财政学教学研究重点转向学习和应用量化分析方法。在这个过程中，对接国外新进文献，用国外比较成熟的量化方法和模型来嫁接中国问题是一个较低科研失败风险的捷径(朱军，2020)。因此，这一引进吸收的阶段也是我国财政基础理论研究的低潮阶段。基于对建模和实证方法的重视，我国新生代的财政学者，尤其是原来不是财政学专业背景的青年财政学者普遍没有财政基础理论的概念，由此也使得现实中有没有存在财政基础理论成为一个首先需要讨论的问题。

毋庸讳言，在范式转变过程中，我国财政学界是明显存在学术断裂带的，从而在有没有存在财政基础理论上尚存在分歧[②]。传统财政学者都普遍认为存在财政基础理论，而新生代的财政学者则普遍缺乏财政基础理论的概念，或者并不认同与理解什么是财政基础理论。对年纪相对大的传统学者而言，他们曾经学习过的财政学教科书上都介绍过以“国家分配论”为代表的八大财政基础理论，除以许廷星、许毅、邓子基等为代表的国家分配论处于主流地位以外，还有社会共同需要论、价值分配论、剩余产品论等等，并以此形成早期中国特色社会主义财政学体系。此外，传统财政学者和中生代的财政学者[③]也知道在 20 世纪 90 年代经济转轨时期还产生了以张馨、高培勇、贾康等为代表的中国式公共财政理论，也属于财政基础理论，因为其基于体制转轨背景较为系统地回答了由计划经济向市场经济转轨时期中国财政改革的基本问题，由此成为中国第二代财政基础理论。

---

① 中国财政学教学和研究历史并不像有些年轻学者(朱军，2020)所认为的新中国成立后直到 21 世纪中国学术研究都是基于苏联教科书和西方 20 世纪 50 年代前教科书而进行的，而是与中国经济社会发展实践一样，都是将马克思主义普遍原理、市场经济一般规律和中国建设、改革实践相结合而进行理论建构和实践探索的产物。

② 早年做学生的时候，笔者跟着老先生们学习传统理论；后来做老师的时候，笔者跟着小后生们学习现代方法。因为刚好处于学术断裂带上，所以自认为对这个问题可能看得相对更清楚些。

③ 大致 1975 年以前出生的财政学者。

第三节　什么样的理论才能算是财政基础理论

回顾前两代中国财政基础理论可以发现,作为财政基础理论,其至少需要具备这两点:首先它要能回答那个时代的财政基本问题,传统的国家分配论回答了计划经济时期的财政基本问题,它指导了那个时代的实践。经济转轨时期公共财政论也回答了转轨时期的时代问题,指导了那个时代财政改革的基本思路和方向。因此,财政基础理论最重要的一点,就是要能回答时代问题,要能够指导时代实践,这就是习近平总书记说的"时代是思想之母,实践是理论之源"。其次,"为学之道,必本于思",作为财政基础理论必须要有核心思想,而不是一些碎片化的结论或知识片段,需要具备一些能够支撑财政学作为一个学科主体而存在的核心思想及作为思想载体的核心概念。在计划经济时期,国家分配论基于中国实践和马克思主义基本原理,在财政本质、财政职能、财政对象、财政体系和四大平衡等方面形成了较为系统的思想体系及承载这些思想的核心概念,由此在理念和操作层面对财政实践起了相应的指导作用。而在经济转轨时期,中国公共财政理论基于市场经济的共性特征和中国市场经济的个性特征,在适应中国市场经济改革的实践要求基础上,通过借鉴西方公共财政理论的一些概念体系,在政府与市场关系、财政职能、财政模式、税利关系、央地关系等方面形成了具有中国特色的财政思想或理念,并对转轨时期财政改革起到理念和思路上的指导作用。

当然,上述分析的都是中国财政基础理论的历史,那么西方有没有财政基础理论?应该说如果从西方财政学或公共经济学文献中,我们很少能搜索到题名为财政基础理论或者财政学基础理论的表述①。但如果从我国对财政基础理论的判定标准来看,西方早期也有形成过一些财政基础理论,如市场失灵论、公共产品论、公共选择论、财政分权论,这些应该都算是西方市场经济下产生的财政基础理论,它确实也指导了西方市场经济下的财政实践。这些思想理论以一些核心概念为支撑,使得财政学能够作为一个本体而存在。那么,现在西方有没有产生财政基础理论?按笔者理解,现代西方公共经济学确实不怎么研究财政基础理论了。在学科细化以后,基本在原有专题下进行量化研究,都是在既有的范式下做实证,至少近二三十年来西方也没有产生以核心概念为载体的财政学思想。以哈维·罗森等人的代表性《财政学》教材为例,从第一版到第十版,教材中的财政学核心概念没有太多增加,各章的专题也都不变,所增加的都是在原有框架下新研究文献所得出的实证研究结论。可以认为,通过随机实验、准实验和观察研究等方法,近年

---

① 以 Alan Auerbach 和 Martin Feldstein 所编辑的迄今五卷本"*Handbook of Public Economics*"为例,并没有单独一章是总结财政基础理论的,除了第一章由马斯格雷夫编写的"财政学说简史"外,其他各章都是具体专题的总结和综述。

来西方财政学在实证研究方法的应用上取得很大进展，但在基础理论上并没有取得太多进展。

为什么西方财政学曾经产生过很多思想和理论，而现在尽管新的实证方法应用层出不穷，但新思想和新理论却日益鲜见呢？"时代是思想之母"，从技术变革带来的人类社会发展历程来看，人类经历了由农业社会到工业社会再到数字社会的变革（刘尚希，2018）。由此引发笔者思考的问题是，与产业技术所带来的工业革命相比，新一代信息技术所带来的数字革命可能是一场更为广泛、更为深刻、更为日新月异的社会变革①，新的经济社会现象不断推陈出新且呈日益加速态势，但是为什么却没能像工业革命时代那样在哲学社会科学领域涌现出很多新思想新理论？按笔者理解，与学科分工细化有很大关系。自近代起，学科分化是社会科学发展的主要趋势②，在分工细化基础上固然大大提高了研究效率，但是细化后各学科都建立起各自不同的主题和范式，反倒使得学科间壁垒森严。各学科的学者在既有的学科范式下，都只能在一个套子里面做，这样思想怎么能丰富呢？都只强调在既有范式下做"边际贡献"，那又从哪里去产生原创思想呢③？更重要的是经济学家都职业化了，必须在既有范式下才能生存和得到评价。由此我们如回顾历史，工业时代产生马克思、亚当·斯密等等众多思想家，按现代标准看都是跨学科的，既是经济学家，其实也是伦理学家、哲学家，他们的知识都是综合性的，由此才能对事物、对规律有系统性的认识，也才能对时代、对实践提出的问题有整体性的把握，在此基础上才能谈得上原创性和时代性。但当代学科细化以后，经过学科范式的切割，学者们的知识片段化，研究结论也都呈碎片化特征。由此，学科固然向精细化方向发展，但很难回应时代大的命题和产生原创性的思想。虽然时代日新月异，但思想却相对稀少。所以财政学基础理论要创新，首先就要重思想，而只有不在既有套路下思考才可能产生原创思想。当然，这是个必要条件而不是充分条件。另外也要对当代财政实践有指导作用，如果对实践没有相应的指导作用，那么这个基础理论也同样不能成立。

第四节　如何评价财政基础理论

思想理论上能否有创新，也和学术评价密切相关。因此另一个重要问题是如何评价财政基础理论，即什么样的财政理论才能算是好的理论。这不仅关系到如何看待具有中

① 按王谦和何晓婷（2019）的分析，由工业社会向信息数字社会的转型是一个由三维实体空间向四维虚拟空间的升维转型过程。

② 虽在某些特定时期，也有学科间的整合和综合，但都是在相当细化的分支学科间产生若干交叉学科。

③ 在既有范式下做研究，在前人研究文献基础上做"边际贡献"，这是库恩（2003）所言的"常规科学"。任何超出既有范式的研究，不论是否真有创新，都会被视为"自说自话"或"离经叛道"，由此在讲求"边际贡献"的既有范式下的评价就基本上封杀所有原创思想。

国传统和特色的前两代财政基础理论，也关系到如何评价尚在酝酿中的新时代中国财政基础理论。而对于理论的评价，如按照当前主流经济学的评价观点大致可能有两个标准：

第一个是要接受经验事实的检验，不能用经过量化后的指标和数据来检验的理论都不能算是好的理论。如从这个标准看，中国前两代的财政基础理论，即国家分配论和中国公共财政论等基础理论在总体上也没办法用数据检验，那么它们就不是好的理论吗[①]？笔者认为，能用经验数据检验固然好，但不能说只有经过经验实证检验的理论才是好理论，而且根本上理论也只能证伪而无法证实[②]。首先，并不是所有的思想和问题都能量化，而能够量化研究的问题也不一定是最重要的问题。例如作为科斯思想的核心概念"交易费用"，其至今无法得到全面合理的量化，但谁也无法否认交易费用概念及奠基于其上的"科斯定理"的理论意义和实践价值。其次，科学研究从根本上看也应是思想创新和理论建构在前、量化分析和实证检验在后，而不能本末倒置、前后混淆。例如最初起于波兰尼而由格兰诺维特发展的"嵌入性"(Embeddedness)理论思想[③]，是新经济社会学的奠基性概念，而他们在提出和发展时并没有考虑量化，在当时也无法量化。其后经过众多后继者的阐释、细化和拓展，随着计算机技术和各种量化分析工具的发展，最终才由当代社会网络分析(SNA)所吸收和量化。可见，作为新理论提出者，其本身不需要一定要考虑量化。反之，当今经济学界"无量化则不能发表"的学术氛围则在一定程度上限制了新思想和新理论的产生。

第二个是要追求国际承认，如果国际不承认就不能说是好的理论。笔者也不同意这个看法，按照马克思主义认识论，理论来源于实践，最终要能够指导实践。实践既是理论之源，也是"检验真理的唯一标准"，实践标准才是第一标准。由此标准出发，西方国家没有中国百年来由革命到建设到改革到发展的历史实践，没有计划经济体制的实践，也没有由计划经济向市场经济转轨的实践，更没有新时代中国特色社会主义的实践。既然都没有这样的实践，那就不能够说产生于这样实践基础上的理论需要国际来评价、承认和接受。"时代是思想之母，实践是理论之源。"只要本土实践基础上所产生的本土理论能够反映特定时代的实践要求，能够接地气地指导本土的实践，那么它就是好的理论。

我国第一代财政基础理论"国家分配论"和第二代财政基础理论"公共财政论"，如果

---

① 对以张馨为代表的中国公共财政理论，我们也探索着做些实证，例如从其"双元结构财政"所包含的"政资分开"思想对国企绩效等做了些实证。但这些都只是检验这个理论中一些思想片段、得出一些碎片化结论，就系统化理论的整体而言还是无法用数据检验的。

② 此为哲学家波普尔(Karl Popper)的观点。因所有经验实证都是基于所选择的代表性样本得出的结论，但现实中不可能穷尽所有样本以代表总体，即使穷尽现在的总体，也无法穷尽未来的总体。

③ 波兰尼于名著《大转型》中首提"嵌入"这一理论思想和概念。(参见：卡尔·波兰尼，2007.大转型：我们时代的政治与经济起源[M].杭州：浙江人民出版社.)

格兰诺维特其后发展了这一思想。(参见：Granovetter M，1985. Economic action and social structure：the problem of embeddedness [J].American Journal of Sociology，191(3).

从当代观点来看确实相对朴素和简单,但它们毕竟都回答了各自时代的财政问题,指导了各自时代的财政实践。因此从实践标准出发,它们就是好的理论。反观21世纪很长时期以来,因为不够重视从本国实践中进行理论创新和建构,产生了大量对时代和实践并没有太多指导意义的研究成果。财税实务部门的很多干部都反映,他们在工作中产生了很多问题和困惑,想去看看财政学教科书找思路,但是看完发现没有启发和指导作用。他们甚至认为财政学教科书必须从原理上给予重写。理论研究者也不能无视财税实务工作者所反映的这些问题。

第五节　新时代为什么还需要财政基础理论

21世纪以来很长时期内,我国财政经济学界更为重视实证方法的应用,而财政基础理论的研究似乎处于可有可无的地位。但进入新时代以来,虽然主流趋势并没有根本改变,但财政基础理论重新得到重视并且发现新时代确实还需要财政基础理论。按笔者理解,可能有以下几个方面的原因:

首先是来自时代的呼唤和实践的需求。正如习近平(2016)在哲学社会科学座谈会上所指出的,"这是一个需要理论而且一定能够产生理论的时代,这是一个需要思想而且一定能够产生思想的时代"。具体到新时代的财税改革的实践来看,自从十八届三中全会提出"财政是国家治理的基础和重要支柱"以来,国家治理本身作为跨学科的一个系统工程就需要超越经济学范式的思想和理论来支撑。全面深化改革中的一些财政问题或与财政有关的问题如预算制度、央地财政关系、收入分配等,既是经济问题,又是政治问题、社会问题。所以新时代财政学迫切需要从跨学科综合性的角度重构财政基础理论以系统回答时代和实践所提出的问题。

其次是来自财政学科自身发展的需要。目前,我国财政学界普遍认识到财政学并不仅仅是经济学,而是具有多学科属性的综合学科。这样从综合学科角度来看,财政学也亟须确立自己的基础理论。如我们没有财政学自己的理论,不能确立财政自身本体地位的话,财政学科又何来长期存在的必要性和可能性呢?由于在现有学科分类体系下,财政学都是归在应用经济学下的一个二级学科;在现有院系架构下,财政系都是属于经济学院下的一个系。但如果只是用经济学的方法来研究财政问题,财政系和财政学科确实可有可无,可以很正常和很合理地把财政系并入经济系①。所以为什么需要财政基础理论?因为只有通过财政基础理论的确立,财政学才能拥有自己的理论内核,才能确立财政学科的本体地位和系统性知识体系,而不仅仅是作为经济学研究的一个分支和对象。这样才能真正确立和巩固财政学科的地位。

---

① 目前确实有一些院校特别是综合性大学的财政系被并入经济系。

再次是来自原有财政基础理论的不足。作为我国第二代财政基础理论的中国公共财政理论，在转轨体制过程中确实曾经产生过很重要的理论解释力，并至今仍然在理念上对财政改革产生很重要的指导作用。但由于理论渊源的原因，中国公共财政理论在借用西方公共经济学的理论逻辑和概念体系的时候缺乏相应的制度分析，由此随着实践发展，在对一些现实问题的解释力上逐渐显示出相应的不足。如将市场和政府割裂开来对立起来(刘晔，2006)、市场失灵作为理论概念很难成为政府干预和财政职能的逻辑起点等(刘晔、谢贞发，2008)。因此，在新时代背景下也需要在反思原有财政学基础理论不足的基础上，根据实践要求和时代特点，进一步创新我国财政基础理论。

最后则来自现有经济学研究范式的局限性。目前经济学的各种实证研究方法，虽然在研究方法上具有科学性和规范性的特征，但在思想启迪性、政策参考性上存在不足。目前按计量经济学所做的实证都是把将财政改革作为外生政策冲击或者简单评价一下单项政策的某种经济效应，它回答不了实践层面立体性的问题，也很难产生思想层面创新性理论。一方面，从系统解决问题的角度来看，计量实证得出的结论对于真正要解决的问题而言只是一个片段。在计量检验和因果推断基础上，只能得出主要解释变量 X_1 对 Y 的相关关系或因果关系，但真正的问题却是如何系统地解决 Y①。因此，多元回归的计量方法只能是得出一个 X_1 对 Y 影响的线性结论。形象地看，它只是一条线，效率范式下的经济学最多也只是一个面，但是要解决的问题却是一个多维结构的立体，必须要采取综合学科的思维来解决，不可能只是简单应用经济学科某种方法的。另一方面，经济学虽然极力模仿自然科学因果推断的方法来研究经济效应，但是经济现象特别是财政现象作为人的活动，本质上和自然现象是有根本区别的。更重要的问题在于，经济学目前所应有的各种流行实证方法，也不是经济学自身的方法。如从相关关系中推断因果关系最初源于生物学领域赖特(Wright)对豚鼠遗传学的研究(朱迪亚・珀尔，2019)，而据考证，DID 方法最初来自公共卫生学、RD 方法来自教育学、IV 方法来自生物学。因此，新时代的财政学研究如只是使用这些流行的实证方法，虽可能收获科学性的表征，但若没有确立财政学自身的基础理论和核心概念，是很难拥有学科自身的本体地位的。同样，虽然公共经济学领域在国际上也有很多前沿研究，但研究得再前沿，也总得在财政学的一些基本问题上能先说清楚；研究得再前沿，也需要能接地气地光照中国实践，直接间接地对中国财政实践起作用，否则其意义也是有限的。

---

① 如面对“财政是国家治理的基础和重要支柱”这样一个系统化的理论命题。主要解释变量和被解释变量都很难有全面合理的量化指标和相应的观察数据。实证研究只能得出诸如“财政透明度提高会增强国家财政汲取能力”这样一个线性的结论。

第六节 新时代需要什么样的财政基础理论？

按上述所分析的，新时代财政基础理论总体上应具有这几个特征：

第一"综合性"。必须鼓励跨出既有经济学科范式、打破既有学科间的边界，以财政为本体，在经济学、政治学、法学、社会学、公共管理学等各社会科学间建立起可兼容的财政学新基础理论和可通约的财政学新研究范式。以多学科的综合性思维和系统性知识，回应新时代财政实践层面的立体性问题，产生新时代财政理论层面的创新性思想。

第二"有思想"。必须重视从思想源头和时代特征入手思考财政问题，而不是局限于从既有经济学范式出发，从现有经济学研究文献当中简单发现一个处理线性问题推断因果关系的观点。由此，一方面需要善于融会贯通古今中外学术思想和学术资源并为我所用，从而超越在既有范式下进行实证检验的局限性；另一方面则需要树立实践面向意识，通过把握时代新特征、发现新规律、创造新理论，摆脱在既有文献寻求边际贡献的常规研究。

第三"立本体"。正如习近平(2016)在哲学社会科学工作座谈会上的讲话所指出的，"我们的哲学社会科学有没有中国特色，归根到底要看有没有主体性、原创性"。新时代的财政基础理论研究必须把确立中国特色社会主义财政学科的主体地位作为思想创新和理论建构的基点。要通过把握中国财政实践的新时代特征，提炼出符合时代和实践要求的理论命题和核心概念，在此基础上可望为财政学科主体地位的确立提供学理支撑和理论内核。在"立本体"的基础上通过综合性的知识体系形成对财税问题的系统性认知，由此突破目前流行的将财政改革或政策作为一个外生的政策冲击来得出一些碎片化结论的做法。

第四"重实践"。正如习近平(2016)在哲学社会科学工作座谈会上的讲话所指出的，"需要不断在实践和理论上进行探索、用发展着的理论指导发展着的实践"。在立足于我国财政改革实践基础上所进行的财政基础理论创新，最终还需接地气地指导新时代财税改革实践。尽管基础理论可能并不是对财政实践起直接的具体指导作用，但可以是实践理念上的一种间接指导作用。计划经济时期、转轨经济时期中国所产生的前两代财政基础理论尽管相对简单和朴素，但毕竟都曾在理念上对财政工作发挥了相应的指导作用。新时代的财政基础理论创新更没有理由做不到这一点。

近年来，我国财政学界对新时代财政基础理论做了一些新探索，这方面的探索主要立足于两个方面的努力，一是基于对原有财政理论的反思和质疑，主要针对公共财政理论原有的逻辑起点、核心概念和思维方式而展开。这些质疑或否定的观点很多已收录在中国财政学会(2019)"廊坊会议"和"泰安会议"的会议纪实中并已出版。二是在此基础上，通过把握新的时代特征而进行新的理论建构探索，如已经具有相对系统理论框架的公共风险财政论(刘尚希，2018)，已拥有较多前期积累的新市场财政学(李俊生，2018)，以及还在探索过程中的国家治理财政论(刘晓路,2016;吕冰洋,2018)、人本财政论(刘晔,2018)、智识财政学(王雍君,2017)等。但从"综合性、有思想、立本体、重实践"标准来衡量,我国新时代财政基础理论的探索还有很长的路要走。

本章参考文献

(美)托马斯·库恩,2003.科学革命的结构[M].北京:北京大学出版社.

(美)朱迪亚·珀尔,2019.为什么:关于因果关系的新科学[M].北京:中信出版社.

李俊生,姚东旻,2018.财政学需要什么样的理论基础?:兼评市场失灵理论的"失灵"[J].经济研究,53(9):20-36.

刘尚希,2018.公共风险论[M].北京:人民出版社.

刘尚希,李成威,杨德威,2018.财政与国家治理:基于不确定性与风险社会的逻辑[J].财政研究(1):10-19.

刘晓路,郭庆旺,2016.财政学 300 年:基于国家治理视角的分析[J].财贸经济(3):5-13.

刘晔,2006.我国公共财政理论创新与进一步发展[J].当代财经(5):16-21.

刘晔,2018.由物到人:财政学逻辑起点转变与范式重构:论新时代中国特色社会主义财政理论创新[J].财政研究(8):40-49.

刘晔,谢贞发,2008.对公共财政逻辑起点的重新思考:市场失效的理论纷争与现实启示[J].厦门大学学报(哲学社会科学版)(1):10-17.

吕冰洋,2018."国家治理财政论":从公共物品到公共秩序[J].财贸经济,39(6):14-29.

王谦,何晓婷,2019.场域拓展、资源整合与平台实践:信息社会政府治理创新的认知维度[J].中国行政管理(12):41-46.

王雍君,乔燕君,2017.集体物品、财政场域与财政学知识体系的新综合[J].财政研究(1):17-27.

习近平,2016.在哲学社会科学工作座谈会上的讲话[M].北京:人民出版社.

张馨,杨志勇等,2000.当代财政与财政学主流[M].大连:东北财经大学出版社.

中国财政学会,2019.新时代财政理论创新探索:"廊坊会议"纪实[M].北京:中国财政经济出版社.

中国财政学会,2019.新时代财政理论创新探索:"泰安会议"纪实[M].北京:中国财政经济出版社.

朱军,2020.中国财政学基础理论创新:亟待多维视角的完美融合:"科学方法、现实问题、经典文献、开放模式"四要素不可或缺[J].财政监督(4):20-28.

第二部分
财政政策篇

第七章　疫情冲击下财税扶持政策的有效性研究
——基于政策类型与中小微企业经营状况的分析*

蔡伟贤　吕函枰　沈小源　陈彦辰**

第一节　引　言

新冠疫情暴发，是一场史无前例的全球公共卫生健康危机。为阻断疫情的蔓延，中国政府反应迅速，在第一时间采取"封城""隔离""停工停产停学"等防疫措施。在严格的防控举措下，我国在阻止疫情扩散方面成效显著，是世界上最快控制住疫情的国家。但疫情对经济的破坏力却是巨大的。疫情期间全国大部分企业的经营陷入停滞状态，难以复产复工，企业面临巨大的经济压力。特别是对于生存能力弱、抗压能力弱的中小微企业来说，如何克服疫情带来的冲击，恢复正常生产经营，从濒临破产的边缘转危为安，是摆在政府和企业面前的现实问题。

中小微企业是我国国民经济与社会发展的生力军，①对稳定经济、保障就业、促进社会健康平稳发展至关重要。但此次疫情的冲击，给本就面临融资难、融资贵等问题导致市场竞争力弱的中小企业带来了前所未有的生存危机。为帮助中小微企业尽快走出困境，中国政府及时出台了一系列财税扶持政策，包括税收优惠、金融支持、租金减免和稳岗政策等，以期能够帮助中小微企业降低经营成本，在疫情中度过难关。

但这些政策对于改善中小微企业经营状况的具体成效如何，尚未有文献对此进行实证研究。评估政府在疫情期间的政策影响具有重要的理论和现实意义。从经济角度来说，通过优化具体政策，能够提高中小微企业的生存能力，调动中小微企业的积极性，促进社会主义市场经济的结构性优化。从社会角度来说，中小微企业受到冲击的同时也大

* 本章写作时间为2021年，故本章论述以2021年为时间点。

** 蔡伟贤，教授，博士生导师，厦门大学经济学院财政系。

① 2018年8月，时任国务院总理李克强在促进中小企业发展工作领导小组第一次会议中指出：中小企业贡献了我国50%以上的税收、60%以上的GDP、70%以上的技术创新、80%以上的城镇劳动就业、90%以上的企业数量，是国民经济和社会发展的生力军。

大影响了就业，政策评估能够提高政策有效性，有利于减轻疫情给就业市场带来的压力，促进社会和谐稳定。从政治角度来说，评估政策效果，能够为政府处理类似突发性的重大公共卫生事件积累经验，提高国家应对此类重大突发公共危机的能力。

本章以财税扶持政策类型为依据，系统梳理了疫情期间我国财税扶持政策的内容及其有效性。基于中国企业创新创业调查(Enterprise Survey for Innovation and Entrepreneurship in China，ESIEC)在疫情期间的微观调研数据，本章针对中小微企业在重大突发公共卫生事件冲击下的现状，评估疫情期间政府采取的财税扶持政策对中小微企业经营状况的影响。实证研究表明，税收优惠和稳岗政策对企业正常经营能够发挥显著的积极作用，而金融支持和租金减免政策效应较弱，这一结果通过了包括遗漏变量偏误敏感性检验、倾向得分匹配、工具变量估计、控制信息来源差异等一系列稳健性检验。通过作用机制讨论发现，由于疫情防控的对象是人而非"机器"，因此税收优惠和企业稳岗的政策效应主要体现在劳动密集型行业，而非资本密集型行业。在实证基础上，本章从政策扶持、企业转型创新、政府决策等角度提出政策建议，以期为国家今后应对类似重大突发事件提供参考。

本章其余部分结构安排如下：第二部分为文献综述，第三部分为疫情期间我国财税扶持政策梳理，第四部分为数据与识别策略，第五部分为实证结果，第六部分是稳健性检验与作用机制讨论，第七部分是结论与政策建议。

第二节　文献综述

财税扶持政策是政府扶持受疫情影响企业的有力手段。对于如何科学精准地运用财税政策帮助企业复产复工，既有研究形成了若干共识。首先，疫情防控要有大局意识，后疫情时代我国财税政策应以补短板为核心，积极布局关键领域、关键环节，加大公共服务供给，强化社区治理(李明 等，2020)；政策实行要与体制机制相配套，避免短期冲击的长期化(张斌，2020)。其次，要精准施策，如加大税收优惠力度和公共卫生领域投入、加强宏观政策调控、实施就业优先政策、加强税务会计、减免受灾企业社保缴费、分层面防控金融风险等(詹清荣，2020；朱青，2020；何诚颖 等，2020)。此外，要从抗疫过程中总结经验，分析我国应急管理中财政治理的现状，结合应急管理体制现实需求，构建适合我国国情的应急管理财政治理体系模型(张学诞 等，2020)。现有的大部分文献从宏观层面探究疫情期间财税政策对恢复整体经济平稳运行的效力，部分学者从微观企业角度考察了财税扶持政策对中小微企业的作用和影响(朱青，2020；朱武祥 等，2020；万相昱，2021；李芊霖、王世权，2020)。

朱武祥等(2020)在两次企业问卷调查结果的基础上，阐释了企业在疫情冲击下的生存状况与面临的经营困境，发现现金流压力与企业规模大小呈现负相关关系，即中小微企业受到疫情的冲击要远大于大规模企业。此外，新冠疫情期间随着社会风险升高，社会资金流通速度下降，由此中小企业资金链断裂的风险大大增加(黄庆华 等，2020)。万相昱(2021)应用微观模拟模型,测算了减税降费政策对小微企业的影响,研究表明以增值税、养老保险和基本医疗保险为核心的减税降费政策能够显著降低小微企业的税费成本。李芊霖和王世权(2020)通过问卷访谈的方式深入调研中小企业复工问题,分析疫情防控期间中小企业运营现状和政策诉求,提出政府除了要推行“行业定制化”政策之外,还要助推企业降本减负,助力中小企业数字化转型。除此之外,政府要精准施策,如调减外贸企业税收定额,对非外贸企业从社保支持力度和允许企业延交税款等方面予以扶持(张夏恒,2020)。

与此同时,也有许多国外研究针对中国疫情对微观经济的影响进行多维度刻画(Kim et al.,2021;Bartik et al.,2020)。Hassan 等(2020)指出,新冠疫情危机在企业层面表现为对需求和供给的同时冲击。对于需求端来说,需求不足成为防疫举措实行之后中小型企业的主要挑战(Dai et al.,2021)。Dai 等(2021)通过对中国中小微企业的调查研究发现,受劳动力短缺和需求下降的影响,80%的中小企业经营受到波及。许多出口公司受疫情影响很大,需求不足导致约有 19%的注册公司和 25%的自营业务永久关闭。但在疫情严重的地区,对供给侧和融资问题的担忧更为突出。Abraham 和 Schmukler(2017)发现,尽管中小企业在支付工资和经营成本等固定费用方面面临着流动性约束的问题,但由于缺乏足够的抵押物,难以寻求外部融资,因此要减轻疫情对中小企业的影响,需要政府采取相应的融资措施进行干预。而 Liu 等(2021)的研究表明,新冠疫情严重影响了中小企业的信贷需求,政府要针对非国有企业、严重依赖供应链的企业和没有稳定融资来源的中小企业等群体采取更直接的政策,如零利率贷款、融资补贴等。

综上所述,现有关于新冠疫情影响的讨论,大多集中在对需求不足的研究上,对供给端的影响也主要围绕企业融资问题展开,少有文献从供给侧结构性的视角,探讨疫情冲击下不同财税扶持政策对中小微企业生存状况的异质性影响。政府在疫情防控期间承担了“减压墙”的角色,通过出台减税降费、金融支持、租金减免等政策,实际上是从供给端出发,以财税政策为依托,推进供给侧结构性改革,助推中小微企业复产复工,从而进一步促进国民经济的复苏。因此,本章试图从微观视角出发,探究政府在供给端针对中小微企业出台的一系列财税扶持政策的具体实施效果,以期丰富和完善关于疫情下政策扶持对中小微企业生存状况影响的研究。

第三节　疫情防控期间我国财税扶持政策梳理

财政是国家治理体系和治理能力现代化的基础和重要支柱,防范和化解公共风险是财政的基本职能。因此财税政策是国家应对重大突发公共卫生事件的重要手段。为了改善中小微企业的生存状况,国务院、财政部、国家税务总局等政府部门在疫情防控期间从税收、金融、社保等多个方面陆续出台了一系列扶持政策。通过对这些扶持政策的归纳整理,可以将现有政策归纳为税收优惠政策、金融支持政策、租金减免政策和稳岗政策四种类型(具体内容见表 7-1)。税收优惠政策的扶持手段主要是减免税费、缓缴税金、允许税前扣除以及延长税收优惠政策执行期限等。金融支持主要体现在延期还本付息、降低贷款利率和加强信贷支持。租金减免主要是减免企业房屋租金。稳岗政策指的是减免或缓缴社会保险费。

表 7-1　疫情期间我国财税扶持政策梳理

政策类型	发文字号	内容	有效性
税收优惠	财政部 税务总局公告 2020 年第 8 号	对纳税人运输疫情防控重点保障物资、提供公共交通运输服务、生活服务,以及为居民提供必需生活物资快递收派服务取得的收入,免征增值税; 受疫情影响较大的困难行业企业 2020 年度发生的亏损,最长结转年限由 5 年延长至 8 年; 对疫情防控重点保障物资生产企业为扩大产能新购置的相关设备,允许税前扣除	2021 年 1—3 月,全国规模以上工业企业实现利润总额 18254 亿元,同比增长 1.37 倍,两年平均增长 22.6%;规模以上工业企业营业收入利润率为 6.64%,比 2020 年 1—3 月提高 2.76 个百分点(国家统计局)
	国家税务总局公告 2020 年第 10 号	小型微利企业在 2020 年剩余申报期按规定办理预缴申报后,可以暂缓缴纳当期的企业所得税	
	财政部 税务总局公告 2021 年第 6 号	延长税收优惠政策执行期限	
	财政部 税务总局公告 2021 年第 7 号	湖北省增值税小规模纳税人适用 3%征收率的应税销售收入,减按 1%征收率征收增值税;适用 3%预征率的预缴增值税项目,减按 1%预征率预缴增值税	
金融支持	银保监发〔2020〕6 号	对于 2020 年 1 月 25 日以来到期的困难中小微企业贷款本金和贷款利息,银行业金融机构应根据企业延期还本付息申请,结合企业受疫情影响情况和经营状况,通过贷款展期、续贷等方式,给予企业一定期限的临时性延期还本和付息安排	
	银保监办发〔2020〕15 号	调整还款付息安排、适度降低贷款利率、完善展期续贷衔接、提高小微企业“首贷率”和信用贷款占比,进一步降低小微企业综合融资成本	
	银发〔2020〕29 号	加强制造业、小微企业、民营企业等重点领域信贷支持	
租金减免	发改投资规〔2020〕734 号	对承租国有房屋用于经营、出现困难的服务业小微企业,免除上半年 3 个月房屋租金; 对承租非国有房屋的,鼓励出租人减免或延期收取房屋租金	
稳岗政策	人社部发〔2020〕11 号	免征中小微企业三项社会保险单位缴费部分; 湖北省可免征各类参保单位三项社会保险单位缴费部分; 受疫情影响生产经营出现严重困难的企业,可申请缓缴社会保险费,缓缴期间免收滞纳金	
	医保发〔2020〕6 号	对职工医保单位缴费部分实行减半征收	

接下来，本章将研究税收优惠、金融支持、租金减免和稳岗政策这四类政策对中小微企业经营状况的影响及其作用大小，并进一步寻找政策影响的作用机制。理论上，政府实行的一系列优惠政策能够直接降低企业经营成本，促进企业融资，提高企业资金流动性，从而改善企业的经营状况。但由于政策从出台到落地存在一定的滞后效应，而且企业要享受到优惠政策也往往需要达到一定的条件。滞后效应和政策门槛的存在使得企业很可能因为短期内的疫情冲击影响而对未来经营产生消极预期，最后选择退出市场。因此，实证检验疫情期间政府财税扶持政策对中小微企业的实施效果具有重要的理论和实践参考意义。

第四节　数据与识别策略

(一)数据来源

本章所使用的数据来源于中国企业创新创业调查(ESIEC)在 2020 年 5 月进行的疫情专题调查。中国企业创新创业调查(ESIEC)是北京大学企业大数据研究中心组织实施，旨在通过科学抽样和实地调查获得反映中国企业创新创业状况的微观数据。本章所选用的 ESIEC 数据从企业样本库按比例抽样的办法，选取辽宁、河南、甘肃、上海、浙江、广东、北京七个省市的民营企业为研究对象，这些企业在各地区及国民经济行业分布上具有一定的代表性。ESIEC 2020 年 5 月的疫情专题调查数据时间在中国新冠疫情暴发之后、经济未完全复苏之时，且包含政策扶持与丰富的企业经营信息，对从企业视角研究新冠疫情期间的政策效果具有专业性和针对性。由此，本章采用 ESIEC 2020 年 5 月的调查数据进行回归分析，此时政府的相关扶持政策已经实施了一段时间，[①]而且从两次问卷调查结果来看，相对于 2020 年 2 月的第一次调查，2020 年 5 月我国很多中小微企业已经从 2 月份的停产停工开始恢复生产，政府扶持政策对中小微企业经营状况的积极影响已初步显现(Dai et al.,2021)。根据问卷调查所展示的企业经营状况进行实证研究分析，可以有效评估疫情期间的财税扶持政策对微观企业的短期影响。在剔除了关键信息缺失的样本后，本章最终保留了来自全国 65 个城市、19 个行业的 2169 个企业样本。

(二)模型设计

为了评估疫情期间财税扶持政策对中小微企业[②]生存状况的影响，本章建立了以下基准回归模型：

$$Y_{ijc} = \beta_0 + \beta_1 \mathrm{tax}_{ijc} + \beta_2 \mathrm{finance}_{ijc} + \beta_3 \mathrm{rentcost}_{ijc} + \beta_4 \mathrm{ssfee}_{ijc} + \theta X_{ijc} + \sigma_j + \mu_c + \varepsilon_{ijc} \tag{7-1}$$

其中，被解释变量 Y_{ijc} 是在城市 c 、行业 j 中企业 i 的经营状况，以访问时“企业是否

---

① 自 2020 年 2 月开始，政府陆续出台针对受疫情影响企业的扶持政策。

② Dai 等(2021)对 ESIEC 调查结果做了详尽的介绍，并将 ESIEC 调查对象称为中小微企业。

正常经营”为二值代理变量，如果企业没有关闭或暂停营业，则为正常经营，此时 $Y_{ijc}=1$，否则为 0。tax_{ijc}、$finance_{ijc}$、$rentcost_{ijc}$、$ssfee_{ijc}$ 为本章的四个核心解释变量，分别代表企业是否享受了税收优惠、金融支持、租金减免及稳岗政策这四类财税扶持政策，如果是则取值为 1，否则为 0。X_{ijc} 表示其他控制变量，包括企业的供应商是否断供、企业订单是否减少、现金流持续时间及企业年龄。供应商的断供与订单的减少从市场供需层面上直接影响到企业的生存；内部现金流状况与企业维持正常经营的能力息息相关；成立时长则关乎企业管理经验、在危急状况中获取资源等抗风险能力。此外，考虑到疫情对不同行业、不同地区造成的冲击可能存在异质性，本章还在模型中加入了固定效应，其中 σ_j 表示行业固定效应，μ_c 表示地区固定效应，ε_{ijc} 为随机扰动项。

（三）描述性统计

本章选取各行业中小微企业的经营状况作为核心被解释变量。数据来源于 ESIEC，变量的描述性统计如表 7-2 所示。

表 7-2　描述性统计

变量	样本量	均值	标准差	最小值	最大值
企业经营状况	2169	0.892	0.310	0	1
税收优惠	2169	0.456	0.498	0	1
金融支持	2169	0.145	0.352	0	1
租金减免	2169	0.240	0.427	0	1
稳岗政策	2169	0.402	0.490	0	1
供应商供应情况	2169	0.262	0.440	0	1
订单减少状况	2169	0.778	0.416	0	1
现金流持续时间	2169	2.765	1.154	1	4
企业成立年数	2169	6.360	2.359	2	23

注：数据来源于 ESIEC 疫情专题调查(2020 年 5 月)。

在本章样本中，企业正常经营的比例约为 89.2%，即有约 10%的样本处于倒闭或歇业状态。在扶持政策变量中，享受税收优惠的比例最高(45.6%)，其次是稳岗政策(40.2%)，然后才是租金减免(24.0%)和金融支持(14.5%)，这可能是由于税收优惠和稳岗政策由政府推动，具有明显的普惠性质，且潜在受众较广，因此扶持政策的覆盖率较高；金融支持则主要由商业银行推动，企业在享受扶持政策前需要具备一定的条件，因此覆盖比率最低。从结果上看，虽然从 2020 年 2 月开始，一系列扶持中小微企业的财税政策陆续出台，但调查数据显示并非所有企业都能享受到政策红利，这也为本章研究财税扶持政策的效果提供了契机。

在控制变量方面，企业出现供应商断供的比例约为 26.2%，出现订单取消或减少的比例为 77.8%，可以看到新冠疫情期间企业的外部供需环境均出现严重恶化，且产品或服务需求减少更为普遍。现金流持续时间的均值为 2.765，表明疫情期间企业的平均现金流维持时间大约为 3～5 个月。① 在行业分布上，本章的研究样本涉及 19 个行业的中小微企业，其中，15.99%的企业来自制造业，15.07%的企业来自批发与零售业，11%的企业属于租赁和商务服务业，10.81%的企业属于住宿和餐饮业，其余还有教育业、建筑业、房地产业、科学研究和技术服务业等，占比均在 10%以下。

第五节　实证结果

(一)基础回归结果

本章根据公式(7-1)的设定进行回归，结果如表 7-3 所示。第(1)和(2)列展示了基于线性概率模型(linear probability model，LPM)的回归结果，第(1)列仅加入了行业固定效应、地区固定效应，税收优惠和稳岗政策的回归系数分别是 0.050 和 0.037，分别在 1%和 5%的水平上显著。这说明疫情期间政府的税收优惠政策可以使企业正常经营的概率提高约 5.0 个百分点，政府的稳岗政策使之提高约 3.7 个百分点。两类政策对于中小微企业的生存均有较大的积极政策效应。但是，金融支持政策和租金减免政策系数均不显著。第(2)列中显示的是加入供应商供应情况、企业订单状况、现金流持续时间和企业成立年数控制变量的回归结果，通过加入这些控制变量能减少企业外部和自身经营问题的干扰，降低遗漏变量偏误。回归结果显示，税收优惠和稳岗政策的系数分别是 0.046 和 0.039，显著性保持不变。这表明疫情期间政府的税收优惠政策可以使企业正常经营的概率提高约 4.6 个百分点，政府的稳岗政策使之提高约 3.9 个百分点。金融支持政策和租金减免政策的系数仍不显著。控制变量的回归结果表明，外部需求状况越好、现金流持续时间越长、成立年限越长的企业，生存概率显著更高。

为验证结果的稳健性，将原来的线性概率模型替换成 Logit 模型，重新进行回归，结果如表 7-3 第(3)(4)列所示。其中，税收优惠政策的边际效应系数为 0.048，在 1%水平上显著为正，稳岗政策的边际效应系数为 0.039，在 5%的水平上显著为正。而金融支持与租金减免政策的系数仍然不显著。加入控制变量之后结果基本类似，进而验证前文回归结果的稳健性。②

综上，疫情期间政府税收优惠和稳岗政策对中小微企业的经营状况具有一定的积极

---

① 现金流持续时间为定序变量，1 代表企业的现金流能够维持 1 个月以内，2 代表企业的现金流能维持 1～3 个月，3 代表企业的现金流能维持 4～5 个月，4 代表企业的现金流能维持 6 个月以上。

② Logit 回归中由于少数固定效应虚拟变量与其他变量存在共线，导致少部分样本被自动剔除。

影响，政策效应较强，但金融支持和租金减免政策对企业经营状况的影响不显著，即政策效应较弱。

表 7-3　疫情期间政府扶持政策对企业经营状况的影响

变量	LPM 模型		Logit 模型	
	(1)	(2)	(3)	(4)
	企业经营状况	企业经营状况	企业经营状况	企业经营状况
税收优惠	0.050***	0.046***	0.054***	0.048***
	(0.014)	(0.014)	(0.016)	(0.016)
金融支持	−0.018	−0.020	−0.025	−0.022
	(0.020)	(0.020)	(0.025)	(0.025)
租金减免	0.005	0.004	0.009	0.008
	(0.016)	(0.016)	(0.019)	(0.019)
稳岗政策	0.037**	0.039**	0.041**	0.039**
	(0.016)	(0.015)	(0.018)	(0.018)
外部供应情况		−0.005		−0.011
		(0.015)		(0.016)
外部需求情况		−0.036**		−0.037**
		(0.017)		(0.017)
现金流能力		0.036***		0.034***
		(0.007)		(0.006)
企业成立年限		0.004*		0.006*
		(0.003)		(0.003)
常数项	0.856***	0.705***	0.883***	0.883***
	(0.011)	(0.033)	(0.007)	(0.007)
观测值	2168	2168	1997	1997
R^2/Pseudo R^2	0.094	0.113	0.116	0.144
F/CHI^2 统计量	6.115	6.376	153.08	183.19
行业固定效应	是	是	是	是
地区固定效应	是	是	是	是

注：括号内为稳健标准误。***、** 和 * 分别代表在 1%、5%和 10%的水平上显著。第(3)(4)列为 Logit 回归结果，所报告的系数为边际效应。

(二)回归结果分析

从前文的 LPM 模型回归结果来看，疫情期间的税收优惠和稳岗政策所带来的税费压力的减轻可以提高中小微企业的生存概率,且税收优惠的政策效应更大。至于政策有效的原因,我们将会在作用机制部分进行详细探讨。而根据实证回归结果,金融支持对于改善中小微企业生存状况的作用微乎其微。究其原因,疫情期间的金融支持主要是商业银行降低贷款利息或贷款延期。朱武祥等(2020)在问卷调查结果的基础上作了如下解释:虽然银保监会要求银行针对不同贷款企业给予相应的优惠,但82.1%的企业并未获得银行信贷优惠,且企业员工数越少、营业收入越低,能够取得的贷款优惠比例越小。从银行的角度来看,中小微企业往往员工人数少、营业收入较低、生存风险较高,即使有金融支持政策,银行为中小微企业办理贷款的意愿并不高。而从企业的角度来看,中小微企业往往存在信息不透明、抵押物不足的问题(林毅夫和孙希芳,2005),而且中小微企业在疫情期间抗风险能力弱,银行为中小微企业提供贷款的意愿不高。因此,金融支持政策针对的企业往往是那些能够达到银行信贷条件的企业,难以惠及大多数的中小微企业。

租金减免政策对改善中小微企业经营状况的作用也不明显,我们认为可能有以下三点原因:首先是租金减免政策的覆盖范围有限,ESIEC 调查结果表明,仅有约 24% 的民营企业享受到租金减免的优惠政策;其次,对于承租非国有房屋的企业,租金减免指引不够明确,导致租金减免对企业的帮助作用有限;最后,现有的相关法律政策无法完全覆盖到租金减免、租赁合同解除等租赁纷争,影响了租金减免政策的实施效果。

另外,中小微企业大多集中在传统的劳动密集型行业,更容易享受到社保缓缴和稳岗补贴的相关优惠政策,而金融支持往往更倾向于抵押品丰富的资本密集型行业,中小微企业较难享受到金融支持政策,因此金融支持政策成效不显著。为进一步验证以上观点,后文将对此进行详细讨论。

第六节 稳健性检验与作用机制讨论

(一)稳健性检验

1.更换模型设定

接下来,本章通过增加控制变量和更换被解释变量来验证回归结果的稳健性。基于线性概率模型,增加控制变量的回归结果如表 7-4 第(1)至(2)列所示①,第(1)列回归中加入了企业存货占流动资金比重②,第(2)列回归中同时加入了应收账款和应付账款占比。由于 ESIEC 数据中上述控制变量存在较多的缺失值,增加后会使得回归样本量大大减少,因此主回归中未增加此变量,仅作为稳健性检验。在第(3)至(4)列中,将被解释变

① 采用 Logit 回归的结果基本类似,限于篇幅,不再报告。

② 流动资金为存货、应收账款、现金及等价物之和。

量替换为企业员工到岗率恢复情况和产量(或经营额)恢复情况,这两个指标能从投入和产出方面反映企业经营状况。由于被解释变量是有序分组变量,数值越大则恢复程度越高,因此我们采用 Order Logit 模型进行回归。结果显示,增加控制变量与更换被解释变量的回归结果与主回归结果基本一致,表明本章结论具有良好的稳健性。

表 7-4　稳健性检验:更换模型设定

变量	(1)	(2)	(3)	(4)
	企业经营状况	企业经营状况	人员投入恢复	产量恢复
税收优惠	0.045***	0.031**	0.211**	0.222***
	(0.017)	(0.015)	(0.100)	(0.086)
金融支持	−0.001	0.003	0.058	0.084
	(0.022)	(0.021)	(0.142)	(0.129)
租金减免	0.015	0.013	0.095	−0.070
	(0.019)	(0.018)	(0.112)	(0.101)
稳岗政策	0.033*	0.033*	0.301***	0.315***
	(0.019)	(0.017)	(0.108)	(0.098)
观测值	1429	1595	2169	2169
R^2/Pseudo R^2	0.113	0.111	0.068	0.081
F/CHI² 统计量	3.173	2.788	389.64	768.61
存货占比	是			
应收账款占比		是		
应付账款占比		是		
其他控制变量	是	是	是	是
行业固定效应	是	是	是	是
地区固定效应	是	是	是	是

注:括号内为稳健标准误,***、** 和 * 分别代表在 1%、5%和 10%的水平上显著。其他控制变量包括企业年龄、供应商是否断供、需求订单是否减少及内部现金流持续时间。

2.倾向得分匹配(PSM)估计

本章的实证回归部分还存在一个可能影响结论可靠性的问题,即政策干预的分配是否随机。如果政府在出台优惠政策时,更倾向于给予经营状况较好、生存可能性较高的中小微企业政策优惠,那么估计结果可能反映的是政策的样本选择偏差。反之,如果政府扶持的是那些存在倒闭风险的企业,则会导致本章的估计系数被低估。为解决这个问题,本章采用倾向得分匹配(propensity score matching,PSM)的方法进行稳健性检验。根据前文的回归结果,税收优惠和稳岗政策的系数较为显著,而金融支持和租金减免政策的系数不显著,下文将这四类政策分别作为干预变量,保留仅享受一类政策扶持和从未享受政策扶持的样本,进行四次 PSM 估计,进一步验证结果的稳健性。

以税收优惠政策为例。在进行 PSM 估计时,从样本企业中选出两类企业作为研究对象:一类是仅享受税收优惠政策的企业,作为处理组;一类是完全没有享受到任何扶持政策,即未受到政策干预的企业,作为对照组。选取供应商是否断供、订单是否减少、现金流持续时间、企业成立年数四个变量进入倾向得分计算模型,作为可观测变量,然后根据可观测变量对处理组和对照组的样本企业进行匹配。根据研究设计,本章的处理组为仅享受税收优惠政策的 253 家企业,对照组为未受到任何政策干预的 783 家企业。其他三类扶持政策的 PSM 处理思路类似。本章通过 Logit 模型来估计倾向得分,为保证结论的稳健性,分别采用不同得分匹配设定的 K-近邻匹配(K-nearest neighbor match)和半径匹配(Radius caliper match)来计算处理组的平均处理效应(Average treatment effect of treatment group,ATT)。

表 7-5 显示了财税扶持政策对处理组企业正常经营状况的平均处理效应。第(1)列展示了在 PSM 估计的四种不同模型设定下,税收优惠对企业经营状况的政策效应。可以看到,所有的估计结果均在 1%的水平上显著为正,估计系数约为 0.09。这表明,在 PSM 模型设定下,税收优惠政策使得企业正常经营的概率提高了约 9 个百分点。第(4)列结果也在 1%的水平上显著为正,估计系数接近 0.09,仍然高于主回归对应系数的值,这表明在政策执行过程中,政府可能倾向于选择经营状况较差的企业来给予政策扶持,使得真正的政策扶持效应被低估。第(2)列显示,金融支持在 PSM 估计的半径匹配设定下,在 10%的水平上显著为正,表明获得金融资源也能够提高企业生存概率,但由于政策效果的异质性较强,导致结果显著性较低。第(3)列表明租金减免政策不能有效改善企业的生存状况。综上,PSM 估计在一定程度上缓解了样本选择问题,得到的结论与前文基本一致,再一次验证了结果的稳健性。①

表 7-5　稳健性检验:倾向得分匹配估计(PSM)

变量	税收优惠	金融支持	租金减免	稳岗政策
	(1)	(2)	(3)	(4)
Panel A:K-近邻匹配				
1 对 1	0.096***	0.069	−0.003	0.088***
	(0.023)	(0.057)	(0.037)	(0.028)
1 对 2	0.091***	0.044	0.008	0.087***
	(0.022)	(0.045)	(0.037)	(0.027)

① 本章 PSM 估计均通过了平衡性检验。限于篇幅未能列示,留存备索。

续表

变量	税收优惠	金融支持	租金减免	稳岗政策
	(1)	(2)	(3)	(4)
Panel B:半径匹配				
半径 0.05	0.095***	0.090*	0.031	0.087***
	(0.020)	(0.053)	(0.037)	(0.024)
半径 0.03	0.091***	0.087*	0.008	0.091***
	(0.020)	(0.053)	(0.037)	(0.024)

注:括号内为稳健标准误,***、** 和 * 分别代表在 1%、5%和 10%的水平上显著。

3.遗漏变量的敏感性检验

遗漏变量偏误是导致内生性问题的重要来源之一。如果本章回归中遗漏了某些重要变量,也可能导致估计结果存在偏误。Cinelli 等(2020)提出的遗漏变量敏感性检验方法为解决此类问题提供了思路:虽然实际中无法捕捉所有不可观测变量,但可以直观观察当遗漏变量需要达到多强时,才能使得前文的结论有所改变,进而判断这一假设是否可信。我们将前文的控制变量均作为遗漏变量的比较基准进行敏感性检验。当模型中加入了外部供需因素、企业年龄 1 至 3 倍强度的遗漏变量时,税收优惠的显著性基本不发生变化,t 值均大于 2.81;加入了现金流持续时间 1~3 倍强度的遗漏变量时,估计系数也位于 1.96 左侧,表明结果依然在 5%水平上显著。以稳岗政策为核心解释变量得到的结果基本类似,即当模型中存在现金流持续时间 3 倍强度的遗漏变量时,稳岗政策依然在 10%的水平上显著。上述结果表明,即便模型中存在高强度的遗漏变量,依然不会改变本章的核心结论。[①]

4.反向因果偏误:工具变量方法

内生性问题还可能来源于反向因果,即企业是否正常经营反过来决定其是否得到某类政策扶持,从而产生估计偏误。我们认为这一问题在本章研究中存在的可能性较低,首先,ESIEC 2020 年 5 月的样本来自 2017—2019 年调研形成的企业库,并在 2020 年 2 月进行过一轮预调查。样本是严格按照行业与地区进行比例抽样,样本选取的过程与企业当期的经营状态关系并不大,否则也无法观测到倒闭或暂停经营的样本。其次,本章还通过样本数据计算了企业获得的各类财税扶持政策在城市层面的平均值,将地方政府对中小微企业的扶持力度作为企业个体是否获得扶持政策的工具变量,进行两阶段最小二乘估计。地方政府的扶持力度直接决定了企业获得政策扶持的可能性,并且对微观企业经营而言属于外生变量,满足工具变量的两个关键假设。工具变量估计的结果如表7-6

① 限于篇幅,遗漏变量的敏感性检验的结果图形未能展示,若有需要可向作者索取。

所示,可以看到,四个工具变量第一阶段估计系数均在1%的水平上显著,且 F 值表明不存在弱工具变量问题。第二阶段的估计结果与前文基本一致,再次表明本章结论是稳健的。

表 7-6　稳健性检验:工具变量估计

变量	(1)	(2)	(3)	(4)
	税收优惠	金融支持	租金减免	稳岗政策
第二阶段估计	0.342**	0.323*	0.075	0.256***
	(0.145)	(0.178)	(0.102)	(0.071)
第一阶段估计	0.676***	0.277***	0.695***	0.783***
	(0.111)	(0.099)	(0.087)	(0.058)
弱 IV 检验	38.39	14.33	82.85	218.57
观测值	1035	809	880	955
中心化 R^2	0.040	0.122	0.129	0.099
控制变量	是	是	是	是
行业固定效应	是	是	是	是

注:括号内为稳健标准误,***、** 和 * 分别代表在1%、5%和10%的水平上显著。控制变量包括企业年龄、供应商是否断供、需求订单是否减少及内部现金流持续时间。由于与工具变量共线,回归中未加入地区固定效应。

(二)作用机制讨论:基于行业要素密集度的视角

本部分将讨论在新冠疫情期间,为何只有税收优惠和稳岗政策能够显著提高企业的生存概率。显然,疫情并不会使机器“染病”,而是中国政府为了保障人民的生命健康,科学制定并严格执行疫情防控政策,在阻止疫情快速蔓延的同时,使得企业的生产运营出现不同程度的停滞。表7-7展示了在疫情期间采取以下各项防疫措施的企业比例,可以看到有超过80%的公司扩大了人员间隔、发放了个人防护及清洁用具、采取分餐制等措施。这些措施各有不同,但均以“人”为核心。换言之,受疫情防控影响更严重的企业主要是劳动要素密集型企业。这也可以解释为什么在前文回归中只有税收优惠和稳岗政策效应显著,因为其主要受益对象是劳动密集型企业。而对资本密集型企业而言,其受疫情防控影响较小,因此政策效果不明显。我们按照行业的属性,将样本进一步划分为劳动密集型和资本密集型分别进行回归,如表7-8第(1)列和第(2)列所示,并且进一步估计了两组间的系数差异,如第(3)列所示。结果印证了本章的猜想,即税收优惠和稳岗政策效应主要存在于劳动密集型行业当中,且政策效应的差异在两个行业间是显著的。

表 7-7　作用机制讨论:防疫措施

防疫措施	观测值	采取防疫措施的企业占比/%
扩大人员间隔	1678	80.81
发放个人防护及清洁用具	1902	93.57
体温测量	1915	91.38
分餐制	1456	81.38
制定防疫工作规范	1849	89.78

表 7-8　作用机制讨论:基于行业要素密集度的视角

	劳动密集型行业	资本密集型行业	组间差异
	(1)	(2)	(3)
税收优惠	0.060***	0.032	−0.051**
	(0.020)	(0.020)	[0.048]
金融支持	−0.010	−0.014	−0.041
	(0.028)	(0.030)	[0.263]
租金减免	−0.008	0.021	−0.004
	(0.023)	(0.022)	[0.901]
稳岗政策	0.054***	0.010	−0.056**
	(0.020)	(0.024)	[0.039]
观测值	1294	871	2168
R^2	0.157	0.108	
F 统计量	4.554	3.430	
控制变量	是	是	是
行业固定效应	是	是	是
地区固定效应	是	是	是

注:圆括号内为稳健标准误,方括号内为 P 值。***、** 和 * 分别代表在 1%、5%和 10%的水平上显著。控制变量包括企业年龄、供应商是否断供、需求订单是否减少及内部现金流持续时间。

第七节　结论与政策建议

新冠疫情期间,政府及时出台一系列财税扶持政策,其制定效率之高、覆盖面之广,展现了中国共产党执政和社会主义市场经济体制在应对重大突发公共卫生事件冲击时的优越性。本章在梳理了疫情期间财税扶持政策的基础上,利用企业微观数据评估了政策实施效果。其中,税收优惠和稳岗政策对中小微企业的生存有较强的政策效应,可以分别使企业正常经营的概率提高约 4.6 和 3.9 个百分点,但金融支持和租金减免政策作用并不明显,这一结论在不同的识别设定下保持良好的稳健性。进一步研究发现,由于疫情防控的对象是人而非“机器”,因此税收优惠和稳岗政策效应主要体现在劳动密集型行业,而非资本密集型行业。结合研究结论和相关文献资料,本章提出以下政策建议:

一是持续稳定地实施税收优惠政策。从实证结果来看,税收优惠政策能够显著改善中小微企业的经营状况,因此应该保持税收优惠政策的持续性和稳定性,给企业复产复工一定的恢复期。同时,还需结合中小微企业灵活多变的特征,注重各层级政府政策措施的协调性,多措并举减轻中小微企业的税收负担;根据经济发展情况对税收优惠政策进行适当调整,使政策与企业实际诉求相适应。另外,要进一步提高税收减免审批过程的效率,优化政府服务,充分发挥税收优惠政策的积极作用。

二是创新融资途径并加快数字化转型。需要平衡中小微企业的信贷投放规模与防范信贷风险监管政策之间的矛盾,在保障金融安全的同时,积极创新中小微企业的融资途径,降低中小微企业融资成本,从而使金融支持政策为资本密集型企业更好地发挥作用。此外,在互联网技术发展的背景下,可以尝试运用“数字化”的技术优势,加快中小微企业数字化转型,充分发挥互联网和数字化产业在抗击疫情中的积极作用。借助互联网大数据,建立针对中小微企业的融资服务平台,利用大数据进行风险预警,从而提高审贷效率。通过数字金融,推动金融精确化与高效性,改善宏观财税政策目标同质化与微观企业金融需求异质化的结构性问题。

三是精准施策,创造良好营商环境。从实证结果来看,企业稳岗政策能够显著提高企业经营状况,表明通过缓缴社保等手段对企业进行扶持是有效的。接下来要继续实行企业稳岗补贴等相关优惠政策,转移政策的调控重心,提高具体政策的实施效益,创造良好的营商环境。同时,要注重精准施策。针对在疫情中受影响最严重的企业,可以考虑在减免税收、提供专项信贷、贷款延期等方面增加政策扶持力度,将稳岗政策做细做深。结合行业、地区的特征,有针对性地改变政策重心与倾向,合理引导市场发展。另外,还可以通过激励企业对产品进行差异化营销,优化消费者的购买体验,从而提高政策实施的精准度和效率,改善中小微企业的经营困境。

四是因时施策,按需施策。在注重疫情防控、调整宏观经济的同时,国家应在短时间内建立应急管理体系,定期监测中小微企业短期内的经营状况,加强公共卫生法治保障。对不同类型的企业做到按需施策,提供合理有效的政策扶持类型。如普惠性税收优惠政策适用于所有中小微企业,而金融支持政策可以更多地向资本密集型行业倾斜。长期来看要调动中小微企业创造活力,鼓励中小微企业专业化发展,打造优质品牌,提高中小微企业抗风险能力,不断提升国家产业链水平。总体而言,要根据中小微企业的诉求调整相关优惠政策的内容，多措并举，长、短期政策相结合，做到因时施策、按需施策，从而最大化政策的实施效益。

本章参考文献

何诚颖，闻岳春，常雅丽，等，2020. 新冠病毒肺炎疫情对中国经济影响的测度分析[J]. 数量经济技术经济研究，37(5)：3-22.

黄庆华，周志波，周密，2020.新冠肺炎疫情对我国中小企业的影响及应对策略[J]. 西南大学学报(社会科学版)，46(3)：56-68,201-202.

李明，张璿璿，赵剑治，2020. 疫情后我国积极财政政策的走向和财税体制改革任务[J]. 管理世界，36(4)：26-34.

李芊霖，王世权，2020. 新冠疫情冲击下中小企业如何应对危机?:基于辽宁省中小企业的问卷调查[J]. 地方财政研究(4)：11-21.

林毅夫，孙希芳，2005. 信息、非正规金融与中小企业融资[J]. 经济研究(7)：35-44.

万相昱，安达，王亚强，等，2021. 新冠疫情背景下减税降费政策对小微企业影响研究：基于微观模拟的测算分析[J]. 价格理论与实践(1)：27-33.

詹清荣，2020. 各国运用财税手段应对新冠肺炎疫情的主要做法及思考[J]. 国际税收(4)：7-12.

张斌，2020. 新冠肺炎疫情对宏观经济政策、财税改革与全球化的影响[J]. 国际税收(4)：3-6.

张学诞，邬展霞，2020. 构建适应中国特色应急管理需求的财政治理体系[J]. 财政研究(4)：22-34.

朱青，2020. 防控"新冠肺炎"疫情的财税政策研究[J]. 财政研究(4)：9-14.

朱武祥，张平，李鹏飞，等，2020. 疫情冲击下中小微企业困境与政策效率提升:基于两次全国问卷调查的分析[J]. 管理世界，36(4)：13-26.

ABRAHAM F, SCHMUKLER S L, 2017. Addressing the SME finance problem[J]. World bank research and policy briefs(9).

BARTIK A W, BERTRAND M C, CULLEN Z B, et al., 2020. How are small businesses adjusting to COVID-19? Early evidence from a survey[R]. NBER working paper, 26989.

CINELL C, FERWERDA J, HAZLETT C, 2020. Sensemakr: sensitivity analysis tools for OLS in R and Stata[J]. Journal of Statistical Software.

DAI R C, FENG H, HU J P, et al., 2021. The impact of COVID-19 on small and medium-sized enterprises (SMEs): evidence from two-wave phone surveys in China

[J].China economic review，67(3):101607.

HASSAN T A，HOLLANDER S，VANLENT L，et al.，2020. Firm-level exposure to epidemic diseases：COVID-19，SARS，and H1N1[R].NBER Working Paper:26971.

KIM J，KIM J，WANG Y Q，2021.Uncertainty risks and strategic reaction of restaurant firms amid COVID-19：evidence from China[J].International journal of hospitality management(92)：102752.

LIU Y，ZHANG Y F，FANG H Y，et al.，2021. SMEs' Line of credit under the COVID-19：evidence from China[J/OL].Small business economics. https://doi.org/10.1007/s11187-021-00474-9.

第八章 我国财政政策的调控效果分析
——基于政策不确定性视角*

胡久凯 王艺明**

第一节 引 言

新中国成立以来我国财政政策长期坚持走的是一条平衡或者紧缩的道路。1998 年在亚洲金融危机的影响下,我国经济增速显著减缓,固定资产投资、消费和居民收入等多项重要经济指标的增速明显下滑。在严峻的国内外经济形势下,我国政府实施了第一轮积极财政政策(1998—2004);2008 年在由美国"次贷危机"引发的全球性金融危机的背景下,我国政府开始实施了新一轮积极财政政策。积极财政政策的实施开创了我国反周期财政政策的先河,填补了政策实践领域中的空白,丰富了政府宏观调控工具的内涵。

我国政府实施的财政政策在稳定经济增长、熨平经济波动等方面取得了显著的成效,同时也促进了产业结构与区域结构的优化以及经济发展方式的转变,使得我国经济增长的质量和效益不断提升。在该现实背景下,许多学者就财政政策的调控效果展开了研究。在这些研究的基础上,政策不确定性对宏观经济运行的影响成为近年来学术界的研究热点。黄宁和郭平(2015)、陈国进和王少谦(2016)、饶品贵等(2017)等大量学者就中国的政策不确定性问题展开了丰富的研究,多数已有研究都认为政策不确定性会对宏观经济产生负面影响。

虽然政策不确定性对宏观经济的影响越来越受到社会各界的关注,但是学者们在对政策不确定性的影响进行实证分析时普遍都忽视了其背后的政策内涵。通过对已有实证文献的梳理,我们发现尚没有文献将财政政策冲击与政策不确定性这二者相结合起来对财政政策的效果进行评价。事实上,政府部门在采用财政政策对宏观经济进行调控时,政策立场经常发生变动,常在多目标之间切换,并且会对政策的松紧、力度和组合进行调整,从而引致政策不确定性的变化。如果政府部门在实施财政政策时,以化解公共风险、稳定预期和增强市场信心为目标,通过合理规划和提前释放政策的有关信号等措

* 本章写作时间为 2020 年,故本章论述以 2020 年为时间点。

** 王艺明,教授,博士生导师,厦门大学经济学院财政系。

施来降低政策的不确定性水平,能否减小政策冲击对投资的挤出效应或者有效的平滑消费等经济行为,从而进一步有助于减小经济波动和实现“稳增长”的政策目标？不同政策不确定性背景下财政政策冲击对宏观经济的影响有何差异？这些具有重要理论与现实意义的问题正是本章所关注的重点。

本章运用符号约束 SVAR 模型来识别不同政策不确定性背景下的财政收入和支出冲击,再进一步由它们的线性组合来构建积极财政政策冲击。研究发现:不同政策不确定性背景下的财政政策冲击对宏观经济变量的影响具有非对称性,政策不确定性上升情形下的积极财政政策会导致我国的经济波动加剧。本章主要的创新点和贡献在于:第一,本章的研究填补了已有的实证分析文献在将财政政策冲击与政策不确定性相互结合来进行政策效果评价方面的研究空白,为政策不确定性对宏观经济的影响等方面的研究提供了更具政策内涵的新的解释;第二,本章不仅研究了不同政策不确定性背景下的财政政策冲击对宏观经济变量水平值的直接影响,还采用前沿计量方法测算了我国的宏观经济不确定性指数,并进一步分析了政策不确定性的上升是否会传导到宏观经济中,从而加剧整个经济社会的不确定性水平的间接作用机制;第三,本章构建了包含不确定性指标变量的 SVAR 模型并根据研究的实际需求来施加符号约束进行识别,进而研究我们所关注的不同政策不确定性背景下的财政政策冲击,这是对 Mountford 和 Uhlig(2009)已有模型的一次创新性应用,为如何科学地应用前沿计量方法进行政策效果评价提供了一个新的思路。

第二节　文献综述

20 世纪末以来我国政府实行的财政政策主要包括财政支出和财政收入两方面的政策。财政支出方面的政策主要包括:调整投入基础设施和公用项目建设的财政资金规模,调整对教育、医疗、卫生等各领域的投资结构,以及对社会的消费和投资等进行补贴等。财政收入方面的政策主要包括:发行债券提高财政赤字率,调整关税、增值税等的税率和纳税主体范围,减免政府性基金收费和行政事业性收费项目等。综合来看,政府过去实施的积极财政政策的实践主要是通过提高财政赤字率来扩大政府投资,“减税降费”是近年来值得关注的重要措施。这些财政政策的实践经验为学者们研究财政政策对宏观经济的影响提供了现实依据。

在财政支出对经济增长的影响方面:刘贵生和高士成(2013)研究发现财政支出政策可以拉动经济增长,并且对私人支出存在挤出效应;刘达宇等(2016)认为尽管财政政策会对投资和消费产生一定的挤出效应,但它会长期拉动经济增长,是一种较为稳健的宏观调控手段;王艺明和胡久凯(2018)发现我国的财政扶贫政策取得了显著的绩效。在财政支出对 CPI 的影响方面:郭长林(2016)将政府生产性支出引入 DSGE 模型进行分析,发现财政支出冲击对CPI的影响由它对总需求和总供给两方面的作用的相对大小共同决定,随着政府支出的生产性的增强,它对通货膨胀的抑制作用也越明显;杨子晖等(2014)发现我国的财政赤字具有较强的货币供给效应,赤字的融资需求一定程度上决定了货币供应量的增长,从而加大了经济中的通货膨胀风险。从财政收入的角度出发:庞凤喜和张丽微(2016)发现我国的货币供应、价格水平和税收收入之间存在正向联动关系;杨君茹和戴沐溪(2012)认为增值税、消费税和营业税三项流转税与CPI存在正向影响的关系。李永友(2006)、饶晓辉和刘方(2014)、杨灿明和詹新宇(2016)就财政政策在稳定经济增长、熨平经济波动等方面的表现进行了研究。

除了研究财政政策变量的水平值对宏观经济变量的影响之外,政策不确定性对宏观经济运行的影响成为近年来学术界的研究热点。本章将政策不确定性定义为未来经济政策的不可预知性,它表现为政策实施过程中的承诺不一致以及由政策多变造成的市场预期紊乱和信心缺失。政策不确定性的成因主要包括:第一,在复杂多变的经济形势下,政府相机抉择而带来的政策多变性;第二,由政府官员变更引致的政策力度或方向等的变化;第三,由中央银行和财政部等政府部门之间协调配合不够充分导致的调控效率的损失。政策变量的波动性与政策不确定性密切相关,国内外学者们通过自回归模型、GARCH模型等多种方法来测算政策变量的波动率并对其经济影响展开了广泛的研究。Baker等(2016)收集整理了美国10大报刊上的政策不确定性方面的词频来计算美国的政策不确定性指数,并用相同的方法计算了中国等主要经济体的政策不确定性指数。在Baker等(2016)的研究基础上,大量国内学者就中国的政策不确定性问题展开了丰富的研究。黄宁和郭平(2015)发现政策不确定性对经济增长、投资、消费、CPI等均产生了负向影响;陈国进和王少谦(2016)发现政策不确定性对企业投资行为具有抑制作用;饶品贵等(2017)发现政策不确定性上升会导致企业投资显著下降且投资效率显著提高;朱军(2017)、朱军和蔡恬恬(2018)采用与Baker等(2016)类似的方法构建了中国的财政政策不确定性指数并展开了分析。除了基于Baker等的政策不确定性指数的研究之外,杨海生等(2014)、罗党论等(2016)研究了由官员变更引致的政策不确定性,发现政策不确定性的上升会加剧企业的市场风险,对经济增长有显著的抑制作用;郭长林(2016)将消息冲击和生产性政府支出引入DSGE模型,研究发现政府提前释放与政策有关的信号能够减少政策所带来的经济波动。

总体来看,学者们对我国财政政策及其不确定性对宏观经济的影响开展了广泛的研究,也达成了许多一致的观点:大多数已有文献都发现政府支出对私人投资和居民消费产生了挤出效应,政府部门实施的财政政策在稳定经济增长、熨平经济波动等方面取得了一定的成效,政策不确定性会对宏观经济产生一定的负面影响等等。但是,已有文献很少把财政政策冲击与政策不确定性这二者相结合来对政策的效果进行评价。如果政府在实施财政政策时,以化解公共风险、稳定预期和增强市场信心为目标,实行具有持续性和透明性的政策措施，那么政策不确定性会随着政策的实施而逐渐下降。例如，在2008年政府推出"4万亿"经济刺激计划之前，经济政策的不确定性是相对较高的。而"4万亿"政策出来以后，政府释放了明确的政策信号，政策指向明确、政策强度确定，因此经济政策的不确定性大大降低(饶品贵 等，2017)。研究不同政策不确定性背景下的财政政策冲击可以为政策不确定性对宏观经济的影响等方面的研究提供更具政策内涵的解释，并且对政府部门的政策制定等实践活动具有更加深刻的指导意义。

第三节　符号约束SVAR模型的识别与估计

(一)模型的基本设定

本章参考Mountford和Uhlig(2009)的方法构建施加了符号约束的SVAR模型来识别不同政策不确定性背景下的财政政策冲击。具体来说，模型的构建方法如下：

首先，简化形式的VAR模型可以表示为：

$$Y_t = \sum_{k=1}^{p} \Phi_k Y_{t-k} + u_t, E[u_t u'_t] = \sum\nolimits_u \tag{8-1}$$

其中，Y_t 是n×1阶的向量，p 是VAR模型的滞后期数，Φ_k 是系数矩阵，u_t 是简化式的扰动项。式(1)也可以写成无穷阶的向量移动平均形式：

$$Y_t = \sum_{h=0}^{\infty} B(h) u_{t-h}, B(0) = I \tag{8-2}$$

因为 u_t 的元素没有明确的经济意义，所以有必要引入SVAR模型。假设 ε_t 是结构冲击，并且：$u_t = A_0 \varepsilon_t$ ，$E[\varepsilon_t \varepsilon'_t] = I$ ，$[A_0 A_0'] = \sum\nolimits_u$ 。可以发现，识别结构冲击 ε_t 的关键在于识别冲击矩阵 A_0。[①] 在本章的符号约束识别方法下，可以将 A_0 写成：

$$A_0 = \widetilde{A}_0 Q \tag{8-3}$$

其中，$\widetilde{A}_0$ 是 $\sum\nolimits_u$ 的任意正交化分解(如Cholesky分解)，且 $QQ' = I$ 。此时，识别结构冲击 ε_t 的关键转化成了识别矩阵 Q 。为了详细分析脉冲响应函数，将式(8-1)、式(8-2)和式(8-3)相结合：

$$Y_t = \sum_{h=0}^{\infty} R(h) \varepsilon_{t-h} \tag{8-4}$$

其中，$R(h) = C(h) Q$ ，且 $C(h) = B(h) \widetilde{A}_0$。则有第 i 个变量对于第 j 个结构冲击在第 h 期的脉冲响应 $r_i^{(j)}(h)$ 为：

$$r_i^{(j)}(h) = C_i(h) q^{(j)} \tag{8-5}$$

① 值得说明的是，本部分的模型预设与陈浪南和田磊(2015)是一致的，他们在该设定下对多种识别方法进行了详细的讨论。

其中，$C_i(h)$ 是 $C(h)$ 的第 i 行，$q^{(j)}$ 是 Q 的第 j 列。

(二)基于惩罚函数的符号约束方法

在以上模型设定的基础上，我们试图通过找到一个向量 q 来构造结构冲击，并且各变量对于该冲击的响应在约束期内需要符合预期的符号约束。在 Uhlig(2005)的思想下，向量 q 的求解应该满足如下的最小化问题：

$$q^* = \arg\min_q \Psi(q), \text{s.t.} \quad q'q = 1 \tag{8-6}$$

其中：

$$\Psi(q) = \sum_{i \in I_{S+}} \sum_{h=\underline{h_i}}^{\overline{h_i}} f\left[-\frac{C_i(h)q}{\sigma_i}\right] + \sum_{i \in I_{S-}} \sum_{h=\underline{h_i}}^{\overline{h_i}} f\left[\frac{C_i(h)q}{\sigma_i}\right] \tag{8-7}$$

$$f(x) = \begin{cases} x, (x < 0) \\ 100x, (x \geqslant 0) \end{cases} \tag{8-8}$$

其中，$f(x)$ 是惩罚函数，由于求解的是最小化问题，因此它会对正数进行惩罚。I_{S+} 表示的是预期会由这项冲击带来正向脉冲响应的变量组成的集合，f 会惩罚正数，因此在中括号内加上了个负号，变成对负向的冲击进行惩罚；同理，I_{S-} 表示的是施加的脉冲响应的符号约束为负的变量组成的集合。$\underline{h_i}$ 和 $\overline{h_i}$ 表示对某变量 i 施加符号约束的起止期间。σ_i 是变量 i 的标准差，除以 σ_i 是为了增强不同变量之间的可比性。

在现实的估计过程中，本章采用了贝叶斯方法来获得结构冲击的脉冲响应和其他统计量。具体来说：首先，从参数 $(\Phi, \sum_u)$ 的 Normal-Wishard 后验分布中抽取参数值；其次，在获得参数的抽样后，通过求解式(8-6)的最小化问题得到向量 q 以及相应的脉冲响应函数；最后，通过多次抽样得到的结果来获得最终的脉冲响应和置信区间等统计量①。符号约束识别方法是根据经典经济学模型或广被接受的经验事实明确设定识别假设，而不是采用依附于内生变量排序的传统的递归识别假设，脉冲响应结果不会因变量顺序的变化而变化，并且贝叶斯估计方法对非平稳数据是免疫的(陈浪南、田磊，2014)。

第四节　实证分析

(一)变量选择与处理

1.符号约束 SVAR 模型中的变量选择与处理

本章通过符号约束 SVAR 模型来分析不同政策不确定性背景下财政政策冲击对宏观经济的影响。模型中总共包含 10 个变量，样本区间为 2001 年 1 月至 2017 年 10 月，具

① 符号约束识别方法是通过多次抽样，保留满足符号约束条件的冲击并对它们加以平均综合才得到最终的脉冲响应函数。因此得到的脉冲响应结果的含义与传统识别方法有所不同。

体的变量选择和数据处理方法介绍如下。

(1)在变量选择方面

第一,在产出、消费和投资变量的选择上,考虑到月度数据的可得性,本章选取工业增加值作为产出的代表变量,并采用消费品零售总额和固定资产投资完成额来表示消费和投资。第二,利率、货币供应和物价变量:本章参考陈浪南和田磊(2014)选取银行间隔夜拆借利率、M1 和 CPI 作为采用符号约束方法识别货币政策的代表变量。第三,选择财政支出和财政收入作为财政政策变量。第四,分别采用 Baker 等(2016)和 Jurado 等(2015)的方法构建我国的政策不确定性指数①与宏观经济不确定性指数②。中国的政策不确定性指数是基于《南华早报》每月探讨与“经济政策不确定性”相关的文章占当月文章总数的比重来构建的。具体来说,在界定探讨“经济政策不确定性”的相关文章时,首先要求这类文章同时包含:{China、Chinese},{economy、economic},{uncertain、uncertainty}这三类词组中的一个或多个词;其次,在满足上述要求的基础上,进一步要求这类文章是讨论政策问题的文章,即至少符合以下两项条件中的一项:第一,文章中需要出现{government、Beijing、authorities}中的一个或多个词,且必须同时出现{policy、spending、budget、political、“interest rates”、reform}中的一个或多个词;第二,文章中需要出现{tax、regulation、regulatory、“central bank”、“People′s Bank of China”、PBOC、deficit、WTO}中的一个或多个词。

(2)在数据处理方面

本章将产出、消费、投资和财政收支等变量均调整为 2000 年为基期的不变价,然后参照 Fernald 等(2014)的方法对变量在一、二月份的取值进行了“新年效应”处理和季节调整,并对除了利率之外的变量进行了取对数的处理。除了政策不确定性指数和宏观经济不确定性指数之外,其余变量的数据来源为国家统计局、CEIC 数据库和万德数据库。

2.宏观不确定性指数的构建

(1)模型设计

本章采用 Jurado 等(2015)的方法基于动态因子模型的预测误差来构建我国的宏观经济不确定性指数。令 $X_t = \{X_{it}\}_{i=1}^{N}$ 表示用来作为预测模型解释变量的总经济信息集合,该集合中的各变量 X_{it} 在经过相应的对数差分变换等处理后都是平稳的。$Y_t^{mac} = \{y_{jt}\}_{j=1}^{N_y}$ 是可以反映中国宏观经济总体运行情况的变量组成宏观变量集合,该集合中的各变量是被预测的目标变量。本章采用动态因子模型方法通过对 X_t 提取共同因子来预测目标变量 y_{jt},并通过预测误差来构建该变量的不确定性的衡量指标,然后通过加权平均得到整个被预测变量集合 Y_t^{mac} 的不确定性。本章的模型设计具体如下:

① 中国的政策不确定性指数数据来源于 http://www.policyuncertainty.com/scmp_monthly.html。

② 宏观经济不确定性指数的具体测算方法详见后文“宏观不确定性指数的构建”部分。

$$X_{it}=\Lambda_i^{F'}F_t+e_{it}^X \tag{8-9}$$

$$y_{jt+1}=\varphi_j^y(L)y_{jt}+\gamma_j^F(L)F_t+\gamma_j^W(L)W_t+v_{jt+1}^y \tag{8-10}$$

在式(8-9)中，F_t 是 $r_f\times 1$ 维的共同因子，反映了总经济信息集合中各变量的协同变动，Λ_i^F 是相应的因子载荷，e_{it}^X 是误差项。式(8-10)中的 W_t 是用来构建预测模型的其它解释变量，在本章的实证分析过程中它包含了 X_t 的第一主成分的平方及 X_t 中各变量的平方的第一主成分。

本章采用的预测模型的一个重要特点是：令解释变量 F_t 、W_t 服从自回归过程，并且在对目标变量 y_{jt+1} 和 F_t 、W_t 中的每一个解释变量进行提前一步预测时，每一个预测模型都允许其有时变方差。在该设定下，各解释变量的预测误差和不确定性对目标变量的预测误差有重要影响。

将上述动态因子预测模型采用因子增强的向量自回归模型(FAVAR)来表达，令 $Z_t=(\widehat{F'}_t,W'_t)'$，定义 $Z_t=(Z'_t,\cdots,Z'_{t-q+1})'$，$Y_{jt}=(y_{jt},y_{jt-1},\cdots,y_{jt-q+1})'$，则有：

$$\begin{pmatrix}Z_t\\Y_{jt}\end{pmatrix}=\begin{pmatrix}\Phi Z & 0\\ \Lambda'_j & \Phi_j^Y\end{pmatrix}\begin{pmatrix}Z_{t-1}\\Y_{jt-1}\end{pmatrix}+\begin{pmatrix}V_t^Z\\V_{jt}^Y\end{pmatrix} \tag{8-11}$$

令 $y_{jt}=\begin{pmatrix}Z_t\\Y_{jt}\end{pmatrix}$，即得：$y_{jt}=\Phi_j^y y_{jt-1}+V_{jt}^y$。

通过式(8-11)的FAVAR系统可以进行提前任意 h 期的预测，提前任意 h 期的最优预测为：

$$E_t y_{jt+h}=(\Phi_j^y)^h y_{jt} \tag{8-12}$$

在时点 t 的预测方差为：

$$\Omega_{jt}^y(h)=E_t[(Y_{jt+h}-E_tY_{jt+h})(Y_{jt+h}-E_tY_{jt+h})'] \tag{8-13}$$

当 $h=1$ 时，将式(8-11)、(8-12)代入式(8-13)可得：

$$\Omega_{jt}^y(1)=E_t(V_{jt+1}^y V_{jt+1}^{y'}) \tag{8-14}$$

当 $h>1$ 时，易得：

$$\Omega_{jt}^y(h)=\Phi_j^Y\Omega_{jt}^y(h-1)\Phi_j^{y'}+E_t(V_{jt+h}^y V_{jt+h}^{y'}) \tag{8-15}$$

定义目标变量 y_{jt} 的不确定性为 $U_{jt}^y(h)$，给定预测步长 h 的情形下，可以通过 $\Omega_{jt}^y(h)$ 求得该目标变量的不确定性。令 1_j 为选择向量：

$$U_{jt}^y(h)=\sqrt{1'_j\Omega_{jt}^y(h)1_j} \tag{8-16}$$

在得到每个目标变量的不确定性的基础上，可以通过加权平均得到整个被预测变量集合 Y_t^{mac} 的不确定性，即本章关注的宏观不确定性：$\sum_{j=1}^{N_y}w_jU_{jt}^y(h)$。本章研究过程中对目标变量赋予了相同的权重：$w_j=1/N_y$。

(2)指标选择与处理

本章选择了19个可以反映中国宏观经济总体运行情况的变量组成宏观变量集合Y_t^{mac},指标的选择参考了Fernald等(2014),具体变量名单见表8-1;总经济信息集合X_t中各变量的选择与处理参考王少平等(2012),选取了7大类共计55个变量,主要包括:(1)产出和进出口类;(2)房地产开工与销售类;(3)消费和投资类;(4)资产和股票价格类;(5)利率和汇率类;(6)价格类;(7)货币和信贷类等。然后本章基于55维的总经济信息集合X_t构建预测模型对19维宏观变量集合(见表8-1)Y_t^{mac}中的各变量进行预测,并基于上文的模型设计来测算中国的宏观经济不确定性指数。在采用主成分分析方法(PCA)对总经济信息集合X_t提取共同因子时,因子个数r_f的选择采用Bai和Ng(2002)的方法确定为4个。

表8-1　宏观变量集合的构成

变量名称	数列编码	变量名称	数列编码
工业增加值	3640701	消费品零售	5190001
发电量	3662501	出口	5823501
贸易差额	6094301	石油产品进口	6168101
外汇储备	7012201	固定资产投资(总额)	7872901
固定资产投资(新建)	7876701	房地产开发投资(住宅)	3948701
铁路货物运输量	12915101	消费者预期指数	5198601
消费者信心指数	5198401	美元汇率	7058001
商品房新开工面积	3963901	深交所市盈率	13074901
上交所市盈率	13100801	深交所综指	66006801
上交所综指	13092401		

注:宏观变量集合中的各变量来源于CEIC数据库,数列编码为各变量所对应的检索编码。

宏观不确定性指数构建中采用的各变量指标均为月度数据,数据来源于国家统计局、中国经济景气月报和CEIC数据库。本章在分析之前首先对上述信息集合中的变量进行了“新年效应”处理,使得各变量从上年12月到当年1月的增长率等于当年1月到2月的增长率。对于个别变量在某些年份存在的1月和2月合并公布数据的情形,通过上年12月至当年1月和当年1月至2月的增长率相同,以及当年1、2月的取值之和等于2月公布的数据值来求出1、2月的取值。对需要季节调整的序列,采用X12-ARIMA进行季节调整。采用因子模型进行预测分析需要各变量是平稳的,对非平稳变量采用对数差分变换等方法进行处理,ADF和PP单位根检验表明经过处理后的各变量都是平稳的,然后根据模型需要对处理后的各变量进行了标准化。

为了使各不确定指数之间具有可比性和便于分析,本章将政策不确定性指数与宏观经济不确定性指数处理为以 10 为均值并且具有单位方差,处理后的政策不确定性指数与宏观经济不确定性指数如图 8-1 所示。从图 8-1 可以发现,政策不确定性指数与宏观经济不确定性指数有较强的正相关性,这是因为政策的不确定性情况可以传导到宏观经济运行中,而当宏观经济不确定上升时,政府会根据市场的运行状况对政策松紧、力度和组合进行调整,从而引致政策不确定性的变化。值得说明的是,在本章的样本后期政策不确定性指数与宏观经济不确定性指数的变动出现了相互偏离的态势,这是因为:2016 年之后受"降杠杆"、地方政府性债务风险和新常态下政府政策的调整等原因的影响,我国政策不确定性指数快速上升;而宏观经济不确定性具有明显的逆经济周期的性质,2016 年我国工业增加值、发电量、铁路货运量和出口等经济指标的同比增长率显著回升,整个宏观经济走势开始企稳回升,相应的宏观经济不确定程度也随之减小。

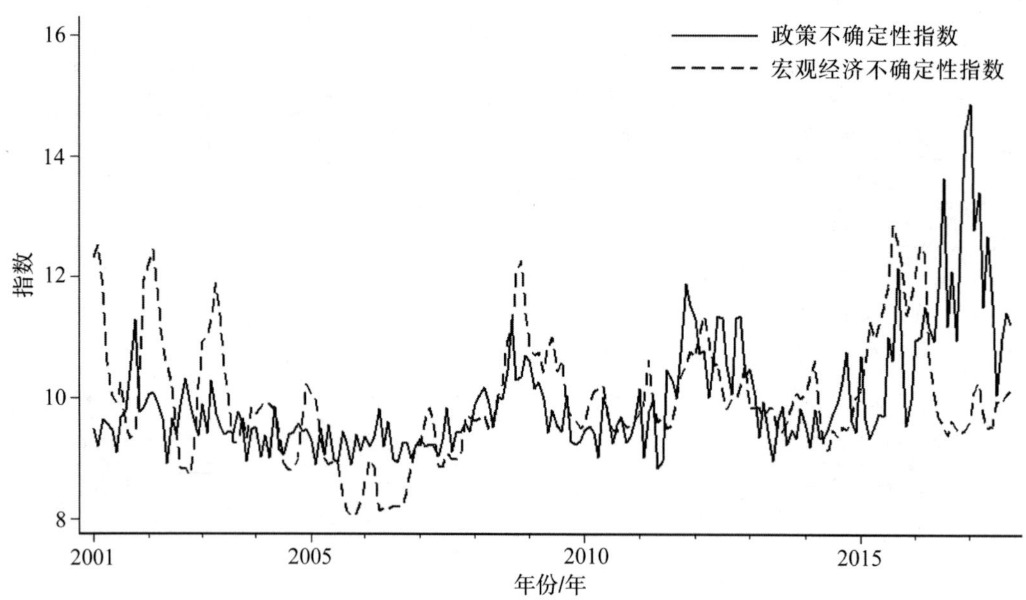

图 8-1　政策不确定性指数与宏观经济不确定性指数

(二)财政收入与支出冲击的识别与分析

1.财政收支冲击的识别

本章与 Mountford 和 Uhlig(2009)、刘金全等(2014)、王文甫等(2015)等已有研究一致,首先识别出经济周期冲击和货币政策冲击,然后将财政收入与支出冲击设定为与它们正交并且能够使得相应的政策变量在约束期内对于该冲击的响应符合预期的符号约束的冲击。将财政收支冲击约束为与经济周期冲击和货币政策冲击正交是为了在分析财政政策冲击时分离出由经济周期冲击和货币政策冲击带来的影响,从而更加客观地评价财政政策冲击的效果。该正交化设定的优点正如刘金全等(2014)所描述的:"政府收入的增加既可以归因于政策的改变,也可以归因于经济周期情况的好转","尽可能分离经济周期冲击、货币政策冲击的影响，余下部分将更接近于真实的财政政策冲击效果”。

本章构造了包括工业增加值、消费、投资、利率、M1、CPI、财政支出、财政收入、政策不确定性和宏观经济不确定性等10个变量的VAR系统进行分析。VAR模型的滞后阶依据信息准则设定为4阶，符号约束的期限设定为4个月。后文实证分析的图形中汇报的是受到冲击之后0～24个月的脉冲响应，实线表示的是脉冲响应函数后验抽样的中位数，阴影部分表示的是16％至84％的分位点。

表8-2呈现了经济周期冲击、货币政策冲击和财政收支冲击对相应经济变量影响的符号约束。具体来说，本章将经济周期冲击定义为能够使得产出、消费、投资和财政收入在冲击发生后四个月内同方向变化的冲击。货币政策冲击定义为使得利率变量与M1和CPI在冲击发生后四个月内反向变动的冲击。依据讨论情形的不同，本章将政策不确定性上升情形下的财政支出冲击定义为与经济周期冲击和货币政策冲击正交，并且使得冲击发生后四个月内财政支出和政策不确定性上升的冲击；政策不确定性下降情形下的财政支出冲击定义为满足正交约束并且使得冲击发生后四个月内财政支出上升而政策不确定性下降的冲击。同理可以定义政策不确定性上升或下降情形下的财政收入冲击。

表8-2　识别各种冲击的符号约束

冲击类型	财政支出	财政收入	产出	消费	投资	利率	M1	CPI	政策不确定性	宏观不确定性
经济周期冲击		＋	＋	＋	＋					
货币政策冲击						＋	－	－		
财政支出冲击	＋								＋(－)	
财政收入冲击		＋							＋(－)	

值得说明的是，本章在识别财政收支冲击的过程中：一方面，在识别财政支出冲击时没有对财政收入进行约束，在识别财政收入冲击时也没有对财政支出进行约束；另一方面，只对相应经济变量受到冲击后的脉冲响应函数的符号进行约束，而没有对其大小进行约束。这样的设定会使得不同政策不确定性背景下的财政收支冲击不具有严格意义上的可比性，而这恰好是本章所关注的一个重点问题。事实上，财政收入与支出冲击是本章进行进一步分析的基石，后文的研究中我们将构造在不同政策不确定性背景下更具有可比性的积极财政政策冲击并对其展开分析。

2.政策不确定性上升情形下的财政收支冲击

图8-2呈现了政策不确定性上升情形下的财政支出冲击对宏观经济变量的影响。①不难发现，在本章的符号约束设定下：该项冲击使得财政支出即期增长了2.3％，随后增

① 图形中汇报的是各经济变量受到冲击后的脉冲响应函数，脉冲响应函数为正（或负）代表冲击的影响使得该变量上升（或下降），图形中纵坐标上脉冲响应函数对应的刻度表示了变量上升或下降的百分比。

长率逐渐衰减并趋向于 0;政策不确定性即期增长了 4.4%,随后逐渐回落到一个稳定的水平。面对财政支出的正向冲击,工业增加值持续上升,说明财政支出冲击可以促进产出的提升;消费在受到财政支出冲击后脉冲响应函数的即期反应为负值,随后快速上升并显著为正,这与刘金全等(2014)的研究结论一致,财政支出冲击在短期内会对消费产生一定的挤出,在约束期后随时间推移会促进消费上升;财政支出冲击在冲击发生后的半年内极大地挤出了投资并促使宏观经济不确定性大幅上升,随后冲击的影响逐渐衰减。宏观经济不确定性较大时企业会暂缓其投资行为(Bloom,2009),因此财政政策冲击不仅会直接影响到投资的水平数值,还会通过政策不确定性对宏观经济不确定性的传导从而间接影响投资的变化。财政支出冲击发生后,CPI 持续下降,这可以从两方面进行

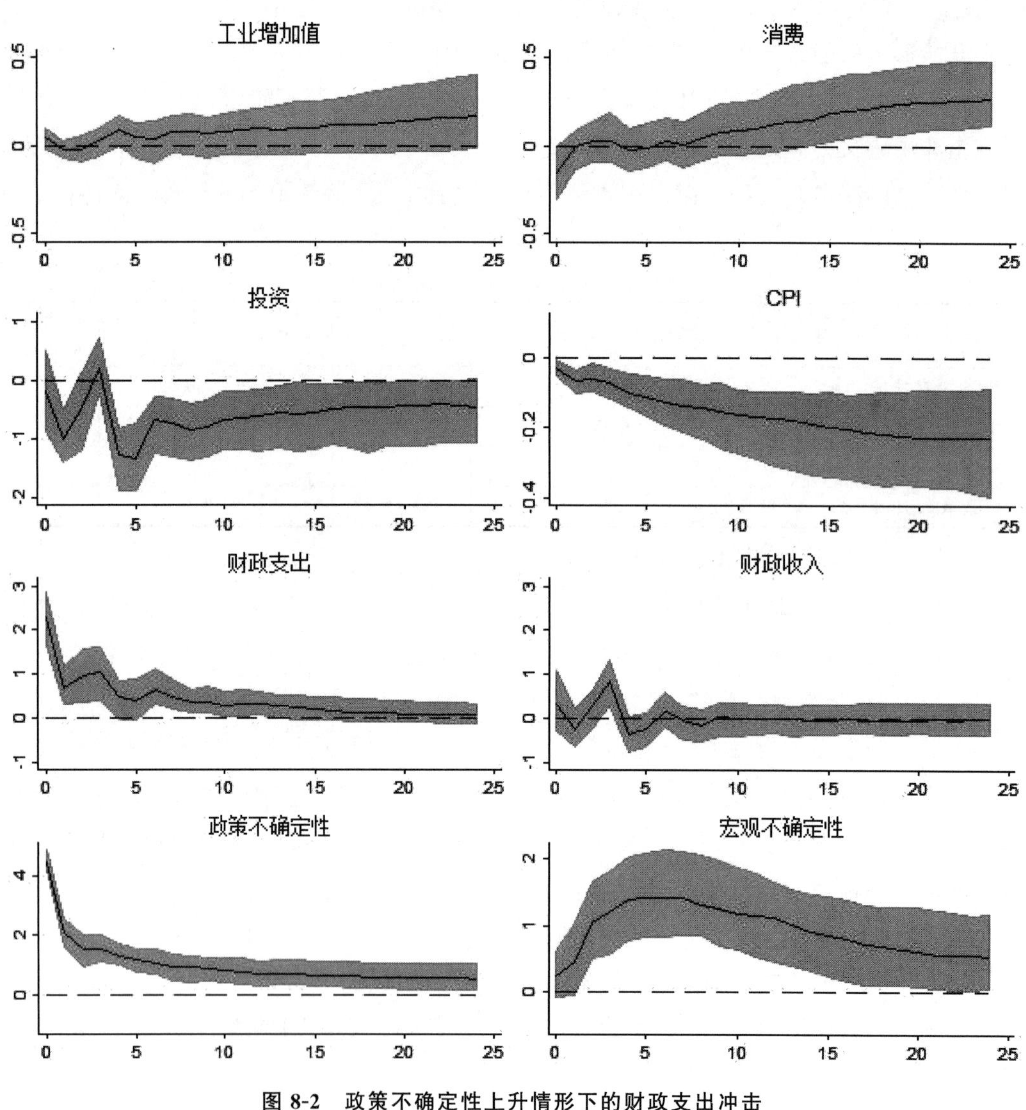

图 8-2　政策不确定性上升情形下的财政支出冲击

解释:一方面,本章将财政支出冲击设定为与经济周期冲击和货币政策冲击正交,因此在分析财政支出冲击时已经剥离了货币政策冲击带来的影响,而在政府支出扩张时可能观察到的物价上涨很可能是由配套的货币政策造成的。另一方面,财政支出冲击对 CPI 的影响应该由它对总需求和总供给两方面的作用的相对大小共同决定,政策不确定性上升情形下的财政支出冲击的背后通常是一种应对经济下行的反向调节措施,有相当一部分资金投向了基础设施建设等方面,具有较高的生产性。而政府支出的生产性越强,对通货膨胀的抑制作用也越显著(杨子晖 等,2014;郭长林,2016)。

图 8-3 呈现了政策不确定性上升情形下的财政收入冲击对宏观经济变量的影响。在符号约束 SVAR 模型的设定下:该项冲击使得财政收入即期增长了 2.3%,增长率在随后

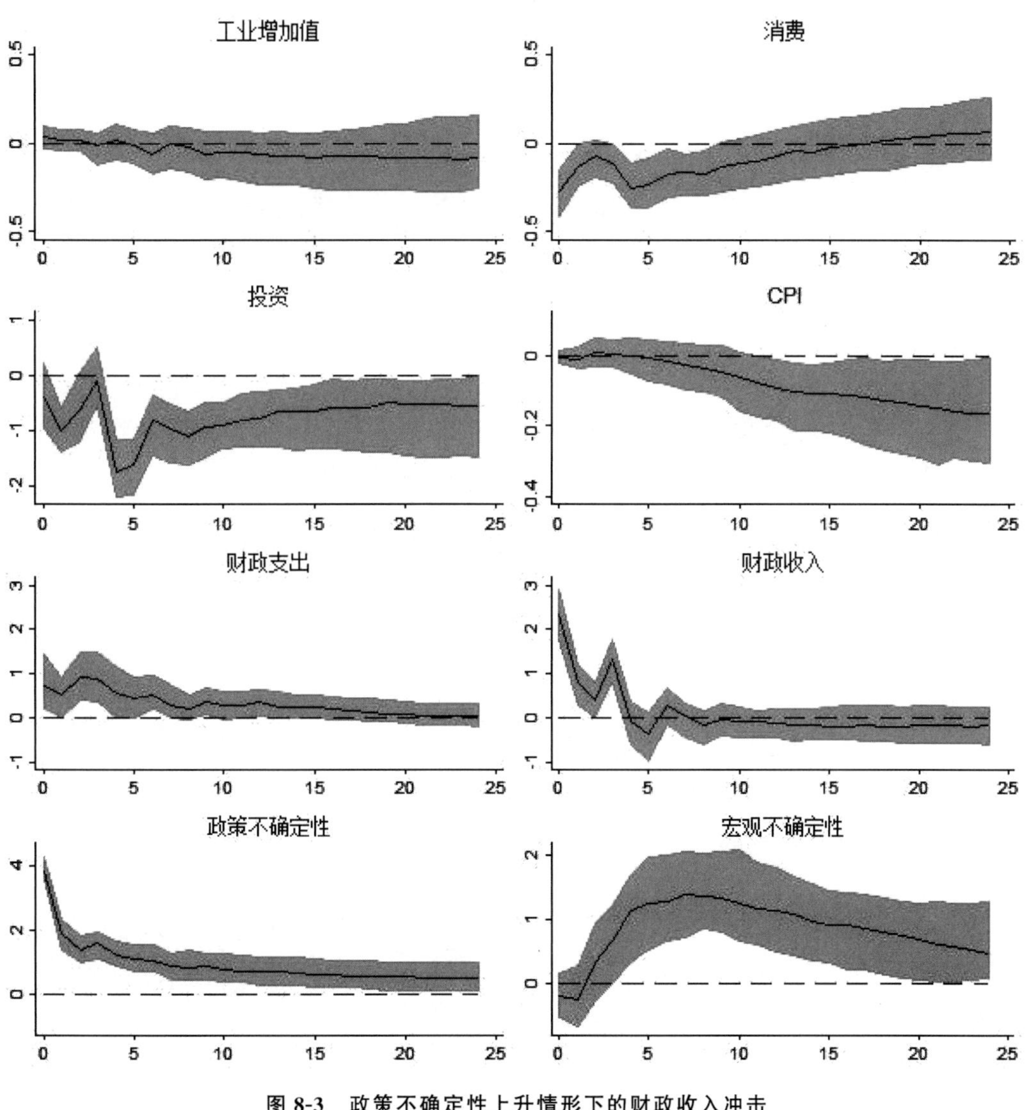

图 8-3　政策不确定性上升情形下的财政收入冲击

半年内震荡衰减并趋向于 0;政策不确定性即期增长了 3.8%,随后逐渐回落到一个稳定的水平。值得指出的是,该冲击使得财政支出在约束期内也有较大程度的上涨。对于财政收入的正向冲击,工业增加值的反应并不显著;与图 8-2 的情形相比,在受到财政收入冲击后消费在短期内呈现出更加显著的下降,这可能是因为政府债券的发行和税收的增加会造成居民收入的减少;使政策不确定性上升的财政收入冲击使宏观经济不确定性在冲击发生后的半年内大幅上升,随后冲击的影响逐渐减弱;财政收入冲击使得投资在短期内大幅下降;CPI 在冲击发生后持续下降,但在短期内影响并不显著,直到冲击发生的一年之后才产生显著的负向影响。

3.政策不确定性下降情形下的财政收支冲击

图 8-4 报告了政策不确定性下降情形下的财政支出冲击对宏观经济变量的影响。在

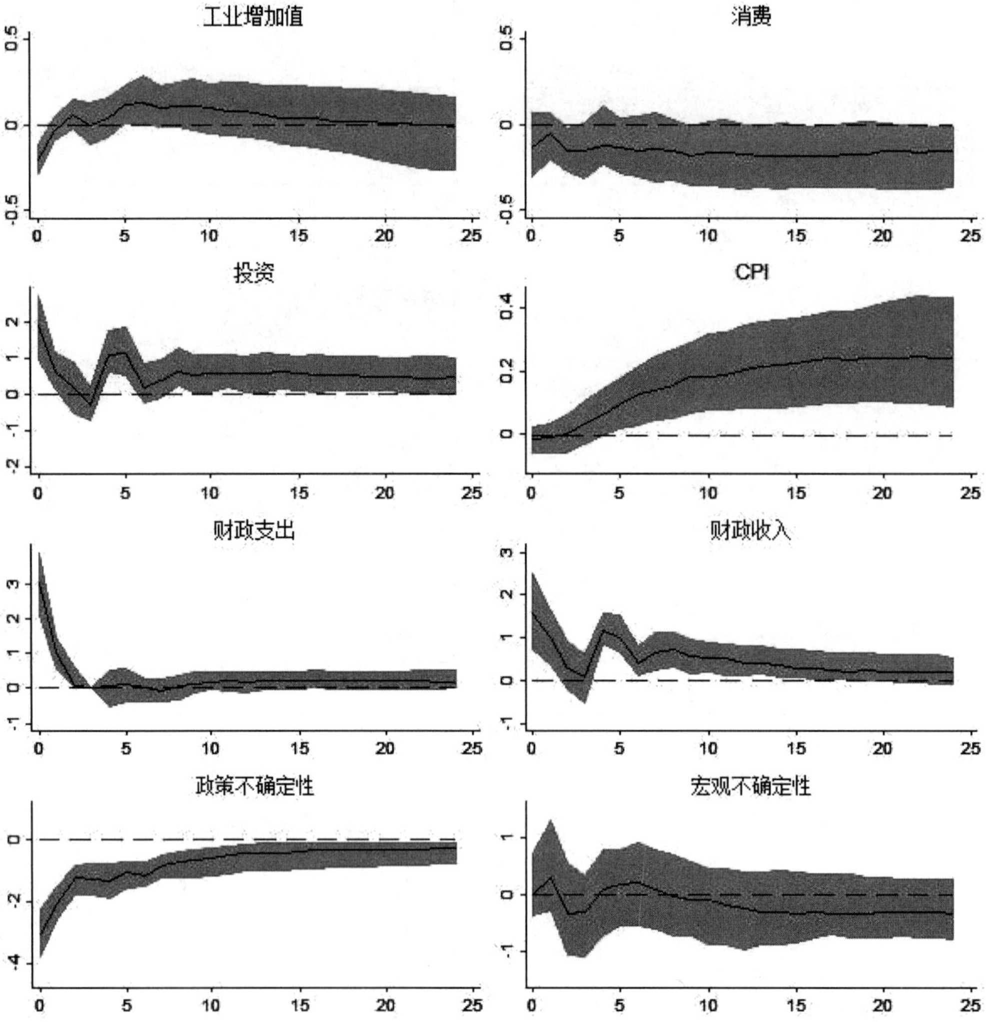

工业增加值 消费

投资 CPI

财政支出 财政收入

政策不确定性 宏观不确定性

图 8-4 政策不确定性下降情形下的财政支出冲击

符号约束 SVAR 模型的设定下：该项冲击使得财政支出即期增长了 3%，并且在约束期过后其增长率快速回落并趋向于 0；政策不确定性即期下降了 3%，随后其增长率逐渐趋近于 0。得注意的是，该冲击使得财政收入在约束期内也有较大程度的上涨。基于政策不确定性指数的计算方法可以推断出使得政策不确定性下降的财政收支政策是一种公开透明、提前释放了政策相关信号的政策，因此在统筹安排之下，当财政收支的一方规模扩大时，另一方也会做出相同变动方向的适应性反应。从图 8-4 可以看出，工业增加值在受到使得政策不确定性下降的财政支出冲击后的脉冲响应函数的即期反应为负值，随后快速上升变得不再显著。这主要是由于该项冲击使得财政支出和收入在约束期内均有较大幅度的上涨，因此该冲击类似于平衡预算的支出冲击，所以不会对产出产生太大的刺激作用；消费在受到冲击后的脉冲响应是一个非常平稳的负数并且不太显著，与政策不确定性上升情形下的财政支出冲击相比，使政策不确定性下降的财政支出冲击具有平滑消费波动的效果；宏观经济不确定性对于财政支出冲击的反应并不显著；在冲击发生后的半年内，投资的脉冲响应呈现出震荡性的正向响应，随后缓慢减小；CPI 在冲击发生后持续显著的上升，但上升的速度逐渐减小。CPI 在受到冲击后出现的响应与图 8-2 相反，这是由两方面的原因造成：一方面，使政策不确定性下降的财政支出冲击的生产性相对较弱；另一方面，在该冲击之下财政收入也出现了适应性的增长，在我国当前以间接税为主的税制结构下，财政收入的正向冲击容易造成 CPI 上升①。

图 8-5 报告了政策不确定性下降情形下的财政收入冲击对宏观经济变量的影响。在符号约束 SVAR 模型的设定下：该项冲击使得财政收入即期增长了 2.7%，增长率在随后半年内震荡衰减并趋向于 0；政策不确定性即期下降了 3.8%，随后其增长率逐渐向 0 趋近。可以看到图 8-5 中在冲击发生的初期，财政支出也出现了适应性的增长，因此图 8-5 的结果与图 8-4 非常相似。与图 8-4 不同的是：工业增加值在受到财政收入冲击后脉冲响应的即期反应为负值，并且在一年半后又出现了持续性的负向响应；消费在受到冲击后呈现出非常平稳并且显著的负向的脉冲响应；投资在短期内仍呈现出震荡性的正向响应，但在显著性上大大降低；CPI 在冲击发生后呈现出更大程度的正向响应，这主要是由财政收入的上升造成的，对比图 8-2 和图 8-3 以及图 8-4 和图 8-5 不难发现，财政收入的上升对 CPI 产生了一定程度的正向拉动的作用。

通过对上述图 8-2 至图 8-5 的结果进行对比分析，本章有两个主要发现。第一，政策的不确定性会传导到整个宏观经济：与政策不确定性下降的情形相比，一项伴随着政策不确定性大幅提升的财政支出的正向冲击会对投资产生显著的挤出效应，消费和投资等宏观经济变量对于冲击的脉冲响应具有更强的震荡性。第二，不同政策不确定性背景下

① 这主要是因为税收等政府收入的上升一方面导致了企业生产成本的上升和供给水平的下降，另一方面通过税负转嫁而提高了消费物价指数。参考杨君茹和戴沐溪(2012)、庞凤喜和张丽微(2016)。

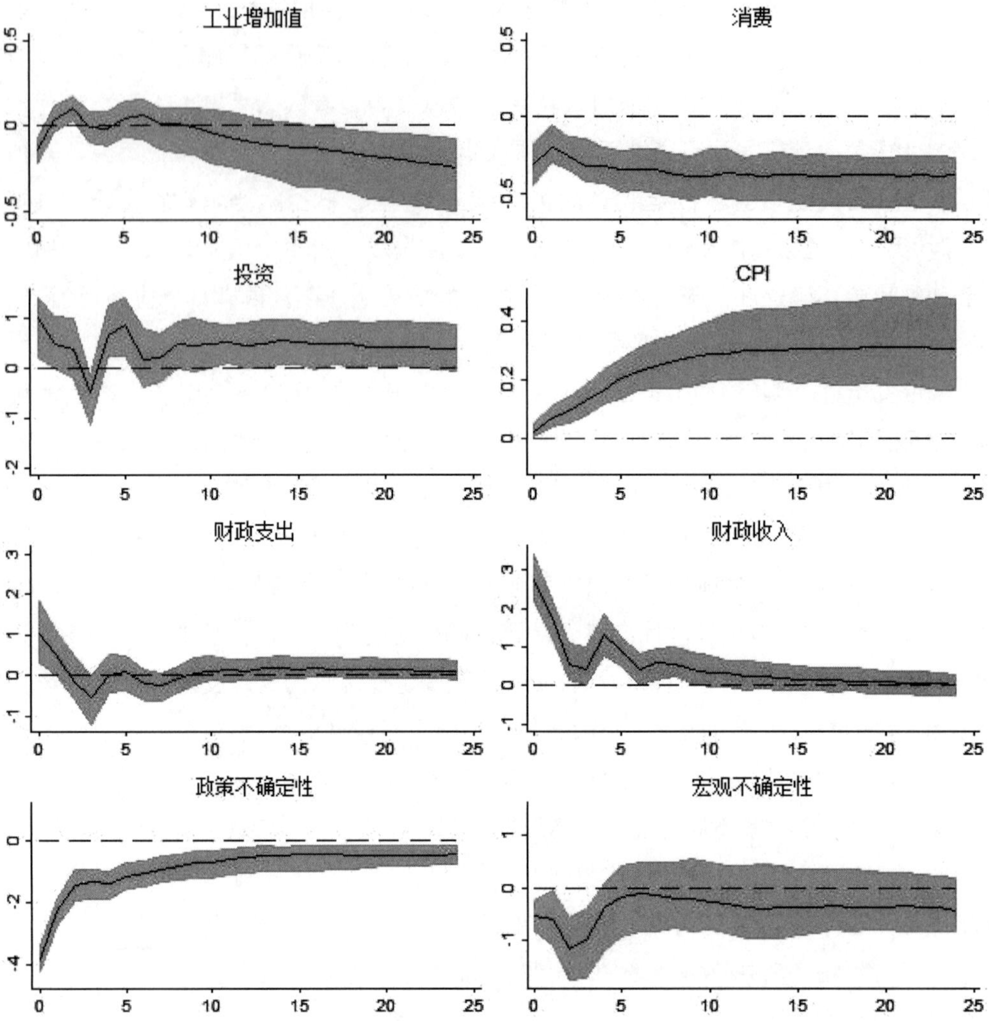

图 8-5　政策不确定性下降情形下的财政收入冲击

的财政收支冲击对于 CPI 具有不同的影响:使政策不确定性上升的财政支出政策会表现出较高的生产性,从而对通货膨胀产生抑制作用;在我国当前以间接税为主的税制结构下,财政收入的正向冲击会造成 CPI 上升。

(三)积极财政政策冲击的识别与分析

1.积极财政政策冲击的识别

在识别出不同政策不确定性背景下的财政支出和收入冲击之后,可以由它们的线性组合来构建具体财政政策的冲击。在本章的样本期间内我国实行了两轮积极财政政策,不同时点上我国经济运行的背景环境与调控政策实施的力度和方式等都不尽相同。在这样的现实背景下,本章重点对赤字融资的积极财政政策在宏观调控中的效果进行评价。参考 Mountford 和 Uhlig(2009)、刘金全等(2014),本章将积极财政政策冲击定义为在约束期内财政收入水平不变而财政支出每期都上升1%的冲击，也即需要满足如下约束条件：

$$0.01=\sum_{j=0}^{k}[r_{GS,BGS}(k-j)\,BGS_j+r_{GS,BGR}(k-j)\,BGR_j],k=0,\cdots,K \qquad (8\text{-}17)$$

$$0=\sum_{j=0}^{k}[r_{GR,BGS}(k-j)\,BGS_j+r_{GR,BGR}(k-j)\,BGR_j],k=0,\cdots,K \qquad (8\text{-}18)$$

式(8-17)中，K=4，GS和GR分别代表财政支出变量和财政收入变量；$r_{GS,BGS}$表示财政支出变量对于上文所识别的财政支出冲击的脉冲响应，$r_{GS,BGR}$表示财政支出变量对于财政收入冲击的脉冲响应；BGS_j和BGR_j表示财政支出冲击和财政收入冲击的脉冲响应函数的标准化系数。式(8-18)的解释与式(8-17)类似。

2.不同政策不确定性背景下的积极财政政策冲击

图8-6汇报了政策不确定性上升情形下的积极财政政策冲击对宏观经济变量的影响。

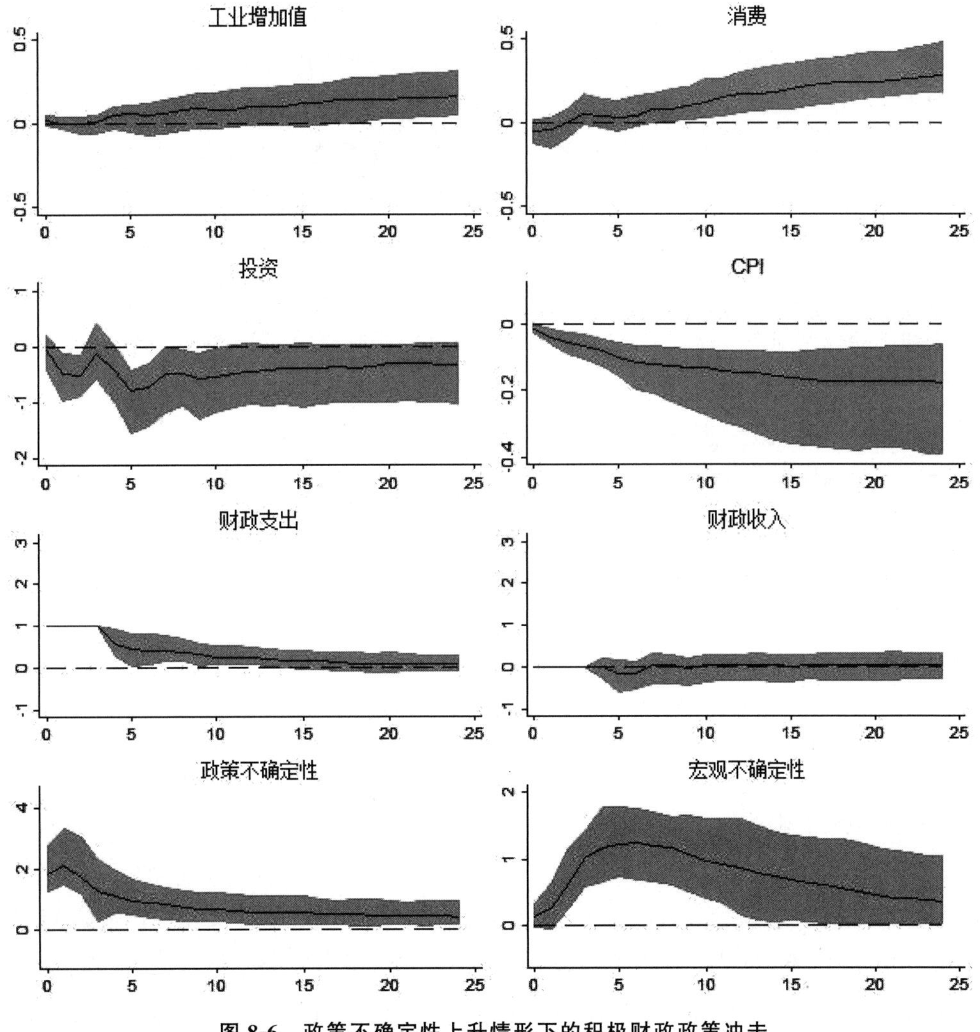

图8-6　政策不确定性上升情形下的积极财政政策冲击

可以看出,该冲击使得在约束期内财政收入水平保持不变而财政支出每期都上升 1%;政策不确定性即期增长了 1.8%,随后逐渐回落到一个稳定的水平。该冲击在约束期内对政策不确定性产生了显著的正向影响,这是因为该项积极财政政策冲击是由使政策不确定上升的财政收入和支出冲击的线性组合构成的。受到积极财政政策冲击的影响,工业增加值逐渐上升,其脉冲响应函数在冲击发生的一年半之后显著为正,在长期积极财政政策冲击使得工业增加值每期都上升约 0.14%,说明积极财政政策可以持续性地提升产出水平;消费在受到冲击之后的即期响应为负,随后逐渐上升并显著为正,并且通过与图 8-2 中消费的脉冲响应函数图进行对比可以得出与刘金全等(2014)相似的发现:积极财政政策冲击一方面减小了冲击初期对私人消费的挤出,另一方面在约束期后对消费的促进作用更加显著且收效更快;宏观经济不确定性在冲击发生后的半年内大幅上升,增长率迅速达到了 1.3%,随后缓慢回落;投资在冲击发生后的半年内产生了显著的挤出效应,随后冲击的影响逐渐减小;政策不确定性上升情形下的财政支出具有较强的生产性,因此通货膨胀的脉冲响应呈现出与图 8-2 类似的持续下降的特征。

图 8-7 汇报了政策不确定性下降情形下的积极财政政策冲击对宏观经济变量的影响。图 8-7 中的积极财政政策冲击与图 8-6 相比主要有两个方面的不同之处:首先,该冲击使政策不确定性在约束期内每期都发生了小幅并且显著的持续下降,在第 3 期达到最大降幅下降了 0.9%,随后逐渐向 0 趋近。这主要是由于该项冲击是由使政策不确定下降的财政收入和支出冲击的线性组合构成的。其次,约束期之后,在该冲击影响下财政收入表现出持续显著的小幅上升,这是对于财政支出规模扩大的一种适应性的增长。对比图 8-6 和图 8-7 可以发现,不同政策不确定性背景下的积极财政政策对工业生产都产生了正向刺激作用,但是在政策不确定性下降情形下该作用的收效更快:工业增加值在受到冲击后的脉冲响应在半年之后就显著为正,增长率迅速达到并维持在 0.11%的水平。政策不确定性下降情形下的积极财政政策冲击对消费和宏观经济的不确定水平没有显著影响;对于投资而言,该冲击不仅不会挤出投资,还会对投资产生一定的程度的正向拉动作用;该冲击在约束期内使得 CPI 出现小幅下降,随后冲击的影响变得不显著。

第五节　结　论

习近平总书记在十九大报告中指出:“世界面临的不稳定性不确定性突出,世界经济增长动能不足”,“人类面临许多共同挑战”。政府部门在坚持“稳中求进”的工作总基调、通过实施财政政策推进“稳增长、促改革、调结构、惠民生、防风险”各项工作的进程中面临着新的更加严峻的挑战。我国政府在实施财政政策时应当为经济注入确定性,引导社会形成良好的预期,推动实现新的供求动态平衡。为此,我们需要“增强财政政策的预见性和预防性”,充分考虑现实中的各种不确定性因素,“防止政策多变、频出而扰乱预期”

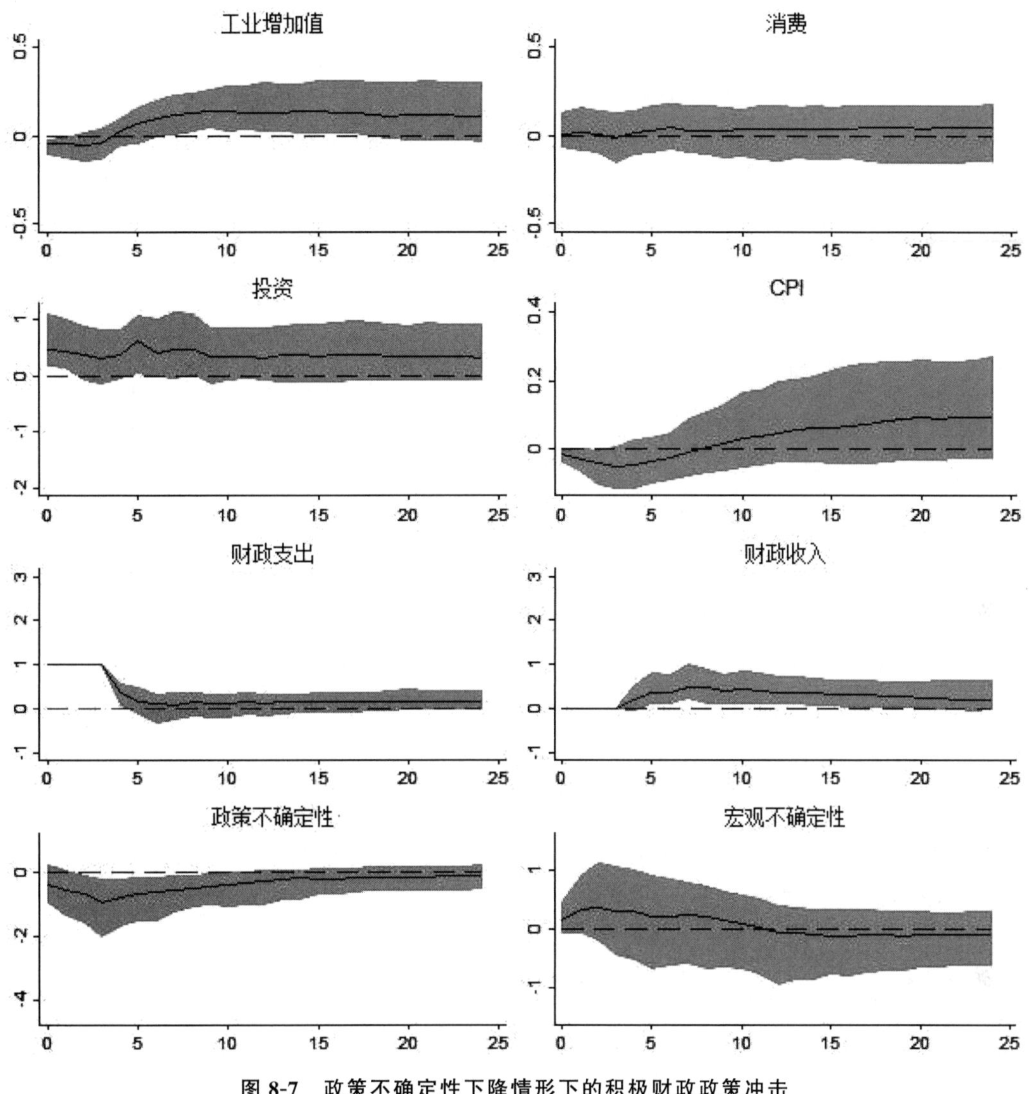

图 8-7 政策不确定性下降情形下的积极财政政策冲击

(刘尚希,2018)。但是,目前学界关于如何科学运用财政政策来促进经济稳定仍然存在着许多争议,分析和总结 20 世纪末以来我国政府实施的两轮积极财政政策的历史经验对于政府部门的政策制定等实践活动具有重要的参考价值和指导意义。

本章采用符号约束 SVAR 模型来对不同政策不确定性背景下的财政政策冲击进行研究。具体来说,本章首先运用基于惩罚函数的符号约束方法来识别不同政策不确定性背景下的财政收入和支出冲击,然后再进一步由它们的线性组合来构建赤字融资的积极财政政策冲击。研究发现:第一,政策的不确定性会传导到整个宏观经济,并进一步影响宏观经济的运行;第二,不同政策不确定性背景下的财政收支冲击对于 CPI 具有不同的影响,这与财政支出的生产性程度以及税制结构有关;第三,不同政策不确定性背景下的积极财政政策冲击对宏观经济变量的影响有明显差异，政策不确定性下降情形下的积极财政政策可以有效地减小对投资的挤出效应，平滑消费的波动，并且对工业生产的正向刺激作用收效更快。政府部门在政策制定的过程中有必要对当前的宏观经济运行状况、宏观经济中的不确定性水平以及政策自身可能带来的不确定性等问题进行充分的研究，提前对宏观调控政策进行合理规划并通过各种渠道将政策的有关信号传递给公众，从而稳定市场预期，促进经济社会的持续健康发展。

本章参考文献

陈国进，王少谦，2016. 经济政策不确定性如何影响企业投资行为[J]. 财贸经济(5)：5-21.

陈浪南，田磊，2014. 基于政策工具视角的我国货币政策冲击效应研究[J]. 经济学(季刊)(10)：285-304.

郭长林，2016. 被遗忘的总供给：财政政策扩张一定会导致通货膨胀吗？[J]. 经济研究(2)：30-41.

黄宁，郭平，2015. 经济政策不确定性对宏观经济的影响及其区域差异：基于省级面板数据的 PVAR 模型分析[J]. 财经科学(6)：61-70.

李永友，2006. 中国改革开放以来财政政策平滑经济波动的能力：基于传统 IS-LM 模型的实证分析[J]. 财经研究(7)：4-17.

刘达禹，刘金全，赵婷婷，2016. 中国经济"新常态"下的宏观调控：基于世界经济景气变动的经验分析[J]. 经济学家(10)：13-21.

刘贵生，高士成，2013. 我国财政支出调控效果的实证分析：基于财政政策与货币政策综合分析的视角[J]. 金融研究(3)：58-72.

刘金全，印重，庞春阳，2014. 中国积极财政政策有效性及政策期限结构研究[J]. 中国工业经济(6)：31-43.

刘尚希，2018-08-07. 积极财政政策为经济注入确定性[N]. 人民日报(10).

罗党论，廖俊平，王珏，2016. 地方官员变更与企业风险：基于中国上市公司的经验证据[J]. 经济研究(5)：130-142.

庞凤喜，张丽微，2016. 论货币量、价格水平与税收的联动关系[J]. 中南财经政法大学学报(2)：21-28.

饶品贵，岳衡，姜国华，2017. 经济政策不确定性与企业投资行为研究[J]. 世界经济(2)：27-51.

饶晓辉，刘方，2014. 政府生产性支出与中国的实际经济波动[J]. 经济研究(11)：17-30.

王少平，朱满洲，胡朔商，2012. 中国 CPI 的宏观成分与宏观冲击[J]. 经济研究(12)：

29-42.

王文甫，张南，岳超云，2015. 中国财政政策冲击的识别与效应：符号约束方法下的SVAR分析[J]. 财经研究(6)：70-81.

王艺明，胡久凯，2018. 马克思主义财政扶贫理论与政策：十九大精神下的探索[J]. 世界经济，41(7)：3-24.

杨灿明，詹新宇，2016. 中国宏观税负政策偏向的经济波动效应[J]. 中国社会科学(4)：71-90.

杨海生，陈少凌，罗党论，等，2014. 政策不稳定性与经济增长：来自中国地方官员变更的经验证据[J]. 管理世界(9)：13-28.

杨君茹，戴沐溪，2012. 流转税对于CPI的影响：基于省际面板数据的协整分析[J]. 财政研究(11)：48-52.

杨子晖，周天芸，黄新飞，2014. 我国财政赤字是否具有通货膨胀效应：来自有向无环图研究的新证据[J]. 金融研究(12)：55-70.

朱军，2017. 中国财政政策不确定性的指数构建、特征与诱因[J]. 财贸经济，38(10)：22-36.

朱军，蔡恬恬，2018. 中国财政、货币政策的不确定性与通货膨胀预期：基于中国财政-货币政策不确定性指数的实证分析[J]. 财政研究(1)：53-64.

BAI J，NG S，2002. Determining the number of factors in approximate factor models [J]. Econometrica，1：191-221.

BAKER S R，BLOOM N，DAVIS S J，2016. Measuring economic policy uncertainty [J]. The quarterly journal of economics，4：1593-1636.

BLOOM N，2009. The impact of uncertainty shocks[J]. Econometrica，3：623-685.

FERNALD J G，SPIEGEL M M，SWANSON E T，2014. Monetary policy effectiveness in China：Evidence from a FAVAR model[J]. Journal of international money and finance：83-103.

JURADO K，LUDVIGSON S C，NG S，2015. Measuring uncertainty[J]. The American economic review，3：1177-1216.

MOUNTFORD A，UHLIG H，2009. What are the effects of fiscal policy shocks? [J]. Journal of applied econometrics，6：960-992.

UHLIG H，2005. What are the effects of monetary policy on output? Results from an agnostic identification procedure[J]. Journal of monetary economics，2：381-419.

第九章　地方政府债务规模的决定因素：探求省际差异的来源*

刘　昊　陈　工**

第一节　引言及文献综述

长久以来，我国没有建立起统一的地方政府债务管理体系，地方政府处于多头举债、多头管理的无序状态，地方政府通过政府部门和机构、事业单位、融资平台公司以及地方国有企业等各类主体，以银行贷款、公司债券、信托计划、资管产品、产业基金等各类表内外方式举借债务，地方政府负债具有很大的隐秘性。财政部从 2000 年开始统计地方政府债务数据，但是统计数据仅涉及部分债务类别，统计数据是不完整的，当时也没有对外公开过。近几年，随着财政部多方面规范地方政府债务融资行为，地方政府发债方式和管理逐步规范和市场化，财政部也开始定期披露地方政府直接债务的数据。审计署曾进行过两次全国地方政府性债务审计，即 2011 年审计署对地方政府债务全面审计以及 2013 年全国政府性债务审计。审计署审计结果包含了地方政府直接债务和或有债务，对全面认识和评估我国地方政府的举债模式、债务规模、债务风险提供了全面的概览。

2011 年，在审计署公开总体债务数据之后，19 个省级行政单位公布了各自的地方政府债务规模总体数据。2014 年，在审计署率先公布了《全国政府性债务审计结果》后，除西藏外，30 个省级行政单位和 3 个计划单列市也公布了地方政府债务审计结果。以 2011 年审计结果为例，经过我们逐个查询，在各省级政府《2010 年度预算执行和其他财政收支的审计工作报告》等资料中共找到 17 个省级政府（自治区、直辖市）的 2010 年底完整的地方政府债务余额数据（数据是各省、自治区或直辖市本级及其以下市级与县级政府债务数据之和）。① 从公布的数据看，各地区的人均负债余额与负债率（债务余额与 GDP 比率）均存在较大差异。人均债务余额最高的地区是北京市，达到 1.91 万元，最低为河南省，人均负债 0.31 万元，二者相差 6 倍之多。负债率最高的地区是海南省，为

---

* 本章写作时间为 2019 年，故本章论述以 2019 年为时间点。

** 刘昊，副教授，温州商学院金融学院；陈工，教授，博士生导师，厦门大学经济学院、温州商学院金融学院教授。

① 17 个省级政府（自治区、直辖市）分别是北京、浙江、山东、广东、海南、山西、内蒙古、吉林、河南、安徽、湖北、湖南、广西、重庆、甘肃、宁夏及新疆。辽宁省及福建省公布的数据没有包含其计划单列市。

46.16%,最低为山东省,仅有13.33%。

为什么不同地区的债务负担存在这么大的差异?先前的研究囿于债务统计数据缺失及其保密性,学者多从债务成因角度对我国地方政府债务的形成与发展做出定性分析,对债务规模与其影响因素相关关系的定量研究相对匮乏。定性分析中,关于我国地方政府债务的形成原因与发展影响因素可以归纳为以下五点:(1)经济体制转轨所带来的改革成本或历史欠账,包括国有企业改革(呼延刚,2004),粮食与棉花流通企业政策性亏损,地方金融机构不良资产与债务的清理(陶雄华,2002)等;(2)财政分权体制下"事权与财权的不对称"(郭琳,2001);(3)政府投融资体制改革滞后,地方政府投资缺乏科学规划、民主决策程序与有效监督;(4)行政体制缺陷与软预算约束(马骏和刘亚平,2005;莫兰琼和陶凌云,2012);(5)积极财政政策的实施(贾康 等,2010;张宏安,2011)。近几年来,部分学者开始尝试进行债务规模的定量研究,如陈菁和李建发(2015)从财政分权和晋升激励,黄春元和毛捷(2015)从中央对地方转移支付,吴小强和韩立彬(2017)从政府间竞争,李永友和马孝红(2018)从偿债能力等方面对地方政府债务规模的影响因素进行分析。纵览以上定量研究,普遍存在两个问题,一是对地方债务规模变量的选择无法令人信服,或采用城投债务规模,或采用地方债券规模,严重忽略了融资平台贷款和BT等影子银行债务规模,而融资平台贷款和影子银行隐性债务是地方债务规模的重要组成部分;二是没有区分流量和存量的概念,以上研究都把债务余额作为研究对象和被解释变量,而实际上,由于大部分研究自变量为流量概念,因变量采用流量概念更加匹配。进一步看,不同的学者选择的解释变量存在较大差异,缺乏一个全面的解释框架。

国外地方政府债务融资研究是在地方政府提供地方公共品这一财政联邦主义框架下展开讨论的(Rattsø,2002)。国外学者深入研究了不同影响因素对地方政府债务规模的决定作用,即"何种条件与因素下,地方政府倾向于过度举债"(Dafflon,2010)。从研究内容上看,由于国外多元的政治、制度和文化,国外学者对地方政府债务规模的影响因素研究视角十分丰富,涉及人口、经济、政治(包括政治文化)与体制等各个层面。人口因素主要指人口年龄分布;经济因素有政府财政收入能力、借贷成本(利率)和税收政策;政治因素有政治商业周期、党际竞争、政府分治、地区政治文化倾向(自由主义或保守主义);体制因素有财政集权与分权程度,及对税收、支出与债务的法律约束与规定。从研究方法上看,国外学者更多采用定量分析方法(主要是计量分析)对债务规模的影响因素进行经验与实证研究,代表性的成果有Clingermayer和Wood(1995)、Ellis和Schansberg(1999)。

基于弥补国内研究的相对不足,借鉴国外研究成果,本章尝试利用审计署公布的地方政府全面债务数据,对影响我国地方政府债务规模的因素进行定量分析与检验,以厘清我国地方政府债务融资的行为模式,识别出引起债务负担地区差异的主导因素。本章直接目的是回答我国不同地区债务负担存在差异的原因,另一个层面,也为决策者制定

债务限额和控制措施提供经验支持与实践参考。

由于人口、经济、政治与制度特征中外有别，对我国地方债务影响因素的研究要立足于我国特定的人口、经济、政治与制度环境。因此，本章首先对决定我国债务规模的影响因素进行识别，建立一个完备的解释框架，然后在此基础上建立债务规模决定因素的定量分析模型，最后对模型进行实证检验与结果分析。

第二节 债务规模影响因素的识别

我国地方政府债务成因错综复杂，不同时期形成的债务，其影响因素必然存在差异，因此对债务规模影响因素进行分析，要区分是哪些时期、哪些类型的债务。由于特定历史原因形成的债务，如国有企业改革成本、地方金融机构清理中央专项借款、粮食与棉花企业政策性亏损，其产生与发展局限于特定历史条件和特定历史时期。而且，2000 年以后，这些特殊历史原因形成的债务正处于不断减少和化解过程中，其债务存量占总体债务规模的比重越来越低[①]。鉴于此，正如西方学者在财政联邦主义背景下研究地方政府债务规模影响因素一样，本章将研究重心放在我国现有财政体制和政府投融资体制背景下的地方政府债务增长。借鉴国外研究方法与研究成果，本章也从人口、经济、政治与体制四个层面讨论我国地方政府债务规模的影响因素。刘昊(2013)曾对此进行过系统总结，我们在其基础上进一步深入讨论。

(一)人口因素

国外学者研究人口因素对政府债务融资影响所依据的逻辑是：对年轻的选民来说，债务融资意味着增加类似规模的税收，因此没有支持过度负债的倾向，年老的选民正好相反。若考虑政府支出结构，则结论又有所不同。若政府支出中大部分为资本性支出，年轻群体受益较多，年轻群体就会支持债务融资，年老群体则会反对(Ellis and Schansberg，1999)。在我国现行政治体制下，地方政府官员的升迁决定权主要来自上级(孔善广，2007)。我国现行地方政府投融资机制中，政府投资计划按年编制，采用“分级分部门编制，综合平衡，专家论证，市民参与，下达计划”的程序进行。但实际过程中，居民参与度和决策作用很低，人大不具有直接决策权力，监督作用也很薄弱。因此基于公共选择理论的“利益集团方法”不适合用来分析人口对我国地方政府债务的影响。

在我国，人口年龄结构对财政支出影响的一个重要途径是人口老龄化。我国财政的社会保障支出包括抚恤和社会福利救济费、社会保障补助支出及行政事业单位离退休支出等。人口老龄化高的地区，社会保障(主要是养老金)负担高，政府财政用于社会保障

---

① 根据审计署报告，我们计算出 2002 年底地方政府债务余额为 14022 亿元，仅为 2010 年底债务余额(107175 亿元)的 13.08%，以不变价格衡量，也只有 16.23%。

支出的投入也就多,从而地方政府债务规模也就高。[①] 如果把社会保障基金收支不平衡引起的个人账户透支余额计入地方政府债务,那么人口年龄结构对我国地方政府债务规模将有更加显著的影响。

(二)经济因素

中国作为一个市场经济体,对影响地方政府债务规模的经济因素分析基本可以借鉴国外的研究成果。尽管如此,由于不同政府对经济的干预程度以及金融市场的发展程度不同,仍有必要对影响我国地方政府债务规模的经济因素进行详细探讨。Bahl 和 Duncombe(1993)认为地方政府经济实力和经济需求是决定地方政府债务融资的两个主要因素。此外利率、税收政策会影响政府债券的资金成本(从债务人角度讲)和投资收益(从债权人角度讲),也会对债务融资规模产生影响(Clingermayer and Wood,1995)。以这些观点为参考,下面也从地方政府经济能力、资金利率、税收政策以及财政政策四个方面对影响我国政府债务规模的经济因素进行讨论。此外,由于地方政府债务的主权信用性质,地方政府对金融机构存在重要影响力,以及考虑信贷配给的现实,金融激励也可能是地方政府债务增长的影响因素。下文重点从金融深化程度讨论金融激励对地方政府债务规模的影响。

1.地方政府经济能力

雄厚的财政实力代表了政府良好的债务偿还能力,是地方政府取得借款的重要条件。举例来说,我国地方政府近乎一半的债务通过融资平台公司或地方国企举借,若算上事业单位性质的融资平台,融资平台承担的政府债务规模更高。金融机构在向融资平台发放贷款或购买其他债权类融资工具时,除了融资平台的自身财务状况,更为看重的是融资平台背后的政府财政实力。因此,我们可以推断,经济发达的地区,财政实力强、债务融资能力高,从而其债务规模也就较高。同时,经济发达的地区,对公共品的需求也高,从而推动地方政府债务融资规模的增加。

在分析财政收入对地方政府债务规模的影响效应时,有必要区分下财政收入的来源,即财政收入来自地区自身还是上级政府的转移支付(Clingermayer and Wood,1995)。若财政收入来源于地方政府自身,那么财政收入是地区经济发展水平与财政实力的重要衡量指标,这部分财政收入与债务融资规模应该正相关。若财政收入来自政府间转移,这部分收入对债务规模的影响可能是不确定的。如果政府间转移收入对地方政府收入匮乏起到替代作用,地方政府会有低的负债倾向。相反,如果政府间转移收入刺激地方政府投资,政府间转移收入越多,地方政府负债倾向越高。

2.资金利率

资本市场发达的国家,如美国,地方政府债务采取市场约束型管理模式。资本市场

① 穆怀中(2001)研究发现,65 岁及以上人口比重每提高一个百分点,社会保障支出水平就相应提高平均约为 5.13 个百分点;60 岁及以上人口比重每提高一个百分点,社会保障支出水平约提高 1.07 个百分点。

会对地方政府债务借贷能力、信用水平做出反应。若地方政府财政状况较差,债权人就会要求较高的资金成本作为风险补偿。融资成本提高了,地方政府的借贷需求就会受到抑制。有时候利率的提高是因为其他外部的原因,比如资本市场资金供给小于资金需求。无论何种原因,当融资成本提高时,地方政府债务融资面临的还本付息压力就会提高,若政府像私人部门那样进行投资决策,政府债务融资的规模就会降低。

以上分析并不完全适用于我国的情况,利率提高可能并不能很好地抑制地方政府债务的融资需求。可能的原因有:第一,我国地方政府债务融资来源主要是银行贷款,我国银行金融机构视地方政府为最安全的债务人,地方政府往往能以最低成本获得银行贷款。同时我国并不是一个利率自由化的国家,利率不能根据资金供需的变化自由调整,银行贷款利率的调整往往是自上而下的政策要求。第二,从地方政府层面讲,地方政府并不像私人部门那样进行投资决策,地方政府面临预算软约束,对融资成本的弹性较低。例如,在实践中,地方国资部门一般对融资平台新增债务资金成本的要求是不高于银行贷款基准利率一定的幅度,至于银行基准利率的高低,地方政府并不十分关心。

那么,利率对地方政府债务规模是否还存在影响呢?利率对地方政府债务规模的影响从供给层面的解释可能更符合现实。利率的提高,往往代表流动性紧张,一方面,资金的供求形势变化会使得金融机构将资金贷给收益更高的客户;另一方面,即使不考虑资金在客户分布情况的变动,在供给有限的情况下,地方政府能够取得的借款必然会减少。

3.税收政策

我国自 2009 开始放开发行地方政府债券,地方政府债券发行先后采取了“代发代还”、“自发代还”和“自发自还”三种模式。最初的地方政府债券发行规模较低,2009—2011 年地方政府债券的批准额度均是每年 2000 亿元,2012 和 2013 年地方政府债券的批准额度增加到 2500 亿元和 3500 亿元。财政部、国家税务总局《关于地方政府债券利息所得免征所得税问题的通知》规定,对企业和个人取得的 2009 年、2010 年和 2011 年发行的地方政府债券利息所得,免征企业所得税和个人所得税。2012 年以后仍旧实行免税政策。所得税优惠政策会提高机构和个人对地方政府债券的购买意愿,但在 2014 年大规模发行地方政府债券之前,由于我国地方政府债务资金的主要来源是银行贷款,不是政府债券,国家对地方政府债券利息收入所得税优惠政策的规定对我国地方政府债务规模影响程度应该非常微弱。①

4.积极财政政策

积极财政政策的实施是我国地方政府债务形成与规模不断积累的重要原因。改革开放后,我国共有两个阶段实行大规模的积极财政政策,一次是亚洲金融危机爆发后的

① 从借款来源看,2010 年底地方政府债务余额中,银行贷款为 84679.99 亿元,占 79.01%,发行债券 7567.31 亿元,占 7.06%。发行债券中包括融资平台发行的企业债券,因此除去企业债券,地方政府债务来自发行债券收入的比例更低。

1998—2004 年,一次是美国次贷危机爆发后的 2009—2011 年。1997 年下半年亚洲金融危机爆发后,我国自 1998 年起开始实行为期 6 年的积极财政政策,中央政府每年发行 1000 亿～1500 亿长期建设国债,从 1998 年到 2004 年 7 月间,累计发行 9100 亿元,其中约有三分之一转贷给地方使用。2008 年第四季度以来,为应对国际金融危机冲击,我国决定实施积极的财政政策,以保持经济平稳增长。最广为人知的举措便是中央推出 4 万亿投资计划,通过增加大规模基础设施建设和重大项目投资,来拉动社会总需求。4 万亿投资计划由中央政府提供 1.2 万亿元,地方政府配套 2.8 万亿元。地方政府在中央政府的政策激励下,纷纷出台了各自的投资计划,累计超过 20 万亿元。我国地方政府债务也主要是在 2009 年以后开始迅速发展与膨胀起来的。

5.金融深化程度

金融深化程度,即金融自由化程度对地方政府负债的影响存在较为复杂的作用机理。一方面,在市场约束强有力且信息完全的情况下,金融深化能够减少管制,促使金融资源自由流动,并能降低信贷配给程度,从而对地方政府负债产生约束作用;另一方面,若金融自由化仅仅为部分自由化,比如说利率放松管制、金融创新活动增强,但若信贷等资金市场仍旧存在信息不完全,那么具有政府信用背书的地方政府债务会进一步增强信贷配给。中国的经济现实是地方政府强大的资源支配能力,可以对金融机构施加一些重要影响,在金融自由化的同时,大量的金融资源通过各类资金通道进入地方政府债务,包括信贷市场以及影子银行。因此,若是分析中国的金融深化对地方政府债务的影响,应该是促进作用大于约束作用。

(三)政治因素

我国是单一政党执政的国家,不存在党际竞争与分治政府现象。从历史长河来看,我国市场经济体制才刚刚确立,加上单一政党体制,我国还未形成严格意义上的自由主义与保守主义等地区政治文化思想。这样,在分析我国地方政府债务规模的政治影响因素时,可以主要考虑与我国特殊政治体制有关的政治商业周期现象。

西方的政治商业周期是指被选举出来的官员为了履行竞选承诺或赢得支持倾向于在大选开始前几年通过债务为资本项目融资,而将债务的偿还推迟至本届任期结束之后。我国政体与西方民主政体不同,不存在官员竞选之说,官员身份或者说公务员身份一经确认,工作生涯就成了政治生涯,官员追求在任期内获得升迁。我国现行的官员考核制度主要是以经济增长指标为特征的政绩考核,看得见的大规模的项目与工程成为官员凸显政绩的最好工具(Guo,2009)。我们考察了我国某省对县级政府经济发展的考核指标体系。从考核指标体系上可以发现,与其说是经济发展考核指标,不如说是 GDP 数字竞赛,考核指标只重视经济增长速度,不重视经济增长质量。GDP 增长速度、财政收入增长速度、固定资产投资与大规模的项目建设是考核的主要内容。在这种考核体系下,地方政府官员非常乐意进行大规模项目投资与建设,这既能完成固定资产投资与项目建设的考核内容，又能够带动 GDP 与财政收入的增长，完成主要考核指标任务。所以，政治商业周期概念应用到我国可以这么表述：新任命的政府官员为了凸显政绩在尽可能快的时间内获得升迁，倾向于在换届选举前几年甚至是任期刚开始就大搞经济建设，为自己积累政治资本，由此产生的债务则不在其考虑范围之内。Guo(2009)通过考察 1997—2002 年中国县级政府支出情况发现，县级政府人均支出在政府领导任期的第三年和第四年增长最快。

在政治商业周期现象中，还有一个特别值得关注的带有官员主观色彩的因素，那就是政府官员的自身观念，有时甚至是个人的性格或偏好。不同官员对政绩的理解不同，对实现政绩的途径理解也不同，有些官员喜欢搞拆迁，有些官员喜欢修道路，有些官员则更注重民生工程。我国地方政府首脑具有高度权威，现行的政治法律制度不能对其个人权力形成有效制约，在这种体制下，喜欢大拆大建的官员在其任期内债务的增长往往较快。这样，在考虑了领导角色因素后，地方政府债务的政治商业周期就有了更大的波动。

(四)体制因素

国外学者在研究体制因素对地方政府债务规模的影响时，几乎把全部的注意力都集中于政府对税收、支出与债务的法律限制或制度性要求，尤其是对债务的法律限制和约束。虽然我国《预算法》规定地方政府需要按照量入为出、保持平衡的原则编制，除法律另有规定外，不列赤字(新旧《预算法》均有此规定)，但是我国地方政府可以通过操纵政府预算体系来满足《预算法》财政平衡规定；或通过成立融资平台预算外实体，将支出活动剥离地方政府预算体系，绕开《预算法》地方财政不列赤字和省级以下政府不得发债的规定；甚至违规向金融机构借款或提供担保。所以，我国法律对地方政府平衡预算的要求，以及省级以下政府不得发债的法律规定，对地方政府债务融资的限制作用是微弱的。现有的理论分析中，强调较多的有财政分权体制下财权与事权的不匹配，以及我国地方政府财政支出的预算软约束。

1.财权与事权的分配

1994 年，我国开始实行分税制改革，“按照中央与地方政府的事权划分，合理确定各级财政的支出范围；根据事权与财权相结合原则，将税种统一划分为中央税、地方税和中央地方共享税，并建立中央税收和地方税收体系，分设中央与地方两套税务机构分别征管；科学核定地方收支数额，逐步实行比较规范的中央财政对地方的税收返还和转移支付制度；建立和健全分级预算制度，硬化各级预算约束”。[①] 分税制改革后，我国地方政府财政收入占全国财政收入的比重急剧下降，从 1993 年 78%下降到 1994 年的 44.3%，尽管在接下来三年略有增长，但此后基本维持在 45%～47%，直至 2011 年才突破 50%。但与此同时，地方政府承担的事权却没有降低。从地方财政支出占全国财政支出的比重来

---

① 见国发〔1993〕85 号文：《国务院关于实行分税制财政管理体制的决定》。

看，除1994年到2000年略有下降外，2000年以后开始逐步上升，从2000年的64.3%，上升至2017年的85.3%。分税制改革对中央与地方财权的划分是明晰的，但是对事权的划分是模糊与不确定的。在财权与事权分配上，不仅在中央与地方之间存在财权上收、事权下放的分配格局，而且在省级以下地方政府之间也存在这种分配格局。根据审计署的报告，截至2010年底，全国省级、市级和县级政府性债务余额分别为32111.94亿元、46632.06亿元和28430.91亿元，分别占29.96%、43.51%和26.53%，市级与县级政府累计占70%。

2.预算软约束

我国目前尚未建立起一部规范和约束政府投资行为的法律。现行政府投资体制，对政府投资领域与界限没有严格规定，投资决策权主要在地方官员手中，投资审批权限很大部分在地方政府手中，且分散在各个部门。大部分投资活动游离在预算外，没有建立起投资预算管理制度。在这种缺乏有效预算约束的政府投资体制和以GDP为核心的政绩考核机制下，地方政府从自身利益出发，超出自身财力进行大规模投资建设，必然产生大量地方政府债务。马骏和刘亚平(2005)构建了一个"逆向软预算约束理论"框架，认为在行政集权下的财政分权、官员晋升激励和缺乏有效约束机制下，经济增长和地方政绩是以财政风险的不断增加为代价的。

与预算软约束并列又有紧密内在联系的一个问题是我国地方政府的财政透明度不高。财政透明度是良好财政管理的一个方面，"增大公共财政的公开与透明程度对于提高公共资金效率、加强社会监督与预防腐败、增加执政合法性、促进民主化等方面有着重要作用"(俞乔 等，2012)。财政透明度的提高能够增强政府财政预算责任，控制政府财政支出，降低财政赤字，减少债务积累。2007年《政府信息公开条例》开始实施，但是我国的财政透明度建设一直进展缓慢，财政透明度长期为社会各界所诟病(俞乔 等，2012)。上海财经大学公共政策研究中心最初几年的研究发现，31个省(区、市)的省级财政透明度平均得分中，2009、2010、2011三个年度的平均得分为21.71分、21.87分、27.63分(满分为100分)，2011年31个省(区、市)无一合格。

第三节　债务规模回归模型的建立

(一)一般理论模型

通过以上分析，我们可以建立起我国地方政府债务规模影响因素的一般理论模型。模型表达如下：

本年度债务余额＝上年度债务余额＋(本年度债务融资－本年度还本付息)；

本年度债务融资－本年度还本付息＝本年度净债务融资；

本年度净债务融资＝f(人口因素,经济因素,政治因素,体制因素),

其中,人口因素＝{老龄化},经济因素＝{经济实力,资金利率,税收政策,财政政策,金融深化},政治因素＝{政治商业周期},体制因素＝{财权事权分配、预算软约束}。

(二)变量选择

为了对理论进行实证检验,我们需要将理论模型表达成回归方程的形式。在建立回归方程之前,需要确立被解释变量与解释变量。被解释变量净债务融资规模采用相对指标表示,我们用人均净债务融资规模表示。下面讨论各个影响因素指标或代理变量的选择。

人口因素:用人口老年抚养比、城市人口老年抚养比(65 岁以上老人与 15～64 岁人口的比重)来表示老龄化程度。人口老年抚养比越高,财政负担就越重,债务融资规模也就高。同时,由于我国财政支出用于社会保障的部分主要是城镇退休人口养老金支出,因此研究城市人口老年抚养比对债务规模的影响是必要的。

经济因素:用人均 GDP、人均一般预算收入、人均中央补助收入(包括税收返还和政府间转移支付)代表地区的经济能力;用一年期贷款利率代表资金成本;用两个虚拟变量(0 或 1)分别代表二次积极财政政策的实施,若该年度实施积极财政政策,则取值为 1,否则为 0。按照我们的分析,一个地区的人均 GDP、人均财政收入越高,地方政府越有融资需求及融资能力,人均中央补助收入的影响效果是不确定的,积极财政政策实施会引起债务融资规模的增大。地方政府发行债券是逐步试点推行的,我们用债券税收优惠政策虚拟变量(0 或 1)与债券融资比重的乘积来分析债券税收优惠政策对净债务融资的影响。由于金融深化程度代表指标较多,在地区分析时一般用银行信贷/GDP 表示金融深化程度,我们认为该指标在一定程度上是较为合理的,可以代表一个地区的经济货币化或金融化程度。因为银行信贷活动与金融创新活动往往具有同步变化的趋势,代表了一个地区的金融活跃程度。

政治因素:用政府领导就职后的年数代表当年政治商业周期所处的时间阶段,根据政治商业周期理论,年度债务融资规模应该与任职年数成二次函数关系。

体制因素:若研究对象是某个中间层级的政府,可以用该层级政府财政支出占该层级及以下层级政府财政总支出的比重来衡量该层级政府的事权承担程度,比重越大,该层级政府事权承担越多,从而该层级政府债务规模较大。用财政透明度指标代表预算约束的严格程度,财政透明度越高,地方政府预算责任越强,面临的预算约束就越严格,债务融资规模就会受到很好的限制。

我们将被解释变量与解释变量归纳在表 9-1。

表 9-1　债务决定因素模型中的被解释变量与解释变量

变量			表达式
被解释变量		人均新增债务	Y
解释变量	人口因素	人口老年抚养比	X_1
		城市人口老年抚养比	X_2
	经济因素	人均 GDP	X_3
		人均一般预算收入	X_4
		人均中央补助收入	X_5
		贷款利率(1 年期)	X_6
		第一次积极财政政策	X_7
		第二次积极财政政策	X_8
		地方债券免税政策×债券融资比重	X_9
		银行信贷/GDP	X_{10}
	政治因素	地方政府领导就职后的年数	X_{11}
	体制因素	财政透明度	X_{12}
		该层级政府财政支出占该层级及以下层级政府财政总支出的比重	X_{13}

在确定了被解释变量与解释变量后，我们就可以建立起债务规模影响因素的回归方程。方程(9-1)用于研究某个中间层级地方政府本级债务规模的决定，方程(9-2)适用于研究地方政府总体债务规模(包括本级及以下层级债务)的决定。

$$Y = \alpha + \sum_{k=1}^{13} \beta_k X_k + \gamma X_{11}^2 \tag{9-1}$$

$$Y = \alpha + \sum_{k=1}^{12} \beta_k X_k + \gamma X_{11}^2 \tag{9-2}$$

(三)计量检验模型

在建立起我国地方政府债务规模决定因素的回归模型后，下一步就可以对其进行实证检验。通过检验，可以发现哪些因素对地方政府债务规模起决定作用，从而增强理论分析的说服力，理清地方政府债务融资模式及其规律。本章研究对象是地方政府省本级及其以下市级与县级政府的总体债务，不是中间层级政府的债务，因此检验模型应该选择方程(9-2)。

完美的检验应该建立在面板数据基础上的。基于面板数据的检验，能够包含因素的动态变化和横向差异信息，检验结果具有更高的精确度和更小的偏误。但由于各地方政府公布的债务审计数据仅有两年，且为存量数据，这样实证检验被解释变量需要选择人均负债余额(存量)而非人均年度债务融资(流量)来表示。因此要想利用现有数据进行

实证检验,在实证检验过程中需要对方程(9-2)进行变形,采用组间估计量进行参数估计,将各变量表示为其均值形式。

组间估计量是混合回归模型中使用的一种参数估计方法,组间估计量属于一致估计量(参见威廉·H.格林所著《计量经济分析》)。首先,对于原始方程

$$y_{it} = \alpha + x'_{it}\beta + \varepsilon_{it} \tag{9-3}$$

以组均值的方式表述,可以写为

$$\overline{y_i} = \alpha + \overline{x'_i}\beta + \overline{\varepsilon_i} \tag{9-4}$$

对式(9-4)估计的参数即为组间估计量,又称组均值估计量,是基于各组均值的最小方差估计量。

组间估计量的主要应用前提是采用混合回归模型,即假定不存在固定效应或随机效应。本章采用混合回归模型的一个主要原因在于数据限制(无法获取每年债务融资新增量),另一个原因在于,由于我们考虑的影响因素比较全面,能够最大程度支持我们牺牲模型的完美性而保留理论分析的正确性与可行性。从回归结果看,该假定对后续计量结果经济含义几乎没有影响。

对于解释变量而言,由于对于所有省份,在同一年份,利率 X_6,财政政策变量 X_7、X_8 都相等,因此其时间序列均值对于所有省份也相同,故可以将此三变量与常数项合并在一起。同时,我们考虑到由于 2010 年地方债券发行规模小,额度最高的为四川省,每年额度为 180 亿元,2009、2010 两年累计发行数量所占债务总额比重不足 5%,同时由于当年债券融资比重数据也无法获取,我们忽略掉债券税收优惠政策解释变量。由于债券融资比重很低,用 2010 年债务数据进行分析,不影响分析结论。剩余其他解释变量具有观测值。被解释变量人均新增债务没有观测值,但其均值可以用 17 个省级政府 2010 年底的人均债务余额除以 12 来近似计算。具体理由如下:

我们用下标 st 代表变量在地区 s 的 t 年取值,$s=1,2,\cdots,17$;$t=1998,1999,\cdots,2010$。令 Z_{st} 表示地区 s 在 t 年人均债务余额,则在人口增长率较小的情况下有,

$$Z_{s2010} = Z_{s1998} + \sum_{t=1999}^{2010} Y_{st} \tag{9-5}$$

通过比较 1998 年和 2010 年我国地方政府债务余额,前者只有后者的 4.14%。所以假定各个地区 1998 年债务余额相对于 2010 年都很小是合理的,因此

$$Z_{s2010} \cong \sum_{t=1999}^{2010} Y_{st} \tag{9-6}$$

$$\overline{Y_s} = Z_{s2010}/12 \tag{9-7}$$

为了进一步平滑人口的影响,人均债务余额计算中,人口取观测期 12 年的均值。这样,我们最终有组均值形式回归模型:

$$\overline{Y_s} = \beta_0 + \sum_{k=1,2,3,4,5,10,11,12} \beta_k \cdot \overline{X_{ks}} + \gamma \cdot \overline{X_{11s}^2} + \overline{\varepsilon_s}, s=1,2,\cdots,17 \tag{9-8}$$

我们可以通过方程(9-8)进行回归,得出方程(9-2)的部分变量的回归系数,包括人口老年抚养比、城市人口老年抚养比、人均 GDP、人均一般预算收入、人均中央补助收入、金融深化程度、地方政府领导任职后年数及财政透明度。也就是说,方程(9-8)关注的是引起地方政府债务横向差异的因素,而忽略掉了引起债务规模动态差异的因素如利率、财政政策、债券税收优惠。横向差异的影响因素是本章研究的主要目的所在,因此本章的计量检验最终是建立在方程(9-8)的基础上的。

GDP 数据来源于《中国统计年鉴》,财政数据来源于《中国财政年鉴》,人口数据来源于《中国人口统计年鉴》,银行信贷数据来源于《中国金融年鉴》,地方政府历任省长数据来源于各地区各年度的政府工作报告,财政透明度数据来源于上海财经大学公共政策研究中心发布的《中国财政透明度报告》。变量 X_{12} 直接采用上海财经大学公布的 2009 年财政透明度指标进行计算。以下介绍原因。

上海财经大学自 2009 年开始发布《中国财政透明度报告》,初期报告发布后的接下来几年,从数据得分上看,各省级政府的财政透明度排序发生了较大的差异,如 2010 年排名靠后的省份得分提高了,排名靠前的得分降低了,其中一个重要原因是被调研单位的态度发生了变化,“在财政信息公开的进程中,各省既不愿落后,也不愿冒尖,处在观望、徘徊的被动状态”①。所以,我们认为 2009 年财政透明度更具真实性,更能代表 1999—2010 年财政透明度的整体情况。

第四节　实证检验结果及分析

运用最小二乘法对方程(9-8)进行回归,得到以下回归结果,见表 9-2。从回归结果发现,样本决定系数 R^2 很高,但是解释变量的 t 统计值不显著,且部分变量回归系数的符号与期望的相反,说明解释变量之间可能存在严重的多重共线性问题。通过计算零阶偏相关系数,发现变量 $\overline{X_1}$ 和 $\overline{X_2}$ 、变量 $\overline{X_3}$ 和 $\overline{X_4}$ 等之间存在较为严重的正相关关系,相关系数分别为 0.64 和 0.95。辅助回归的结果也证实了多重共线性问题。

表 9-2　方程(9-8)回归结果

变量	回归系数	标准误	t 统计量	P 值
$\overline{X_1}$	0.0108	0.0033	3.2760	0.0136
$\overline{X_2}$	−0.0082	0.0033	−2.4470	0.0443

① 课题牵头人之一的上海市政协委员、上海财大公共经济与管理学院常务副院长刘小兵,见 http://www.21cbh.com/HTML/2010－3－10/168013.html。

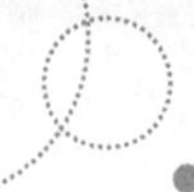

续表

变量	回归系数	标准误	t 统计量	P 值
$\overline{X_3}$	0.0319	0.0136	2.3518	0.0509
$\overline{X_4}$	−0.0077	0.1290	−0.0597	0.9541
$\overline{X_5}$	0.5412	0.0935	5.7907	0.0007
$\overline{X_{10}}$	0.0339	0.0239	1.4190	0.1988
$\overline{X_{11}}$	0.0108	0.0329	0.3265	0.7536
$\overline{X211}$	−0.0028	0.0037	−0.7425	0.4819
$\overline{X_{12}}$	−0.0008	0.0007	−1.1389	0.2922
C	−0.1008	0.0678	−1.4876	0.1804
整体方程	样本决定系数 R^2	调整后 R^2	F 统计量	P 值
	0.9696	0.9305	24.8139	0.0002

本章采取逐步回归的方法解决多重共线性的问题。将被解释变量 $\overline{Y}$ 分别与 $\overline{X_1}$ 、$\overline{X_2}$ 、$\overline{X_3}$ 、$\overline{X_4}$ 、$\overline{X_5}$ 、$\overline{X_{10}}$ 、$\overline{X_{11}}$（含 $\overline{X_{11}^2}$）、$\overline{X_{12}}$ 依次进行回归，结果如表 9-3 所示。

表 9-3　被解释变量与各解释变量依次回归结果

方程	系数	t 统计量	P 值	样本决定系数
含 $\overline{X_1}$	0.0011	0.2054	0.8400	0.0028
含 $\overline{X_2}$	0.006	0.8443	0.4118	0.0454
含 $\overline{X_3}$	0.0363	5.5079	0.0001	0.6691
含 $\overline{X_4}$	0.2536	7.2407	0.0000	0.7775
含 $\overline{X_5}$	0.2121	1.2017	0.2481	0.0878
含 $\overline{X_{10}}$	0.0922	5.9637	0.0000	0.7033
含 $\overline{X_{11}}$ 、$\overline{X_{11}^2}$	0.0368;−0.0041	0.3522;−0.3407	0.7299;0.7384	0.0091
含 $\overline{X_{12}}$	0.0023	1.448	0.1681	0.1227

将各回归方程样本决定系数由高到低进行排序，并考虑系数经济含义，分别是加入变量 $\overline{X_4}$ 、$\overline{X_{10}}$ 、$\overline{X_3}$ 、$\overline{X_5}$ 、$\overline{X_2}$ 、$\overline{X_{11}}$ 、$\overline{X_1}$ 、$\overline{X_{12}}$ 的方程。这样以 $\overline{X_4}$ 为基础，顺次引入其他变量进行回归，若加入的变量使得样本决定系数提高，且各系数的 t 检验为显著，则保留该变量，否则剔除，然后再加入其他变量进行回归，依次类推。经过多次逐步回归，我

们得到以下拟合优度最高，解释变量 t 统计量最为显著的回归方程：

$$\overline{Y_s}=0.2642\,\overline{X_4}+0.2721\,\overline{X_5}+\overline{\varepsilon_s},s=1,2,\cdots,17 \quad (9\text{-}9)$$

回归结果如表 9-4 所示。

表 9-4　方程(9-9)的回归结果

变量	系数	标准误	t 统计量	P 值
$\overline{X_4}$	0.2642	0.0247	10.7036	0.0000
$\overline{X_5}$	0.2721	0.0348	7.8124	0.0000
整体方程	样本决定系数 R^2	调整后 R^2	F 统计量	P 值
	0.8690	0.8602	259.5000	0.0000

此外，将政治商业周期变量纳入回归方程，不会引起变量 $\overline{X_4}$、$\overline{X_5}$ 系数的显著性变化，同时回归方程的拟合优度增加，且政治商业周期变量的回归系数的 p 值较小，回归方程与各统计量结果如下：

$$\overline{Y_s}=0.2529\,\overline{X_4}+0.2364\,\overline{X_5}+0.0084\,\overline{X_{11}}-0.0014\,\overline{X_{11}^2}+\overline{\varepsilon_s},s=1,2,\cdots,17 \quad (9\text{-}10)$$

表 9-5　方程(9-10)的回归结果

变量	系数	标准误	t 统计量	P 值
$\overline{X_4}$	0.2529	0.0274	9.2284	0.0000
$\overline{X_5}$	0.2364	0.0658	3.5933	0.0033
$\overline{X_{11}}$	0.0084	0.0066	1.2626	0.2289
$\overline{X_{11}^2}$	−0.0014	0.0011	−1.2560	0.2312
整体方程	样本决定系数 R^2	调整后 R^2	F 统计量	P 值
	0.8840	0.8572	127.3900	0.0000

从以上计量检验结果可以看出，经济因素在决定地方政府债务融资规模方面具有显著影响。经济因素主要包括一般预算收入、中央补助收入。以省级政府领导任期衡量的政治商业周期对地方政府债务融资规模具有一定影响，但回归结果显著性水平不太高。原因可能是省级债务主要为市级债务加总，省级政府领导任期不能有效代表市级官员任期。

具体来说，根据回归方程(9-10)，人均一般预算收入越高，地方政府人均净债务融资规模越高，呈现的关系是，人均一般预算收入提高 1 个单位，人均债务净融资增加 0.2529

个单位；人均中央补助收入越高，地方政府人均净债务融资规模也越高，且人均中央补助收入提高 1 个单位，人均债务净融资增加 0.2364 个单位，可见中央补助收入对地方政府债务不是替代关系，而是刺激作用，地方政府把中央补助收入看作自身财力的组成部分，增强了自身负债倾向；地方政府人均净债务融资与地方官员的任期年数呈二次函数关系，一次项系数是 0.0084，二次项系数是－0.0014，在其他因素不变的情况下，地方政府净债务融资在官员任期的第 3 年(确切数值是 2.9)达到最高，呈现出政治商业周期现象。

地区生产总值、地区老龄化结构与债务融资规模的关系不太密切。这说明以下两个问题：(1)财政收入是地方债务融资能力的直接体现，地区生产总值并不能确切代表地方政府的经济实力。我国不同地区产业结构不同，在分税制框架下，不同地区财政收入在中央与地方之间进行分配的比例存在较大差异，这点直接体现在地方财政收入与 GDP 比重存在较大的地区差异。(2)我国财政支出对社会保障支出比重不大，至少相对于大量的基础设施投资来讲，财政支出用于社会保障的部分还是相当少的，因此老龄化结构没有体现出对债务规模的影响，另一个原因是地方债务统计数据没有包含社保养老金缺口。

金融深化程度尽管并没有进入最终回归方程，但单因素回归结果显示，金融深化程度与债务融资规模呈正相关关系，且相关性显著，符合我们理论分析中金融深化程度对地方政府债务融资促进作用大于约束作用的分析。没有进入最终回归方程的可能原因有，金融深化程度与一般预算收入正相关(相关系数为 0.8582)，由于一般预算收入变量进入了回归方程，从而多解释变量计量回归结果体现不出金融深化程度变量的影响。

从理论上讲，财政透明度与债务融资规模呈现一定的负相关关系，财政透明度一定程度上代表了地方政府面临的预算约束程度，财政透明度高的地区，政府投资与财政支出面临的预算约束就较为严格，从而债务融资规模能够得到一定程度的控制。但是，我们看到，财政透明度变量回归系数的显著性水平并不高，也就是说，我国地方政府融资规模的地区差异与财政透明度的负相关关系不明显。我们从财政透明度得分可以看出，在满分为 100 的评价标准下，样本中 17 个地区的财政透明度最高得分仅为 33.96 分，我国地方政府的财政相当不透明，在同为不透明的情况下，财政透明度对债务融资规模的影响作用自然而然是微乎其微的。

第五节　结　语

从地方政府公布的债务数据看，无论是人均负债余额还是债务 GDP 比率都存在较大的地区差异。现有研究主要集中于债务成因的定性分析，对债务规模影响因素的定量研究还相对匮乏。为弥补既有研究的不足，解释我国地方政府债务规模存在较大地区差异这一现象，本章对地方政府债务规模的影响因素进行了识别，并在此基础上建立了回归模型,对不同因素对债务规模地区差异的贡献程度进行了定量研究。

根据本章理论分析,我国地方政府债务规模的影响因素包括人口因素、经济因素、政治因素与体制因素。人口因素主要指人口老年化对地方政府财政支出造成负担;经济因素包括地区经济实力、资金成本、财政政策与金融深化;政治因素重点从我国政府官员的考核晋升机制出发探讨我国地方政府债务的政治商业周期现象;体制因素有财权与事权的分配、预算约束程度。

在识别出我国地方政府债务规模影响因素后,本章建立了我国地方政府年度净债务融资的回归模型。通过对回归方程的检验,我们发现无论是一般预算收入,还是中央补助收入,都与地方政府债务融资规模存在较强的正相关关系。中央补助收入刺激了地方政府支出从而增加了地方政府债务。政治商业周期对债务规模的影响在一定程度上是显著的,在地方政府官员任期的第三年,地方政府债务余额增加最快。人口年龄结构对债务规模地区差异的影响程度不大。尽管最优回归方程没有显示出金融深化程度的影响,但单因素方程检验发现,金融深化程度与债务融资规模存在较为明显的正相关关系。财政透明度理论上能够提升能够降低地方政府债务融资规模,但计量检验结果表明负相关关系不明显。

本章研究在政策层面的含义是:第一,地方政府债务融资与其经济能力呈正相关关系,表明地方政府在债务融资时面临一定的经济约束,这种约束既可能来自政府对自身财力的估量,也可能来自金融机构对地方政府债务融资的市场约束,地方政府债务融资具有一定的理性因素;第二,地方政府债务融资表现出一定的政治商业周期现象,说明地方政府官员的机会主义行为是债务规模不断增加的重要因素,从而改革政府官员晋升考核体制,完善政府投融资决策机制是控制地方政府债务不断提高的重要条件;第三,地区金融深化程度越高,地方政府人均负债融资越高,说明随着金融自由化的加强,大量的金融资源通过各类资金通道进入地方政府债务;第四,财政透明度虽不能解释地方政府债务规模的地区差异,但也从另一个层面说明地方政府普遍存在预算软约束、财政透明度不高的现象。预算软约束、不科学的官员晋升考核体制与不完善的政府投资制度共同导致地方政府债务融资规模随着时间推移不断提高。因此,加强财政纪律、提高财政透明度、严格预算管理与强化监督约束是控制地方政府债务增长的重要制度保障。

本章参考文献

陈菁,李建发,2015.财政分权、晋升激励与地方政府债务融资行为:基于城投债视角的省级面板经验证据[J].会计研究(1):61-67.

郭琳,2001.地方财政债务风险的根源[J].财会研究(5):6-8.

呼延刚,2004.地方政府债务风险的成因、特点与对策[J].财政研究(8):43-45.

黄春元，毛捷，2015.财政状况与地方债务规模：基于转移支付视角的新发现[J].财贸经济(6)：18-31.

贾康，刘微，张立承，等，2010. 我国地方政府债务风险和对策[J].经济研究参考(14)：2-28.

孔善广，2007. 分税制后地方政府财事权非对称性及约束激励机制变化研究[J].经济社会体制比较(1)：36-42.

李永友，马孝红，2018.地方政府举债行为特征甄别：基于偿债能力的研究[J].财政研究(1)：65-77.

刘昊，2013. 地方政府债务理论：国内外研究比较与国内研究展望[J].经济理论与经济管理(11)：59-70.

马骏，刘亚平，2005.中国地方政府财政风险研究："逆向软预算约束"理论的视角[J].学术研究(11)：77-84.

莫兰琼，陶凌云，2012.我国地方政府债务分析[J]. 上海经济研究(8)：100-109.

穆怀中，2001.老年社会保障负担系数研究[J].人口研究，25(4)：19-23.

上海财经大学公共政策研究中心，2009.中国财政透明度报告[M].上海：上海财经大学出版社.

上海财经大学公共政策研究中心，2010.中国财政透明度报告[M].上海：上海财经大学出版社.

上海财经大学公共政策研究中心，2011.中国财政透明度报告[M].上海：上海财经大学出版社.

陶雄华，2002.试析中国地方政府债务的债券化[J].财贸经济(12)：28-30.

吴小强，韩立彬，2017.中国地方政府债务竞争：基于省级空间面板数据的实证研究[J].财贸经济(9)：48-62.

俞乔，乔誌东，吴文婷，等，2012.中国市级政府财政透明度研究报告[R].清华大学公共管理学院.

张宏安，2011.新中国地方政府债务史考[J].财政研究(10)：7-10.

BAHL R，DUNCOMBE W，1993. State and local debt burdens in the 1980s：a study in contrast[J]. Public administration review，53(1)：31-40.

CLINGERMAYER J C，WOOD B D，1995. Disentangling patterns of state debt financing[J]. American political science review，89(1)：108-120.

DAFFLON B，2010. Local debt：from budget responsibility to fiscal discipline[R]. FSES Working Papers：417.

ELLIS M. A，SCHANSBERG D E，1999. The determinants of state government debt financing[J]. Public finance review，27(6)：571-587.

GUO G，2009. China's local political budget cycles[J]. American journal of political science, 53(3): 621-632.

RATTSØ J，2002. Fiscal controls in Europe: a summary[C]// Dafflon(ed.), Balancing the Budget and Controlling Debt, Local Public Finance in Europe: 277-290.

第十章　地方债管理体制改革与企业融资困境缓解*

梁若冰　王群群**

第一节　引　言

近年来,在欧美国家频频发生债务危机的背景下,风险防控成为各国财政当局重点关注的问题(Azzimonti et al.,2014;Chatterjee and Eyigungor,2015;梁琪、郝毅,2019)。2009 年以来,我国为应对美国金融危机而施行的一系列财政刺激措施,在稳定经济增长的同时,也造成各部门杠杆率快速攀升,不仅提高了地方政府性债务风险,也对金融稳定与经济发展造成威胁。基于此,2014 年 9 月《中华人民共和国预算法》对政府债务举借主体、方式、预算管理、违法行为处置做出了明确法律规定。随后国务院针对政府债务风险问题,于 2014 年连续发布了《关于加强地方政府性债务管理的意见(国发〔2014〕43 号文)》《关于深化预算管理制度改革的决定》(国发〔2014〕45 号),就规范地方政府性债务管理与防范化解财政风险提出具体改革措施。随后,各地方政府围绕上述措施展开了一系列改革,以期降低债务风险,保证地方财政的健康、稳定发展。

根据 1995 年《预算法》,我国地方政府因政策限制无法直接融资,只能依赖融资平台、国有企业、经费补助事业单位、公用事业单位等多个借债主体,利用土地等资产或以政府收入作为担保进行银行贷款融资。尽管在 2009 年之后,部分地区开始试点发行"代发代还""自发代还"的政府债券,但政府仍以银行贷款为主,辅之以信托、融资租赁、发行企业债券及中期票据等途径进行融资。长期以来,我国金融体系发展不够完善,金融资源有限且融资渠道单一,导致大部分企业很难依靠以股权融资为主的直接融资方式,而主要通过银行贷款等间接融资方式获取资金,从而产生了融资难、融资贵的问题。融资成本过高、融资难度过大,不仅制约企业健康成长,更是阻碍了宏观经济高质量发展。为降低企业融资成本,化解企业融资困境,中央政府曾颁布一系列应对措施,然而,由于企业与政府都十分依赖间接融资,在金融市场上存在明显竞争,因而在地方政府性债务管

* 本章写作时间为 2021 年,故本章论述以 2021 年为时间点。

** 梁若冰,教授,博士生导师,厦门大学经济学院财政系。

理改革前，中央政府的一系列政策收效并不显著。

2015年开始实施的地方政府性债务管理改革，从根本上转变了地方政府的融资方式，“去杠杆”效果初步显现。由图10-1(A)可见，2015年后地方政府性债务整体增长势头有所遏制，融资方式由主要依赖银行贷款融资，转变为依赖政府债券进行融资，银行贷款融资比重逐步降低。同时，由于政府与企业在金融市场中的竞争关系，改革在影响政府性债务的同时也对缓解企业融资困境有所帮助。如图10-1(B)所示，我们对比本章上市公司样本三种外源融资可以发现，2015年之后企业的银行贷款平均规模出现大幅度上升。对此，一个合理的猜想是：地方政府性债务管理改革在控制政府债务规模、转变融资方式的同时，也影响企业的融资模式，为企业银行贷款融资腾出了空间，从而缓解了企业融资困境。那么，改革是否产生了这样的效果？其中的影响机制如何，是否如我们判断那样通过让渡融资渠道来缓解政企融资竞争？厘清这些问题，才能更好利用有限的金融资源，既防范债务风险，又切实解决非金融企业融资困境。

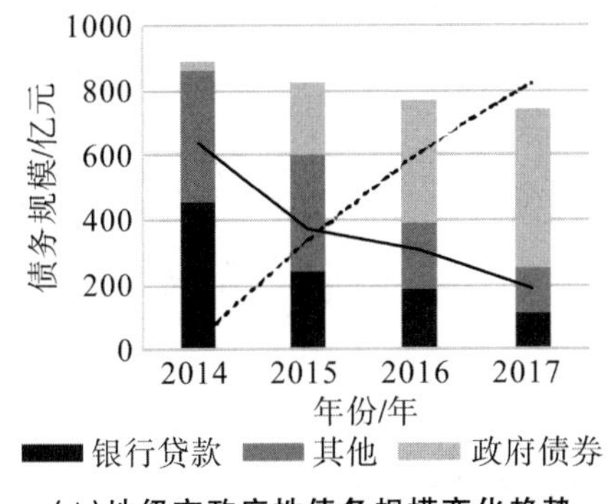

(A)地级市政府性债务规模变化趋势

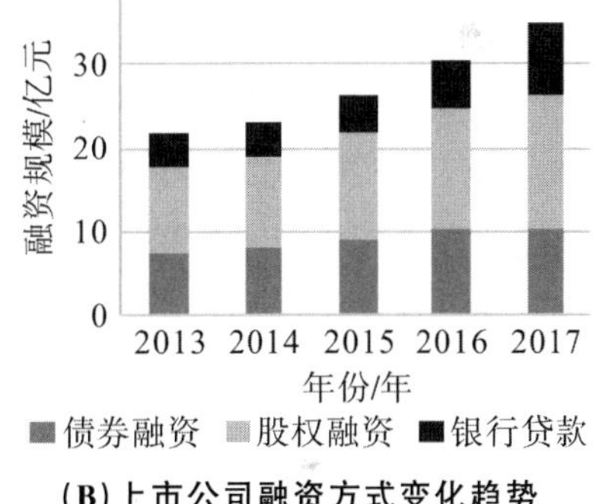

(B)上市公司融资方式变化趋势

图10-1 地方政府性债务、企业银行借款的时间变化趋势

数据来源：A来自12个提供连续政府性债务的地级市财政局，银行贷款比例参照湖南政府债务信息平台及相关省、区的2014年《政府性债务审计公告》计算而来，其他融资方式主要包括企业债券、非银行金融机构融资、供应商应付款、转贷债务等；B来自万得与国泰安数据库，用企业长短期借款之和衡量企业的银行借款水平，用应付债券衡量债券融资规模，用资本公积与股本衡量股权融资规模。

针对政府债务对企业融资的影响，国内外学者大都认为存在“挤出效应”(Friedman，1986；Blinder and Solow，1973；范小云 等，2017；孙刚、朱凯，2017；张庆君、闵晓莹，2019；田国强、赵旭霞，2019；刘畅 等，2020)。当然，现有文献也存在着一定不足：(1)研究样本受限。既有研究聚焦在国家级、省级、县级层面，缺少在地级市层面上研究政府债务对企业融资的影响；而地级市层面的研究往往采用城投债、融资平台债务作为政府债务代理变量，也难以估计出真实的债务规模。(2)研究方法受限。现有研究侧重讨论政府债务与企业融资之间的相关关系，忽略了这种关系的内生性，极少能利用外生冲击来考察政府融资方式的改变对金融市场以及企业融资的影响，因而无法识别出真正的因果关系。

(3)研究思路受限。既有研究重视政府债务对企业融资的作用效果,而忽视作用机制。基于此,本章利用 2007—2017 年中国 207 个地级市及 1417 家上市非金融企业的数据,聚焦于政府性债务管理改革对政府债务及企业融资的影响,并试图从融资主体、方式转变的角度深入探究政府性债务对企业融资的作用机制。

本章的边际贡献在于:(1)在政策层面,对当前地方政府性债务管理改革的成果及其联动效应进行了定量分析,为进一步控制地方政府债务风险、改善市场微观主体的融资环境提供了实证支持。(2)研究数据上,首次全面而详尽地估算了地级市政府性债务数据,并分析了地方债管理改革对政府债务的影响,特别是采用实证方法考察改革对新增政府贷款、地方融资平台新增贷款与城投债发行的影响,并分析了政策冲击对企业融资的作用。(3)研究方法上,采用多期双重差分法(DID)验证了地方政府性债务管理改革对企业融资的影响,利用改革造成的财力冲击进行强度 DID 回归,并利用替代债务测度指标、企业融资指标以及替代估计方法的方式进行稳健性检验。(4)研究思路上,由于地方政府性债务管理改革使地方政府从间接举债变为直接举债,因而政府融资主体、方式都发生了重大变化。对此,本章从政府银行融资以及地方融资平台转型等渠道变化方面全面分析了政策冲击对企业融资的作用机制。

全文分为七个部分,第二部分为文献综述与政策背景分析,第三部分为实证策略分析,第四部分为地级市政府性债务数据测算,第五部分为计量回归结果分析,第六部分为机制检验,最后部分为本章结论。

第二节　文献综述与政策背景分析

(一)文献综述

政府债务与企业融资的研究可以追溯到 20 世纪七八十年代,Blinder 和 Solow (1973)、Friedman(1986)发现政府增发长期债券能提高政府债务的预期收益,从而使投资者增加政府债券投资,减少企业债券及股权投资,最终导致政府债务挤压了企业融资空间。针对这一问题,后续研究进一步从债务期限、利差、资金竞争、价格竞争等不同角度探讨了政府债务对企业融资的影响。首先,政府债务期限对企业债务期限有显著负向影响。由于长、短期债券的收益率不同,债券发行的期限结构会影响政府债券的相对收益率(Reinhart and Heaton,2000),因此企业债务融资期限与政府债务期限之间存在负相关关系(Greenwood et al.,2010)。其次,政府债务供应与政、企债券利差负相关。由于国债具有较高的流动性和安全性,当其过度供应时会降低与企业债券之间的收益率差(Krishnamurthy and Jorgensen,2012)。再次,由于政府债务与企业债务间存在资金竞争,因而前者可能挤占了金融机构发行的高流动性、高安全性资产的空间(Krishnamurthy and

Jorgensen,2015)。最后,由于政府债务与企业债务存在价格竞争,Demirci 等(2019)认为如果金融市场投资者希望在投资组合中保持相对稳定的债务和股票比例,政府债务就会挤占企业融资。

对于我国的政企债务融资而言,上述国外研究结论具有一定的适用性。但是,由于我国金融市场环境与欧美国家存在显著差异,股票市场等直接融资方式发展不够完善,企业更多依赖银行进行间接融资,因此当政府债务发生变动时,企业针对债务融资的调整缺乏灵活性,从而使政府债务对企业融资的挤出程度与欧美国家存在差异。而且就目前而言,对我国政企债务关系的研究存在两个主要问题。

第一,多数研究针对较高层级的政府债务展开讨论,如国债或国家总体债务(范小云 等,2017;张晓晶 等,2019)或者省级政府债务(张庆君、闵晓莹,2019;毛捷 等,2020),这会忽视在企业融资方面起决定性作用的地市政府的作用。尽管部分研究针对地级市或县级政府债务(牛霖琳 等,2016;王永钦 等,2016;徐军伟 等,2020;刘畅 等,2020;Huang et al.,2020)进行分析,但主要围绕地方融资平台或城投债展开讨论,并未全面体现地方债务规模的影响。

第二,大部分对政企债务融资分析忽视了两者间关系的内生性。由于地方政府的债务融资不仅对企业融资有影响,从逻辑上看后者对其也有反向作用:对于那些企业融资能力较强的地区,企业经营状况较好因而能够增加地方政府税收从而降低其债务融资的规模。如果在实证分析中不能依据现实条件有效处理内生性问题,那么识别出来的政企债务关系就不能被称为因果关系。目前,除了刘畅等(2020)利用县级融资平台建立来分析政府债务对小微企业贷款的影响,从而很好地解决内生性问题之外,多数研究并未做出有效处理。本章利用地方政府性债务管理改革落实的时间差异,构造 DID 估计来处理政府债务与企业融资的内生问题,同时利用地方债改革对各地市产生的财力冲击差异,识别出不同债务规模造成的异质性企业融资效应。

因此,基于上述问题及分析,本章聚焦于中国地方政府性债务管理改革对政府债务与企业融资影响,具有三个方面意义:一是对目前中央出台的地方债管理改革政策进行评估,考察该政策是否有效控制了政府债务规模增长及其风险扩张;二是进一步考察地方债改革政策对企业融资困境的影响,并详细分析其影响机制与渠道,即改革是否通过转变地方政府旧有融资方式来缓解企业融资难问题;三是该项改革可被视为一次政策冲击,通过对政府的融资方式产生外生影响,来解决现有文献难以有效处理内生性的问题。

(二)政策背景

在我国,金融市场中的直接融资并不发达,股权融资方式不占主导地位,因而企业主要依靠银行贷款,辅之以企业债券进行融资。在地方债改革之前,地市政府因 1995 年《预算法》的政策限制无法直接发行债券融资,只能依托融资平台发行城投债,特别是以包括土地在内的资产作为抵押物向银行贷款,或者授权从事城建的国有投资公司以财政

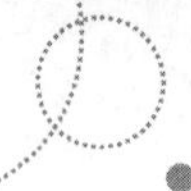

为担保向银行进行抵押贷款。过去十多年间中国房地产市场的持续火热,作为地方政府融资抵押物的土地价值不断上涨,在促使地方政府获取充裕资金扩大城市经营规模的同时,也导致政企之间的融资竞争。不仅如此,在 2008 年美国爆发金融危机之后,我国为化解危机在 2009 年实施了积极的财政政策,导致地方政府债务规模急剧扩大,融资市场中的政企竞争进一步恶化。

尽管从 2009 年开始,我国已开始逐渐出现"代发代还""自发代还"地方政府债券(吕炜 等,2019),但根据 2014 年各省(区、市)的《政府性债务审计结果》中对债务资金来源的描述,银行贷款在政府债务余额中占比超过 50%,而债券占比不足 7%。地方政府债务仍以银行贷款为主,表现为地方政府通过融资平台、国有投资公司等多种主体向银行贷款为基础设施建设融资的基本格局。政府债务挤占了企业的银行贷款空间,同时使资金运行环节增多、货币乘数扩大,从而拉高了企业融资成本。不仅如此,由于地方政府性债务能够获得政府背书与隐性担保,其低风险特征更受金融机构青睐,因此地方政府能够获得大量优惠贷款,最终加剧了对企业融资的挤占。无独有偶,在债券融资领域,由于城投债与地方政府债券因政府担保而安全性较高,从而大量吸引金融资源,挤占了企业债券融资空间,提高融资成本。

根据 2014 年各省(区、市)披露的《政府性债务审计结果》,改革前地方政府性债务涉及省、市、县、乡四级政府,举借主体涵盖融资平台、政府部门、公用及经费补助事业单位、国企等四类较大主体,以银行贷款作为主要举债方式筹集资金。2015 年各地开始陆续开展地方债管理改革,使政府性债务涉及的政府层级、举借主体、借债方式都发生了转变。首先,在政府层级方面,省(区、市)政府获得适度举债权限,市县级政府举债需要省级代理,且须经本级人大批准在限额内发行一般债券、专项债券,并分类纳入预算管理。其次,在举借主体方面,政府及其下属部门成为地方债务的唯一合法举借主体,融资平台公司在地方债务中为政府融资的职能被逐渐弱化,并对之前通过平台公司融资、可以吸引社会资本参与的公益性项目引入 PPP 模式。而且,为避免因改革造成在建项目资金链断裂、降低债务风险,地方政府需要对存量债务进行清理甄别,并在三年过渡期内将存量债务在配额内置换为政府债券。最后,在举借方式上,地方政府由原来主要依赖银行贷款的间接融资模式,转向主要依靠发行(转贷)地方政府债券进行直接融资。以图 9-1(A)中 12 个信息披露较为充分的地级市为例,地方政府的银行贷款融资,无论在规模还是在债务占比上均急剧下降,而债券融资则呈现相反趋势。

由于政府与企业在融资上存在竞争,因此政府债务融资主体与方式的变化必然改变其对企业融资的影响。总体上,新政策会减轻政府债务对企业融资的挤出效应,扩大企业的银行贷款,一定程度缓解企业融资难的问题。在银行融资领域,改革降低了地方政府债务对企业银行信贷的挤出效应:一方面,政府的融资主体地位逐渐强化,其他各类主体特别是融资平台为政府融资的代理职能被减弱,原有依赖融资平台债务融资的公益性项目中，广泛采用 PPP 模式；另一方面，政府债券融资逐步取代银行贷款融资，改革通过清理甄别地方政府存量债务、限额发行政府债券[①]并纳入预算管理，使得地方债快速增长趋势得到一定程度的控制，同时也扩大了企业可贷资金规模。在债券融资领域，由于政府债券具有较高的安全性和流动性，因而到期收益率相对较低。但是，由于企业债券融资规模不大[②]，地方政府债务对其影响可能并不大。基于上述原因，本章主要关注银行融资领域，分析地方债改革是否降低了政府债务及其对企业贷款的挤出效应，并提出两个待检验的假说：

假说 1：地方政府性债务管理改革可以控制地级市政府性债务快速增长趋势；

假说 2：改革弱化了政府性债务中融资平台的主体地位，缓解了政企间资金竞争，从而缓解了企业融资困境。

第三节　实证策略

我国政府性债务存在着总量大、增速快、基层负债重等突出问题，特别是在当前经济下行的压力下，巨大的债务风险威胁着国家经济安全。在此背景下，国家就严控政府性债务风险、推进融资平台改革进行了政策调整，本研究的目的就是针对地级市数据考察债务改革的成效。首先，本章利用如下多期 DID 模型分析债务管理改革对地方政府性债务与企业融资的影响：

$$\text{govdet}_{it} = \alpha_0 + \alpha_1 \text{reform}_{it} + AX + \mu_t + \lambda_i + \pi_{it} \tag{10-1}$$

$$\text{loanratio}_{iet} = \beta_0 + \beta_1 \text{reform}_{it} + BZ + \mu_t + \sigma_e + \varepsilon_{eit} \tag{10-2}$$

公式(10-1)中，被解释变量 govdet_{it} 表示地级市 i 在 t 年的政府性债务估算值，即地方政府性债务负债率，该指标是评估地方债风险的常用指标，侧重衡量经济增长对政府举债的依赖度；reform_{it} 表示地级市 i 是否在 t 年落实了政府债务管理改革政策的 0、1 变量；X 表示其他影响地方债的控制变量向量，主要包括：(1)税收收入占比，反映了地方政府财力结构，是偿还政府债务的资金来源；(2)固定资产投资率与第二、三产业产值对数值，反映地区经济状况，影响地区债务需求及债务承载能力；(3)城乡居民储蓄水平，反映了地区金融发展状况。μ_t、λ_i 和 π_{it} 分别表示时间固定效应、地级市固定效应与随机扰动项。

应当注意的是，在地方债改革政策出台后，不同地级市政策落实时间有较大差异。首先，从搜集到的各地市《政府年度总决算》、《举借政府债务情况说明》及其依申请公开的数据来看，各市最初公布政府债券余额数据的时间存在差异。其次，从已公开的地方

---

① 含相当比例的置换债券，根据中国地方政府债券信息公开平台及财政部预算司地方债管理披露数据计算，2015—2018 年全国置换债券在政府债券中平均占比分别为 83%、83%、64%、46%。

② 根据 2019 中国人民银行《社会融资规模存量统计表》，企业债券融资在全社会融资水平占比为 9.21%，人民币贷款占比为 60.06%。

债信息平台，可推算各地改革的落实时间存在差异。以湖南省公开的地方政府债务数据为例，改革前发行的债券仅占13%、银行贷款占57%，改革后的2016年两者占比分别变为29%与39%。具体到地级市，2016年仅长沙市、株洲市与益阳市公开了政府债务资金来源及债券明细，政府债券平均占比为51%、银行贷款为22%；对于未公开数据的地级市，政府债券平均占比仅为16%、银行贷款为49%。这说明截至2016年，湖南省实施改革的地市政府融资方式发生了显著变化，启动较早的城市已逐渐转向政府债券为主的借债模式，而未公开地市仍维持原来的银行贷款模式。由于无法获得全部地级市融资来源数据及其落实改革的准确时间，因此本章根据各市最初公布政府债券余额的时间来进行确定。具体而言，我们通过手工搜集各地市2015—2018年《政府年度总决算》、《举借政府债务情况说明》以及向地市政府申请公开地方债券等债务数据，并结合Wind数据库确定了地级市全市(含本级及所辖区县)的债券余额最早公布时间，并将此作为地级市债务管理改革的落实时间。

公式(10-2)中，被解释变量 $loanratio_{it}$ 为地级市 i 的企业 e 在 t 年度的融资水平，表示为企业银行借款与总资产比值；Z为影响企业融资的企业层面控制变量向量，包括企业自身特征与外部环境变量，前者包括：(1)企业偿债能力，直接关系到企业融资需求与融资能力，采用企业规模来度量；(2)企业资金周转速度，直接影响企业融资需求，采用现金及现金等价物周转率来度量；(3)企业盈利能力，既影响企业资金周转、融资需求，同时也是债权人考察的重要指标，因此采用净资产收益率(ROE)、净利润与利润总额比进行衡量；(4)企业发展潜力，影响投资方对企业未来发展的预期，从而直接影响企业融资规模，采用利润总额增长率进行衡量。而且，考虑到所处外部宏观环境也会影响企业融资水平，我们还采用了地区经济增长以及宏观税负水平作为外部环境控制变量。此外，σ_e 与 ε_{eit} 分别表示企业个体固定效应与随机扰动项，其他变量含义与模型(10-1)相同。

本章实证部分主要包括企业样本与地级市样本，前者包括2007—2017年沪深股市A股上市公司相关指标，后者包括2007—2017年我国27个省、自治区(不含西藏)地级市各类宏观经济与财政相关指标。从数据来源看，上市公司财务数据来自国泰安数据库，上市公司成本数据来自Wind数据库，同时剔除了金融类、ST类、PT类企业样本；地级市数据主要来自于CEIC、Wind数据库及《中国国土资源统计年鉴》；被解释变量地方政府性债务余额规模，由于缺乏公开的统计数据，因而由作者测算得出，本章将在第四部分对测算方法进行详细说明；中介变量中，融资平台发债规模来自Wind数据库，政府贷款、平台贷款根据各省、自治区《政府性债务审计结果》及部分地区政府债务信息平台，结合新增政府性债务规模测算得到，本章将在第六部分进行详细说明。主要变量定义与描述统计如表10-1所示。

表 10-1　主要变量定义及描述统计

变量类型	变量名	指标计算	观测值	均值	标准差	数据来源
被解释变量	企业融资水平	银行借款总额/总资产	11586	0.163	0.248	A、B
	政府负债率	地级市政府性债务余额/GDP	2049	0.232	0.189	B、C、D、E、F
解释变量	地方政府性债务管理改革	0,1 变量	2278	0.204	0.403	B、F、G
控制变量	税收收入占比	税收收入/一般预算收入	2028	0.983	1.931	D
	固定资产投资率	固定资产投资/GDP	1974	0.972	1.119	D
	城乡居民储蓄水平	Ln(居民储蓄存款)	2103	7.434	1.036	D
	第二、三产业产值对数值	Ln(第二、三产业产值)	1974	7.039	0.911	D
	企业规模	Ln(总资产)	11807	3.433	1.234	A
	现金及现金等价物周转率	营业收入/现金及现金等价物余额	11792	9.021	57.386	A
	净资产收益率(ROE)	净利润/股东权益余额	11683	0.091	2.299	A
	净利润与利润总额比	净利润/利润总额	10884	0.803	2.450	A
	利润总额增长率	(净利润本年本期金额—净利润上年同期金额)/净利润上年同期金额	10201	4.177	404.990	A
	经济增长	地区生产总值取对数	11796	8.273	0.998	D
	宏观税负水平	税收收入/GDP	10618	0.038	0.062	D
中介变量	政府贷款占比	政府贷款增加值/GDP	1641	0.013	0.013	C、D、H
	融资平台贷款占比	融资平台贷款增加值/GDP	1641	0.013	0.017	C、D、H
	城投债规模占比	城投债发行规模/GDP	1904	0.006	0.012	B、D

数据来源:A:国泰安数据库;B:wind 数据库;C:作者测算;D:CEIC 数据库;E:《中国国土资源年鉴》;F:各地《政府年度总决算》或者《举借政府债务情况说明》;G:地级市依申请公开反馈结果;H:2010、2012 与 2014 年各省、自治区《政府性债务审计结果》及湖南省政府债务信息公开平台。

第四节　地级市地方政府性债务数据测算

(一)地方债的概念与统计口径

地方债的概念与统计口径在债务管理改革前后存在明显差异。具体而言,改革前地方债指的是地方政府性债务,包括各级政府部门机构、公用及经费补助事业单位、政府融资平台等因公益项目建设借入、拖欠或提供担保等形成的债务。在统计口径上,审计署按债务责任是否必须由政府承担,将地方政府性债务分为直接负有偿还责任、负有担保责任和可能承担救济责任三类。而在改革后,合法的地方债指地方政府债务及合法的或有债务。其中,地方政府债务是由省(区、市)在限额内发行并纳入预算管理的地方政府债券,以及通过清理甄别认定为非政府债券形式的存量政府债务。合法的或有债务是严格限定在地方政府担保范围内,根据担保合同依法承担的债务。截至2018年,各省级财政部门对本地债务统计口径采用了两种分类方法:一种按照债务产生方式与时间分为地方政府债券与存量债务,绝大多数地级市公开债务采用该口径;另一种沿用审计署的地方政府性债务分类,将债券、清理甄别的存量债务归为政府直接负有偿还责任债务,将或有债务按担保、救助责任分别归为负有担保责任和可能承担救助责任的债务。

通过对改革前后地方债的概念进行梳理,可知尽管其内涵发生明显变化,但在统计口径上存在一定延续性,即考虑了存量债务的影响。因此,本章的地方债沿用审计署对地方政府性债务的定义与统计口径,其原因有两点:第一,可以较好地衔接改革前地方政府性债务与改革后的政府债务及或有债务,从而保持地方债口径的一致性,有利于准确识别地方债改革的效果;第二,改革是一个渐进的过程,改革后地方政府仍会通过银行贷款进行融资,以湖南省为例,尽管改革后新发地方债券大多用来还本付息与置换存量债务,但同期新增市政建设投资在债务余额中的占比仍维持在60%左右,说明相关投资还需要债券之外的融资方式支持。因此,沿用审计署对于地方政府性债务的口径更贴合地方政府的实际举债行为。

同时,采用按照债务责任标准划分地方债,比采用改革后的地方政府债券更具合理性:第一,前者可以囊括不同举债主体从各种来源筹集到的地方政府性债务,避免仅利用公开的政府债券数据造成的错漏,利于全面把握地方债总体规模;第二,可按照债务责任进一步测算各类举借主体的债务规模,从而进行相关机制研究,这也是仅采用改革后政府债券数据无法做到的。此外,尽管本章采用了地方债测算数据,但它与改革后实际债券数据并非完全割裂。改革后,大部分政府债券被用来置换清理甄别的存量债务,并且新增专项债券筹集的资金基本投向市政基建等领域,这些均被包括在我们的测算数据内。同时,对于改革后地方融资平台举借的隐性债务,由于地方政府并未明确承担偿还、担保或救助责任,那么就不会计入本章的地方债测算中。

(二)地方政府性债务余额的测算

由于我国大部分地市政府并未公布政府性债务数据,目前可得的只有审计署公布的2010、2012与2014年省级政府性债务余额,以及地方债改革后部分地市可依申请公开的地方债余额,因此需要进行相应估计与测算,目前可以采用的主要有收入法和收支相抵法。收入法指按照资金来源来估算地方债规模的方法,目前部分文献直接使用城投债数据衡量地级市政府债务规模(郭玉清 等,2016;王永钦 等,2016;周彬、周彩,2019;曹婧 等,2019),另一部分研究以融资平台为地方债的举债主体估算地方债规模(徐军伟 等,2019;Huang et al.,2020)。不过,由于改革后融资平台债务在地方债中占比出现骤降,同时其他举债主体的债务估算十分困难,因而在评估地方债管理改革时不宜采用收入法进行债务规模的估算。

收支相抵法主要利用地方政府对市政建设固定资产投资额减去可用收入得到基建资金缺口,以此度量地方政府新增债务规模(洪源 等,2015)。在地方债改革前后,市政领域债务在地方债中的占比较大且保持稳定:改革前约为70%,在改革后即便还本高峰期也可维持在60%左右。因此,收支相抵法估算比收入法更为全面且稳定,而且由于地方债主要用于市政建设投资,责任归属明确,因而受到研究者青睐(伏润民 等,2017;张庆君、闵晓莹,2019)。但是,由于此方法局限于部分地市数据的可得性问题,目前尚未推进到对地市债务的测算中。本章试图突破这一限制,利用拓展的收支相抵法,全面估算地级市地方政府性债务数据。

首先,基于收支相抵法,我们需要测算地级市政府的市政基础设施固定资产投资额与可用收入,然后根据基建资金缺口来度量地方政府性债务的新增规模。然后,以2014年各省、自治区《地方政府性债务审计结果》中的债务余额数据,推导获得2007—2017年地级市政府性债务余额数据,并利用依申请公开获得的地级市政府性债务数据进行检验。具体估算流程主要分为三个步骤。

第一步,估计地级市新增地方政府性债务规模。本章主要利用地方政府投资现金平衡式估算每期政府性债务新增规模(洪源 等,2015),具体形式为:地级市新增政府性债务规模＝地级市市政领域固定资产投资额－(土地出让金中用于投资的资金＋预算内财政投资资金＋市政领域内投资项目的盈利现金流入)。其中,地级市市政领域固定资产投资额、预算内财政投资资金、市政领域投资项目盈利现金流入需分别进行估算。由于地级市市政领域固定资产投资额并无直接统计,因此本章根据市政相关七大行业[①]投资来予以代替,并将其加总到省级层面。首先选取与市政领域相关性较高的六个指标X_i[②],测算出省级各项指标与市政领域投资额的相关系数ρ_i,并计算得到各指标相关系数权重$\theta_i=\frac{\rho_i}{\sum \rho_i}$,然后利用公式(10-3)计算得到地级市市政领域投资额。对于预算内投资资金、市政领域投资项目盈利现金流入,我们分别以全社会固定资产投资中国家预算内资金以及市政行业平均折旧率作为代理变量。

$$\begin{matrix}\text{地级市市政相关}\\\text{领域投资总额}\end{matrix}=\left(\sum_{i=1}^{6}\frac{\text{地级市指标}X_i^*}{\text{省级指标}X_i}\theta_i\right)\times\begin{matrix}\text{省级市政相关}\\\text{领域投资总额}\end{matrix}\tag{10-3}$$

需要注意的是,对于改革后新增地方政府性债务的估算,我们剔除了地级市新增

① 包括电力、燃气及水的生产和供应业,交通运输、仓储和邮政业,水利、环境和公共设施管理业,科学研究、技术服务和地质勘探业,教育,卫生、社会保障和社会福利业,公共管理和社会组织七大行业。

② 包括各省人均银行贷款、人均金融机构存款、人均GDP、人口密度、省级财政自给度(财政收入/财政支出)、省级固定资产投资指标。θ_i可能会超过1或者不足1,我们按照1进行了等比例压缩。

PPP 投资额,这主要基于两点原因:第一,地方债改革措施中,特别强调对之前通过平台公司融资且能吸引社会资本参与的公益性项目,要积极推广 PPP 模式。自 2014 年底财政部公布第一批 PPP 国家示范项目开始,PPP 已逐渐成为地方政府融资新方式。根据《全国 PPP 综合信息平台项目管理库》数据显示,截至 2020 年 5 月,全国入库项目投资额已达 16 万亿,其中 11.4 万亿投资于前文涉及的七大行业市政基础设施。因此,改革后的地方政府市政设施固定资产投资可用资金,应当包括合规 PPP 投资收入。第二,近年来 PPP 项目受到严格的动态监控,财政部在 2018 年明确指出合规 PPP 项目的中长期财政支出不属于隐性债务。因此,本章基于入库项目规范性及项目投资落地时差,根据财政部公布前三批 PPP 国家示范项目、《全国 PPP 综合信息平台项目管理库季报数据》,在第一步中剔除 2015—2017 年地级市新增 PPP 项目投资额数据。

第二步,测算 2013 年地级市政府性债务余额。考虑到 2014 年各地公布《政府性债务审计结果》中,除吉林省以及部分含有计划单列市的省份(浙江省、山东省、福建省)报告了计划单列市的政府性债务余额之外,其他省仅报告全部地级市加总数据。因此,本章利用省级政府性债务估算出地级市政府性债务数据(洪源 等,2018)。首先,我们采用相关性分析及噪声信号比方法,筛选影响地级市政府性债务余额的关键指标[①]。其次,我们加入城市性质(是否为省会或计划单列市)及城投债发行规模(截至 2013 年,城市的城投债累计存量金额在全省金额占比)两项指标,利用层次分析法[②]获得影响地级市债务余额的因素总指标 w_i。最后,计算得到某一地级市占本省内地级市债务总额的比重 $W_i = \frac{w_i}{\sum w_i}$,再将此比重乘以对应省份审计公告中地级市政府性债务余额加总规模,即可得到 2013 年各地级市政府性债务余额。

第三步,利用前两步结果,可推导获得 2007—2017 年地级市地方政府性债务余额数据。

我们向 207 个提供了联系方式的地级市财政部门,申请公开 2014—2019 年地方债务数据,获得 21 个地市相对较为详细的政府性债务数据。不过,由于所获债务数据存在着部分年份缺失的情况,而且我们测算数据截止到 2017 年,导致最终能够与本章测算数据相匹配的仅有 62 个样本。利用这 21 个地级市 2014—2017 年政府性债务数据,本章计算了实际债务与本章测算地方债的相关系数、偏离度及准确度,其中偏离度=|测算地方债余额数据-公布政府债券实际数据|/公布政府债券实际数据,准确度=1-偏离度。

① 包括财政自给率、居民储蓄水平、固定资产投资率、贸易开放度、土地出让收益率、土地出让收入占比、财政赤字率、财政收入分权,分别代表政府债务的举借、使用、偿还三层指标。

② 城市性质和城投债规模为一层指标体系,考虑到各地《政府性债务审计结果》,城市性质和城投债规模直接影响了政府性债务规模,因此该层权重最大。由于债务偿还环节直接关系债务风险,偿还层权重次之,举借与使用层并列最末。各层内部指标按其相关性与噪声信号比得分加权排序。

从测算结果看，两组数据的相关系数为 0.938，P 值为 0.000，测算数据与实际数据高度相关。测算平均准确度为 0.670，其中 80%的地市测算值低于实际值，这主要是因为本章测算选取的市政相关建设投资在地方政府性债务中所占比重为 70%，可见两者高度吻合。接着，我们对测算数据与实际数据乘以 0.67 进行配对 T 检验，从 P 值(0.118)可知我们无法拒绝两组数据的均值不存在显著差异的原假设。最后，我们绘制了地方政府性债务测算数据与实际数据乘以 0.67 的自然对数的分布密度图(见图 10-2)，可知二者的分布情况也较为相似。

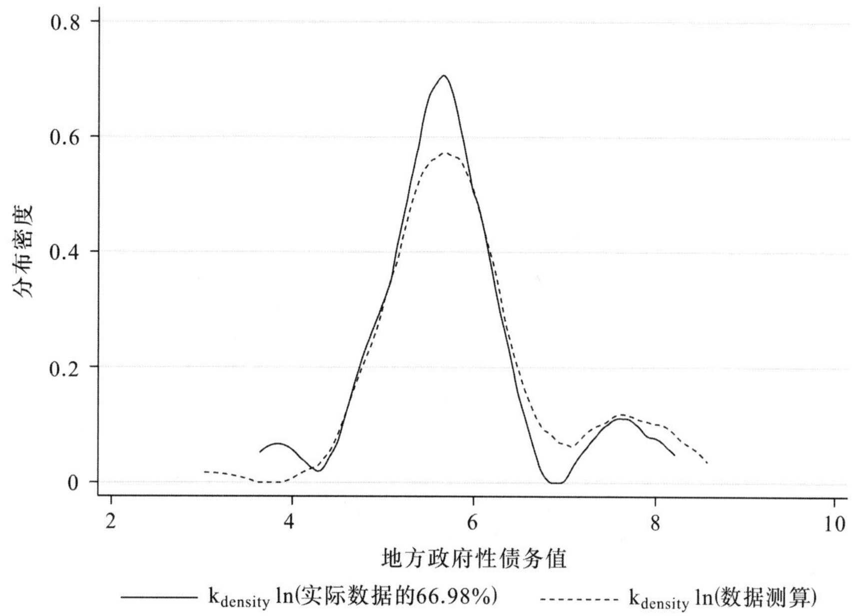

图 10-2　地级市地方政府性债务测算值与实际值分布密度

数据来源：提供了地方政府性债务数据的 21 个地级市依申请公开的反馈结果。

第五节　计量回归结果分析

(一)基准回归结果分析

首先，我们利用模型(1)估计地方债管理改革对政府性债务的影响，得到的结果列在表 10-2 第(1)、(2)列中。由第(2)列结果可知，在控制了固定效应和其他变量的情况下，改革显著抑制了地方政府性债务的增长，实施地区相对于未实施地区的负债率平均下降了 4.3 个百分点，且至少在 5%的水平上具有统计显著性。由表 10-1 可知地级市的平均负债率为 23.2%，因此实施改革使得地级市的平均负债率下降了 18.4%。这说明地方债改革已初见成效，对于控制政府债务规模的增长趋势、遏制债务风险，有较为显著的作用。

其次,我们利用模型(10-2)估计了地方政府性债务管理改革对企业融资水平的影响,结果列于表 10-2 第(3)、(4)列中。由第(4)列结果可知,地方债改革显著促进了企业融资:相对于未实施改革的地区,实施地区企业融资水平上升了 1.3 个百分点,且在 5%的水平上具有统计显著性。由表 10-1 可知企业平均融资水平为 16.3%,因此实施改革使得企业的平均融资水平提高了 7.9%。这一结果说明,地方债管理改革在控制地方政府性债务规模增长的同时,也通过弱化政企竞争而提升了企业的融资水平。

表 10-2　基准回归结果

变量	政府负债率	政府负债率	企业融资水平	企业融资水平	企业融资水平	企业融资水平
	(1)	(2)	(3)	(4)	(5)	(6)
改革	−0.044**	−0.043**	0.011*	0.013**	0.008	0.007
	(0.017)	(0.017)	(0.006)	(0.006)	(0.006)	(0.007)
财力冲击×改革					0.054*	0.087**
					(0.032)	(0.037)
居民储蓄水平	−0.016	−0.109*				
	(0.020)	(0.058)				
固定资产投资率	0.072***	0.078***				
	(0.016)	(0.017)				
税收收入占比	−0.009**	−0.007				
	(0.004)	(0.005)				
第二、三产业产值对数值	−0.048**	−0.033				
	(0.019)	(0.055)				
企业规模			0.038***	0.040***	0.038***	0.040***
			(0.004)	(0.007)	(0.005)	(0.008)
现金及现金等价物周转率			0.038***	0.040***	0.000**	0.000***
			(0.004)	(0.007)	(0.000)	(0.000)
净资产收益率(ROE)			0.000***	0.000***	−0.007***	−0.006***
			(0.000)	(0.000)	(0.002)	(0.002)
净利润与利润总额比			−0.006***	−0.005***	−0.000**	−0.000
			(0.002)	(0.002)	(0.000)	(0.000)
利润总额增长率			−0.000**	−0.000*	−0.000***	−0.000***
			(0.000)	(0.001)	(0.000)	(0.000)
经济增长			−0.010**	−0.066***	−0.015***	−0.093***
			(0.004)	(0.021)	(0.005)	(0.027)

续表

变量	政府负债率	政府负债率	企业融资水平	企业融资水平	企业融资水平	企业融资水平
	(1)	(2)	(3)	(4)	(5)	(6)
宏观税负水平			−0.067	−0.132*	−0.063	−0.102
			(0.050)	(0.072)	(0.074)	(0.096)
年份固定效应	是	是	是	是	是	是
城市/企业固定效应		是		是		是
城市数/企业数	200	200	1272	1272	1047	1047
样本数	1781	1781	8352	8352	6973	6973
组内 R^2	0.196	0.208	0.051	0.054	0.049	0.052

注：第(1)、(2)列与(3)～(6)列括号内分别为城市与企业聚类稳健标准误，* 表示 $p<0.10$、** 表示 $p<0.05$、*** 表示 $p<0.01$。

除了典型的 DID 估计，我们还可对改革效应进行强度 DID 估计，即通过构造改革冲击变量(Chen，2017)，来分析地方政府财力冲击对企业融资的影响。对此，本章在模型(10-2)的基础上加入了改革与财力冲击的交叉项，并构造下式：

$$\text{loanratio}_{iet}=\beta_0+\beta_1\,\text{reform}_{it}\times\text{Dshock}_i+BZ+\mu_t+\sigma_e+\varepsilon_{eit} \qquad (10\text{-}4)$$

其中，财力冲击变量为 $\text{Dshock}_i=\dfrac{\text{det}_{i,2007-(t-1)}}{\text{det}_{i,2007-(t-1)}+\text{Reven}_{i,2007-(t-1)}}-\dfrac{\text{det}_{i,t-2017}}{\text{det}_{i,t-2017}+\text{Reven}_{i,t-2017}}$，$t$ 为城市 i 落实地方债改革的时间，公式中的 det 为地方政府性债务数据，Reven 为地方财政收入，二者共同构成地方财力。$\text{det}_{i,2007-(t-1)}$ 及 $\text{det}_{i,t-2017}$ 分别为推行改革前后地方政府性债务规模，$\text{Reven}_{i,2007-(t-1)}$ 及 $\text{Reven}_{i,t-2017}$ 分别为推行改革前后地方财政收入。强度 DID 回归的估计系数列于表 10-2 第(5)、(6)列中，可知实施改革导致地方平均债务占比每降低 1 个百分点，带动企业融资水平提高 8.7 个百分点或 53.7%，且在 5%的水平上具有统计显著性。这说明地方财力受冲击较大的城市，改革对地方债规模的控制能力更强，企业融资水平提升幅度更大，从而地方债对企业融资的挤出效应下降更多。

（二）稳健性检验

为检验基准回归结果的稳健性，本章还进行了一系列检验，包括共同趋势检验、替代变量估计、增广 DID 模型估计、反事实估计以及安慰剂检验等。首先，为保证 DID 估计结果的有效性，本章的回归分析需满足共同趋势条件。为此，我们分别考察了改革前、后处理组与对照组的地方政府负债率及企业融资水平变化，并将共同趋势检验结果绘入图 10-3 中。从中可知，地方债改革前处理组与对照组在负债率及企业融资水平上均不存在显著差异(显著性水平为 90%)，因此可以通过共同趋势检验。而且，从改革后估计系数

曲线的变动方向看,地方债改革不仅显著抑制了政府性债务增长,同时还促进了企业融资。

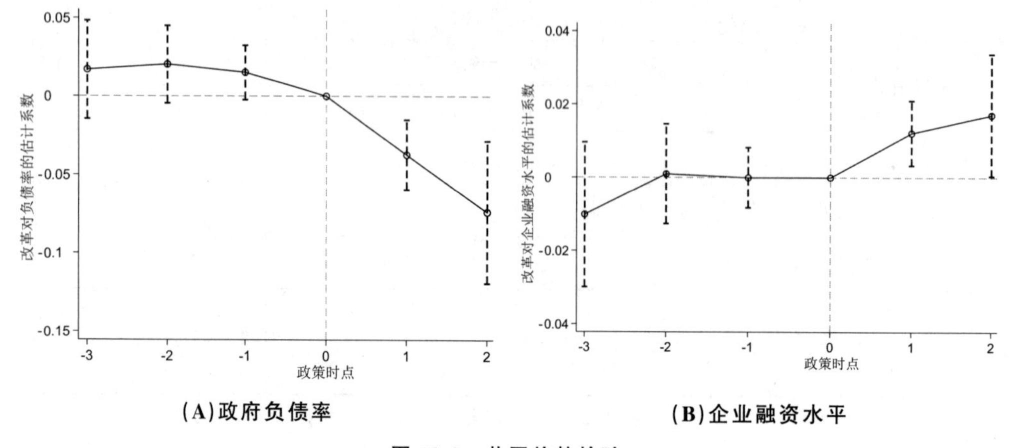

(A)政府负债率　　(B)企业融资水平

图 10-3　共同趋势检验

其次,我们从政府债务数据、测度指标两方面对政府负债率进行变量替换。在政府债务数据方面,我们利用改革后实际债券余额数据、城投债余额、融资平台有息债务[①]三类数据做了替换。首先,将改革前测算数据更换为新名单下融资平台有息债务余额,改革后债务数据替换为地方债券余额,构建该指标与地方 GDP 的比值作为被解释变量,并将财力冲击变量中的政府性债务数据进行替换,估计结果放入表 10-3 第(1)、(5)列中;然后,将地方债数据更换为新增地级市城投债余额、新增地级市融资平台有息债务余额,并将财力冲击变量中的政府性债务数据更换为城投债余额、地级市融资平台有息债务余额,结果列于表 10-3 第(2)～(4)和第(6)～(8)列中。同时,我们利用两类测度指标作为地方政府负债率的替代变量:第一,采用地方债测算值的自然对数作为政府负债率的替代变量;第二,采用政府债务率,即地方债与地方财政收入的比值,作为政府负债率的替代变量,两个结果分别列于表 10-4 的第(1)、(2)列中。此外,本章还采用两类变量,即企业银行借款的自然对数以及新增银行借款率,作为企业融资水平的替代变量,估计结果分别列于表 10-4 的第(3)、(4)列中。

① 城投债余额数据来自 Wind 数据库,有息债务数据来自 Wind 及徐军伟等(2020)。Wind 数据库融资平台有息债务数据,通过匹配银保监会 2018 年第四季度的融资平台公司名单与 Wind 数据库全部发债国有企业数据得来,并剔除当年退出平台。

表 10-3　债务数据的稳健性检验

变量	债务数据				企业融资水平			
	地方政府债券负债率	新增城投债负债率	新增平台负债率	新名单新增平台负债率	地方政府债券冲击	城投债冲击	平台债务冲击	新名单平台债务冲击
	(1)	(2)	(3)	(4)	(5)	(6)	(7)	(8)
改革	−0.0673**	−0.00428**	−0.00674**	−0.00884*	0.00346	0.0156**	0.0155**	0.0255***
	(0.0273)	(0.00215)	(0.00273)	(0.00495)	(0.00541)	(0.00774)	(0.00639)	(0.00758)
财力冲击×改革					0.0499**	0.0689**	0.0984***	0.0961**
					(0.0197)	(0.0321)	(0.0317)	(0.0384)
控制变量	是	是	是	是	是	是	是	是
年份固定效应	是	是	是	是	是	是	是	是
城市/企业固定效应	是	是	是	是	是	是	是	是
样本数	1769	1218	1298	1827	7443	7541	7557	7813
城市数/企业数	201	196	197	200	1127	1140	1142	1179
组内 R^2	0.443	0.198	0.0926	0.141	0.0538	0.0521	0.0539	0.0556

注：第(1)～(4)列与(5)～(8)列括号内分别为城市与企业聚类稳健标准误，* 表示 $p<0.10$、** 表示 $p<0.05$、*** 表示 $p<0.01$。

在表 10-3 第(1)～(4)列中，我们将改革后数据更换为实际地方债券数据、城投债、融资平台有息债务后，结果显示改革对地方债券负债率、新增城投债负债率、新增平台负债率的作用方向与初始估计一致。在第(5)～(8)列中，我们将财力冲击变量中的地方债数据进行同样替换后，改革后受到财力冲击越大的城市，政府债务对企业融资的挤出效应越小，企业融资水平提升幅度越大，说明改革通过抑制地方性而促进企业融资的作用是稳健的。

表 10-4　测度指标、增广 DID 模型、财力冲击反事实稳健性检验

变量	政府负债率替代指标		企业融资水平替代指标		增广 DID 模型		反事实
	Ln(地方政府性债务)	政府债务率	Ln(银行借款)	新增银行借款率	政府负债率	企业融资水平	企业融资水平
	(1)	(2)	(3)	(4)	(5)	(6)	(7)
改革	−0.0991**	−0.630**	0.119*	0.0206**	−0.0374**	0.0109*	0.00687
	(0.0489)	(0.257)	(0.0645)	(0.00920)	(0.0167)	(0.00573)	(0.00660)
财力冲击×改革							0.0893**
							(0.0420)

续表

变量	政府负债率替代指标		企业融资水平替代指标		增广 DID 模型		反事实
	Ln(地方政府性债务)	政府债务率	Ln(银行借款)	新增银行借款率	政府负债率	企业融资水平	企业融资水平
	(1)	(2)	(3)	(4)	(5)	(6)	(7)
控制变量	是	是	是	是	是	是	是
年份固定效应	是	是	是	是	是	是	是
城市/企业固定效应	是	是	是	是	是	是	是
样本数	1781	1781	6945	8263	1701	8208	6973
城市数/企业数	200	200	1181	1241	193	1194	1047
组内 R^2	0.757	0.131	0.386	0.0190	0.245	0.0744	0.0520

注：第(1)、(2)、(5)列与第(3)、(4)、(6)、(7)列括号内分别为城市与企业聚类稳健标准误，* 表示 $p<0.10$、** 表示 $p<0.05$、*** 表示 $p<0.01$。第(5)列在第(1)、(2)列控制变量基础上，控制了年度固定效应与 2007—2014 年人均 GDP(元/人)、人口密度(万人/平方公里)、人均地方一般预算财政收入(元/人)、固定资产占 GDP 比重、年末金融机构贷款占 GDP 比重各指标平均值的交叉项，同时控制处理组和对照组线性时间趋势。第(6)列第(3)、(4)列控制变量基础上，控制了年度固定效应与 2007—2014 年行业虚拟变量、省份虚拟变量交叉项，同时控制处理组和对照组线性时间趋势。

在表 10-4 第(1)、(2)列中，我们将政府负债率测度指标替换为地方政府性债务自然对数与政府债务率后，改革对其的抑制效果仍然保持稳健，说明改革效果并不随测度指标的变化而改变。在第(3)、(4)列中，我们将企业融资指标替换为银行借款的自然对数及新增银行借款率后，发现实施地方债改革的地区相对于未实施地区的银行借款规模及新增银行借款率仍出现显著增加，这说明改革对企业融资的促进作用也是稳健的。在第(5)、(6)列中，增广 DID 方法的回归结果显示，将改革之前的平行趋势放松为条件平行趋势后，改革无论是对政府负债率的抑制作用，还是对企业融资水平的促进作用依然显著。

此外，由于地方债改革可能对改革后地方政府财政收入产生影响，从而造成一定的内生性。因此，我们借鉴 Chen(2017)做法，构造出反事实财力冲击变量：首先，假设改革未实施，以改革前财政收入 $\text{Reven}_{i,2007-(t-1)}$ 利用多元线性回归模拟出改革后的地方政府财政收入 $\text{Revensim}_{i,t-2017}$；其次，将该变量代入财力冲击公式，构造出模拟财力冲击变量：$\text{Dshocksim}_i=\dfrac{\text{det}_{i,2007-(t-1)}}{\text{det}_{i,2007-(t-1)}+\text{Reven}_{i,2007-(t-1)}}-\dfrac{\text{det}_{i,t-2017}}{\text{det}_{i,t-2017}+\text{Resvensim}_{i,t-2017}}$；最后，将模拟财力冲击变量代入公式(10-4)替代初始财力冲击变量，并对其进行回归。上述处理的目的是剔除由债务管理改革带来的地方财政收入变动，而只考虑债务变动对企业融资的影响。反事实估计结果列于第(7)列中，从中可知财力冲击模拟变量对企业融资的促进作用仍然显著。

最后，为了排除其他难以观测因素对地方政府性债务管理改革效果的干扰，我们将改革时间分别提前 1 年和 2 年来进行安慰剂检验。从表 10-5 中的估计结果，可知将改革时间设定到提前 1 年或 2 年后，虚拟改革变量对于地方政府负债率或企业融资水平的影响均不显著，而实际改革变量仍显著抑制了地方政府负债率，并促进了企业融资水平。这说明表 10-2 中地方债改革的政策效果，并非因捕获其他未控制因素的效应所导致。此外，为使安慰剂检验更加可靠，本章进一步将地方债改革变量在各地级市随机分配，并利用政府负债率和企业融资水平分别对该虚拟改革变量进行回归。重复上述过程 1000 次，绘制回归系数的分布密度图，并将其与表 10-2 中的政府债务率系数(－0.043)与企业融资水平系数(0.013)进行比较。如图 10-4 所示，可知政府债务率、企业融资水平对虚拟改革变量的估计系数均值非常接近于零，与基础回归的系数值存在明显差异。因此，可排除未观测遗漏变量与非随机因素的影响。

表 10-5　安慰剂检验Ⅰ

变量	政府负债率		企业融资水平	
	(1)	(2)	(3)	(4)
改革	－0.0400**	－0.0433**	0.0129**	0.0127**
	(0.0154)	(0.0171)	(0.00579)	(0.00611)
改革提前 1 年	－0.0160		－0.000847	
	(0.0120)		(0.00607)	
改革提前 2 年		－0.00978		－0.00273
		(0.00891)		(0.00650)
控制变量	是	是	是	是
年份固定效应	是	是	是	是
城市/企业固定效应	是	是	是	是
样本数	1781	1781	8348	8348
城市数/企业数	200	200	1272	1272
组内 R^2	0.210	0.209	0.0534	0.0534

注：第(1)、(2)列与(3)、(4)列括号内分别为城市与企业聚类稳健标准误，* 表示 $p<0.10$、** 表示 $p<0.05$、*** 表示 $p<0.01$。

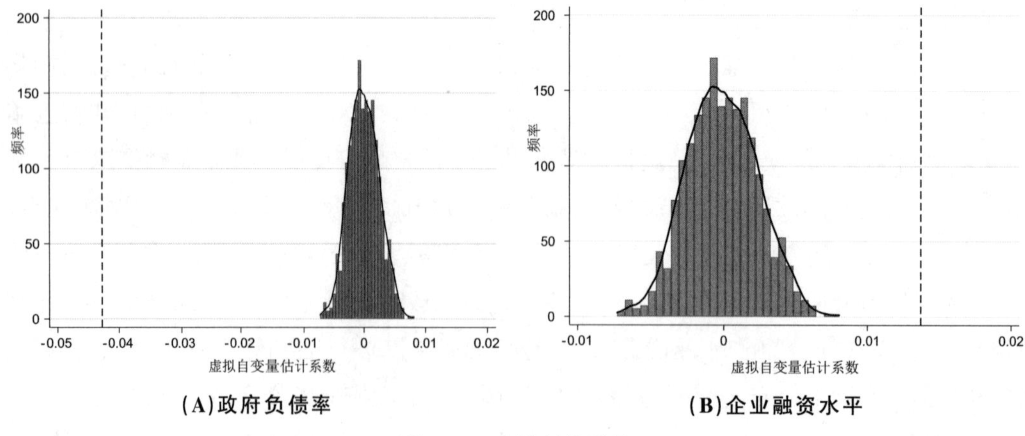

(A)政府负债率　　(B)企业融资水平

图 10-4　安慰剂检验Ⅱ

第六节　机制分析

在已充分验证地方政府性债务管理改革对企业融资具有显著促进效果后,本部分利用中介变量检验新政策对企业融资的影响途径。此处,我们主要考虑三种途径:一是融资平台贷款增加值占 GDP 比重,二是城投债发行规模占 GDP 比重,三是不含融资平台的政府贷款增加值占 GDP 比重。此外,本章还将估计改革对各城市总贷款规模占 GDP 比重的影响,其目的是排除总体贷款规模导致的企业贷款增加的可能渠道,侧面验证挤出效应的存在。

对于上述中介变量,我们仍然需要估算相关数据。首先,本章主要基于地方政府性债务数据推算地方政府总体贷款增加值。改革前的数据,我们利用 2010、2012 与 2014 年《政府性债务审计结果》中政府银行贷款在地方债余额的占比进行估算,然后将其与对应年份地级市新增债务相乘,可得到改革前各年地方政府新增银行贷款规模。改革后的数据,鉴于湖南是唯一公开债务来源的省份,我们假设改革后各年各地市政府债务中银行贷款比率相对于 2014 年的变化与湖南省相近,利用该变化值与各地 2014 年贷款比率得到其各年度银行贷款比率,并将其与对应年份新增地方债相乘,从而获得改革后各年地方政府新增银行贷款规模。

其次,对于融资平台贷款增加值,本章估算过程与政府贷款增加值相似,将地方债中的银行贷款占比更换为融资平台债务占比,即可获得新增融资平台债务总规模。考虑到融资平台主要通过银行贷款与发行城投债方式进行融资,在获得新增融资平台债务规模后,扣除当年城投债发行规模,即可获得各年融资平台银行贷款新增规模。各年地方政府新增银行贷款规模,扣除该年融资平台新增银行贷款规模,即可获得除融资平台之外的政府主体年度新增贷款规模。此处需要注意的是,本章并未采用地方投融资平台财务数据推算融资平台贷款数据(毛捷 等,2020;Huang et al.,2020),其主要原因是只有在公开市场发行债券的投融资平台才会公开发债前三年的财务数据,而绝大多数平台并未连续发债,加之各年度发债平台名单的持续变动,因而可能造成融资平台贷款估计结果的不准确。本章采用的测算方法不但能保证融资平台贷款数据的连续性,而且采用审计公告与地方政府债务信息公开平台作为基础数据来源,可以最大程度保障融资平台贷款数据的准确性。

表 10-6 第(1)列显示了地方债改革对城市总贷款水平的回归结果,可知改革并未从总体上增加城市整体贷款水平,从而排除改革通过增加银行信贷总规模导致企业信贷增加的潜在可能。第(2)～(4)列显示了改革对三种中介变量的影响,改革显著抑制了新增融资平台贷款占 GDP 的比重,而对其他政府新增贷款及城投债发行规模的 GDP 占比没有显著影响。从上述结果看,地方债改革主要通过降低融资平台新增贷款的占比影响地方政府债务水平,而非通过新增政府贷款与城投债发行来施加影响,融资平台作为政府融资代理人的角色在改革后呈现逐渐弱化的趋势。

表 10-6　改革对中介变量的影响

变量	城市总贷款占比	新增融资平台贷款占比	新增政府贷款占比	城投债发行规模占比
	(1)	(2)	(3)	(4)
改革	0.0241	−0.00888***	−0.00123	−0.000968
	(0.0268)	(0.00167)	(0.00154)	(0.00168)
控制变量	是	是	是	是
年份固定效应	是	是	是	是
城市固定效应	是	是	是	是
样本数	1841	1613	1841	1613
城市数	202	199	202	199
组内 R^2	0.318	0.218	0.133	0.253

注:括号内为企业聚类稳健标准误,* 表示 $p<0.10$,** 表示 $p<0.05$,*** 表示 $p<0.01$。

第七节　结　论

近年来,随着我国宏观经济增速放缓,地方经济发展面临着政府债务风险增高与企业融资难度增大的双重困难。由于政府与企业在债务融资上均以银行贷款为主,从而造成地方债对企业融资的挤出效应。2015 年开始实施的地方政府性债务管理改革,从根本上改变了地方政府的债务融资方式,进而影响了企业的融资水平。本章估算了我国 207

个地级市 2007—2017 年的地方政府性债务数据,并结合 1417 家上市非金融企业的数据,实证分析了地方政府性债务管理改革这一政策冲击对地方政府性债务及企业融资的影响。通过分析,我们发现改革不仅显著抑制了地方政府性债务的增长速度,同时也减轻了其对企业融资的资金挤占,达到了"一箭双雕"的效果。而且,在本章利用替代变量、虚拟改革变量以及替代估计方法进行回归之后,上述结果仍然保持稳健。最后,在机制分析中,我们发现改革主要通过弱化政府债务中融资平台的作用,即显著抑制新增融资平台贷款来促进企业融资水平的提升,而对其他政府主体新增贷款作用效果并不明显。

从本章的实证结果来看,地方政府性债务管理改革缓解了政府与企业的融资竞争。若要将改革成果持续下去,需要从短期和长期两方面进一步推进该项工作。就短期而言,应当继续推进结构化去杠杆与融资平台转型。具体而言,政府应特别降低产能过剩与"僵尸"企业的杠杆率,避免地方债改革红利被这类企业独占,从而为中小企业提供更多融资空间。同时,应当继续深化地方债改革:一方面,剥离除政府部门及下属机构外其他主体融资职能,加快推动融资平台公司转型为市场化运营的国有企业,严格管理违规担保问题,谨防隐性债务规模膨胀;另一方面,新型 PPP 与政府购买服务方式要按照法律规定进行,避免成为原融资平台变种,逐步消除融资领域"地方政府—融资平台—银行贷款—基础设施建设"两条线循环。就长期来看,应当完善金融市场,并促进政府与企业的直接融资,逐步摆脱以银行贷款为主的间接融资方式,激发各自金融活力。对政府而言,推进政府债券利率市场化,严格控制规模与收益率水平,减小对企业融资规模与融资成本的影响。

本章参考文献

曹婧,毛捷,薛熠,2019.城投债为何持续增长:基于新口径的实证分析[J].财贸经济(5).

范小云,方才,何青,2017.谁在推高企业债务融资成本:兼对政府融资的"资产组合效应"的检验[J].财贸经济(1).

伏润民,缪小林,高跃光,2017.地方政府债务风险对金融系统的空间外溢效应[J].财贸经济(9).

郭玉清,何杨,李龙,2016.救助预期、公共池激励与地方政府举债融资的大国治理[J].经济研究(3).

洪源,秦玉奇,王群群,2015.地方债规模绩效评估、影响机制及优化治理研究[J].中国软科学(11).

洪源,王群群,苏知立,2018.地方债风险非线性先导预警系统的构建与应用研究[J].数量经济技术经济研究(6).

梁琪,郝毅,2019.地方政府债务置换与宏观经济风险缓释研究[J].经济研究(4).

刘畅，曹光宇，马光荣，2020.地方政府融资平台挤出了中小企业贷款吗？[J].经济研究(3).

吕炜，周佳音，陆毅，2019.理解央地财政博弈的新视角：来自地方债发还方式改革的证据[J].中国社会科学(10).

毛捷，韩瑞雪，徐军伟，2020.财政压力与地方政府债务扩张：基于北京市全口径政府债务数据的准自然实验分析[J].经济社会体制比较(1).

牛霖琳，洪智武，陈国进，2016.地方政府债务隐忧及其风险传导：基于国债收益率与城投债利差的分析[J].经济研究(11).

孙刚，朱凯，2017.地方政府性债务治理与上市企业投融资：基于我国247座城市的初步证据[J].经济理论与经济管理(7).

田国强，赵旭霞，2019.金融体系效率与地方政府债务的联动影响：民企融资难融资贵的一个双重分析视角[J].经济研究(8).

王永钦，陈映辉，杜巨澜，2016.软预算约束与中国地方政府债务违约风险：来自金融市场的证据[J].经济研究(11).

徐军伟，毛捷，管星华，2020.地方政府隐性债务再认识：基于融资平台公司的精准界定和金融势能的视角[J].管理世界(9).

张庆君，闵晓莹，2019.财政分权、地方债与企业杠杆：刺激还是抑制[J].财政研究(11).

张晓晶，刘学良，王佳，2019.债务高企、风险集聚与体制变革：对发展型政府的反思与超越[J].经济研究(6).

周彬，周彩，2019.土地财政、企业杠杆率与债务风险[J].财贸经济(3).

AZZIMONTI M，FRANCISCO E D，QUADRINI V，2014.Financial globalization，inequality，and the rising public debt[J].American economic review，104(8)：2267-2302.

BLINDER A S，SOLOW R M，1973.Does fiscal policy matter？[J].Journal of political economy，2(4)，319-337.

CHATTERJEE S，EYIGUNGOR B，2015.A seniority arrangement for sovereign debt[J].American economic review，105(12)：3740-3765.

CHEN S X，2017.The effect of a fiscal squeeze on tax enforcement：evidence from a natural experiment in China[J]. Journal of public economics，147：62-76.

DEMIRCI I，HUANG J，SIALM C，2019. Government debt and corporate leverage：international evidence[J].Journal of financial economics，133：337-356.

FRIEDMAN B M，1986. Implications of government deficits for interest rates，equity returns，and corporate financing[A]//FRIEDMAN B M (Ed.)，Financing corporate capital formation[M].University of Chicago Press.

GREENWOOD R，HANSON S，STEIN J C，2010. A gap-filling theory of corporate

debt maturity choice[J].Journal of finance, 65(3):993-1028.

HUANG Y, PAGANO M, PANIZZA U, 2020. Local crowding out in China[J]. Journal of finance, 75(6):2855-2898.

KRISHNAMURTHY A, VISSING-JORGENSEN A, 2012. The aggregate demand for treasury debt[J].Journal of political economy,120(2):233-267.

KRISHNAMURTHY A, VISSING-JORGENSEN A, 2015. The impact of treasury supply on financial sector lending and stability[J]. Journal of financial economics, 118: 571-600.

REINHART V, HEATON S J, 2000. The economic consequences of disappearing government debt[J]. Brookings papers on economic activity(2):163-220.

第十一章　财政透明度、融资成本与地方债务风险异质性效应

——国家治理的市场反应*

曾海洲　赵梓彤　林细细**

第一节　引　言

2019 年 11 月，中共中央十九届四中全会全文发布《中共中央关于坚持和完善中国特色社会主义制度、推进国家治理体系和治理能力现代化若干重大问题的决定》，进一步凸显国家治理现代化建设的重要意义。中国共产党十八届三中全会提出，“财政是国家治理的重要支柱”，财政透明是国家治理的一个核心内容，在不同的治理环境下，市场是否会出现异质性反应？与此同时，中国政府正处于防范金融风险的攻坚战阶段，地方政府债务风险是其中一个内容。合理防范债务风险对城市的发展有十分重要的意义，当地方政府债务规模过大，超出某个临界值时，其债务风险将难以得到有效控制（王俊，2015）。因此，过多的地方政府债务会在各个方面对经济发展产生不利影响（韩建、程宇丹，2018；熊虎、沈坤荣，2019）。2008 年金融危机之后，中央政府为了促进经济复苏，鼓励地方政府充分发挥作用，积极进行基础设施建设。为了筹集足够的资金，地方政府开始大规模发行城投债，地方政府债务出现“井喷式”增长。近年来，国家逐渐开始重视控制地方政府债务，减少地方政府负债率过高的问题发生。2014 年，《关于加强地方政府性债务管理的意见》发布，要求对地方政府债务的规模进行控制；2015 年，《新预算法》开始实施，要求各级政府将预决算相关信息以及举借债务等情况向社会公开或说明，这一举措有助于提高财政透明度，提高公众对政府财政状况的知悉程度。

财政透明度的提高，对社会公众而言，一方面能够加强他们对财政资金合理规范使用的监督力度，另一方面则能够促使他们在债券市场上对相关的地方政府债务做出市场反应③。此外，财政透明度能较好体现国家治理能力。国家治理水平常常反映在市场化

---

* 本章写作时间为 2020 年，故本章论述以 2020 年为时间点。

** 曾海洲，厦门大学经济学院金融系；赵梓彤，厦门大学经济学院金融系；林细细，副教授，厦门大学经济学院财政系。

③ 方颖和郭俊杰（2018）研究了企业环境信息披露在资本市场上的市场反应。

指数、政府腐败程度等指标上。以市场化指数为例，樊纲等编写的《中国市场化指数》与清华大学编写的《中国市级政府财政透明度报告》2014—2016 年的数据显示，财政透明度与市场化指数存在较高的相关性(三年的相关系数分别为 0.6654、0.6444 和 0.6675)，这说明较高水平的财政透明度某种程度上意味着较高的治理水平。于是，本章基于国家治理的市场反应视角，对地方债务风险①展开研究。在利用工具变量缓解内生性之后，发现财政透明度对地方债务风险产生异质性影响：在财政透明度水平较低时，财政透明度的提高抑制了地方债的发行；当财政透明度水平较高时，财政透明度的提高促进了地方债的发行。作用机制研究表明，这种异质性效应源于国家治理的市场反应——融资成本。

本章其余部分的结构安排如下：在第二部分中，我们对相关文献进行梳理，从财政透明度对地方政府债务风险影响的三种不同效果展开，进而提出本章的边际贡献；第三部分在理论分析的基础上提出研究假设；第四部分为研究设计与数据说明；第五部分为实证分析结果；第六部分进行总结并提出政策建议。

第二节　文献回顾

自 2008 年《政府信息公开条例》发布以来，一些相关的透明度指数测算工作不断开展起来，如上海财经大学基于省级层面数据开展的《中国财政透明度报告》，清华大学在随后年份则发布《中国市级政府财政透明度研究报告》。这些统计资料的收集使得财政透明度的实证研究开展便利起来。魏志华等(2017)对这方面的研究进行了较为系统的梳理，本章仅对研究主题直接相关的文献进行评述。

(一)财政透明度对地方政府债务存在正向影响

徐红和汪峰(2019)选取 2009—2015 年城投债的省级面板数据，通过实证研究发现，财政透明度与城投债的发行规模存在显著的正向关系；进一步，通过分组回归，发现只有在财政分权程度较高的地区，这种正向关系才显著，在财政分权程度较低的地区则不显著。此外，财政透明度的提升可以提高城投债的信用评级，但对融资成本并无影响。

(二)财政透明度对地方政府债务存在负向影响

肖鹏等(2015)构建了一个财政透明度与政府债务规模的理论模型，证明财政透明度的提高可以有效降低政府债务规模，并选取 2012 年 29 个省份的数据，证实了这一理论

---

① 地方政府债务风险的衡量方式有很多，如相对数方面的债务负担率、债务依存度等。本章所提的地方债务风险倾向从发行的绝对数角度出发，并以城投债代表地方债务进行实证分析。进一步讲，本章用地方债务发行考虑的债务风险，实际上体现在地方债务的容忍度，即现有条件下，社会公众与政府作为供求双方在债券市场上对地方政府债券发行的均衡数量。地方债券发行越多，说明单位债务的风险越低，即地方债务的容忍度越高。关于用城投债数据代表地方债务，现有文献如张莉等(2018)、冀云阳等(2019)也是采用类似处理方式。毛捷和黄春元(2015、2018)进一步解决了地方债务测算的一些问题，但是省级债券分摊到地级市层面时，计算方式还是值得进一步商榷。

结果。这是国内最早的关于财政透明度与地方政府债务的研究之一。然而,该研究的实证模型样本较少,且存在一定的内生性问题,故而有待改进。Alt 和 Lassen(2006)通过研究经合组织 19 个国家的数据,构建了财政透明度的衡量指标,进而分析财政透明度与公共债务之间的关系,并通过研究官员竞争机制和财政透明度之间的关系来解决内生性问题,发现提高财政透明度会降低政府债务水平。Montes 等(2019)用公共债务与 GDP 的比值来衡量公共债务,通过分析财政透明度对公共支出效率的影响来检验模型的内生性,发现财政透明度通过提升公共支出效率来降低政府债务水平。邓淑莲和刘潋滟(2019)首先构建了一个理论模型,基于政府间博弈的视角,分析了财政透明度对地方债务风险的影响,其次构建了一个省级面板数据的实证模型,经研究发现财政透明度的提高可以有效削减违规债务规模,从而控制债务风险。汪崇金和崔凤(2020)基于 2013—2016 年中国地级市城投债数据,实证研究表明:财政透明度越高,城投公司债务规模越小。这是国内目前首个在此方面基于地级市样本的研究,但该研究尚未处理反向因果等问题而产生的内生性,故而该结果的可靠性还有待商榷。

(三)财政透明度对地方政府债务存在异质性影响

肖鹏和樊蓉(2019)在研究中提出,财政透明度对地方政府债务规模既存在正向影响,又存在负向影响,且随着财政透明度的提升,正向影响是边际递减的,负向影响是边际递增的。在实证部分,选取 2009—2015 年的省级面板数据,以财政缺口衡量地方政府债务,通过两步最优 GMM 估计,发现财政透明度对地方政府债务存在异质性影响,即在财政透明度较低的地区,财政透明度的提升对地方政府债务存在促进作用;在财政透明度较高的地区,财政透明度的提升对地方政府债务存在抑制作用。

从以上研究中可得知,目前关于财政透明度与地方政府债务的研究还存在以下问题:第一,目前的研究中多集中于省级样本的数据,选取地级市样本数据的较少;第二,针对财政透明度对地方政府债务的影响的内在机制进行探究的文献较少,且有待进一步深入。本章将通过对地级市样本数据的分析来完善以上问题。

本章的边际贡献主要体现在四个方面:第一,选取地级市为样本,有效弥补了现有研究存在的不足。在目前关于财政透明度与地方政府债务的研究中,样本多来自省级数据,来自地级市的较少。然而,地方政府之间的竞争在很大程度上是地级市层面上的竞争,因此,在地级市层面上的研究十分必要。本章选取 2014—2018 年地级市(包括地级以上的城市)的城投债作为样本,有效弥补了这一不足。第二,从供给侧和需求侧两方面进行理论分析,深入探讨财政透明度对地方债务风险的影响。现有的研究多从供给侧探讨财政透明度对地方债务的影响,而侧重于需求侧的研究较少。本章从供给侧与需求侧两方面进行分析,相较于现有的研究进行了一定的改进。第三,对不同组别的城市进行作用机制检验,发现财政透明度对地方债务风险影响的异质性效应来源于融资成本。第四,已有研究对财政透明度指标的内生性考虑较少,本章进一步处理了部分内生性问题。

第三节 理论分析与研究假设

现有研究表明,从城投债发行数量的角度出发,财政透明度对地方债务产生促进和抑制两种效应,这两种效应通过市场反应在供给侧和需求侧体现出来。

(一)促进效应

财政透明度的提高对地方债务存在促进效应,这体现在供给侧和需求侧两端对城投债发行均存在的促进效应。Chen 等(2016)的研究表明,财政透明度的提高能显著降低政府融资成本。由于融资成本的降低,政府融资的意愿则会上升,促进城投债的发行。潘俊等(2016)指出,财政透明度的提高有利于缓解市场参与方之间的信息不对称问题,提高城投债信用评级。当城投债信用评级提高时,债务风险会下降,投资者对地方债务的容忍度则会提高,同样促进城投债的发行。因此,从供给侧来看,财政透明度的提高可以降低融资成本,促进城投债的发行;从需求侧来看,财政透明度的提高可以提高城投债信用评级,提高投资者对债务的容忍度,促进城投债的发行。因此,财政透明度的提高可以提高地方债务的容忍度,对城投债的发行存在促进效应,如图 11-1 所示。

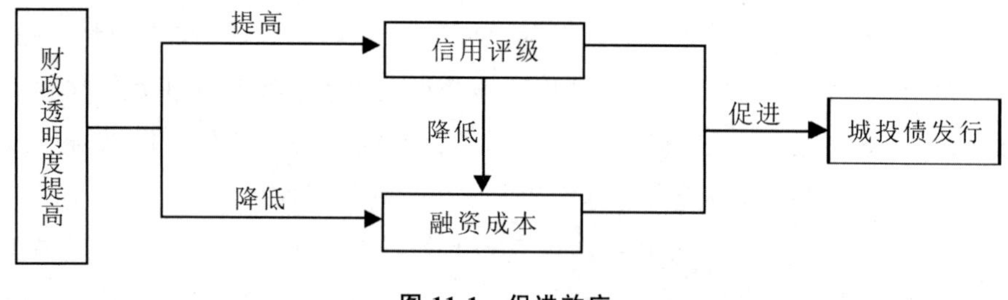

图 11-1 促进效应

(二)抑制效应

财政透明度的提高对地方债务存在抑制效应,这体现在供给侧和需求侧两端对城投债发行均存在的抑制效应。Milesi-Ferretti(2004)指出,预算透明度提高,政府报表粉饰被发现概率随之提高。政府官员面临着晋升激励,这种晋升围绕着 GDP 等指标进行锦标赛竞争(周黎安,2004)。因此,为了提升政绩,地级市政府可能存在盲目发债问题。在财政透明度升高时,报表粉饰、会计造假、盲目发债等信息被发现的概率增加,且公众更容易发现官员盲目发债的意图。因此一旦这些负面信息被知悉,投资者对地方债务的容忍度会降低。因此对投资者来讲,债务的风险上升,因而会相应减少投资;地方政府为了吸引投资者,所需的融资成本则会相应升高,当融资成本提高时,政府的融资意愿则会降低。因此,负面信息被发现的概率提高,可以从需求侧降低投资者对债务的容忍度,抑制城投债的发行,也能够通过升高融资成本,从供给侧抑制城投债的发行。总而言之,财政透明度的提高会在一定程度上提高报表粉饰、会计造假、盲目发债等负面信息被发现的概率，从而抑制城投债的发行。此外，当财政透明度提高时，中央政府也能更多地了解地方政府的财政情况，中央政府对地方政府的监管与执行成本随之降低，因此监管变得更加便利，监管效率提高。当中央政府的监管效率提高时，地方政府过度投资现象得到改善，城投债的发行量随之降低。因此，从供给侧来看，财政透明度的提高会降低中央政府的监管成本，提高监管效率，也可以通过提高政府盲目发债意图以及会计造假等负面信息被发现的概率，使融资成本升高，从而抑制城投债的发行；从需求侧来看，财政透明度的提高会通过提高负面信息被发现的概率，降低投资者对债务的容忍度，从而抑制城投债的发行。因此，财政透明度的提高会降低地方债务的容忍度，对城投债的发行存在抑制效应，如图 11-2 所示。

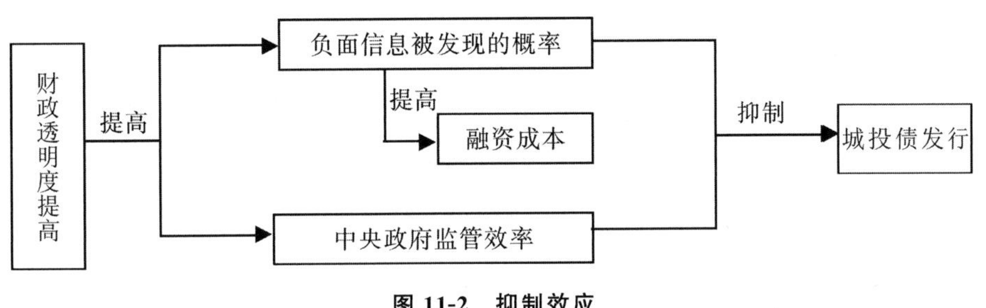

图 11-2　抑制效应

结合以上分析，我们认为，财政透明度提高对地方债务风险的影响存在异质性效应，这种异质性效应从数量上体现为以上两种效应的权衡，但背后根源于治理的现代化水平。但总体来说，财政透明度水平本身较高的地区，其治理水平较高，制度较为完善，约束力较强，政府盲目发债的情况较少，且会计造假的概率较低，因此当财政透明度提高时，其影响更多地体现在提高信用评级、降低融资成本等方面，会更多地促进城投债的发行，因而主要体现为促进效应；财政透明度水平本身较低的地区，其治理水平相对较低，制度较为薄弱，约束力相对较弱，政府盲目发债的情况较多，且会计造假的概率较高，因此当财政透明度提高时，其影响更多地体现在控制盲目发债行为、减少会计造假、提高融资成本等方面，对城投债发行的抑制效应则更为明显。

综合以上分析，本章提出以下假设：

假设 1：财政透明度对地方债务风险存在异质性影响：在财政透明度较高的地区，财政透明度的提高促进城投债的发行；在财政透明度较低的地区，财政透明度的提高抑制城投债的发行。

假设 2：财政透明度对地方债务风险的异质性影响的来源之一为市场反应，即融资成本：在财政透明度较高的地区，财政透明度的提高会降低融资成本；在财政透明度较低的地区，财政透明度的提高会提高融资成本。

第四节　研究设计

（一）模型设定

本章的基本计量模型设计如下：

$$debt_{it} = \beta_0 + \beta_1 transparency_{it} + \beta_2 Z + \mu_i + S_t + \varepsilon_{it} \tag{11-1}$$

其中，i 代表地级市，t 代表时间，debt 代表城投债发行量，transparency 代表财政透明度，Z 代表控制变量，μ 代表地区固定效应，S 代表时间固定效应，ε 代表随机扰动项。

（二）变量设置

1.被解释变量

我们采取城投债发行来衡量地方债务风险。城投债发行，参照已有文献的常用处理方式，我们将地级市的城投债发行量（亿元）加 1 取自然对数作为模型的被解释变量。城投债发行总额数据来自 Wind 数据库，其中剔除了债券名称完全相同的城投债。对于发行主体为县级市的城投债，我们将其归并入对应的地级市。

2.主要解释变量

财政透明度，我们采用了清华大学公共管理学院发布的 2014 年至 2018 年《中国市级政府财政透明度研究报告》中的"全口径财政透明度体系评价中国市级政府总得分"作为财政透明度衡量基础。考虑到每年的总分有一定差异，因此每年的分数均除以该年度的财政透明度总分进行标准化处理。

3.控制变量

参照已有的实证分析的模型设定，我们从五个方面控制其他影响城投债发行的因素：经济发展、固定资产投资、城市规模、地方政府财政状况、人民生活水平。综合以上五个方面，本章选取的控制变量共有 11 个。在经济发展水平方面，选取各个城市 GDP（亿元）的自然对数、GDP 增长率（百分比）、第三产业增加值占 GDP 的比重、在岗职工工资总额占 GDP 的比重。其中，GDP 衡量一个地区综合的经济发展水平，GDP 增长率衡量发展速度，第三产业增加值占 GDP 的比重从产业结构角度衡量经济发展质量，在岗职工工资总额占 GDP 的比重从国民收入初次分配情况的角度衡量经济发展质量。在固定资产投资方面，选取固定资产投资占当年 GDP 的比重；在城市规模方面，选取城市年末总人口；在地方政府财政状况方面，用公共财政预算支出与公共财政预算收入的差值，除以公共财政预算收入，以此来衡量政府财政赤字，并选取公共财政预算收入占 GDP 的比重来衡量财政能力；在人民生活水平方面，选取年末居民储蓄存款余额占当年 GDP 的比重、消费品零售总额占 GDP 的比重、城镇登记失业人口占总人口的比例。数据来源为 CEIC 中国经济数据库、中国经济与社会发展统计数据库、部分省份与地级市的统计年鉴以及

《中国城市统计年鉴》。

基于市级财政透明度的可获得性，本章的数据样本期年份为 2014—2018 年。本章根据 Wind 数据库统计的结果，发现这期间共有 267 个地级市(不包含自治州、盟)发行过城投债。剔除掉数据缺失的样本，总共包括 258 个地级市、939 个观测值。变量的描述性统计如表 11-1 所示。

表 11-1　描述性统计

变量	(1)	(2)	(3)	(4)	(5)
	观测值	均值	标准差	最小值	最大值
	A 部分：被解释变量				
城投债发行量	939	3.7031	1.3510	0.0953	7.4832
	B 部分：主要解释变量				
财政透明度	939	0.4552	0.1900	0.0593	0.8651
	C 部分：其他控制变量				
GDP 总量	939	7.6542	0.8737	5.3599	10.3298
GDP 增长率	939	8.4702	3.1265	−15.9500	23.9600
第三产业增加值	939	0.4153	0.0949	0.1677	0.8060
在岗职工工资总额	939	0.1222	0.0413	0.0475	0.3637
固定资产投资	939	0.8264	0.2714	0.1596	2.2789
财政赤字	939	1.3597	1.3056	−0.3512	10.4011
公共财政预算收入	939	0.08403	0.02851	0.03164	0.2273
城市年末总人口	939	503.6569	339.3985	20.0000	3392.0000
居民储蓄存款	939	0.7246	0.2347	0.0826	1.7823
城镇登记失业人口比例	939	0.0064	0.0046	0.0005	0.0393
消费品零售总额	939	0.3922	0.1014	0.0321	0.7368

注：以上变量中，部分变量需要进行标准化或取对数处理，本表中均为已处理完毕的数据。

第五节　实证分析

(一)基本回归结果

本章首先将所有城市的数据进行回归，同时控制地区固定效应和时间固定效应；考虑到财政透明度指标具有较强的内生性，这将使得估计结果出现有偏性，我们采用工具变量进行处理，使用两阶段最小二乘法进行估计。在工具变量的选取方面，我们借鉴了钟辉勇和陆铭(2015)的思想，选取两个工具变量：第一，每个地级市前一年的财政透明度；第二，考虑到一个地级市的财政透明度可能与其他某些地级市存在相关性，本章以人均 GDP 为主要指标，综合考虑 GDP 总量和城市距离等其他因素，对每一个地级市均选取另一个发展水平相近或城市类型相似的地级市的财政透明度作为工具变量。过度识别检验 Hansen J 统计量的 p 值为 0.3588，高于 0.1 的显著性水平，通过了过度识别检验；此外，弱工具变量 F 统计量显示并不存在弱工具变量的问题。

我们首先对所有样本进行普通线性回归和工具变量回归的结果如表 11-2 所示。(1)为普通最小二乘法回归结果，(2)为工具变量回归结果。我们发现，财政透明度对城投债发行并没有产生显著性影响。但是，基于前面的理论分析，我们知道，财政透明度作为治理水平的一个重要指标，在不同治理水平下，财政透明度对城投债发行的影响具有异质性，由于对部分样本呈正向影响，对另一部分样本呈负向影响，总体估计的结果可能出现不显著。

表 11-2　所有城市估计结果

变量	(1)	(2)
	城投债发行量	城投债发行量
财政透明度	−0.0548	0.1508
	(0.1639)	(0.4358)
GDP 总量	1.2180**	1.2056***
	(0.5305)	(0.4436)
GDP 增长率	−0.0144	−0.0152
	(0.0111)	(0.0097)
第三产业增加值	1.2980	1.4240
	(1.3505)	(1.1858)
在岗职工工资总额	−5.5030**	−5.5171***
	(2.2260)	(1.8761)
居民储蓄存款	−0.5949	−0.6328
	(0.5026)	(0.4248)
固定资产投资	0.4597	0.4397*
	(0.2927)	(0.2517)
财政赤字	0.0756	0.0756*
	(0.0492)	(0.0412)
公共财政预算收入	4.9324**	5.1157***
	(2.0741)	(1.8070)

续表

变量	(1)	(2)
	城投债发行量	城投债发行量
城市年末总人口	0.0026*	0.0027**
	(0.0013)	(0.0011)
城镇登记失业人口比例	−6.4527	−7.5886
	(12.1536)	(10.2636)
消费品零售总额	0.9651	0.9319
	(1.3474)	(1.1261)
城市固定效应	控制	控制
时间固定效应	控制	控制
弱工具变量 F 值		25.7720
Hansen J 统计量		0.3588
观测值	939	939
城市数量	258	258
R-squared	0.8843	0.8840

注：*、**、*** 分别代表在 0.1、0.05、0.01 的显著性水平下通过显著性检验，括号内为稳健标准误。“弱工具变量 F 统计量”指在随机扰动项不服从独立同分布时依然适用的 Kleibergen-Paap rk Wald F 统计量。“Hansen J 统计量”一栏中的值为该统计量对应的 p 值。下同。

(二)分组回归结果

我们按照财政透明度的水平来对地级市进行分组处理。本章将历年财政透明度得分取平均值，并进行排序，排名前 50% 的地级市分为一组，排名后 50% 的地级市分为另一组。对两组样本，分别用两阶段最小二乘法进行工具变量估计，回归的结果如表 11-3 中(1)、(3)两列所示。我们发现对高、低两个组别估计的系数分别为 1.6651 和−1.1627。此外，回归(2)和(4)采用适用于弱工具变量的有限信息极大似然法，结果与之前并无显著差异，这进一步说明了工具变量的相关性是可靠的。

分组回归结果表明，财政透明度对地方债务风险的影响存在异质性效应：对于财政透明度水平较高的城市，财政透明度的提高会显著促进城投债发行；对于财政透明度水平较低的城市，财政透明度的提高会显著抑制城投债发行。这验证了本章的猜想，该结果与肖鹏和樊蓉(2019)的研究截然相反。分析其原因，从形式特征来看：本章采用地级市层面数据，而肖鹏等的研究基于省级数据；本章以城投债发行额作为被解释变量，肖鹏等的研究以财政缺口作为被解释变量。但是，我们认为，本章实证结果实质上在于采用城投债的发行数据，这种流量型的地方政府债务，市场反应速度较为迅速，尤其是需求端。诚如前面的理论假说所列依据，我们认为本结果更具有说服力。

表 11-3 分组回归结果

组别	高		低	
	(1)	(2)	(3)	(4)
变量	城投债发行	城投债发行	城投债发行	城投债发行
财政透明度	1.6651**	1.6835**	−1.1627**	−1.1890**
	(0.8062)	(0.8155)	(0.5480)	(0.5609)
GDP 总量	1.7014*	1.6995*	1.4039**	1.4076**
	(0.9165)	(0.9179)	(0.5629)	(0.5643)
GDP 增长率	−0.0355*	−0.0356*	−0.0013	−0.0013
	(0.0193)	(0.0193)	(0.0115)	(0.0115)
第三产业增加值	1.6453	1.6697	2.7685*	2.7741*
	(2.6394)	(2.6488)	(1.5271)	(1.5330)
在岗职工工资总额	−3.0570	−3.0569	−8.9431***	−8.9355***
	(2.9287)	(2.9376)	(3.1754)	(3.1842)
居民储蓄存款	−0.7731	−0.7818	−0.6895	−0.6876
	(0.9602)	(0.9634)	(0.5111)	(0.5123)
固定资产投资	−0.0397	−0.0424	0.4704	0.4697
	(0.4279)	(0.4289)	(0.3526)	(0.3539)
财政赤字	0.2384*	0.2390*	0.0642	0.0644
	(0.1244)	(0.1247)	(0.0482)	(0.0482)
公共财政预算收入	7.8405**	7.8538**	1.9688	1.9357
	(3.5348)	(3.5407)	(2.2105)	(2.2194)
城市年末总人口	0.0026	0.0026	0.0037*	0.0037*
	(0.0018)	(0.0018)	(0.0022)	(0.0022)
城镇登记失业人口比例	−12.3586	−12.4797	−10.2122	−10.0636
	(15.2647)	(15.3207)	(20.9540)	(21.0210)
消费品零售总额	−1.0408	−1.0425	3.2917***	3.2977***
	(1.6345)	(1.6353)	(0.9129)	(0.9163)
城市固定效应	控制	控制	控制	控制
时间固定效应	控制	控制	控制	控制
弱工具变量 F 值	12.2831	12.2831	11.9839	11.9839
Hansen J 统计量	0.5698	0.5704	0.3508	0.3518
观测值	519	519	420	420
城市数量	129	129	129	129
R-squared	0.8777	0.8774	0.8205	0.8197

(三)稳健性检验

为了检验该模型的稳健性，本章运用两种方法进行稳健性检验。

1.改变样本数量

在前面的分析中，我们取财政透明度排名前 50%和后 50%的城市进行分组回归，这里则取财政透明度排名前 45%、前 40%、前 35%和后 45%、后 40%、后 35%的城市进行稳健性检验。对于财政透明度排名前 45%、前 40%和前 35%的城市，回归结果见表 11-4 中(1)、(2)、(3)三列；对于财政透明度排名后 45%、后 40%和后 35%的城市，回归结果见表 11-4 中(4)、(5)、(6)三列。结果显示，改变样本数量之后，系数的符号与前面的实证分析是一致的。

表 11-4　稳健性检验(1)

组别	高			低		
	(1)	(2)	(3)	(4)	(5)	(6)
变量	城投债发行	城投债发行	城投债发行	城投债发行	城投债发行	城投债发行
财政透明度	1.6132**	1.5434*	1.4207*	−1.2374**	−1.2259*	−1.4406**
	(0.8005)	(0.8278)	(0.8055)	(0.5975)	(0.6404)	(0.6051)
其他控制变量	控制	控制	控制	控制	控制	控制
城市固定效应	控制	控制	控制	控制	控制	控制
时间固定效应	控制	控制	控制	控制	控制	控制
弱工具变量 F 值	12.4716	11.7901	11.5601	10.4605	8.8490	9.0160
Hansen J 统计量	0.5795	0.6633	0.6032	0.6734	0.5103	0.9371
观测值	465	426	377	379	328	276
城市数量	116	103	90	116	103	90
R-squared	0.8815	0.8817	0.8906	0.8189	0.8031	0.7862

注：回归(5)、(6)中，弱工具变量 F 统计量的值较小，为了防止弱工具变量问题带来的影响，我们仍然用较适用于弱工具变量的有限信息极大似然法再次进行估计，得到的结果为−1.2410 和−1.4409，且分别在 10%和 5%的水平上显著，这与表格中的结果大致相同。

2.将被解释变量变换形式

我们取城投债发行量与前一年年末城市 GDP 总量的比值作为被解释变量进行稳健性检验，回归结果如表 11-5 中(1)、(3)两列所示。此外，我们将样本扩展到包括未发行城投债的城市在内的所有地级市，剔除掉数据缺失的样本，共 285 个地级市。我们用同样的方法进行分组回归，结果如表 11-5(2)、(4)两列所示。表 11-5 显示，结果与前面的实证分析仍然是一致的。

表 11-5 稳健性检验(2)

组别	高		低	
	(1)	(2)	(3)	(4)
变量	城投债发行	城投债发行	城投债发行	城投债发行
财政透明度	0.0448**	0.0326**	−0.0334**	−0.0205*
	(0.0207)	(0.0151)	(0.0140)	(0.0120)
其他控制变量	控制	控制	控制	控制
城市固定效应	控制	控制	控制	控制
时间固定效应	控制	控制	控制	控制
弱工具变量 F 值	12.2831	17.119	11.9839	18.2530
Hansen J 统计量	0.9354	0.8889	0.3469	0.3722
观测值	519	704	420	694
城市数量	129	143	129	142
R-squared	0.7525	0.7790	0.7019	0.7176

(四)作用机制检验

财政透明度对地方债务风险影响存在异质性效应,那么,这种异质性效应的来源是什么呢?在理论分析中,无论是对于财政透明度水平较高的城市,还是财政透明度水平较低的城市,财政透明度都会影响融资成本。那么,这种异质性效应是否来源于融资成本呢?以下将在此方面进行检验。

我们选取 2014—2018 年各个城市城投债的票面利率,用每年每个地级市发行的城投债的票面利率乘债券期限,并除以当年该城市发行城投债的债券期限的总和,作为发行利率的平均利率,以此来代表融资成本。我们以平均利率为因变量,财政透明度为自变量,工具变量采用与前文一致的两个工具变量进行回归。分组进行工具变量回归的结果如表 11-6 中(1)、(3)两列所示。结果显示,对于高、低两个组别,财政透明度的升高分别会降低和升高城投债的平均利率。此外,我们参考了徐红和汪峰(2019)以及牛霖琳等(2016)的思路,用城投债的票面利率与同年对应期限的国债利率作差得到城投债的信用利差,同样用债券期限进行加权平均得到平均利差,得到了同样的结论,即对于高、低两个组别,财政透明度的升高分别会降低和升高城投债的平均利差(如表 11-6 中(2)、(4)两列所示)。这说明对于财政透明度较高的城市,财政透明度的升高会显著降低融资成本;对于财政透明度较低的城市,财政透明度的升高会显著升高融资成本。因此,我们有理由认为,这种异质性影响的确来源于融资成本。至于其他作用机制,有待进一步的研究。

表 11-6　作用机制检验

组别	高		低	
	(1)	(2)	(3)	(4)
变量	平均利率	平均利差	平均利率	平均利差
财政透明度	−1.2111* (0.6850)	−1.2356* (0.6786)	1.1294* (0.6418)	1.0885* (0.6454)
其他控制变量	控制	控制	控制	控制
城市固定效应	控制	控制	控制	控制
时间固定效应	控制	控制	控制	控制
弱工具变量 F 值	12.2831	12.2831	11.9839	11.9839
Hansen J 统计量	0.2444	0.2440	0.9720	0.5791
观测值	519	519	420	420
城市数量	129	129	129	129
R-squared	0.8633	0.7587	0.8210	0.6886

第六节　结论与政策建议

本章选取 258 个地级和地级以上城市，采用 2014—2018 年的面板数据作为样本，以城投债发行的绝对数衡量地方债务风险，并以财政透明度为指标进行分组并进行工具变量回归，得到了如下结论：财政透明度对地方债务风险的影响存在异质性效应——对于财政透明度较高的城市，财政透明度的提高会促进城投债的发行；对于财政透明度较低的城市，财政透明度的提高会抑制城投债的发行。本章通过改变样本数量和变换被解释变量的形式等两种方法进行稳健性检验，其结论与前文结果均一致。此外，经过作用机制检验，发现这种异质性效应的来源是国家治理的市场反应——融资成本。

基于本章结论，我们提出以下建议：第一，完善财政透明度评价指标，积极推动财政透明度的提升。财政透明度是政府自我约束力的体现，是制度完善程度的反映，是国家治理现代化的重要指标。财政透明度的提升意味着政府治理水平的提高。因此，努力提高政府财政透明度对国家治理水平的提升具有重要意义。如今，我国有关财政透明度的评价指标并不多，相关的评分包括清华大学和上海财经大学每年发布的财政透明度报告等，但评价维度与评分标准有所不同。地方政府之间存在一定的竞争关系，完善财政透明度评价指标，并将其纳入政府治理水平评价体系，可强有力地推动地方政府提高财政透明度。第二，及时披露财政信息，拓宽财政信息公开渠道。政府与投资者之间存在一定的信息不对称问题，当这种问题较为严重时，会影响地方政府的信用水平。合理地披露财政信息有利于投资者了解地方政府的财政状况，从而缓解信息不对称问题。此外，拓宽财政信息公开渠道,可以使社会公众更加广泛地参与政治活动,这对政府治理能力的提升也存在积极影响。第三,提高城投债信用评级,合理防范债务风险。地方政府债务风险作为金融风险的重要组成部分,合理防范债务风险,对提高政府信用水平,提高人民生活质量具有重要意义。财政透明度对地方债务风险存在异质性影响,因此各地方政府应结合自身现状,在提高财政透明度的同时,努力提高城投债信用评级,使政府治理能力与信用水平均得到显著提升,并使债务风险得到有效控制。

当然,本章研究内容今后还有待进一步提升,如在作用机制研究中,我们识别出来的融资成本路径,实质上是地方政府债务市场上供求双方共同作用的结果,我们的研究中并没有能够进一步分别去识别出供给方或者需求方的作用效果,尽管当前已有的文献尚未能够解决这个问题,但这个问题的研究对于政府债务管理而言仍是非常重要,将是今后需要进一步去研究的内容。

本章参考文献

邓淑莲,刘潋滟,2019.财政透明度对地方政府债务风险的影响研究:基于政府间博弈视角[J].财经研究,12:4-17.

方颖,郭俊杰,2018.中国环境信息披露政策是否有效:基于资本市场反应的研究[J].经济研究,10:158-174.

韩健,程宇丹,2018.地方政府债务规模对经济增长的阈值效应及其区域差异[J].中国软科学,9:104-112.

黄春元,毛捷,2015.财政状况与地方债务规模:基于转移支付视角的新发现[J].财贸经济,6:18-31.

冀云阳,付文林,束磊,2019.地区竞争、支出责任下移与地方政府债务扩张[J].金融研究,1:128-147.

毛捷,黄春元,2018.地方债务、区域差异与经济增长:基于中国地级市数据的验证[J].金融研究,5:1-19.

牛霖琳,洪智武,陈国进,2016.地方政府债务隐忧及其风险传导:基于国债收益率与城投债利差的分析[J].经济研究,11:83-95.

潘俊,王亮亮,吴宁,等,2016.财政透明度与城投债信用评级[J].会计研究,12:72-78,96.

汪崇金,崔凤,2020.信息公开能抑制地方政府的举债行为吗?:基于中国地市级面板数据的实证分析[J].山东财经大学学报,1:97-108.

王俊,2015.地方政府债务的风险成因、结构与预警实证[J].中国经济问题,2:13-25.

魏志华,林亚清,周雄,2017.财政透明度问题研究进展[J].经济学动态,3:136-149.

肖鹏,樊蓉,2019.债务控制视角下的地方财政透明度研究:基于2009—2015年30个省级政府的实证分析[J].财政研究,7:60-70.

肖鹏,刘炳辰,王刚,2015. 财政透明度的提升缩小了政府性债务规模吗?:来自中国29个省份的证据[J].中央财经大学学报,8:18-26.

熊虎,沈坤荣,2019. 地方政府债务对创新的挤出效应研究[J].经济科学,4:5-17.

徐红,汪峰,2019. 财政分权背景下的财政透明度建设与城投债扩张[J].经济科学,5:5-17.

张莉,年永威,刘京军,2018. 土地市场波动与地方债:以城投债为例[J].经济学(季刊),3:1103-1126.

钟辉勇,陆铭,2015. 财政转移支付如何影响了地方政府债务?[J].金融研究,9:1-16.

周黎安,2004. 晋升博弈中政府官员的激励与合作:兼论我国地方保护主义和重复建设问题长期存在的原因[J].经济研究,6:33-40.

ALT J E,LASSEN D D, 2006. Fiscal transparency, political parties, and debt in OECD countries[J].European economic review, 50(6): 1403-1459.

CHEN Z, PAN J, WANG L and SHEN X, 2016. Disclosure of government financial information and the cost of local government's debt financing-empirical evidence from provincial investment bonds for urban construction[J].China journal of accounting research, 9(3): 191-206.

MILESI-FERRETTI G M, 2004. Good, bad or ugly? On the effects of fiscal rules with creative accounting[J]. Journal of public economics, 88(1): 377-394.

MONTES G C, BASTOS J C A,DE OLIVEIRA A J, 2019. Fiscal transparency, government effectiveness and government spending efficiency: some international evidence based on panel data approach[J]. Economic modelling,79: 211-225.

第十二章　税收竞争、财政透明度和非税收入

——来自我国市级层面的证据*

黄寿峰　董一军　胡乐轩**

第一节　引　言

"加快建立现代财政制度,建立权责清晰、财力协调、区域均衡的中央和地方财政关系",这是党的十九大报告中提出的重要任务之一。改革开放 40 年来,我国财税体制改革不断向前推进,适应我国基本国情和国家治理要求的财政制度日臻完善。特别是党的十八大以来,以习近平同志为核心的党中央高度重视财税体制改革,对改进预算管理制度、完善税收制度、建立事权和支出责任相适应的制度等提出明确要求,为深化财税体制改革提供了根本遵循,为推动现代财政制度建设指明了方向,解决了许多长期以来想解决而没有解决的难题。

随着"营改增"、个人所得税改革等一系列财税改革的稳步推进,我国税收收入增长逐渐放缓,而非税收入在财政收入当中的比重却增长迅速,自 2010 年以来,基本占到了当年财政收入的 12%以上,并且在 2016 年以前,基本呈逐年增长的态势,2017 年和 2018 年虽然又有所回落,但非税规模占当年财政收入的比重依然较高,进入 2019 年,又呈现增长的势头,根据财政部发布的数据,2019 年前 2 个月,财政收入同比增长 7%,其中,全国一般预算收入中的税收收入同比增长 6.6%,而非税收入同比增长 10.8%。

近些年非税收入的快速增长引起了社会各界的广泛关注。一部分学者认为,分税制改革后由于中央对地方财权的上收事权的下放,导致地方政府负担加重,引起非税收入膨胀,而收入分权的提高能够降低非税收入的比例,但是预算外支出分权却会增加非税收入。孟天广、苏政(2015)则从晋升锦标赛的角度,提出同一个省内财政收入较高的市级政府会通过扩大非税规模来力争上游,而那些财政收入排名较低的市级政府则会尽量

---

* 本章写作时间为 2020 年,故本章论述以 2020 年为时间点。

** 黄寿峰,教授,博士生导师,厦门大学经济学院财政系、厦门大学宏观经济研究中心;董一军,博士研究生,厦门大学经济学院财政系;胡乐轩,安徽省容诚会计师事务所。

提高非税收入以避免“吊车尾”。也有一些学者从土地财政的角度探究非税收入的膨胀，认为在吸引投资和财政支出压力下，地方政府有动机通过这个途径去追求财政超收。

由于在很长一段时间里，我国非税收入都没有被放在财政预算中进行管理，存在比较大的自由度，因而地方政府也常常将非税收入作为补充手段来完成财政收入的增长任务，这在一定程度上使得乱摊派、乱收费和乱罚款的现象层出不穷，导致地方非税收入规模偏大，与税收比例关系不尽合理，从而使财政的统筹调节作用大大减弱了。此外，我国地方非税收入的膨胀与税收之间存在着密切的关联，在目前我国晋升锦标赛的官员激励竞争模式下，为了追求 GDP 的高速增长以彰显政绩，地方政府竞相通过出台各种税收优惠政策来吸引资本流入，税收竞争会使地方政府失去大量税收收入，导致低水平的公共支出，甚至出现公共投入过度而挤占本地居民提供的公共产品，当然，税收竞争的影响也不是一成不变的，高效率国家通过它往往能提供更多的公共品来提高竞争力，而低效率国家则很可能导致资本外流。总之，这种在资本税率上“逐底竞争(race to the bottom)”促使地方政府将目光转向了收支随意性更大的非税收入。为加强非税管理，财政部财预〔2010〕88 号文专门规定，“从 2011 年 1 月 1 日开始，将我国的非税收入全部纳入预算管理，及时清理仍作为预算外资金管理的各项收入”。因此，从税收竞争角度分析非税收入便也成为一个合理选项。

与此同时，非税收入的增长也应该与各地财政透明情况密切相关。Kopits 和 Craig (1998)指出，财政透明就是“政府部门准确、及时地向群众公布当年的财政收支情况、公共账户的明细以及财政政策的取向和政府的功能结构”。提高财政透明度有利于提高财政效率、优化财政支出结构、有效缓解信息不对称问题，减少在寻租问题比较严重的行业中的财政支出，抑制腐败，降低政府债务性规模，从而有效抑制非税收入的膨胀。为此，财政部印发《政府非税收入管理办法》财税〔2016〕33 号文专门提到，“政府财政的各级部门以及执行相关规定的单位应该通过自己的网站和公众媒体等各种渠道，将非税收入中各具体项目的名称、征收依据的条例、征收的标准和方式等展示给人民群众，积极接受群众的监督，通过公示促进各级部门合理预算决算，促使非税信息更加公开透明”。

按照党中央、国务院决策部署，自 2019 年 1 月 1 日起由税务部门统一征收各项社会保险费和先行划转的非税收入。因此，厘清税收竞争、财政透明度及非税收入之间的关系就显得尤为关键。然而，目前学术界尚没有提出一个统一的框架来探究财政信息公开情况在地方政府税收与非税的收支、互动行为中产生的影响，鉴于此，本章将税收竞争、财政透明度和非税收入纳入统一框架，进行理论分析，并使用市级面板数据进行实证检验，以揭示它们之间的关系和相关的作用机理。本章可能的贡献有：(1)本章将税收竞争、财政透明和非税收入纳入统一的框架下进行讨论，弥补了现有相关文献的不足；(2)本章使用市级层面相关数据进行实证检验，视角更微观，揭示出了更多非税收入方面的细部特征；(3)本章深入探析了税收竞争、财政透明及非税收入的关系及作用机理，为更好地完善非税收入征缴体制机制提供了良好借鉴和启示。

第二节　研究假设、实证模型与变量说明

(一)研究假设

在中国,由于以 GDP 增长为考核机制的官员晋升激励以及中央与地方的信息不对称等原因,地方政府间进行税收竞争的现象是普遍存在的,且主要是营业税、企业所得税和增值税的税收竞争。由于资本从投入政策优惠地到为地方政府带来税收收入需要一定的过程,因此在短期内,以各种税收优惠形式存在的税收竞争会使地方政府流失一部分的税收收入。与此同时,根据邓晓兰等(2018)的研究,充足的税收收入会扩大地方政府的财政支出,但是税收收入的减少给地方政府带来的压缩财政支出的动机却有限。维持财政支出的刚性使得地方财政的收支"剪刀差"在税收竞争的过程中继续扩大,因此地方政府只有寻求新的非正式资金收入来化解中央财政集权的压力,非税作为自由度更大的一种财政收入形式,成为地方政府补充财源而着手的对象。另外王佳杰等(2014)也通过 2000—2011 年的中国省级面板数据直接验证了中国省级地方政府间的税收竞争对当地非税收入的规模有显著的正向作用[18]。为此,提出如下假设。

假设 12-1:在短期内,地方政府间的税收竞争程度越大,非税收入的规模就越大。

公开透明既是现代预算的基本特征,也是法治政府的基本要义,对完善我国现代国家治理体系有着重要意义。财政透明度便是衡量政府信息公开程度的指标,财政透明度越高意味着政府向公众公开更多的公共部门账户和财政收支。自 2009 年起,上海财经大学公共政策研究中心开始针对我国省级财政信息公开状况展开调查,并综合各项指标给出各省财政透明度的得分情况;随后,清华大学公共管理学院开始研究并公布中国地级市政府和直辖市的财政透明度得分情况。《中国省级财政透明度评估 2016》显示,自 2009 年以来我国省级财政透明度虽然呈现小幅稳步上升的趋势,但政府预决算信息公开的整体情况仍然不理想,与建成规范透明的现代预算制度目标还有较大差距。我国省级财政透明度得分因子中就包括国有资产信息、政府性基金预算、国有资本经营预算等非税收入的项目,因而我们认为,财政透明度越高的地区,其非税收入预算管理因为信息的公开也就越规范化,地方政府搭便车、乱收费等问题也会相应减少。郭月梅、欧阳洁(2017)验证了财政透明度的提高有助于抑制地方非税收入的增长。基于此,提出如下假设。

假设 12-2:财政透明度越高的地区,非税收入的规模会越小。

财政透明度的提高意味着地方政府的财政信息在公众面前进一步公开。也就是说,随着财政透明度的提高,政府对财政收支的预算、决算等行为受到公众的监督就越多。

基于此，一方面地方政府的税收竞争行为会受到一定程度的影响；另一方面，即使税收竞争行为导致了一部分税源的流失，在公众的监督下，地方政府也很难通过征收非税来大规模补充财政收入。也就是说，地方政府财政信息的公开程度很可能在一定范围上影响了地方税收和非税的互动。地方政府的财政预算、决算情况和财政收支行为受到公众的监督越多，财政收支结构就会越趋于稳定。

此外，也有部分研究指出，财政透明度的提高能够减少"三公"支出；在一定程度上抑制腐败行为的发生；同时财政透明度的提高还能优化财政支出结构，减少在寻租问题比较严重的行业中的财政支出，也就是说地方政府真正做到"将钱花在刀刃上"，在"开源"的同时做到"节流"，缩小地方政府的收支"剪刀差"；这也在一定程度上影响了税收与非税的互动关系。基于以上分析，提出假设 12-3。

假设 12-3：税收竞争对非税收入的影响存在财政透明度的门槛效应，财政透明度比较高的地区，税收竞争对非税的影响会减弱。

（二）实证模型

为检验上述理论分析的研究假设，基于假设 12-1 和假设 12-2，本章构建如下面板数据模型：

$$\text{nontax}_{it} = \alpha_0 + \alpha_1 \times \text{taxcomp}_{it} + \gamma \times X_{it} + \mu_i + \lambda_t + \varepsilon_{it} \tag{12-1}$$

另外，根据研究假设中的分析，税收竞争对非税收入的影响在不同的财政透明度下可能会产生差异。为此，本章首先引入税收竞争和财政透明度的交叉项来检验。

$$\begin{aligned}\text{nontax}_{it} = {}& \alpha_0 + \alpha_1 \times \text{taxcomp}_{it} + \alpha_2 \times \text{transp}_{it} + \alpha_3 \times \text{taxcomp}_{it} \times \\ & \text{transp}_{it} + \gamma \times X_{it} + \mu_i + \lambda_t + \varepsilon_{it}\end{aligned} \tag{12-2}$$

为了验证假设 3，本章将地方政府的财政透明度门槛值作为未知变量引入模型，构建税收竞争对非税收入影响的面板门槛模型：

$$\begin{aligned}\text{nontax}_{it} = {}& \alpha_0 + \alpha_1 \times \text{taxcomp}_{it} \times I(\text{transp} \leqslant \eta) + \alpha_2 \times \text{taxcomp}_{it} \times \\ & I(\text{transp} > \eta) + \gamma \times X_{it} + \mu_i + \lambda_t + \varepsilon_{it}\end{aligned} \tag{12-3}$$

其中，nontax_{it}、transp_{it}、taxcomp_{it} 分别表示第 i 个地级市（直辖市）第 t 期的非税收入、财政透明度和税收竞争；模型（12-2）中 $\text{taxcomp}_{it} \times \text{transp}_{it}$ 表示税收竞争和财政透明度的交乘项；模型（12-3）中 transp 是门槛变量，即各地级市的财政透明度，η 是需要估计的门槛值，$I(\cdot)$ 为指示函数；另外方程中的 X_{it} 包含了可能对被解释变量产生影响的所有控制变量；μ_i 控制了地区固定效应；λ_t 控制了时间固定效应；ε_{it} 代表随机误差项。

（三）变量定义和数据说明

本章以中国 253 个地级市 2013—2016 年的数据为研究样本。被解释变量非税收入有两种度量方式：一是包括四个直辖市在内的各市非税收入总额（nontax），包括纳入一般公共预算中的行政事业性收费、专项收入、罚没收入、国有资源（资产）有偿使用收入、国有资本经营收入和其他收入。二是各地级市（直辖市）的人均非税收入（pnontax），以

各地区非税收入总额(nontax)除以当地年末常住人口表示,因为地级市的年末常住人口数据很难获得且缺失数据较多,故本章用户籍人口数来代替常住人口。相关数据来源于各省统计年鉴、各省财政年鉴、各市统计年鉴以及各地级市政府、财政局网站公布的财政预决算报告。

税收竞争指标的度量主要有三种方式:一是采用地区实际税负或是具体税种的实际税负来衡量税收竞争的程度;二是采用全国平均实际税负与地区实际税负的比值来度量地方政府税收竞争的程度;三是通过测度资本的有效税率,并计算全国资本有效税率与地区资本有效税率的差值来反映税收竞争的强度。本章税收竞争指标的处理借鉴傅勇、张晏(2007)的做法,具体公式为:$taxcomp_{it}=\frac{TAX_t/GDP_t}{tax_{it}/gdp_{it}}$,其中,$TAX_t/GDP_t$ 为 t 年全国的平均税负,tax_{it}/gdp_{it} 为 t 年企业在地区 i 的实际税负。由于 2006 年后第一产业从各地区实际税基中扣除,因此本章在计算地区实际税负时借鉴唐飞鹏(2016)的做法,分母选用“地区第二、三产业增加值”;同时综合考虑市级税收数据的可得性与地区间税收竞争的主要目的(吸引企业投资),本章计算地区实际税负的分子指标选用增值税、营业税和企业所得税三大税种之和(企业实际感受的税负)。相关数据来自 CEIC 中国经济数据库,并通过各省统计年鉴、各省财政年鉴及各市统计年鉴补充。

财政透明度的评分数据选取自清华大学《中国市级政府财政透明度研究报告》。2012 年起清华大学公共管理学院发布的《中国市级政府财政透明度研究报告》将评分的对象进一步细化到市级政府。该报告从机构设置、预算与执行、政府性债务与三公经费等财政信息、“一站式、全口径、用户友好”的三大原则,总共四个部分的标准对中国地级市和县级市的财政透明情况进行评分,其给出的评分结果比较合理和客观,具有一定的参考价值。

参考现有相关研究,控制变量具体包括:地区经济发展水平、产业结构、财政分权、外商直接投资、开放程度、固定资产投资。其中:产业结构(stru)以地区第二、三产业增加值占 GDP 的比重表示;地区经济发展水平(eco)用各地区人均生产总值度量;财政分权(fd)用地方政府本级财政收入数除以本级财政支出数的比重衡量;而开放程度(open)以各地区进出口总额表示;外商直接投资(fdi)用各地区外商直接投资实际使用额度量;固定资产投资(invest)以各地区固定资产投资额表示。进出口总额与外商直接投资额的数据按照当年人民币和美元汇率的年平均价换算成人民币①。相关数据来源于 CEIC 中国经济数据库②。在实证中,本章对所有变量均取对数处理,相关变量描述性统计结果如表 12-1 所示。

① 实际上,本章还以进出口总额占 GDP 的比重及外商投资实际使用额占 GDP 的比重这种相对数额方式分别表示开放程度和外商直接投资,进行实证回归,总体回归结果相似,篇幅关系,没有列示,备索。

② 有个别市相关数据在 2016 年有缺失,具体而言:庆阳市(2014 年也缺失)、张掖市、玉林市、北海市、钦州市、巴彦淖尔市、呼和浩特市、呼伦贝尔市的 FDI 数据及沧州市、邢台市的进出口数据,这些数据根据各市历年相关数据的平均增长速度测算近似代替。

表 12-1 变量描述性统计表

变量	样本数	均值	标准差	最小值	中位数	最大值
非税收入/百万元	1012	5807	9960	148.8	3318	109928
人均非税收入/(元/人)	1012	1.330	2.260	0.120	0.870	57.01
税收竞争(比值)	1012	4.430	2.210	0.0700	3.900	19.49
财政透明度(百分制)	1012	42.92	18.53	5.540	43.40	86.51
产业结构(比值)	1012	0.880	0.080	0.500	0.890	1.000
经济发展水平/元	1012	51588	29550	11933	43790	215488
财政分权(比值)	1012	0.490	0.230	0.0700	0.460	1.340
开放程度/百万元	1002	99406	337262	0.250	12955	2646531.86
外商直接投资/百万元	992	6229	13606	0.200	1910	131634
固定资产投资/百万元	1012	181381	176877	7630	128851	1736112.07

第三节 实证分析

(一)基准回归

为验证假设 12-1 和假设 12-2,根据前文实证模型(12-1)和(12-2),先对其进行基准回归。表 12-2 列(1)和列(5)的结果显示税收竞争的回归系数显著为正,说明我国地方政府财政收入中非税收入和人均非税收入的规模确实随着税收竞争程度的加深而显著增加,即验证了假设 12-1。

表 12-2 基准回归结果

变量	非税收入				人均非税收入			
	(1)	(2)	(3)	(4)	(5)	(6)	(7)	(8)
税收竞争	0.063*		0.063*	0.534***	0.072**		0.072**	0.521***
	(1.78)		(1.77)	(3.71)	(2.03)		(2.03)	(3.59)
财政透明度		−0.004	−0.003	0.165***		0.001	0.003	0.162***
		(−0.20)	(−0.12)	(3.04)		(0.03)	(0.12)	(2.97)
税收竞争×财政透明度				−0.119***				−0.114***
				(−3.37)				(−3.19)
控制变量	控制	控制	控制	控制	控制	控制	控制	控制
时间固定效应	控制	控制	控制	控制	控制	控制	控制	控制
地区固定效应	控制	控制	控制	控制	控制	控制	控制	控制
N	982	982	982	982	982	982	982	982

注:***、** 和 * 分别表示该统计量在 1%、5%和 10%的水平上显著。

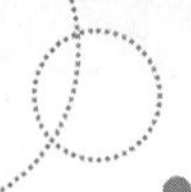

表 12-2 的(2)和(6)列的结果都显示财政透明度的回归系数不显著,也就是说目前我国市级政府财政透明度的提高并没有直接显著降低非税收入和人均非税收入规模。在同时引入税收竞争和财政透明度两个变量后,税收竞争系数依然显著,而财政透明度的系数仍然不显著(见表 12-2 的(3)和(7)列),再结合第(4)和(8)列的回归结果发现,新引入的税收竞争和财政透明度的交乘项回归系数显著为负,这表明,虽然财政透明度没有显著地对非税收入的规模造成直接影响,但是财政透明度的提高显著抑制了政府通过税收竞争方式来扩张非税收入的行为。这在一定程度上印证了假设 12-2。

(二)财政透明度的门槛效应检验

为更直观地看到地方政府税收与非税的财政互动行为是否因财政信息的公开情况而产生差别,借鉴 Hansen(1999),将财政透明度指标作为门槛值引入计量模型,即使用实证模型(12-3)进一步分析。表 12-3 用 Bootstrap 自抽样法,反复抽样了 300 次得到的门槛值以及相应的置信区间。门槛变量的显著性检验结果显示,地方政府间税收竞争程度对非税收入的影响确实存在财政透明度的门槛效应,且不论是对非税收入总额还是人均非税收入,财政透明度的单一门槛都是显著的。其中,对非税收入总额影响的单一门槛值是 3.500,对人均非税收入影响的单一门槛值是 4.072。

表 12-3 门槛变量的显著性检验和置信区间估计

变量	门槛数	*F* 值	*P* 值	1%	5%	10%	门槛值
非税收入	单一	7.162**	0.027	10.358	5.662	3.391	3.500
	双重	3.068	0.103	9.510	6.062	3.183	(3.893,4.068)
人均非税收入	单一	5.352*	0.053	10.041	5.610	4.088	4.072
	双重	2.506	0.143	9.091	4.817	3.237	(3.893,4.068)

表 12-4 的门槛回归结果表明:地级市政府间税收竞争行为对当地非税规模的影响受到政府财政透明度的影响,税收竞争行为导致非税收入膨胀的现象在低财政透明度地区比较明显,而在高财政透明度地区效果并不明显。因此,税收竞争对非税收入的影响存在财政透明度的门槛效应,这进一步验证了假设 12-3。

表 12-4 财政透明度的门槛回归结果

变量	非税收入	人均非税收入
	(9)	(10)
税收竞争 (低财政透明度)	0.0908**	0.0900**
	(2.42)	(2.45)

续表

变量	非税收入	人均非税收入
	(9)	(10)
税收竞争 (高财政透明度)	0.0575	0.0532
	(1.63)	(1.44)
控制变量 时间固定效应	控制 控制	控制 控制
地区固定效应	控制	控制
N	982	982

注：表格中 ***、** 和 * 分别表示该统计量在 1%、5%和 10%的水平上显著。

第四节　拓展分析及稳健性检验

(一)基于指标差异的稳健性检验

对于非税收入指标，因为国有资本经营收入有一定缺失值，且与各地区国有经济占比关系密切、地区间差异大，为了保证实证结果的可信度，本章同时采用专项收入、行政事业性收费、罚没收入、国有资源(资产)有偿使用收入和其他收入五项之和作为被解释变量，即非税收入 2。对于税收竞争指标，考虑到 2012 年"营改增"试点可能会造成对地方政府间营业税、增值税的税收竞争的度量误差，因此本章在此以企业所得税的税收竞争作为替换，具体计算方法为：税收竞争 $2=\dfrac{EIT_t/GDP_t}{eit_{it}/gdp_{it}}$，即全国企业所得税占全国 GDP 的比重除以 i 地区企业所得税收入占地区 GDP 的比重。门槛检验的结果表明，税收竞争对非税规模的影响存在财政透明度单一门槛的结论基本是稳健的，具体结果见表 12-5①。

表 12-5　基于指标度量的门槛回归稳健性检验

变量	非税收入 2		非税收入	
	(11)	(12)	(13)	(14)
税收竞争 (低财政透明度)	0.0771*	0.0778*		
	(1.68)	(1.70)		
税收竞争 (高财政透明度)	0.0439	0.0484		
	(1.02)	(1.13)		
税收竞争 2 (低财政透明度)			0.0571*	0.0629**
			(1.67)	(2.02)

① 限于篇幅，门槛变量的显著性检验和置信区间估计在这没有列示，备索。

续表

变量	非税收入2		非税收入	
	(11)	(12)	(13)	(14)
税收竞争2 (高财政透明度)			0.0342	0.0390
			(1.06)	(1.29)
控制变量 时间固定效应	控制 控制	控制 控制	控制 控制	控制 控制
地区固定效应	控制	控制	控制	控制
N	826	826	826	826

注：***、**和*分别表示该统计量在1%、5%和10%的水平上显著。

(二)区分非税具体项目的异质性检验

本部分检验在不同的财政透明度下，税收竞争对地区非税中专项收入、行政事业性、罚没收入、国有资源有偿使用收入和其他收入规模的影响。① 回归的结果见表12-6，门槛变量的显著性检验结果显示，在税收竞争对这五项收入的回归中，财政透明度的一重门槛均存在②。

表12-6的结果显示，在财政信息不够公开透明的情况下，市级政府的税收竞争对专项收入和行政事业性收费没有显著的影响，但是会显著增加地区的罚没收入、国有资本经营收入和其他收入；在财政信息比较公开透明的地区，税收竞争会促使专项收入的减少，但是并不会影响地区行政事业性收费、罚没收入、国有资源有偿使用收入和其他收入的规模。

表12-6　区分非税具体项目的异质性检验

变量	专项收入	行政事业性收费	罚没收入	国有资源 有偿使用收入	其他收入
	(15)	(16)	(17)	(18)	(19)
税收竞争 (低财政透明度)	−0.1124	0.0226	0.1284*	0.2156**	0.3211*
	(−1.36)	(0.50)	(1.93)	(2.31)	(1.73)
税收竞争 (高财政透明度)	−0.1784**	−0.0068	0.0780	0.1403	0.1376
	(−2.30)	(−0.15)	(1.25)	(1.35)	(0.79)
控制变量 时间固定效应	控制 控制	控制 控制	控制 控制	控制 控制	控制 控制
地区固定效应	控制	控制	控制	控制	控制
N	826	825	798	732	806

注：***、**和*分别表示该统计量在1%、5%和10%的水平上显著。

① 由于许多市级政府的财政决算表中并没有国有资本经营收入这一项数据，本章在此不做分析。

② 财政透明度得分的门槛分别为3.144、3.512、3.125、4.155、3.125，检验备索。

(三)分地区的异质性检验

鉴于我国沿海城市与内陆城市在对外开放、经济发展水平、交通基础设施、投资环境等方面都差异明显,本章将样本划分为沿海与内陆城市、低财政透明度与高财政透明度城市来研究地区间的异质性差异对前文结论的影响。[①] 结果显示,沿海城市提高税收的竞争程度会降低非税收入的规模,而内陆地区则与之相反。透明度分组回归结果显示,仅在低财政透明度组,提高税收竞争会显著增加非税收入,而高财政透明度组并不存在这一现象。[②]

(四)考虑空间相关性

经济现象中普遍存在的空间相关性,已有部分学者将空间计量引入对非税收入的相关研究中,如童锦治等(2013)实证研究了省级不同项目非税收入的空间竞争对区域经济增长的影响;孟天广、苏政(2015)提出"同侪效应"和"邻居效应"的概念来解释地级市非税收入规模膨胀的政治逻辑;邓晓兰等(2017)研究了省级政府非税竞争对环境污染的空间效应。鉴于此,本章引入空间面板自回归(SAR)计量模型来检验模型的稳健性。

$$\begin{aligned}\text{nontax}_{it} = {} & \alpha_0 + \alpha_1 \times \text{taxcomp}_{it} + \alpha_2 \times \text{transp}_{it} + \\ & \rho \times \boldsymbol{W} \times \text{nontax}_{it} + \gamma \times \boldsymbol{X}_{it} + \mu_i + \lambda_t + \varepsilon_{it}\end{aligned} \tag{12-4}$$

W 为空间加权矩阵,分别使用了地理距离矩阵和经济距离矩阵。其中距离矩阵由各地级市之间距离的倒数求得;经济距离矩阵由各地级市样本期间平均 GDP 之差绝对值的倒数求得。空间相关性检验表明,2013—2016 年我国地级市政府间非税收入的空间莫兰指数均大于 0 小于 1,且都通过了显著性检验[③],说明我国地级市政府间非税规模确实存在一定的正向空间相关性。

为处理方便起见,在此再次使用前文的门槛值(3.500 和 4.072)。地理距离矩阵的空间计量结果显示,地级市政府的非税收入存在显著的正向空间相关性,而经济距离矩阵的空间计量结果则显示,经济发展水平比较相近的地级市政府在非税的征收上并没有很明显的策略模仿行为,也即经济发展水平相当的城市提高非税收入的规模并没有明显地引起当地非税收入规模的提高。基于空间计量方法的稳健性检验结果基本与前文所得到的结论一致,说明本章前面部分研究所得到的结论是可信的。[④]

---

① 其中,沿海城市共 80 个,具体包括上海市、长江三角洲地区的 15 个城市、珠江三角洲的 9 个城市、京津冀地区的 11 个城市、山东半岛的 10 个城市、辽东半岛的 11 个城市、海峡西岸的 20 个城市及北部湾地区的 3 个城市(北海市、南宁市、钦州市)。

② 篇幅所限,分地区计量结果没有列示,备索。

③ 篇幅所限,空间相关性检验没有列示,备索。

④ 限于篇幅,空间计量回归结果没有列示,备索。

第五节　结论和政策建议

本章以最近几年我国地方财政收入增长的现状为切入点，探讨了地区间为争夺流动性资金进行的税收竞争以及地方政府的财政信息公开情况对非税收入规模的影响。本章发现，地方政府在进行招商引资过程中提高税收竞争水平确实引起了地区非税收入规模的膨胀；而财政透明度对地区间税收竞争导致的非税收入膨胀有显著的抑制作用；面板门槛检验进一步表明，在财政透明度比较低的地区进行税收竞争更容易引起非税收入规模的膨胀，而提高财政信息的公开程度，完善公众监督机制则能够起到有效的抑制作用。空间计量回归模型的结果还发现，地方政府的非税收入存在一定的空间相关性，相邻地区提高非税收入的规模会使得本地区出现同向的模仿策略。鉴于此，本章提出如下政策建议：

第一，优化地方政府财政收入结构。协调财政收入中税收与非税的比例，积极推进以税收收入为主、以各项收费为辅的财政收入体系。

第二，加强对地方政府非税收入的监管。目前我国地方政府对非税条目设立不标准、不统一，相关监管体系不到位是使其大规模增长的重要原因之一。

第三，积极推进地方政府的信息公开，提高财政信息透明度。

本章参考文献

陈工，洪礼阳，2014.省级政府非税收入竞争的强度比较与分析：基于财政分权的视角[J].财贸经济，35(4)：5-13.

邓晓兰，车明好，强婷婷，2017.非税收入竞争与环境污染：基于省级空间面板模型的估算[J].经济经纬(05)：33-37.

邓晓兰，金博涵，李铮，2018.我国地方财政收支互动性研究：基于省级面板 VAR 模型的实证分析[J].财政研究(7).

冯辉，2017.地方政府竞争、财政压力与地方预算编制科学性：基于省级面板数据的分析[J].当代财经(5)：34-43.

傅勇，张晏，2007.中国式分权与财政支出结构偏向：为增长而竞争的代价[J].管理世界(03)：4-12.

郭杰，李涛，2009.中国地方政府间税收竞争研究：基于中国省级面板数据的经验证据[J].管理世界(11)：54-64.

郭矜，杨志安，龚辉，2016.我国地方政府间税收竞争的负效应及对策分析[J].税务研究(7)：103-106.

郭月梅,欧阳洁,2017.地方政府财政透明、预算软约束与非税收入增长[J].财政研究(7):73-88.

黄寿峰,郑国梁,2015.财政透明度对腐败的影响研究:来自中国的证据[J].财贸经济,36(3):30-42.

李敬涛,2015.财政透明、晋升激励与公共服务满意度[J].现代财经:天津财经大学学报(7):91-104.

李涛,黄纯纯,周业安,2011.税收、税收竞争与中国经济增长[J].世界经济(4):22-41.

刘清杰,任德孝,2017.中国地区间税收竞争刺激经济增长了吗[J].广东财经大学学报,32(4):92-103.

刘尚希,2013.论非税收入的几个基本理论问题[J].湖南财政经济学院学报,29(3):125-131.

龙小宁,朱艳丽,蔡伟贤,2014.基于空间计量模型的中国县级政府间税收竞争的实证分析[J].经济研究(8):41-53.

吕凯波,邓淑莲,杨丹芳,2017.中国省级财政透明度评估(2016)[J].上海财经大学学报,19(1):13-23.

孟天广,苏政,2015."同侪效应"与"邻居效应":地级市非税收入规模膨胀的政治逻辑[J].经济社会体制比较(2).

欧文汉,2013.改革完善政府非税收入管理[J].财政研究(7):18-22.

亓寿伟,王丽蓉,2013.横向税收竞争与政府公共支出[J].税务研究(12):74-76.

唐飞鹏,2016.省际财政竞争、政府治理能力与企业迁移[J].世界经济(10):53-77.

陶然,袁飞,曹广忠,2007.区域竞争、土地出让与地方财政效应:基于1999—2003年中国地级城市面板数据的分析[J].世界经济(10):15-27.

童锦治,李星,王佳杰,2013.财政分权、多级政府竞争与地方政府非税收入:基于省级空间动态面板模型的估计[J].吉林大学社会科学学报(6):33-42.

童锦治,李星,王佳杰,2013.非税收入非税竞争与区域经济增长:基于2000—2010年省级空间面板数据的实证研究[J].财贸研究(6):70-77.

王佳杰,童锦治,李星,2014.税收竞争、财政支出压力与地方非税收入增长[J].财贸经济,35(5):27-38.

王志刚,龚六堂,2009.财政分权和地方政府非税收入:基于省级财政数据[J].世界经济文汇(5):17-38.

吴金光,毛军,2016.财政分权、区域竞争与地方政府非税收入[J].湖南财政经济学院学报,32(4):5-11.

吴群,李永乐,2010.财政分权、地方政府竞争与土地财政[J].财贸经济(7):51-59.

杨龙见,尹恒,2014.中国县级政府税收竞争研究[J].统计研究,31(6):42-49.

杨晓丽，许垒，2011.中国式分权下地方政府FDI税收竞争的策略性及其经济增长效应[J].经济评论(3):59-68.

俞乔，2014.中国市级政府财政透明度研究报告2012—2013[M].北京：清华大学出版社.

周黎安，2007.中国地方官员的晋升锦标赛模式研究[J].经济研究(7):36-50.

BAUHR M, GRIMES M, 2017. Transparency to curb corruption? Concepts, measures and empirical merit[J]. Crime, law and social change.

HANSEN B E, 1999. Threshold effects in non-dynamic panels: estimation, testing, and inference[J]. Journal of econometrics, 93.

JAMES E ALT, DAVID DREYER LASSEN, 2006. Transparency, political polarization, and political budget cycles in OECD countries[J]. American journal of political science, 50(3):530-550.

KOPITS G, CRAIG J, 1998. Transparency in government operations[J]. IMF occasional paper, 158.

MICHAEL KEEN, MAURICE MARCHAND, 1997. Fiscal competition and the pattern of public spending[J]. Journal of public economics, 66(1).

OATES W, 1972. Fiscal Federalism[M]. New York: Harcourt Brace Jovanovich.

TOSHIHIRO IHORI, C C YANG, 2009. Interregional tax competition and intraregional political competition: the optimal provision of public goods under representative democracy[J]. Journal of urban economics, 66(3).

YAMAMURA E, KONDOH H, 2013. Government transparency and expenditure in the rent-seeking industry: the case of Japan for 1998—2004[J]. Contemporary economic policy, 31(3):635-647.

第十三章　财政压力、企业要素投入扭曲与经济绩效*

黄寿峰　邓宇铭**

第一节　引　言

微观资源错配是近年来经济增长理论最为关注的议题之一，学界研究不断放宽传统经济理论下的完全竞争市场结构、生产函数规模报酬等问题的假设，试图从资源重新配置的视角来解释宏观经济增长的效应（Brandt et al. 2009；Restuccia and Rogerson，2012）。在经济转型背景下，中国企业仍难以摆脱政府有形之手，因此，理顺政府和市场的关系是深化经济体制改革的"牛鼻子"，把"看不见的手"和"看得见的手"更好地结合起来，才能保障经济健康持续的发展。随着市场在资源配置中的作用不断扩大，财政包干制的弊端日益明显，近些年中央财政调控能力稳步提升，但地方政府事权、财权与财力的不匹配问题日益凸显。不仅如此，分税制改革带来的财政再集权的提升，使得政府既拥有成为援助之手的基础，也有被扭曲成攫取之手的态势（方红生、张军，2014）。难以协调的财政集权与经济增长之间的逻辑，若狭隘地争论市场还是政府，并未认清政府财政调控的内在逻辑，将不利于中国特色社会主义市场经济改革的深入进行。

事实上，基于这一财政压力的形成，地方政府行为对微观企业资源配置必将产生深刻的影响。本章试图从财政压力的角度探讨政府财政政策的转变对政府行为、企业要素资源配置的影响，分析出最终影响经济绩效的作用大小。本章的边际贡献主要体现在：第一，系统地研究财政压力对微观企业资源配置的影响，补充政府攫取之手行为的研究；第二，将考察财政压力对经济增长的影响聚焦在企业资源配置的微观领域，并探讨其中可能的传递机制，量化财政压力带来经济总量生产率的变化程度；第三，丰富了财政压力影响企业行为的实证证据，为我们理解转型期中国经济运行的独特现象提供微观的理论依据，为推进中央与地方财政事权和支出责任划分以及市场要素资源配置的优化提供有价值的政策建议。

---

* 本章写作时间为 2020 年，故本章论述以 2020 年为时间点。

** 黄寿峰，教授，博士生导师，厦门大学经济学院财政系；邓宇铭，博士研究生，厦门大学经济学院财政系。

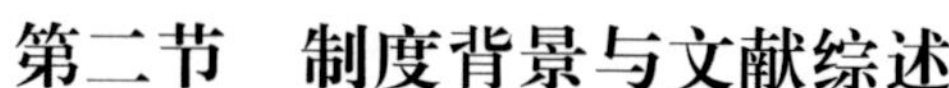

第二节　制度背景与文献综述

农业税费改革起初在安徽、河北等八省部分区县进行试点，并于 2001 年开始在全国 27 个省(自治区、直辖市)扩大试点范围，到 2005 年，已有 28 个省份全部免征农业税，自 2006 年 1 月 1 日起废止《农业税条例》。农业税占税收总收入比例持续下降，2004 年已经不到 2%，因此彻底废止农业税，对国家整体财政收入的影响并不大，但是对各县区级地方政府财政冲击的压力作用不一。本章正是借鉴陈晓光(2016)等研究的做法，以 2005 年全国性取消农业税的改革作为准自然实验，此次改革能较好捕捉到地方政府财政压力在时间、空间上的变化，提供一次很好的外生性冲击来源，缓解财政压力简单回归造成的内生性问题，以此识别出改革对市场资源要素配置和宏观经济绩效的影响。

(一)财政压力影响效应相关研究

詹新宇和苗真子(2019)发现地方财政压力与地区经济发展质量呈显著倒 U 形关系，且存在明显的区域差异。受到财政压力的地方政府会倾向于发展预算外的收入(陈抗等，2002)，获取的收入是相互可替代的(聂辉华，2006)，但在集权度越高的地区则更倾向于增加预算内收入(Kung et al.，2009；方红生、张军，2014)。Han 和 Kung(2015)发现地方政府面对企业所得税留成率下降所带来的财政压力，会显著地增加该地区商住用地出让面积和出让金。余靖雯等(2018)研究发现财政压力对于县级政府公共教育的供给事业有显著负向影响且长期的效果更为明显，傅勇和张晏(2007)、左翔等(2011)研究认为受到财政压力的政府会选择削减所提供公共品和公共服务的数量。

财政压力也会影响微观主体行为。马光荣和李力行(2012)的研究表明规模扩大的县级政府会将财政压力转移至企业，提高企业实际税负水平，从而降低企业产能利用率(李建军 等，2019)，Chen(2017)利用农业税改革的准自然实验也得到类似的结论。曹春方等(2014)、谢贞发等(2017)、席鹏辉等(2017)的研究表明，财政压力的增加会显著地提高工业污染水平和加剧产能过剩的情况。梁若冰(2019)发现财政压力的上升促使政府寻找替代性收入来源，把更高的计生罚款强加居民，从而降低地区生育率和性别比。

(二)资源配置效率的相关研究

资源配置的研究主要集中在如何影响全要素生产率等方面，Hsieh 和 Klenow(2009)估算中国和印度企业资源错配产生的效率损失发现，若资源配置达到最优时，中国经济总体效率将提升 30%～50%，印度总体经济效率则提升 40%～60%。类似的研究如政策扭曲(Hopenhayn and Rogerson，2000)、国有偏向性政策(邵挺，2010；聂辉华、贾瑞雪，2011)、企业规模(邵宜航 等，2013)、劳动工资扭曲(蒲艳萍、顾冉，2019)、土地资源(Adamopoulos et al.，2017)等文献均采用相似范式，从不同切入点研究资源错配。陶然等

(2009)认为过低的生产要素价格和过松的环境管制,必然导致制造业投资过热、产能过剩,进而造成生产效率的损失。Lileeva 和 Trefler(2007)、Gilchrist 等(2012)发现企业间税负的不平等会造成行业加成离散率增大,偏离最优边际产出进而导致资源错配。施炳展和冼国明(2012)、毛其淋(2013)的研究表明,中国出口高速增长离不开要素价格扭曲,持续的贸易自由化能显著地纠正要素市场的扭曲,进而提高企业生产率。

在资源配置效率测算方面,龚关和胡关亮(2013)采用另一种视角考察边际产出价值的离散度来衡量资源配置效率和生产量损失的情况。陈诗一和陈登科(2017)创新性地将能源要素纳入分析框架,研究发现能源要素投入扭曲对中国整体要素扭曲的贡献达36.1%。

第三节　研究框架与模型设定

(一)资源配置效率测算框架

本章基于 Hsieh 和 Klenow(2009)的测算思路,测算基于中国行业特征下的资本与劳动份额,着重关注微观企业要素投入的指标测算以及要素投入扭曲带来总量生产率变化的差异。

1.生产函数

本章假设每种差异产品以规模报酬不变的 Cobb-Douglas 生产函数形式存在,并由一个垄断企业通过劳动和资本两种生产要素进行生产:

$$Y_{si}=A_{si}K_{si}^{\alpha_s}L_{si}^{\beta_s} \tag{13-1}$$

式(13-1)的 α_s 表示行业 s 的资本弹性,利用行业资本总额占总资本的份额表示。β_s 表示行业 s 的劳动弹性,且 $\beta_s=1-\alpha_s$,A_{si} 表示行业 s 中企业 i 的全要素生产率。

同一行业的中间企业投入具有差别的产品 Y_{si} ,并以 CES 生产函数形式进行生产:

$$Y_s=\left(\sum_{i=1}^{N} Y_{si}^{\frac{\sigma-1}{\sigma}}\right)^{\frac{\sigma}{\sigma-1}} \tag{13-2}$$

所有企业面临的要素市场处于完全竞争状态,而产品市场处于垄断竞争状态,投入原料为整体国民经济中各行业的产出 Y_s ,具体如下:

$$Y=\prod_{s=1}^{S} Y_s^{\theta_s} \tag{13-3}$$

生产企业的最小化成本函数如下:

$$C(Y)=\mathrm{Min}\sum_{s=1}^{S}P_sY_s \quad \text{s.t.} \quad \prod_{s=1}^{S} Y_s^{\theta_s}\geqslant Y \tag{13-4}$$

其中,式(13-4)具有 $\sum_{s=1}^{S}\theta_s=1$ 的等式关系,θ_s 代表该行业产出占全部产出的比重。

由最优化条件得：$P_sY_s=\theta_sPY$。行业 P_s 为行业产品 Y_s 的价格，P 为最终产品的价格（标准化为1）。

2.经济最优化问题

与 Hsieh 和 Klenow(2009)模型有所区别的是，本章将市场上所存在的各种要素扭曲因素使得垄断竞争厂商的最大化利润问题转化为：

$$F(x)=\mathrm{Max}_{k_{si},L_{si}}[P_{si}Y_{si}-(1+\tau_{Ksi})\mathrm{R}K_{si}-(1+\tau_{Lsi})\omega L_{si}] \tag{13-5}$$

其中，τ_{Ksi} 表示资本要素投入扭曲，τ_{Lsi} 表示劳动要素投入扭曲。R 表示企业的资本价格，ω 表示企业的劳动价格。

由式(13-5)推导出最大化一阶条件：

$$\frac{\partial F}{\partial K_{si}}=\alpha_sP_{si}A_{si}\,K\alpha_s-1si\,L\beta_ssi-(1+\tau_{Ksi})R=0 \tag{13-6}$$

$$\frac{\partial F}{\partial L_{si}}=\beta_sP_{si}A_{si}\,K\alpha_ssi\,L\beta_{s-1}si-(1+\tau_{Lsi})\omega=0 \tag{13-7}$$

由式(13-6)和式(13-7)合并化简得：

$$\frac{L_{si}}{K_{si}}=\frac{(1+\tau_{Ksi})R\beta_s}{(1+\tau_{Lsi})\omega\alpha_s} \tag{13-8}$$

将式(13-8)代入式(13-5)，化简可得垄断竞争厂商生产函数：

$$Y_{si}=(\frac{\sigma-1}{\sigma})\sigma\,(\frac{\alpha_s}{R})\sigma\alpha_s\,(\frac{\beta_s}{\omega})\,\sigma\beta_s\,\frac{P\sigma_sY_s\,A\sigma-1si}{(1+\tau_{Ksi})\sigma\alpha_s\,(1+\tau_{Lsi})\,\sigma\beta_s} \tag{13-9}$$

其中，垄断产品的替代弹性 $\sigma=3$。[①] 根据式(13-9)可知经济含义：企业面临的要素投入扭曲越严重，生产率下降幅度越大，进而减少产品产量，并提高产品价格。

生产企业资本和劳动名义边际产出价值分别为：

$$\mathrm{MRPKsi\_nominal}\equiv\frac{\partial Y_{si}}{\partial K_{si}}=\alpha_s\frac{P_{si}Y_{si}}{K_{si}} \tag{13-10}$$

$$\mathrm{MRPLsi\_nominal}\equiv\frac{\partial Y_{si}}{\partial L_{si}}=\beta_s\frac{P_{si}Y_{si}}{L_{si}} \tag{13-11}$$

本章将垄断产品的替代弹性 σ 作为衡量垄断的强度，用于消除市场垄断势力带来的溢价。在利润最优化的一阶条件下，资本、劳动的实际边际产出价值分别为：

$$\mathrm{MRPKsi\_actual}\equiv\alpha_s\frac{\sigma-1}{\sigma}\frac{P_{si}Y_{si}}{K_{si}}=(1+\tau_{Ksi})R \tag{13-12}$$

$$\mathrm{MRPLsi\_actual}\equiv\beta_s\frac{\sigma-1}{\sigma}\frac{P_{si}Y_{si}}{L_{si}}=(1+\tau_{Lsi})\omega \tag{13-13}$$

3.要素投入扭曲与最优规模

化简式(13-12)、(13-13)，得到本章所测算资本、劳动要素投入扭曲指标：

---

① 基于现有文献研究，垄断产品的替代弹性一般为3～5，本章产品替代弹性为3是一个较保守的数字。Hsieh和 Klenow(2009)的研究表明，随着产品替代弹性的上升，资源配置扭曲会变得更严重。

$$\tau_{Ksi}=\alpha_s\frac{\sigma-1}{\sigma}\frac{P_{si}Y_{si}}{RK_{si}}-1 \tag{13-14}$$

$$\tau_{Lsi}=\beta_s\frac{\sigma-1}{\sigma}\frac{P_{si}Y_{si}}{\omega L_{si}}-1 \tag{13-15}$$

当完全不存在要素投入扭曲时,即 $\tau_{Ksi}=0$ 和 $\tau_{Lsi}=0$ 同时成立,企业最优产出规模为:

$$Y_{\text{si\_optimal}}\propto A\sigma-1si \tag{13-16}$$

因此,存在要素投入扭曲情形下的企业实际产出规模和最优产出规模之间的关系为:

$$Y_{\text{si\_optimal}}=Y_{si}\times(1+\tau_{Ksi})\sigma\alpha_s\ (1+\tau_{Lsi})\ \sigma\beta_s \tag{13-17}$$

(二)模型设定

本章利用 2005 年中国取消农业税的改革作为准自然实验,建立如下实证模型:

$$Y_{i,t}=\beta_1\cdot \text{shock}_i+\beta_2\cdot \text{Post}_t+\beta_3\cdot \text{shock}_i\cdot \text{Post}_t+\mu\cdot X_{i,t}+\eta_t+\zeta_i+\varepsilon_{i,t} \tag{13-18}$$

其中,$Y_{i,t}$ 是要素投入扭曲,下标 i 代表企业,t 代表年份。shock_i 为第 i 个县由于取消农业税遭到的财政压力冲击。Post_t 为农业税改革的虚拟变量,若 $t\geqslant 2005$ 则取值为 1,否则取值为 0,本章选择 2005 年为改革起点,这是由于农业税于 2005 年在全国 28 个省份大规模完成免征。

$X_{i,t}$ 包括一组控制变量:企业层面变量包括企业雇佣规模(企业年末就业人数)、企业营业利润、企业资本密集度(企业人均固定资产)和企业资产规模(企业年末资产总额),均为对数形式;城市层面控制城市人口规模(城市年末人口总数)和城市人均 GDP,均为对数形式;省份层面控制反映企业所在省份市场化程度的变量,分别为市场分配资源比重、政府行政干预程度、价格市场决定程度、金融市场化程度和劳动力流动性;最后,模型还控制时间固定效应 η_t 和行业固定效应 ζ_i ,$\varepsilon_{i,t}$ 为随机扰动项。

模型中的 β_3 用以捕获农业税改革带来的财政压力变化对被解释变量的影响程度。若 β_3 的估计系数为正,则说明受到财政压力冲击越强的县级企业,在农业税改革后会恶化其要素投入扭曲的状况;反之,则县级企业在农业税改革后缓解其要素投入扭曲的状况。

(三)数据来源与说明

1.企业层面数据

本章使用的微观企业层面数据源于 1998—2007 年中国工业企业数据库,并参照 Brandt 等(2009)的方法①进行数据处理。本章还将所有企业劳动工资份额等比例提高至

① 根据 Brandt 等(2012)的处理办法,本章进行以下调整:(1)统一四位数国民经济行业代码、关键变量样本重新匹配、名义变量价格平减。(2)剔除不符合会计准则如产出、总资产、销售额等关键指标为负以及总资产小于其固定资产的样本。(3)剔除员工数少于 8 人的观测值。(4)对所有关键变量按 1%分位数前后的观测值进行缩尾处理。特别指出,在工资指标方面,鉴于我国 2003 年后实施健康和退休保险,2004 年后实施住房补贴的历史政策节点的原因,本章根据连贯性原则加总员工工资、失业保险和雇员补贴作为工资衡量指标。

与国民收入核算指标相一致的份额,以此消除劳动收入的测量误差①。

2.县级统计数据

本章使用《1993—2007 年全国地市县级财政统计资料》《中国县市社会经济统计年鉴》以及部分政府官方文件,并利用各省(市、自治区、直辖市)政府网站或统计年鉴的数据进行完善、填补错漏数据。

3.控制变量数据

本章控制变量相关数据主要源于《中国经济数据库(CEIC)》《中国城市统计年鉴》和《中国市场化指数:各地区市场化相对进程 2011 年报告》。

4.变量说明

本章参考陈晓光(2016)的做法,构建如下财政压力指标:

$$shock_i = \frac{Agr\_tax_{i,2001-2004} + Subsidy_{i,2001-2004}}{Total\_rev_{i,2001-2004}} - \frac{Subsidy_{i,2005-2007}}{Total\_rev_{i,2005-2007}} \qquad (13\text{-}19)$$

其中, $Agr\_tax_{i,2001-2004}$ 为农业税取消前各县农业税收收入; $Subsidy_{i,2001-2004}$ 和 $Subsidy_{i,2005-2007}$ 分别代表农业税取消前后的各县农村税费改革补贴; $Total\_rev_{i,2001-2004}$ 和 $Total\_rev_{i,2005-2007}$ 分别代表农业税取消前后的各县税收总收入。

鉴于全国各地的农业比重不同,县级层面农业税占税收收入比重约为 12%,仍占据县级地方财政较大的份额(陈晓光,2016)。因此,农业税改革冲击为本章实证检验受到财政压力的县级政府如何影响微观企业要素投入提供了较好的研究基础。

(四)描述性统计

如表 13-1 所示,资本要素投入扭曲平均值为 10.397,劳动要素投入扭曲平均值为 0.879,两者均大于 0 表明企业要素平均投入的边际效益大于要素投入的边际成本,企业资本和劳动要素投入均为不足的状况。从极值和标准差来看,虽然样本企业资本要素投入扭曲的整体状况更严重,但是劳动要素投入扭曲在各地区企业的差异相比资本要素投入扭曲更大。

表 13-1 主要变量描述性统计

变量	样本量	平均值	标准差	最小值	最大值
资本要素投入扭曲	1064324	10.397	29.772	−0.999	1239.228
劳动要素投入扭曲	1064324	0.879	42.705	−731.451	17284.310
企业资产规模	1064324	9.670	1.280	6.740	13.920

① Hsieh 和 Klenow(2009)的研究指出,中国工业企业数据库的劳动所得工资额占增加值的份额与政府宏观统计数据有较大的差异,据估算中国工业企业数据库中劳动所得工资额占增加值的份额约 34.2%,这与政府公布的国民收入核算约 55%的劳动工资份额产生较大差距,有可能严重低估真实的劳动份额。

续表

变量	样本量	平均值	标准差	最小值	最大值
企业资本密集度	1064324	3.617	1.234	−3.467	10.169
企业雇佣规模	1064324	4.700	0.990	2.400	7.840
企业营业利润	1064324	6.740	1.790	1.610	11.390
财政压力	20904	0.098	0.078	−1.119	1.137
城市人均 GDP	2556	4.510	0.480	3.080	5.530
城市人口规模	2556	12.99	1.070	9.960	14.890
市场分配资源	236	8.850	1.240	0	10.480
政府行政干预	236	6.660	3.160	0	12.670
价格市场决定	236	8.360	1.600	0	10.270
金融市场化	236	8.490	2.010	0.840	12.010
劳动力流动性	236	6.600	4.220	0	17.030

第四节 实证结果与稳健性检验

(一)基本回归结果

表 13-2 结果表明,农业税改革带来的财政压力显著地加剧了企业资本要素投入扭曲效应,列(4)表明,假设“处理”县的企业相比“对照”县的企业受到 100%的财政压力冲击,“处理”县内的企业面临的资本要素投入扭曲状况将会显著恶化 5.72%。表中列(5)~(8)中 Shock×Post 的估计符号说明,财政压力对企业劳动要素投入扭曲的影响并不显著。因此,本章重点关注财政压力冲击对企业资本要素投入扭曲的影响效应。

表 13-2 财政压力对企业资源配置效率的影响

变量	资本要素投入扭曲				劳动要素投入扭曲			
	(1)	(2)	(3)	(4)	(5)	(6)	(7)	(8)
Shock×Post	8.0752***	9.1559***	5.9522***	5.7224***	1.3969	0.4551	0.1929	−0.6176
	(1.5372)	(1.5660)	(1.4155)	(1.4164)	(1.0919)	(1.3809)	(1.4274)	(1.5309)
Post	2.9787***	5.1669***	−0.8782	0.0527	0.0564	−0.5466	−1.2418**	−1.4286**
	(0.3279)	(0.4073)	(0.9114)	(1.1004)	(0.2947)	(0.3500)	(0.5377)	(0.5871)
Shock	−6.9315***	0.7056	2.9993	3.0008	0.8248	2.9412	3.1528	3.4576
	(2.4704)	(2.5926)	(2.6636)	(2.7070)	(2.4359)	(3.3833)	(3.3857)	(3.4252)

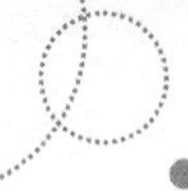

续表

变量	资本要素投入扭曲				劳动要素投入扭曲			
	(1)	(2)	(3)	(4)	(5)	(6)	(7)	(8)
企业资产规模		9.2135***	9.2349***	9.2526***		0.8845***	0.8799***	0.8550***
		(0.3744)	(0.3699)	(0.3697)		(0.2036)	(0.2037)	(0.2015)
企业资本密集度		−19.1648***	−19.1917***	−19.2005***		−0.1633	−0.1641	−0.1656
		(0.4373)	(0.4369)	(0.4374)		(0.1195)	(0.1202)	(0.1202)
企业雇佣规模		−16.2138***	−16.0737***	−16.0961***		−1.1706**	−1.1713**	−1.1725**
		(0.4047)	(0.4048)	(0.4056)		(0.5019)	(0.4986)	(0.4978)
企业营业利润		2.0742***	1.9831***	1.9633***		0.1649***	0.1588***	0.1688***
		(0.0673)	(0.0675)	(0.0670)		(0.0444)	(0.0430)	(0.0440)
城市人均 GDP			6.1037***	5.3181***			0.4960	0.7224*
			(0.5838)	(0.6288)			(0.4197)	(0.3903)
城市人口规模			0.9232	1.8179***			0.5574	0.3034
			(0.6411)	(0.6453)			(0.4620)	(0.4941)
市场分配资源				−0.4253*				0.1068
				(0.2490)				(0.2575)
政府政策干预				−0.0879				0.2968**
				(0.0691)				(0.1191)
价格市场决定				0.2486***				0.2739***
				(0.0918)				(0.0767)
金融市场化				0.2932***				−0.2810**
				(0.0799)				(0.1094)
劳动力流动性				−0.3086***				−0.0287
				(0.0897)				(0.0912)
常数项	16.7070***	58.6208***	22.6007**	15.8986	−0.2954	−3.1339*	−12.1339*	−12.3184*
	(1.2505)	(2.5848)	(10.5380)	(10.1831)	(0.6807)	(1.6593)	(6.3160)	(7.2807)
年份固定效应	YES	YES	YES	YES	YES	YES	YES	YES
行业固定效应	YES	YES	YES	YES	YES	YES	YES	YES
企业数量	377813	340933	340932	340932	375086	338408	338407	338407
观测值	1242263	1010974	1010973	1010973	1222482	995510	995509	995509
R-squared	0.0048	0.0179	0.0180	0.0181	0.0002	0.0003	0.0003	0.0004

注：括号内是区县层面聚类标准误，* 表示 $p<0.1$，** 表示 $p<0.05$，*** 表示 $p<0.01$。以下各表与此相同，不再专门标注。

(二)稳健性检验

1.平行趋势假设检验和时间趋势动态分析

本章利用财政压力对企业资本、劳动要素投入扭曲影响的效应进行平行趋势假设检验：

$$Y_{i,t}=\beta_1 \cdot \text{shock}_i+\beta_2 \cdot \text{Post}_t+\beta_3 \cdot \text{shock}_i \cdot \text{Post}_t+\mu \cdot X_{i,t}+\sum_{j=2001}^{2003}\rho_j \cdot \text{shock}_i \cdot \text{year}_{jt}+\sum_{j=2001}^{2003}\gamma_j \cdot \text{year}_{jt}+\zeta_i+\varepsilon_{i,t} \tag{13-20}$$

其中，year_{jt} 为年份虚拟变量，j 分别取值为 2001 年至 2003 年。t 为年份，如果 $t=j$，则 $\text{year}_{jt}=1$，否则 $\text{year}_{jt}=0$。

同时，本章还考察了财政压力对县级资本要素投入扭曲影响的动态效应：

$$Y_{i,t}=\sum_{j=2001}^{2007}\beta_j \cdot \text{shock}_i \cdot \text{year}_{jt}+\mu \cdot X_{i,t}+\sum_{j=2001}^{2003}\gamma_j \cdot \text{year}_{jt}+\zeta_i+\varepsilon_{i,t} \tag{13-21}$$

其中，year_{jt} 为年份虚拟变量，j 分别取值为 2001 至 2007 年(j 取值不含 2004 年，模型设定 2004 年为基准年)。t 为年份，如果 $t=j$，则 $\text{year}_{jt}=1$，否则 $\text{year}_{jt}=0$。β_j 反映了财政压力对企业资本要素投入配置在不同时期内的影响。

表 13-3 列(1)和(2)为财政压力对资本要素投入扭曲效应的平行趋势检验，符合平行趋势假设；列(3)和(4)为财政压力对劳动投入要素扭曲效应的平行趋势检验，也基本符合平行趋势假设。进一步，本章分析财政压力对资本要素投入扭曲影响的动态效应，列(5)和(6)回归结果表明农业税取消带来的财政压力会显著地恶化企业资本要素投入扭曲状况，在 2005 年之后，随着时间推移这一恶化效应逐渐增大，且统计上显著。

表 13-3　平行趋势和动态效应检验

变量	平行趋势假设检验				时间趋势动态分析	
	(1)	(2)	(3)	(4)	(5)	(6)
Shock×Post	7.3974***	5.5804***	2.9399**	1.9742		
	(1.7122)	(1.5636)	(1.3635)	(1.6691)		
Shock×year_{2001}	−3.5456**	−2.3017	3.2859*	5.0100*	−4.0762**	−2.0976
	(1.6805)	(1.7690)	(1.9669)	(2.8364)	(1.6356)	(1.7296)
Shock×year_{2002}	−1.5693	−0.1212	3.8889	6.8706*	−2.0327	0.0647
	(1.3662)	(1.5790)	(2.6270)	(3.8267)	(1.3310)	(1.5488)
Shock×year_{2003}	0.2008	0.7434	1.9104	3.5794	−0.2992	0.9457
	(1.4429)	(1.5003)	(2.3512)	(3.3725)	(1.3893)	(1.4607)
Shock×year_{2005}					4.0165***	3.3582**
					(1.4080)	(1.4071)

续表

变量	平行趋势假设检验				时间趋势动态分析	
	(1)	(2)	(3)	(4)	(5)	(6)
Shock×$year_{2006}$					6.3104***	5.5469***
					(1.7859)	(1.7080)
Shock×$year_{2007}$					11.3987***	9.1324***
					(2.4536)	(2.2337)
控制变量	NO	YES	NO	YES	NO	YES
行业年份固定效应	YES	YES	YES	YES	YES	YES
观测值	1242263	1010973	1222482	995509	1242263	1010973
R-squared	0.0048	0.1752	0.0002	0.0004	0.0049	0.1753

2.剔除改革试点地区

本章统一把 2005 年取消农业税作为共同的冲击,并未区分 2005 年前的试点地区和非试点地区,为了更好地保持样本时间政策的连续性,本章将先行试点的安徽、江苏两个省份剔除后进行回归检验,表 13-4 的列(2)和(6)结果显示,其回归结果与前文并无明显差异。始于 2004 年的东北三省增值税转型试点改革产生的税改效应也有可能影响到企业资源要素配置,因此本章将东北三省样本剔除后回归,表 13-4 的列(1)和(5)显示与前文结果并无明显差异。

表 13-4 剔除改革试点地区和财政压力替代指标的稳健性检验

变量	资本要素投入扭曲				劳动要素投入扭曲			
	剔除东北三省样本的回归结果	剔除安徽、江苏样本的回归结果	财政压力替代指标 1	财政压力替代指标 2	剔除东北三省样本的回归结果	剔除安徽、江苏样本的回归结果	财政压力替代指标 1	财政压力替代指标 2
	(1)	(2)	(3)	(4)	(5)	(6)	(7)	(8)
Shock×Post	6.0677***	6.7119***	5.2513***	0.2858***	−0.8876	−0.3227	−1.0370	−0.0767
	(1.4882)	(1.7541)	(1.5150)	(0.0952)	(1.6646)	(1.8388)	(1.5259)	(0.0882)
控制变量	YES	YES	YES	YES	YES	YES	YES	YES
行业年份固定效应	YES	YES	YES	YES	YES	YES	YES	YES
观测值	955877	841852	1011566	999360	941410	826647	996102	984110
R-squared	0.1802	0.1798	0.1805	0.1811	0.0004	0.0004	0.0004	0.0004

3.财政压力替代指标

农村税费改革始于 2000 年,因此,本章还把改革前的年份设为 2000—2004 年,重新定义财政压力冲击变量：

$$shock\_alternative_i = \frac{Agr\_tax_{i,2000-2004} + Subsidy_{i,2000-2004}}{Total\_rev_{i,2000-2004}} - \frac{Subsidy_{i,2005-2007}}{Total\_rev_{i,2005-2007}} \tag{13-22}$$

其中 $Agr\_tax_{i,2000-2004}$ 为农业税取消前的各县农业税收收入；$Subsidy_{i,2000-2004}$ 和 $Subsidy_{i,2005-2007}$ 分别代表农业税取消前后的各县农村税费改革补贴；$Total\_rev_{i,2000-2004}$ 和 $Total\_rev_{i,2005-2007}$ 分别代表农业税取消前后的各县的税收总收入。

利用式(13-22)中的财政压力替代指标重新进行回归，表 13-4 列(3)和(7)回归结果表明，与前文采用式(13-19)财政压力指标的回归结果并无本质区别。

本章还参考梁若冰(2019)的做法，采用 2003 年农业税征收额作为财政压力替代指标重新回归，表 13-4 的列(4)和(8)结果表明，与前文回归结果并无显著差异。

4.其他稳健性检验

表 13-5 列(1)考虑到地方政府会给新创企业一些税收优惠，且已有文献证明 2002 年所得税分享改革确实会影响地方政府决策行为(席鹏辉 等，2017)，因此，本章剔除 1999 年以后成立的企业，所保留下来的企业并不会受到此次所得税改革的冲击。才国伟等(2011)研究发现，“省直管县”和“强权扩县”改革会对企业资源要素配置产生重要的影响，表 13-5 列(2)和(3)是考虑加入样本期间这两项重要改革，以此控制这些改革产生的财政压力对资源要素配置的影响。第(4)列则加入了样本期间国家推行金税工程二期的政策变量，以此排除征管技术提升带来征管效率提高的影响。上述一系列稳健性检验结果表明，农业税改革产生的财政压力对企业要素资源配置的影响具有良好的稳健性，与前文回归结果保持一致。

表 13-5　财政压力相关稳健性检验

变量	资本要素投入扭曲				劳动要素投入扭曲			
	剔除 1999 年后成立公司样本	加入省直管县控制变量	加入强权扩县控制变量	加入金税工程控制变量	剔除 1999 年后成立公司样本	加入省直管县控制变量	加入强权扩县控制变量	加入金税工程控制变量
	(1)	(2)	(3)	(4)	(5)	(6)	(7)	(8)
Shock×Post	3.8548***	5.4962***	5.6262***	5.6602***	−1.5570	−0.4649	−0.6228	−0.6414
	(1.4522)	(1.4275)	(1.4200)	(1.4121)	(2.0269)	(1.5086)	(1.5307)	(1.5255)
省直管县		0.5166				−0.3756*		
		(0.4387)				(0.1948)		
强权扩县			0.8136**				0.0424	
			(0.3248)				(0.2300)	

续表

变量	资本要素投入扭曲				劳动要素投入扭曲			
	剔除 1999 年后成立公司样本	加入省直管县控制变量	加入强权扩县控制变量	加入金税工程控制变量	剔除 1999 年后成立公司样本	加入省直管县控制变量	加入强权扩县控制变量	加入金税工程控制变量
	(1)	(2)	(3)	(4)	(5)	(6)	(7)	(8)
金税工程				−0.5081**				−0.1918
				(0.2053)				(0.2933)
控制变量	YES	YES	YES	YES	YES	YES	YES	YES
行业年份固定效应	YES	YES	YES	YES	YES	YES	YES	YES
观测值	586329	1010775	1010775	1010973	578056	995311	995311	995509
R-squared	0.1838	0.1805	0.1805	0.1805	0.0003	0.0004	0.0004	0.0004

(三)异质性分析

结合我国现实情况来看,城市层级越高、地区越发达,政府能掌握的信贷资源、财政补贴等公共资源和行政审批的权力则越大,市场资源分配受到行政因素主导时,必然会扭曲企业的要素投入配置,降低经济的绩效。

表 13-6 列(1)～(5)分别探讨不同城市层级[①]和地理位置的企业资本要素投入受到财政压力的影响,研究结果发现,企业所在的城市层级越高、地区越发达,财政压力对其资本要素投入的扭曲影响越严重。在经济欠发达地区,乡村是主要以预算外的财政收入来弥补必要的财政支出,如计划生育社会抚养费、耕地开垦等传统的行政事业性收费项目,这一机会主义的盛行与税制改革成本转嫁有一定关系(梁若冰,2019)。因此,欠发达地区的企业受到财政压力影响的资本要素投入扭曲程度相比发达地区的企业会更小,间接说明发达地区企业更有可能成为地方政府主要利用"攫取之手"的来源。进一步,表 13-6 列(6)～(15)回归结果显示,财政压力对劳动密集型和私营企业的资本要素投入扭曲影响效应更小。值得指出的是,私营企业可能由于政治关联度并不如国有、集体企业密切,市场化体制的灵活性较高,受到财政压力影响的资本要素投入扭曲效应会相对更小。财政压力下国企更有可能成为地方政府税改成本转嫁的主要目标。

① 将直辖市和省会城市划分为中心城市,其他城市划分为一般城市。

表 13-6　财政压力对企业资本要素投入扭曲影响的异质性分析

	中心城市	一般城市	东部地区	中部地区	西部地区
	(1)	(2)	(3)	(4)	(5)
Shock×Post	16.4947**	4.3961***	9.3462***	1.0392	−0.0669
	(7.6597)	(1.3613)	(2.3170)	(2.0547)	(2.8233)
观测值	106825	904148	774656	156541	79776
	轻工业 (6)	重工业 (7)	资本密集型 (8)	劳动密集型 (9)	国有企业 (10)
Shock×Post	5.8097***	7.2019***	8.7045***	2.9078**	6.7720**
	(1.7035)	(1.7623)	(1.9582)	(1.4764)	(3.3537)
观测值	493182	517791	528459	482514	27197
	集体企业 (11)	股份企业 (12)	港澳台企业 (13)	外资企业 (14)	私营企业 (15)
Shock×Post	10.8063**	5.1958**	9.3391**	6.8497	1.9158
	(4.7798)	(2.0549)	(3.7088)	(4.2452)	(1.6376)
观测值	80547	167358	95701	98288	541882

注：限于篇幅，本章只列出核心变量的估计系数值，其余结果备索。

第五节　机制分析与经济绩效影响效应

(一)作用机制分析

1.税收征管影响

财政压力的存在有可能影响地方政府行为，当上级政府提高对下级政府财政收入的竞争，“上级请客，下级买单”的问题凸显，下级政府会有提高税收征管力度来弥补纵向竞争损失的可能，并最终影响到微观企业资源配置的效率。基于此，本章试图验证税收征管行为在财政压力下的地方政府扭曲企业要素配置中是否发挥了中介作用。参照温忠麟等(2004)，设定如下模型：

$$Y_{i,t}=\gamma_1\cdot \text{shock}_i+\gamma_2\cdot \text{Post}_t+\gamma_3\cdot \text{shock}_i\cdot \text{Post}_t+\mu_1\cdot X_{i,t}+\eta_t+\zeta_i+\varepsilon_{i,t} \quad \text{(Path A)}$$

$$M_{i,t}=\alpha_1\cdot \text{shock}_i+\alpha_2\cdot \text{Post}_t+\alpha_3\cdot \text{shock}_i\cdot \text{Post}_t+\mu_2\cdot X_{i,t}+\eta_t+\zeta_i+\varepsilon_{i,t} \quad \text{(Path B)}$$

$$Y_{i,t}=\beta_1\cdot \text{shock}_i+\beta_2\cdot \text{Post}_t+\beta_3\cdot \text{shock}_i\cdot \text{Post}_t+\theta\cdot M_{i,t}+\mu_3\cdot X_{i,t}+\eta_t+\zeta_i+\varepsilon_{i,t} \quad \text{(Path C)}$$

其中，$M_{i,t}$ 为中介变量，此处以税收征管力度为中介变量进行检验。在税收征管力

度衡量方面，我们采用 Cai 和 Liu(2009)的处理办法①计算出企业的推算利润，并以企业推算利润和实际利润的比值来构造出企业利润误报率，还参考范子英和田彬彬(2013)的方法，采用企业税收规模与利润总额的比重来衡量企业的实际税收负担。

表 13-7 的 Path C 模型中列(1)～(3)的税收征管中介变量检验表明，财政压力显著地增加企业利润误报率与增值税的税负，一定程度减少企业运营资金投入，阻碍资本要素投入的最优化配置。企业利润误报率的中介效应 Sobel 检验结果为 0.241，中介效应作用并不显著，其他中介变量结果均显著。由此可知，财政压力会导致企业逃税避税行为的增加，但并不是带来要素投入扭曲的主要机制，侧面反映了受到财政压力的地方政府主要通过增加企业税收负担水平弥补财政支出缺口，而非增加打击偷税、逃税等现象的力度。

表 13-7　税收征管行为的中介效应检验

Path C	资本要素投入扭曲	资本要素投入扭曲	资本要素投入扭曲
	(1)	(2)	(3)
Shock×Post	5.6347*** (0.8161)	5.6013*** (0.8161)	5.6718*** (0.8171)
企业利润误报率	0.0050*** (0.0007)		
企业增值税占利润比重		0.1484*** (0.0061)	
企业所得税占利润比重			0.1011 (0.0747)
控制变量	YES	YES	YES
观测值	977228	977228	977228
R-squared	0.1829	0.1826	0.1815
Sobel 检验 P 值	0.2410	0.0413**	0.0147**
中介效应占比/%	0.72	1.31	0.06

注：本表只报告 Path C 结果，其余结果备索。按照审稿人建议：模型加入金税工程变量，以此控制征管技术提高的影响。

2.成本效应

企业会游说政府给予政策和资源的倾斜，可能挤占企业投资资金和运营管理的精力(杨其静，2011)，因此，财政压力的变化有可能给企业带来更多的交易费用，耗费企业家更多的精力，甚至是通过腐败行为来拉拢官员，进而降低企业资源配置的效率。本章将

① 企业推算利润＝工业增加值－利息－劳动者报酬－折旧－间接税；这一指标构建的逻辑是企业会在账面上通过低报收入和虚报费用两个渠道进行避税，即便核算方法和会计准则存在差异，仍使得理论上推算利润与真实利润两者关系高度正相关。

管理费用作为企业交易费用的代理变量，同时还将企业的财务费用纳入企业信贷交易成本。

表 13-8 的 PathC 模型中列(1)～(4)的中介变量检验结果表明，财政压力会显著增加企业管理和财务费用，但只有财务费用的中介效应 Sobel 检验结果在 1%水平上显著，其他变量中介效应并不显著。综上所述，虽然财政压力的变化使企业交易费用与信贷成本显著地增加，但并不是主要的中介作用，这可能与成本效应的影响机制并非财政压力影响企业资源配置效率的主要途径有关，地方政府并没有唯一地依赖成本效应这一渠道扩大财源性收入。

表 13-8 交易成本转变的中介效应检验

Path C	资本要素投入扭曲	资本要素投入扭曲	资本要素投入扭曲	资本要素投入扭曲
	(1)	(2)	(3)	(4)
Shock×Post	4.7976*** (0.8480)	5.8589*** (0.8099)	5.6615*** (0.8044)	6.0900*** (0.8000)
管理费用	0.5921*** (0.0409)			
管理费用占利润比重		0.0073*** (0.0014)		
财务费用			1.4369*** (0.0593)	
财务费用占利润比重				0.0028*** (0.0008)
控制变量	YES	YES	YES	YES
观测值	804028	1002535	1006128	1002535
R-squared	0.2227	0.2237	0.1821	0.1797
Sobel 检验 P 值	0.7121	0.8978	0.0000***	0.5481
中介效应占比/%	0.20	−0.015	2.24	0.073

注：括号内为区县层面聚类稳健标准误，* 表示 $p<0.1$，** 表示 $p<0.05$、*** 表示 $p<0.01$。本表只报告 Path C 结果，其余结果备索。

3.污染避难所效应

地方政府在财政压力下，有可能以放松环境管制为代价进行招商引资实现财政收入的增加。表 13-9 是对地市层面的污染类企业①、非污染类企业的工业企业总产值、总附

① 本章借鉴陆旸(2009)对污染企业的行业划分，具体污染类企业包括：化学原料及化学制品制造业、造纸及纸制品、非金属矿物制造业、黑色金属冶炼及压延加工业、有色金属冶炼及压延加工业。这一划分与 2008 年环保部(现为生态环境部)颁布的《关于当前经济形势下做好环境影响评价审批工作的通知》中污染行业基本一致。

加值进行汇总,最终匹配获得双重差分模型回归所需的地市级样本。

表 13-9 财政压力对污染类企业的影响效应

变量	污染类企业产值占企业总产值比重	污染类企业增加值占企业总增加值比重	污染类工业企业总产值	污染类工业企业增加值	非重污染类企业	重污染类企业
	(1)	(2)	(3)	(4)	(5)	(6)
Shock×Post	−0.0192	−0.0179	0.1597	0.1583	6.7105**	3.7731***
	(0.0157)	(0.0154)	(0.1597)	(0.1549)	(1.6466)	(1.8592)
控制变量	YES	YES	YES	YES	YES	YES
行业年份固定效应	YES	YES	YES	YES	YES	YES
观测值	8595	8595	8595	8595	744762	266211
R-squared	0.6757	0.6621	0.9891	0.9878	0.1741	0.1969

注:列(1)至(4)括号内是城市层面聚类标准误,控制变量包括:城市人均 GDP、城市人口规模、财政收入、财政支出、教育支出水平、基础设施支出水平、农业支出水平和社会保障支出水平。列(5)和(6)括号内是区县层面聚类标准误。

表 13-9 列(1)~(4)表明,同一城市中受到财政压力冲击,该市的污染类企业总产值和总增加值都实现了一定程度的增长,但统计上并不显著。列(5)和(6)结果显示,非重污染类企业受到财政压力带来的资本要素投入扭曲更严重,意味着非重污染类企业投入最后一单位要素的收益大于行业的要素成本,资本要素投入不足的情况恶化得更严重。综合可知,地方政府短期更偏向于通过放松环境规制,把政策和资源向污染类企业倾斜,进一步加剧非污染类企业要素投入的短缺。

4.企业规模分布变异

基于上文实证模型,借助企业资源配置效率测算框架,测算出消除财政压力影响后,其他因素导致的要素投入扭曲的楔子:

$$\tau_{si\_eliminate} = \tau_{si} - \beta_3 \cdot (\text{Shock}_i \times \text{Post}_t) \tag{13-23}$$

因此,利用式(13-23)可以得到消除财政压力影响后的要素投入的扭曲,进一步推导出不含财政压力扭曲效应的企业次优规模分布:

$$Y_{si\_suboptimal} = Y_{si} \times (1 + \tau_{si\_eliminate})^{\sigma\alpha_s} \tag{13-24}$$

图 13-1 表明,相对于企业实际规模,矫正后的企业规模向右偏移且分布更发散,处于规模平均值的企业数量有一定幅度的下降。由此可知,地方政府干预行为改变了市场的行业集中度,分布过度集中使得企业发展面临较大的扩张约束或者退出风险。这一干预不仅阻碍部分小微企业健康发展、大型企业做强做优,还破坏企业最优规模与持续发展的耦合关系,进而扭曲企业要素投入配置最优化。

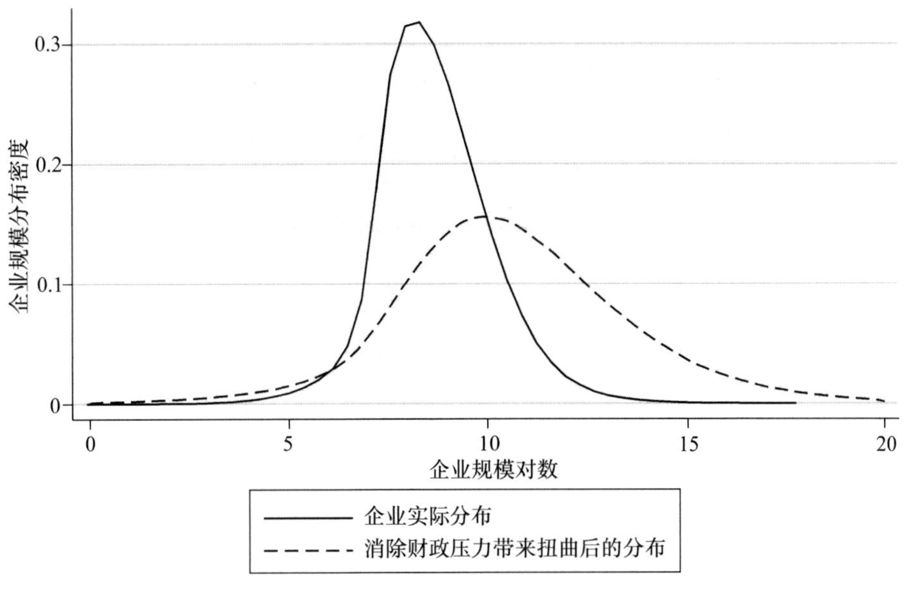

图 13-1　财政压力对企业规模分布的影响

(二)经济绩效分析

1.测算模型框架

本章基于反事实框架对总体经济绩效受到财政压力的影响效应进行分析,具体地,根据总量生产函数设定,首先计算出消除所有要素投入扭曲后的反事实最优总产出为:

$$Y_{\text{optimal}} = \prod_{s=1}^{S} Y^{\theta_s}_{\text{s\_optimal}} \tag{13-25}$$

其中 $Y_{\text{s\_optimal}}$ 是式(13-17)中所有企业理想的最优产出在行业层面的加总。因此,将要素投入扭曲消除后的总量生产率变化为:

$$\text{Distortion} = \frac{Y_{\text{optimal}}}{Y} - 1 \tag{13-26}$$

其中 $Y = \prod_{s=1}^{S} Y_s^{\theta_s}$,即实际总量生产函数的产出水平。

式(13-26)表示消除所有要素投入扭曲后,所带来的总量生产率影响效应。Distortion 数值越大,表明要素投入扭曲所导致的企业总量生产率损失越严重。

为了进一步测算财政压力对企业总量生产率的影响效应,做出如下设定:

$$Y_{\text{suboptimal}} = \prod_{s=1}^{S} Y^{\theta_s}_{\text{s\_suboptimal}} \tag{13-27}$$

式(13-27)表示将财政压力带来的要素投入扭曲都剔除后的经济总产出。$Y_{\text{s\_suboptimal}}$ 是式(13-24)中所有企业在行业层面的加总。将财政压力带来的要素投入扭曲消除后的总量生产率变化为:

$$Distortion\_suboptimal=\frac{Y_{suboptimal}}{Y}-1 \tag{13-28}$$

式(13-28)表示剔除财政压力带来的扭曲影响后,其他因素造成的要素投入扭曲带来总量生产率的变化幅度。Distortion_suboptimal 数值越大,表明剔除财政压力带来的扭曲影响后,其他要素投入扭曲造成的企业经济效率损失越严重。

基于上述理论推导,最终量化出财政压力冲击对企业总量生产率影响变化的幅度:

$$Loss=Distortion-Distortion_{suboptimal} \tag{13-29}$$

2.测算结果分析

事实上,政府看得见的手对市场竞争中生产要素调配、经济投入产出效率的介入必然会产生影响。表 13-10 是根据式(13-29)所估算出农业税改革产生的财政压力冲击对总量经济效率影响的结果。整体上比较,农业税改革头两年所带来的影响效应最大,总量生产率损失为 20.36%和 21.95%,往后的影响效应有减缓趋势,但 2007 年损失幅度也达 15.65%。财政压力的冲击对一般城市、中西部地区、国有企业和轻工业的经济总量生产率的损失效应更大,这就说明财政压力的冲击与地区间制度差异、所有制交易效率、产权机制以及产业结构都有着密切的关系。

表 13-10　财政压力对企业总量生产率影响效应

类别	2005 年	2006 年	2007 年
全样本	−0.2035596	−0.2195162	−0.1564582
(一)分层级、区域			
中心城市	−0.1620895	−0.1852072	−0.1039895
一般城市	−0.2134629	−0.2299460	−0.1718088
东部地区	−0.1934545	−0.2189500	−0.1692825
中部地区	−0.2859776	−0.2239493	−0.1082435
西部地区	−0.2400633	−0.2626133	−0.0652399
(二)分所有制			
国有企业	−0.3509432	−0.3036181	−0.1692342
集体企业	−0.2344050	−0.2249729	−0.0588264
股份制企业	−0.2630305	−0.2365840	−0.1279819
港澳台企业	−0.1673781	−0.2552884	−0.2359153
外资企业	−0.1633361	−0.2147423	−0.3474220
私营企业	−0.1866715	−0.1924819	−0.1748976

续表

类别	2005 年	2006 年	2007 年
(三)分行业			
轻工业	−0.2138698	−0.2259417	−0.1625495
重工业	−0.0429741	−0.0570346	−0.0471164
资本密集型	−0.1447806	−0.1891300	−0.1612902
劳动密集型	−0.2445785	−0.2443697	−0.1485275

第六节　结　论

本章基于微观企业资源配置与总量生产率的框架，为中国式压力型分权体制解释经济增长提供一个新的视角，借鉴 Hsieh 和 Klenow(2009)模型，构建出一个测算 2005 年中国农业税改革产生的财政压力冲击改变企业资源配置行为的框架，并估算出财政压力对整体经济绩效的影响，尝试从微观主体的角度提供中国经济增长微观传导影响机制的解释。

本章研究发现：地方政府行为受到财政压力的影响，农业税改革带来的财政压力显著地恶化了企业资本要素投入的扭曲状况，企业资本投入的边际收益和边际成本的缺口上升 5.72%，资本要素投入不足情况加剧，而对劳动要素投入扭曲的影响并不显著，最终导致经济总量生产率平均下降约 19.32%。在机制分析中，财政压力会破坏企业最优规模与实际发展的耦合关系，增加企业税收负担和交易费用，还会使得政府短期放松环境规制，以经济增长为目标导向，而忽视微观主体的行为转变。尽管政府实现了财源性收入来弥补财政支出的缺口，但严重扭曲了企业资源配置的效率，最终导致经济总绩效的下降。

本章的研究具有一定的启示性：积累莫反之害，税收改革不可能适应所有、长久的情况，如何及时合理调整税改带来的压力以及破除财政体制本身的缺陷，就需要中央及时厘清地方财政压力的来源，深入探究其对地方政府和微观市场主体行为的影响，推动有利于市场经济健康发展的现代财政体制建设。第一，国家管理需要从国家治理转变，财政发挥作用的范围已从体制内扩展至体制内外，改变传统行政管控的思维定性与命令主义，实现取之于民、用之于民，解决政府“攫取之手”问题，最大限度完善维护市场统一、资源优化配置和社会公平的治理体系；第二，以共同事权和支出责任划分为体制设计逻辑起点，及时有效地调整事权与财权、财力相匹配，加快转移支付制度完善，推进财政制度向综合、全局的配套改革进行。有效清晰地衔接政府层级和财政级次，摒弃地方利益及部门矛盾，立足中国基本国情，理性循序渐进地转变市场经济与政府财政关系，是当前深化财税制度改革的着重点。

本章参考文献

曹春方，马连福，沈小秀，2014. 财政压力、晋升压力、官员任期与地方国企过度投资[J]. 经济学(季刊)，13(4)：1415-1436.

陈抗，Arye L Hillman，顾清扬，2002. 财政集权与地方政府行为变化：从援助之手到攫取之手[J]. 经济学(季刊)(4)：116-135.

陈诗一，陈登科，2017. 中国资源配置效率动态演化：纳入能源要素的新视角[J]. 中国社会科学(4)：68-84.

陈晓光，2016. 财政压力、税收征管与地区不平等[J]. 中国社会科学(4)：53-70.

范子英，田彬彬，2013. 税收竞争、税收执法与企业避税[J]. 经济研究(9)：99-111.

方红生，张军，2014. 财政集权的激励效应再评估：攫取之手还是援助之手？[J]. 管理世界(2)：21-31.

傅勇，张晏，2007. 中国式分权与财政支出结构偏向：为增长而竞争的代价[J]. 管理世界(3)：4-12，22.

高凌云，屈小博，贾鹏，2014. 中国工业企业规模与生产率的异质性[J]. 世界经济(6)：115-139.

龚关，胡关亮，2013. 中国制造业资源配置效率与全要素生产率[J]. 经济研究(4)：5-16.

李建军，刘元生，王冰洁，2019. 税收负担与企业产能过剩：基于世界银行调查数据的经验证据[J]. 财政研究，431(1)：105-117.

梁若冰，2019. 财政激励与消失的女性[J]. 经济学(季刊)，18(2)：52-73.

陆旸，2009. 环境规制影响了污染密集型商品的贸易比较优势吗？[J]. 经济研究(4)：28-40.

马光荣，李力行，2012. 政府规模、地方治理与企业逃税[J]. 世界经济(6)：95-116.

毛其淋，2013. 要素市场扭曲与中国工业企业生产率：基于贸易自由化视角的分析[J]. 金融研究(2)：156-169.

聂辉华，2006. 取消农业税对乡镇政府行为的影响：一个多任务委托代理模型[J]. 世界经济(8)：73-80.

聂辉华，贾瑞雪，2011. 中国制造业企业生产率与资源误置[J]. 世界经济(7)：27-42.

蒲艳萍，顾冉，2019. 劳动力工资扭曲如何影响企业创新[J]. 中国工业经济(7)：137-154.

邵挺，2010. 金融错配、所有制结构与资本回报率：来自1999—2007年我国工业企业的研究[J]. 金融研究(9)：51-68.

邵宜航，步晓宁，张天华，2013. 资源配置扭曲与中国工业全要素生产率：基于工业企业数据库再测算[J]. 中国工业经济(12)：39-51.

施炳展，冼国明，2012. 要素价格扭曲与中国工业企业出口行为[J]. 中国工业经济(2)：

47-56.

陶然，陆曦，苏福兵，等，2009. 地区竞争格局演变下的中国转轨：财政激励和发展模式反思[J]. 经济研究(7):21-33.

温忠麟，张雷，侯杰泰，等，2004. 中介效应检验程序及其应用[J]. 心理学报(5):614-620.

席鹏辉，梁若冰，谢贞发，2017. 税收分成调整、财政压力与工业污染[J]. 世界经济(10):172-194.

谢贞发，严瑾，李培，2017. 中国式"压力型"财政激励的财源增长效应：基于取消农业税改革的实证研究[J]. 管理世界,291(12):56-70,197-198.

杨其静，2011. 企业成长：政治关联还是能力建设？[J]. 经济研究(10):54-66.

余靖雯，陈晓光，龚六堂，2018. 财政压力如何影响了县级政府公共服务供给？[J]. 金融研究(1):18-27.

詹新宇，苗真子，2019. 地方财政压力的经济发展质量效应：来自中国282个地级市面板数据的经验证据[J]. 财政研究(6):57-71.

左翔，殷醒民，潘孝挺，2011. 财政收入集权增加了基层政府公共服务支出吗？以河南省减免农业税为例[J]. 经济学(季刊)，10(4):1349-1374.

ADAMOPOULOS T. BRANDT L, LEIGHT J, 2017. Misallocation, selection and productivity: a quantitative analysis with panel data from China[J]. Social science electronic publishing.

AGHION P, HOWITT P, 1992. A model of growth through creative destruction[J]. Econometrica, 60(2): 323-351.

BRANDT L, VAN BIESEBROECK J, ZHANG Y, 2009. Creative accounting or creative destruction? firm-level productivity growth in Chinese manufacturing[J]. Journal of development economic, 97(2): 339-351.

CAI H, LIU Q, 2009. Competition and corporate tax avoidance: evidence from Chinese industrial firms[J]. Economic journal, 119(537): 764-795.

CHEN XIAOGUANG S, 2017. The effect of a fiscal squeeze on tax enforcement: evidence from a natural experiment in China[J]. Journal of public economics, 147: 62-76.

EASTERLY W, LEVINE R, 1997. Africa's growth tragedy: policies and ethnic divisions[J]. The quarterly journal of economics, 112(4): 1203-1250.

GILCHRIST S, SIM J W, ZAKRAJŠEK E, 2012. Misallocation and financial market frictions: some direct evidence from the dispersion in borrowing costs[J]. Review of economic dynamics, (16): 159-176.

HAGEMEJER J, SVEJNAR J, TYROWICZ J, 2018. Are rushed privatizations substandard? Analyzing firm-level privatization under fiscal pressure [R]. GRAPE working papers.

HAN. L, KUNG K S, 2015. Fiscal incentives and policy choices of local governments: evidence from China[J]. Journal of development economics, 116: 89-104.

HSIEH C T, KLENOW P J, 2009. Misallocation and manufacturing TFP in China and India[J]. The quarterly journal of economics, 124(4): 1403-1448.

KUNG J K, XU C, ZHOU F, 2009. From industrialization to urbanization: the social consequences of changing fiscal incentives on local goverments' behavior[M]. New York: Oxford University Press.

LILEEVA A, TREFLER D, 2007. Improved access to foreign markets raises plant-level productivity for some plants[J]. The quarterly journal of economics, 125(3): 1051-1099.

RESTUCCIA D, ROGERSON R, 2012. Misallocation and productivity[J]. Review of economic dynamics, 16(1): 1-10.

WANG X, SHEN Y, 2014. The effect of China's agricultural tax abolition on rural families' incomes and production[J]. China economic review, 29: 185-199.

第十四章 "政资分开"能改善国有企业投资效率吗?*

张训常 刘 晔 周颖刚 **

第一节 引 言

中共十九大报告指出:"加快完善社会主义市场经济体制,要完善各类国有资产管理体制,改革国有资本授权经营体制。"习近平同志强调,完善国有资产管理体制,以管资本为主加强国有资产监管,改革国有资本授权经营体制。因此,实现国有资产管理体制由以管企业为主向以管资本为主转变,是我国新时代深化国有企业改革的重要切入点,不仅有利于解决国有资产监管工作中存在的越位、缺位、错位等问题,而且有利于形成更加符合基本经济制度和社会主义市场经济发展要求的国有资产管理体制、现代企业制度、市场化经营机制,对国有企业改革具有巨大的牵引作用。由此可见,新时代国有企业改革的重点与方向将围绕着加强对国有资产的监管而展开,通过以管资本为主,实现"政资分开",从而提高国有资本配置效率,实现国有资产保值增值(刘纪鹏 等,2020)。

以往研究表明,产权不明确、政府干预,以及承担过多的政策性负担等因素降低了国有企业效率,启示国有企业改革的方向应该是进行产权改革或者通过减少政府的干预来实现"政企分开"(胡一帆 等,2005;郑国坚 等,2017),这也是我国过去国有企业改革的重要理论依据 (Bai et al., 2006; Huang et al., 2017)。不同的是,张馨(2014)以《资本论》为理论框架分析了国企改革问题,认为国有企业的根本问题是"资本"问题,因此国企改革的主线与核心应当是"政资分开",而不是"政企分开"和"资企分开"。该主张符合我国国有资产管理体制由以管企业为主向以管资本为主进行转变的新时代大背景,从理论上阐明了"政资分开"在国有企业改革中的重要意义。但是,关于"政资分开"是否真的能够改善国有资本配置效率,推进国有企业做强做优做大? 由于指标难以度量,现有文献并没有给出相应的经验证据。本章认为,通过建立国有资本经营预算制度来界定和规范政

---

* 本章写作时间为2021年,故本章论述以2021年为时间点。

** 张训常,讲师,暨南大学经济学院;刘晔,教授,博士生导师,厦门大学经济学院财政系;周颖刚,教授,博士生导师,厦门大学经济学院、王亚南经济研究院。

府行为,在一定程度上促进了“政资分开”,因此,我们可以通过实证分析实施国有资本经营预算制度对国有资本配置效率的具体影响,来说明“政资分开”的作用。

根据国务院《关于试行国有资本经营预算的意见》(国发〔2007〕26 号)(后文简称《意见》),“国有资本经营预算是国家以所有者身份依法取得国有资本收益,并对所得收益进行分配而发生的各项收支预算”,这意味着国有资本经营预算与国家以政权行使者(公共管理者)身份所获取的税收等公共预算收入的分离,由此体现了“政资分开”的基本思路;同时规定“试行国有资本经营预算,应坚持相对独立、相互衔接的原则,保持国有资本经营预算制度的完整性和相对独立性”,突出了国家作为资本所有者的身份在国有资本预算上的相对独立性,由此体现了“政资分开”的基本原则;在国有资本经营预算的编制与审批方面的内容规定,“国有资本经营预算单独编制,预算支出按照当年预算收入规模安排,不列赤字”,避免了两种不同性质预算收支间的混收、混用和混管,由此体现了“政资分开”和双元结构财政的基本原则。为此,从国有资本经营预算制度影响国有企业投资效率这一角度出发来说明“政资分开”对国企资本配置效率的影响,具有一定的合理性。

本章主要的贡献体现在以下三个方面:第一,在研究视角上,以往文献主要从政府干预(Chen et al., 2011;白俊 等,2014)、财政压力(曹春芳 等,2014)和预算软预算(朱红军 等, 2006)等视角分析了国有企业存在过度投资的原因,其突出的政策含义更加偏向于“政企分开”,而本章首次从实施国有资本经营预算制度的视角来分析“政资分开”在改善国有企业投资效率方面的作用,补充了关于“政资分开”方面的研究文献(张训常 等, 2019a, 2019b)。第二,在研究方法上,本章通过查找政府文件,得到 2007 年国务院下发《意见》以后各省(区、市)以及各地级市实施国有资本经营预算制度的具体时间,并将此作为“准自然实验”,以企业进行外部投资这一资本配置过程作为切入点,在双重差分模型的基础上,通过考察国有资本经营预算制度的实施对投资—投资机会敏感度的影响,检验了国有资本经营预算制度在改善国有企业投资效率方面的作用。第三,研究结论丰富了关于国有资本经营预算制度方面的文献。本章发现国有资本经营预算制度的实施能够显著提高企业投资—投资机会敏感度,说明该制度对于提高国有企业投资效率具有正向作用,也反映了促进“政资分开”能够改善国有企业资本配置效率;并且,减少政府对国有企业的干预以及约束预算软约束下的投资行为,是国有资本经营预算制度提升国有企业投资效率的重要作用机制。

本章的理论意义在于,不仅从国有资本经营预算制度的角度启示了促进“政资分开”在改善国有企业资本配置效率的积极作用,而且研究结论在一定程度上为公有制和市场经济的兼容性问题提供了经验证据。一直以来,国有企业的效率问题被学者们作为探讨公有制和市场经济是否具有兼容性的出发点。早在 20 世纪 30 年代,一些学者就指出,在社会主义市场经济下,缺乏独立的私有产权和企业,就无法形成合理的市场机制,也就不可能实现资源的有效配置,学者们因此认为公有制和市场经济不具有兼容性(Brus et al., 1989)。虽然经过几十年的改革与发展,我国国有企业存在的许多体制问题得到一定的缓解,公有制和市场经济的兼容性也被中国改革发展的实践所认可(张宇, 2016; 荣兆樟, 2017),然而,在“晋升锦标赛”模式下,国有企业常常被地方政府官员作为其追求政治目标过程中的重要工具,为实现经济增长、就业、财政收支平衡和社会稳定等目标(Lin et al., 1998; 周黎安, 2007; 郭婧 等, 2019)而服务,从而导致国有企业普遍存在超额雇员、创新不足、资本配置效率低下等一系列问题(孙晓华 等, 2016; 王砾 等, 2018),这对于解决国有企业和市场经济的兼容性问题又提出巨大挑战。因此,如何有效提高国有企业资源配置效率、优化国有资本配置的问题一直是政界和学术界关注的重点,这既是保障和促进社会主义市场经济发展的必然要求,也是解决公有制和市场经济兼容性的核心问题之一。所以,从国有资本经营预算制度的角度研究“政资分开”对国有企业资本配置效率的影响,具有重要的理论意义。

第二节 理论分析与研究假说

国有企业在我国经济发展中起到了重要的作用(张训常 等, 2019a; 叶静怡 等, 2019),其历史地位突出了我国财政制度的“双元”特征(叶振鹏 等, 1995),这也决定了解决我国国有企业问题的核心思路在于实现“政资分开”。“政资分开”是指将政府公共事务管理职能与政府作为国有资产管理所有者的职能进行分开。张馨(2006)指出,双元结构财政模式下,在公共财政之外建立相对独立的国有资本财政,分别以政府公共预算和国有资本经营预算来界定与规范政府行为,就将政府双重身份的活动区分开来,也就实现了“政资分开”。根据公共财政理论,政府应该作用于市场失效的领域,尽量减少对市场有效领域的干预。因此,双元结构财政模式决定了政府为实现公共事务管理与国有资产所有者管理两种职能的分离,要求相应建立独立于公共预算之外的国有资本经营预算制度。政府通过以资产所有者身份按照“以本求利、同股同酬”市场规则依法取得国有资本收益,并对所得收益进行分配的国有资本经营预算,能够全面掌握经营性国有资本的收益及分配使用状况,从而增强国有资本的独立性,为实现“政资分开”提供制度基础。

因此,建立国有资本经营预算制度,促进“政资分开”对于改善国有资本配置效率具有重要作用。具体而言,首先在“政资不分”的情况下,国有企业的管理不依赖产权归属关系,而是按照行政化的管理模式,导致国有企业经营者只对上级官员负责,而不能真正对所有者负责(郭元晞, 1997);其次,政府作为国有企业的法定出资人,同时具有全民所有产权性质的国有企业实际上就成了我国政府部门的行政附属物,任何部门都可以对国有企业进行干预,致使国有企业缺乏应有的经营自主权,降低了国有资本的配置效率。尤其是在中国式财政分权体制下,“晋升锦标赛”式的激励机制促使地方政府为实现经济增长目标以及获得更多财政收入,凭借履行国有企业出资人的身份强行干预国有企业的生产投资行为,导致国有企业过度投资(曹春方 等, 2014; 唐雪松 等, 2010),降低了国有资本的配置效率。因此,为减少政府对国有企业的干预,最根本的是要实现"政资分开",这又有赖于建立规范的国有资本经营预算制度。通过建立单独编制的国有资本经营预算制度,并保持其完整性与相对独立性,能够厘清税收和国有资产收益的界限,防止地方政府从保证税收和履行社会管理职能的角度来管理国有企业,促进企业管理与政府职能分离,实现"政资分开",从而减少政府对国有企业的过度干预,增强企业的经营自主权,提升国有资本运营效率。基于以上分析,本章提出如下假设:

假设 14-1:国有资本经营预算制度的建立有助于改善国有企业的投资效率。

"政资分开"对国有资本配置效率的改善作用主要在于解决"政资不分"情况下,政府各部门对国有企业的随意干预行为。而以往许多研究表明,由于政府诸多部门都不对国有资本的保值、增值负责,政府干预导致国有企业投资效率降低(Chen et al., 2011;孙晓华 等, 2016)。因此,"政资分开"通过将各级政府的公共事务管理职能与国有资本管理者的职能进行分离,限制政府各部门对国有企业的任意干预,能够改善国有企业的投资效率,这也是建立国有资本经营预算制度有助于提高国有企业投资效率的重要作用机制。基于这一点,在政府干预程度不同的地区,建立国有资本经营预算制度对国有企业投资效率的影响具有异质性。具体而言,对于高政府干预的地区,国有企业投资效率损失更为严重,因此,国有资本经营预算制度通过促进"政资分开",能够更大程度地减少政府对国有企业干预造成的效率损失。鉴此,本章提出如下假说:

假设 14-2:政府干预程度更高的地区,建立国有资本经营预算制度对国有企业投资效率的改善作用更大。

此外,在"政资不分"的情况下,银行和国有企业之间并非简单的债权人和借债人的关系,由于国有企业贷款的规模往往是由政府确定的,并由政府担保,企业贷了银行的款即使还不了也没办法(郭元晞,1997),因为,政策性负担的存在,导致国有企业一旦发生亏损,政府通常对其增加贷款、减少税收或者增加财政补贴,而并非破产清算,从而带来了预算软约束问题(Kornai, 1986;林毅夫 等,2004)。而在预算软约束下,降低了国有企业面临的融资约束,使国有企业盲目扩张,扭曲了企业的投资行为(张训常 等,2019a)。国有资本经营预算是国家以所有者身份依法取得国有资本收益,并对所得收益进行分配而发生的各项收支预算,不仅能够明确出资人的身份,使国有企业成为独立的法人主体,而且通过预算制度使国有企业经营情况变得更加透明与公开,增加了国资委与公众的监督力度;同时将部分预算支出用于解决政策性负担等历史遗留问题,弱化了国有企业经理人为其亏损寻找借口的能力。因此,建立国有资本经营预算制度,增强国有资本的独立性,通过其约束力避免政府为国有企业经营亏损买单的"政资不分"问题,进而能够有效抑制预算软约束下国有企业盲目上项目、过度扩张的投资冲动,减少预算软约束造成的投资效率损失。鉴此,本章提出如下假说:

假设 14-3：建立国有资本经营预算制度对预算软约束较强的国有企业的投资效率所产生的正向影响更大。

第三节　研究设计

(一) 数据整理与样本选择

2007 年 9 月国务院颁布了《关于试行国有资本经营预算的意见》，标志着我国开始正式建立国有资本经营预算制度。该意见第十五项提出中央本级国有资本经营预算从 2008 年开始实施，2008 年收取实施范围内企业 2007 年实现的国有资本收益。各地区国有资本经营预算的试行时间、范围、步骤，由各省、自治区、直辖市和计划单列市人民政府决定。因此，在实践层面，各地区所试行国有资本经营预算制度的时间具有较大的差异。我们基于北大法宝数据库、各政府官方网站以及百度等搜索引擎，得到各地区关于国有资本经营预算制度的试行文件，确认了 2007—2016 年 31 个省、自治区、直辖市，以及 114 个地级市实施国有资本经营预算制度的具体时间。[①]

为了实证分析实施国有资本经营预算制度对国有企业投资效率的影响，本章将研究期间选为 2003—2014 年，并以 A 股国有上市公司作为初始样本。首先，我们根据深圳国泰安数据库(CSMAR)中的股权性质文件，将股权性质为“国企”的上市公司界定为国有企业，并基于层级判断信息将国有企业分为中央国有企业、省属国有企业和市属国有企业。然后，根据实际控制人名称分别区分省属国有企业和市属国有企业隶属于哪个省，或者哪个地级市，从而作为区分处理组和对照组的依据。因为中央和各省(区、市)到 2014 年都已实施了国有资本经营预算制度，所以将中央国有企业和省属国有企业作为处理组，并且将截至 2014 年隶属于实施了国有资本经营预算制度的地级市的市属国有企业也归类为处理组，而将未实施国有资本经营预算制度的地级市的市属国有企业作为对照组。其次，为了构建平衡面板数据，我们剔除了 2003 年以后上市的国有企业样本，剔除了研究期间内发生民营化的国有企业，以及数据存在严重缺失的国有企业样本。同时，鉴于金融类国有企业未纳入国有资本经营预算编制的范畴，本章将其剔除。最终，本章的研究样本为 2003—2014 年 576 家国有上市公司的平衡面板数据，其中包括 117 家中央国有企业、124 家省属国有企业和 275 家市属国有企业。本章所使用企业财务信息数据主要来自 CSMAR 数据库和 Wind 数据库。

---

① 资料显示，从 2002 年开始，北京、上海、深圳、武汉、青岛、重庆、福建省、安徽省和四川省就已经开始实行对国有资本收益进行上缴，试着编制国有资本经营预算，但是由于收缴国有资本收益的企业数量较少，以及当时制度上的缺陷，试行的国有资本经营预算制度并不规范，因此本章只考察 2007 年国务院下发《关于试行国有资本经营预算的意见》这一文件以后，各地区相继建立较为规范的国有资本经营预算制度的效果。

(二)模型构建与变量定义

关于如何衡量企业投资效率，现有文献主要存在两种方法。第一种是基于Richardson(2006)或Biddle等(2009)的模型，通过估计企业的期望投资水平，并与实际投资水平的差值作为衡量企业投资不足或过度投资的程度，该方法常见于会计研究领域(Garcia et al., 2016;张岩 等,2018;Asker et al., 2011)。第二种则采用投资—投资机会敏感度模型，该方法在金融研究领域更为常见(Mortal et al., 2013;喻坤 等,2014;饶品贵 等,2017)。基于本章的研究目的，本章采用第二种方法，通过分析实施国有资本经营预算制度对国有企业投资—投资机会敏感度的影响，来反映该制度对国有企业投资效率的影响。[①] 因此，我们参考Chen等(2017)的研究，在双重差分模型的基础上，引入投资—投资机会敏感度模型来验证本章的假设。具体模型设计如下：

$$\begin{aligned} \mathrm{INV}_{i,t} = & \beta_0 + \beta_1 \mathrm{Budget}_{i,t} \times \mathrm{TobinQ}_{i,t-1} + \beta_2 \mathrm{Budget}_{i,t} + \\ & \beta_3 \mathrm{TobinQ}_{i,t-1} + \gamma \mathrm{Controls}_{i,t} + \mu_i + \tau_t + \varepsilon_{i,t} \end{aligned} \tag{14-1}$$

其中，下标 i 和 t 分别表示企业和年份；$\mathrm{INV}_{i,t}$ 为公司资本投资水平；$\mathrm{TobinQ}_{i,t-1}$ 为滞后一期的公司托宾Q值，表示投资机会。[②] 在模型(1)中，系数 β_3 表示投资对投资机会(托宾Q)的敏感度。为了得到实施国有资本经营预算制度对该敏感度的影响，我们在模型中引入交乘项 $\mathrm{Budget}_{i,t} \times \mathrm{TobinQ}_{i,t-1}$。其中，$\mathrm{Budget}_{i,t}$ 表示国有企业隶属地区当年是否实施了国有资本经营预算制度的虚拟变量，相当于双重差分模型中的政策交叉项，即如果企业 i 为省属国有企业或市属国有企业，并且所隶属的省市在 t 年已实施了国有资本经营预算制度，则 $\mathrm{Budget}_{i,t}$ 取值为1，否则为0(如果 i 是中央国有企业，2008年及之后的年份 $\mathrm{Budget}_{i,t}$ 取值为1，之前的年份取值为0)；因此，通过控制企业个体固定效应 μ_i 和时间固定效应 τ_t，估计得到的系数 β_1 反映了国有资本经营预算制度建立以后，国有企业投资对投资机会的敏感度变化情况，如果该系数显著为正，说明制度建立有利于国有企业投资效率的改善，即本章假设14-1成立。$\mathrm{Controls}_{i,t}$ 表示控制变量集合，包括资产规模(Size)、资产负债率(Leverage)、企业年龄(LnAge)和标准化的经营性现金流净额(CFO)、成长性(SGROWTH)、股权集中度(Share10)、治理结构(IDRECTOR)、是否亏损(LOSS)。除此之外，本章采用省级聚类稳健标准误进行显著性分析。ε_{it} 为随机扰动项。为了消除极端值的影响，我们对相关连续变量均缩尾处理到1%～99%的区间。变量的具体定义和描述性统计如表14-1所示。

---

① Richardson(2006)模型采用企业实际投资与估算的最优投资水平的正向差异来衡量过度投资，负向差异衡量投资不足，大多数文献在具体讨论企业投资行为时将过度投资和投资不足的样本进行分类回归，因此无法体现企业从过度投资到投资不足的转变。由于本章采用双重差分模型，需要反映政策前后的效应，因此，为了避免样本损失本章不选择采用该方法。

② 考虑到企业层面的Q值可能与所有权性质有关，并且企业层面的Q值也可能存在其他噪声，我们也使用按企业资产规模加权的行业平均托宾Q作为投资机会的另一种度量指标，所得结论并未发生改变。由于篇幅限制，实证结果留存备索。

表 14-1 变量定义与描述性统计

变量名称	变量定义	观测值	平均值	标准差	最小值	最大值
INV	构建固定资产、无形资产和其他长期资产所支付的现金/期初总资产	6912	0.071	0.077	0.000	0.412
TobinQ	(股票总市值+负债账面价值)/年末总资产,代表投资机会	6912	1.890	1.078	0.880	8.322
Size	公司期末资产总额的自然对数	6912	22.090	1.228	19.511	27.353
Leverage	总负债/总资产	6912	0.518	0.187	0.082	0.999
LnAge	公司上市年限的自然对数	6912	2.433	0.430	0.693	3.219
CFO	公司经营性现金流净额,并用期末总资产进行标准化	6912	0.052	0.076	−0.197	0.271
SGROWTH	销售收入增长率=(当期销售收入−上期销售收入)/上期销售收入	6912	0.184	0.398	−0.569	2.905
Share10	前十大股东持股比例	6912	0.410	0.160	0.036	0.850
IDRECTOR	独立董事占董事会总人数的比例	6912	0.357	0.060	0.000	0.800
LOSS	公司是否亏损,如果净利润为负,LOSS取值为1,否则为0	6912	0.095	0.293	0.000	1.000

第四节 实证结果分析

(一)基准回归结果估计

估计结果如表14-2所示。表14-2中第(1)至(3)列以企业TobinQ来度量投资机会,检验了实施国有资本经营预算制度对国有企业投资效率的影响。其中,第(1)列为不加入其他控制变量的结果,结果显示,变量TobinQ的系数在1%的水平下显著为正,同时交互项Budget×TobinQ的估计系数也在1%的水平下显著为正,说明企业投资对投资机会的反应为正,并且国有资本经营预算制度的实施能够提高投资—投资机会敏感度;政策虚拟变量Budget的系数在10%的水平下显著为负,综合表明国有资本经营预算制度的实施通过合理配置国有资本,在一定程度上抑制了国有企业的无效率投资,促使企业将资源配置于效率更高的项目上,进一步说明了国有资本经营预算制度对优化国有企业的资本配置效率具有正向作用。这也反映了有助于促进"政资分开"的制度建设能够改善国有资本的配置效率。第(2)列我们进一步控制了企业的其他特征变量,发现交互项Budget×TobinQ的系数依然在1%的水平下显著为正,并且,从(1)至(2)列的结果来看,国有资本经营预算制度的实施使国有企业的投资—投资机会敏感度提高了61%~65%左右[①]。为了

① 第(1)列显示,TobinQ对投资的回归系数为0.0091,而国有资本经营预算使TobinQ对投资的回归系数增加了0.0059,即该制度使国有企业的投资—投资机会敏感度提高了64.84%(0.0059/0.0091)。

反映国有资本经营预算制度对中央国有企业和地方国有企业是否都会产生影响，我们将交互项 Budget×TobinQ 分解为 Budget×TobinQ×CentralSOE、Budget×TobinQ×ProvSOE 和 Budget×TobinQ ×CitySOE，用以反映中央国有企业和地方国有企业的效应。其中，CentralSOE、LocalSOE 和 CitySOE 分别表示是否为中央国有企业、省属国有企业和市属国有企业的虚拟变量。区分国有企业层级后的回归结果为表 14-2 的第(3)列，结果显示，Budget×TobinQ×CentralSOE、Budget×TobinQ×ProvSOE 和 Budget×TobinQ×CitySOE 三个交互项的系数至少在 5%的水平下显著为正，说明国有资本经营预算制度对中央国有企业和地方国有企业的投资效率都有正向的作用。并且，我们从系数的大小可以看出，国有资本经营预算制度对地方国有企业的作用略微更大，主要的原因可能在于地方国有企业受地方政府的干预更强，政资不分现象更为严重，导致的投资效率损失更大，因此国有资本经营预算制度通过促进政资分开，抑制地方政府的过度干预对投资效率的提升作用越大。

表 14-2　国有资本经营预算对国有企业投资效率的影响

变量	INV(公司投资水平)		
	(1)	(2)	(3)
Budget×$TobinQ_{t-1}$	0.0059***	0.0061***	
	(0.0019)	(0.0018)	
Budget×$TobinQ_{t-1}$×CentralSOE			0.0059***
			(0.0020)
Budget×$TobinQ_{t-1}$×ProvSOE			0.0065**
			(0.0024)
Budget×$TobinQ_{t-1}$×CitySOE			0.0065**
			(0.0025)
$TobinQ_{t-1}$	0.0091***	0.0100***	0.0100***
	(0.0019)	(0.0018)	(0.0017)
Budget	−0.0111*	−0.0129**	−0.0131**
	(0.0058)	(0.0058)	(0.0062)
Constant	0.0638***	−0.2474***	−0.2472***
	(0.0046)	(0.0620)	(0.0611)
控制变量	否	是	是
企业固定效应	是	是	是
时间固定效应	是	是	是
样本量	6912	6912	6912
Within R-squared	0.061	0.108	0.108

注：***、**、*分别表示在 1%、5%、10%的水平上显著，括号内为在省级层面集群调整的标准误。

（二）平行趋势与时间趋势分析

鉴于在建立双重差分模型时，需要处理组和对照组企业在建立国有资本经营预算制度之前满足平行趋势假设，即在制度建立之前，两组企业的投资效率具有相同的变化趋势。为此，本章借鉴 Beck(2010)的研究，设计如下模型来检验平行趋势假设并对国有资本经营预算制度的长期效应进行分析：

$$\begin{aligned}\text{INV}_{i,t} = &\beta_0 + \sum_{k\geqslant -4}^{4+} \delta_k D_{i,t_{c0}+k} \times \text{TobinQ}_{i,t-1} + \beta_2 \text{TobinQ}_{i,t-1} + \\ &\beta_3 \text{Budget}_{i,c,t} ++ \gamma \text{Controls}_{i,t} + \mu_i + \tau_t + \varepsilon_{i,t} \qquad (14\text{-}2)\end{aligned}$$

其中，t_{c0} 表示省市 c 试行国有资本经营预算制度所对应的年份[①]；$D_{i,t_{c0}+k}$ 表示国有资本经营预算制度建立事件前后几个时期的虚拟变量，即当 $t-t_{c0}=k$ 时($k=-4,-3,-2,-1,0,1,2,3,4$)，$D_{i,t_{c0}+k}=1$，否则 $D_{i,t_{c0}+k}=0$。由于模型中缺失了 $k<-4$ 的时间范围，因此对 $D_{i,t_{c0}+k}$ 估计的系数是与制度建立前 5 年进行的对比。通过方程(14-2)我们估计得到的系数 δ_k 表示处理组企业和对照组企业投资和投资机会敏感度随时间变化的趋势。

方程(14-2)的估计结果如表 14-3 所示。结果显示，国有资本经营预算制度实施的前 4 期的交互项 $D_{(\text{制度实施当年}+k)}\times$TobinQ($k=-4,-3,-2,-1$)的估计系数为负，但统计上不显著，说明在国有资本经营预算制度实施之前，处理组和对照组国有企业的投资—投资机会敏感度具有相同的时间变化趋势，因此，平行趋势前提成立。同时，在实施国有资本经营预算制度以后的年份中，交互项 $D_{(\text{制度实施当年}+k)}\times$TobinQ 的估计系数至少在 10% 的水平下显著为正，并且系数的大小出现先增大后变小然后又变大的 N 形曲线趋势。其中很大的原因可能在于有许多地区实施的时间较短，国有资本经营预算制度一直处于实施与不断完善的阶段，因此，在制度实施后的各年所产生的影响存在较大差异。通过分析时间趋势，本章再次论证了国有资本经营预算制度的建立对改善国有企业的资本配置效率具有积极作用的结论。

① 由于 2007 国务院发布的《关于试行国有资本经营预算的意见》只针对中央国有企业，并且试行年份从 2008 年开始，因此对于央企 $t_{c0}=2008$；而对于省属国有企业和市属国有企业 t_{c0} 则为各省市所公布的具体实施年份。

表 14-3 时间趋势分析

变量名称	INV(公司投资水平)
$D_{(制度实施当年-4)} \times TobinQ_{t-1}$	−0.0006
	(0.0021)
$D_{(制度实施当年-3)} \times TobinQ_{t-1}$	−0.0016
	(0.0027)
$D_{(制度实施当年-2)} \times TobinQ_{t-1}$	−0.0015
	(0.0032)
$D_{(制度实施当年-1)} \times TobinQ_{t-1}$	−0.0014
	(0.0025)
$D_{(制度实施当年)} \times TobinQ_{t-1}$	0.0042
	(0.0027)
$D_{(制度实施当年+1)} \times TobinQ_{t-1}$	0.0086***
	(0.0031)
$D_{(制度实施当年+2)} \times TobinQ_{t-1}$	0.0059*
	(0.0029)
$D_{(制度实施当年+3)} \times TobinQ_{t-1}$	0.0050*
	(0.0025)
$D_{(制度实施4年以后)} \times TobinQ_{t-1}$	0.0124***
	(0.0030)
Budget	−0.0146**
	(0.0065)
$TobinQ_{t-1}$	0.0104***
	(0.0024)
Constant	−0.2522***
	(0.0629)
控制变量	是
企业固定效应	是
时间固定效应	是
样本量	6912
Within R-squared	0.112

注：***、**、* 分别表示在1%、5%、10%的水平上显著，括号内为在省级层面 cluster 调整的标准误。

(三)内生性问题

1.选择性偏误的内生性问题

各地区国有资本经营预算制度的实施可能存在选择性偏误的内生性问题，即地方政府在推行国有资本经营预算制度时拥有一定的自主选择权，比如对于公司治理水平较差或者政策执行预期效果不好的地区，地方政府可能将政策实施时间延后。如果国有资本经营预算制度实施的决定因素也会影响国有企业的投资效率，那么本章的基本回归结果不仅反映了国有资本经营预算制度的作用，也包含了影响国有企业投资效率的地区层面其他因素的作用。① 为此，本章首先采用省级层面的数据和地级市层面的数据，以该省或该地级市是否实施国有资本经营预算制度为被解释变量，分别分析了影响省(区、市)和地级市国有资本经营预算制度实施的决定因素。我们发现，省(区、市)国有资本经营预算制度的实施受到产业结构的影响，而市国有资本经营预算制度的实施与地级市的经济发展水平有关。为此，本章在基准回归结果中进一步控制地级市层面的经济发展水平和省级层面的产业结构，结果报告于表 14-4 的第(1)列和第(2)列，可以发现基本结论并没有发生变化。

表 14-4 考虑选择性偏误内生性问题的回归结果

变量名称	INV(公司投资水平)		
	消除选择性偏误的回归结果		以央企为实验组、民营企业为对照组的估计结果
	(1)	(2)	(3)
Budget×$TobinQ_{t-1}$	0.0067**		0.0044**
	(0.0029)		(0.0021)
Budget×$TobinQ_{t-1}$×CentralSOE		0.0062*	
		(0.0032)	
Budget×$TobinQ_{t-1}$×ProvSOE		0.0068**	
		(0.0032)	
Budget×$TobinQ_{t-1}$×CitySOE		0.0094**	
		(0.0039)	
$TobinQ_{t-1}$	0.0136	0.0138*	0.0088***
	(0.0083)	(0.0083)	(0.0011)
Budget	−0.0157*	−0.0169**	−0.0126*
	(0.0080)	(0.0081)	(0.0077)
Constant	−0.1242	−0.1330	−0.3151***
	(0.1019)	(0.1014)	(0.0651)
控制变量	是	是	是
企业固定效应	是	是	是

注：***、**、* 分别表示在 1%、5%、10%的水平上显著，括号内为在省级层面 cluster 调整的标准误。第(1)～(2)列控制了地级市层面的经济发展水平和省级层面的产业结构，以及这两个变量与 $TobinQ_{t-1}$ 的交互项以消除选择性偏误的影响。

① 由于篇幅限制，国有资本经营预算制度实施的决定因素的相关分析留存备索。

其次，本章也只使用中央国有企业作为实验组、民营企业作为对照组进行双重差分检验，由于中央本级国有资本经营预算制度从 2008 年实施，在推行国有资本经营预算制度上不存在自主选择权，可在一定程度上缓解选择性偏误的内生性问题。采用中央国有企业为实验组，民营企业为对照组的估计结果为表 14-4 第(3)列，结果表明即使只考虑中央本级国有资本经营预算制度，该制度对于提高中央国有企业投资效率具有积极作用。以上检验结果在一定程度上表明本章的基础结论并不受选择性偏误的影响。

2.消除其他噪声的影响

考虑到在国有资本经营预算实施的年份内存在较多的其他政策冲击，其中 2007 年的金融危机、2008 年的两税合并以及 2008 年底的 4 万亿投资刺激政策，都可能对企业的投资行为产生影响。如果中央国有企业与地方国有企业受这些干扰因素的影响程度不一样，或者各地区的国有企业所受到的影响程度不一样，忽略这些因素导致的内生性问题将对本章结果产生影响。为了说明本章结论不受这些因素的干扰，我们进行了如下稳健性检验。

首先，为了排除 2008 年两税合并的影响，我们将研究样本分为两组，一组企业为 2008 年以后实际所得税率下降的企业，另一组企业为 2008 年以后实际所得税率不变或上升的企业。这里，我们设置此次所得税改革的双重差分变量为 Taxreform，如果 2008 年以后企业实际所得税税率下降，则 2008 年及以后的年份内该变量取值为 1，否则为 0。并为了体现中央国有企业和地方国有企业受此次税改的影响是否存在差异，我们在模型(14-1)的基础上进行扩展，得到模型(14-3)以消除两税合并带来的影响。

$$
\begin{aligned}
\text{INV}_{i,t} = {} & \beta_0 + \beta_1 \text{Budget}_{i,c,t} \times \text{TobinQ}_{i,t-1} + \beta_2 \text{TobinQ}_{i,t-1} + \beta_3 \text{Budget}_{i,c,t} + \\
& \theta_1 \text{Taxreform}_{i,t} \times \text{TobinQ}_{i,t-1} + \theta_2 \text{Taxreform}_{i,t} \times \text{TobinQ}_{i,t-1} \times \\
& \text{LocalSOE}_{i,t} + \theta_3 \text{Taxreform}_{i,t} \times \text{LocalSOE}_{i,t} + \theta_4 \text{Taxreform}_{i,t} + \\
& \gamma \text{Controls}_{i,t} + \mu_i + \tau_t + \varepsilon_{i,t} \qquad (14\text{-}3)
\end{aligned}
$$

其中，交乘项 $\text{Taxreform}_{i,t} \times \text{TobinQ}_{i,t-1}$ 的估计系数 θ_1 反映了两税合并对企业投资—投资敏感度的影响，$\text{LocalSOE}_{i,t}$ 表示地方国有企业(包括省属国有企业和市属国有企业)的虚拟变量，估计系数 θ_2 则反映了地方国有企业和中央国有企业的投资效率受两税合并的影响是否存在差异。对模型(14-3)的估计结果如表 14-5 的第(1)列和第(2)列所示。第(1)列结果显示，在消除两税合并所带来的影响以后，交互项 Budget × TobinQ_{t-1} 的估计系数比基本回归结果中的估计系数更大，说明不考虑税改的政策冲击只会使本章的结果低估。其原因可以从 Taxreform × TobinQ_{t-1} 和 Taxreform 估计系数中加以解释，根据这两个变量的估计系数，我们发现两税合并以后，税率下降的国有企业扩大了投资规模，降低了国有企业的投资—投资机会敏感度。表 14-5 的第(2)列通过考察两税合并的影响是否在地方国有企业和中央国有企业之间存在差异，我们发现交乘项 $\text{Taxreform}_{i,t} \times \text{TobinQ}_{i,t-1} \times \text{LocalSOE}_{i,t}$ 的系数显著为正，说明税改对地方国有企业和中央国有企业的投资效率所造成的影响存在差异，这也是本章采用地方国有企业作为对照组导致结果低估的原因。

其次，国有经济作为地方经济的重要组成部分，当经济面临萧条时，以及地方政府为了获得更好的考核业绩，国有企业往往成为地方政府促进经济增长的重要工具(郭婧 等，2019)。不难相信2007年的金融危机以及2008年底我国实施的4万亿投资刺激政策对国有企业的投资效率都会产生一定影响。然而，现有的研究证明这些宏观因素对我国企业的投资效率具有负面的影响(孙晓华 等，2016；黄海杰 等，2016)，因此即使考虑这些因素也不会改变本章的研究结论。不过，为了进一步说明这一点，表14-5的第(3)列控制了各地区时间趋势效应和行业时间趋势效应以消除宏观经济周期的影响，第(4)列继续加入地区层面的投资变量(Invest_prov)、行业层面的投资变量(Invest_indus)[①]以及这两个变量与$TobinQ_{t-1}$的交乘项来反映投资环境变化对国有企业投资效率的影响。可以发现交乘项$Budget \times TobinQ_{t-1}$的系数在5%的水平下显著为正，再次说明本章研究结论并不受其他干扰因素的影响。

表14-5 消除其他噪声的检验结果

变量名称	INV(公司投资水平)			
	(1)	(2)	(3)	(4)
$Budget \times TobinQ_{t-1}$	0.0066***	0.0079***	0.0049**	0.0043**
	(0.0019)	(0.0017)	(0.0018)	(0.0020)
Budget	−0.0131**	−0.0159**	−0.0091	−0.0074
	(0.0057)	(0.0058)	(0.0058)	(0.0063)
$TobinQ_{t-1}$	0.0114***	0.0109***	0.0104***	0.0051
	(0.0019)	(0.0019)	(0.0018)	(0.0046)
$Taxreform \times TobinQ_{t-1}$	−0.0041**	−0.0099***		
	(0.0018)	(0.0025)		
$Taxreform \times TobinQ_{t-1} \times$ LocalSOE		0.0079**		
		(0.0033)		
Taxreform×LocalSOE		−0.0198*		
		(0.0117)		
Taxreform	0.0161***	0.0311***		
	(0.0052)	(0.0098)		
Invest_prov				−0.0049
				(0.0330)

① 地区层面的投资变量采用省份固定资产投资/GDP来衡量，行业层面的投资变量则采用上市公司行业平均的投资水平表示，因此两变量与$TobinQ_{t-1}$的交乘项分别反映了地区层面和行业层面投资环境变化对企业个体投资效率的影响。

续表

变量名称	INV(公司投资水平)			
	(1)	(2)	(3)	(4)
Invest_prov×$TobinQ_{t-1}$				0.0106
				(0.0083)
Invest_indus				0.0033
				(0.0026)
Invest_indus×$TobinQ_{t-1}$				−0.0008**
				(0.0003)
Constant	−0.2501***	−0.2501***	−0.2770***	−0.2711***
	(0.0629)	(0.0629)	(0.0636)	(0.0622)
其他控制变量	是	是	是	是
企业固定效应	是	是	是	是
年份固定效应	是	是	是	是
行业×时间固定效应	否	否	是	是
地区×时间固定效应	否	否	是	是
样本量	6912	6912	6912	6912
Within R-squared	0.110	0.111	0.125	0.126

注：***、**、*分别表示在1%、5%、10%的水平上显著，括号内为在省级层面cluster调整的标准误。

(四)其他稳健性检验

为了进一步验证本章估计结果的稳健性，我们还进行了以下一系列稳健性检验。

第一，替换被解释变量的度量方式。分别参考刘慧龙等(2014)、黎文靖和李耀淘(2014)等的研究，采用(资本支出+并购支出−出售长期资产收入−折旧)/总资产和(构建固定资产、无形资产和其他长期资产所支付的现金−处置固定资产、无形资产和其他长期资产收回的现金净额)/期初总资产来衡量公司的投资水平。第二，采用民营企业作为对照组。由于国有资本经营预算制度的实施主要影响的只有国有企业，民营企业并不受该制度的直接影响，所以本章通过将民营企业作为对照组来进行稳健性检验。第三，删除观测期内未试行国有资本经营预算制度的地级市。考虑到有些城市实际已经实施了国有资本经营预算制度，但地方政府未公布具体实施文件的可能，如果将这类城市中的国有企业作为对照组将会对本章结果产生影响，因此，本章删除了在研究期间内未搜集到具体实施国有资本经营预算制度文件的城市样本进行稳健性检验。第四，采用全样本进行估计。为了体现本章结果不受样本量的影响，我们保留了全部的国有上市公司进行重新估计，来说明本章结论不受样本选择的影响。第五，缩短样本期间。本章基准结果考察的样本期间为2003—2014年，时间长度为12年，因为时间过长，受到的干扰因素越多，以及鉴于2003年国资委成立可能影响国有资本经营预算制度实施前的状况，因此我们将研究期间选为2006—2012年的样本重新估计。以上稳健性检验的结果分别报告于表14-6当中，结果显示，本章的基准结论具有较强的稳健性。

表14-6 其他稳健性检验

变量名称	(1)	(2)	(3)	(4)	(5)	(6)
	INV2(参考刘慧龙等(2014)计算的公司投资水平)	INV3(参考辛清泉等(2007)计算的公司投资水平)	以实施国有资本预算的国企为实验组、民营企业作为对照组	删除观测期内未试行预算制度的地级市	全部国有上市公司全样本(非平衡面板)	2006—2012年的估计结果
Budget× $TobinQ_{t-1}$	0.0051*** (0.0017)	0.0058*** (0.0017)	0.0043*** (0.0015)	0.0059*** (0.0020)	0.0047** (0.0018)	0.0042** (0.0020)
$TobinQ_{t-1}$	0.0103*** (0.0019)	0.0097*** (0.0018)	0.0084*** (0.0011)	0.0100*** (0.0016)	0.0087*** (0.0017)	0.0110*** (0.0024)
Budget	−0.0114* (0.0061)	−0.0131** (0.0058)	−0.0155*** (0.0046)	−0.0076 (0.0069)	−0.0096** (0.0045)	−0.0116* (0.0060)
SOE× $TobinQ_{t-1}$			0.0007 (0.0020)			
Constant	−0.3925*** (0.0568)	−0.2871*** (0.0620)	−0.2753*** (0.0606)	−0.2645*** (0.0624)	−0.3048*** (0.0473)	−0.3731*** (0.1229)
控制变量	是	是	是	是	是	是
企业固定效应	是	是	是	是	是	是
年份固定效应	是	是	是	是	是	是
样本量	6912	6912	10997	5952	9807	4032
Within R-squared	0.083	0.107	0.110	0.111	0.109	0.102

注：***、**、*分别表示在1%、5%、10%的水平上显著，括号内为在省级层面cluster调整的标准误。变量SOE表示企业是否为国有企业的虚拟变量。

第五节 异质性分析与机制探讨

前文的基准回归和一系列稳健性检验的结果肯定了国有资本经营预算制度对改善国有企业投资效率的积极影响。正如理论分析部分所指出的，通过建立国有资本经营预算制度，促进“政资分开”能够减少政府部门对国有企业的过度干预，抑制预算软约束下国有企业盲目投资的行为，从而提高国有企业投资效率。以往文献也表明政府干预与预算软约束下国有企业投资过度是造成其投资效率低下的主要原因(白俊 等，2014；张训常 等，2019a)。因此，为了检验国有资本经营预算制度是否能够通过减少政府对国有企业

干预以及预算软约束下的投资过度行为对企业投资效率产生积极作用,本部分首先探讨了国有资本经营预算制度对不同投资水平的国有企业的异质性影响,然后通过对假说 2 和假说 3 分别进行检验,对作用机制进行尝试性分析。

(一)对投资过度与投资不足企业的异质性影响

国有企业过度投资现象是政府作为其出资人,在政资不分的情况下,将政治目标内化于国有企业的结果。在探讨国有资本经营预算制度如何改善国有企业投资效率之前,有必要从投资过度和投资不足的角度对该制度的具体效应进行分析。本章认为,建立国有资本经营预算制度,能够起到促进"政资分开"的作用,进而缓解国有企业的过度投资问题,因此,本章预期建立国有资本经营预算制度对投资过度的国有企业具有更为明显的作用。为了检验这一点,我们根据 Richardson(2006)模型估算公司年度的期望投资水平,并将实际投资水平大于期望投资水平的样本归为投资过度的企业,将小于期望投资水平的样本归为投资不足的企业。[①] 然后采用投资—投资机会敏感度模型分别对投资过度的企业以及投资不足的企业进行分样本回归,以检验国有资本经营预算制度对两类样本投资效率的影响。回归结果如表 14-7 所示。

表 14-7 国有资本经营预算制度对投资过度与投资不足企业的异质性影响

变量名称	投资过度的国有企业		投资不足的国有企业	
	(1)	(2)	(3)	(4)
$Budget \times TobinQ_{t-1}$	0.0149***		0.0016	
	(0.0036)		(0.0011)	
$Budget \times TobinQ_{t-1} \times CentralSOE$		0.0141***		0.0019*
		(0.0039)		(0.0010)
$Budget \times TobinQ_{t-1} \times ProvSOE$		0.0145***		0.0013
		(0.0044)		(0.0019)
$Budget \times TobinQ_{t-1} \times CitySOE$		0.0174***		0.0012
		(0.0041)		(0.0015)
$TobinQ_{t-1}$	0.0124***	0.0124***	0.0041***	0.0041***
	(0.0031)	(0.0031)	(0.0012)	(0.0012)

① 本章估计公司年度的期望投资水平的模型如下:

$INV_{i,t} = \alpha_0 + b_1 TobinQ_{i,t-1} + b_2 LEV_{i,t-1} + b_3 Size_{i,t-1} + b_4 Cash_{i,t-1} + b_5 Age_{i,t-1} + b_6 Return_{i,t-1} + b_7 INV_{i,t-1} + \sum Year\_dummy + \sum Industry\_dummy + \delta_{i,t}$ 其中,下标 i 和 t 分别代表公司和年份。INV 表示企业的投资水平;TobinQ表示公司的托宾 Q 值,表示投资机会;LEV 表示公司的财务杠杆率,等于总负责除以总资产;Size 表示公司规模,采用公司总资产的自然对数表示;Cash 表示货币资金增加额,等于货币资金除以总资产;Age 为上市公司上市年限,等于公司 IPO 到观测年份的年数,并采用加 1 取自然对数表示;Return 表示公司观测年份的股票收益率。

续表

变量名称	投资过度的国有企业		投资不足的国有企业	
	(1)	(2)	(3)	(4)
Budget	−0.0306***	−0.0317***	−0.0052*	−0.0049
	(0.0108)	(0.0106)	(0.0030)	(0.0031)
Constant	−0.5459***	−0.5526***	−0.1395***	−0.1386***
	(0.1521)	(0.1504)	(0.0371)	(0.0388)
控制变量	是	是	是	是
企业固定效应	是	是	是	是
时间固定效应	是	是	是	是
样本量	2867	2867	4045	4045
Within R-squared	0.136	0.136	0.103	0.103

注:***、**、*分别表示在1%、5%、10%的水平上显著,括号内为在省级层面cluster调整的标准误。

表14-7的第(1)列和第(2)列进行回归的样本为投资过度的国有企业,第(3)列和第(4)列进行回归的样本为投资不足的国有企业。结果显示,对于投资过度的国有企业样本,交乘项Budget×$TobinQ_{t-1}$的回归系数在1%的水平下显著为正,而对于投资不足的国有企业样本,交乘项Budget×$TobinQ_{t-1}$的回归系数虽然为正,但不显著。结果说明建立国有资本经营预算制度对国有企业投资效率的改善作用主要存在于投资过度的企业样本中,而对于投资不足的国有企业,国有资本经营预算制度对投资效率并未能起到显著的正向作用,同时并没有进一步导致投资不足,从而损失投资效率。以上结论为下文从政府干预和预算软约束两个方面来探讨国有资本经营预算制度的作用机制具有一定的启示意义。

(二)减少政府干预行为的机制检验

为了反映地方政府的干预程度,本章采用樊纲等(2011)《中国市场化指数》中“减少政府干预”这一指标来衡量,将研究期间内平均得分低于样本中位数的地区归类为高干预地区,平均得分高于样本中位数的地区定义为低干预地区,分别对两类地区的国有企业样本进行与基本结果一样的回归,回归结果如表14-8的第(1)～(4)列所示。我们发现,对于高干预地区的国有企业样本,交乘项Budget×$TobinQ_{t-1}$的系数在1%的水平下显著为正,而对于低干预地区的国有企业样本,该系数虽然为正但并不显著,说明国有资本经营预算制度在高干预地区对国有企业的投资效率具有更大的改善作用。同时,区别中央国有企业、省属国有企业和市属国有企业可以发现,在高干预地区,国有资本经营预算制度对各类国有企业投资效率的改善作用都比低干预地区的作用更大。鉴于地方政府财政支出水平也可以作为政府对市场干预程度的代理指标,因此,为验证结论的稳健性，本章也采用省级财政支出占省级 GDP 的比重来表示国有企业所在地区的政府干预强度。同样，将研究期间内财政支出占 GDP 的平均比重大于中位数以上的地区界定为高干预地区，得分低于中位数的地区界定为低干预地区。采用该方法分样本回归的结果为表 14-8 的第(5)～(8)列。可以发现，其估计结果所体现的结论并没有发生较大改变。

表 14-8　政府干预的机制检验

变量名称	INV(公司投资水平)							
	采用"减少政府干预"指标进行分组				采用财政支出占 GDP 的比重进行分组			
	低干预地区		高干预地区		低干预地区		高干预地区	
	(1)	(2)	(3)	(4)	(5)	(6)	(7)	(8)
$Budget\times TobinQ_{t-1}$	0.0033		0.0079***		0.0033		0.0076***	
	(0.0025)		(0.0024)		(0.0026)		(0.0023)	
$Budget\times TobinQ_{t-1}\times CentralSOE$		0.0030		0.0079**		0.0022		0.0089***
		(0.0022)		(0.0031)		(0.0027)		(0.0027)
$Budget\times TobinQ_{t-1}\times ProvSOE$		0.0044		0.0074**		0.0068		0.0060*
		(0.0066)		(0.0026)		(0.0039)		(0.0030)
$Budget\times TobinQ_{t-1}\times CitySOE$		0.0041		0.0097***		0.0054		0.0078**
		(0.0040)		(0.0025)		(0.0048)		(0.0029)
$TobinQ_{t-1}$	0.0135***	0.0134***	0.0074***	0.0075***	0.0136***	0.0134***	0.0082***	0.0083***
	(0.0021)	(0.0020)	(0.0022)	(0.0022)	(0.0030)	(0.0028)	(0.0021)	(0.0021)
Budget	−0.0093	−0.0099	−0.0134	−0.0140	−0.0116	−0.0138	−0.0124	−0.0129
	(0.0073)	(0.0085)	(0.0088)	(0.0087)	(0.0082)	(0.0092)	(0.0085)	(0.0086)
常数项	−0.2701***	−0.2739***	−0.2056**	−0.2086**	−0.1786	−0.1806	−0.3233***	−0.3345***
	(0.0686)	(0.0675)	(0.0942)	(0.0924)	(0.1027)	(0.1049)	(0.0678)	(0.0674)
控制变量	是	是	是	是	是	是	是	是
企业固定效应	是	是	是	是	是	是	是	是
年份固定效应	是	是	是	是	是	是	是	是
观测值	3456	3456	3456	3456	3456	3456	3456	3456
Within R-squared	0.115	0.115	0.114	0.114	0.119	0.120	0.105	0.106

注：***、**、* 分别表示在 1%、5%、10%的水平上显著，括号内为在省级层面 cluster 调整的标准误。

以上回归结果验证了本章的假说 2，即政府干预程度更高的地区，建立国有资本经营预算制度对国有企业投资效率的改善作用更大。主要原因在于，在高干预地区，地方政府的过度干预对国有企业投资效率造成的损失更大，我们可以采用 $TobinQ_{t-1}$ 的估计系数进行分析。表 14-8 的(1)～(8)列结果显示,在高政府干预地区,$TobinQ_{t-1}$的估计系数明显小于低干预地区,说明在高干预地区,国有企业具有更低的投资—投资机会敏感度,表明政府的干预造成了国有企业投资效率的损失。因此,如果国有资本经营预算制度的实施能够通过促进“政资分开”,减少政府对国有企业的干预,从而降低政府干预对国有企业投资效率造成的损失,那么国有资本经营预算制度对高干预地区国有企业的投资效率具有更大的影响;而对于低干预地区的国有企业,由于其投资效率受政府干预的影响不大,国有资本经营预算制度对该地区的企业存在较弱的效应。基于以上分析,本章认为能够减少政府对国有企业的干预,是国有资本经营预算制度能够改善国有企业投资效率的重要作用机制。

(三)预算软约束的机制检验

在现有研究中,大多数文献通过借鉴林毅夫等(2004)的研究,采用企业利息支出占总负债的比重来作为反映企业预算软约束程度的指标。他们认为,在预算约束硬化的情况下,企业要么破产,要么按时归还贷款,不存在债务被不断延期的可能,因此如果企业面临相同的贷款利率,利息支出占负债的比重应该大致相同,而预算软约束的企业该比重必定远低于同类企业。虽然,采用利息支出占负债的比重来反映预算软约束程度无法消除负债结构的差异,但是对于同一行业内的国有企业,认为该比重越低的国有企业,其预算软约束程度平均高于该比重越高的国有企业是合理的。为此,本章基于利息支出占期初总负债的比重来区分样本,将比重低于同行业中位数的国有企业样本界定为预算软约束程度较高的企业,将比重超过同行业中位数的国有企业样本界定为预算软约束程度较低的企业,分样本进行回归的结果为表 14-9 的第(1)～(4)列,结果显示,实施国有资本经营预算制度对预算软约束较高的国有企业的投资效率具有更显著和更大的改善作用。并且区分中央国有企业、省属国有企业和市属国有企业,该结果依然成立。同时,我们也采用政府补助占营业收入的比重来反映预算软约束的程度,如果国有企业受到的政府补助强度在行业中处于较高的水平,则企业具有较软的预算约束。因此,本章也根据这一指标将国有企业划分为预算软约束较低和预算软约束较高的样本组,分别进行回归的结果为表 14-9 的第(5)～(8)列,可以发现,结论并未发生改变。

表 14-9 的结果验证了本章假说 3,即建立国有资本经营预算制度对预算软约束较强的国有企业的投资效率所产生的正向影响更大。同样,本章可以通过表 14-9 中变量$TobinQ_{t-1}$的估计系数来进一步解释其原因,该变量的估计系数显示,对于预算软约束较高的国有企业样本,具有较低的投资—投资机会敏感度,说明预算软约束的存在降低了国有企业的投资效率。而通过建立国有资本经营预算制度,约束国有企业的投资行为,能够减少预算软约束下国有企业盲目上项目、过度扩张的投资冲动,从而减少预算软约束造成的投资效率损失。

表 14-9 预算软约束的机制检验

变量名称	INV(公司投资水平)							
	采用企业利息支出占总负债的比重反映预算软约束				采用政府补助占营业收入的比重反映预算软约束			
	预算软约束较低的样本		预算软约束较高的样本		预算软约束较低的样本		预算软约束较高的样本	
	(1)	(2)	(3)	(4)	(5)	(6)	(7)	(8)
Budget×$TobinQ_{t-1}$	0.0047		0.0067***		0.0038		0.0079**	
	(0.0033)		(0.0024)		(0.0032)		(0.0033)	
Budget×$TobinQ_{t-1}$×CentralSOE		0.0054		0.0060**		0.0043		0.0072**
		(0.0038)		(0.0023)		(0.0040)		(0.0034)
Budget×$TobinQ_{t-1}$×ProvSOE		0.0034		0.0080**		0.0023		0.0101**
		(0.0032)		(0.0037)		(0.0027)		(0.0043)
Budget×$TobinQ_{t-1}$×CitySOE		0.0045		0.0073**		0.0049		0.0077*
		(0.0038)		(0.0033)		(0.0037)		(0.0039)
$TobinQ_{t-1}$	0.0157***	0.0157***	0.0064**	0.0064**	0.0115***	0.0115***	0.0092***	0.0090***
	(0.0031)	(0.0030)	(0.0026)	(0.0026)	(0.0025)	(0.0025)	(0.0024)	(0.0024)
Budget	−0.0111	−0.0108	−0.0115	−0.0120	−0.0101	−0.0108	−0.0138	−0.0141
	(0.0107)	(0.0108)	(0.0068)	(0.0071)	(0.0082)	(0.0084)	(0.0103)	(0.0105)
常数项	−0.3141***	−0.3169***	−0.1843*	−0.1804*	−0.1585**	−0.1682**	−0.3544***	−0.3479***
	(0.0653)	(0.0682)	(0.0916)	(0.0894)	(0.0630)	(0.0670)	(0.1167)	(0.1171)
控制变量	是	是	是	是	是	是	是	是
企业固定效应	是	是	是	是	是	是	是	是
年份固定效应	是	是	是	是	是	是	是	是
观测值	3456	3456	3456	3456	3432	3432	3480	3480
Within R-squared	0.142	0.142	0.084	0.084	0.124	0.124	0.101	0.101

注：***、**、*分别表示在1%、5%、10%的水平上显著，括号内为在省级层面cluster调整的标准误。

第六节 结束语

本章以2007年9月国务院颁布发布的《关于试行国有资本经营预算的意见》，以及各省(区、市)、各地级市实施国有资本经营预算制度为准自然实验，来考察建立国有资本经营预算制度对国有企业投资效率的影响，从而说明“政资分开”对优化国有资本配置效率的作用。实证结果显示，国有资本经营预算制度的实施对中央国有企业、省属国有企业和市属国有企业的投资和投资机会敏感度都具有显著的正向影响，说明有助于促进

“政资分开”的国有资本经营预算制度能够改善国有企业的投资效率。

进一步分析表明,在投资过度的国有企业样本中,国有资本经营预算制度对企业投资效率的正向作用更为明显;同时建立国有资本经营预算制度对政府干预程度较高地区的国有企业,以及预算软约束程度较高的国有企业所产生的正向影响也更大。该结果启示通过降低政府对国有企业的干预,以及减少预算软约束造成的国有企业投资效率损失,是国有资本经营预算制度能够改善国有企业投资效率的重要作用机制,体现了“政资分开”在国有企业改革发展中的重要意义。

本章的研究为我国新时代深化国有企业改革提供了重要的经验证据。一直以来,国有企业改革的方向在于实现“政企分开”,但是十几年的改革实践表明,国有企业改革的主线与核心应当是实现“政资分开”,有独立的资本,才有独立的企业,反之,企业只能是行政附属物,因此实现“政企分开”最根本的是要实现“政资分开”,因为实现“政资分开”能够克服政府将公共事务管理的职能与国有资本所有者的职能相互混淆,增强国有资本的独立性,从而减少政府对国有企业干预所造成的投资效率损失。

此外,本章的研究结论也为公有制和市场经济的兼容性问题提供经验支撑。社会主义市场经济体制的确立需要在理论和实践上解决公有制与市场经济兼容的问题。十一届三中全会以前,理论上认为公有制和市场经济是不兼容的,因此实践上一直采取计划经济的模式;改革开放以来,随着社会主义市场经济的发展,我国经济的高速增长,国内学者也逐渐认识到公有制和市场经济是可以兼容的。本章研究得出通过建立国有资本经营预算制度,促进政资分开,降低政府对国有企业的干预是能够提高国企投资效率的,说明在社会主义市场经济下,合理的制度设计能够改善国有企业资源配置效率,使其成为自主经营、自负盈亏、自我发展和自我约束的市场竞争主体,因此是公有制和市场经济的兼容性的有力证据。

本章参考文献

白俊,连立帅,2014.国企过度投资溯因:政府干预抑或管理层自利?[J].会计研究(2):43-50,97.

曹春方,马连福,沈小秀,2014.财政压力、晋升压力、官员任期与地方国企过度投资[J].经济学(季刊),13(4):1415-1436.

樊纲,王小鲁,朱恒鹏,2011.中国市场化指数:各地区市场化相对进程2011年报告[M].经济科学出版社.

郭婧,马光荣,2019.宏观经济稳定与国有经济投资:作用机理与实证检验[J].管理世界,35(9):49-64,199.

郭元晞,1997.论政企分开与政资分开[J].经济研究(2):30-36.

胡一帆，宋敏，张俊喜，2005. 竞争、产权、公司治理三大理论的相对重要性及交互关系[J]. 经济研究(9):44-57.

黄海杰，吕长江，Edward Lee，2016."四万亿投资"政策对企业投资效率的影响[J].会计研究(2):51-57,96.

黎文靖，李耀淘，2014. 产业政策激励了公司投资吗[J]. 中国工业经济(5)：122-134.

林毅夫，刘明兴，章奇，2004. 政策性负担与企业的预算软约束：来自中国的实证研究[J]. 管理世界(8):87-95,133,162.

刘慧龙，王成方，吴联生，2014. 决策权配置、盈余管理与投资效率[J]. 经济研究(8)：93-106.

刘纪鹏，刘彪，胡历芳，2020. 中国国资改革：困惑、误区与创新模式 [J]. 管理世界(1):60-68,234.

饶品贵，岳衡，姜国华，2017. 经济政策不确定性与企业投资行为研究[J]. 世界经济，40(02)：27-51.

荣兆梓，2017. 生产力、公有资本与中国特色社会主义：兼评资本与公有制不相容论[J]. 经济研究(4):6-18.

孙晓华，李明珊，2016. 国有企业的过度投资及其效率损失[J]. 中国工业经济(10)：109-125.

唐雪松，周晓苏，马如静，2010. 政府干预、GDP 增长与地方国企过度投资 [J]. 金融研究(8):99-112.

王砾，孔东民，代昀昊，2018. 官员晋升压力与企业创新 [J]. 管理科学学报，21(1)：111-126.

叶静怡，林佳，张鹏飞，等，2019.中国国有企业的独特作用：基于知识溢出的视角[J].经济研究(6):40-54.

叶振鹏，张馨著，1995. 双元结构财政：中国财政模式研究 [M].经济科学出版社.

喻坤，李治国，张晓蓉，等，2014. 企业投资效率之谜：融资约束假说与货币政策冲击[J]. 经济研究(5):106-120.

袁振超，饶品贵，2018.会计信息可比性与投资效率[J].会计研究(6):39-46.

张馨，2006. 政资分开是解决国有企业问题的核心思路 [J]. 中国财政(6):7.

张馨，2014. 论国企的根本问题是资本问题：《资本论》框架下的国企改革分析[J]. 财贸经济(7):13-23.

张训常，刘晔，苏巧玲，2019. 政资分开对国有企业绩效的影响：基于异地国资委控股的视角 [J]. 财政研究(8)：72-85.

张训常，苏巧玲，刘晔，2019. 政资不分：财政压力对国有企业生存发展的影响 [J].财贸经济，40(11)：129-143.

张岩,吴芳,吴晓晖,2018. IPO募资双重管制与资源配置:基于自然实验的经验证据[J].管理科学学报,21(11):76-91.

张宇,2016. 论公有制与市场经济的有机结合[J]. 经济研究(6):4-16.

郑国坚,蔡贵龙,马新啸,2017. 政府干预、国有集团结构动态演化与配置效率[J].管理科学学报,20(10):1-16,56.

周黎安,2007. 中国地方官员的晋升锦标赛模式研究[J]. 经济研究(7):37-51.

朱红军,何贤杰,陈信元,2006. 金融发展、预算软约束与企业投资[J]. 会计研究(10):66-73,98.

ASKER J,FARRE-MENSA J, LJUNGQVIST A, 2011.Comparing the investment behavior of public and private firms [J].NBER working paper.

BAI CHONG EN, LU J, TAO T, 2006. The multitask theory of state enterprise reform: empirical evidence from China [J]. American economic review, 96(2): 353-357.

BECK T, LEVINE R, LEVKOV A, 2010. Big bad banks? The winners and losers from bank deregulation in the United States [J]. Journal of finance, 65(5): 1637-1667.

BIDDLE G C, HILARY G, VERDI R S, 2009. How does financial reporting quality relate to investment efficiency? [J]. Journal of accounting & economics, 48(2-3): 112-131.

BRUS W, LASKI K, 1989. From Marx to the market: socialism in search of an economic system[M]. Oxford University Press.

CHEN R, GHOUL S E,GUEDHAMI O, et al., 2017. Do state and foreign ownership affect investment efficiency? Evidence from privatizations[J]. Journal of corporate finance, 42:408-421.

CHEN S, SUN Z,TANG S, WU D, 2011. Government intervention and investment efficiency: evidence from China [J]. Journal of corporate finance, 17(2):259-271.

GARCIA LARA J M, GARCIA OSMA B, PENALVA F, 2016. Accounting conservatism and firm investment efficiency [J]. Journal of accounting and economics, 61(1): 221-38.

HUANG Z. LI L, MA G, XU L, 2017. Hayek, local information, and commanding heights: decentralizing state-owned enterprises in China[J]. American economic review, 107(8), 2455-2478.

KORNAI J,1986. The soft budget constraint[J]. Kyklos,39(1):3-30.

LIN J,CAI F,LI Z, 1998. Competition, policy burdens and state-owned enterprise reform [J]. American economic review, 88(2): 422-427.

MORTAL S, REISEL N, 2013. Capital allocation by public and private firms[J]. Journal of financial and quantitative analysis, 48(1):77-103.

RICHARDSON S, 2006. Over-investment of free cash flow [J]. Review of accounting studies, 11(2): 159-189.

XU C, 2011. The fundamental institutions of china's reforms and development[J]. Journal of economic literature, 49(4):1076-1151.

第十五章　政资不分：财政压力对国有企业生存发展的影响*

张训常　苏巧玲　刘　晔**

第一节　引　言

党的十九大报告指出，加快完善社会主义市场经济体制，要完善各类国有资产管理体制，改革国有资本授权经营体制。习近平总书记强调，完善国有资产管理体制，以管资本为主加强国有资产监管，改革国有资本授权经营体制。由此可见，实现国有资产管理体制由以管企业为主向以管资本为主转变，是我国新时代深化国有企业改革的重要方向。然而，实现以管企业为主向以管资本为主的转变更加需要解决国有资本的独立性问题，有独立的资本，才有独立的企业，反之，企业只能是行政的附属物（张馨，2014）。在以管资本为主的国有资产管理体制中，国有资本运营和管理更易受到政府的干预，国有资本不独立，政企分开依旧难以真正实现。因此，在国有资产管理体制转变的背景下，应该更加强调"政资分开"的作用。

改革开放至今，国有企业已经历了四十多年的改革，从简政放权到转换经营机制，再到国有资产管理体制改革，基本思路重点在于强调实现"政企分开"。然而，经过这么多年的改革，国有企业依然未能摆脱政府行政附属物的身份，其中主要的原因在于政资未能分开（张馨，2014）。虽然，中央政府经过不断的制度完善，如成立国资委以明确出资人的身份，以及建立国有资本经营预算制度以约束政府行为等措施，为政资分离提供了一系列制度基础，但分税制改革以来，随着事权和支出责任不断向地方（下级）政府下放，各级政府的各政府单元作为国有企业的"出资人"，在一定程度上又强化了"政资不分"问题，从而阻碍了政企分开。那么，"政资不分"究竟如何对国有企业产生影响？是否影响了国有企业的生存与发展？研究该课题对于探讨我国国有企业存在的主要问题具有重要的启示意义。同时，在我国供给侧结构性改革的背景下，讨论影响国有企业生

* 本章写作时间为2019年，故本章论述以2019年为时间点。

** 张训常，讲师，暨南大学经济学院；苏巧玲，博士研究生，厦门大学财务管理与会计研究院；刘晔，教授，博士生导师，厦门大学经济学院财政系。

存与发展的因素，也对如何化解产能过剩、处理“僵尸企业”等问题具有重要的现实意义。

考虑到国有企业作为各政府单元施政的经济基础、财力依据和直接利益所在，“政资不分”所派生出的本身就是财政问题。在社会主义市场经济下，国有资本财政和公共财政共同组成了双元财政模式，解决国有资本“独立”问题，体现在国有资本财政与公共财政相互间的相对独立性。也就是说，在我国双元结构财政模式下，“政资不分”则表现为公共财政和国有资本财政相互混淆、相互影响的特征。因此，本章首先从理论上论述了地方财政压力与“政资不分”之间的联系，指明了本章为何从财政压力的视角来分析“政资不分”问题的原因。其次，在理论分析的基础上，本章基于 1998—2007 年新成立的国有工业企业数据，考察了国有企业创立之初的地方财政压力水平对其初始规模和效率产生的具体效应，并进一步分析创立的地方财政压力水平对国有企业整个生命周期的影响，以此反映了“政资不分”对国有企业产生的经济效应。与现有文献相比，本章主要有以下两点贡献：

首先，在研究视角上，从财政压力对国有企业创立之初产生的影响出发，来体现国有资本和公共财政相互混淆的这样一种“政资不分”现象，然后通过分析财政压力对国有企业生命周期内的平均规模和效率产生的影响，以及对国有企业退市风险的影响来体现这种“政资不分”的微观经济效应。与现有文献从国有企业作为缓解财政压力、拉动地方经济增长的工具这一研究视角不同(Cao et al.，1998；曹春方 等，2015；赵文哲、杨继东，2015)，本章以地方政府面临财政压力时如何影响国有企业初始规模和效率为研究视角，更多反映的是“政资不分”现象的一种表现。因此，本章的研究能够从地方财政压力出发对我国过去几十年国有企业改革过程中“政企不分”和“政资不分”问题难以解决的原因提供启示。

其次，本章的研究结论可以从“政资不分”的角度来解释我国国有企业效率低下的问题。在现有研究中，关于国有企业效率低下的原因主要是基于公有产权性质，缺乏有效竞争和公司治理等角度展开分析的(Alchian，1965；Megginson and Netter，2001；Lin et al.，1998；刘瑞明，2013)，也有少量文献体现了我国财政体制对国有企业的影响(Liu et al.，2006；赵文哲、杨继东，2015；陈冬 等，2016)。与他们不同的是，本章研究得出，国有企业创立时的地方财政压力会显著影响国有企业的初始规模以及效率，从而对国有企业生命周期内的平均规模和效率产生重要影响，并提高了国有企业的退市风险。该结论从“政资不分”的角度为我国国有企业效率低下问题提供了另一种解释；实证结果同样能够为我国促进“政资分开”的改革方向提供经验支撑。

第二节 理论分析

在中国特色社会主义市场经济下,社会主义公有制的特征决定了我国政府不仅作为社会管理者以公共财政的形式处于市场失效领域,而且还作为资本所有者并通过国有企业的形式处于市场有效领域,使我国财政模式形成了公共财政和国有资本财政并存的双元结构(叶振鹏、张馨,1997)。正如图 15-1 所示,作为社会管理者的政府以公共财政为基础行使着社会公共管理职能,而作为资产所有者的政府以国有资本财政为基础行使着国有资本管理职能。根据公共财政理论,政府只能是社会管理者,应该活动于市场失效领域内,尽量减少对市场有效领域的干预。因此,双元结构的财政模式决定了我国政府应该对社会公共管理和国有资本管理两种职能进行分离,以防止政府将社会管理者与资产所有者的双重身份相互混淆,从而避免国有企业成为政府的行政附属物而受到地方政府的干预,即实现"政资分开"是我国社会主义市场经济运行特征的必然要求,也是防止政府以政权行使者的身份对国有企业进行任意干预的有效途径。

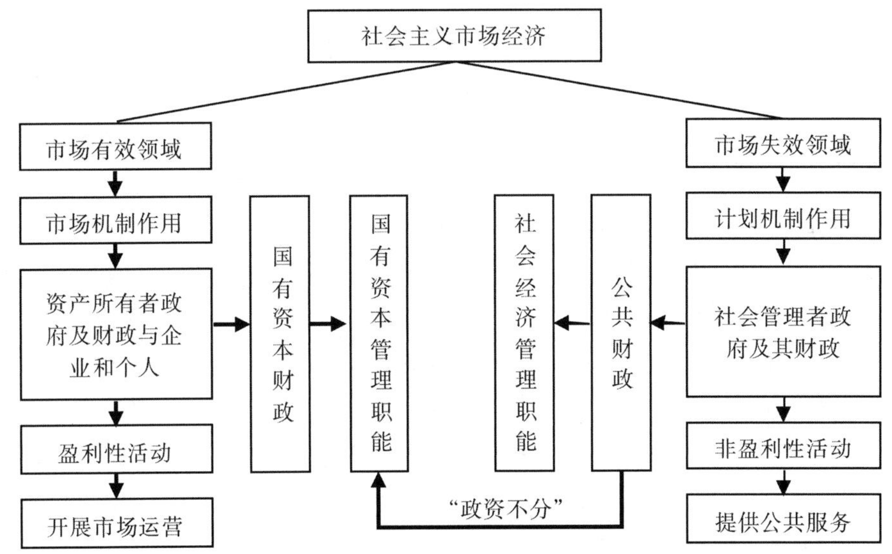

图 15-1 社会主义市场经济运行特征

"政资不分"指的是同时作为社会管理者和资产所有者的政府将社会公共管理职能与国有资本管理职能相互混淆的一种现象。在现实中,我们并不能观察到政府将这两种职能相互混淆的程度,因此,"政资不分"往往难以测度,这也是关于这方面的研究依然停留在理论层面的原因。根据以往的经验研究得出,地方财政压力是影响微观经济主体行为的重要因素(马光荣、李力行,2012;陈晓光,2016;Chen,2017),尤其是在我国社会主义市场经济下,"政资不分"问题的存在导致地方公共财政状况对我国国有企业的改革与发展产生了巨大影响(Cao et al.,1998;王红领 等,2001;朱恒鹏,2004;古志辉、蔡昉,2005;曹春方 等 2015)。财政是政府的分配活动。双元结构财政理论指出,公共财政是政府凭借政治权力,以向全社会提供公共服务为目的的分配活动;而国有资本财政是政府凭借国有资本产权,对经营性国有资产从总体上进行价值管理、分配和宏观经营的政府经济行为。公共财政主要活动在市场失效的范围内,解决市场配置资源所不能解决的问题,为社会、市场和生产力发展创造正常运转的条件和环境;而国有资本财政则以国有企业的形式活动于市场有效的领域,与其他经济主体展开公平竞争。在双元结构财政体制下,要求提供公共服务的公共财政不得介入市场有效领域进行活动,否则政府凭借政治权力介入市场运行,会影响市场的公平竞争环境;要求具有营利性特征的国有资本财政不直接提供公共服务,否则容易导致"政资不分",降低国有资产经营效率。因此,双元结构财政理论认为,要实现"政资分开"首先要求为政府履行公共管理职能提供财力基础的公共财政,与对国有资本经营收入进行分配的国有资本财政应当保持一定的独立性。

然而,在我国尚未实施完善的国有资本经营预算制度之前,国有资本经营收支与经常性预算收支一起,混收、混用、混管,这种做法混淆了公共财政(以税收收入为主体)和国有资产收益的界限,从而无法体现出政府作为社会管理者与国有资产所有者两种职能及其两类收支活动的运行特征(邓子基,2005)。尤其是在地方政府面临财政压力时,这种做法更为严重,导致我国地方政府"政资不分"现象严重,使得国有企业经营管理目标与行为的模糊、紊乱,缺乏应有的活力(郭元晞,1997)。并且国有企业作为各政府单元施政的经济基础、财力依据和直接的利益所在,往往被赋予了政府官员的政治目标和社会目标(Shleifer and Vishny,1994;Li and Zhou, 2005),尤其是在政府面临财政缺口时,具有更强的动机对国有企业进行干预,致使政府的社会公共管理职能和国有资本管理职能更加难以分开,从而强化了"政资不分"。因此,基于财政压力是强化"政资不分"的主要因素,我们可以通过考察公共财政压力状况对国有企业初始规模和效率的影响,来说明"政资不分"是如何对国有企业的生存与发展产生影响的。

除此之外,本章采用地方公共财政压力来表示"政资不分"也是因为我国公共财政状况与"政资不分"在本质上具有一致性。首先,"政资不分"被政府利益所固化,所派生出的本身就体现为财政问题。由于国有企业是财政投资的产物,并且相关法律明确了国有企业的"出资人"是各政府单元,因此国有企业的利润由各政府单元支配,成为各政府单元的财力,具有了财政的性质(张馨,2012)。其次,在我国分税制改革以后,随着财权上移、事权下放,"短缺财政"使得"政资不分"在各政府单元中变得更为严重。在政绩考核机制的驱动下,各政府单元有着强烈的财力饥渴,而国有企业的利润收入作为"第三财政"也就成为缓解"短缺财政"问题的一种全新的获取财源手段。最后,"政企不分"的根源在于未能真正实现"政资不分"(郭元晞,1997),而公共财政压力是坐实和凝固"政资不分"的根源。现有文献指出,地方政府面临财政压力以后,具有强烈的动力去干预国有企业的投资与生产，使政府不仅承担着社会管理职能，而且参与着市场有效领域的活动，破坏市场的公平竞争，导致政企更难分开。

基于以上分析，本章认为财政压力是体现地方政府“政资不分”程度的较好指标，这也是本章展开经验研究的基础。虽然，财政压力不能完全等同于“政资不分”，但是本章考察了国有企业成立时的地方财政状况对其初始规模和效率的影响，其结果正是反映了在双元结构财政模式下，地方政府面临财政压力时由于模糊、混淆了社会管理职能和国有资本管理职能，强化了“政资不分”，从而损害了国有企业创立之初的规模和效率。因此，“政资不分”程度越高，地方财政压力对国有企业初始规模和效率产生的影响越大，对其生存与发展造成的负面影响也越大，同时体现为“政资不分”所带来的经济效应。

第三节 研究设计

（一）模型设计与变量定义

基于本章理论分析，我们以地方财政压力水平来表示“政资不分”的程度，通过建立基本回归模型(15-1)来考察国有企业创立时的地方财政压力水平对其初始规模和效率的影响，从而体现国有资本财政和公共财政相互混淆的这种“政资不分”现象对国有企业成立初期的经济效应。

$$y_{i,t,0} = \alpha_0 + \alpha_1 \mathrm{FP}_{i,t,0} + \delta_t\ \mathrm{Year}_t + \beta X_{i,t,0} + \gamma_p\ \mathrm{Prov}_p + \theta_j\ \mathrm{Ind}_j + \varepsilon_{i,t,0} \tag{15-1}$$

其中，下标 i 表示企业，t 表示年份，0 表示国有企业创立当年。因此，$y_{i,t,0}$ 为国有企业 i 在 t 年份进入市场时所对应的企业特征变量，为突出国有企业创立时的特征，本章选择销售收入的对数值 Ln(Sales)以及全要素生产率 Ln(TFP)这两个维度进行考察，前者反映企业成立时的规模，后者反映企业成立时的效率，全要素生产率采用 LP 法进行计算。$\mathrm{FP}_{i,t,0}$为国有企业 i 成立当年所在城市的财政压力水平，采用“(财政预算内支出－财政预算内收入)/财政预算内收入”这一公式计算。因此，系数 α_1 反映的是国有企业创立时的地方财政压力水平对其初始规模或者初始效率的影响。Year_t 为年份固定效应，用以消除国有企业进入市场时当年的宏观环境等各种系统性因素对国有企业创立之初的影响。$X_{i,t,0}$ 为一系列控制变量的集合，包括国有企业创立之初的资产负债率(LEV)、补贴程度(Subsidy)和是否出口(Export)这些企业层面的特征变量，以及包括国有企业创立当年所在城市的经济增长水平(GDP_growth)、外商直接投资水平(LnFDI)和人口规模(LnPopu)这几个城市层面的控制变量。考虑到国有企业所处的省份以及所属的行业也是造成本章所考察变量存在差异的重要因素，在模型(15-1)中加入了国有企业所在省份(Prov_p)、所属行业(Ind_j)的虚拟变量以消除地区固定效应和行业固定效应。

然而，在模型(15-1)中，由于只采用了国有企业成立当年的数据，这一混合截面数据结构使我们无法控制企业层面的固定效应，因此该回归结果会受到大量不可观测的企业特征的影响，即遗漏变量问题可能影响本章的实证结果。同时，国有企业上交的税收又是地方财政收入的主要来源，国有企业成立的规模和效率同样会对当年地方政府的财政压力状况产生影响，即存在双向因果的问题。综上，模型(15-1)中内生性问题的存在对本章结论的准确性会产生较大的影响。为此，本章将采用工具变量法对模型(15-1)进行估计。对于工具变量的选择，借鉴黄春元和毛捷(2015)的研究，采用专项转移支付占财政总收入的比例作为地方财政压力的工具变量。在黄春元和毛捷(2015)的研究中，采用转移支付(财力性转移支付＋专项转移支付＋返还性收入)占财政总收入的比例作为财政压力的工具变量，来研究财政状况对地方政府债务的影响。然而，在本章的研究中，由于我国对财力性转移支付的支出用途并没有进行详细规范，因此可能对国有企业创立的规模产生影响；而返还性收入直接受增值税、所得税等地方税收收入的影响，因此也与国有企业的创立具有一定的相关性。与财力性转移支付和返还性收入不同的是，上级对专项转移支付的使用具有明确的限定范围，与本章的被解释变量(国有企业的规模与效率)不存在直接关联，而专项转移支付与地方政府财政状况具有较强的相关性，因此本章所使用的工具变量同时满足了相关性和排他性两个特征。

(二)数据说明

考虑到数据的可得性以及 2007 年以后新成立的国有企业数目较少，本章将样本期间选为 1998—2007 年，其中所使用的微观企业数据来自中国工业企业数据库。该数据库囊括了全部的国有企业和规模以上的非国有工业企业，数据指标不仅包括了企业的名称、地址、成立时间等基本信息，也包含了产值、就业人数、资本金情况等财务指标，因此为本章的研究提供了良好的微观数据基础。首先，本章参照 Brandt 等(2012)的处理办法，将各年的中国工业企业数据进行匹配得到混合面板数据。其次，基于本章的研究目的，本章只选择中国工业企业数据库中 1998—2007 年成立的国有企业作为研究样本，即删除创立之初为非国有企业的样本以及 1998 年之前成立的国有企业样本。最后，本章对所选样本进行了如下一般化的数据处理：(1)剔除总资产、净固定资产、销售额和工业总产值数据缺失和小于 0 的企业样本；(2)剔除员工人数小于 8 人的企业样本；(3)剔除样本中流动资产或者总固定资产大于总资产的企业样本；(4)剔除国家资本金小于 0 或者国家资本金、集体资本金、个人资本金、法人资本金、外商资本金和港澳台资本金总和大于实收资本的企业样本。然后，本章根据省地县码以及行政区代码来识别企业所处的城市，将其与地级市数据进行匹配，并剔除城市层面关键变量数据严重缺失的城市样本。地级市数据取自《中国城市统计年鉴》和《中国地市县财政统计资料》。

本章基本回归结果根据国有资本金的占比情况来定义国有企业，将国有资本金大于等于 50%或者国有资本金占比超过其他资本金占比的企业定义为国有企业。再者，考虑到中国是多层级的政府结构，以及地方政府只对隶属于该级政府及以下的国有企业进行负责与控制,所以城市层面的财政状况对中央或者省级控制的国有企业所能产生的影响较小。而本章所考察的是地级市层面的财政压力水平,因此本章在全部的国有企业样本中剔除隶属于中央和省级层面的国有企业,最终所使用的样本共包含 1998—2007 年 263 个地级市中新成立的 7768 家市级及以下的地方国有企业,共 21797 个有效观测值。值得注意的是,在本章所选样本内,有部分比例的国有企业成立年份与企业出现在数据库中的初始年份不一致,比如某企业显示成立年份为 1998 年,却直到 2000 年才出现在数据库中。鉴于本章也考察了国有企业成立当年的财政压力水平对其成立以后的平均影响,本章认定该企业成立时间为企业登记的成立时间,对应企业登记成立时间的财政压力水平,而在数据库中出现的年份与企业成立年份之间的差值表示企业已经存活的时间,即企业的年龄,定义企业成立当年的年龄为 0。并且对于创立年份和初次出现在数据库中的年份不一致的样本,由于本章无法得到其成立当年的企业规模和效率,为此本章直接采用该企业初次出现在数据库时的企业规模和效率作为其初始值。①

第四节 实证结果分析

(一)基准回归结果

表 15-1 报告了本章对回归方程(1)的回归结果。第(1)列和第(2)列我们直接采用 OLS 回归考察了地方财政压力水平对国有企业创立之初的规模以及全要素生产率的影响。该两列回归结果显示,FP 对国有企业初始规模[Ln(Sales)]和初始全要素生产率[Ln(TFP)]的估计系数分别为−0.1675 和−0.1500,并且都在 1%的显著性水平下显著。由于采用 OLS 方法直接进行回归可能会受到内生性问题的干扰,因此,表 15-1 的第(3)列和第(4)列我们采用专项转移支付占财政预算内收入的比例作为地方政府财政压力的工具变量进行回归估计,实证结果显示,在第一阶段的回归中,工具变量的回归系数显著为正,说明专项转移支付与地方财政压力水平之间存在较强的正向关系,该结果与黄春元和毛捷(2015)的研究一致;在第二阶段的回归中,FP 对变量 Ln(Sales)和 Ln(TFP)的估计系数依然在 1%的水平下显著为负,并且其系数的绝对值比采用 OLS 回归得到的结果更大。其中,采用 Ln(Sales)和 Ln(TFP)作为被解释变量时,FP 的估计系数分别为−0.3356和−0.3830,这表明国有企业成立时的地方财政压力水平每提高 1 个标准差(FP 的标准差为 0.652),则会降低国有企业的初始规模 21.88%左右,以及对国有企业创立之初的全要素生产率产生大约 24.97%的负面效应;即地方政府面临财政压力时会降低国有企业成立时的初始规模和初始效率。这其中很大的原因就在于过去财政体制改革中一直存在“政资不分”的原因所致,即政府公共事务的管理职能与作为国有资本所有者的

① 限于篇幅限制,本章的 1998—2007 年的样本统计说明以及变量描述性统计结果留存备索。

职责相互混淆的结果。该结论也从侧面反映出我国国有企业在成立时存在“政资不分”现象的严重性。

表 15-1　基准回归结果

变量	OLS		工具变量回归	
	(1)	(2)	(3)	(4)
	Ln(Sales)	Ln(TFP)	Ln(Sales)	Ln(TFP)
FP	−0.1675*** (0.0416)	−0.1500*** (0.0426)	−0.3356*** (0.0803)	−0.3830*** (0.0782)
常数项	8.4407*** (0.5312)	6.0968*** (0.5071)	8.7188*** (0.5613)	6.4821*** (0.5402)
控制变量	控制	控制	控制	控制
地区、年份和行业效应	控制	控制	控制	控制
观测值	7768	7768	7768	7768
R^2	0.211	0.134	0.204	0.130
第一阶段结果				
IV			0.0120*** (0.0018)	
R^2			0.619	
F			26.08	

注：*、**、*** 分别表示 10%、5%和 1%的水平上显著。括号内的值为在地级市层面上进行聚类的稳健标准误。由于篇幅限制，本章未能报告控制变量的回归系数，留存备索。下表同。

(二)国资委的影响

本章尝试从“政资不分”这一角度对地方财政压力水平之所以对国有企业初始规模和全要素生产率会产生影响进行解释。为进一步说明这一点，本章采用 2003 年国有资产监督管理委员会(简称“国资委”)的成立来说明问题。由于国资委的成立不仅在于监督国有企业，而且明确了国有企业的出资人身份，因此在一定程度上能够促进国有资本财政独立于政府的公共财政，促进公共事务管理职能与国有资产管理者职责的分离。基于此，本章根据国有企业的成立时间，设置虚拟变量 Post，如果国有企业成立时间为 2003 年及以后的年份，则 Post 取值为 1，否则取值为 0。然后我们将该虚拟变量与变量 FP 交乘得到交互项 FP × Post，将其放入模型(15-1)中进行回归，以考察国资委成立前后地方财政压力水平对国有企业发展的影响是否存在差异。

加入交互项 FP × Post 以后的回归结果报告于表 15-2 当中。其中，第(1)列和第(2)列采用全部样本进行回归的结果显示，分别以国有企业初始规模和初始效率作为因变量时，FP 的系数显著为负，而交互项(FP × Post)的系数在 1%的水平上显著为正。结果表明,在国资委成立之前,创立时的地方财政压力水平对国有企业的初始规模和效率具有较大的负面影响,而国资委成立以后,在一定程度上明确了国有企业出资人的身份,使国有资本与公共财政相互独立,减弱了地方财政压力水平对国有企业创立之初所产生的负面影响。考虑到 1998—2002 年成立的国有企业数量较多,而 2003—2007 年成立的国有企业数量较少,为了排除两个时间段样本量差异导致估计结果的不同,表 15-2 的第(3)列和第(4)列只采用成立于 2001—2007 年的国有企业样本进行回归,可以发现交互项的系数依然显著为正,该结果与全样本进行回归的结果一致。综合以上结果分析得出,国资委的成立能够通过加强国有资产的外部监督,明确出资人的身份,从而在一定程度上促进“政资分开”,这表现为地方财政压力对国有企业初始规模和效率的负面影响在国资委成立以后得到削弱。该结论也间接反映了地方财政压力水平之所以对国有企业的初始规模和效率产生较大影响,其中很大的原因在于没能明确国有企业出资人的身份,造成国有资本和公共财政相互混淆的这样一种“政资不分”现象引起的。

表 15-2　成立国资委的影响

变量	全样本		成立于 2001—2007 年的样本	
	(1)	(2)	(3)	(4)
	Ln(Sales)	Ln(TFP)	Ln(Sales)	Ln(TFP)
FP	−0.4358*** (0.1125)	−0.4959*** (0.1087)	−0.4442*** (0.1365)	−0.4614*** (0.1246)
FP×Post	0.2849*** (0.0963)	0.3211*** (0.0966)	0.2691** (0.1071)	0.2879*** (0.1089)
常数项	8.8176*** (0.5658)	6.5935*** (0.5388)	10.6464*** (0.6888)	7.7528*** (0.6516)
观测值	7768	7768	7768	7768
R^2	0.211	0.134	0.204	0.130

注:表 15-2 至表 15-5 都是采用工具变量进行回归的结果,同时加入了控制变量以及控制了地区、年份和行业固定效应,鉴于篇幅限制,表 15-2 至表 15-5 中省略了第一阶段的回归结果。

(三)异质性分析

1.行业异质性

根据社会主义市场经济理论,政府作为社会管理者,应该在市场失效领域提供公共服务,从而形成公共财政;而对于市场有效领域,政府同样作为资产所有者,可以通过国有企业开展营利性活动。然而,在中国国有企业不仅在市场有效领域内开展市场运营,而且也作为政府提供公共服务的主要载体,通过进入一些公益性行业为全社会提供公共服务,比如电力生产和供应业。对于这一性质的行业,国有资本与公共财政在职能上本身就相互补充,因此这类行业的国有企业受到地方财政压力的影响应该越大。为验证这一点,本章根据行业属性将样本划分为公益性行业、制造业和采矿业①,分别考察地方财政压力对这三类行业的国有企业初始规模和效率的影响,回归结果如表 15-3 所示。结果显示,对于公益性行业,变量 FP 的估计系数的绝对值比制造业的估计系数更大,大小相差两倍左右,说明对于公益性行业而言,该类行业更具有公共服务的性质,当政府面临财政紧张时,这类行业的国有企业更易受到影响;而制造业大多属于营利性行业,相比于公益性行业,该类国有企业受到地方财政压力的影响较小,不过依然显著,说明"政资不分"影响的存在;采矿业虽然属于垄断性行业,处于市场失效领域,但国有资本和公共财政更易混淆,预期该行业的国有企业受到地方财政压力的影响也更明显,然而,估计结果显示,在该类行业中,FP 的估计系数并不显著为负,其中很大原因可能与采矿业的地域性特征有关,因此,有必要对地区异质性进行分析。

表 15-3 行业异质性分析

变量	公益性行业		制造业		采矿业	
	(1)	(2)	(3)	(4)	(5)	(6)
	Ln(Sales)	Ln(TFP)	Ln(Sales)	Ln(TFP)	Ln(Sales)	Ln(TFP)
FP	−0.6340*** (0.1350)	−0.6080*** (0.1071)	−0.2649** (0.1052)	−0.3538*** (0.1042)	−0.1027 (0.1877)	0.1124 (0.1469)
常数项	8.4094*** (1.2685)	5.6077*** (1.2228)	8.4707*** (0.5768)	6.2542*** (0.5515)	9.9872*** (2.0582)	5.3564*** (1.7870)
观测值	1081	1081	6261	6261	426	426
R^2	0.256	0.173	0.218	0.130	0.252	0.230

2.地区异质性

国有企业成立之初的初始规模之所以与地方政府的财政压力水平有关,主要原因在于政府面临公共财政缺口时,会限制对国有企业的出资额,从而影响企业成立时的规模和效率。那么,这种混淆国有资本和公共财政的"政资不分"现象是否在地域上也存在差异?本章通过将研究样本划分为东部、中部和西部三个子样本,分别进行回归,结果列于表 15-4。结果显示,财政压力在东部地区和西部地区对国有企业的初始规模和效率具有较大影响,而在中部地区,地方政府面临财政压力对国有企业的初始规模和效率产生的影响较小,说明在经济发展水平较高的东部地区和经济发展水平较低的西部地区,国有企业成立时的规模选择更易受到地方政府财政状况的影响。其中,主要的原因可能在于东部地区私营经济较为集中,对国有企业的依赖性较弱,如表 15-4 所示,1998—2007 年东部地区国有经济比重平均值为 14%,并且对公共服务支出的需求较大,因此,财政缺口

① 公益性行业包括电力、热力生产和供应业,燃气生产和供应业,水的生产和供应业。

越大，其创立大型国有企业的概率越小。而在西部地区，公共服务提供不足，并且财政资金缺口普遍比较严重，在资金紧张的情况下政府更不会也没有能力选择建设大型的国有企业。在中部地区，之所以观察到财政压力对国有企业的初始规模和效率具有较弱的影响，可能是因为中部地区对国有经济的依赖性较高，在缺少外资流入的情况下，地方政府依靠自己建立国有企业来促进经济的发展并增加财政收入，因此，政府即使在面临财政压力时，也不会降低其创立大型国有企业的动力。

表 15-4　地区异质性

	东部地区		中部地区		西部地区	
国有经济比重/%	14.00		35.18		38.74	
城市平均外商直接投资额/百万美元	667.005		116.969		126.481	
	(1)	(2)	(3)	(4)	(5)	(6)
变量	Ln(Sales)	Ln(TFP)	Ln(Sales)	Ln(TFP)	Ln(Sales)	Ln(TFP)
FP	−0.4899***	−0.5546***	−0.1096	−0.1873**	−0.4122***	−0.4965***
	(0.1511)	(0.1769)	(0.0796)	(0.0855)	(0.1367)	(0.1398)
常数项	8.8301***	6.5303***	8.7638***	6.1789***	8.2388***	6.2180***
	(0.9881)	(0.9085)	(0.7142)	(0.6770)	(0.8973)	(1.0894)
观测值	3316	3316	2850	2850	1684	1,684
R^2	0.235	0.147	0.190	0.135	0.268	0.167

3.企业异质性

考虑到资本密集型企业和劳动密集型企业所需初始投入的资金存在较大差别，因此两类企业的初始规模对地方财政压力的敏感性也会存在较大差异。对于资本密集型企业而言，所需购买的固定资产比例较大，创立该类企业所需的资金量也因此更多，所以对于具有较大财政资金缺口的政府而言，创立大型资本密集型企业的可能性也就越小，可以预期财政压力对资本密集型的国有企业初始规模的影响更大。为验证这一点，本章根据人均固定资产年平均余额这一指标，将人均固定资产年平均余额位于中位数以上的国有企业划分为资本密集型企业，其余为劳动密集型企业，两类企业分组回归得到的估计结果报告于表 15-5。结果显示，地方财政压力水平对资本密集型企业的初始规模和效率产生的影响较大，对劳动密集型企业的影响较小，该结论与预期一致。

表 15-5 企业异质性

变量	资本密集型企业		劳动密集型企业	
	(1)	(2)	(3)	(4)
	Ln(Sales)	Ln(TFP)	Ln(Sales)	Ln(TFP)
FP	−0.3616*** (0.0916)	−0.3953*** (0.0703)	−0.1680 (0.1150)	−0.2941** (0.1310)
常数项	8.3268*** (0.6829)	6.0181*** (0.6702)	9.0690*** (0.6419)	6.9170*** (0.6835)
观测值	3887	3887	3881	3881
R^2	0.242	0.166	0.213	0.132

(四)稳健性检验

为了说明本章基准结论的稳健性,本章进行了如下一系列检验。(1)变换工具变量的度量形式。参考黄春元和毛捷(2015)的研究,使用专项转移支付占财政总支出的比例作为财政压力的工具变量。(2)替换被解释变量。采用资产总计、工业总产值的对数值作为企业规模的度量指标,以及采用 OP 方法来估计企业的全要素生产率。(3)采用财政支出与财政收入的比值,以及“财政支出—财政收入”占 GDP 的比重来度量财政压力水平。(4)借鉴现有一些文献对国有企业的定义方式,采用企业的登记注册类型来划分国有企业和非国有企业。(5)只保留能够观测到国有企业成立当年的规模和效率的企业样本进行回归。以上一系列回归结果表明,本章的基准回归结果是稳健的。①

第五节 进一步的分析

前文通过详细分析地方财政压力水平对国有企业创立时的初始规模和初始效率的影响,侧面反映了我国公共财政和国有资本财政相互混淆现象的严重性,然而,这种“政资不分”的现象是否会导致国有企业创立时的财政压力水平对其整个生命周期内的规模和效率都产生负面效应,从而影响其生存时间?为了检验这一问题,本部分首先分析了国有企业创立时的地方财政压力水平对国有企业发展的长期影响,其次从国有企业的退市风险或生存时间这一角度考察了地方财政压力对国有企业生存的影响,以此来说明国有资本缺乏独立性的最终效应。

(一)财政压力与国有企业发展

基于回归方程(15-1),本章可以考察创立时的地方财政压力水平对国有企业初始规

① 由于篇幅的限制,本章未能报告稳健性的回归结果,留存备索。

模和效率的影响,然而却无法考察该影响的长期性,即创立时的地方财政压力水平对国有企业的整个生命周期内所产生的影响,以及无法分析出该影响是否会在国有企业进入市场后随着年龄的变化而发生变化。出于对这些问题的关心,本章设计以下两个回归方程:

$$y_{i,t,a}=\alpha_0+\alpha_1 \mathrm{FP}_{i,t,0}+\gamma_a \mathrm{Age}_a+\delta_t \mathrm{Year}_t+\beta X_{i,t,a}+\gamma_p \mathrm{Prov}_p+\theta_j \mathrm{Ind}_j+\varepsilon_{it} \tag{15-2}$$

$$y_{i,t,a}=\alpha_0+\sum_{k=0}^{4+}\alpha_k \mathrm{FP}_{i,t,0}\times \mathrm{Age}_k+\gamma_a \mathrm{Age}_a+\delta_t \mathrm{Year}_t+\beta X_{i,t,a}+\gamma_p \mathrm{Prov}_p+\theta_j \mathrm{Ind}_j+\varepsilon_{it} \tag{15-3}$$

回归方程(15-2)检验的是创立之初的地方财政压力水平在国有企业生命周期中的平均影响。其中,a 表示企业年龄,$y_{i,t,a}$ 为国有企业 i 在 t 年份年龄为 a 时所对应的企业规模和全要素生产率。为了消除由于国有企业自身发展阶段不同所带来的影响,本章在模型中加入了国有企业年龄的固定效应 Age_a。回归方程(15-3)通过加入财政压力水平与企业年龄虚拟变量的交乘项 $\mathrm{FP}_{i,t,0}\times \mathrm{Age}_k$ 来分析创立之初的财政压力水平对国有企业各个年龄段的影响。其中,Age_k 表示企业年龄等于 k 的虚拟变量,即当 k 取 0,1,2,3,4 中某一值时,$\mathrm{Age}_k=1$,否则 $\mathrm{Age}_k=0$。因此,国有企业在 0,1,2,3,4 这几个不同的年龄阶段都会对应一个不同的系数 α_k ,该系数反映了国有企业建立后的第 k 年,成立时所在地区的财政压力水平对企业发展的影响程度。其他变量符号的解释与回归方程(15-1)相同。

对于回归方程(15-2)、(15-3),我们同样采用了工具变量进行回归,表 15-6 报告了该回归结果。第(1)列和第(2)列的回归结果显示,国有企业创立时的地方财政压力水平对其创立以后整个生命周期内的平均规模和全要素生产率具有负面效应,即在财政压力水平较大地区成立的国有企业,在其生命周期内的平均规模和效率都会显著低于在财政压力水平较低地区成立的国有企业。第(3)和第(4)列的结果再次佐证了这一结论。因此,以上结果表明创立之初的地方财政压力水平通过对国有企业创立时的初始规模和初始效率产生影响,进而影响国有企业整个生命周期内的发展。本章整理的数据显示,超过一半的国有企业,其生存时间不超过 4 年,所以,本章的结果也可以作为解释我国各地区国有企业发展存在较大差异的一个原因。

表 15-6　财政压力对国有企业的长期影响

变量	回归方程(2)		回归方程(3)	
	(1)	(2)	(3)	(4)
	Ln(Sales)	Ln(TFP)	Ln(Sales)	Ln(TFP)
FP	−0.2751*** (0.0635)	−0.2177*** (0.0491)		
FP×(Age=0)			−0.3367*** (0.0800)	−0.2902*** (0.0728)

续表

变量	回归方程(2)		回归方程(3)	
	(1)	(2)	(3)	(4)
	Ln(Sales)	Ln(TFP)	Ln(Sales)	Ln(TFP)
FP×(Age=1)			−0.2638*** (0.0807)	−0.2140*** (0.0642)
FP×(Age=2)			−0.3233*** (0.0761)	−0.2408*** (0.0632)
FP×(Age=3)			−0.3213*** (0.0861)	−0.2839*** (0.0786)
FP×(Age≥4)			−0.2294*** (0.0690)	−0.1683*** (0.0582)
常数项	9.3260*** (0.5048)	6.6488*** (0.3962)	9.3517*** (0.5045)	6.6785*** (0.3987)
控制变量	控制	控制	控制	控制
地区、年份和行业效应	控制	控制	控制	控制
企业年龄固定效应	控制	控制	控制	控制
观测值	21797	21797	21797	21797
R^2	0.240	0.159	0.240	0.158

(二)财政压力与国有企业生存

为反映国有企业创立之初的地方财政压力水平对其生存时间的影响,本章将采用生存分析法来进行分析。生存分析是将事件的结果和出现这一结果所经历的时间结合起来进行分析的一种统计方法,能够用来分析个体生存时间的分布规律以及影响生存时间的相关因素。通过建立生存分析模型并控制影响国有企业生存时间的其他相关因素以后,试图准确估计创立之初的财政压力水平对国有企业生存时间的影响大小。这里我们定义国有企业的生存时间为国有企业成立年份至从数据库中消失所经历的时间长度。为了消除左删失数据带来的影响,本章依然选取 1998—2007 年新成立的国有企业作为分析对象。

考虑到影响企业生存时间的因素较多,本章设计如下生存分析模型以更加准确地估计出创立之初的地方财政压力水平对其生存时间的影响。

$$\ln h(t,Z)_{i,t}=\alpha_0+\alpha_1\mathrm{FP}_{i,t,0}+\beta Z_{i,t}+\delta_t\mathrm{Year}_t+\gamma_p\mathrm{Prov}_p+\theta_j\mathrm{Ind}_j+\varepsilon_{i,t} \quad (15\text{-}4)$$

其中,i 表示企业,t 表示年份,$h(t,X)$表示时间风险率,协变量 $Z_{i,t}$ 是影响国有企业 i 在考察期内退市风险的其他控制变量,参考现有文献(邓子梁、陈岩,2013;赵奇伟、张楠,2015),控制变量的选取包括企业的当期规模[Ln(Sales)],全要素生产率[Ln(TFP)],资产负债率(LEV),政府补贴(Subsidy)以及是否出口(Export)等企业层面的变量,也包括行业赫芬达尔指数(HHI)和国有企业创立之初所处地区的经济增长水平(GDP_growth)、经济发展规模(LnGDP)、外商直接投资水平(LnFDI)。其他变量的解释与前文相同。

表15-7报告了国有企业创立之初的地方财政压力水平对国有企业生存时间影响的估计结果。其中，第(1)列至第(3)列采用的是Cox比例风险模型进行估计的结果，第(4)列至第(6)列采用的是Weibull模型进行估计得到的结果。从估计结果来看，无论基于哪一种模型，在控制其他影响国有企业生存时间的因素后，变量FP的估计系数都在1%的水平下显著为正，这表明国有企业创立之初的地方财政压力增加了企业退出市场的风险。以Cox比例风险模型的估计结果进行分析，可以看出FP的估计系数为0.985，表示地方财政压力水平每提高一个标准差(0.652)，国有企业的退出风险率提高90.07%。第(2)列采用的是国有企业成立之初所在城市的财政压力水平是否较高和是否较低的虚拟变量进行估计的结果，可以发现FP_dummy的估计系数为0.757，说明相比于成立在较低财政压力水平地区的国有企业，在较高地区成立的国有企业其退市风险率显著增加了113.19%，即达到一倍以上。因此，根据以上结果可以得出，国有企业创立之初的地方财政压力水平对国有企业的退市风险具有较大影响，成立当年所处地区的财政压力水平越大，国有企业的退市风险率越高，即生存时间越短。该结论也在一定程度上揭示了我国国有企业生存时间不长的原因。表15-7的第(3)列和第(6)列通过加入交乘项FP×Post来考察国资委成立的影响，其中Post表示国有企业是否成立于2003年以后，是取值为1，否则取值为0。回归结果显示，交乘项FP×Post的估计系数显著为负，说明国资委成立削弱了地方财政压力对国有企业生存时间的负面影响，再一次佐证了国资委在促进“政资分开”中的作用。

表15-7　财政压力与国有企业退市风险的实证分析

变量	Cox			Weibull		
	(1)	(2)	(3)	(4)	(5)	(6)
FP	0.985*** (0.094)		0.832*** (0.109)	1.204*** (0.113)		0.992*** (0.128)
FP_dummy		0.757*** (0.079)			0.900*** (0.092)	
FP×Post			−0.370*** (0.101)			−0.402*** (0.119)
Post			2.808*** (0.124)			3.665*** (0.145)
常数项				−2.618*** (0.383)	−1.617*** (0.347)	−1.912*** (0.328)
控制变量	控制	控制	控制	控制	控制	控制
地区、年份和行业效应	控制	控制	控制	控制	控制	控制
Likelihood	−35289.063	−35445.203	−34799.035	−6994.2784	−7223.886	−6220.8885
Observations	21,827	21,827	21,827	21,827	21,827	21,827

第六节　结论与启示

党的十八届五中全会强调，以管资本为主加强国有资产监管，继续推进政企分开、政资分开、所有权与经营权分离，破除影响国有资本服务创新发展的体制机制弊端。然而，实现“政企分开”首先要解决的是国有资本“独立”问题，即“政资分开”问题。分税制改革以来，虽然国有企业改制促进了我国经济的发展，提高了国有企业效率，但是，财权上移、事权下放的中国式财政分权加剧了各级政府对国有企业的控制和干预，从而强化了“政资不分”现象，这势必阻碍我国国有企业的发展。考虑到国有资本丧失“独立性”是“政资不分”的一个体现，本章从地方财政压力影响国有企业初始规模和初始效率入手来对“政资不分”现象进行一个局部认识。具体地，本章基于中国工业企业数据库，采用1998—2007年新成立的地方国有企业为研究样本，通过分析地方财政压力水平对国有企业创立之初企业规模和全要素生产率的影响，以此来说明我国国有资本与公共财政相互混淆，从而缺乏“独立性”这种“政资不分”现象的严重性及其对国有企业发展的影响。本章采用专项转移支付占财政总收入的比例作为财政压力的工具变量，实证结果发现，创立时的地方财政压力水平越大，国有企业的初始规模越小，全要素生产率越低。具体而言，国有企业成立当年所在地区的财政压力水平每提高一个标准差，国有企业的初始规模则会降低21.88%，初始全要素生产率降低24.97%左右。考虑国资委成立前后的效应时发现，在国资委成立之前，地方财政压力对国有企业初始规模和效率具有更大的影响，在国资委成立以后，地方财政压力对国有企业初始规模和效率的影响更小。结果在一定程度上说明了国资委成立之前“政资不分”现象的严重性，而国资委的成立通过明确国有企业出资人的身份，能够提高国有资本的“独立性”。为了更能说明国有资本和公共财政相互混淆的事实，本章对基本结论进行了异质性分析。首先，行业异质性分析表明，创立时的地方财政压力对公益性行业的国有企业具有更大的影响，而对制造业和采矿业的国有企业产生的影响较小。其次，考察地区异质性发现，地方财政压力只在东部地区和西部地区对国有企业初始规模和效率产生了影响，在中部地区，该影响较小。最后，通过将国有企业划分为资本密集型企业和劳动密集型企业的结果表明，地方财政压力对资本密集型的国有企业产生的影响较大。以上异质性分析的结果都揭示了我国国有资本和公共财政相互混淆的这样一种“政资不分”的基本现象。

基于基准结果，本章进一步考察了创立时的地方财政压力对国有企业生命周期内的平均规模和效率的影响，研究发现，创立时的地方财政压力水平对国有企业产生的影响具有长期性。再者，通过检验国有企业成立之初的地方财政压力水平对国有企业生存时间的影响得出，国有企业创立当年的地方财政压力水平对国有企业的退出风险具有较大影响，地方财政压力水平每提高一个标准差，国有企业的退出风险率提高90.07%，即地方财政压力水平越大,国有企业生存时间越短。该结论从“政资不分”的角度为我国国有企业效率低下和生命周期短的现象提供了另一种可能的解释。再次考察国资委成立的影响发现,国资委成立能够削弱地方财政压力对国有企业生存时间的负面影响,再次说明明确国有企业出资人身份在促进“政资分开”中的重要性。本章的研究工作为“政资分开”应当作为国有企业改革的核心与主线提供了些许经验证据,研究结论对于进一步深化地方国有企业改革具有相应的启示意义。

本章参考文献

曹春方,马连福,沈小秀,2014.财政压力、晋升压力、官员任期与地方国企过度投资[J].经济学(季刊)(4).

陈冬,孔墨奇,王红建,2016.投我以桃,报之以李:经济周期与国企避税[J].管理世界(5).

陈晓光,2016.财政压力、税收征管与地区不平等[J].中国社会科学(4).

邓子基,2005.建立国有资本经营预算的思考[J].中国财政(12).

邓子梁,陈岩,2013.外商直接投资对国有企业生存的影响:基于企业异质性的研究[J].世界经济(12).

古志辉,蔡方,2015.中国1978—2002年的财政压力与经济转轨:理论与实证[J].管理世界(7).

郭元晞,1997.论政企分开与政资分开[J].经济研究(2).

黄春元,毛捷,2015.财政状况与地方债务规模:基于转移支付视角的新发现[J].财贸经济(6).

刘瑞明,2013.中国的国有企业效率:一个文献综述[J].世界经济(10).

马光荣,李力行,2012.政府规模、地方治理与企业逃税[J].世界经济(6).

王红领,李稻葵,雷鼎鸣,2001.政府为什么会放弃国有企业的产权[J].经济研究(8).

叶振鹏,张馨,1999.双元结构财政[M].北京:经济科学出版社.

张馨,2012.论第三财政[J].财政研究(8).

张馨,2014.论国企的根本问题是资本问题:《资本论》框架下的国企改革分析[J].财贸经济(7).

赵奇伟,张楠,2015.所有权结构、隶属关系与国有企业生存分析[J].经济评论(1).

赵文哲,杨继东,2015.地方政府财政缺口与土地出让方式:基于地方政府与国有企业互利行为的解释[J].管理世界(4).

朱恒鹏,2004.地区间竞争、财政自给率和公有制企业民营化[J].经济研究(10).

ALCHIAN A, 1965.Some economics of property rights[J].IL Politico,30(4):816-829.

BRANDT L, JOHANNES V B,ZHANG Y,2011.Creative accounting or creative destruction? Firm-level productivity growth in Chinese manufacturing[J].Journal of development economics,97(2): 339-351.

CAO Y, QIAN Y, WEINGAST B R,1999.From federalism, Chinese style to privatization, Chinese style[J].Economics of transition,7(1):103-131.

CHEN S X, 2017. The effect of a fiscal squeeze on tax enforcement: evidence from a natural experiment in China[J].Journal of public economics, 147:62-76.

LI H, ZHOU L,2005.Political turnover and economic performance: the incentive role of personnel control in China[J].Journal of public economics,89(9):1743-1762.

LIN J Y, CAI F, LI Z,1998. Competition, policy burdens, and state owned enterprise reform[J].American economic review,88(2):422-427.

LIU G S,SUN P,WOO W T.The political economy of Chinese-style privatization: motives and constraints[J].World development, Vol. No. 2006, 34(12):2016-2033.

MEGGINSON W L,NETTER J M, 2001.From state to market: a survey of empirical studies on privatization[J].Journal of economic literature, 39(2):321-389.

SHLEIFER A,VISHNY R W, 1997. A survey of corporate governance[J].The journal of finance, 52(2):737-78.

第十六章　政资分开对国有企业绩效的影响
——基于异地国资委控股的视角*

张训常　刘　晔　苏巧玲**

第一节　引　言

在过去四十多年建立社会主义市场经济体制的历程中，为了提高国有企业的经营管理水平和竞争能力，更好地发挥其在国民经济中的主导作用，如何正确理顺国家与国有企业之间的关系一直以来都是必须解决的重要问题。尤其在政府同时具有社会管理者和资产所有者双重身份的情况下，合理界定政府的职能对于国有企业的发展就显得尤为重要。中共十四届三中全会通过了《中共中央关于建立社会主义市场经济体制若干问题的决定》，明确提出了“转换国有企业经营机制，建立现代企业制度”的政策方针，并且提出“按照政府的社会经济管理职能和国有资产所有者职能分开的原则，积极探索国有资产管理和经营的合理形式和途径”。2003 年通过的《中共中央关于完善社会主义市场经济体制若干问题的决定》进一步提出：“建立健全国有资产管理和监督体制。坚持政府公共管理职能和国有资产出资人职能分开”。自此，对于国有企业的改革方向，都一直强调实现政资分开和政企分开在建立现代企业制度中的重要作用。在中国特色社会主义进入新时代以来，中央也一直强调政资分开、政企分开的改革方向。2013 年 11 月 15 日，习近平总书记在关于《中共中央关于全面深化改革若干重大问题的决定》的说明中指出“国有资本继续控股经营的自然垄断行业，实行以政企分开、政资分开、特许经营、政府监管为主要内容的改革”。近年来，为了完善国有资产管理体制，改革国有资本授权经营体制，坚持政府公共管理职能与国有资本出资人职能分开，依法理顺政府与国有企业的出资关系，依法确立国有企业的市场主体地位，最大限度减少政府对市场活动的直接干预一直都是改革的基本原则。

Shleifer 和 Vishny(1994)研究指出政府作为国有企业的出资人，政府控制的国有企

* 本章写作时间为 2019 年，故本章论述以 2019 年为时间点。

** 张训常，暨南大学经济学院；刘晔，教授，博士生导师，厦门大学经济学院财政系；苏巧玲，厦门大学财务管理与会计研究院博士研究生。

业常常被政治家们赋予政治目标和社会目标，阻碍了国有资本目标的实现，从而降低国有企业的经营绩效。在我国双元结构财政模式下，政资不分是国有企业成为地方政府行政附属物的根源，是政府各部门能够对国有企业进行干预的主要原因，对国有企业改革与发展更加具有重要的影响。由于我国政府同时具有国有资本所有者和公共事务管理者这两种职能，在政资不分的情况下，政府国有资本所有者的职能会被行政职能所替代，导致所有者行为行政化而非市场化，因此，政资分开是实现政企分开的前提（郭元晞，1997；张馨，2014）。根据对过去改革实践的总结可以得出，政资分开最根本、最核心的问题是必须确保政府公共管理职能与国有资本出资人职能分开，通过建立一整套组织体系和运行制度，使两者能充分有效地履行职能，其改革目标主要体现为政府还权给所有权主体，不再参与企业经营，使国有企业摆脱政府的行政附属物。那么，实现政资分开到底会对国有企业产生哪些经济效应？能否提高国有企业的经济绩效？关于这一问题的实证检验不仅能够为强调政资分开应当作为国有企业改革的核心与主线提供经验证据，而且对于进一步深化国资改革具有重要的政策指导意义。

如何提高国有企业经营绩效，实现国有资本保值增值一直是政界和学术界关注的热点。早期的一些研究以产权理论为基础分析了国有企业民营化的产权性质改革对于提高企业利润率和效率的重要作用（Megginson and Netter，2001；刘小玄，2004；刘瑞明，2013）。然而，国有企业作为国民经济的重要部分，简单采取全盘民营化改革的做法不仅不符合中国实际，也会偏离中国特色社会主义市场经济改革方向。因此，探讨实现政资分开、转变政府职能等非民营化改革举措的经济效应，对于建立中国特色社会主义而言同样具有重要的理论与现实意义。在以往的经验研究中，一些文献从政府干预（唐雪松等，2010；Chen et al.，2011）、财政压力和晋升压力（曹春方 等，2014）等方面考察了这些政府层面的因素对国有企业的影响，这在一定程度上反映了政资不分的负面作用。在理论方面，许多学者也强调了政资分开在国企改革过程中的重要作用，认为实现政资分开，从而达到政企分开，使政治方面的因素不再进入企业决策，对于提高国有企业的效率和经营效益具有积极的影响。

然而，关于促进政资分开是否能够提高国有企业绩效，现有文献缺乏对此问题的经验研究，其中最主要的原因在于无法找到较好的变量来体现政资分开。由于政资分开体现的是政府公共事务管理者职能与作为国有资本所有者的职能相互分离的事实，因此，如果政府作为国有企业的出资人不再将行政职能强加于国有企业，那么可以认为在一定程度上实现了政资分开。考虑到中国这样一种“条条块块”的管理模式，在中国式分权体制下，当一个地区的政府控制另一个地区的企业时，该政府就难以将其社会管理职能与作为该企业的所有者职能相互混淆，因此在一定程度上实现了政资分开；也即当一个地区的企业被其他地区的国资委控股时，由于该国有控股企业所在地区与所属国资委的地区不一致，因此，国有控股企业实际归属的地区难以将行政职能由国有控股企业承担，所以可以认为国有企业被异地国资委控股以后更大程度上促进了政资分开。基于此,通过分析国有控股企业被异地国资委控股以后是否能够改善其经营绩效,从而来说明政资分开的作用具有一定的合理性。

具体而言,本章采用中国A股上市公司地方国有控股企业为研究样本,根据实际控制人名称来识别国有控股企业所属国资委的地区,并与其所在地进行比较,来界定国有控股企业是否被异地国资委控股,通过分析异地国资委控股对国有企业绩效的影响来考察政资分开的经济效应。综合而言,本章的主要贡献在于:首次从异地国资委控股的视角实证分析了促进政资分开对国有企业绩效的影响。虽然在关于国有企业改革的方向中,实现政资分开一直被赋予了重要的政策地位,但鲜有文献对政资分开的效应进行过实证研究,这不仅使得国有企业改革是否需要实现政资分开以及如何实现政资分开这一命题缺乏足够的经验证据,而且使得这方面的理论分析也缺乏足够的说服力。本章的研究表明,国有企业被异地国资委控股以后具有更好的经营绩效,主要表现在与本地国资委控股的国有企业相比,被异地国资委控股的企业具有更高的资产收益率和更高的销售收入增长率。结论在一定程度上说明了促进政资分开对于提高国有企业经营业绩具有积极的作用,这对于实现政资分开是否应该作为国有企业改革的核心与主线具有重要的启示意义。

第二节 文献回顾

早期的许多研究从产权理论这一角度分析了国有企业效率低下的原因,他们认为国有产权导致的委托代理问题更为严重,与国有产权相比,私有产权具有较强的激励动机去不断提高企业的效益,因此,政府控股的企业具有更低的经营绩效(Megginson and Netter, 2001;Xu and Wang, 1999;Sun and Tong, 2003;Wang,2002)。然而,产权理论并不足以全面揭示国有企业效率低下的根源,主要原因在于产权理论不能完全解释国有产权在提高企业效益问题上为何具有较低的激励动机。正如Stiglitz(1994)很早就指出,委托代理问题的性质在任何所有制企业中都是一样的。陈晓和江东(2000)的研究就发现在竞争性较弱的行业中,国有股权与公司业绩并没有负向的相关关系。并且,一些研究也指出国有股权也具有一些其他的积极作用,比如郝阳和龚六堂(2017)的研究发现,国有参股能够减轻民企的税负和融资约束,从而能够提高公司的绩效。也有文献指出,产权问题并不是导致国有企业经营绩效低的唯一原因,其自身治理结构不完善,承担着经济增长和社会责任等问题也是引起国有企业诸多问题的原因(梁志兵,2018)。因此,仅从产权性质的角度对国有企业效率为何低于民营企业进行解释难免失之偏颇。

除公有产权性质外,政府层面的因素也是导致国有企业效率低下的重要原因,现有文献在这方面也进行了较为充分的分析。Chen 等(2011)研究得出地方政府的干预会导致国有企业过度投资。曹春芳等(2014)实证研究也同样认为地方政府的财政压力以及晋升压力也会导致国有企业效率损失。陈信元和黄俊(2007)研究指出政府干预下的多元化经营会降低国有上市公司的经营业绩。夏立军和方轶强(2005)研究得出,越低层级政府控制的国有上市公司的经营业绩表现越差,但改善公司所处的治理环境能够减轻这种负面效应。其实,考察政府因素对国有企业的影响在一定程度上体现为政资不分情况下的负面效应。政资不分主要体现在政府将国有资本所有者的职能与公共事务管理的职能相互混淆,从而将国有企业作为政府实现政治目标的工具,对其任意干预。在中国多层级的政府结构下,政府作为国有企业的实际出资人,资本的不独立性使国有企业成为地方政府的行政附属物,从而出现政府做了企业的事、企业做了政府的事这种政资不分的现象(张馨,2014);并且在控制权由政府掌控的情况下,国有企业容易成为政治家实现政治目标的工具,从而导致效率损失。因此,为提高国有企业效率,其改革方向也应该侧重于实现政府作为国有资本所有者和行政事务管理者两重身份的分离,从而阻碍政府凭借所有者的身份向国有企业下达实现行政管理目标的指令,减少政府对国有企业的干预。在政资真正分开后,国有企业就不再隶属于政府部门,只要合法经营,政府就无权干预国有企业的经营活动,从而实现真正的政企分开(郭元晞,1997)。这也是为什么许多研究从政府行为层面得出规范政府行为、减少政府干预能够有助于提高国有企业绩效的原因。比如,Fan 等(2013)指出,通过构建更多层级的金字塔股权结构,能够减少政府对国有企业的干预,从而提高绩效。杨理强等(2017)的研究得出,2012 年末我国开始的反腐倡廉建设能够通过降低国有企业的业务招待费从而提高企业的绩效。

可以看出,政府因素之所以对国有企业产生影响,其出发点主要在于地方政府作为国有企业的出资人,暗含着政府可以强行对国有企业进行干预的属性,是政资不分现象的体现。在政资不分的情况下,政府的许多行为与国有企业的经营行为相互混淆影响了国有企业的发展。然而,关于政资分开的研究却较为少见。盛丹和刘灿雷(2016)研究得出,2003 年国资委成立对于改善国有企业经营绩效以及改制成效都具有显著的促进作用,然而他们从加强外部监管的角度对此进行了解释。国资委成立作为政资分开的第一步,考察该政策的影响也体现了政资分开在国有企业发展过程中的重要作用。政资分开作为国有企业改革过程中的重要一环,深入探讨其对国有企业的影响具有较大的指导意义和现实意义。

第三节 研究设计

(一)样本选择

本章以中国 A 股地方国有控股上市公司为初始研究样本,鉴于国资委在 2003 年才开始成立，将研究期间选为2004—2016年。我们根据国泰安(CSMAR)数据库中的股权性质文件，通过层级判断信息将层级显示为“国家”和“央企”的上市公司界定为中央国有企业，将层级显示为“省”“省国企”的上市公司界定为省属国有企业，而将层级显示为“市”“市国企”的上市公司界定为市属国有企业，并只保留省属国有企业和市属国有企业。在此基础上，我们剔除了金融类上市公司样本、ST和*ST公司以及信息不全的公司样本。最终本章获得7513个公司—年度样本观测值，其中2550个为省属国有企业样本，4963个为市属国有企业样本。样本公司的财务数据均来自CSMAR数据库。

(二)政资分开的衡量

本章旨在考察实现政资分开对国有企业绩效的影响，因此，如何反映政资分开是本章需要解决的前提与关键问题。在中国这样一种“条条块块”的管理模式下，当一个地区的国有企业被其他地区的国资委或政府控股时，在一定程度上能够解决政资不分的问题。基于此，本章可以通过将国有企业是否被异地国资委控股来体现政资分开，如果企业一开始由注册地的国资委或者其他私人控股，而通过股权转让后被非国有企业所在地的国资委控股，则可以认为该国有企业发生了异地国资委控股[①]，在一定程度上促进了政资分开，因此，我们可以采用国有企业是否发生异地国资委控股事件来度量政资分开。首先，基于本章的最终研究样本，我们根据上市公司注册地址来判断企业所在的地区，然后根据上市公司年报中的实际控制人名称来判断国有企业由哪个地区的国资委控股，通过对比，分析研究期间内国有企业的注册地址与控股国有企业的国资委所属地区是否为同一地区，如果不是，则定义为“异地国资委控股企业”的样本，作为处理组，并查找发生异地国资委控股的具体时间；而如果在研究期间内国有企业的注册地址与控股国有企业的国资委所属地区一直同为一个地区，则为“本地国资委控股企业”，作为对照组。两类企业采用虚拟变量$DSASAC_i$表示，如果企业i为对照组，则变量$DSASAC_i$取值为1，否则取值为0。这里，我们以嘉凯城(股票代码为:000918)为例，在2008年之前，该上市公司所在地为湖南省并由湖南省国资委控股，2009年以后通过股权转让成为浙江省国资委控股企业，所在地并未发生变化，因此，本章认为该上市公司为异地国资委控股企业样本，被异地国资委控股以后其政资分开程度比本地国资委控股企业更高。需要说明的是，对于省属国有企业，按所在地与所属国资委地区是否为同一省份来判断，而对于市属国有企业，按所在地与所属国资委地区是否为同一地级市来判断。

经过整理，在本章的最终研究样本中，有39家地方国有上市公司在研究期间内发生了异地国资委控股的事件，其中，异地国资委控股的地方国有上市公司样本中，11家为省

① 由于本章只保留了省属国有企业样本和市属国有企业样本，因此非国有企业通过股权转让后变为国有企业的样本只包括成为国有企业以后的年度样本，而为非国有企业时的年度样本并不包含在回归样本中。在39家发生异地国资委控股的上市公司中，只有9家上市公司是通过私有股权转让而发生异地国资委控股的，在后文将对这一类样本的影响进行稳健性检验。

属国有上市公司,28 家为市属国有上市公司。

(三)基准回归模型与变量定义

本章采用国有企业是否被异地国资委控股来体现政资分开,从而分析实现政资分开对国有企业的影响,在我们的研究样本中,我们查找了各个国有企业在研究期间内发生异地国资委控股的具体时间,为此我们构建如下双重差分(DID)模型进行分析:

$$Perfit = \beta_0 + \beta_1 DSASAC_i \times Post_t + \gamma \times Controlit + \delta_i + \tau_t + \varepsilon_{it} \quad (16\text{-}1)$$

其中,Perfit 为被解释变量,表示公司的经营业绩水平,主要采用资产收益率(ROA)和销售收入增长率(Sale_G)两个指标来表示公司的经营情况。其中,ROA 等于年度净利润除以年末总资产,销售收入增长率(Sale_G)等于(当年销售收入－上年销售收入)除以上年销售收入。$DSASAC_i$ 为企业 i 在 2004—2016 年是否发生异地国资委控股事件的虚拟变量,如果企业 i 在 2004—2016 年内被异地国资委控股,则 $DSASAC_i=1$,否则 $DSASAC_i=0$。$Post_t$ 为发生异地国资委控股时间前后的虚拟变量。因此,本章感兴趣的系数 β_1 反映了在控制其他因素的情况下,国有企业被异地国资委控股以后企业经营绩效的变化,即捕获了政资分开的效应。β_0 为截距项,ε_{it} 为干扰项。

Controlit 为一系列控制变量的集合,参照现有研究(杨合力 等,2012),本章选择的控制变量包括企业特征变量:(1)企业规模(size),采用年末总资产的对数值表示;(2)资产负债率(leverage),为年末总负债与年末总资产的比值;(3)企业年龄(LnAge),采用观测年份减去公司成立年份然后加 1 取对数值表示;(4)第一大股东持股比例(share1);(5)政府补助规模(sbusidy),采用政府补助额加 1 取对数值表示;(6)是否省属国有企业(SHENG),如果国有上市公司的实际控制人为省国资委,则 SHENG 取 1,否则取 0。同时也包括公司治理指标:(1)董事会规模(SD),采用董事会总人数表示;(2)独立董事比例(INDRE),采用独立董事人数除以公司董事会总人数进行计算;(3)两职合一(CEOBOARD),根据总经理和董事长是否由同一人担任进行定义,如果是取值为 1,否则为 0。为了尽量消除遗漏变量的影响,模型(16-1)还控制了年份固定效应和企业个体固定效应。

各变量的数据描述性统计如表 16-1 所示。为了消除异常值的影响,对于连续变量,本章进行了前后 1%的缩尾处理。

表 16-1　变量定义与描述性统计

变量	观测值个数	均值	标准差	最小值	中位数	最大值
DSASAC	7513	0.0446	0.2061	0.0000	0.0000	1.0000
ROA	7513	0.0295	0.0557	－0.2491	0.0277	0.1894
Sale_G	7513	0.2017	0.6689	－0.6508	0.1024	5.9850
size	7513	22.0723	1.2703	19.4200	21.9247	26.7243
leverage	7513	0.5282	0.2001	0.0767	0.5366	1.0582

续表

变量	观测值个数	均值	标准差	最小值	中位数	最大值
LnAge	7513	2.3880	0.6023	0.0000	2.5649	3.1781
share1	7513	0.5579	0.1557	0.1037	0.5638	1.0181
sbusidy	7513	0.0085	0.0200	0.0000	0.0018	0.1378
SHENG	7513	0.3404	0.4739	0.0000	0.0000	1.0000
SD	7513	10.3277	2.5395	5.0000	9.000	25.0000
INDRE	7513	0.3642	0.0584	0.2500	0.3333	0.5714
CEOBOARD	7513	0.2554	0.4361	0.0000	0.0000	1.0000

资料来源：作者计算。

第四节　实证结果分析

(一)基准回归结果

表16-2的第(1)列和第(2)列报告了基于全样本对模型(16-1)进行回归的结果。第(1)列采用资产收益率(ROA)为被解释变量的基准回归结果显示，交互项DSASAC×Post的估计系数为正，并通过了5%的显著性水平；第(2)列采用销售收入增长率(Sale_G)作为被解释变量的回归结果显示，DSASAC×Post的估计系数在1%的显著性水平下为正。从以上结果我们可以得出，异地国资委控股能够提高国有企业的业绩水平，其中表现为国有企业被异地国资委控股以后，具有更高的资产收益率和更快的销售收入增长率。国有企业被异地国资委控股以后对业绩存在影响的原因可能在于发生异地国资委控股以后在一定程度上分离了地方政府公共事务管理职能与国有资本所有者职能，促进了政资分开，使国有企业以追求利润最大化为目标，从而改善国有企业的业绩，这一可能性将在后文进行检验。

然而，采用全样本进行回归可能会受到样本选择性偏误的影响，即一个地区的国资委在考虑是否控股其他地区的国有企业时，可能会考虑该国有企业的经营状况，选择控股一些业绩较好的国有企业。基于此，参考刘晔等(2016)的研究，本章进一步采用PSM-DID方法来消除选择性偏误引起的内生性问题。PSM由Rosenbaum和Rubin(1983)提出，其目的是将样本选择过程进行随机化。本章采用的匹配变量包括：资产收益率、企业规模、资产负债率、上市年限、第一大股东持股比例，同时控制省份和行业固定效应，根据这些可观测的企业特征变量将没有异地国资委控股的企业与异地国资委控股的企业进行匹配。通过一对一最近邻匹配方法为异地国资委控股的企业找到相似的对照组，然后只保留匹配成功的企业样本重新进行DID回归。采用PSM-DID方法进行回归以后的结果为表 16-2 的第(3)列和第(4)列。[①] 结果显示,不管是以资产收益率,还是销售收入增长率作为被解释变量,交互项 DSASAC×Post 的估计系数在 5%和 1%的水平下正显著。该结果说明即使消除了选择性偏误可能引起的内生性问题后,国资委异地控股对国有企业的经营绩效同样体现为正向作用。

表 16-2　基准回归结果

变量	全样本估计		PSM-DID 估计	
	(1)	(2)	(3)	(4)
	ROA	Sale_G	ROA	Sale_G
DSASAC×Post	0.0370** (0.0146)	0.2892*** (0.0969)	0.0291** (0.0143)	0.2659*** (0.0944)
size	0.0131*** (0.0024)	0.0581*** (0.0107)	0.0111 (0.0072)	0.0969** (0.0368)
leverage	−0.1815*** (0.0095)	0.0136 (0.0417)	−0.1775*** (0.0275)	0.4622** (0.2263)
LnAge	−0.0148*** (0.0040)	−0.0852*** (0.0217)	−0.0228 (0.0261)	−0.2773** (0.1382)
share1	0.0507*** (0.0127)	0.1629*** (0.0565)	0.0525 (0.0384)	0.3611** (0.1718)
subsidy	−0.0005*** (0.0002)	−0.0027*** (0.0010)	−0.0001 (0.0005)	−0.0049 (0.0057)
INDRE	0.0298** (0.0121)	−0.0268 (0.0660)	0.0475 (0.0570)	−0.1861 (0.4166)
SD	−0.0010** (0.0004)	−0.0023 (0.0018)	−0.0018 (0.0016)	−0.0145* (0.0074)
SHENG	0.0319** (0.0147)	−0.0307 (0.0980)	0.0381** (0.0150)	−0.0262 (0.1135)
CEOBOARD	−0.0040* (0.0022)	0.0031 (0.0107)	−0.0054 (0.0085)	0.0332 (0.0565)
Constant	−0.1720*** (0.0519)	−0.9023*** (0.2263)	−0.1253 (0.1622)	−1.5031* (0.8598)
年份固定效应	是	是	是	是
企业固定效应	是	是	是	是
N	7513	7513	698	698
R^2	0.229	0.112	0.287	0.114

注:*、**、*** 分别表示 10%、5%、1%的显著性水平,括号内的值为聚类到公司层面的聚类稳健标准误。下表同。

① 鉴于篇幅限制,正文并未报告 PSM 平衡性检验结果,有需要的读者可向作者索取。

(二)平行趋势检验

本章基准回归结果通过建立 DID 模型考察了国有企业被异地国资委控股以后企业绩效水平的变化,并结合 PSM 方法消除了选择性偏误问题可能产生的影响。然而,采用 DID 方法回归的结果是否有效的前提是满足平行趋势检验,即异地国资委控股的企业(实验组)在控股前绩效的变动与非异地国资委控股企业(对照组)具有相同的变化趋势。为此,本章构建如下模型进行平行趋势检验:

$$\begin{aligned}\text{Perfit} = &\beta_0 + \beta_1 \text{DSASAC}_i \times \text{Before3} + \beta_2 \text{DSASAC}_i \times \text{Before2} + \\ &\beta_3 \text{DSASAC}_i \times \text{Before1} + \beta_4 \text{DSASAC}_i \times \text{Post}_t + \\ &\gamma \times \text{Controlit} + \delta_i + \tau_t + \varepsilon_{it}\end{aligned} \tag{16-2}$$

其中:Before3 为发生异地国资委控股之前第三年取值为 1,否则为 0。Before2 为发生异地国资委控股之前第二年取值为 1,否则为 0。Before1 为发生异地国资委控股之前第一年取值为 1,否则为 0。其余变量的解释与式(16-1)相同。表 16-3 结果显示,在各列中,交互项 DSASAC×Before3、DSASAC×Before2、DSASAC×Before1 的系数并不显著为正,但 DSASAC×Post 至少在 10%的水平下显著为正,这说明被异地国资委控股之前的第三年到第一年处理组和控制组之间经营绩效水平并不存在显著的正向差异,但被异地国资委控股以后对国有企业上市公司的经营绩效水平的影响显著为正。该结果说明了本章采用的处理组和控制组满足平行趋势检验,也反映了基准回归结果的有效性。

表 16-3 平行趋势检验

变量	全样本		PSM 匹配之后的样本	
	(1)	(2)	(3)	(4)
	ROA	Sale_G	ROA	Sale_G
DSASAC× Before3	−0.0153 (0.0289)	0.2752 (0.1675)	−0.0044 (0.0278)	0.2769 (0.1675)
DSASAC×Before2	−0.0307 (0.0249)	0.1688 (0.1309)	−0.0240 (0.0263)	0.1231 (0.1241)
DSASAC× Before1	−0.0055 (0.0057)	−0.1576* (0.0817)	0.0074 (0.0093)	−0.1570* (0.0814)
DSASAC×Post	0.0385* (0.0206)	0.3984*** (0.1259)	0.0324* (0.0186)	0.3850*** (0.1220)
Constant	−0.1616*** (0.0514)	−0.9232*** (0.2236)	−0.1509 (0.1908)	−1.5504 (1.0112)
控制变量	是	是	是	是
年份固定效应	是	是	是	是
企业固定效应	是	是	是	是
N	7513	7513	698	698
R^2	0.230	0.113	0.301	0.112

(三)其他稳健性检验

(1)随机选取样本进行安慰剂检验。本章的结果可能受到来自巧合的猜疑,为排除偶然因素,本章对研究样本重复 200 次地随机抽取 50 家地方国有上市公司,将其假设为异地国资委控股的企业(作为处理组),并随机选择发生异地国资委控股的年份,通过构造反事实进行回归,我们将所得到的 200 次回归的系数绘制在图 16-1 当中。结果显示,以资产收益率和销售收入增长率为被解释变量时,200 次的回归系数其均值几乎等于 0,超过 95%的次数其回归系数在统计上是不显著为正的,该结果说明本章基本回归结果是偶然的可能性是极小的,也间接反映了本章结论的稳健性。

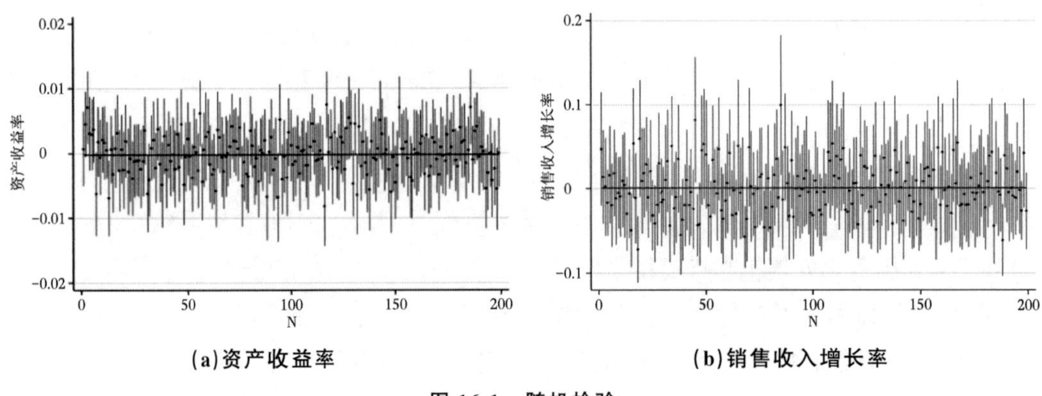

(a)资产收益率　　(b)销售收入增长率

图 16-1　随机检验

(2)剔除直辖市的上市公司。考虑到北京、天津、上海和重庆这四个直辖市与其他地区在行政级别以及管理模式上存在一定的差异,因此其控股的国有上市公司与其他地区的国有上市公司可比性可能不是很大,因此本章通过将隶属于直辖市国资委的样本进行剔除,重新进行基准回归估计,所得到的结果如表 16-4 的第(1)、(2)列所示。

(3)保留 ST 和 * ST 公司样本重新估计。在前文的回归结果中,本章剔除掉了 ST 和 * ST 类的公司样本,从而缺少了部分异地国资委控股的上市公司样本。然而,ST 和 * ST 类的公司除了股票价格波动会受到较大影响外,其经营绩效表现较差本身有可能反映了企业控股的结果,为说明本章的研究结论不受这些样本的影响,这里我们将这些样本进行保留并进行估计,所得到的结果如表 16-4 的第(3)、(4)列所示。结果显示,DSASAC×Post 的估计系数依然在 10%和 1%的水平下显著为正,本章结论依然成立。

表 16-4　样本选择的稳健性检验

变量	剔除直辖市样本的回归分析		保留 ST 和 * ST 公司样本	
	(1)	(2)	(3)	(4)
	ROA	Sale_G	ROA	Sale_G
DSASAC×Post	0.0408** (0.0181)	0.2328** (0.1042)	0.0235* (0.0135)	0.2643*** (0.0958)
Constant	−0.1881*** (0.0605)	−0.6966*** (0.2402)	−0.1032** (0.0486)	−2.8086*** (0.4034)
控制变量	是	是	是	是
年份固定效应	是	是	是	是
企业固定效应	是	是	是	是
N	6003	5927	8002	7868
R^2	0.231	0.127	0.215	0.062

(4)剔除由非国有企业转让股权的样本,并重新进行 DID 回归。在本章采用双重差分法研究的异地国资委控股的样本中,有部分比例是由非国有企业的股权转让而来的,为了消除不同股权性质转让带来的影响,本章将通过非国有企业转让导致的异地国资委控股样本进行剔除,或者通过设置虚拟变量来反映其效果。其中,GG 用以表示通过国有股权转让形成的异地国资委控股的虚拟变量,NGG 用以表示通过非国有股权转让形成的异地国资委控股的虚拟变量。得到的结果如表 16-5 所示,其中第(1)列和第(3)列是采用删除由非国有企业转让股权而来的样本进行回归的结果,可以发现,变量 DSASAC×Post 的估计系数依然显著,并且系数变大。第(2)列和第(4)列的结果说明,通过转让国有股权发生异地国资委控股对国有上市公司绩效水平的影响更为显著。

表 16-5　考虑非国有股权转让的影响

变量	(1)	(2)	(3)	(4)
	ROA	ROA	Sale_G	Sale_G
DSASAC×Post	0.0547*** (0.0174)		0.2882** (0.1262)	
GG× DSASAC×Post		0.0543*** (0.0173)		0.2895** (0.1261)
NGG× DSASAC×Post		0.0080 (0.0218)		0.2889* (0.1507)
Constant	−0.1602*** (0.0513)	−0.1669*** (0.0512)	−0.7525*** (0.2256)	−0.9022*** (0.2299)
控制变量	是	是	是	是

续表

变量	(1)	(2)	(3)	(4)
	ROA	ROA	Sale_G	Sale_G
年份固定效应	是	是	是	是
企业固定效应	是	是	是	是
N	7423	7513	7423	7513
R^2	0.232	0.230	0.119	0.112

第五节　关于政资分开效应的判断

前文的估计结果肯定了异地国资委控股对国有企业绩效的积极影响，然而这是否可以认为是政资分开的效应需要进一步检验。考虑到政资分开体现在政府公共事务管理的职能与国有资本所有者的职能相互分离上，所以，如果由异地国资委控股的国有企业在一定程度上能够免于所在地地方政府的行政干预，以及免于当地政府实现经济增长和财政收入等政治目标的工具，那么可以认为国有资本在某种意义上拥有了独立性，即与非异地国资委控股的国有企业其政资分开程度更大。因此，本章可以通过考察不同政府干预程度、经济发展水平以及不同财政压力水平地区的国有企业，其被异地国资委控股以后其绩效水平改善程度的差异，来说明异地国资委控股对国有企业产生的影响是否表现为政资分开的经济效应。如果处于政府干预水平越高，经济发展水平越低和财政压力越高地区的国有企业，被其他地区的国资委控股以后其经营绩效改善越明显，说明异地国资委控股在一定程度上割裂了国有企业所在地政府与国有企业间的附属关系，从而降低了所在地政府对国有企业的干预，促进了政资分开。为检验这一点，我们采用 PSM 匹配之后的样本，并通过设立如下模型进行分析：

$$\text{Perfit} = \beta_0 + \beta_1 \text{DSASAC}_{it} \times \text{Post}_t \times \text{High}_{it} + \beta_2 \text{DSASAC}_{it} \times \text{Post}_t \times \text{Low}_{it} + \gamma \times \text{Control}_{it} + \delta_i + \tau_t + \varepsilon_{it} \tag{16-3}$$

其中，High_{it}和 Low_{it} 分别是根据异地国资委控股的国有企业所在地相关指标进行划分高低组别的虚拟变量。这里我们主要考察所在地区的政府干预程度指标、财政压力水平指标和经济发展水平指标。需要说明的是，本章的政府干预程度采用樊纲等《中国市场化指数》中的“减少政府干预程度”这一指标来反映，该指标越大，说明该地区的政府干预程度越低。对于财政压力水平，本章采用“（省级预算内支出－省级预算内收入）/省级预算内收入”表示，而经济发展水平则直接用省级人均 GDP 的对数值表示。分别根据以上三个指标，本章对异地国资委控股的国有企业进行分组，如果异地国资委控股的国有企业所在地的相关指标平均值大于匹配样本平均值，则 High＝1，Low＝0，否则 High＝

0，Low＝1。通过将所得到的 High 和 Low 两个虚拟变量分别与交互项 DSASAC×Post 进行交乘，得到模型(16-3)，其余变量的解释同式(16-1)。

表 16-6 报告了模型(16-3)的回归结果。其中，第(1)列和第(2)列的结果显示，异地国资委控股高政府干预地区的国有企业时，对企业经营绩效的正向影响更大且更显著。通过对两个系数进行 T 检验可以验证得出，在高政府干预地区的国有企业异地国资委控股的绩效改善效应大于低政府干预地区的国有企业。考察异地国资委控股对不同财政压力水平地区国有企业的影响，同样可以发现，与控股财政压力水平较低地区的国有企业相比，异地国资委控股财政压力水平较高地区的国有企业，对企业经营绩效的改善作用具有更为显著的影响。最后，考察不同经济发展水平的差异时，在经济发展水平较为落后的地区，异地国资委控股产生的效应更大，尤其是以销售收入增长率为被解释变量时，异地国资委控股产生的影响具有较大的差异。以上结果在一定程度上反映出国有企业被异地国资委控股能够降低所在地政府的行政干预，以及防止国有企业成为当地政府实现政治目标的工具，使国有企业以追求经济效益为目标，从而减少政府对国有企业绩效产生的负面影响。该结论突出了异地国资委控股对国有企业绩效的改善作用在很大程度上表现为政资分开的经济效益，因此，从异地国资委控股来考察政资分开的效应具有一定的合理性。

表 16-6　政资分开效应的判断

变量	High＝1 表示政府干预水平较高的地区		High＝1 表示财政压力水平较高的地区		High＝1 表示经济发展水平较高的地区	
	(1)	(2)	(3)	(4)	(5)	(6)
	ROA	Sale_G	ROA	Sale_G	ROA	Sale_G
DSASAC×Post×High	0.0481*** (0.0173)	0.4157*** (0.0907)	0.0324** (0.0137)	0.2767*** (0.0918)	0.0274* (0.0150)	0.1478 (0.1018)
DSASAC×Post×Low	0.0223 (0.0152)	0.1757* (0.0993)	0.0264 (0.0182)	0.1522 (0.1061)	0.0366** (0.0149)	0.3939*** (0.1324)
Constant	−0.1422 (0.1608)	−0.1195 (0.1617)	−0.1178 (0.1629)	−1.7337* (0.9108)	−1.5407* (0.8652)	−1.5041* (0.8881)
控制变量	是	是	是	是	是	是
年份固定效应	是	是	是	是	是	是
企业固定效应	是	是	是	是	是	是
N	698	698	698	698	698	698
R^2	0.292	0.286	0.287	0.121	0.116	0.128

同时，为继续说明地方国有企业异地国资委控股的正向效应体现为政资分开的作用，我们采用中央国有企业进行反事实分析。由于地方政府并不是中央国有企业的出资

人,因此对于国务院国资委控股的国有企业,当地政府并没有资格行驶其出资人的权利,这就已经在一定程度上割裂了所在地政府与中央国有企业的附属关系。就中央国有企业而言,如果所在地政府并非北京市,而是其他省(区、市),我们可以假设这类央企为国务院国资委异地控股的企业样本。因此,本章如果验证得到国务院国资委控股的异地国有企业的经营绩效并没有显著高于当地的中央国有企业,那么可以认为控股的距离并不是导致绩效差异的因素,从侧面说明地方国有企业异地国资委控股的效应更多体现为政资分开的作用。因此,这里以中央国有上市公司为研究样本,如果中央国有上市公司所在地不是北京市,变量 DSASAC 取值为 1,否则取值为 0。

考察中央国有上市公司国务院国资委异地控股效应的回归结果如表 16-7 所示。[①] 其中,第(1)列为采用全部中央国有上市公司样本的回归结果,结果显示,变量 DSASAC 的估计系数并没有通过常规性的显著性检验,说明国务院国资委控股的非北京市的国有企业,其经营绩效并没有显著高于处于北京市地区的中央国有企业。表 16-7 的第(2)列删除了与北京市相邻地区中的中央国有企业样本,发现变量 DSASAC 的估计系数依然不显著。以上结果在一定程度上反映出国资委控股的距离并不是导致企业绩效差异的原因,这从侧面反映了本章基准回归结果中所观测到的异地国资委控股的正向效应在很大程度上体现为政资分开的作用。

表 16-7　中央国有企业样本的实证检验

变量	全部央企样本		剔除北京邻近省份的央企样本	
	(1)	(2)	(3)	(4)
	资产收益率	销售收入增长率	资产收益率	销售收入增长率
DSASAC	0.0114 (0.0104)	0.0384 (0.0399)	0.0092 (0.0111)	0.0374 (0.0382)
Constant	−0.1237*** (0.0314)	−0.2604 (0.1695)	−0.1079*** (0.0314)	−0.2260 (0.1763)
控制变量	是	是	是	是
年份固定效应	是	是	是	是
省级固定效应	是	是	是	是
行业固定效应	是	是	是	是
N	3583	3505	3124	3058
R^2	0.288	0.098	0.294	0.089

① 对于中央企业而言,大部分企业并非通过股权转让而发生异地国资委控股的,并且企业所在地区较少发生改变,因此难以控制企业个体固定效应。

第六节 结论与政策启示

虽然一些文献从理论上阐述了实现政资分开在国有企业改革过程中的重要作用，然而，政资分开是否能够改善国有企业的经营绩效？现有文献缺少这方面的经验证据，这对于我国提倡政资分开的改革方向而言是很大的研究不足。考虑到国有企业被所在地以外其他地区的国资委控股时，该国有企业在一定程度上不仅能够免除所在地政府的行政干预，而且能够减少国资委所在地政府的行政干预，从而促进政资分开。基于此，本章从异地国资委控股这一角度入手，通过将异地国资委控股作为政资分开的一种表现形式，以此来检验促进政资分开是否能够改善国有企业经营绩效。本章基于 2004—2016 年的地方国有 A 股上市公司数据，采用 DID 方法的实证研究发现，被异地国资委控股以后，国有企业的经营绩效得到显著提升，主要体现在与本地国资委控股的国有企业相比，被异地国资委控股的企业具有更高的资产收益率和销售收入增长率，本章在采用 PSM-DID 方法，安慰剂检验以及其他一系列稳健性检验后，这一结论仍然成立。为了说明异地国资委控股是否能够体现政资分开的效应，本章从国有企业所在地的政府干预程度、财政压力和经济发展水平入手对此进行了检验，发现异地国资委控股政府干预较高地区、财政压力较大地区以及经济发展水平落后地区的国有企业具有更大的正向效应，以中央国有企业进行反事实的检验表明，对于中央国有企业，国务院国资委异地控股并不能提高绩效，以上结果在一定程度上表明异地国资委控股的积极效应是政资分开作用的一种体现。

本章的研究对于明确国有企业改革方向，深化国有企业改革，做强做优做大国有企业具有重要的启示意义。自中国经济体制改革以来，政企不分问题就一直是提出最早、争论最激烈、中央高度关注，但至今仍未彻底解决的一个问题，虽然其中的影响因素错综复杂，但本章认为主要的原因在于政资未能真正分开，这主要是由我国社会主义公有制下双元结构财政模式决定的(叶振鹏、张馨，1995)。企业是资本的企业，企业是否附属于政府要依资本而定，而政府作为国有企业的出资人，为使企业摆脱政府行政附属物的地位，首先需要区分社会主义市场经济下政府作为社会管理者和资产所有者的双重身份，将政府的社会管理职能和国有资本管理职能相互分离，即政资分开。本章从异地国资委控股的视角检验了政资分开的部分经济效应，研究结论得出，以异地国资委控股的政资分开对国有企业的经营绩效具有正向影响，从而肯定了政资分开在我国国有企业改革与发展过程中的重要作用。然而，本章的研究结论重在突出政资分开在国有企业改革中的重要作用，而非强调采用异地国资委控股的形式来促进政资分开。在现阶段我国国有资产管理体制由以管企业为主向管资本为主的转变过程中，应该更加强调政资分开的作用，以及如何通过制度建设促进政资分开以建立中国特色现代企业制度，将是我国国有企业改革历程中需要重点解决的问题。

本章参考文献

曹春方，马连福，沈小秀，2014. 财政压力、晋升压力、官员任期与地方国企过度投资[J]. 经济学(季刊)，13(4)：1415-1436.

陈晓，江东，2000. 股权多元化、公司业绩与行业竞争性[J]. 经济研究(8)：28-35,80.

陈信元，黄俊，2016. 股权分置改革、股权层级与企业绩效[J]. 会计研究(1)：56-62,96.

郭元晞，1997. 论政资分开与政企分开[J]. 经济研究(2)：30-36.

郝阳，龚六堂，2017. 国有、民营混合参股与公司绩效改进[J]. 经济研究(3)：122-135。

梁志兵，2018. 控制国有企业资产负债率：背景、原因、措施[J].财政科学，28(4)：71-77,113.

刘瑞明，2013. 中国的国有企业效率：一个文献综述[J]. 世界经济(11)：136-160.

刘小玄，2004. 民营化改制对中国产业效率的效果分析：2001 年全国普查工业数据的分析[J]，经济研究(8)：16-26.

刘晔，张训常，蓝晓燕，2016. 国有企业混合所有制改革对全要素生产率的影响：基于PSM-DID 方法的实证研究[J]. 财政研究(10)：63-75.

盛丹，刘灿雷，2016. 外部监管能够改善国企经营绩效与改制成效吗？[J].经济研究(10)：97-111.

唐雪松，周晓苏，马如静，2010. 政府干预、GDP 增长与地方国企过度投资[J]. 金融研究(8)：33-48.

夏立军，方轶强，2005. 政府控制、治理环境与公司价值：来自中国证券市场的经验证据[J].经济研究(5)：40-51.

杨合力，周立，王博，2012. 公司治理、机构投资者与企业绩效：来自中国上市公司的经验证据[J].财政研究(8)：67-71.

杨理强，陈爱华，陈菡，2017. 反腐倡廉与企业经营绩效：基于业务招待费的研究[J]. 经济管理(7)：44-56.

叶振鹏，张馨，1995.双元结构财政：中国财政模式研究[M].北京：经济科学出版社.

张馨，2014. 论国企的根本问题是资本问题：《资本论》框架下的国企改革分析[J]. 财贸经济(7)：11-21.

CHEN S，SUN Z，TANG S，et al.，2011. Government intervention and investment efficiency：evidence from China[J]. Journal of corporate finance，17(2)：259-271.

FAN J P H，WONG T J，ZHANG T，2013. Institutions and organizational structure：the case of state-owned corporate pyramids[J]. Journal of law，economics，and organization，29(6)：1253-1278.

MEGGINSON W L，NETTER J M，2001. Form state to market：a survey of empirical studies on privatization[J]. Journal of economic literature，39(2)：321-389.

ROSENBAUM P R, RUBIN D B, 1983. The central role of the propensity score in observational studies for causal effects[J]. Biometrika,70(1):41-55.

SHLEIFER A, VISHNY R W, 1994. Politicians and firms[J]. The quarterly journal of economics,109(4):995-1025.

STIGLITZ J, 1994. The theory of socialism and the power of economic ideas[C]// STIGLITZ J ED., Whither socialism?. Cambridge, MA: The MIT Press:1-44.

SUN Q, TONG H S, 2003. China share issue privatization: the extent of its success [J]. Journal of financial economics,70: 183-222.

WANG J W, 2002. Governance role of different types of state shareholders for China's listed companies[R]. Working Paper.

XU X, WANG Y,1999. Ownership structure and corporate governance in Chinese stock companies[J]. China economic review,10(1):75-98.

第十七章　混合所有制改革对国有企业劳动生产率的影响研究*

王艺明　赵　焱**

第一节　引　言

混合所有制改革是我们党和政府进行的一项重要生产关系变革。习近平总书记指出:“我们要勇于全面深化改革,自觉通过调整生产关系激发社会生产力发展活力,自觉通过完善上层建筑适应经济基础发展要求,让中国特色社会主义更加符合规律地向前发展。”①混合所有制改革的目的,就是“通过调整生产关系”以提高国有企业的生产力水平,进而“激发社会生产力发展活力”。混合所有制改革是国有企业个体在生产资料所有制层面的改革,其最终目标在于提高企业的劳动生产力水平,提高其创新能力、发展能力和竞争力。衡量国有企业的生产经营效率,不应仅考虑其投资回报率、利润率等,因为国有企业进入的很多领域是私人资本不愿进入但又是国家总体战略急需的或社会经济发展必需的,这些领域往往承担着社会发展的责任或是公益性的。这就意味着,基于马克思主义劳动价值论的劳动生产率(力)概念和指标可以更好地衡量国有企业效率,无论是竞争性领域还是公益性领域。

推动国有企业混合所有制改革的目的在于提升国有企业的效率。国内不少学者(如刘小玄,2000;姚洋、章奇,2001)研究发现,与非公有制企业相比,国有企业的效率较低,因此很多学者主张通过产权改革来提高国有企业的效率(如宋立刚、姚洋,2005;白重恩等,2006;胡一帆 等,2006)。这些研究主要以市场化的企业财务绩效指标作为衡量其微观效率的标准,并认为国有企业的生产经营绩效低于非公有制企业。但与非公有制企业追求利润率最大化不同,国有企业的发展追求更广泛的社会经济目标。在十八届三中全会以后,各界开始关注国有企业的混合所有制改革,重点是改革对国有企业经营效率的影响,但现有研究未取得一致结论。如刘晔等(2016)研究发现,混合所有制改革可以显著

---

* 本章写作时间为 2021 年,故本章论述以 2021 年为时间点。

** 王艺明,教授,博士生导师,厦门大学经济学院、王亚南经济研究院;赵焱,博士研究生,厦门大学经济学院财政系。

① 引自 2018 年 5 月 4 日习近平总书记在纪念马克思诞辰 200 周年大会上的讲话。

提高国有企业的全要素生产率,且国有控股型混合所有制改革的提升效果较好,同时竞争性行业的改革效果好于垄断性行业;而余明桂等(2019)研究发现,国有企业的民营化,显著抑制了企业的创新。陈林等(2019)研究发现,国有资本控股混合所有制改革对企业创新影响不显著。因此混合所有制改革对国有企业效率的影响还值得进行深入研究。

混合所有制改革的任务,乃至整个深化改革开放的重要任务之一,就是要探索以公有制为主体、多种所有制经济共同发展的基本经济制度,如何与市场化资源配置机制相结合,而检验改革成效的标准就是生产力标准,即生产关系适应生产力发展的标准,我们将应用生产力标准来检验混合所有制改革具体路径的合理性和科学性。基于马克思的劳动价值论、劳动生产率、价值转形、利润率平均化等理论,本章构建了衡量企业劳动生产率的指标,实证检验国有独资企业混合所有制改革是否提升其劳动生产率水平。实证研究部分希望解决以下问题:国有独资企业的混合所有制改革是否促进了企业的劳动生产率提高?企业的所有制结构对其劳动生产率会产生什么影响?混合所有制改革对企业劳动生产率的影响机制是什么?评估混合所有制改革的政策效应,对于国有企业的生产力水平提高和高质量发展有重要理论和实际意义。随着我国进入高质量发展阶段,国有企业的高质量发展意味着需要通过改革提升其劳动生产力水平和可持续发展能力,作为中国特色社会主义经济"顶梁柱",国有企业只有通过高质量发展才能更好地服务于社会主义现代化强国建设,服务于我国经济转变发展方式、转换增长动力的需要,而混合所有制改革则是推动国有企业实现高质量发展的重要举措。

第二节　文献述评

现有文献大多数选择经营绩效、全要素生产率和创新效率三方面对混合所有制改革的效果进行评价。

从混合所有制改革对国有企业经营绩效的影响看,Sun 和 Tong(2003)、Rousseau 和 Sheng(2008)、Bai 等(2009)研究了我国国有企业公开上市发行股份的影响,他们认为国有企业吸收非国有资本提升了企业的销售收入和盈利能力。Liao 等(2014)考察了我国国有企业股权分置改革的影响,结论表明民营化提升了企业的就业、产出和利润。李红阳和邵敏(2019)研究了政府保留国企控制权情形下,引入民营和国外资本能否改善国有企业的表现。他们认为引入民营资本能显著提高国有企业的利润率,而引入外资的利润提升效果则要弱于民营资本。

从混合所有制改革对国有企业全要素生产率的影响看,刘晔等(2016)的研究发现混合所有制改革显著提升了企业的全要素生产率,且国有控股型混合所有制改革对全要素生产率的提升效果高于非国有控股型改革,同时,竞争性行业混合所有制改革对全要素生产率的提升效果好于垄断性行业;黄先海等(2017)认为大型国企改革促进了生产要素

在国有部门内部的流动,民营化与退出促进了生产要素跨部门流动,从而促进了国有企业全要素生产率的进步,也提升了部门全要素生产率水平。

从混合所有制改革对国有企业创新效率的影响看,Tan 等(2020)认为国有企业部分民营化将提升企业创新水平。李文贵和余明桂(2015)认为非国有股权的比例越高,民营化企业的创新效率也越高;钟昀珈等(2016)则认为在混合所有制改革中引进民营资本后,可能存在非国有大股东掏空企业财富行为,从而抑制企业的创新投入和活动,实证检验显示民营化后企业获得的专利数量显著减少;陈林等(2019)认为国有资本控股混合所有制改革对企业创新影响不显著;余明桂等(2019)认为国有企业民营化使得企业面临的融资约束收紧,减少了对创新活动的资金支持,进而抑制了民营化后的企业创新。

综上而言,现有文献对于国有企业混合所有制改革的影响得到了不一致的结果,多数研究认为混合所有制改革会提高企业的利润率和全要素生产率,但对企业的创新有负面影响。在马克思主义视角下,利润率和全要素生产率指标并不能衡量企业生产力水平:首先,利润率是剩余价值率的转化形式,而剩余价值率反映了生产资料所有者对劳动者的剥削程度,因此利润率显然不能作为企业生产力水平的代表变量。其次,基于新古典经济学理论的全要素生产率的增长率未能反映所有投入要素变化带来的生产率增长,是具有缺陷的指标。而劳动生产率指标弥补上述不足,去除了价格因素的影响,并且将各种投入要素转换为单一性质的劳动,可以全面反映生产力水平的增长(戴艳娟 等,2020)。因此,劳动生产率指标是由马克思定义的、建立在马克思主义劳动价值论基础上衡量企业或整体经济生产力发展水平的指标,应基于该指标研究国企混改对于企业生产力水平的促进作用。

第三节　劳动生产率指标构建的理论基础以及混合所有制改革对其影响的机理分析

(一)基于马克思主义劳动价值论的企业劳动生产率衡量指标构建

在马克思主义经济学中,劳动生产率通常和劳动生产力同义,是指劳动者的生产效果或能力,用劳动者在单位劳动时间内所生产的产品数量或使用价值量来衡量。马克思说:“劳动生产力越高,生产一种物品所需要的劳动时间就越少。”[①]马克思本人对劳动生产率的计量,有时计算全劳动生产率,有时计算活劳动生产率,但在计算单个企业的劳动生产率或一个资本所拥有的劳动生产力时通常采用活劳动生产率(荣兆梓和李亚平,2021)。

马克思通常用企业或劳动者单位时间创造的新价值来计算其劳动生产率,例如:“如果一个劳动小时用金量来表示是 6 便士或 1/2 先令,一个 12 小时工作日就会生产出 6 先

---

① 马克思,恩格斯,1972.马克思恩格斯全集:第 23 卷[M].北京:人民出版社:53.

令的价值,假定在一定的劳动生产力条件下,在这 12 个劳动小时内创造的 12 件商品,每件商品用掉的生产资料、原料等的价值是 6 便士,在这种情况下,每件商品花费 1 先令,即 6 便士是生产资料的价值,6 便士是加工时新加进的价值。现在假定有一个资本家使劳动生产力提高一倍,在一个 12 小时工作日中不是生产 12 件商品,而是生产 24 件。在生产资料的价值不变的情况下,每件商品的价值就会降低到 9 便士,即 6 便士是生产资料的价值,3 便士是最后的劳动新加进的价值。……现在,这个商品的个别价值低于它的社会价值,就是说,这个商品所花费的劳动时间,少于在社会平均条件下生产的大宗同类商品所花费的劳动时间。”①在这个例子中,这家企业的劳动生产率从 1(=产品数量 12 件/该企业的活劳动时间 12 小时)提高到 2(=产品数量 24 件/该企业的活劳动时间 12 时间),提高了一倍。如果“在社会平均条件下生产的大宗同类商品所花费的劳动时间”不变,即该商品的社会价值不变,则该企业劳动者每小时新创造的价值从 6 便士提高到 12 便士,也提高了一倍。基于马克思的上述分析及王艺明和赵建(2019)、刘一鸣和王艺明(2021)等研究,本章构建了企业的劳动生产率指标。

为简化分析,假设经济中存在两个部门或代表性企业,用 $\text{debt}_{it}=\beta_0+\beta_1\text{transparency}_{it}+\beta_2 Z+\mu_i+S_t+\varepsilon_{it}$ 标识,分别生产产品 1 和 2。这两个部门或企业产品的价值方程表示为:

$$
\begin{aligned}
a_{11}\Lambda_1+a_{21}\Lambda_2+u_1 l_1&=\Lambda_1\\
a_{12}\Lambda_1+a_{22}\Lambda_2+l_2&=\Lambda_2
\end{aligned}
\tag{17-1}
$$

其中 Λ_i 是产品 i 的单位价值,$i=1,2$。生产 1 单位产品 1,需要投入 a_{11} 单位产品 1、a_{21} 单位产品 2 和 l_1 单位劳动时间;生产 1 单位产品 2,需要投入 a_{12} 单位产品 1、a_{22} 单位产品 2 和 l_2 单位劳动时间。u_1 代表部门或企业 1 的劳动生产率。

对于劳动生产率,马克思指出,“生产力特别高的劳动起了自乘的劳动的作用,或者说,在同样的时间内,它所创造的价值比同种社会平均劳动要多”②,“由于劳动在这里获得了与同一部门的平均劳动不同的特殊生产力,它已成为比平均劳动高的劳动;例如,这种劳动的一个劳动小时等于平均劳动的 5/4 劳动小时,是自乘的简单劳动”③。在式(17-1)中,产品 1 的单位价值分为两部分,其中 $a_{11}\Lambda_1+a_{21}\Lambda_2$ 是生产资料转移到产品中去的价值,$u_1 l_1$ 是劳动者创造的新价值。当 $u_1>1$ 时意味着部门 1 或企业 1 劳动者“在同样的时间内,它所创造的价值比同种社会平均劳动要多”,是“自乘的简单劳动”,其乘数为 u_1,即代表部门或企业 1 的劳动生产率。而部门或企业 2 的劳动生产率为 1,即该部门或企业的劳动为简单劳动。

考虑两个部门或企业产品的生产价格方程:

---

① 马克思,2004.资本论:第 1 卷[M].北京:人民出版社:352.

② 马克思,2004.资本论:第 1 卷[M].北京:人民出版社:370.

③ 马克思,恩格斯,1972.马克思恩格斯全集:第 47 卷[M].北京:人民出版社:361.

$$(1+r)(a_{11}p_1+a_{21}p_2+wu_1l_1)=p_1$$
$$(1+r)(a_{12}p_1+a_{22}p_2+wl_2)=p_2 \quad (17\text{-}2)$$

其中 r 是一般利润率，p_i 是产品 i 的单位生产价格，$i=1,2$。部门或企业 1 和 2 单位劳动时间工资分别为 wu_1 和 w，即和该部门或企业的劳动生产率成正比。这样设定的好处是两个部门或企业的剩余价值率相等，和马克思在《资本论》中通常假设各部门剩余价值率相等保持一致。由式(17-2)可以将等号左侧分解为：

$$\underbrace{(a_{11}p_1+a_{21}p_2)}_{c}+\underbrace{wu_1l_1}_{v}+\underbrace{r(a_{11}p_1+a_{21}p_2+wu_1l_1)}_{m}=p_1 \quad (17\text{-}3)$$

其中 $a_{11}p_1+a_{21}p_2$ 对应于马克思价值分解公式 $w=c+v+m$ 中的 c 部分，为消耗的生产资料的生产价格；wu_1l_1 是劳动力工资，对应于 v 部分；$r(a_{11}p_1+a_{21}p_2+wu_1l_1)$ 是利润，对应于 m 部分。劳动者创造新价值为 $v+m$，用生产价格表示为 $wu_1l_1+r(a_{11}p_1+a_{21}p_2+wu_1l_1)$，除以劳动者数量 l_1，即得到劳动者人均创造的新价值为 $(1+r)wu_1+r(a_{11}p_1+a_{21}p_2)/l_1$。对于所有企业，一般利润率 r 和简单劳动工资 w 都相等，因此可以以 $(1+r)wu_1$ 作为企业劳动生产率 u_1 的代表变量，而偏差部分 $r(a_{11}p_1+a_{21}p_2)/l_1$ 为该企业生产资料的生产价格总额除以劳动者数量，即等于该企业的人均资本存量。

前文构建理论模型论证了可以以企业劳动者人均创造的新价值($v+m$，以生产价格表示)作为其劳动生产率的代表变量，但存在一个和企业人均资本存量相关的偏差项。在进行实证研究时，如果以企业劳动者人均创造的新价值作为企业劳动生产率的代表变量，且作为被解释变量，则应该在解释变量中引入人均资本存量，这样就可以避免被解释变量存在的偏差。本章的实证研究部分将检验国有独资企业混合所有制改革是否提升了企业的劳动生产率，根据前文分析，以不变价计算的企业人均创造的新价值($v+m$)作为衡量劳动生产率的基础性指标。基于数据的可获得性，该指标具体定义见式(17-4)：

企业劳动生产率 =(营业利润+财务费用+应付工资总额)/职工人数　(17-4)

其中，应付工资总额对应于 v，营业利润和财务费用之和对应于 m。由于上式中的指标是年度指标，假设每家企业劳动者的劳动时间等于法定工作时间，则分母员工数就反映了投入的活劳动时间。综上，本章采用不变价企业人均创造的新价值的自然对数作为企业劳动生产率的代表变量，并且在解释变量中引入企业的人均资本存量。

(二)混合所有制影响国有企业劳动生产率的机理分析

国有企业混合所有制改革可以从以下三个途径提高国有企业劳动生产率：首先，国有资本与民营资本在企业层面的充分融合，一方面将有效约束政府对国有控股企业的干预，完善企业治理，提高企业劳动生产率；另一方面也影响民营企业行为，使其企业行为更加规范，更快走向现代企业制度(张飞雁，2019；彭巨水，2019)。其次，避免地方政府对于不同所有制经济形式企业的歧视性市场监管，从而减少市场不公平竞争的存在。通过国有和民营资本的深度融合，可以完善现代企业制度，淡化歧视性市场进入壁垒，缩小两类企业的用工制度差异，实现企业税负的真正均等（彭巨水，2019；中国社会科学院经济研究所课题组、黄群慧，2020）。最后，保持公有制主体地位，可以在直接生产和初次分配中限制资本权限，形成劳资力量相对平衡的基础，提高劳动者的劳动积极性和努力程度（罗丽娟，2019）。因此，成功的混合所有制改革将提高国有企业的生产经营绩效。国有经济是社会主义基本经济制度的主导力量，改革只能增强而不应削弱国有经济整体实力，这就意味着检验混合所有制改革的标准是生产力标准，是生产关系适应生产力发展的标准，通过这个标准将验证混合所有制改革的合理性和科学性。总之，必须从生产力和生产关系的全方位理解国有企业混合所有制改革的目标、意义及如何提高国有企业的劳动生产率。

第四节　混合所有制改革与国有企业劳动生产率：一个实证检验

（一）模型设定与变量定义

由于国有独资企业进行混合所有制改革的年份不一致，本章采用多时期双重差分法检验混合所有制改革是否提升了企业的劳动生产率。具体地，在本章的模型设定中，把没有进行混合所有制改革的国有独资企业样本作为控制组，把进行了混合所有制改革的企业样本作为处理组，建立如式（17-5）所示的回归模型：

$$\mathrm{PRODT}_{i,t}=\alpha+\beta\cdot\mathrm{REFORM}_{i,t-1}+X'_{i,t-1}\gamma+\mathrm{Fix\_Effect}+\varepsilon_{i,t} \tag{17-5}$$

在式（17-5）中，PRODT 是企业的劳动生产率，以企业不变价人均新增价值的自然对数衡量。REFORM 是企业混合所有制改革虚拟变量。X'是企业层面的控制变量向量，参考白重恩等（2006）和余明桂等（2019）文献中的控制变量设定，本章选择的控制变量包括人均资本存量对数（ASSET）、企业负债率（LEV）、管理费用率（ADM）、固定资产比率（FIX）、流动资产比率（CUR）、企业年龄（AGE）、企业成长性（GRW）和企业冗员率（RDD）。根据以上文献，本章认为这些变量反映了企业的资本构成、组织规模以及经营管理状况等特征，这些特征不仅对企业的劳动生产率具有重要影响，同时，也部分决定了国有企业是否进行混合所有制改革，因此是可能的遗漏变量。除控制变量外，回归中还控制了固定效应 Fix_Effect，包括年份固定效应、企业固定效应、行业—年份固定效应和省份—年份固定效应，以进一步消除可能存在的遗漏变量偏差问题。最后，考虑到混合所有制改革产生的影响具有一定的时间滞后性，式（17-5）中的因变量劳动生产率取当期观测值，而混合所有制改革虚拟变量和企业层面控制变量取滞后一期的观测值。以上各变量具体定义参见表 17-1，其中所有非比例类型的变量都采用 1998 年不变价格衡量，且计量单位为千元。同时为减轻离群值对实证分析的影响，本章在 1%和 99%分位数上对各变量进行了缩尾处理，后续实证分析工作均采用缩尾后数据进行。

表 17-1 变量定义

变量名		变量定义
改革变量	REFROM	混合所有制改革企业改革后年份设置为 1,其他观测值设置为 0
劳动生产率	PRODT	ln[(营业利润+财务费用+应付工资总额)÷职工人数]
人均工资对数	WAGE	ln(工资总额÷职工数)
企业利润率	PROF	(营业利润+财务费用)÷(资产总计－长期投资)
劳动收入份额	LABOR	应付工资总额÷(营业利润+财务费用+应付工资总额)
人均资本存量对数	ASSET	ln(资产总额÷职工数)
资产负债率	LEV	负债总额÷资产总额
管理费用率	ADM	管理费用÷主营业务收入
固定资产比率	FIX	固定资产总额÷资产总额
流动资产比率	CUR	流动资产总额÷资产总额
企业年龄	AGE	观测年份－创立年份
企业成长性	GRW	主营业务收入年增长率
企业冗员率	RDD	$[L_i-(S_i/S)\times L]\div L_i$,其中 L_i 企业职工数,L 为行业职工总数,S_i 为企业销售额,S 为行业销售总额

注:冗员率表示企业要达到行业人均销售水平需要增加或减少的员工比例(白重恩 等,2006)。

(二)数据来源与描述性统计

本章使用的企业数据来源于 1998—2013 年的工业企业数据库。工业企业数据库涵盖了我国所有国有制造业企业和年销售额 500 万元以上(后调整至 2000 万元以上)的非国有制造业企业的特征及财务数据。原始数据共含有 400 万以上的观测数,数据体量大、覆盖企业类型广泛。基于本章所分析的问题,在使用工业企业数据库进行实证分析前,对不合理的观测值进行了以下处理。首先,剔除资产总额为负或负债率为负等各项财务指标异常的企业①。其次,删除观测年份不连续的企业数据。最后,保留至少存在 5 个连续年度观测值的企业数据,以保证混合所有制改革前后存在足够的对比观测。本章所使用的省级面板数据来源于 CEIC 中国经济数据库,其中包含了除港澳台外所有省份的年度面板数据。

本章采用企业实收资本构成变化识别国有独资企业实施混合所有制改革的时点。具体地,将实收资本 100%为国有资本的企业识别为国有独资企业。当国有独资企业的国有资本占比下降至 100%以下时,则该企业进行了混合所有制改革,并将国有资本占比

① 剔除资产总额小于 0、资产负债率小于 0 且大于 1、工资总额小于 0、就业人数小于 8、固定资产和流动资产小于 0、管理费用小于 0 以及企业人均创造的新价值小于 0 的企业。

初次出现下降的年份作为混合所有制改革时点①。此外,本章还用数据库中的控股类型识别了国有独资企业混合所有制改革后控股资本的属性状况。工业企业数据库中区分了 5 种基本控股类型,包括国有绝对控股、国有相对控股、集体绝对控股、集体相对控股和其他控股类型,本章将国有绝对控股和国有相对控股识别为国有资本控股,并将集体绝对控股、集体相对控股和其他控股类型识别为非国有资本控股,并用于后续的控股属性异质性分析。

各个变量描述性统计如表 17-2 所示。该表显示,样本企业的平均劳动生产率为 2.264,即按 1998 年不变价计算,样本企业人均新创造价值约为 9621 元;人均工资对数为 2.014,即 7493 元;企业平均利润率为 2.1%,而劳动收入份额则达到了 78.6%。以上数据表明,样本中的企业大部分利润率较低(中位数为 1.1%),但劳动收入份额较高。

表 17-2　变量描述性统计

变量	均值	标准差	最小值	中位数	最大值
REFORM	0.240	0.427	0	0	1
PRODT	2.264	1.128	<0.001	2.295	6.073
WAGE	2.014	0.789	−0.566	2.038	4.074
PROF	0.021	0.073	−0.183	0.011	0.362
LABOR	0.788	1.654	−7.529	0.799	9.515
ASSET	4.875	1.004	2.552	4.823	7.697
LEV	0.567	0.249	0.037	0.588	0.984
ADM	0.221	0.293	<0.001	0.143	2.125
FIX	0.482	0.242	0.020	0.476	0.964
CUR	0.424	0.241	0.001	0.411	0.960
RDD	0.182	0.914	−0.926	0.022	6.323
GRW	0.368	0.821	−4.197	0.628	0.998
AGE	28.358	16.308	2	28	78

表 17-3 进一步分组统计了国有独资企业(控制组)和经历过混合所有制改革的企业(处理组)改革前后主要因变量的均值和中位数,初步考察了混合所有制改革的影响。劳动生产率方面,控制组企业的劳动生产率均值和中位数在三组中最低,控制组企业的平均劳动生产率为 2.034。同时,混合所有制改革前后,处理组企业的劳动生产率的均值分别为 2.420 和 2.657,这表明混合所有制改革对企业劳动生产率可能存在提升效应。人均

① 也有文献采用企业注册类型变更识别企业的产权性质变更(刘晔 等,2016;余明桂 等,2019),但本章认为此种识别混合所有制改革的方法并不准确。原因在于,比较企业注册类型和企业实收资本构成后发现,工业企业数据库中存在将国有资本控股企业标识为"注册类型为国有企业"的情况。

工资方面，混合所有制改革后，处理组企业的人均工资水平从 2.085 提升至约 2.218，表明混合所有制改革对企业人均工资也可能存在促进效应。同样地，混合所有制改革也提升了处理组企业的利润率，利润率均值从改革前的 0.028 上升至改革后的 0.045。至于劳动收入份额，控制组企业的平均劳动收入份额最高，约为 0.842。而混合所有制改革前，处理组企业的平均劳动收入份额约为 0.765，混合所有制改革后约为 0.672。这表明混合所有制改革对企业的劳动收入份额可能存在负面效应。

表 17-3　控制组和处理组统计描述

变量	控制组		处理组：改革前		处理组：改革后	
	均值	中位数	均值	中位数	均值	中位数
PRODT	2.034	2.099	2.420	2.425	2.657	2.647
WAGE	1.898	1.942	2.085	2.100	2.218	2.193
PROF	0.010	0.005	0.028	0.017	0.045	0.025
LABOR	0.842	0.862	0.765	0.760	0.672	0.672

在后续的稳健性分析中，本章还采用倾向匹配得分方法（PSM）给每一家混合所有制改革企业匹配了一家未进行改革的国有企业，并将未进行改革的国有企业的虚拟改革时间设置为配对的改革企业改革时点。如此，匹配后的样本可以划分为控制组—改革前、控制组—改革后、处理组—改革前和处理组—改革后四组。本章统计了每一组样本关键变量的均值，如表 17-4 所示。表 17-4 的最后一列还报告了变量均值的双重差分结果，这些结果初步表明，混合所有制改革对企业的劳动生产率、人均工资和企业利润率可能存在提升效应，而对企业的劳动收入份额可能存在抑制效应。但是，表 17-3 和表 17-4 的统计结果并没有考虑遗漏变量问题，混合所有制改革是否为关键变量变化的原因，不能断然下定论。接下来，本章将采用更为正式的因果识别策略检验混合所有制改革对企业劳动生产率和关键变量的影响。

表 17-4　控制组和处理组分时段统计描述

变量	控制组企业			处理组企业			双重差分
	改革前 (1)	改革后 (2)	控制组差分 (3)	改革前 (4)	改革后 (5)	处理组差分 (6)	(6)－(3)
PRODT	2.148	2.231	0.083	2.272	2.664	0.392	0.309
WAGE	1.876	2.109	0.023	1.935	2.226	0.291	0.058
PROF	0.019	0.014	－0.005	0.027	0.047	0.020	0.025
LABOR	0.793	0.810	0.017	0.763	0.665	－0.098	－0.114

(三)基本回归结果分析

基准回归采用式(17-5)模型对全样本进行回归分析,其样本范围涵盖了1998—2013年国有独资企业样本(控制组)和经历了混合所有制改革的企业(处理组)观测值,回归结果如表17-5中(1)(2)两列所示。在(1)列回归中,本章未加入企业特征控制变量,REFROM的估计系数为0.133,且在1%水平上显著。在(2)列回归中,本章加入了企业特征控制变量,以控制潜在的遗漏变量问题,REFORM的估计系数上升至0.146,且在1%水平上显著。(2)列估计系数相对于(1)列估计系数变化不大,表明对混合所有制改革效应的估计结果较为稳健,不存在严重的遗漏变量问题。以控制了企业特征的(2)列回归系数为基准,实证结果表明混合所有制改革约提升了企业劳动生产率14.6个百分点,混合所有制改革对企业的劳动生产率水平具有显著的提升效应。控制变量的回归系数表明企业人均资本增加对企业的劳动生产率具有促进效应,成长性的回归系数表明当期企业营业额增长越快,预示该企业未来劳动生产率也越高。

表17-5　基本回归结果

变量	基准回归		PSM样本回归		处理组企业样本回归	
	(1)	(2)	(3)	(4)	(5)	(6)
REFORM	0.133*** (0.017)	0.146*** (0.019)	0.129***	0.143*** (0.021)	0.056*** (0.018)	0.081*** (0.021)
ASSET		0.057*** (0.012)		0.050*** (0.015)		−0.004 (0.019)
LEV		0.060* (0.034)		0.046 (0.045)		0.041 (0.051)
ADM		0.000 (0.000)		0.000 (0.001)		0.001 (0.001)
FIX		0.029 (0.034)		0.084* (0.049)		−0.007 (0.059)
CUR		0.070 (0.044)		0.115** (0.055)		−0.047 (0.069)
AGE		0.171*** (0.047)		0.141*** (0.049)		−0.056 (0.059)
GRW		0.001*** (0.000)		0.001*** (0.000)		0.001*** (0.000)
RDD		−0.014* (0.008)		−0.032*** (0.009)		−0.027** (0.012)
常数项	1.070** (0.437)	−3.476** (1.573)	1.744*** (0.493)	−2.050 (1.583)	3.000*** (0.292)	4.191** (1.684)
企业固定效应	控制	控制	控制	控制	控制	控制

续表

变量	基准回归		PSM 样本回归		处理组企业样本回归	
	(1)	(2)	(3)	(4)	(5)	(6)
年份固定效应	控制	控制	控制	控制	控制	控制
行业×年份	控制	控制	控制	控制	控制	控制
省份×年份	控制	控制	控制	控制	控制	控制
样本数	73308	61013	39179	33257	24213	19526
Within R	0.095	0.101	0.114	0.120	0.068	0.075

注：*、**、*** 分别表示 10%、5% 和 1% 的显著性水平，括号内为标准误差。

回顾表 17-3 和表 17-4 的描述性统计，可以发现处理组企业改革前的劳动生产率均值高于控制组企业劳动生产率均值。说明混合所有制改革企业的选定可能不满足因果推断要求的随机性假设，企业是否进行混合所有制改革取决于企业某些指标的表现。实际上，胡一帆等(2006)、宋立刚和姚洋(2005)指出在国有企业混合所有制改革过程中，绩效表现好的企业优先进行了混合所有制改革，改革企业的选定并非随机的。此外，在基准回归分析中，本章使用了未经匹配的企业样本，因此不能保证控制组企业和处理组企业的特征都较为相似。如果这些企业特征与改革企业选定以及劳动生产率都相关，那么对全样本直接进行回归分析就会导致样本选择偏差问题。考虑到这个因素，本章对研究样本进行倾向得分匹配(PSM)处理，再使用匹配后的样本进行回归分析。由于处理组企业进行混合所有制改革的年份不一致，参考刘晔等(2016)和余明桂等(2019)的匹配策略，本章采用逐年匹配方法为 2000—2008 年进行混合所有制改革的企业匹配国有独资企业。首先，本章基于基准回归中的控制变量 X'，采用处理组企业进行混合所有制改革前一年的数据，以 1∶1 匹配方式去匹配相同年份的控制组企业数据，并将匹配上的两家企业作为一个配对。同时，为保证控制组和处理组企业的特征较为相似，只保留处于共同支撑(common support)内的样本。最后，采用式(17-5)中模型对保留的匹配样本进行多时期双重差分分析。这样可以使得控制组和处理组企业的各个维度的特征都尽量相似，减轻样本选择性偏差问题。PSM 样本回归结果如表 17-5 中的(3)(4)两列所示，即国有独资企业混合所有制改革显著提升了企业的劳动生产率水平，提升效应大约为 14.3 个百分点。对比基准回归结果，PSM 样本回归结果表明基准回归得到的结论是稳健的。

上文指出，企业是否进行混合所有制改革与企业的某些特征表现相关，可观测的企业特征差异可以通过加入控制变量和样本匹配予以减轻和消除。但现实中，处理组和控制组企业之间仍可能存在不可观测的企业特征差异，此类差异不能通过加入控制变量和样本匹配予以控制。一个企业是否进行混合所有制改革的决策是基于一些确定的可观测和不可观测的企业特征做出的,经历了混合所有制改革的企业在不可观测特征方面可能是相似的,因此可以将处理组样本依照一定方式重新划分为新的处理组和新的控制组,以控制不可观测的企业特征差异。例如,现实案例表明混合所有制改革过程中也存在侵吞国有资产现象,国有独资企业管理层有意做差企业账面绩效,以达到廉价收购国企股权的目的。这种现象表明混合所有制改革对企业劳动生产率的影响可能被高估。因此,为了减轻不可观测的遗漏变量造成的偏误,本章只保留经历过混合所有制改革的处理组企业样本,并将其中先经历了改革的企业作为新的处理组,将较迟改革的企业作为新的控制组进行双重差分分析。由于这两组企业最终都实现了混合所有制改革,因此,本章认为新处理组和新控制组企业在与混改企业选定相关的不可观测特征方面具有相似性。具体地,首先,只保留经历过混合所有制改革的企业样本(即原先处理组);其次,将 2005 年以前(含 2005 年)进行混改的企业作为新处理组,2005 年以后进行混改的企业作为新控制组;最后,注意到 2005 年后混合所有制改革企业数量快速减少,为保证新控制组和新处理组在企业数量上相对平衡,本章保留 1998—2005 年的样本进行式(17-5)回归分析。该回归分析结果如表 17-5 的(5)(6)两列所示。实证结果再次确证混合所有制改革对企业的劳动生产率具有显著的提升效应,但如表 17-4 的(6)列所示,混合所有制改革对企业劳动生产率的提升幅度只有约 8.1 个百分点,相较于基准回归和 PSM 样本回归得到的效应有所下降。这表明混合所有制改革对企业劳动生产率确实存在促进效应,但基准回归和 PSM 样本回归对促进效应的大小可能存在高估。综上,通过涵盖范围不同的三类样本,表 17-5 的实证结果显示国有独资企业混合所有制改革对企业劳动生产率水平存在显著的提升效应。

以上双重差分具有因果解释的前提条件要求处理组和控制组之间在改革前满足平行趋势假设,参考 Beck 等(2010)的研究,设立如式(17-6)所示的事件研究模型对 PSM 后共同支撑的样本进行平行趋势检验:

$$\text{PRODT}_{i,t}=\alpha+\sum\beta_i\cdot\text{Before}_i+\sum\tau_i\cdot\text{After}_i+X'_{i,t-1}\gamma+\text{Fix\_Effect}+\varepsilon_{i,t} \tag{17-6}$$

在模型(17-6)中,本章以改革前 1 年(Before_1)作为基期,以虚拟变量 Before_2、Before_3 和 $\text{Before}_{3\_}$ 分别标识混合所有制改革企业处于改革前 2 年、3 年和 3 年以上,并以虚拟变量 After_0、After_1、After_2、After_3、$\text{After}_{3\_}$ 分别标识混合所有制改革企业处于改革当期、改革后 1 年、2 年、3 年和 3 年以上。如果样本中控制组和处理组满足平行趋势假设,则回归估计系数 β_i 不显著,而回归系数 τ_i 显著为正。图 17-1 绘制了各个虚拟变量的估计系数和 95%置信区间。图 17-1 的平行趋势检验表明,企业经历混合所有制改革后,其劳动生产率水平经历了显著的提升,而改革前劳动生产率变化则不显著。因此,PSM 后的样本满足双重差分要求的改革前平行趋势假设,说明混合所有制改革对企业劳动生产率的促进作用具有因果性。鉴于此，出于实证结果稳健性考虑，本章后续实证分析采用 PSM 后保留的共同支撑内的企业样本进行实证分析。

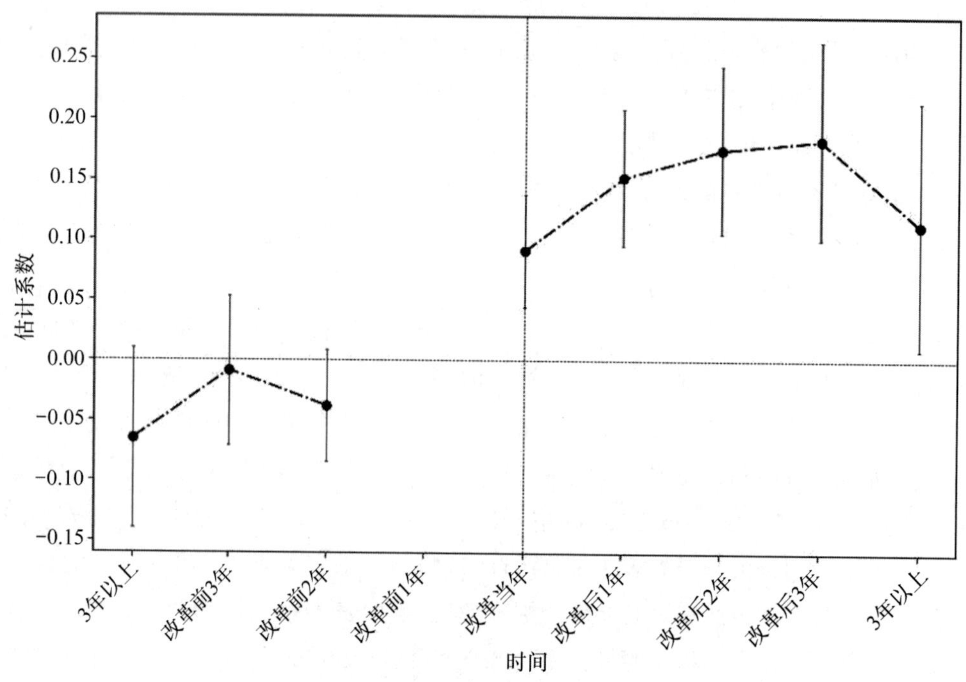

图 17-1　PSM 样本平行趋势检验

(四)稳健性分析：控股类型、企业规模与劳动生产率

国有独资企业经历混合所有制改革后，其控股资本的属性差异是影响改革效果的重要因素(白重恩 等，2006)。因此，本部分从混合所有制改革后的企业控股资本属性出发，考察国有资本控股和非国有资本控股改革效应的异质性。具体地，将混合所有制改革后的企业按是否为国有资本控股区分为国资控股型混改和非国资控股型混改，并依照该区分原则划分样本，分别考察混合所有制改革对企业劳动生产率的影响，具体回归分析结果见表 17-6。

表 17-6 中的(1)列和(3)列没有控制企业特征，回归结果表明两种类型的混合所有制改革都对企业劳动生产率具有提升效应，并且在 1%水平上显著。在(2)列和(4)列中加入企业特征控制变量后，上述结论依然稳健。实证结论表明无论是国资控股型混改还是非国资控股型混改都对企业劳动生产率产生了显著的提升效应。

表 17-6 不同控股类型下混改对企业劳动生产率的影响

变量	非国有资本控股样本		国有资本控股样本	
	(1)	(2)	(3)	(4)
REFORM	0.187*** (0.028)	0.197*** (0.031)	0.110*** (0.025)	0.129*** (0.027)
常数项	2.772*** (0.605)	−0.633 (2.129)	2.064*** (0.633)	−1.852 (1.820)
企业控制变量	未控制	控制	未控制	控制
企业、年份固定效应	控制	控制	控制	控制
行业×年份	控制	控制	控制	控制
省份×年份	控制	控制	控制	控制
样本数	25127	21365	28730	24297
Within R	0.128	0.133	0.111	0.119

注：*、**、*** 分别表示 10%、5% 和 1% 的显著性水平，括号内为标准误差。

此外，表 17-6 还显示，平均而言，非国资控股型混改对劳动生产率的提升效应大于国资控股型混改效应，但企业规模可能是改革效应大小的重要混杂因素。1999 年，中共十五届四中全会针对国有独资企业混合所有制改革提出“抓大放小”战略，即对关乎国计民生的关键大型国有企业，国有资本的必须保有绝对的控制权。而规模较小的国有企业和非关键领域企业则不必要求国有资本控股。基于上述改革战略，本章依据企业的年销售额对企业划分规模等级，进一步考察不同规模等级企业样本中，国资控股型混改和非国资控股型混改对企业劳动生产率的影响是否存在异质性。

本部分实证分析步骤如下。首先，计算企业层面的年实际销售额均值，作为划分企业规模等级的指标；其次，按企业实际年销售额的均值对企业进行升序排序，并计算规模分位数；再次，以第二步中得到的分位数为阈值，分别保留规模大于 10%分位数的企业样本(＞10%)、规模大于 20%分位数的企业样本(＞20%)、规模大于 30%分位数的企业样本(＞30%)，以此类推，得到不同规模等级的企业子样本；最后，针对不同规模等级子样本，采用式(17-5)模型进行回归分析，并得到不同企业规模等级下的混合所有制改革效应系数。回归系数如表 17-7 所示。其中，表 17-7 第一列表示平均企业规模等级；表 17-7 第二、三两列分别报告了不同企业规模下，非国资控股型混改和国资控股型混改对劳动生产率提升的幅度；表 17-7 第四列计算了国资控股型混改和非国资控股型混改效应的差值。

根据表 17-7 结果可以得出以下几点结论。首先，不同企业规模样本中，国资控股型混改和非国资控股型混改对企业劳动生产率都具有提升效应，这与表 17-6 回归得到的平均效应为正的结论是一致的。其次，规模较小企业的样本中，非国资控股型混改的效果优于国资控股型混改的效果。但随着企业平均规模的上升,非国资控股型混改对企业劳动生产率的提升幅度呈现波动下降趋势,而国资控股混改对企业劳动生产率的提升幅度呈现波动上升趋势。最后,当选取企业规模大于 60%分位数的样本时,两种类型的混合所有制改革产生的效果差异已经不明显,并且随着企业平均规模的进一步上升,国资控股型混改对企业劳动生产率的提升效应将高于非国资控股型混改。这说明在混合所有制改革的实施过程中,对于大规模国有独资企业保持国有资本的控制权是必要的,且从微观角度看也是有效率的,而对于较小规模的国有独资企业可以允许非国有资本控股经营。

表 17-7　不同规模条件下混改对企业劳动生产率的影响

企业规模	非国有资本控股样本 (1)	国有资本控股样本 (2)	差值 (2)－(1)
＞10%	0.199***	0.115***	－0.084
＞20%	0.209***	0.130***	－0.079
＞30%	0.220***	0.140***	－0.080
＞40%	0.233***	0.146***	－0.087
＞50%	0.217***	0.164***	－0.053
＞60%	0.176***	0.171***	－0.005
＞70%	0.166***	0.189***	0.023
＞80%	0.159**	0.204**	0.044
＞90%	0.122*	0.181**	0.058

注:*、**、*** 分别表示 10%、5% 和 1% 的显著性水平。

图 17-2 更加直观地呈现了给定企业规模时,不同控股类型混合所有制改革效应的异质性。为此,本章以 5%为单位增加幅度,对规模大于 10%分位数的样本(＞10%)、规模大于 15%分位数的企业样本(＞15%)、规模大于 20%分位数的企业样本(＞30%)直至规模大于 90%分位数(＞90%)的企业样本进行回归分析,并得到了不同控股属性下混合所有制改革效应的估计系数。混合所有制改革效应系数和差值随企业规模的变化趋势如图 17-2 所示,其中第一个和第二个子图呈现了混改效应随企业规模的变化趋势和效应估计值的 95%置信区间,第三个子图呈现了国有资本控股型混改和非国有资本控股型混改效应之差。图 17-2 表明,随着平均企业规模的增加,国资控股型混改和非国资控股型混改对企业劳动生产率提升效应的差距逐步缩小。且随着企业规模的进一步增加,国资控股型混改的劳动生产率提升效应将超过非国资控股型混改。

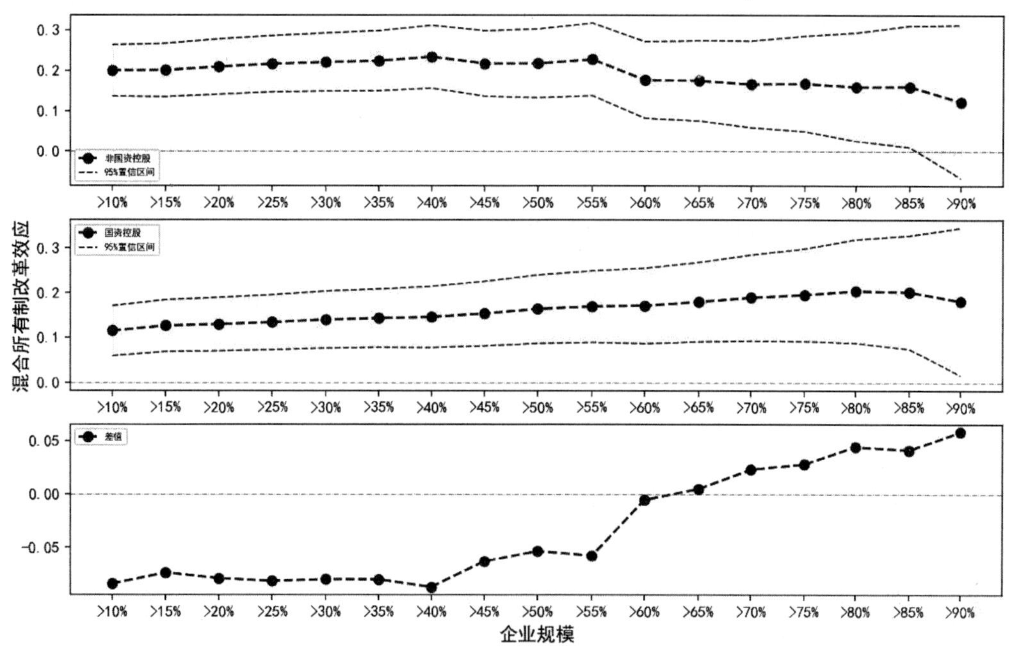

图 17-2　企业规模、控股类型与改革效应

(五)进一步分析:混合所有制改革人均工资、劳动收入份额和利润率影响

混合所有制改革对企业劳动生产率的影响,可能通过影响人均工资、劳动收入份额而发挥作用,如通过提高人均工资、劳动收入份额以提高对劳动者的激励程度和劳动努力程度,进而提高企业的劳动生产率。同时,我们也考察混合所有制改革对企业利润率的影响。因此,本部分将结合企业控制权异质性,考察混合所有制改革对企业人均工资、劳动收入占比和利润率的影响。实证分析模型形式沿用回归模型(5),将其中的被解释变量分别替换为企业的人均工资自然对数、劳动收入占比和企业利润率。

1.对人均工资的影响

混合所有制改革对企业人均工资的影响如表 17-8 所示,其中的(5)列和(6)列采用全样本分析了混合所有制改革对企业人均工资影响。平均而言,混合所有制改革显著提升了企业的人均工资水平。加入企业特征控制变量后,该结论依然稳健。区分样本后,非国有资本控股型混改对企业人均工资不具有显著的影响。而国有资本控股型混改对企业的人均工资具有显著的提升效应,以(4)列回归结果为例,国有资本控股型混改约提升企业人均工资水平 2.8 个百分点,这意味着混合所有制改革可能通过提高劳动者工资,激发其劳动努力程度进而提高企业的劳动生产率水平。

表 17-8 混改对企业人均工资的影响

	非国有资本控股		国有资本控股		全样本	
	(1)	(2)	(3)	(4)	(5)	(6)
REFORM	0.014 (0.016)	0.016 (0.018)	0.026* (0.014)	0.028* (0.015)	0.023** (0.011)	0.027** (0.012)
常数项	2.102*** (0.404)	0.706 (0.925)	2.180*** (0.335)	3.311*** (1.149)	1.840*** (0.279)	1.094*** (1.258)
企业控制变量	未控制	控制	未控制	控制	未控制	控制
企业、年份固定效应	控制	控制	控制	控制	控制	控制
行业×年份	控制	控制	控制	控制	控制	控制
省份×年份	控制	控制	控制	控制	控制	控制
样本数	25148	21386	28739	24306	39203	33281
Within R	0.221	0.222	0.217	0.216	0.218	0.218

注：*、**、*** 分别表示 10%、5% 和 1% 的显著性水平，括号内为标准误差。

2.对劳动收入份额的影响

混合所有制改革对企业劳动收入份额的影响如表 17-9 所示。(5)、(6)列的全样本回归表明，平均而言，混合所有制改革对企业劳动收入影响不显著。分样本回归表明，非国有资本控股型混改显著地减少了企业劳动收入份额约 9.4 个百分点。而国有资本控股型混改对企业劳动收入份额影响则不显著。结合表 17-8 和表 17-9 的实证结果，国有资本控股型混改显著提升了企业人均工资水平，但对企业劳动收入份额却没有显著影响。对此，一个可能的解释为，为了缓解企业冗员问题，混合所有制改革过程中企业精简了员工配置与规模，进而呈现了人均工资水平上升的情形下，劳动收入份额反而下降的局面。这一方面激励了留岗员工努力程度，提升了企业劳动生产率；另一方面也精简了企业组织机构、提高了企业整体经营效率，并促进了企业劳动生产率。

表 17-9 混改对企业劳动收入份额的影响

变量	非国有资本控股		国有资本控股		全样本	
	(1)	(2)	(3)	(4)	(5)	(6)
REFORM	−0.072** (0.036)	−0.094** (0.043)	0.008 (0.035)	0.035 (0.041)	−0.038 (0.027)	−0.027 (0.031)
常数项	1.710*** (0.546)	3.347 (3.061)	1.320*** (0.331)	5.421*** (2.025)	1.220*** (0.397)	5.376** (2.276)
企业控制变量	未控制	控制	未控制	控制	未控制	控制
企业、年份固定效应	控制	控制	控制	控制	控制	控制
行业×年份	控制	控制	控制	控制	控制	控制

续表

变量	非国有资本控股		国有资本控股		全样本	
	(1)	(2)	(3)	(4)	(5)	(6)
省份×年份	控制	控制	控制	控制	控制	控制
样本数	26082	21406	30096	24337	41336	33331
Within *R*	0.037	0.042	0.028	0.034	0.021	0.026

注：*、**、*** 分别表示 10%、5% 和 1% 的显著性水平，括号内为标准误差。

3.对利润率的影响

表 17-10 报告了混合所有制改革对企业利润率的影响。其中的(5)和(6)列的全样本回归表明，混合所有制改革显著提升了企业利润率。对于非国有资本控股型混改，混合所有制改革约提升利润率 1.8 个百分点。而对于国有资本控股型混改，混合所有制改革提升了企业利润率约 1.1 个百分点。平均而言，非国有资本控股混改对企业利润率的提升效应大于国有资本控股混改对利润率产生的影响。

表 17-10 混改对企业利润率的影响

变量	非国有资本控股		国有资本控股		全样本	
	(1)	(2)	(3)	(4)	(5)	(6)
REFORM	0.018*** (0.002)	0.018*** (0.003)	0.010*** (0.002)	0.011*** (0.002)	0.012*** (0.001)	0.013*** (0.002)
常数项	0.002 (0.032)	−0.132 (0.125)	0.020 (0.033)	−0.042 (0.138)	0.020 (0.026)	−0.059 (0.104)
企业控制变量	未控制	控制	未控制	控制	未控制	控制
企业、年份固定效应	控制	控制	控制	控制	控制	控制
行业×年份	控制	控制	控制	控制	控制	控制
省份×年份	控制	控制	控制	控制	控制	控制
样本数	24846	20228	28714	23023	39144	31262
Within *R*	0.094	0.095	0.086	0.093	0.081	0.085

注：*、**、*** 分别表示 10%、5% 和 1% 的显著性水平，括号内为标准误差。

第五节 结论及启示

本章基于马克思的劳动价值论、劳动生产率、价值转形、利润率平均化等理论，构建了衡量企业劳动生产率的指标，并应用我国 1998—2013 年制造业企业数据，实证地考察

了国有独资企业混合所有制改革对企业劳动生产率的影响，应用生产力标准来检验混合所有制改革具体路径的合理性和科学性。实证结论显示，混合所有制改革显著促进了国有企业劳动生产率的增长，并且随着企业规模的增加，国有资本保留企业控制权的改革效果优于非国有资本取得企业控制权改革。该结论契合于混合所有制改革中所秉持的“抓大放小”战略，因此，国有资本必须坚定不移地控制国民经济的关键领域与关键企业。通过分解企业劳动生产率，本章进一步分析了混合所有制改革后企业价值分配关系的变化。经验证据表明，混合所有制改革显著提升了国有资本控股企业的人均工资水平，但对非国有资本控股企业人均工资的影响不显著。同时，非国有资本控股型混改对企业利润率的提升作用大于国有资本控股型混改。此外，研究还发现，总体上，混合所有制改革对企业劳动收入份额影响不显著，但对非国有资本控股企业的劳动收入份额产生了抑制效应。整体而言，混合所有制改革对企业劳动生产率的提升有显著促进作用。从研究结论来看，对于我国国有企业改革主要有以下启示：

首先，结合理论和实证研究结论，国有企业混合所有制改革成功的因素可能在于：第一，国有和民营资本在企业层面的充分融合，提升了企业的治理结构和治理绩效；第二，避免了歧视性市场监管，减少了市场不公平竞争；第三，形成劳资力量相对平衡的基础，提高劳动者的劳动积极性和努力程度。这些因素共同作用提升了企业的劳动生产率。要避免如马克思指出的，使一部分人（投机商人）获得了“拿社会的财产，而不是拿自己的财产来激励性冒险”的权力[①]。在我国现阶段的国有企业混合所有制改造中，要找到一种途径使参与国有企业改造的民营资本能较好地发挥其在企业治理中的作用，在获得收益时承担相应风险。同时，要更好地实现以按劳分配为主，激发劳动者的劳动努力程度，这才是企业劳动生产率提高的源泉。

其次，以建立现代企业制度为主要方向的国有企业产权制度改革，既要保持社会主义公有制的性质，又要按照社会化生产的一般规律组织资本和生产。国有企业混合所有制改革不仅不应改变国有企业股份的公有性质，而且还应具有筹集资金和促进资本集中的功能，从而有利于提高公有资本的控制力和支配范围，增强公有制的主体地位和国有经济的主导作用。在企业分配中坚持以按劳分配为主，激发劳动者的劳动积极性和劳动努力程度，提高企业的劳动生产率。

最后，混合所有制改革过程中，合作目标对象的选择是非常关键的环节，要慎重考虑双方是否能够实现资源整合对接。本章研究发现国有企业混合所有制改革过程中存在绩效表现好的企业优先进行混合所有制改革的现象。对于非国有资本，也应选择有强烈参与意愿、双方目标和战略一致、诚实守信度高、有重要行业地位的战略投资者，通过混合所有制改革促进双方相互融合、相互促进、优势互补、共同发展，从而有助于提高国有

---

① 马克思，2004.资本论：第3卷[M].北京：人民出版社：497—498.

企业经营绩效,也有利于增强公有制经济主体地位和国有经济主导作用。

本章参考文献

白重恩，路江涌，陶志刚，2006. 国有企业改制效果的实证研究[J]. 经济研究(8)：4-13.

陈林，万攀兵，许莹盈，2019. 混合所有制企业的股权结构与创新行为[J]. 管理世界(10).

戴艳娟，李洁，泉弘志，等，2020. 中美各行业全劳动生产率增长率的测算：基于世界投入产出表[J]. 政治经济学季刊，3(1)：110-148.

胡一帆，宋敏，郑红亮，2006. 所有制结构改革对中国企业绩效的影响[J]. 中国社会科学(4)：50-64.

黄先海，金泽成，余林徽，2017. 要素流动与全要素生产率增长：来自国有部门改革的经验证据[J]. 经济研究(12)：62-75.

李红阳，邵敏，2019. 私人资本参与、政策稳定性与混合所有制改革的效果[J]. 经济学(季刊)(4)：181-202.

李文贵，余明桂，2015. 民营化企业的股权结构与企业创新[J]. 管理世界(4)：12-125.

刘小玄，2000. 中国工业企业的所有制结构对效率差异的影响[J]. 经济研究(2)：17-25.

刘晔，张训常，蓝晓燕，2016. 国有企业混合所有制改革对全要素生产率的影响：基于PSM-DID方法的实证研究[J]. 财政研究(10)：63-75.

刘一鸣，王艺明，2021. 劳动力质量与民营企业劳动生产率：马克思主义视角的研究[J]. 世界经济(1)：3-24.

罗丽娟，2019. 混合所有制企业员工持股论[D]. 中共中央党校.

彭巨水，2019. 我国社会主义初级阶段混合所有制研究[D]. 中共中央党校.

荣兆梓，李亚平，2021. 全劳动生产率与马克思主义基本增长方程[J]. 上海经济研究(1)：15-27.

宋立刚，姚洋，2005. 改制对企业绩效的影响[J]. 中国社会科学(2)：17-31.

王艺明，赵建，2019. 马克思及现有价值转形算法的分析与比较[J]. 经济学动态(11)：34-49.

姚洋，章奇，2001. 中国工业企业技术效率分析[J]. 经济研究(10)：13-20.

余明桂，钟慧洁，范蕊，2019. 民营化、融资约束与企业创新：来自中国工业企业的证据[J]. 金融研究(4)：75-91.

张飞雁，2019. 中国国有企业混合所有制改革的路径研究[D]. 中共中央党校.

中国社会科学院经济研究所课题组，黄群慧，2020."十四五"时期我国所有制结构的变化趋势及优化政策研究[J]. 经济学动态(3)：3-21.

钟昀珈，张晨宇，陈德球，2016. 国企民营化与企业创新效率:促进还是抑制[J]. 财经研究(7)：4-15.

BAI C，LU J，TAO Z，2009. How does privatization work in China? [J]. Journal of comparative economics，37(3)：453-470.

BECK T，LEVINE R，LEVKOV A，2010. Big bad banks? The winners and losers from bank deregulation in the United States [J]. The journal of finance，65(5)：1637-1667.

LIAO L，LIU B，WANG H，2014.China's secondary privatization：perspectives from the split-share structure reform [J]. Journal of financial economics，113(3)：500-518.

ROUSSEAU P L，SHENG X，2008.Change of control and the success of China's share-issue privatization [J]. China economic review，19(4)：605-613.

SUN Q，TONG W H，2003.China share issue privatization：the extent of its success [J]. Journal of financial economics，70(2)：183-222.

TAN Y，TIAN X，ZHANG X et al.，2020. The real effect of partial privatization on corporate innovation：evidence from China's split share structure reform [J]. Journal of corporate finance (64)：101,661.

第十八章　工业地价补贴、地区竞争与产出效应*

谢贞发　朱恺容**

第一节　引　言

改革开放以来，中国在政治集权下采取了适宜的地方经济分权(Xu,2011),形成了中国式分权体制下特殊的以经济增长为导向的晋升锦标赛机制(周黎安,2004,2007)。1994 年实施的以“财权上移和事权下沉”为特征的分税制改革增加了地方政府的财政压力。由此，经济增长政绩与弥补财政缺口的双重激励，形成了中国特有的增长机制，并进一步演变为由地方政府主导的“为增长而竞争”的模式(张军,2005),塑造了转型期中国经济发展的轨迹。因此，理解中国经济转轨演进路径的重要突破口在于地方政府间的竞争关系。在众多竞争策略工具中，除了众所周知的税收政策、公共支出等手段外，转轨时期中国特殊的土地制度赋予了地方政府另一个重要的策略工具——土地。因此，研究中国经济转轨发展问题离不开对中国土地制度及其政府行为逻辑的分析。土地制度是中国政治经济制度的基础性安排，过去 40 年的“以地谋发展模式”构成了中国式经济增长和结构转变的核心特征(刘守英,2017)。中国现行的土地制度是土地转用的国家垄断和政府管制，地方政府实际控制了农地转用，垄断了土地一级市场，成为土地租金的垄断者和实际支配者(蒋省三 等,2007;北京天则经济研究所《中国土地问题》课题组,2007;丁绒、叶广宇,2016)。中国式土地制度与政治晋升机制、财政压力等一起塑造了各地“以地谋发展”的模式(张清勇、丰雷,2015)。

按照土地用途的不同，城镇土地出让可以划分为三种主要类型:商业用地、居住用地和工业用地，由此形成了不同类型的土地出让市场及出让价格变化轨迹。长期以来，工业用地一直游离于市场之外，其出让价格往往被行政手段所扭曲和压低。即使在 2003 年全面推进城市经营性用地转让实行“招、拍、挂”之后，在工业用地的出让领域，仍保持着行政划拨和协议出让方式为主的体制(李建中,2007)。为规范工业用地市场，防止低

* 本章写作时间为 2019 年，故本章论述以 2019 年为时间点。

** 谢贞发，教授，博士生导师，厦门大学经济学院财政系；朱恺容，博士研究生，厦门大学经济学院财政系。

廉工业土地的出让,遏制工业用地的无序扩张和粗放利用,实现土地的节约和集约利用,国土资源部发布实施了《全国工业用地出让最低价标准》(国土资发〔2006〕307号),规定从2007年1月1日起,工业用地必须采用招标拍卖挂牌方式出让,其出让底价和成交价格均不得低于所在地土地等别相对应的最低价标准。自此,以招拍挂形式出让工业用地成为主要形式。图18-1显示,自2007年起,尤其是2008年后,工业用地招拍挂出让宗数占总工业用地出让宗数的80%以上。

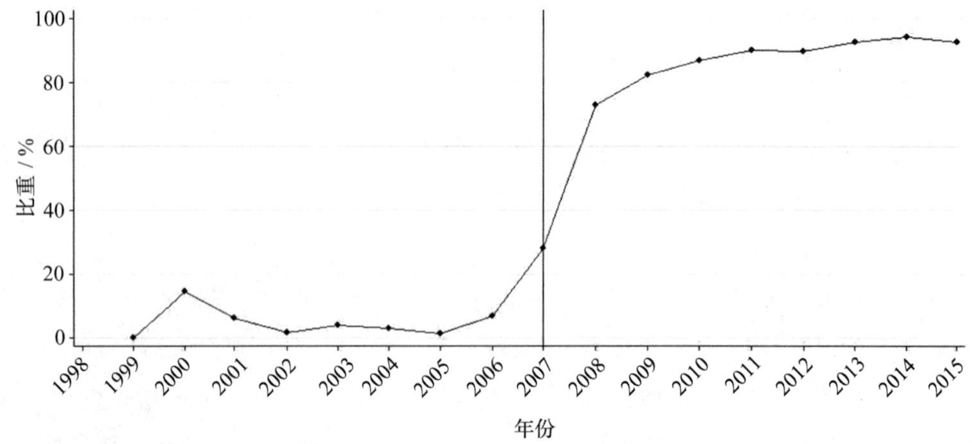

图18-1　1999—2015年间招拍挂工业用地出让宗数占总工业用地出让宗数的比重

资料来源:中国土地市场网 www.landchina.com。

2008年以来工业用地出让方式的根本性转变,为我们深入探讨地区间以工业地价为表征形式的引资竞争行为提供了现实条件。利用国土资源部公布的2008—2016年105个城市(全国)三种用途土地出让平均价格,剔除通货膨胀因素,我们可以描绘出三类土地出让实际价格的变化趋势(见图18-2)。由图18-2可见,2008—2016年商业和居住地价的走势基本一致,都呈现出明显的持续上升态势,而工业地价则长期维持在较低的水平上,且相对变动区间很小。从财政的角度来说,这种变化差异反映了商住用地(包括商业用地和居住用地)和工业用地背后地方政府行为逻辑的差异:高价出让商住用地是为了获取高额土地出让金收入和/或通过房地产业和商业服务业的发展获取相关税费收入,反映的是地方政府"以地生租和/或以房生税"行为;低价出让工业用地是为了竞争流动资本获取相关税收收入增长,反映的是地方政府"以地引资生税"行为(赵文哲、杨继东,2015)。它们一起构成了中国转型期以地价表征的"高价城市化、低价工业化"的增长模式(中国经济增长前沿课题组,2011)。明显差异的土地出让行为看似矛盾,实质上却是一致的,它们都是地方政府在现有制度激励约束下实现自身利益的理性选择,只是产业类型差异决定了地方政府不同类型土地出让行为的差异(陶然 等,2009)[①]。

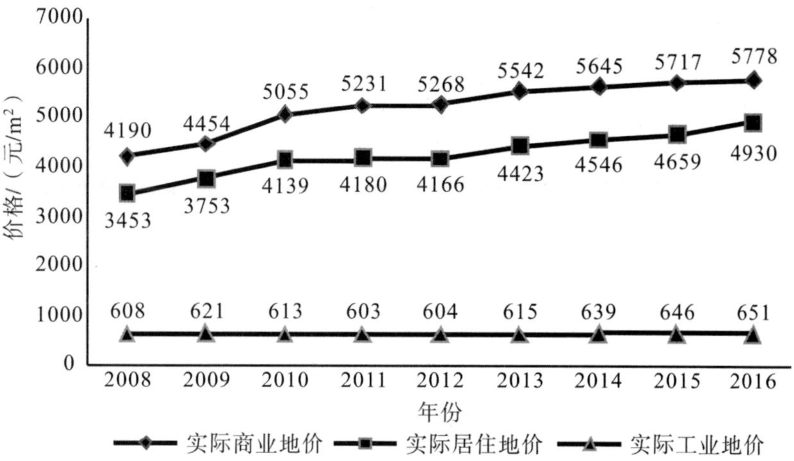

图 18-2　2008—2016 年 105 个城市三种类型土地的平均实际出让地价

注:①中国经济数据库中提供了 105 个城市的季度地价数据,这里只取各年 12 月的数据。实际上,从工业地价来看,各地区一年中各季度的数据基本相同。②东莞 2010 年 12 月的数据缺失,用 2010 年 9 月的数据替代;佛山 2011 年全年数据缺失,用 2010 和 2012 年 12 月数据的平均值替代。③为了可比性,这里利用各年 CPI 指数将 105 个城市(全国)各类地价数据转换为以 2008 年为基期的实际值。

资料来源:中国经济数据库(CEIC)。

虽然许多文献都认识到地方政府两种类型土地出让行为的差异,但对应于近年来中国发展格局中的城市化高增长、高房价与财政扩张等事实,地方政府土地出让行为的研究重心转向与“高价城市化”对应的地方政府“以地生租和/或以房生税”行为,相对忽视了“低价工业化”中地方政府“以地引资生税”行为。而从现实来看,相比前者,地方政府工业地价引资竞争行为是转型期地方政府“为增长而竞争”的重要行为模式,它在一定程度上塑造了中国经济转轨轨迹且影响了中国未来经济增长模式的转变。更进一步,地方政府的两种土地出让行为是紧密关联的,横向补贴低价出让工业用地所带来的亏空是高价出让商住用地的重要诱因之一(陶然 等,2009)。鉴于此,本章重点关注中国式地区间工业地价引资竞争问题,以期更好地理解地方政府以地价表征的“为增长而竞争”的行为及其效应,从而更好地理解中国经济转轨轨迹。

近年来,中国式产能过剩问题日益凸显,引起学术界和中央决策层的关注。探寻中国式产能过剩问题背后的形成机理是科学决策的基础。现有研究表明,虽然中国式产能

① 陶然等(2009)指出,商住用地对应的是服务业尤其是房地产业,该类产业提供的主要是本地消费的非贸易性服务,这类服务有很强的土地附着性,因而流动性较低。由于地方政府基本垄断了本地商住用地一级市场,从而形成了商住用地的“局域性卖方市场”,使得地方政府可以利用高出让价格即时实现未来地租收入流的贴现现值。而工业用地则主要对应于制造业部门,该部门生产可贸易品且一般缺乏区位特征性,这意味着制造业企业资本具有强流动性,诱发地方政府进行土地引资竞争,以牺牲现时出让收益来获取未来长期税收收入流。

过剩问题是多因素综合作用的结果，但体制因素是中国式产能过剩问题呈现长期性、非周期性特征的重要原因(张林，2016)。"体制扭曲假说"论者认为，中国式产能过剩问题实质上是特殊经济发展方式下的过度投资问题，其产生的根源除经济周期之外还有更深层次的体制扭曲原因，包括以经济增长为导向的晋升锦标赛机制和财政分权等。这些体制机制内生了地方政府发展经济、干预企业投资的强激励，地区之间普遍存在着对投资的补贴性竞争及其所造成的企业投资行为扭曲，会形成较为严重的产能过剩问题，进而导致社会总福利上的严重损失(江飞涛 等，2012；国家行政学院经济学教研部课题组，2014)。分税制改革之后，伴随着税权逐步上收，地方政府可控的税收竞争空间被压缩(谢贞发、范子英，2015)，其他可控的策略工具则成为地方政府进行资本竞争的重要途径，其中中国特殊的土地制度引致的界定模糊的土地产权使得地方政府获得了对投资进行巨额实质性补贴的能力，低价或免费提供土地成为地方政府最主要的投资补贴手段(桑瑜，2015；李军杰，2005；江飞涛 等，2012)。因此，深入研究中国式地区间工业地价引资竞争问题，也有助于深化对中国式产能过剩问题形成机理的认识。

理论上，低价出让工业用地作为地方政府补贴资本的竞争手段，与地方政府竞争流动资本的横向税收竞争行为在本质上是一致的，它们都是独立政府间的非合作政策设定，其中每个政府的政策选择影响了流动税基在地区间的分配(Wilson and Wildasin，2004)。在经典的横向税收竞争模型中，都是假设一定时期内全社会的总资本供给是固定的，即资本供给对资本净回报率的弹性为零。资本的流动性会引起地区间为争夺流动税基的横向税收竞争问题，一个地区提高税率会导致资本流向其他地区，从而引起其他地区税收收入增长，产生了税收的正外部性。而每个地区在设定自身税率时忽略了这一正外部性，从而出现"逐底竞赛(race to the bottom)"的结果，导致均衡税率过低(Wilson，1986；Zodrow and Mieszkowski，1986)。这是横向税收竞争理论的核心观点，也是大多数横向税收竞争文献关注的重心。由于资本供给被假设为固定的，因此均衡结果中全社会总资本投资不随税率变化而变化，由此这一框架也就无法分析可能存在的资本过度投资问题。然而，Eichner 和 Runkel(2012)证明，相比固定资本供给的情形，在资本供给对资本净回报率的弹性是严格正的情形下，一个辖区税率上升引起的本辖区资本投资减少的幅度会大于流向其他辖区的资本总量，从而会降低全社会总资本投资。这一重要理论突破使得我们可以将改进后的横向税收竞争框架用于同时解析地区间竞争策略变量和资本投资的均衡结果变化。本章研究证明，在资本供给弹性为正时，对称纳什均衡中的资本补贴额等于甚至大于资本税额，过度的资本补贴引起全社会资本总供给进而总投资的增加，从而产生过度投资的结果。这一理论分析为资本补贴竞争引致产能过剩问题提供了理论基础，也是本章一个重要的理论贡献。在此基础上，本章根据中国式地区间工业地价引资竞争博弈的现实状况，提出了三个待验证的理论预测：预测Ⅰ，地区间存在着正向的工业地价空间策略互动关系；预测Ⅱ，地区间资本补贴“逐顶竞赛(race to the top)”[①]使得地方政府工业地价引资策略基本无效；预测Ⅲ，过度资本补贴引致的低质投资难以带来长期持续的经济增长和财政收入增加。

为了验证三个理论预测，本章利用104个城市[②] 2008—2015年的工业地价数据以及从中国土地市场网上收集整理的工业用地出让宗数数据进行了相应的实证检验。结果与理论预测基本一致：首先，在各空间权重下，相邻地区间存在着显著正的工业地价空间策略互动关系，表明地区间的确存在着以工业地价补贴资本的竞争行为。其次，工业地价(包括相邻地区工业地价)对总工业用地出让宗数和招拍挂工业用地出让宗数都不产生显著影响，表明工业地价对招商引资项目基本是无效的。最后，工业用地出让宗数对地方工业总产值、地区GDP和财政收入的正向影响仅在短期内是显著的，在中长期基本无显著影响。这些结果表明地方政府以低工业地价吸引的投资项目并没有带来持续的经济增长和财政收入增长利益，意味着过度资本补贴引致的低质投资无法带来长期持续的产出效应。

相比已有研究，本章的可能贡献主要有以下几点：

第一，从理论上证明了以工业地价等表征的资本补贴竞争会引致更多的全社会资本总供给和总投资，为体制性产能过剩的形成机理提供了逻辑自洽的理论基础。虽然已有研究认识到中国式体制机制中内生的补贴竞争会引起过度投资等体制性产能过剩问题，但并没有提供严谨的理论证明，本章的研究弥补了这一缺陷，为更深入探讨中国式体制性产能过剩问题奠定了基础。

第二，本章用工业地价实证检验了地区间土地引资竞争的空间策略关系，克服了已有文献中普遍采用土地出让面积或协议出让宗数进行实证检验的缺陷，与理论逻辑更为一致，从而可以更为直接地检验地区间以工业地价表征的引资竞争关系及产出效应。

本章后面的内容安排如下：第二部分是对地区间以工业地价等表征的资本补贴竞争博弈进行理论解析，并由理论结论和中国地区间工业地价引资竞争的现实推演出三个待验证的理论预测；第三部分对三个理论预测进行实证检验；第四部分是结论及讨论。

第二节　理论分析及预测

理论上，低价出让工业用地可以视为地方政府补贴资本的竞争手段。因此，本部分在Eichner和Runkel(2012)的分析框架内，构建了一个地区间工业地价资本补贴竞争

---

① 即地区间竞相降低工业地价，增加对资本的补贴。

② 拉萨因数据缺失较多而剔除。

模型。[①]

假设经济中包括 $n \geqslant 2$ 个相同的地区,辖区表示为 $i, j \in \{1, \cdots, n\}$, $i \neq j$ 。每个地区有数量相同的不可流动的同质居民,从而每个地区居民数可以被标准化为 1。

(一)企业

辖区 i 有一个代表性企业,使用 k_i 单位的人均资本生产 $F(k_i)$ 单位的产出,产品价格单位化为 1。生产函数是递增且凹的,即 $F' > 0, F'' < 0$。假设资本是完全流动的,资本的税后净回报率为 ρ ,资本税率为常数 t 。[②] 假设辖区 i 通过低工业地价对单位资本的补贴额为 l_i ,[③]则辖区 i 中代表性企业的利润为:

$$\pi_i = F(k_i) - (\rho + t)k_i + l_i k_i \tag{18-1}$$

利润最大化的一阶条件为:

$$F'(k_i) - t + l_i = \rho \tag{18-2}$$

式(18-2)表明资本税后净回报率是辖区工业地价资本补贴的函数,且由于补贴竞争的存在,可知 $\rho = P(l_i, l_{-i})$ 。

(二)居民

每个辖区代表性居民生存两个时期。在第一个时期,辖区 i 的居民拥有初始资本禀赋 $\bar{k}$,可以用于第一期消费 x_i^1 或储蓄 $s_i = \bar{k} - x_i^1$ 。在第二个时期,居民得到资本收入 $(1+\rho)s_i$ 和利润收入 π_i ,减去辖区 i 征收的一次总额税 τ_i 。第二个阶段的预算是 $x_i^2 = (1+\rho)s_i + \pi_i - \tau_i$, x_i^2 表示第二阶段的消费。除了私人消费,辖区 i 居民的效用还受到地方供给的公共产品数量 g_i 的影响。因此,辖区 i 居民的效用函数为:

$$u_i = U(x_i^1) + x_i^2 + V(g_i) = U(\bar{k} - s_i) + (1+\rho)s_i + \pi_i - \tau_i + V(g_i) \tag{18-3}$$

子效用函数 U 和 V 是凹的且满足 $U' > 0, V_g > 0$。式(18-3)对 s_i 求导可得:

$$U'(\bar{k} - s_i) - 1 - \rho = 0 \tag{18-4}$$

式(18-4)意味着储蓄率是资本净回报率的函数: $s_i = S(\rho)$ 。由式(18-4)对 ρ 求导,可得: $S'(\rho) = -1/U'' > 0$。由此,得到了不同于假设资本供给固定的传统资本税收竞争模型的重要结果,也是 Eichner 和 Runkel(2012)的重要贡献,即资本供给对资本净回报率的弹性是严格正的,这一重要差别带来了结论的重要差异。

(三)资本市场

假设资本是完美流动的。在整个经济体中的资本市场,企业的资本需求等于居民的

---

① 实际上,这里构建的模型具有一般性,即它适用于涵盖工业地价补贴、财政直接补贴等各种形式的资本补贴竞争情形。

② 资本税收竞争不是本章关注的重点,因此,不同于资本税收竞争模型,这里假设资本税率为常数。这一假设也与中国税权高度集中尤其是税收征管权被不断上收后的现实相符(谢贞发、范子英,2015)。

③ 工业地价越低,对单位资本的补贴额 $l_i (l_i \geqslant 0)$ 越大。

资本供给，则资本市场的均衡条件为：

$$\sum_{i=1}^{n} k_i = nS(\rho) \tag{18-5}$$

式(18-2)和(18-5)一起决定了作为工业地价资本补贴 $\{l_i\}ni=1$ 函数的均衡资本配置 $\{k_i\}ni=1$ 和资本净回报率 ρ 。对式(18-2)和(18-5)全微分，可得如下关系式：

$$\frac{\partial \rho}{\partial l_i}=\frac{1}{n(1-F''S')}>0\ ,\ \frac{\partial k_i}{\partial l_i}=\frac{1-n+nF''S'}{n(1-F''S')F''}>0\ ,\ \frac{\partial k_j}{\partial l_i}=\frac{1}{n(1-F''S')F''}<0 \tag{18-6}$$

式(18-6)的经济含义很明显，第一个式子表明对资本的补贴越高，资本的净回报率越高；第二和第三个式子表明，当辖区 i 提高资本补贴时，会增加辖区 i 的资本投资，但会减少其他辖区的资本投资。

为了观察一个辖区提高资本补贴对整个经济体中资本投资规模的影响，我们将均衡时辖区 i 提高资本补贴对所有地区的影响进行加总。根据对称博弈一定有一个对称纳什均衡解，可知对称纳什均衡时 $l_i=l^*$ ，$k_i=S(\rho)$ ，则对式(18-2)和(18-5)全微分，可得如下结果：

$$\frac{\partial k_i}{\partial l_i}+\sum_{j\neq i}\frac{\partial k_j}{\partial l_i}=\frac{\partial k_i}{\partial l_i}+(n-1)\frac{\partial k_j}{\partial l_i}=\frac{S'}{1-F''S'}>0 \tag{18-7}$$

式(18-7)的结果表明，辖区 i 的资本补贴上升，会增加整体经济的资本投资总量，说明辖区 i 资本补贴上升引起的本辖区资本投资增加量超过了其他所有辖区资本投资减少的总量。这一结果显著不同于固定资本供给时的结果。

Eichner 和 Runkel(2012)利用一个图形来更直观地解析这一结果。类似地，我们也用图 18-3 来比较说明固定资本供给和正向资本弹性供给下一个辖区资本补贴上升对资本市场均衡结果的影响。

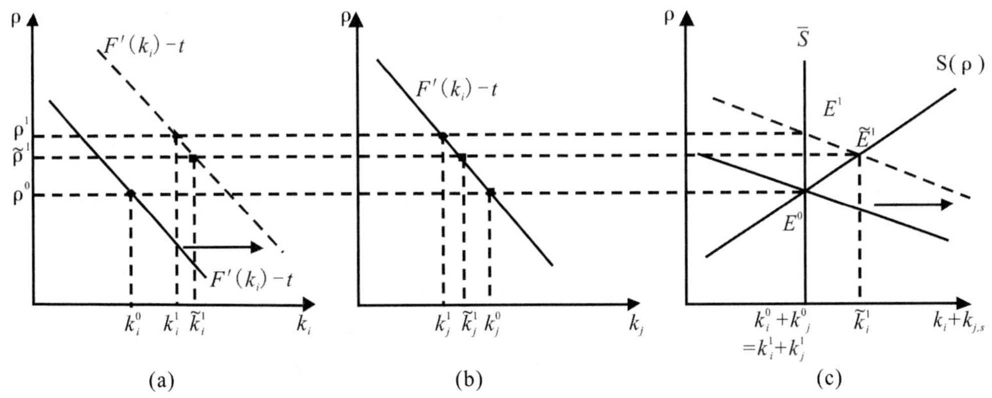

图 18-3 资本补贴变化对资本市场的影响

在图 18-3 中,(a)反映的是辖区 i 的资本需求曲线,(b)是其他辖区的资本需求曲线,(c)是加总的资本市场总需求曲线和总供给曲线,它们一起决定了资本市场中的均衡资本净回报率和总投资。图(c)中垂直的总供给曲线 $\overline{S}$ 反映的是固定资本供给的情形,向右上方倾斜的总供给曲线 $S(\rho)$ 反映的是正弹性的资本供给的情形。假设初始所有辖区的资本补贴额都为 l^0 ,对应于图(a)和(b)中实线资本需求曲线。(c)图中,初始均衡结果 $(\rho^0, k_i^0 + k_j^0)$ 由总供给曲线 $\overline{S}$ 或 $S(\rho)$ 与总需求曲线的交点 E^0 确定,对应到图(a)和(b)中分别得到每个辖区的均衡资本投资 k_i^0, k_j^0 。

现在假设辖区 i 的资本补贴上升到 l_i^1 ,则图(a)中辖区 i 的资本需求曲线向右移动到新的资本需求曲线 $F'(k_i) - t + l_i^1$ 。由于仅变化辖区 i 的资本补贴,其他辖区资本补贴未变化,因此图(b)中其他辖区的资本需求曲线不变。横向加总所有辖区的资本需求,得到图(c)中新的总资本需求曲线。新的总资本需求曲线与两条总资本供给曲线分别相交于 $E^1, \widetilde{E^1}$,由此得到两种资本供给情形下不同的均衡结果:固定资本供给时的 $(\rho^1, k_i^1 + k_j^1 = k_i^0 + k_j^0)$,正向资本供给弹性时的 $(\widetilde{\rho^1}, k_i^1 + \widetilde{k_j^1})$ 。固定资本供给时的均衡结果,分别对应于图(a)中的资本投资均衡结果 (ρ^1, k_i^1) 和图(b)中的 (ρ^1, k_j^1) ;正向资本供给弹性时的均衡结果,分别对应于图(a)中的资本投资均衡结果 $(\widetilde{\rho^1}, \widetilde{k_i^1})$ 和图(b)中的 $(\widetilde{\rho^1}, \widetilde{k_j^1})$ 。相比固定资本供给时的均衡结果,资本供给弹性为正时,辖区 i 的资本补贴上升会引起辖区 i 更多的资本投资,却引起了其他辖区更少的资本投资下降,从而使得经济体中的总投资规模 $\widetilde{k_i^1} + \widetilde{k_j^1}$ 大于固定资本投资时的规模 $k_i^1 + k_j^1 = k_i^0 + k_j^0$ 。

(四)政府

根据中国现实,参考 Cai 和 Treisman(2005)构建地方政府目标函数的方式,假设地方政府是部分自利的,它不仅关心本辖区居民的福利,还关心自身的特殊利益,如来自资本投资增加带来的官员晋升等个人利益。由此,我们假设地方政府的目标函数如下:

$$u_G = \lambda b k_i + (1 - \lambda) u_i \tag{18-8}$$

其中, b 表示地方政府官员来自资本投资的自身利益, $\lambda \geqslant 0$ 为权重变量,表明地方政府对于不同利益的偏向程度。当 $\lambda = 0$ 时,表明地方政府完全以本辖区居民福利最大化为目标; λ 越大,表明地方政府对自身特殊利益越重视。

地方政府供给公共产品 g_i 的约束条件为: $g_i = (t - l_i) k_i + \tau_i$ 。

将居民的效用函数 u_i 和约束条件代入式(18-8)中,可求解地方政府目标函数最大化的均衡条件,即 $\partial u_G / \partial \tau_i = 0$ 和 $\partial u_G / \partial l_i = 0$。为了简化分析,我们专注于对称均衡结果,即 $\tau_i = \tau^*$, $l_i = l^*$, $k_i = S(\rho)$ 。式(18-8)对 τ_i 和 l_i 求导并利用(18-2)、(18-4)及对称纳什均衡解的特征可得如下结果:

$$V_g = 1 \text{ , } l^* = \frac{\lambda}{1 - \lambda} b + t \tag{18-9}$$

式(18-9)得到了一个重要结论,即在对称均衡结果下,单位资本的均衡补贴额是地方官员来自资本增加所带来的自身收益、资本税率和权重的关系式。由这一关系式,我们可得如下命题:

命题1:资本供给弹性为正时,辖区间资本补贴竞争博弈的对称纳什均衡中单位资本补贴额等于甚至大于单位资本税额,补贴额超过税额的大小依赖于地方政府来自资本投资增加所带来的自身利益的大小以及地方政府对自身利益的偏向程度。

根据式(18-9),我们可以发现,当 $\lambda=0$,即地方政府的目标函数是最大化居民效用时,均衡补贴额与资本税额相等。这一结论与文献中所总结的工业地价补贴资本的"税租合一,以税代租"的特征是一致的:地方政府低价出让土地,虽然减少了当期土地租金收入,但资本投资的增长促进了经济增长与就业,从而政府的税收收入增长(中国经济增长前沿课题组,2011)。$\lambda>0$ 时,则对称均衡补贴额会超过税额 t ,且与地方官员的自身利益 b 及偏向程度 λ 密切相关。b 和 λ 越大,则单位资本补贴额超过税额越多。这一结果有助于解释现实中存在的零地价等过度补贴的现象。现实中,为了吸引投资,各地均以远低于实际土地价值的价格向企业供地,甚至以零地价的方式向企业供地,若将土地整理成本考虑在内,向企业供地的实际价格为负值,即补贴额超过了土地租金(国家行政学院经济学教研部课题组,2014)。

根据式(18-6)中的第一个式子和 $S'(\rho)>0$ 可知,在对称纳什均衡结果中,过度的资本补贴额提高了资本税后净回报率,进而引起整个经济中资本总供给和总投资增加。由此,我们得到了另一个重要命题:

命题2:资本供给弹性为正时,辖区间资本补贴竞争博弈的对称纳什均衡中的过度补贴引起了经济体中资本总供给和总投资增加。

基于上述结论和中国式地区间工业地价引资竞争的现实,我们推演出如下可以进行实证检验的三个理论预测。

由于资本投资增加不仅会带来本辖区居民福利的上升,而且有利于增加地方政府的自身利益,因此产生了地方政府为竞争资本的工业地价补贴竞争博弈。由式(18-6)可知,一个辖区提高资本补贴会吸引资本流入本辖区,但会减少其他辖区的资本投资,因此,我们可得辖区间资本补贴竞争关系:

$$\frac{\partial l_i}{\partial l_j}=-\frac{\dfrac{\partial k_i}{\partial l_j}}{\dfrac{\partial k_i}{\partial l_i}}=-\frac{1}{1-n+nF''S'}>0 \tag{18-10}$$

由式(18-10),我们得到了第一个理论预测:

预测Ⅰ(prediction Ⅰ):地区间存在着正向的工业地价空间策略互动关系。

根据命题1,辖区间为竞争流动资本而进行的资本补贴竞争博弈会带来过度补贴的结果。而由于资本补贴竞争的存在,所有辖区的均衡资本补贴额产生了"逐顶竞赛"的结

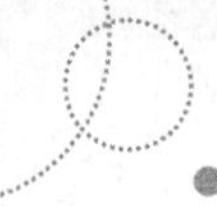

果。对应于现实中的工业地价引资竞争的结果，则是工业地价被压低到极低的水平上，如图 18-2 所示 105 个城市 2008—2015 年平均实际工业地价就长期维持在极低的波动空间内。由此，我们可以预见，由于辖区间资本补贴竞争压力，一个辖区降低工业地价的引资效果是有限的。因此，我们提出第二个理论预测：

预测Ⅱ：地区间“逐顶竞赛”结果使得地方政府工业地价引资策略基本是无效的。

根据命题 2，辖区间资本补贴竞争均衡中过度的资本补贴带来了全社会资本投资的增加。虽然更高的资本投资有利于促进经济增长，尤其是在资本相对短缺的时期，但过度的资本补贴也是引致过剩投资和低质投资的重要根源（欧阳铭珂、张亚斌，2018），从而产生竞相降低引资质量的底线竞争结果（杨其静 等，2014）。这些低质投资要么是在没有补贴时难以盈利的项目或本身就是为了骗取补贴而存在的项目，如国务院发展研究中心《进一步化解产能过剩的政策研究》课题组（2015）调研发现，许多项目在明显面临亏损的情况下仍然一哄而上，不少企业投资的主要目的并不是真正在于项目的投产，而是为了获取当地的土地、煤炭等资源并期待其未来的升值，或者是为了获取政府的各种补贴和返还。李力行等（2016）实证估计了以低地价、协议出让方式为主的粗放型土地出让方式所导致的土地资源错配对中国工业企业间生产率差异的影响，实证结果发现，一个城市以协议方式出让的建设用地比例越高，其工业企业间的资源配置效率越低，且此效果对土地依赖程度高的行业更为显著。因此，过度补贴引致的过度投资可能带来更多的低质项目，难以形成有效产出增长和实现持续正盈利，从而难以带来长期持续的经济增长和财政收入增加。由此，我们提出第三个理论预测：

预测Ⅲ：过度资本补贴引致的低质投资难以带来长期持续的经济增长和财政收入增加。

第三节　实证检验

（一）实证策略

1.预测Ⅰ的实证策略

明显地，预测Ⅰ是验证辖区间的空间策略互动关系，其主要检验方法是空间计量模型。我们拟利用 104 个城市的工业地价进行空间策略互动关系检验。

资源流动模型（Brueckner，2016）[①]的实证文献常用的估计模型是空间滞后模型，因为它与理论上的反应函数最为对应（Allers and Elhorst，2005）。由于空间依赖性还可能发生在误差项中，因此，实证估计中还需要检验空间滞后模型与空间误差模型对数据的

① Brueckner(2016)将现有政府间策略互动模型归为两大类：溢出模型(spillover models)和资源流动模型(resource-flow models)。从理论上说，与横向税收竞争类似，中国式地区间工业地价引资竞争关系可以归入资源流动模型。

适应性。但如果基于(稳健)LM 检验的一个非空间模型被拒绝了,结果支持空间滞后模型或空间误差模型,我们应该小心选择两个模型中的一个。LeSage 和 Pace(2009)建议考虑空间 Durbin 模型。一方面,如果一个空间自回归程序中的不可观测或不可知但相关的变量没有出现在模型中,且这些变量刚好与模型中已有解释变量相关,则一个空间滞后模型扩展到包括空间滞后解释变量的空间 Durbin 模型将可以产生无偏系数估计(LeSage and Pace,2009)。另一方面,从一个空间 Durbin 模型出发,可以更好地检验不同模型对数据的适用性(Elhorst,2014)。同时,由于我们的数据结构是一个面板数据,因此还需要考虑空间和时间固定效应问题。空间固定效应控制所有空间特定的、时间不变变量,它们的缺失会使得一个典型的截面研究出现有偏估计。增加时间固定效应的理由是它们控制了所有时间特定的、空间不变的变量,它们的缺失会使得一个典型的时间序列研究出现有偏估计;而且时间固定效应还修正了误差项间的空间互动效应,它控制了相同的(商业)周期中不同地区所面临的共同增减变化的空间模式或变量的不可观测冲击(Elhorst and Fréret,2009)。因此,我们选择双向固定效应的空间 Durbin 模型(18-11)作为地区间工业地价空间策略互动关系检验的模型。

$$p_{it}=\delta\sum_{j\neq i}w_{ij}p_{jt}+\alpha+X_{it}\beta+\sum_{j\neq i}w_{ij}X_{jt}\cdot\theta+\mu_i+\lambda_t+\varepsilon_{it}\qquad(18\text{-}11)$$

其中 i 表示截面维度(地区),$i=1,\cdots,N$;t 表示时间维度,$t=1,\cdots,T$。p_{it} 表示地区 i 在 t 期的工业地价,X_{it} 是一个 $1\times K$ 维向量的解释变量的观测值。w_{ij} 是构造的反映地区间空间相邻关系的一个 $N\times N$ 的非负矩阵。$\sum_{j\neq i}w_{ij}p_{jt}$ 表示辖区间工业地价的内生互动效应,δ 是我们关心的空间自回归系数。$\sum_{j\neq i}w_{ij}X_{jt}$ 是解释变量之间的外生互动效应,θ 是相应的空间关系系数。α 是截距项,μ_i 表示空间固定效应,λ_t 表示时间固定效应,ε_{it} 是误差项。

我们采用最大似然法估计模型(18-11)。

2.预测Ⅱ的实证策略

预测Ⅱ是要验证工业地价补贴是否对招商引资产生效果。地方政府利用低地价引资,成功的表现就是项目签约、土地出让了,因此工业用地出让宗数可以直接代表招商引资项目的引进。所以我们以工业地价对工业用地出让宗数的回归来检验工业地价补贴的招商引资效果。明显地,当期地价与当期土地出让宗数之间存在着互为因果等内生性问题。同时一个地区土地出让宗数会存在着一定的动态性,即上一期更多的土地出让宗数会吸引更多新的投资项目。因此,为缓解工业地价与工业用地出让宗数之间的内生性问题以及反映工业用地出让的动态性,我们利用动态面板数据模型(18-12)实证检验工业地价的招商引资效果。

$$y_{it}=\gamma y_{i,t-1}+\alpha p_{it}+\sum_{j\neq i}w_{ij}p_{jt}+X_{it-1}\delta+\mu_i+v_t+\varepsilon_{it}\qquad(18\text{-}12)$$

其中,因变量 y_{it} 为工业用地出让宗数,分别为总工业用地出让宗数和招拍挂工业用地出让宗数。总工业用地出让方式包括协议出让和招拍挂出让,招拍挂工业用地出让指招标、拍卖和挂牌出让。同时检验两种土地出让宗数,一是考虑到工业地价可能更多与招拍挂土地出让相对应,二是增加实证检验的稳健性。$y_{i,t-1}$ 是工业用地出让宗数的滞后一期变量,用于刻画城市工业用地出让的动态性。核心解释变量 p_{it} 是实际工业地价的自然对数;另一核心解释变量 $\sum_{j\neq i} w_{ij} p_{jt}$ 是辖区 i 相邻地区的工业地价指标。为减少其他反向因果等内生性问题的影响,控制变量都取滞后 1 期值。

为舍去城市的固定效应,我们对模型(18-12)进行一阶差分。考虑到被解释变量的滞后项和工业地价及相邻地区工业地价的内生性问题,我们将工业用地出让宗数、工业地价和相邻地区工业地价的滞后 2 期以上的值作为工具变量,使用系统 GMM 进行回归。考虑到两步系统 GMM 估计相对于一步稳健的差分 GMM 更为有效,本章使用两步系统 GMM 方法对该模型进行回归。

3.预测Ⅲ的实证策略

为了验证预测Ⅲ,参考陶然等(2007)、杨其静等(2014)的做法,我们利用工业用地出让宗数的当期及滞后四期变量对各产出变量进行回归,以观察工业地价竞争所吸引的招商引资项目的动态产出效应。具体地,实证模型如下:

$$y_{iT} = \alpha + \sum_{t=0}^{4} \beta_t N_{iT-t} + X_{iT-1}\delta + \mu_i + vT + \varepsilon_{iT} \tag{18-13}$$

其中因变量 y_{iT} 为产出变量,包括工业总产值、国内生产总值、财政收入。我们先观察工业用地出让宗数的最直接效应,即对工业总产值的影响,其次观察工业用地出让宗数可能带来的外溢效应,即对整个经济的影响,最后考察工业用地出让宗数对整个财政收入,既包括直接的工业税收,也包括外溢的其他财税收入的总和影响。N 表示工业用地出让宗数, X 为相关控制变量。

值得一提的是,为检验工业用地出让的产出效应,陶然等(2007)利用 1998—2003 年地级市协议出让土地宗数对地方财政收入状况进行回归,杨其静等(2014)利用 2007—2011 年地级市工业用地出让面积的面板数据对相关产出变量进行回归,而本章利用 104 个城市 2008—2015 年的工业用地出让宗数对相关产出变量进行回归。相比他们的研究,本章的研究有几点明显差别:一是核心解释变量的选择差异,本章选择的核心解释变量与陶然等的更为一致,而与杨其静等的差别较大。正如我们在引言中所述,土地出让宗数和面积存在着一定的关联,但也存在着重要差别,从逻辑上说,本章用宗数进行实证检验更为恰当。二是实证期间的差异,本章实证检验的样本期更接近杨其静等的研究,而与陶然等的研究期间差别较大。1998 年以来,中国经济发展的国内外环境以及自身发展阶段都发生了很大的变化,可能使得不同时期的实证结果存在较大差别,不同时期的相关研究可以互为补充。三是实证时期的长短,相比之下,本章实证期间更长,这也使得本章可以通过滞后更多阶数来观察工业用地出让宗数的中长期效果,可以为该问题的研究提供更丰富的结果。

(二)变量及数据来源

1.变量说明

本章实证估计的变量可以归为三类：

第一类是核心回归变量。主要是各回归模型对应的被解释变量和核心解释变量，包括工业地价、总工业用地出让宗数、招拍挂工业用地出让宗数、工业总产值、国内生产总值、财政收入等。

第二类是控制变量。参考相关研究文献和数据的可获得性，我们选择的经济社会控制变量包括：商业地价[①](控制商业地价对工业地价的影响，也可以间接控制商住地价变化引起的企业成本的变化)、总人口数(控制人口规模的影响)、人口密度、高校学生人数(控制教育程度和人力资本的影响)、人均 GDP(控制经济发展水平的影响)、第二产业占 GDP 比重(控制产业结构的影响)、固定资产投资占 GDP 比重(控制全社会投资的影响)、外商直接投资实际使用额占 GDP 比重(控制外商直接投资的影响)、财政自给率(控制财政分权或财政压力的影响)、财政支出占 GDP 比重(控制政府财政支出的影响)和赫芬达尔指数(控制城市集聚效应)。其中，赫芬达尔指数的计算方法为 $hhi_i = \sum_{k=1}^{K}(i$ 城 k 行业就业人数 $/i$ 城总就业人数$)^2$ (Holmes and Stevens, 2004)，由各个城市 20 个行业就业人数计算得到。

第三类是空间权重指标。空间计量模型的一个重要变量是空间权重指标，它反映了不同相邻竞争地区的选择。借鉴现有文献关于空间权重的设计以及本章研究样本的特性，我们选取了 4 个空间权重指标：第 1 个是逆地理距离权重 $w_{ij} = 1/d_{ij}$ ，d_{ij} 是城市间地理距离，我们利用各城市市政府所在地的经纬度坐标[②]，通过距离函数 dhaversine 来计算空间单位之间的球面距离。第 2 个是带宽 500km 邻接地理权重 w_{st} ，如果城市 s 和城市 t 市中心之间的地理距离小于等于 500km，则权重系数为 1，其余赋值为 0。第 3 个是最邻近 5 个城市地理距离权重 w_{eg} ，将每个城市 e 到其余所有城市 $g(g \neq e)$ 的地理距离进行排序 $deg(1) \leqslant deg(2) \leqslant \cdots \leqslant deg(n-1)$，则 $k=5$ 的集合 $N_k(e) = \{g(1), g(2), g(3), g(4), g(5)\}$ 包含了距离城市 e 最邻近的 5 个其他城市，那么对城市 e ，赋予集合 $N_k(e)$ 中的城市权重系数 1，其余城市为 0。第 4 个是逆地理距离和经济区混合权重 w_{ed} ，主要是反映同一经济区内经济社会发展情况相似且地理距离相近的地区间的竞争

① 因为商业地价和居住地价的变动趋势基本是一致的，见图 8-2，因此这里选择商业地价作为控制变量。我们也用居住地价进行了检验，结果没有太大差别。

② 利用百度地图的拾取坐标系统获取该数据。

强度更大的可能性。根据区域划分研究成果，可以将中国大陆划分为八大综合经济区①，我们利用同一经济区内的城市间的地理距离的倒数构造了一个经济区逆地理距离权重指标。以上四类空间权重变量都进行了行标准化的处理。

对于名义值变量，我们进行了相应处理：利用工业生产者出厂价格指数，将工业用地出让价格和工业总产值换算为实际价格；利用消费者价格指数，将商业地价、人均国内生产总值、财政收入、国内生产总值换算为实际价格，均以 2007 年为基期。

2.数据来源

本章数据主要来自 CEIC 中国经济数据库、《中国城市统计年鉴》和"中国土地市场网"数据库，整理形成了 2008—2015 年 104 个城市的面板数据。

CEIC 中国经济数据库提供了 105 个城市的地价数据，但由于拉萨市数据缺失严重，所以将之剔除。《中国国土资源统计年鉴》是研究土地出让问题的大多数文献的主要数据来源，但由于其 2009 年之后才提供各种用途土地出让的数据，使得之前大多数研究只能采用协议出让来替代工业用地出让，但是将土地出让用途和出让方式混在一起研究存在着重要缺陷。2006 年 8 月 31 日，国务院发布了《国务院关于加强土地调控有关问题的通知》，其中严格要求"工业用地必须采用招标拍卖挂牌方式出让"，这使得在 2007 年之后仍将协议出让视为工业用地出让的处理不再合理。幸运的是，2006 年 8 月 1 日起开始实行的《招标拍卖挂牌出让国有土地使用权规范(试行)》明确要求市县级政府土地主管部门必须在中国土地市场网上事先公布任何一宗国有土地使用权的出让计划，并且事后也须公示各宗土地的出让结果。因此我们利用中国土地市场网上的数据信息，手工收集了 2008 年 1 月 1 日至 2015 年 12 月 31 日共计约 150 万宗的工业用地出让结果的相关信息。我们对数据进行了如下处理：首先，剔除土地用途缺失的土地出让数据；其次，由于被解释变量为城市层面的工业用地出让宗数，因此对同一城市同一年份的工业用地出让宗数进行加总，进一步地，按照出让方式(协议和招标、拍卖、挂牌)将工业用地出让宗数进行分类加总，并剔除重复数据，最终得到城市层面工业用地的土地出让数据。城市控制变量主要来自《中国城市统计年鉴》。

各变量的定义及描述性统计见表 18-1。

---

① 李善同、侯永志(2002)在研究报告《中国(大陆)区域社会经济发展特征分析》中指出，为适应区域研究和区域政策分析之需，区域的划分必须遵循以下几个原则：(1)空间上相互毗邻；(2)自然条件、资源禀赋结构相近；(3)经济发展水平接近；(4)经济上相互联系密切或面临相似的发展问题；(5)社会结构相仿；(6)区块规模适度；(7)适当考虑历史延续性；(8)保持行政区划的完整性；(9)便于进行区域研究和区域政策分析。根据以上原则，考虑到目前各种划法的种种弊端，他们将中国大陆划分为如下八大区域：(1)东北地区，包括辽宁、吉林、黑龙江三省；(2)北部沿海地区，包括北京、天津、河北、山东二市两省；(3)东部沿海地区，包括上海、江苏、浙江一市两省；(4)南部沿海地区，包括福建、广东、海南三省；(5)黄河中游地区，包括陕西、山西、河南、内蒙古三省一区；(6)长江中游地区，包括湖北、湖南、江西、安徽四省；(7)西南地区，包括云南、贵州、四川、重庆、广西三省一市一区；(8)大西北地区，包括甘肃、青海、宁夏、西藏、新疆两省三区。

表 18-1 变量的描述性统计

变量类型	变量	观测值	均值	标准差	最小值	最大值
核心变量	实际工业地价对数	832	6.0655	0.4693	4.9764	8.1592
	总工业用地出让宗数对数	832	4.6698	1.0493	0.0000	6.9344
	招拍挂工业用地出让宗数对数	832	4.4529	1.1707	0.0000	6.9177
	实际工业总产值对数	832	17.0992	1.1406	13.7240	19.6389
	实际财政收入对数	832	9.5748	1.1186	6.1256	12.9869
	实际 GDP 对数	832	12.1646	0.9162	9.6989	14.5024
控制变量	实际商业地价对数	832	7.9660	0.8200	5.9842	10.5339
	总人口对数	832	6.1134	0.6312	4.6000	8.1242
	人口密度对数	832	6.1206	0.7723	3.6079	7.8816
	高校学生人数对数	832	5.4080	0.9407	2.1400	7.1653
	赫芬达尔指数	832	0.1781	0.0859	0.0746	0.6641
	实际人均 GDP 对数	832	10.5842	0.5532	9.1036	12.8902
	第二产业占 GDP 比重	832	49.7762	9.5395	18.6700	85.0800
	固定资产投资占 GDP 比重	832	65.0000	21.1470	16.9820	145.3124
	外商直接投资实际使用额占 GDP 比重	832	2.6445	2.0456	0.0303	13.1653
	财政自给率	832	63.7262	22.1463	9.8874	154.1259
	财政支出占 GDP 比重	832	13.4762	5.1200	1.5363	58.0935
不同权重下的相邻地区工业地价	实际相邻地区工业地价对数—逆地理距离权重	832	6.0749	0.1244	5.7161	6.5700
	实际相邻地区工业地价对数—带宽 500km 邻接地理距离权重	832	96.7461	51.4990	0.0000	215.8737
	实际相邻地区工业地价对数—最邻近五城市地理距离权重	832	6.0618	0.2931	5.4237	7.0309
	实际相邻地区工业地价对数—经济区地理距离权重	832	6.0708	0.2692	5.4602	6.8794

(三)估计结果及分析

1.地区间工业地价的空间策略互动关系检验

表 18-2 报告了四个权重指标下双向固定效应的空间 Durbin 模型(18-11)的检验结果和回归结果。第一,Wald 检验和 LR 检验结果表明,应拒绝空间 Durbin 模型简化为空间滞后模型和空间误差模型的原假设。因此,检验结果支持我们选择空间 Durbin 模型。第二,在所有权重指标下,空间滞后被解释变量的系数都在 1%的显著性水平下为正。具体而言,逆地理距离权重下的空间相关系数 $\delta=0.4241$,这表明相邻城市的工业地价每下降 1 个百分点,本市的工业地价将相应降低 0.4241 个百分点。其余三类权重下的空间相

关系数依次为 0.3230、0.3565 和 0.3175，表明不同权重下地区间都存在着明显的空间相关关系，结果较为稳健。第三，从控制变量来看，在前三个地理权重下，第二产业占 GDP 比重对工业地价都存在着显著的负的影响，这意味着越依赖于工业的地区，其土地引资压力越大。财政支出占比的提高将较为显著地抬升工业地价，可能的原因在于目前地方政府的财政支出结构偏向提升土地出让价值，也可能是由于财政支出增加吸引了更多的投资，从而降低了土地引资的压力。其他因素对工业地价并不存在稳健显著的影响。从相邻城市控制变量的影响来看，相邻城市的人口规模和高校学生人数等都显著地促进了本地区的工业地价，这也说明在实证估计中考虑相邻地区解释变量的空间互动关系的合理性。

表 18-2　地区间工业地价的空间策略互动关系的估计结果

变量	(1)		(2)		(3)		(4)	
	逆地理距离权重矩阵		带宽 500km 邻接地理权重矩阵		最邻近五城市地理权重矩阵		经济区逆地理距离权重矩阵	
空间效应	0.4241***	(0.1306)	0.3230***	(0.0634)	0.3565***	(0.0444)	0.3175***	(0.0554)
对数总人口	0.0104	(0.0717)	0.0262	(0.0720)	0.0201	(0.0724)	0.0405	(0.0746)
对数人口密度	0.0374	(0.0248)	0.0401	(0.0253)	0.0421*	(0.0244)	0.0388	(0.0248)
对数高校学生人数	0.0251	(0.0159)	0.0280*	(0.0160)	0.0286*	(0.0156)	0.0211	(0.0160)
对数人均生产总值	−0.0485	(0.0305)	−0.0249	(0.0275)	−0.0192	(0.0295)	−0.0351	(0.0296)
第二产业占比	−0.0024*	(0.0013)	−0.0025**	(0.0013)	−0.0025*	(0.0013)	0.0000	(0.0014)
固定资产投资占比	−0.0004	(0.0003)	−0.0005	(0.0003)	−0.0005	(0.0003)	−0.0005	(0.0003)
外商直接投资占比	−0.0039	(0.0029)	0.0006	(0.0029)	−0.003	(0.0029)	−0.0017	(0.0029)
财政自给率	0.0002	(0.0004)	0.0001	(0.0004)	0.0001	(0.0004)	0.0002	(0.0004)
财政支出占比	0.0029*	(0.0016)	0.0029*	(0.0016)	0.0022	(0.0015)	0.0023	(0.0016)
W×对数总人口	2.5693***	(0.4965)	0.7587***	(0.2238)	0.4144***	(0.1463)	0.5824***	(0.1698)
W×对数人口密度	0.0962	(0.1830)	0.1274	(0.1064)	0.0363	(0.0468)	0.0324	(0.0630)
W×对数高校学生人数	0.7226***	(0.1609)	−0.0571	(0.0578)	0.1385***	(0.0416)	0.1518***	(0.0571)
W×对数人均生产总值	0.0578	(0.1049)	−0.0345	(0.0518)	−0.0109	(0.0389)	0.0198	(0.0447)
W×第二产业占比	−0.0089	(0.0068)	0.0032	(0.0029)	0.0003	(0.0022)	−0.0071***	(0.0024)
W×固定资产投资占比	−0.0015	(0.0022)	−0.0008	(0.0008)	0.0001	(0.0006)	−0.0003	(0.0008)
W×外商直接投资占比	−0.0343	(0.0212)	−0.0117	(0.0093)	−0.0118**	(0.0058)	−0.0032	(0.0071)
W×财政自给率	0.0019	(0.0023)	0.0005	(0.0011)	−0.0005	(0.0007)	0.0001	(0.0009)

续表

变量	(1)		(2)		(3)		(4)	
	逆地理距离权重矩阵		带宽500km邻接地理权重矩阵		最邻近五城市地理权重矩阵		经济区逆地理距离权重矩阵	
$W\times$财政支出占比	0.0387***	(0.0130)	0.0013	(0.0039)	0.0105***	(0.0032)	0.0013	(0.0039)
Sigma2	0.0051		0.0052		0.0050		0.0051	
调整 R^2	0.1711		0.1299		0.1506		0.1534	
log$L$	1012.9521		1003.3782		1017.6211		1008.8051	
Wald test spatial lag	64.8884	[0.006]	36.8890	[0.001]	30.3551	[0.001]	40.0256	[0.001]
LR test spatial lag	62.1144	[0.004]	35.8112	[0.004]	28.5181	[0.004]	39.7599	[0.000]
Wald test spatial error	71.1285	[0.011]	44.6821	[0.017]	39.2797	[0.018]	49.0464	[0.025]
LR test spatial error	69.8960	[0.016]	44.0568	[0.015]	37.2603	[0.016]	50.0762	[0.026]

注：圆括号内为城市聚类的稳健标准误，方括号内为 p 值。*、**、*** 分别表示10%、5%和1%的显著性水平。

2.工业地价对工业用地出让宗数的影响

表18-3报告了实证模型(18-12)的回归结果。从检验结果来看，该动态面板模型通过了相关检验，且滞后一期工业地价的系数在所有权重下都在1%的水平下显著为正，表明这里选择动态面板模型是合适的。

表18-3(1)的回归结果显示，没有控制相邻地区工业地价的影响时，本地区工业地价对总工业用地出让宗数和招拍挂工业用地出让宗数的系数都不显著，说明降低工业地价对吸引工业项目基本无效。这一结果与理论预期一致，也与况伟大(2008)的实证结果一致。表18-3(2)～(5)中分别加入了四个不同权重的空间相邻地区的工业地价，结果表明，即使控制了相邻地区工业地价的影响，本地区工业地价对工业招商项目也是无效的，且相邻地区工业地价的影响也是不显著的。这一结果与预测Ⅱ是一致的。这些结果表明，在地区间工业地价招商引资竞争中，“逐顶竞赛”的资本补贴竞争，使得工业地价已经被压缩到很低的水平上，难以对招商引资的增量产生显著影响，仅仅是更多地增加了资本补贴而已。

在控制变量中，滞后一期的商业地价对工业用地出让宗数有负向影响，虽然仅逆地理距离和经济区逆地理距离权重时对招拍挂工业用地出让宗数是显著的，说明过高的商业地价引起企业相关成本(如员工生活成本等)上升，从而对吸引新项目具有负向影响。反映经济集聚程度的赫芬达尔指数的系数在几乎所有回归(除了无相邻地区工业地价时对全部工业用地出让宗数的回归不显著外)中显著为正，说明一个地区的经济专业化程度对吸引相关项目的进驻具有重要影响，这一结果的启示是：一方面，地方政府在招商引资中应有重点吸引与本地经济专业化程度高的行业更为匹配的项目;另一方面也说明一个地方加强与本地适宜的经济专业化建设比简单依赖低工业地价的方式对吸引新投资项目更为有效。人口规模对工业用地出让宗数具有显著正的影响,表明人口要素对新工业项目的吸引力。其他变量则没有稳定的显著关系。

表 18-3　工业地价对工业用地出让宗数影响的动态面板估计结果

	(1)		(2)		(3)		(4)		(5)	
	无相邻地区工业低价		逆地理距离矩阵计算的相邻工业地价		带宽 500km 邻接地理矩阵计算的相邻工业地价		最邻近五城市地理矩阵计算的相邻工业地价		经济区逆地理距离权重矩阵计算的相邻工业地价	
	全部	招拍挂	全部	招拍挂	全部	招拍挂	全部	招拍挂	全部	招拍挂
L1.工业用地出让宗数	0.4894***	0.7090***	0.7228***	0.6873***	0.7191***	0.7009***	0.7048***	0.7213***	0.8558***	0.7406***
	(0.1094)	(0.1282)	(0.1096)	(0.1047)	(0.0967)	(0.0856)	(0.1203)	(0.1004)	(0.0936)	(0.1049)
L0.工业地价	−0.1618	0.2750	−0.0647	−0.1101	0.0606	0.1099	−0.3152	−0.2449	−0.1027	−0.1417
	(0.5158)	(0.3848)	(0.3127)	(0.3794)	(0.3839)	(0.3089)	(0.3418)	(0.3221)	(0.2878)	(0.3060)
L0.相邻地区工业地价			0.4464	1.2127	0.0018	0.0016	0.1746	0.2759	0.3100	0.4789
			(0.7783)	(0.9534)	(0.0013)	(0.0014)	(0.2782)	(0.3360)	(0.2162)	(0.3411)
L1.商业地价	−0.0202	−0.6285	−0.1676	−0.4304*	−0.0044	−0.0777	−0.0309	−0.1971	−0.1660	−0.3354*
	(0.3731)	(0.3946)	(0.1735)	(0.2291)	(0.1758)	(0.1443)	(0.1766)	(0.1724)	(0.1364)	(0.1923)
L1.对数人均国内生产总值	0.2637	0.0119	0.0779	0.0298	0.1764	0.1869	0.0648	0.0698	0.1718	0.1048
	(0.3005)	(0.3011)	(0.2207)	(0.2670)	(0.2522)	(0.2625)	(0.2259)	(0.2750)	(0.1871)	(0.2259)
L1.赫芬达尔指数	2.9446	3.3523*	2.9938**	2.1953*	2.7906*	2.9151**	2.2393**	2.3439**	2.0152*	2.2407*
	(1.8114)	(1.9071)	(1.1531)	(1.1627)	(1.4380)	(1.2845)	(1.1114)	(1.1779)	(1.1724)	(1.1869)
L1.第二产业占比	0.0029	0.0053	0.0098	0.0116	0.0088	0.0145	0.0034	0.0013	0.0052	0.0111
	(0.0135)	(0.0215)	(0.0140)	(0.0171)	(0.0131)	(0.0143)	(0.0121)	(0.0132)	(0.0120)	(0.0134)
L1.固定资产投资占比	0.0107	0.0062	0.0082	0.0039	0.0079	0.0073*	0.0046	0.0040	0.0049	0.0030
	(0.0074)	(0.0088)	(0.0066)	(0.0053)	(0.0053)	(0.0043)	(0.0064)	(0.0056)	(0.0061)	(0.0058)
L1.外商直接投资占比	−0.0143	0.0657	−0.0050	−0.0081	−0.0158	−0.0190	−0.0145	−0.0063	−0.0422	−0.0197
	(0.0997)	(0.1048)	(0.0619)	(0.0779)	(0.0584)	(0.0655)	(0.0604)	(0.0638)	(0.0359)	(0.0491)
L1.对数总人口	0.6648***	0.5296***	0.4651***	0.6006***	0.3805**	0.4401***	0.4511**	0.4932**	0.3250**	0.5305***
	(0.1875)	(0.1895)	(0.1651)	(0.1851)	(0.1564)	(0.1521)	(0.1949)	(0.1931)	(0.1393)	(0.1874)
L1.对数人口密度	−0.0414	0.0277	−0.0208	−0.0161	−0.0687	−0.0930	0.0201	0.0075	0.0377	0.0057
	(0.1347)	(0.1412)	(0.0761)	(0.1180)	(0.1269)	(0.1468)	(0.0812)	(0.0930)	(0.0715)	(0.0877)

续表

	(1)		(2)		(3)		(4)		(5)	
	无相邻地区工业低价		逆地理距离矩阵计算的相邻工业地价		带宽 500km 邻接地理矩阵计算的相邻工业地价		最邻近五城市地理矩阵计算的相邻工业地价		经济区逆地理距离权重矩阵计算的相邻工业地价	
	全部	招拍挂	全部	招拍挂	全部	招拍挂	全部	招拍挂	全部	招拍挂
$L1.$财政支出占比	0.0698	0.0721	0.0584*	0.0622**	0.0507*	0.0423	0.0401	0.0265	0.0499**	0.0655**
	(0.0462)	(0.0463)	(0.0324)	(0.0308)	(0.0272)	(0.0283)	(0.0276)	(0.0273)	(0.0238)	(0.0318)
$L1.$对数高校学生人数	−0.0750	0.1153	0.0448	0.1391*	0.0420	0.0646	0.0316	0.0809	0.0839	0.1688*
	(0.1344)	(0.1235)	(0.0635)	(0.0723)	(0.1071)	(0.0939)	(0.0826)	(0.0839)	(0.0630)	(0.0879)
$L1.$财政自给率	0.0152	0.0106	0.0067	0.0123	0.0010	0.0022	0.0058	0.0054	0.0015	0.0077
	(0.0117)	(0.0117)	(0.0071)	(0.0078)	(0.0083)	(0.0064)	(0.0077)	(0.0077)	(0.0068)	(0.0081)
AR_1(p 值)	0.000	0.000	0.000	0.000	0.000	0.000	0.000	0.000	0.000	0.000
AR_2(p 值)	0.393	0.704	0.360	0.724	0.418	0.963	0.287	0.867	0.311	0.776
Hansen(p 值)	0.252	0.381	0.247	0.349	0.256	0.281	0.154	0.307	0.400	0.475
N	728	728	728	728	728	728	728	728	728	728

注：括号内为城市聚类的稳健标准误，*、**、*** 分别表示 10%、5%和 1%的显著性水平。

3.工业用地出让宗数的产出效应检验

表 18-4 报告了检验预测Ⅲ的实证模型(18-13)的估计结果。

表 18-4(1)中工业用地出让宗数对工业总产值的影响中，总工业用地出让宗数对地方工业总产值的影响只在当期和滞后 1 期显著，当年、前 1 年总工业用地出让宗数每上升 1%，带来工业总产值增长 0.0582%和 0.0878%，且都在 10%的显著性水平下显著，而滞后 2～4 期的影响并不显著，且滞后 4 期的系数甚至为不显著的负值；招拍挂工业用地出让宗数对地方工业总产值的影响与总工业用地出让宗数大致相同，也只在当期和滞后 1 期显著，系数值分别为 0.0491 和 0.0925，分别在 10%和 5%的显著性水平下显著。

表 18-4(2)中，总工业用地出让宗数的增加仅对促进当期 GDP 增长是显著为正的，且显著性水平为 10%，而滞后 1～4 期的系数都为正向的不显著，系数值大小也由当期至滞后 4 期大体呈递减趋势。招拍挂工业用地出让宗数则对所有期数的地方 GDP 增长均没有显著影响。

表 18-4(3)中，总工业用地出让宗数对于财政收入的影响只在滞后 1 期显著，前 1 年总工业用地出让宗数每上升 1%，财政收入增长 0.1006%，且在 5%的显著性水平下显著，而当期、滞后 2～4 期的影响并不显著；招拍挂工业用地出让宗数对地方财政收入的作用与总工业用地出让宗数大致相同，滞后 1 期的系数值为 0.0876，且在 5%的显著性水平下显著。

表 18-4　工业用地出让宗数的产出效应

	(1)		(2)		(3)	
	对数工业总产值		对数国内生产总值		对数财政收入	
	全部	招拍挂	全部	招拍挂	全部	招拍挂
*L*0.工业用地出让宗数	0.0582*	0.0491*	0.0210*	0.0161	0.0597	0.0299
	(0.0299)	(0.0270)	(0.0114)	(0.0111)	(0.0445)	(0.0377)
*L*1.工业用地出让宗数	0.0878*	0.0925**	0.0184	0.0245	0.1006**	0.0876**
	(0.0470)	(0.0444)	(0.0161)	(0.0154)	(0.0446)	(0.0400)
*L*2.工业用地出让宗数	0.0335	0.0108	0.0030	0.0002	0.0312	0.0325
	(0.0272)	(0.0260)	(0.0120)	(0.0103)	(0.0323)	(0.0318)
*L*3.工业用地出让宗数	0.0358	0.0260	0.0103	0.0041	0.0534	0.0266
	(0.0283)	(0.0265)	(0.0127)	(0.0123)	(0.0336)	(0.0351)
*L*4.工业用地出让宗数	−0.0074	−0.0082	−0.0003	0.0000	−0.0283	−0.0284
	(0.0183)	(0.0182)	(0.0081)	(0.0082)	(0.0262)	(0.0265)
*L*1.对数总人口	0.7407	0.6984	0.6694***	0.6505***	1.5417***	1.5378***
	(0.4677)	(0.4739)	(0.2103)	(0.2101)	(0.4950)	(0.5189)
*L*1.对数人均国内生产总值	0.1576**	0.1597**	0.1034***	0.1049***	0.2053**	0.2014**
	(0.0622)	(0.0621)	(0.0336)	(0.0342)	(0.0954)	(0.0972)
*L*1.对数人口密度	−0.0345	−0.0332	−0.1153	−0.1202	−0.0790	−0.0913
	(0.2781)	(0.2984)	(0.1097)	(0.1123)	(0.2062)	(0.2222)
*L*1.对数高校学生人数	0.1657**	0.1736**	0.0963**	0.0977**	0.0780	0.0657
	(0.0763)	(0.0751)	(0.0384)	(0.0391)	(0.0868)	(0.0885)
*L*1.固定资产投资占比	0.0024	0.0024*	0.0005	0.0005	0.0031	0.0034
	(0.0015)	(0.0014)	(0.0008)	(0.0008)	(0.0022)	(0.0023)
*L*1.外商直接投资占比	0.0186	0.0182	−0.0018	−0.0020	−0.0057	−0.0074
	(0.0160)	(0.0159)	(0.0040)	(0.0042)	(0.0187)	(0.0193)
*L*1.财政自给率	0.0035**	0.0037**	0.0017***	0.0017***	0.0002	0.0003
	(0.0014)	(0.0014)	(0.0006)	(0.0006)	(0.0057)	(0.0057)
*L*1.赫芬达尔指数	0.1138	0.0993	−0.0489	−0.0578	−0.0527	−0.0836
	(0.1388)	(0.1423)	(0.0737)	(0.0759)	(0.2898)	(0.2892)
城市固定效应	控制	控制	控制	控制	控制	控制
时间固定效应	控制	控制	控制	控制	控制	控制
Observations	416	416	416	416	416	416
R-squared	0.990	0.990	0.997	0.997	0.965	0.965

注：括号内为城市聚类的稳健标准误，*、**、*** 分别表示 10%、5% 和 1% 的显著性水平。

以上结果较为一致地表明,工业用地出让宗数的产出效应仅在短期内显现,中长期则没有什么效果。这一结果与预测Ⅲ是一致的。长期过低的工业低价,虽然吸引了资本总供给进而增加总投资,但其产生的过剩投资可能带来的低质项目增加难以产生长期持续的经济增长和财政收入增长。这里的研究结果与杨其静等(2014)基于面积的回归结果较为相似,他们的研究发现,协议出让工业用地的方式来吸引投资会显著地抑制非房地产城镇固定资产投资和相关财政收入的增长,且协议出让占比在滞后两期后对结果变量产生显著负的影响。对于工业出让的短期效应,杨其静等(2014)的解释是,任期有限的地方领导在工业低价招商引资中,首要关心的是土地引资的规模而不是质量。但我们的结果与陶然(2007)等的结果存在明显差别,我们认为,差别很可能是由于实证时期的差异所产生的。根据我们的理论分析,地区间工业地价引资竞争均衡带来了过低的工业地价,它对资本总供给和总投资有正向促进作用,这一影响在不同时期的效果是存在差别的。在早期资本要素较为短缺时,低工业地价有助于吸引资本要素,可以实现与其他要素的更好匹配,从而带来相关产出的中长期增长。但当资本变得不再如此短缺,且国际经济发展低迷以及产出过剩问题开始显现时,持续过量的资本补贴所引致的过剩投资就会带来更大的负效应,带来更多的低效甚至无效投资,从而难以带来长期持续的产出效应。

第四节　结论及政策启示

中国特殊的官员晋升机制和财政压力与土地制度相结合催生了中国式地区间工业地价的引资竞争问题。本章借鉴 Eichner 和 Runkel(2012)的理论框架构建了一个辖区间以工业地价表征的资本补贴竞争博弈模型。研究证明,作为补贴资本的重要手段,引资补贴博弈会导致“逐顶竞赛”的结果,使得地区间工业地价引资竞争博弈的均衡结果中工业地价过低,抵消甚至超过资本税收。且在资本供给弹性为正的情形中,过低的工业地价会引起资本总供给和总投资的增加,从而为资本补贴引致过度投资的现象提供理论逻辑证明。在此基础上,本章提出了三个待验证的理论预测:预测Ⅰ,地区间存在着正向的工业地价空间策略互动关系;预测Ⅱ,地区间“逐顶竞赛”结果使得地方政府工业地价引资策略基本是无效的;预测Ⅲ,过度资本补贴引致的低质投资难以带来长期持续的经济增长和财政收入增加。利用 104 个城市 2008—2015 年的工业地价数据以及从中国土地市场网上收集整理的工业用地出让宗数数据,本章对三个理论预测进行了相应的实证检验。实证结果与理论预测基本一致:首先,地区间存在着显著为正的工业地价空间策略互动关系,表明地区间的确存在以工业地价补贴资本的竞争行为。其次,工业地价(包括相邻地区工业地价)对工业用地出让宗数不产生显著影响,表明工业地价对招商引资项目基本是无效的。最后,工业用地出让宗数对地方工业总产值、地区 GDP 和财政收入仅有短期正向影响,而中长期基本无影响,表明低工业地价引致的过度投资产生了低效甚至无效投资，这些投资更多的是短期刺激效果，难以产生长期持续的效应。

本章的研究为中国式体制性产能过剩问题提供了理论和实证依据，深化了对中国式地方政府“为增长而竞争”的发展模式及转轨路径的认识，丰富了相关研究。结合三个经实证检验的理论预测，我们还可以得到以下政策性启示：

一是引导形成有利于资源优化配置的地方政府竞争格局。已有研究表明，现有以税收优惠、低工业地价、高财政补贴等形式表征的地区间引资竞争带来了诸多负面效应，但其在促进经济增长等方面仍然具有强激励(Xu,2011;王永钦 等,2007)。因此，简单地禁止地区间竞争并不是解决问题的真正出路，而是应该从地方政府间竞争关系存在的根源出发，通过激励约束机制的完善，引导地方政府从传统的补贴竞争转向更有利于优化资源配置的竞争方向；同时，赋予地方政府公开透明恰当的政策工具，引导地方政府朝着优化营商环境、提高与本地优势相适应的经济专业化建设等更有利于资源要素合理流动的方向上竞争，实现资源要素合理配置、经济健康稳定发展。

二是完善体制机制，探索建立更科学合理的激励约束机制。通过探索优化，建立与中国现实国情更契合的政治、经济和财政激励机制，破解经济发展不利条件中的深层次体制机制问题。就推动工业产业高质量发展来说，在当前新旧动能转换的过程中，中央通过有意识地设计与重构财政制度与政府间财政关系，可以优化财政激励，调动地方政府推进产业结构转型升级的主动性与积极性，从制度根源上抑制地方政府通过大力引进价高利大的传统工业项目以追求短平快业绩的行为策略，并避免传统工业领域的低水平重复建设。

三是在科学划分事权基础上明晰各级政府的权责，完善事权与财权财力相匹配的财政体制，合理规范地划分各级政府间的财权财力，缓解由不恰当的财政压力所引致的地区间竞争问题。尤其是在“营改增”后，地方主体税种缺失，地方财力受到显著负面冲击，省以下各级政府间财权财力的划分问题亟待解决。

四是加快推进土地制度改革，推进完善土地产权制度、土地要素市场化建设，完善要素市场公平的竞争环境，发挥市场在土地等要素资源配置中的决定性作用。党的十九大报告中提出，“经济体制改革必须以完善产权制度和要素市场化配置为重点，实现产权有效激励、要素自由流动、价格反应灵活、竞争公平有序、企业优胜劣汰”。这就要求积极推进土地要素市场化改革，切实发挥土地价格在土地要素配置中的基础性作用，实现土地要素的集约利用和合理配置。

本章参考文献

北京天则经济研究所《中国土地问题》课题组，2007. 城市化背景下土地产权的实施和保护[J]，管理世界(12)：31-47.

丁绒，叶广宇，2016. 地方政府的土地供应抉择研究：土地财政规模倒U型效应的博弈均衡视角[J]. 财政研究(9)：76-92.

国家行政学院经济学教研部课题组，2014. 产能过剩治理研究[J]. 经济研究参考(14)：53-62.

国务院发展研究中心《进一步化解产能过剩的政策研究》课题组，2015. 当前我国产能过剩的特征、风险及对策研究：基于实地调研及微观数据的分析[J]. 管理世界(4)：1-10.

江飞涛，耿强，吕大国，等，2012. 地区竞争、体制扭曲与产能过剩的形成机理[J]. 中国工业经济(6)：44-56.

况伟大，2008. 中国开发区成败的决定因素研究[J]. 财贸经济(12)：96-101.

李建中，2007. 析《全国工业用地出让最低价标准》出台：兼论完善工业用地的价格形成机制[J]. 浙江经济(8)：17-19.

李军杰，2005. 经济转型中的地方政府经济行为变异分析[J]. 中国工业经济(1)：39-46.

李力行，黄佩媛，马光荣，2016. 土地资源错配与中国工业企业生产率差异[J]. 管理世界(8)：86-96.

李善同，侯永志，2002. 中国(大陆)区域社会经济发展特征分析[R]. 国务院发展研究中心.

刘守英，2017. 中国土地制度改革：上半程及下半程[J]. 国际经济评论(5)：29-56.

欧阳铭珂，张亚斌，2018. 财政补贴、扭曲竞争与汽车产业产能过剩[J]. 财政研究(12)：84-96，113.

桑瑜，2015. 产能过剩：政策层面的反思与实证[J]. 财政研究(8)：14-20.

陶然，陆曦，苏福兵，等，2009. 地区竞争格局演变下的中国转轨：财政激励和发展模式反思[J]. 经济研究(7)：21-33.

陶然，袁飞，曹广忠，2007. 区域竞争、土地出让与地方财政效应：基于1999—2003年中国地级城市面板数据的分析[J]. 世界经济(10)：15-27.

王永钦，张晏，章元，等，2007. 中国的大国发展道路：论分权式改革的得失[J]. 经济研究(1)：4-16.

谢贞发，范子英，2015. 中国式分税制、中央税收征管权集中与税收竞争[J]. 经济研究(4)：92-106.

杨其静，卓品，杨继东，2014. 工业用地出让与引资质量底线竞争：基于2007—2011年中国地级市面板数据的经验研究[J]. 管理世界(11)：24-34.

张军，2005. 中国经济发展：为增长而竞争[J]. 世界经济文汇(4)：101-105.

张林，2016. 中国式产能过剩问题研究综述[J]. 经济学动态(9)：90-100.

张清勇，丰雷，2015. 中国征地制度：过程、困境与出路[R]. 人大国发院系列报告.

赵文哲，杨继东，2015. 地方政府财政缺口与土地出让方式：基于地方政府与国有企业互利行为的解释[J]. 管理世界(4):11-24.

中国经济增长前沿课题组,2011. 城市化、财政扩张与经济增长[J]. 经济研究(11):4-20.

周黎安,2004. 晋升博弈中政府官员的激励与合作:兼论我国地方保护主义和重复建设问题长期存在的原因[J]. 经济研究(6):33-40.

周黎安,2007. 中国地方官员的晋升锦标赛模式研究[J]. 经济研究(7):36-50.

ALLERS M A, ELHORST J P, 2005. Tax mimicking and yardstick competition among local governments in the Netherlands[J]. International tax & public finance, 12(4): 493-513.

BRUECKNER J K, 2003. Strategic interaction among governments: an overview of empirical studies[J]. International regional science review, 26(2):175-188.

CAI H, TREISMAN D, 2005. Does competition for capital discipline governments? Decentralization, globalization, and public policy[J]. American economic review, 95(3): 817-830.

EICHNER T, RUNKEL M, 2012. Interjurisdictional spillovers, decentralized policy-making, and the elasticity of capital supply[J]. American economic review, 102(5): 2349-2357.

ELHORST J P, 2014. Spatial econometrics: from cross-sectional data to spatial panels [M]. Springer Berlin Heidelberg.

ELHORST J P, FRÉRET S, 2009. Evidence of political yardstick competition in France using a two-regime spatial durbin model with fixed effects[J]. Journal of regional science, 49(5):931-951.

HOLMES T J, STEVENS J J, 2004. Geographic concentration and establishment size: analysis in an alternative economic geography model[J]. Journal of economic geography, 4(3): 227-250.

LESAGE J P, PACE R K, 2009. Introduction to spatial econometrics[M]. CRC Press.

WILSON J D, 1986. A theory of interregional tax competition[J]. Journal of urban economics, 19(3):296-315.

WILSON J D, WILDASIN D E, 2004. Capital tax competition: bane or boon[J]. Journal of public economics, 88(6):1065-1091.

XU C, 2011. The fundamental institutions of China's reforms and development[J]. Journal of economic literature, 49(4):1076-1151.

ZODROW G R, MIESZKOWSKI P PIGOU, TIEBOUT, 1986. property taxation, and the under provision of local public goods[J]. Journal of urban economics, 19(3): 356-370.

第三部分

财政体制篇

第十九章　马克思剥削理论与社会主义分益制财政体制*

杨　斌**

第一节　引　言

党的十九届四中全会做出的《中共中央关于坚持和完善中国特色社会主义制度推进国家治理体系和治理能力现代化若干重大问题的决定》明确指出，公有制为主体、多种所有制经济共同发展，按劳分配为主体、多种分配方式并存，社会主义市场经济体制等都是社会主义基本经济制度，坚持和完善社会主义基本经济制度，推动经济高质量发展是深化改革的重要任务。社会主义是在消灭资本主义基础上建立的更先进的社会制度，之所以更先进是因为这个制度消灭了剥削，进入无剥削的时代。巩固、完善、壮大这种“无剥削”经济也是社会主义国家高质量发展的应有之义。“无剥削”相对立的当然是剥削。剥削的秘密及其机制是马克思发现的，具体体现在他的剩余价值理论。本章以马克思剩余价值理论为指导，综述剥削理论以及公有制经济、国有经济收益分享等相关问题的争鸣和进展，探索社会主义“无剥削”本质内涵，阐述全民所有制企业和其他全民单位的法定所有者“全体人民”分享归其所有的资产净收益的必要性和可能性，并在此基础上设计“分益制”财政体制，即政府代表全体人民直接分享全民所有资产收益，包括经营性资产、非经营性资产和资源性资产的净收益或增值权益。文章旨在建立让全民所有制法定所有者即全体人民共享经济发展和改革开放成果的机制，即建立国有资产经营或运营成果与其法定所有者即全体人民的利益直接挂钩的机制，为解决当前国有制经济发展动力不足、监督不够、利益分享不透明不公平等问题，做强做优做大国有经济和国有资本，进一步完善社会主义市场经济，及社会主义条件下治理贫困、建立人人享有的基础性社会保险体系、消除城乡发展不平衡和收入差距提供新思路、新方案。

---

* 本章写作时间为2020年，故本章论述以2020年为时间点。

** 杨斌，教授，博士生导师，厦门大学经济学院财政系。

第二节　研究现状和发展动态

学术界对相关问题已经做了大量研究，聚焦于剥削和无剥削及社会主义经济本质内涵、发展完善中国特色社会主义市场经济制度、国有制经济运行和收益分配等问题，得到了许多富有启发意义的成果。现综述如下：

（一）有关剥削理论、社会主义经济制度本质和全民所有制实现方式的研究

恩格斯(1963)曾经指出，马克思最伟大的贡献有两条，一条是提出唯物史观，另一条就是发现剩余价值。马克思在自由竞争经济体系里发现了剥削的秘密并加以系统阐述。马克思(1972)指出，在资本主义的体系中，由生产资料（不变资本）和劳动（可变资本）共同投入创造商品价值 $C+V+M$，其中 C 为生产资料转移价值，$V+M$ 为劳动者新创造的价值，但劳动者只获得劳动力价值即维持劳动力再生产所必需的生活资料价值 V，剩余价值 M 被资本家占有，于是产生剥削。这就是马克思经典剥削理论。20 世纪 60 年代，斯拉法(1963)按照李嘉图的古典思想，独立地提出剩余价值即利润的决定问题。他在生产方式不变的假定下观察工资变动对利润率和各种商品价格的影响，指出产品的生产价格是由生产这些产品的劳动与生产资料的比例决定的，在国民收入中工资的升降直接决定利润在其中的份额。工资高低是劳动者阶级和资本家阶级博弈的结果，是由外在力量决定的。因此，有人说斯拉法建立了没有劳动价值论的剥削理论。20 世纪六七十年代，萨缪尔森(Samuelson，1971，1972，1974)以新古典经济学思维和数学方法，从所谓转型问题出发试图证明在完全自由竞争的经济体系里不存在剥削。这自然引起激烈的争论。实际上在此之前或之后，世界范围内的许多学者就已经从不同角度，特别是从数理逻辑的角度力图证明剥削的存在和马克思基本定理的正确性。如 Okishio(1963)、Morishima(1973，1974)等用投入产出模型揭示剥削的存在并检验了马克思剩余价值论，将马克思剩余价值等式在高等数学上加以表达并进行了证明。Roemer(1981)在新古典框架下重新解释了劳动剥削。

近期 Veneziani 和 Yoshihara(2014，2015，2017)、荣兆梓和陈旸(2014)、Mohun 和 Veneziani(2017)以及 Cogliano(2018)等不少学者，通过数理方法与实证方法证明了马克思剥削理论。尽管各路学者或准确理解或有所误解马克思经典理论，但毕竟用数理方法验证了马克思剥削理论的正确性。（斐宏，2015）这为本章以剥削的反面即“无剥削”为社会主义本质内涵来研究其体现方式，并设计分益制财政体制提供了理论前提。但剥削理论的相关文献主要是验证马克思经典理论的正确性，关于现存社会主义经济体系如何做到“无剥削”且兼顾效率的研究文献不多见。

经过改革开放四十多年的实践检验，中国特色社会主义市场经济制度是适合中国国

情的，这是定论性的意见，本章不再展开有关社会主义与市场经济结合问题的讨论。与本章研究主题有关的是关于全民所有制实现方式的研究，但近年有关全民所有制及其实现方式的理论研究文献很稀少。20 世纪 90 年代有一些学者对公有制的委托代理和相关的经济效率问题进行了研究。如张维迎等(1995)将公有经济描述为初始委托人(共同所有者)与最终代理人(企业内部人员)之间的双重等级结构，然后分析"正宗"公有经济中的公有化程度(初始委托人的数量)和公有经济规模(公有企业的数量)对初始委托人的监督积极性和最终代理人的工作努力水平的效应，认为初始委托人的监督积极性和最终代理人的工作努力水平随公有化程度的提高和公有经济规模的扩大而递减。他们认为中国改革的起始是放权让利，一方面对企业的放权让利，是让代理人(企业经理和工人)变成事实上的剩余索取者；另一方面对地方放权让利，即实行财政分级包干制，这实际上是将一个大公有经济分解为若干个小公有经济，等价于在地方政府及地方社区之间界定产权，使得每个社区变成一个综合"企业"，地方政府变成该社区公有经济的"中央代理人"和剩余索取者。周其仁(2000)研究了尚未发生市场化改革的公有制企业的性质，认为流行的"委托—代理"框架和"所有权经营权分离"框架都不适合分析公有制企业的经济性质，因而尝试运用"法权的和事实的产权不相一致"的框架加以分析。周冰等(2001)则主张要按照政企分开的原则推进国有制企业改革，即政府所有权由积极所有权转变为消极所有权，政府退出对企业实际控制。盛宇明(2002)研究了国有企业委托代理制衡关系中的公众委托人弱势问题，认为公有制具有不可分割性，即排除公众所有人中任何个人单独行使任何产权权利，因此公有制企业是非市场合约性的组织。厉以宁(2004)则认为经过改制的新的国家所有制、由国家控股或参股的股份制企业、大量存在的没有国家投资的公众持股企业(如工会、商会这样的社会团体，或像街道、居民区这样的社区用公众集资的钱所举办的企业等)都是新的公有制企业。陈健(2009)则认为在不进行产权改革的情况下，仅仅引入像相对业绩比较这样的技术手段，无法实现国有制企业的效率。也有不少学者认为不能削弱公有制经济。程恩富等(2013)认为，全社会所有制结构中公有制经济较快下降、私有制经济大幅上升的根本性变化是导致贫富分化的首因或根本原因，必须重视公有制经济的地位和作用，不断壮大国有经济。卫兴华(2012)认为，社会主义以公有制为基础，中国特色社会主义以公有制为主体，这是原则问题。

总之，研究现存社会主义经济体系如何做到"无剥削"的文献不多见，多数研究社会主义和全民所有制或公有制的文献还仍然比较抽象和宏观，都不涉及具体的制度安排，更没有从收益分享的角度来研究如何实现全民所有制，从而在思路上很难突破解决当前中国存在的经济社会主要矛盾和问题的思维方式，也无法从根本机制上寻找解决办法。

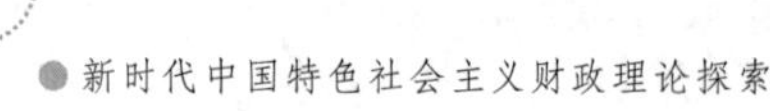

第三节 有关国有企业和国有资本收益分享的研究

目前,有一些学者提出了国有企业收益由全民分享的观点。刘恒中(1995)研究了建立以国家所有制为主导的市场经济制度的条件,认为企业的独立经营和自负盈亏是市场经济的重要条件,而国有资本的保值增值是国家所有制的充要条件。罗宏等(2008)研究发现,国有最终控制公司高管人员的在职消费程度与公司业绩负相关,而支付现金股利可以显著降低高管人员的在职消费程度。张曙光(2010)认为,应该在国有资本经营收益的基础上建立公共信托基金,确保全体公民都能够周期性地、平等地、按时地分享资产收益,从而重建真正的全民所有制。吴泓等(2018)认为,自 2010 年我国提高国有资本收益上缴比例后,国有企业所缴纳的国有资本收益也随之持续增长,但仍存在严重的“体内循环”问题。赵惠萍(2014)认为,国有资本收益分配改革中仍面临分配比例低等问题。刘瑞明等(2011)认为,国家应该提升处于上游市场的具有垄断性质国企的利润上缴比例,以加大全民性公共福利支出。钱雪松等(2012)认为,要防止国企利润在国有经济部门内部低效循环,尽量将其导出国企部门,以降低国企争夺红利引致的搭便车激励和寻租行为的负面影响。陈少晖等(2012)指出,国有资本经营预算支出应当以“民生财政”为导向,让全体人民切实分享国企改革和发展的成果。张馨(2013)认为应将国有经济利润纳入预算、置于“全民”的决定与掌控之下。安体富等(2012)指出,我国的国有资本体现了全民所有制,国有资本经营收益是国家凭借国有资本所有者身份取得的所有权收入,本质上应该归全民所有。李燕等(2013)论证了国企利润全民共享的合理性和正当性。余万彪(2014)认为,国有资本收益大部分仍以留存收益形式在国有企业内部循环,人民作为国有资本的所有者并未切实享受到益处。魏明海等(2007)、王佳杰等(2014)则认为要提高国家分红比例,以抑制国企的过度投资行为。高奥等(2015,2016)分析了国有资本经营收入划拨养老保险的经济影响,结果表明增大国有资本收入对养老保险的划拨力度能够显著提升社会人均福利水平。胡文骏(2017)发现,国有资本经营收益和土地财政收益未能实现“全民共享”是导致区域收入差距的重要原因。中国财政科学研究院“国有企业改革评价及国企改革指数”课题组(2018)认为,国有企业的社会属性必然要求其承担起保障民生、实现共同富裕的社会责任。

由此可见,虽然已有学者提出了国有企业收益由全民分享的观点,但均缺乏进一步的理论阐述和具体的制度设计。杨斌(2014)于 2014 年首次提出了“分益制财政体制”的概念,认为国有资本经营收益和土地财政收益理应全民共享。本章在此前的研究基础上,全面梳理剥削理论,研究现存社会主义经济体系如何做到“无剥削”,以无剥削的社会主义为立论基础,对分益制财政体制框架进行具体设计,旨在通过中国特色社会主义财政体制创新解决贫困、收入差距等现实重大问题,落实全体人民对全民所有制资产的收益权，从而更加充分地体现和发挥社会主义制度的优越性，落实以人民为中心的发展思想和共享发展的理念。

第四节　全民所有资产收益全民分享是社会主义"无剥削"的内在要求

（一）马克思剩余价值学说和社会主义本质即"无剥削"

沿着马克思关于资本主义社会存在剥削的根源在于剩余价值为资本家占有的逻辑，只要创造物质财富的劳动者获得了与其付出的劳动时间相等的全部成果或全部回报，即在劳动者创造的全部价值($C+V+M$)中，劳动者不仅获得其劳动力价值 V，还获得剩余价值 M，那么拥有资本的资本家占有全部剩余价值 M 的制度就不再存在了。社会主义无论如何表述，其本质的内涵自然就是"无剥削"，而无剥削就体现在劳动者也获得了其创造的剩余价值，要做到这一点在所有制上要建立公有制（当下历史阶段体现为国有制和集体所有制）、在分配上要实行按劳分配，这就是社会主义经济制度。

改革开放以来，中国在坚持社会主义基本经济制度，发挥社会主义政治优势（即集中资源办大事并保持社会长期稳定）的基础上，引入市场经济固有的"竞争""优胜劣汰""法制"，及以货币为基准的"公平"等各项机制，为中国近几十年经济高速增长、物质产品喷涌而出、人民生活普遍显著提高、综合国力迅速增强、各方面发生天翻地覆变化提供了内在动力。中国经济发展之所以能取得非凡成就，正得益于建立并不断完善中国特色社会主义市场经济制度。社会主义与市场经济是有机统一体，社会主义市场经济制度还需要进一步完善发展，不仅其中的市场经济还需要进一步发展完善，社会主义经济制度也要进一步巩固和发展。

什么是社会主义经济制度？按照宪法的定义，社会主义经济制度的基础是生产资料的社会主义公有制，即全民所有制和劳动群众集体所有制（本章暂不讨论集体所有制）。由于全民所有制具有公有产权的特殊性，无法进行人格化的分割，因此由国家代替全体人民的共同利益占有生产资料（宋涛，2018）。全民所有制实行国家所有制无可厚非。财产归属与财产利用高度分离已成为经济组织方式的发展趋势，全民所有制（国有制）的财产归属与财产利用的天然分离没有违背这种趋势（孟勤国，2004）。但无论如何，全民所有制的所有权仍然要具备所有权的一般特征，即无论所有制具有何种名义、采取何种形式，所有权权利最终还是要落实于所有者。别人使用归所有者所有的资产时必须缴纳租金，所有者所有的资产发生增值收益或处置收益，所有者要参与分享。也就是说，作为全民所有制法定所有者的全国人民，应当通过一定的机制体制，获得全民财产包括经营性和非经营性财产的净收益或收益权益。目前归全民所有的国有资产发生资产运营增值和处置收益时,全民分享收益的体制机制不够具体明确。甚至在某些领域,社会主义全民所有制被转化为部门所有、地区所有、企业所有、任期内执政官员所有,代表国家行使所有权的部门和个人有时没有真正代表国家利益和全民利益,而是为小单位和个人的私利侵害全民资产所有者(全体人民)的利益(孟勤国,2004)。习近平总书记于 2014 年底在中央经济工作会议上分析国企存在的问题时严肃指出,有的国企内部管理混乱,侵吞、贪污、输送、挥霍国企资产现象大量发生。[①] 因此,作为全民一分子的中国老百姓,关于国有企业和其他国有单位是属于他们的实际体验还不够,社会主义经济还需要一个更具体、更现实、可直接感知的体现机制或制度安排,以便"不断增强人民的获得感、幸福感、安全感,不断推进全体人民共同富裕"[②]。这在客观上要求作为国有企业和其他单位的法定所有者的全体人民要参与其所有的资产净收益分享,以最终实现"无剥削"的社会主义。

在社会主义市场经济条件下,全社会所有方面还未能实现"无剥削"。其原因在于,既然存在市场经济,就需要产权制度,即设置财产(包括生产资料)各自权属、你我有别、界限清晰且不能随意侵犯的制度,从而为市场经济的竞争机制和优胜劣汰机制提供基础性条件。与此同时也就必然存在按产权即会计上的资本进行利润(剩余价值的具体体现)分配的状态,全民所有制的国有企业也要有按"资本"分配利润的制度安排,不然就无法进行核算和经济考核,也无法形成统一的竞争市场。在市场经济体系里,由于产权制度的存在,仍然存在个别人民或部分人民作为资本所有者占有单个企业剩余价值的情况,其中也包括政府作为全体人民的代表以国有资本所有者代表的身份占有国有企业或控股企业的剩余产品价值。因此,在社会主义市场经济条件下不可能实现完全的"无剥削"。但在社会主义体系中即国有经济中则可实现完全的"无剥削",只要国家作为全体人民的代表以国有资本所有者代表的身份,占有国有企业或控股企业的剩余产品价值,并最终分配给其法定所有者即全体人民,也就实现了剩余产品价值不被"资本家"占有的"无剥削"目标。因此在全民所有制实行国家所有制的情况下,社会主义的现实体现就是国有企业及其国有其他单位资产的剩余产品价值通过一定形式和体制(就是本章要阐述的分益制财政体制)归全体所有者即全体人民所有。全体人民只要以资产所有者身份参与国有企业利润(即剩余产品价值)的分配,只要最终整体、平均地获得剩余产品价值(当然是进行各项必要扣除包括税收以后的余额),就意味着"无剥削",就意味着生产资料实行了公有制即全民所有制、分配实行了按劳分配,就意味着我们的社会是社会主义社会,而不是资本主义社会或别的什么社会。

---

① 宋方敏,2017.习近平国有经济思想研究略论[J].政治经济学评论(1).

② 习近平.习近平总书记在十九届中共中央政治局常委同中外记者见面时的讲话[EB/OL].(2017-10-25).http://www.xin-huanet.com/ politics/19cpcnc/2017－10/25/c_129726443.htm.

"无剥削"是社会主义的本质内涵。"无剥削"是整体性概念,不是单个企业单个单位的概念,不是劳动者与就业所在单位的关系,而是全体劳动者与所有国有企业的关系,全民所有制的所有者仍然需要政府作为代表,剩余产品价值的分配职责仍然需要由政府最合适的职能部门即财政部门来承担。在过去信息技术不够发达的时代,广大全民所有制企业和其他单位作为全民所有的净收益("剩余产品价值")提供方,其经济核算难以在全国范围内实现标准化、公开化、透明化,同时全体人民作为所有者一方,其具体人数、身份、区域分布、年龄结构等也难有准确的数据。在这种情况下,全民所有制"所有权"以及相应的收益分配权还只能由国家(即各级政府)代表人民来笼统地行使。所谓笼统,一方面指的是以所有者代表身份管理、收集的国有企业剩余产品价值(扣除其中必须扣除的项目)还不够精确,也缺乏制度化的治理体系,另一方面指的是收集起来的国有经济剩余产品价值也没有以适当的形式最终分配给其实际所有者——全体人民,就是还缺乏一个分配国有经济剩余产品价值的机制体制。有必要建立这样的机制体制,让全体人民更具体、更现实、更直接感知作为全民所有制经济所有者的主人翁地位感、国家发展直接受益者的幸福感、民族复兴的自豪感。当今时代信息技术突飞猛进,大数据、互联网技术的进步,也为全民分享全民所有制企业或其他单位的收益提供了技术可能。在今天的大数据时代,通过网上身份证系统,全体人民的有关信息能够完整准确地收集确定;通过完善统计和会计系统,国有企业和其他国有单位的经营结果数据也能准确完整地收集并进行精确分析处理,全民分享国有企业和其他单位净收益(即剩余价值产品)成为可能,社会主义从宏观到具体可感知的体现成为可能。

(二)克服贫困和消除收入差距的机制性解决方案

新中国成立 70 年来,中国人民实现了从站起来、富起来到强起来的伟大历史性飞跃,其中扶贫事业取得举世瞩目的成绩,贫困人口越来越少,2020 年要消灭绝对贫困,实现全面建成小康社会的目标。但我们目前解决贫困问题的总体思路仍然是基于一般的社会架构,即通过提供公共产品或政策路径。我们还没有在社会主义框架内来考虑解决问题的根本方案。人们不禁要问:为什么在已经富强起来且全民所有制经济占主导地位的社会主义社会里,还存在贫困特别是绝对贫困?这似乎在逻辑上存在不通之处。社会主义中全民所有制经济占主导,全民所有制经济即国有经济发展迅速,资产总量和利润增大,出现许多世界 500 强企业,其中不少企业如金融企业利润还很丰厚,土地等全民资产收益数额也很庞大。在中国,贫困人口不仅是一般市场经济社会的成员,也是全民所有制的所有者,如果他们能直接获得应该归他们所有的全民资产收益,他们的收入就不仅包括劳动性收入,还包括全民所有的资产性收入,他们的总收入就有可能高于按贫困标准确定的收入水准。

因此,通过一定的机制和体制让全民人人享有全民财产经营收益或权益,一方面可使社会主义全民所有制得到实际体现;另一方面也能使人民通过获得归其所有的国有资

产净收益，都获得最基本的生活保障收入和基础性社会保险，且随着全民所有经济的发展而不断提高，不仅消灭了剥削，还能从机制上消除绝对贫困。这就为人民群众的全面发展提供物质基础。由此会造就这样一种局面：一方面，全民人人享有全民财产收益，以此获得个人的基本生活保障收入（basic income）和基础的社会保险，根除绝对贫困和基本的收入差距；另一方面，人民还可依据自己意愿和自身条件，寻求就业岗位参加市场经济的竞争，获得与努力相对应的更高收入、缴纳税金并获得公共服务。社会主义与市场经济相得益彰，真正融为有机整体，不仅能保持中国经济长期可持续发展，还能让全民福祉节节升高。这就是全体人民共享资产收益、解决贫困问题的社会主义机制，这一机制也为解决中国当前其他社会矛盾，如收入差距、社会保险城乡有别、政府部门与非政府部门待遇差异、有单位与无单位待遇差异等不公平问题提供了机制性方案。

（三）全民土地收益共享和破除土地供应垄断

在全民财产收益中，国有土地收益是重要内容。土地滚动开发已经成为中国加速基础设施建设，改善民生，通过创办产业园区等提升区域人力资本水平，促进区域科技创新，实现城镇化、现代化的快速推进机制。国有土地通过开发经营，提升土地价值，实现了国有资产的保值增值。当然，中国房地产市场仍存在一些问题，其中根本的问题是土地供应和房屋供应双重垄断。土地财政也存在一些深层次的问题，其中之一就是全民土地、市县受益。按照中国的经济制度，土地归全民所有或集体所有，对集体所有的土地，政府可以通过征用办法转化为全民土地。但在有关土地的实际运作中，全民土地收益并不归属于全民，也不归属于中央政府和省级政府，实际运营土地并获得绝大部分收益的是土地所在地的市或县一级政府。这就是全民土地、市县受益。经济发展好、房地产市场好的市、县，通过土地征用、收储、拍卖获得大量收入（即基金收入），其收入规模有时还大于一般预算收入。这些获得土地收入多、财力雄厚的地区有能力超前或超强提供公共产品，吸收其他地方的资本、人力、科技资源，获得超前发展的机会。其结果是大大加剧了地区差异，不利于均衡发展、集约发展。要改变这一现状，就需要改变当前市、县政府作为单一土地供应主体的状态，中央政府应代表全民利益，在全国范围内建立多家土地供应公司，土地供应试行竞争供给，收益在中央、省、市县之间进行合理分配，让土地法定所有者即全体人民共享土地收益。同时，破除土地供应垄断，增加房地产市场竞争性，让房价回归合理。

（四）建立对国有企业更有力更有效的监督机制

要做强、做优、做大国有资本，必须消除对国有企业的外部人、内部人控制，真正实现全民所有、全民共享。在具体的实践中，全民所有制的主体“全民”无法人格化，“全民”无法真实地行使所有权权能。因此，由国家代表“全民”行使全民所有权权能，全民所有制就转变为“国家所有制”即国有制，相应的企业被称为国企，并按政府层级分为中央国有企业（简称央企），省、市、县国有企业（统称地方国企）等。但“国家”也是一个笼统的概念,国家所有权只能先变换为国家中某种机构所有权,并根据其进行分工才能具体承担并行使国家所有权权能。企业或单位党政班子在日常运行中被赋予"独立法人"实际承担国有资产的占用、使用、处分权能。这种实际存在的"全民"所有制现状,使得全民所有制的"全民"本质特征不是通过一个法定的机制来加以确保,而是通过各方权力博弈决定结果,由此出现众多不同的情况。如外部人控制,主要是有权管理企业的党政领导个人成为全民所有制单位的实际控制者;内部人控制,包括企业领导人成为实际所有者,单位职工获得集体控制权成为实际所有者;特殊垄断企业,即处于垄断地位的全民所有制企业或事业单位非但没有向全民输送净收益或增值权益,反而是通过垄断价格索取人民的利益。

如何保证国有企业正常运营,不发生侵吞、贪污、输送、挥霍国企资产现象,国有企业改革已探索了不少方式,如股份制改革、复合所有制改革、加强纪检监察等,虽取得明显的效果,但还未能根治。关键问题在于缺乏真正所有者参与的监督和关注。建立全民所有资产收益全民分享的体制机制,形成强化全民所有制"全民"本质特征的法定机制,让法定所有者的利益与国有企业和国有其他单位的经营效果直接挂钩。国有企业和国有其他单位经营效果好,全体人民就获得实际利益的增加,经营效果不好,人民就会直接感受损失,由此人民就会把国有企业和其他国有单位当成是自己的,就会自动关注国有经济发展,监督国有经济发展,同时支持国有经济的发展,增强国有经济竞争力、创新力、控制力、影响力、抗风险能力。

第五节　全民所有资产收益分享要解决的关键问题

要建立体现社会主义"无剥削"内涵的全民所有资产收益分享制度,需要一系列理论创新和实践创新。

(一)要从劳动价值生命周期角度看待按劳分配

长期以来,我们是从微观角度,即仅仅从一个企业的角度来定义按劳分配,如果这样的思路没有突破,那么推行全民所有资产净收益由全民分享的制度,会出现一个看似矛盾的状态。一方面,社会主义无剥削的内涵要求实行按劳分配,创造当期价值的劳动者要占用全部剩余,不仅要获得工资,还要获得剩余产品价值,那么不参与该企业价值创造的其他单位劳动者、未来劳动者和已退休的劳动者都没有资格参与剩余产品价值的分享。而另一方面,社会主义要消灭剥削必然要实行公有制,公有制条件下全民以"资本所有者"身份参与剩余产品价值分配,就业于具体单位的单个劳动者,就有可能不能直接获得其创造的全部价值。另外,市场经济作为资源配置的基础性机制,在市场经济体系里仍然要按资分配。

为了解决这一矛盾,我们就需要重新定义按劳分配,从劳动价值生命周期角度,即从劳动力的整个生命周期来定义按劳分配。假定社会主义没有剥削,即每个人都要靠劳动获得消费资料,那么在劳动力整个生命周期里,现在劳动、未来劳动和过去劳动是无差异的,因此当期不参与剩余产品价值创造的未成年人和已退休的人也有权参与全民所有制收益分享。其他单位的劳动者以过去劳动的积累参与创造了国有资本,该资本体现为全民所有的资产。虽然这部分劳动者没有参与某一个企业当期的剩余产品价值的创造,形式上好像是得到了一份按“资本”分享的收益,但从整个生命周期和整体国有经济看,仍是按劳分配。

这就实现了按过去劳动积累分配和按当下劳动分配的并行不悖。从劳动力生命周期和国有经济整体角度定义按劳分配也可协调全民所有制要求的共享和市场经济要求的独享之间的矛盾。因为,在中国特色社会主义市场经济这一基本制度里,存在两个有机整体的部分。一部分是全民所有的经济即国有经济,这一经济属于全体人民所有,其收益分享关乎全体人民(其中也包括民营经济所有者)的福利,国有经济越强大、经营效益越好,可分享的净收益就越多,全体人民的福利也越大。另一部分是民营经济,虽然只有部分甚至少数的人能够分享其净收益,但全体人民仍然可以通过它们上交的税收以及创立的就业岗位等获得福利。这就实现了中国特色社会主义市场经济体系中收益分配有机统一的和谐,不再有所谓“国进民退”或“国退民进”之两难,也避免在个人对利益追求的自然激励和激烈的竞争中,市场经济将公有经济推向非公有制,从而出现“公有制”或“国有制”徒有外壳的现象,真正达到巩固和发展公有制经济的目的。

(二)全民所有制企业剩余产品价值的计算方法和分配的比例关系

要实现全民作为所有者参与国有资产收益分享,如何准确计算可分享的“收益”自然就是重要问题。在转移价值C不变的情况下,确定工资就成为关键点,因为工资与剩余产品价值此消彼长。马克思以社会必要劳动为标准,提出了一个至今没有被超越的计算原则,但具体操作计算过程仍比较复杂,也存在技术变化导致的新情况。在生产不断连续进行的过程中,如何截断连续的生产过程来计算创造一件产品的平均的社会必要劳动时间极其困难,计算过程还要考虑每个人的劳动能力差异很大、主观和客观环境的差异等,在全球化时代还要在国际范围内进行这种计算。我们可从斯拉法提供的思路那里获得启示,建立一个一揽子产品组合标准,提供一个简化但客观的办法作为参照来计算全民所有制所有行业或分类型行业的标准工资和利润(剩余产品价值)。

在计算出标准的剩余产品价值以后,关键问题是确定不同收益主体的分享比例。尽管参与收益分配的主体和名目在现实生活中多种多样,如税收表现为在很多经济活动环节征收流转税、所得税、财产税等,所有者权益有租金、利润、股息、利息等,如果V是劳动力价值,那么剩余产品价值就是扩大再生产、公共产品提供和所有者权益的共同来源。(杨斌,1998)这需要在一般均衡的框架下,寻求全民所有制企业利润(剩余产品价值)分配中用于提供公共产品(税收)、扩大再生产(积累)、股东权益(对国有控股企业而言)、全民所有者分享(主要用于消费)的收益之间最优的比例关系。制定这一比例要考察不同的要素,包括与公共产品供给有关的社会秩序稳定有序、与积累有关的经济继续增长、人民的消费需求(包括基本生活和基础性社会保险)得到满足并不断提升等。

第六节　分益制财政体制的总体框架设计

学术界有关财政体制的研究几乎没有涉及全民所有制资产(包括土地)收益的分享问题。但这是中国特有的重要事项,因为中国是社会主义国家,国家具有双重性质,除了承担与一般市场经济国家相同的社会管理中心并提供公共产品的“一般”功能,以及相应地实行中央和地方各级政府财政分权体制外,还承担着全国人民和地区全体人民委托的国有资产的运营和收益分配,以及相应的全国层级全民所有制单位和地方各层级全民所有制单位收益分享这一“特殊”功能。因此,中国特色社会主义市场经济的财政体制除了分税制(旨在公共产品提供和国家公共管理的财政体制),还存在“分益制”(旨在国有资产收益的分配)。从社会主义“无剥削”的本质内涵和中国特色社会主义市场经济现实出发,全面赋予财政新功能,使国家代表全体人民参与全民所有的一切资产收益分配,并通过全民资产收益权证制度和交易制度等制度创新,将全民所有的资产净收益分配给全体人民,这就是分益制财政体制。其实施方案如下:

第一步,建立全民资产统计核算体系。创新统计标准和会计核算办法,建立全民资产分类标准和科目,大体上可将全民所有的资产,分为自然资产(土地以外)、土地、公园,生活保障资产、经营性基础资产、经营性资产、非经营性资产(大学、博物馆等)。定期公布全民资产数量和价值,让所有者明晰拥有的资产价值量及其变化情况。

第二步,建立全民资产国民账户。创新全民资产所有权体现方式和委托经营方式。设想一人一户,与居民身份证挂钩,每年一定时期分类登记所有的全民所有的资产价值,并获得全民资产所有权电子权证,全民资产所有权证作为整体权证不作分割也不可交易,但可继承。通过账户和权证体现全民对国有资产(即全民资产)所有权。在此基础上,全民通过人民代表大会履行委托程序和手续,委托政府有关机构经营或在政府体系之外单独设立经营机构(这有利于以非政府直属企业的方式参与国际竞争,避免商务争端和政府干预的指责),经营体制机制可以根据资产性质和规模等不同情况实行多种方式。

第三步,设立全民资产收益权证制度。所有权要有实际的经济利益体现。在全民资产委托政府来经营的情况下,中国政府就是一个特大型资产公司,全体人民都是公司的股东也是雇员,作为雇员应当获得由市场决定的工资,作为股东应当获得资产收益。所有全民经营性企业,每年要向全体人民发送净利润收益权证,实现全民资产增益人人共

享。所有非经营性全民资产管理单位(如大学、医院等)也要向全体人民发送资产净值证书。要在充分考虑中国地区发展不平衡、全民所有制单位分布不均衡、地区不同层级的全民所有制单位发展不平衡的情况,研究不同层级全民所有制收益分享方案。实施全民资产收益分享制度后,要防止降低国有企业竞争力。全民分享归其所有的资产净收益会产生许多正福利,如从消费角度支持国有企业,从监督角度净化国有企业,从共担风险角度强化国有企业,从同一所有者角度减少无序竞争降低成本,但要确保这些正福利超过全民资产收益全民分享对企业内部职工造成的积极性抑制和扩大再生产抑制的负福利。应设计财政参与国有企业净收益分配和向全民支付收益权证的合适方案。要避免把收取国有资产净收益,变相为对企业追加所得税,从而影响国有企业的竞争力;科学设置有效的既简便又透明规范的全民资产收益权证制度及其交易制度。

第四步,形成中央和地方分享全民资产收益的方案。财政部门作为全民资产财务管理部门,代表全民履行所有者代理人功能,组织全民所有企业和非企业单位的净收益分配。首先确定中央、地方各级政府及其辖区内有资格居民关于资产收益(特别是土地财政净收益)和其他国有资产净收益的分享比例。总的原则是,在全民所有制体系内实现同层级无剥削,即全体人民一视同仁地分享中央企业和其他中央单位(包括非经营性单位)资产净收益;省(区、市)范围内的全体人民共享省级政府所属企业经营性资产净收益和其他资产增值权益,省级以下以此类推。但考虑到中国各地自然禀赋差异很大,全民所有制企业和非企业单位的初始投资分布不均衡,为了公平起见,要对地区全民所有制单位收益在不同层级、不同地区进行必要调剂。总体思路是全国保基本生活和基础性社会保险,各层级全民所有制经济可根据地区全民所有制经济发展状况,对当地有资格者追加收益分配,以实现全国一盘棋和地区积极性的统一,避免完全平均主义的分配方式。

在具体管理措施上,要将土地收入为主的基金预算和国有资本经营预算合并,建立统一的全民所有制资本预算和中国公民国有资产收益账户融合一体的新型财政体系。在具体的分配方式上,建立中央确定使用方向和政策、地方各级政府负责实施的责任体制。完善各层级国有资本经营预算,优化收取或主动上交国有资产净收益的方式,原则上以发行全民所有资产收益权证、增加社会保险金等直接间接方式让人民共享国有资本经营预算的收益。同时,单独设置并定期公布非营业性国有资产的资产负债表,让人民知晓非经营性国有资产保值增值情况。政府同时通过税收政策等工具鼓励比较富裕的家庭和公民将分享到的全民所有制收益捐赠或借贷给国家扶贫基金和社会保险基金,以更大的财力实施基本生活保障收入政策和基础社会保险。

第五步,建立全民资产收益权证交易制度。全民资产所有权权证不可交易,但全民资产收益权证可交易。建立全民资产收益权证交易制度,包括出售、转让、赠予、抵押、典当等具体办法,并同时建立独特的收益权证交易市场。

第六步,建立全民资产运营的全民监督机制。利用新时代新技术特别是大数据分析手段,建立完善关键信息(包括企业员工特别是管理人员工资、管理费用、财务费用等)披露制度。基于大数据、互联网和人工智能建立新型监督平台。仍然依托现有的人民代表大会制度,设立专职的全民资产代表,负责监督全民资产保值增值,为了防止代表不履职,应设计代表与所有者之间直接的利益挂钩机制。

本章参考文献

安体富,蒋震,2012.影响我国收入分配不公平的若干产权制度问题研究[J].财贸经济(4).

陈健,2009.论国有制的可能[J].当代经济科学(4).

陈少晖,朱珍,2012.民生财政导向下的国有资本经营预算支出研究[J].当代经济研究(4).

程恩富,张建刚,2013.坚持公有制经济为主体与促进共同富裕[J].求是学刊(1).

高奥,龚六堂,2015.国有资本收入划拨养老保险、人力资本积累与经济增长[J].金融研究(1).

高奥,谭娅,龚六堂,2016.国有资本收入划拨养老保险、社会福利与收入不平等[J].世界经济(1).

胡文骏,2017.区域间财富逆向流动与区域收入差距[J].财经论丛(9).

李燕,唐卓,2013.国有企业利润分配与完善国有资本经营预算:基于公共资源收益全民共享的分析[J].中央财经大学学报(6).

厉以宁,2004.论新公有制企业[J].经济学动态(1).

刘恒中,1995.国有资本雇佣制度与国有资产保值增值[J].经济研究(9).

刘瑞明,石磊,2011.上游垄断、非对称竞争与社会福利:兼论大中型国有企业利润的性质[J].经济研究(12).

罗宏,黄文华,2008.国企分红、在职消费与公司业绩[J].管理世界(9).

马克思,恩格斯,1963.马克思恩格斯全集:第 19 卷[M].北京:人民出版社:374.

马克思,恩格斯,1972.马克思恩格斯全集:第 23 卷[M].北京:人民出版社:238.

孟勤国,2004.公有制与中国物权立法[J].法学(2).

裴宏,2015.国外学者对劳动价值论和剥削理论数理研究的发展:对“非斯拉法”分支的评论[J].政治经济学评论(2).

钱雪松,孔东民,2012.内部人控制、国企分红机制安排和政府收入[J].经济评论(6).

荣兆梓,陈旸,2014.转形问题 B 体系:模型与计算[J].经济研究(9).

盛宇明,2002.论公有制企业的政治性及双层代理结构[J].经济学动态(1).

斯拉法,1963.用商品生产商品[M].巫宝三,译.北京:商务印书馆:10-18.

宋方敏,2017.习近平国有经济思想研究略论[J].政治经济学评论(1).

宋涛,2018.政治经济学教程:社会主义部分[M]. 第 12 版.北京:中国人民大学出版社.

王佳杰,童锦治,李星,2014.国企分红、过度投资与国有资本经营预算制度的有效性[J].经济学动态(8).

卫兴华,2012.中国特色社会主义经济制度的理论是非需要澄清:兼谈怎样正确理解邓小平南方谈话中关于“社”与“资”、“公”与“私”的论述[J].政治经济学评论(3).

魏明海,柳建华,2007.国企分红、治理因素与过度投资[J].管理世界(4).

吴泓,陈少晖,2018.国有资本收益分配“体内循环”机制的影响因素与矫正路径:基于国有上市公司 Tobit 模型的实证分析[J].改革与战略(8).

习近平.习近平总书记在十九届中共中央政治局常委同中外记者见面时的讲话[EB/OL].(2017-10-25).http://www.xin-huanet.com/politics/19cpcnc/2017-10/25/c_129726443.htm.

杨斌,1998.宏观税收负担总水平的现状分析及策略选择[J].经济研究(8).

杨斌,2014.论中国政府特性和非对称型分税制加分益制财政体制[J].税务研究(1).

余万彪,2014.国有资本收益全民共享的探析[J].吉林工商学院学报(5).

张曙光,2010.试析国有企业改革中的资源要素租金问题:兼论重建“全民所有制”[J].南方经济(1).

张维迎,吴有昌,马捷,1995.公有制经济中的委托人—代理人关系:理论分析和政策含义[J].经济研究(4).

张馨,2012.论第三财政[J].财政研究(8).

张馨,2013.再论第三财政:“双元财政”视角分析[J].财政研究(7).

赵惠萍,2014.国有资本收益分配、机制改革与路径分析:基于国有资本预算“新政”实施的路径探析[J].财经问题研究(1).

中国财政科学研究院“国有企业改革评价及国企改革指数”课题组,2018.以“国有企业改革评价及国企改革指数”研究支持并推动国企改革持续深入[J].财政研究(2).

周冰,郑志,2001.公有制企业改革中控制权的分配:河南注油器厂产权制度改革案例研究[J].经济研究(1).

周其仁,2000.公有制企业的性质[J].经济研究(11).

COGLIANO J F,2018.Surplus value production and realization in Marxian theory-applications to the U.S.,1990—2015[J].Review of political economy,30(4):505-533.

MOHUN S,VENEZIANI R,2017. Value,price,and exploitation: the logic of the transformation problem[J].Journal of economic surveys,31(5): 1387-1420.

MORISHIMA M,1973.Marx's economics: a dual theory of value and growth[M].Cambridge and New York: Cambridge University Press.

MORISHIMA M,1974.Marx in the light of modern economic theory[J].Econometrica,42 (4): 611-632.

OKISHIO N,1963.A mathematical note on Marxian theorems[J].Weltwirtschaftliches archiv,91:287-299.

ROEMER J E,1981.Analytical foundations of Marxian economic theory[M].Cambridge and New York:Cambridge University Press.

SAMUELSON P A,1971.Understanding the Marxian notion of exploitation:a summary of the so-called transformation problem between Marxian values and competitive prices[J].Journal of economic literature,9(2):399-431.

SAMUELSON P A,1972.The economics of Marx: an ecumenical reply[J].Journal of Economic Literature,10(1):51-57.

SAMUELSON P A,1974.Insight and detour in the theory of exploitation:a reply to Baumol[J].Journal of economic literature,12(1): 62-70.

VENEZIANI R,YOSHIHARA N,2014.One million miles to go: taking the axiomatic road to defining exploitation[R].UMASS Am- herst economics working papers 2014-10,University of Massachusetts Amherst,Department of Economics.

VENEZIANIR,YOSHIHARA N,2017.The theory of exploitation as the unequal exchange of labour[R].UMASS Amherst Economics Working Papers 2017-04,University of Massachusetts Amherst,Department of Economics.

VEN-EZIANI R,YOSHIHARA N,2015.Exploitation in economies with heterogeneous preferences, skills and assets: an axiomatic approach [R]. Journal of theoretical politics,27 (1): 8-33.

第二十章 论借鉴零基预算理念应遵循的原则及其路径和方法*

杨 斌**

零基预算作为预算编制方法的重要创新,曾经在 20 世纪 70 年代的美国得到推行,目前又有一些地方重新采用,多数地方将零基预算之科学合理的核心内涵嵌入新绩效预算中,构成新绩效预算的技术基础。在我国,20 世纪 90 年代部分省市也曾采用同名的预算编制方法。近期又有不少省市已推出或准备推出以零基预算为名的预算编制方法改革。财政部部长刘昆(2020a,2020b)提出,按照零基预算理念,根据实际需要科学核定预算,完善能增能减、有保有压的分配机制,打破支出固化格局,进一步压减可暂缓实施和不再开展的项目支出。因此,有必要就零基预算的发展历史、科学理念、合理内涵以及实行中存在的问题作穿透性的系统分析,并结合中国引进零基预算理念以来的做法和经验,针对中国预算编制和执行存在的主要问题,提出在中国借鉴零基预算理念应遵循的基本原则及其具体的路径和方法。

第一节 文献综述和回顾

零基预算是一种预算编制的方法和预算管理模式,就是预算单位以预算期(通常是一年)实际资金需要为基础,而不是简单地以上一个预算期的基数为主要依据编制预算,形象比喻一切从“零”开始,对申请的决策案经过目标任务分析、替代方案考察、成本效益比较、优先性排序等过程,选择在财力约束下最契合战略和政策目标的决策案,汇总形成预算。

从 1993 年起,我国先后有湖北、河南、陕西、甘肃、云南、福建、广东、河北、辽宁、安徽等省份开始试行以零基预算为名的预算编制方法改革(王辰、李彤,2011),但都不是严格意义上的零基预算。改革的着眼点是通过严格控制人员编制,无编制不拨款;按经验数据,制定各项定额,公用经费实行定额管理。改革中甚至不存在设计决策案、替代方案、

---

* 本章写作时间为 2021 年,故本章论述以 2021 年为时间点。

** 杨斌,教授,博士生导师,厦门大学经济学院财政系。

成本效益分析、排序确定优先决策案等零基预算标准程序(财政部预算司,1997;马骏、叶娟丽,2004;胡正衡,2006)。这些属于借用零基预算的名称,以实现压缩预算规模和减少不必要或虚假开支、规范预算外资金收支的管理措施。因此,马骏(2005)指出这一时期在部分省市推行的所谓零基预算实际上属于"定额预算"或"控制预算"。牛美丽(2010)认为这一时期中国地方政府运用的不是零基预算,而是目标预算。2000年珠海市试行比较实质的零基预算,尝试按照零基预算的要求,不设基数,让各部门自下而上申报预算,结果各个部门最后报上来的预算总数大大超过珠海的可支配财力,试行两年就停止(冯叶、朱丽惠,2015)。

2001—2011年中国经济进入高速发展阶段,GDP增长率都在10%以上,财政收入增长率多数年份均在20%以上或左右,个别年份高达32%。财政实力迅速增强,同时通过收支两条线、国库集中支付、政府集中采购等一系列改革,预算管理规范化程度明显提高,在这种形势下,"有名无实"的所谓零基预算也失去推行的必要性。

2012年以后中国经济发展进入新阶段,出现中高速发展的新常态,财政面临增收趋缓、支出增加的新局面,优化财政支出结构、提高资金使用效率成为纾解财政压力的重要路径。在这种形势下,采用零基预算理念和方法又被提上议事日程。2014年以来,山西、广东、陕西、吉林、重庆、青海、贵州、天津、山东、江西等地都在不同程度上推进零基预算改革。

进入2020年,面对新冠疫情、国内经济下行压力加大和财政大幅度减收的严峻形势,第十三届全国人民代表大会财政经济委员会《关于2019年中央和地方预算执行情况与2020年中央和地方预算草案的审查结果报告》明确要求,探索运用零基预算理念科学核定支出,提高预算编制的科学性和准确性。北京、上海、天津、黑龙江、山东、江苏、浙江、福建、湖南、广西、云南、海南、甘肃、内蒙古、西藏等省(区、市),在2020年政府工作报告或预算报告中或预算编制工作会议上提出,从当年或2021年起,全面推行零基预算或在省级部门实施零基预算,或运用零基预算理念编制预算,着眼于打破预算安排和资金分配中存在的"基数"依赖和支出固化格局,完善能增能减、有保有压的预算分配机制,持续优化财政支出结构,集中财力保障重要民生、重大改革、重点项目。

综上所述,零基预算作为预算管理的一个重大发明和创新,由于具有值得重视的核心价值,仍有其重要的现实意义;同时零基预算几起几落,表明其也存在一些固有的缺陷和问题。因此,要借鉴零基预算的理念解决中国财政管理上的问题,需要对零基预算进行一番穿透性的剖析,以找出应该借鉴的核心价值,同时也指出应该避免的缺点。

第二节　零基预算的核心价值和主要缺点

（一）零基预算的核心价值

零基预算虽然在实行过程中因为种种原因不够理想，但包含创新思维和解决传统基数预算方法存在问题的新思路、新办法，有值得借鉴的核心价值。

1.优先性选择

传统基数加增量预算，主要根据上年度的预算作简单的调整，有时也有排序，但并没有按照特定规则和技术对预算项目进行优先性甄别，而是基本保持既得利益格局。零基预算最核心的价值，在于采用优先性规则。无论国家如何发达、财力如何丰富，财政资金都是相对不足的，通过不同项目的轻重缓急、成本效益比较，进行优先性甄选，保证重点和必需开支，去除不必要、不重要的开支，可优化财力配置、提高财政资金的使用效率。零基预算改变传统预算以上一年预算基数为基础，承认既得利益，使部门利益固化，不能匹配政治经济环境变化和纳税人偏好变化的弊端。因此，零基预算可以改进预算过程，提升预算效率，增进政府服务（Clynch，1982）。

2.战略性谋划

传统基数预算的问题就是没有随着政府战略目标的变化进行相应的财力配置，容易导致财政资金安排和使用无法契合政府战略意图，降低财政资金使用效果。零基预算可以克服这一问题。在零基预算编制过程中，如何判断哪些项目属于优先、哪些项目属于一般或需要削减，不是简单地看基数（即看过去的工作），而是要结合政府或部门提供公共服务的战略目标和政策目的。零基预算编制过程会促使有关人员深入思考经济社会发展和公共产品提供的战略重点，认真分析各项财政活动的资金需求、成果与要达到目标（包括短期和长期目标）的关联度，研究每项财政开支对达到政府或部门目标的作用和影响，保证财政活动、财力分配对准战略目标、围绕战略目标，以确保每一分钱都能服务于战略，从而让资金发挥更大、更有效的作用，达到事半功倍的战略效果，形成促进社会经济进步的合力。

3.精细化安排

传统基数预算保持既得利益的格局不变，以已有的基数作为确定预算的依据，必然相对粗放。在零基预算下，所有预算的资金都以实际需求为依据，从零开始计算，不受过去基数影响，实际需求以可量化的许多客观指标为依据。零基预算一般要包含三个类型的决策案：（1）基本案，仅满足预算单位提供最基本公共服务的资金需求；（2）更新案，继续当前提供的服务级别，但因为外部环境发生了变化（如服务对象数量自然增长），为保持服务水准需要提供资金增量；（3）增强案，提供服务超出当前级别所需的资金、增设新的项目。零基预算下,决策案除了要提供服务所需的投入(货币资金、人员编制等)的详细信息外,还要通过一系列衡量标准反映预算项目对服务性能和服务级别的影响。例如,街道维修部门做决策案申报预算时,要通过路面质量指数等技术经济指标度量可维护的车道里程、平滑度变化等。零基预算编制以获得精准全面的信息为基础,使预算编制过程精细化,避免因缺乏具体信息和数据而导致的疏漏和经费虚增。

4.成本化意识

传统基数预算以过去预算实行结果为依据,没有必要也没有可能进行项目的成本核算和分析,并进行投入产出对比。在零基预算下,对所有项目进行成本效益分析,作为项目排序的重要依据,以实现战略目标和政策目的所产生的效益为着眼点,确定哪些项目要拨款、哪些项目要削减甚至取消。同时,还要就服务级别、服务程度,与相应的开支水平(即成本付出)进行细致比对匹配,决定需要拨款的项目的拨款水平。这就改变了传统以基数作增量调整的预算模式较少考虑成本效益匹配的做法,预算编制过程贯穿了成本意识。

5.有效的预算控制手段

因总财力下降,为保持预算平衡需要削减预算时,零基预算对比同比例压缩的"一刀切"办法,具有客观和重视事实的特点。零基预算下的削减是基于对预算单位相关开支项目效益和价值的比较,所有支出都要接受程序化的比较和审查。预算削减与服务削减之间的权衡更加透明。因此,零基预算是更有力度和更具说服力的削减预算手段。

(二)零基预算的主要缺点

尽管零基预算在理论和思路上存在上述优点,但与任何事物一样,零基预算也存在内在缺点。

1.编制过程复杂

零基预算存在一套严格的规范和程序。首先,要使零基预算发生效力,决策单位即预算单位要尽可能小。一个稍大一点的部门,即使是县一级下属部门都将有许多要进行单独核算的决策单位。其次,每个决策单位要根据服务程度或等级(如基本级、行政级、增强级)制定多个决策案,每个决策案要包含 15 项基本要素,即名称、功能、工作内容、所属机构、服务等级、目标陈述、业务说明、预期成果(或收益)、不批准的后果、数量指标(如业务次数、次均成本、人均成本等)、需要的资金、服务等级的替代或备选方案、不同办法的替代或备选方案、资金来源(上级拨款、本级投入、服务收入等)、资金预测等。每一年都要从头来一遍,无数的决策案,就要填写无数的表格,进行无数的分析、比对、选择。最后,决策案做出后要逐级排序、评审、决定,程序烦琐复杂、过程经历的时间长,与年度预算编制的时间不能太长的要求难以协调,最终可能使预算编制过程难以简洁明了。

2.预算不可预期

传统的以基数为依据的预算编制方法存在诸多问题,但可预期是其显著优点,本预

算期能获得多少财政资金，可根据上年支出额度加以预测，从而可事先进行工作谋划。在零基预算下，一切都要从零开始，对未来工作无法提前谋划、提前安排，财政开支申请是否得到批准、能批准多少资金，都是未知数。这就违反了预算编制的另一基本原则，即确定性或可预测性，无法“预算”或预而不算，就失去“预算”的本质。有学者对经验的研究表明，当预算不确定时，会刺激预算单位为保持既得资金，采用虚假数据进行瞒报（Hayes and Cron，1988）。

3.操作成本高昂

零基预算若全面推行需要付出高昂的成本。有研究表明，使用零基预算法编制预算所需的时间比传统方法增加了100%，应用零基预算方法产生的运行成本，要高于因该方法使用而节约的成本（Boyd，1980）。

首先，信息获取成本很高。零基预算讲求精细化和进行仔细的成本效益分析，这都是以获得完全的信息为条件的。无论是决定决策单位、每个决策单位设计多个决策案、决策案中要包含诸多内容，还是对决策案进行排序，都需要系统、完全地收集人员编制、人员素质结构、单位或项目的运行业绩、技术经济指标、开支依据和标准、财政活动的历史成本数据、效益评估数据等。这些信息从财务报表中难以完全获得，需要通过仔细的调查收集、分析处理，这要增加许多工作量，从而增加人力费用和公用经费。

其次，信息不对称的成本不可忽视。特别是在进行决策案排序和项目审查时，上级单位掌握的信息与基层掌握的信息是不对称的，当预算配给与基层单位人员的收益、业绩等直接利益相关时，如何防止基层虚报，识别真实信息，去除虚假信息，做出客观公正的判断，需要建立人数足够、设备精良、素质优秀、修养卓越的队伍来调查甄别，这也是极耗人力、物力的。

最后，人员培训和制度变革也会大量增加运行成本。预算管理方式的转变需要人员素质的转变，而要在较短的时间里通过培训来改变现有各级预算从业人员的素质，需要耗费巨大的培训成本。在许多情况下，通过培训还不一定能解决问题，还要涉及人事改革，要建立优胜劣汰机制。此外，还要全面改革预算会计制度，使会计制度适合零基预算，这也需要大量的人力、物力投入。

4.经济合理性和政治法律合规性难以兼顾

任何预算改革都会涉及已有法律法规，零基预算作为一项改革，在推行过程会经常出现一个难以克服的矛盾，即按法规和政策规则需要安排支出甚至还要加大支出力度，但按零基预算的优先性选择即经济合理性要求，要削减甚至删除支出项目。如果坚持法律法规和政策规则，那零基预算就大打折扣，如果坚持零基预算的经济合理性，那就面临违规或不服从的风险。

5.难以普遍采用

零基预算具有特定的适用范围。就经济大环境而言，如果财力充裕，或国家要推行扩张性宏观财政政策,推行零基预算就不存在紧迫性,甚至还会因支出手续过于烦琐而对宏观财政政策的推行造成阻碍。因此,零基预算适用于实行紧缩性财政政策时期或财力下降需要削减预算的时候。

就政府规模和预算编制复杂性而言,如果在中央或联邦、省(州)、市县一级推行零基预算,因为要编制太多的决策案以及进行复杂的排序、甄选、汇总,无法做到在较短时间里保证预算编制简洁明了。经验表明,严格意义的标准零基预算只适合较小的基层预算单位或项目。在大一点的单位里,不少预算项目无法单独核算,如人员经费、公用经费、资本支出等无法明确分摊于各个下级项目,也无法确定单一的责任主体,零基预算的精神就难以体现。

技术层面,公共产品之所以为公共产品,就是因为它们无法进行客观准确的定价,实际上也无法精准核算其成本开支,且预算编制涉及的是未来工作和未实现的业绩,进行成本效益比较分析和绩效评价,很难完全避免主观臆测。

可行性层面,即使在零基预算的优点可呈现的有限领域,也需要一些先决条件,包括必须进行支出分类,以及预算科目和会计制度、核算方法的改革。支出分类要适应零基预算,必须将预算科目细化,将可独立核算和可落实主体责任的开支项目,从一般的大科目中独立出来;调配能胜任零基预算精细化工作方式的工作人员来进行预算编制工作,同时做好培训;还要做好宣传解释工作。因此,零基预算并不适用于所有级次的预算编制和所有资金项目。有经验研究成果证实了这一点(Kavanagh,2012)。

总之,零基预算与其他任何预算管理方法一样不是完美无缺的,推行的成本高昂,具有严格的适用领域。即使在零基预算基础上发展起来的新绩效预算也存在种种问题。如绩效信息的采集和使用同样要付出较大成本,完全以过去的绩效表现来决定未来政策的优先级也不一定恰当(苟燕楠、王海,2009)。但零基预算的合理思想内核,作为人类共同的预算管理思想和经验,我们可以借鉴,在借鉴时也要善于克服其固有的缺点,并结合客观实际创新发展。这就需要明确借鉴时应遵循的原则,在总结经验的基础上找到具体路径和方法。

第三节　借鉴零基预算理念应遵循的基本原则及路径与方法

在中国,借鉴零基预算理念当然是为了解决预算编制和管理中存在的问题。《关于2019年中央和地方预算执行情况与2020年中央和地方预算草案的审查结果报告》指出,财政部门持续推进财税体制改革,不断提高财政管理水平,有力推动经济平稳运行,为全面建成小康社会打下决定性基础发挥了重要作用。同时,在预算执行和财政管理中还存在一些不容忽视的问题,主要是:部分项目预算执行与预算相比变动较大,预算执行不够严肃;有的中央部门支出执行率低,年末结转资金较多,资金使用效率有待提高;一些预

算支出项目固化的格局尚未根本改变,支出结构有待优化;全面实施预算绩效管理有待加强;有的支出预算与政策衔接不够紧密,有的项目前期准备不够充分,相关政策措施落实不够及时到位。其结果产生了可支配财力增量不足与资金存量积压并存、财政负担不轻与公共服务供给不足并存、部门和重点资金优化整合比较困难、财政资金使用效率亟待提高等问题。

造成上述不足和问题的原因是多方面的,既有宏观层面的原因,如财政治理体系不够健全、财政资金分配不够合理,依法理财观念不强、预算权威性和刚性不足,地区和部门支出管理责任弱化、绩效意识淡薄、监督检查和内控机制落实不到位;也有微观层面的原因,如科目设置和预算会计核算体系不够精细,预算编制粗糙,不够细致和具体,往往导致事项与资金配比不一致,要么资金不足,总是要求追加,要么产生较大结余,预算执行过程灵活斟酌的空间比较大,预算执行难以严肃认真。解决预算编制和管理出现的问题,根本上还要依靠深化财政改革,实现财政治理体系和治理能力的现代化。借鉴零基预算理念,在预算编制源头上,打破基数预算造成的财力固化格局;在结果上,加强对预算项目支出的绩效评估,形成"零基预算+绩效预算"新体系,不失为财政治理体系和治理能力现代化的重要一环。零基预算与绩效预算是相辅相成的关系。其目的相同,都是着眼于财政支出结构的优化,将有限的财政资金投到更有绩效的领域,更好地实现政府战略目标和政策目的,为人民群众提供更优质的公共服务。绩效预算特别是新绩效预算的基础是零基预算的技术和程序,离开了零基预算的方法就无所谓新绩效预算,因为"确定支出优先顺序"和"有效使用绩效信息"等零基预算核心思想和技术程序也是新绩效预算的重要核心环节(马蔡琛、苗珊,2018;马蔡琛 等,2019)。

在近 30 年时间里,中国各地反反复复借鉴零基预算,一方面取得一定效果、积累有益经验,一些地区结合实际,创新发展了富有特色的零基预算新模式。有学者实证研究了珠海实行零基预算的结果,发现零基预算改革前后,项目支出结构在数量精简和资金整合上均发生积极变化(杨广勇、杨林,2019)。但另一方面,不少地区借鉴零基预算,采取简单化的思维,并不清楚零基预算的核心内涵是什么,甚至只是借用名称,并没有在核心理念和科学方法上实质性地加以应用,更没有创新和发展。鉴于此,有必要根植于中国实际,直面预算管理突出问题,借鉴零基预算核心内涵,避免零基预算实践缺陷,在总结经验的基础上,将零基预算的科学理念与绩效管理相结合,努力构造中国特色的"零基预算+绩效预算"新模式。

(一)借鉴零基预算理念的原则

1.分配区别对待原则

既然零基预算具有有限适用领域的特点,在采用该方法时,就必须坚持分类区别对待的原则,不是所有领域的预算编制都采用零基预算的方法。因为经济财政活动多数是连续的,多数财政活动承继历史,来年被削减资金、被取消项目属于个别现象。为少数项目和支出的不合理，一切从头开始，花大量的时间精力对预算所有内容再分析、再审核、再确定，这除了产生大量文牍性工作外并不能达到实际效果。经济活动是动态的，特别是在中国这样的发展中国家，变化很快，当年很难完全准确预测来年变化，只凭历史数据或上年绩效评估结果来决定来年预算也不一定合理。因此，有必要对预算单位或科目进行分类，有些采用改进的基数加增量调整的方法，有些采用零基预算的办法，有些采用其他方法(如目标管理、专项管控等)。同样对项目支出效果的绩效评估，也不能无例外地全面推行，也要分门别类、区别对待。一般事先通过零基预算方法甄选的项目支出，也要进行绩效评估，以检验项目支出评审过程的科学性、合理性，不断调整参数定额、改进程序。对没有推行零基预算编制方法的其他大额资金支出可设立选案程序，抽样进行绩效评估。这样既充分发挥零基预算和绩效预算的作用，又避免出现因全面推行导致的运行成本过分增加，以及程序烦琐而导致的形式主义。

2.优先选择性原则

零基预算的核心价值之一便是其优先性选择的机制，这是克服传统基数预算下的部门利益固化弊端的举措。因此，借鉴零基预算理念，核心事项就是对备选支出项目进行优先性甄选，没有优先性选择这个要素的预算改革都不能说采用了零基预算。预算的目的不是仅仅削减资金数额，而是让财政资金得到合理配置。在财力有限的情况下，如何统筹兼顾、保证重点是财政管理和预算编制的重要目的。优先性选择的关键在于使财政资金与政府战略目标和政策目的相契合，形成科学的资金分配机制，优化预算结构。

3.经济化编制原则

零基预算中推行的精细化做法有助于改变当前预算编制粗放，以及预算约束刚性不足、财力动态预估不足等问题。要做好精细化工作必须建立一个科学且简便的预算调查、审核制度。预算部门首长或主管负责人要进行细致的财力使用以及业绩目标评估，提出报告。当年财力安排除了要与往年绩效挂钩，还要与当年和长期计划确定的目标匹配。要结合中国较长时间里行之有效的办法，对应当列入零基预算管理范围的项目，特别是新增项目，都要进行项目库管理，事先进行项目立项、可行性研究论证，论证时要提供与国家或所在地区战略目标的契合程度、法律政策依据、目标业绩结果预测等指标。对新出台重大项目要进行事前绩效评估，重点论证立项必要性、绩效目标合理性、实施方案可行性、筹资合规性、投入成本的经济性等，评估结果要作为申请预算的必备要件。精细化不能只限于一般公共预算，而是要延伸到所有预算和国有经济活动领域，以项目为单位来统筹协调所有资金来源，进行全面的精细化安排。

4.主体责任明晰原则

预算编制的根本目的在于防止资金浪费，把有限的财政资金配置到必需的领域。为此，除了靠外部监督、审查评估外，还必须建立有效的内部控制机制，明晰主体责任，对责任主体形成激励约束，使各级预算单位负责人时刻关注资金使用效果，对其负责，保证各项开支与单位职能和行动目标匹配。零基预算的精髓之一便是让所有财政资金使用都有具体明确的责任主体,花钱即负责。一个决策单位就是一个具体的责任单位,其负责人相应成为责任主体。在传统的预算编制方法下,虽然也推行部门预算,但因为预算单位太大、太复杂,没能细化到各个具体的决策单位,责任主体并不明晰,责任落实不具体,不能调动参与财政资金使用的所有人约束预算的积极性。同时,在追究主体责任时,也不能简单化,而要实事求是,建立既促进高质量完成目标任务又厉行节约的激励相容机制。例如,在评估预算资金结余时要具体问题具体分析,不要简单化地将资金结余列为预算执行不力而降低评估分数,从而造成因厉行节约产生资金结余反倒来年获得较少资金的激励不相容问题(童伟,2019)。

(二)借鉴零基预算理念的具体路径和方法

零基预算不仅仅是预算编制流程的简单变化,要借鉴零基预算科学合理理念,解决中国预算编制和管理中的问题,需要根据上述原则,进行适当的组织和业务流程再造,可称之为零基再造。

1.进一步改革财政支出分类体系

要充分吸收零基预算合理内涵又避免其缺陷,减少改革成本和运行成本,首先要按照分类区别对待原则对财政支出体系进行必要改革。各地在推行零基预算过程中都或多或少对财政支出体系进行重新分类,形成五花八门的局面,有的地方分“战略领域”(一级)、“财政事权”(二级)、“政策任务”(三级)等级次;有的地方分基本支出与项目支出,项目支出又分公益一类、公益二类;有的地方分运转性支出和事业发展性支出;有的地方分为工作运转类、民生保障类、党的建设类、改革发展类、结转项目类。因此,有必要按照财政支出的性质进行规范。可按照国内国外经验,作如下分类。

第一类是基本支出类。列入此类的资金均为持续再生的费用(recurring cost),即保运转、保声誉的费用,包括人员工资、机构运转、基本民生、政府偿债等。这一类支出是维持政府及部门运转以及保持政府信誉的基本支出,是为满足公众最基本的公共服务需求,一般是持续性的,即每年均要发生的开支。对这个类型的开支,要保证其提供服务所需的最低水平资金。可根据总体财力增长和服务水平提升以及通货膨胀率进行调整。如果财力紧张需要紧缩,可按一定的百分比缩减。这一类预算占很大比重,一般不实行零基预算方法,而是采用传统基数调整的办法和定额办法。如发现人浮于事、虚假活动等问题,需要进行结构调整的,可通过专家审计、重新定岗定编、定额更新、专项整改等具有中国特色的行之有效的办法解决。重点在于人员经费的控制,改进的着眼点是建立机构编制、供养人员、预算资金联动管理机制。人员需要增加的,先通过内部调剂解决或通过市场途径由政府购买服务或以市场化方式解决;确要增加人员的,要做事先评估论证,变简单的“以人定费”为“以事定岗、以岗定费、人岗匹配、岗变费消”。

第二类是常规项目类。除了上述基本支出以外,各部门为履行其提供特定公共产品和社会管理职责而发生的经常性业务项目开支，可列入此类。这一类属于职能部门履行其职责的“事业”“事务”“事权”范畴，一般是在相当长时间里要持续作为的事务专项开支。如环境保护部门的“环境监测与监察”“污染防治”“自然生态保护”“天然林保护”“风沙荒漠治理”“能源节约利用”“污染减排”“可再生能源”“循环经济”等专项开支；教育部门的“普通教育”“职业教育”“成人教育”“留学教育”“特殊教育”“进修及培训”等专项开支。随着社会经济发展，或者出现特殊事件，原有的支出水平不足以应付新事件，就需要对某些预算单位或项目追加开支甚至大幅度追加开支，如出现严重疫情等公共卫生事件，需要追加公共卫生开支。在这一类别预算项目中，属于应急的，应当及时拨付，事后加强审计监督；属于较长时间持续工作的，要按零基预算的办法，实行项目库管理，编写决策案，进行成本效益分析和绩效评估，根据绩效评估情况安排资金。

第三类是新增项目类。要应对可预见的社会经济发展的新问题、新矛盾、新挑战、新机遇，公共服务发生了结构性变化，需要安排新的开支项目或建立新的预算单位。这一类主要是资本性开支项目，包括房屋建筑物购建、办公设备购置、专用设备购置、基础设施建设、大型修缮、信息网络及软件购置更新、交通工具购置等。一般来说，政府承担职能范围越广、经济社会发展越迅速，新增开支项目占比也会越高。对这一类新增开支，均实行零基预算的方法，不仅要求一切从零开始谋划资金安排、编制决策案、进行决策案排序等，还要开展项目评审论证和财政承受能力评估，实行项目库管理。对项目库要实行长周期管理，全流程动态记录和反映项目信息变化情况。每年安排项目资金时，根据财力约束，按轻重缓急从项目库前期储备的项目中选取预算申报项目，按零基预算理念，建立公开透明又简便的评审机制，实行优先性甄选，对未入库管理的，一律不予安排预算。

2.将优先性选择嵌入预算编制全过程

在预算编制全过程嵌入优先性选择是借鉴零基预算理念的最核心事项。优先性选择有如下几个路径：

一是以政府战略目标和政策目的为导向制定优选顺序。公共服务提供在战略层面首先要确保稳定，减少不确定性，降低财政改革的成本。在财力十分有限的情况下，过去一段时间长期实行的“一要吃饭、二要建设”就是如此。近期“六稳”（稳就业、稳金融、稳外贸、稳外资、稳投资、稳预期）和“六保”（保居民就业、保基本民生、保市场主体、保粮食能源安全、保产业链供应链稳定、保基层运转）支出优先，然后是重点项目，接下来是偿债；重点项目资金也不是简单延续过去的基数进行简单调整，而是根据经济社会发展新情况对项目资金进行跨部门整合，建立新的重点项目。

二是按实现单位目标必需的业务功能确定优先性。例如税务部门如果确定以提升服务纳税人质量为单位目标，那么其最主要业务功能便是：其一，提高日常纳税服务水平，为纳税人提供更高质量和及时的服务，减轻纳税人的纳税成本负担，并鼓励自愿遵从。其二，提高法律服务水准，加强对纳税人的法律和政策服务，确保纳税人履行纳税义

务,减少纳税人因违法被处罚的风险;确保纳税人及时享受减免税等政策待遇;同时打击偷税、骗税行为,创造公平竞争环境。对税务部门的预算安排就要与上述目标契合,对各项资金开支进行优先性甄选,除了确保人员开支、机构运转的基本支出外,对纳税申报的辅导援助、对纳税人法律支持服务、进行稽查和犯罪调查、提升服务纳税人的 IT 业务系统等方面的开支,就属于优先性支出,在一定财力约束下,应当给予优先保障。

三是以绩效为导向确定优先性。在经济运行比较稳定的财政环境下,即没有大起大落的情况下,可以按照对上一期预算绩效的评估结果进行优先性选择。预算绩效,是指预算单位或预算项目通过使用财政资金提供公共产品或完成特定职能而取得的业绩和效果,包括支出目标任务的完成情况,以及具体目标对战略性目标的贡献和影响。作为优先性选择依据的绩效指标不仅要包括业务活动、资产增加等产出指标、投入成本指标,还要包括履职效能、社会效应、生态效益、可持续影响和服务对象满意度等。可组织第三方机构独立开展绩效评估,尽可能依托大数据,采用先进可靠的评估技术和方法,提高绩效评估评价结果的客观性和准确性。通过绩效导向,在预算编制时,整合分散重复的项目、清理取消政策到期的项目、削减低效无效的项目、收回或重新安排因超过实际需要或预算执行不力而造成的沉淀资金。对周期较长的重大项目持续跟踪问效,建立动态评价调整机制,与中期财政规划目标契合(崔惠玉和周伟,2020)。当然采用绩效预算方法,也要坚持简明、确定和可实行(实行成本较低)的原则。

3.精细化预算编制和增强预算透明度

首先,建立统一开放的财政支出项目库管理信息系统。项目库是借鉴零基预算理念实现预算编制和管理精细化的重要环节。项目库是中国财政管理者通过总结实践经验而发展起来的中国方案,它大大简化了采用零基预算的程序,解决了项目论证甄选的复杂性、长时性和预算编制简明性、急迫性的矛盾。建好项目库的关键在于实现项目信息完整准确、调取顺畅、使用便利。这需要建立统一开放的财政支出项目库管理信息系统,实现标准统一、数据精准,数据互通、信息共享,采集常态、更新及时、动态调整、滚动管理。保持项目库的适时性、连续性、完备性、精准性和权威性。这需要提前做好项目的研究论证,要常态化、习惯性地做好入库项目的绩效预评估工作。通过预评估,使项目信息能全面反映绩效目标,包括与政府战略目标的契合度、与政策目的的对应度,以及相应的责任主体、支出内容、任务清单、资金需求、实施周期、可行性和优先性等立项论证情况和其他必要信息。

其次,建立精细化预算全覆盖的机制。目前中国预算包括一般公共预算、政府性基金预算、社会保险基金预算和国有资本经营预算,此外还存在大量的政府直属国有企业事业单位,拥有可供政府或部门支配的货币资金存量和实物资产。一般公共预算并没有反映政府经济活动的全貌。如果一个项目有多个资金来源,不能只是对一般公共预算支出进行精细化预算,只有对来源于所有渠道的资金进行精细化预算,才符合零基预算下精细化的本意。因此，要统筹各个渠道资金来源，实现多个预算以及增量资金和存量资金协调联动，建立精细化预算全覆盖的机制。这需要有效盘活所有政府资产资源，全面清理盘查机关事业单位资产、国有企业资产和土地等自然资产资源，核实闲置资产的数量和价值，通过包括市场化在内的各种方式分门别类加以处置，从而回笼资金、集中财力、统筹使用，建立一般公共预算与其他三本预算，预算资金与部门存量资金、闲置资源资产收入、政府债务收入等统筹协调联动机制，才能真正实现广义预算编制的精细化，切实优化财政资金配置，提高资金使用效果。

实现预算编制精细化，还有赖于通过有效机制提升预算编制和资金安排的公开性、透明性。预算编制过程公开、透明，让纳税人知晓其各种财政负担所形成的资金的去向，倒逼预算编制更加具体、明确、细致。反过来，预算编制精细化也有助于提高预算公开、透明的质量，防止公开、透明流于笼统、形式、走过场。这方面可推广珠海、临沂等地积累的经验，建立项目支出预算公开联审工作机制，即组建以人大代表、政协委员、专家学者为主要成员的联审专家库，随机抽取联审专家与预算单位面对面开展现场联审，从预算项目安排的必要性、资金申报依据的合理性、资金申报金额与实际工作目标及进度的匹配性、项目实施后取得的预期效益等角度，对预算单位申报项目支出预算进行综合评审，形成联审报告，作为预算安排的重要依据，并通过一定形式向社会公开。

只有预算编制实现了精细化和公开透明，使预算支出安排合理公正、排序科学有据、信息披露完整准确，才能使预算安排没有明显遗漏和高估，从而从机制上减少随意调整追加预算，根除非特殊情况下进行预算追加的问题，增强预算刚性。

4.建立激励约束机制

调动各方积极性、主动性，担责作为、改革创新，是借鉴零基预算理念推进预算改革取得成功的关键，这需要建立激励约束机制。

首先，建立鼓励各方披露或获得真实信息的机制。获得真实信息是所有管理包括预算编制和管理的必要前提。一方面，要鼓励基层预算单位获得并披露精准资金需求的真实信息。为了达到该目的，要用好项目绩效评估结果，对那些申请的资金与政府战略目标、政策目的契合度很高，资金需求量精准的单位和负责人给予奖励，相反的情况给予必要处罚；改变瞒报、随意申报不仅不会被处罚，还因获得较多资金而实际被奖励的现象。另一方面，要鼓励财政决策部门掌握项目资金需求完全信息和进行客观公正决定的行为，激励财政部门通过基层调研、走群众路线，归纳整理并掌握基层单位具有关键意义的资金需要信息，变被动为主动，成为服务型的财政机关。

其次，建立项目退出机制。借鉴零基预算的目的是优化财政支出结构，为了达到这样的目的，仅仅靠预算安排的事先认真审查、事后认真评估是不够的，还要关注预算安排后的项目执行情况，即还要关注项目资金的事中状况。这就需要对已安排的项目资金进行专项检查和专项评估，及时取消无政策依据、政策到期和未定期限项目的资金安排。

可借鉴天津市的经验,结合预算具体执行情况,建立执行进度、结余结转、审计问题、闲置资产与预算安排挂钩机制,对于预算执行进度偏慢、结转结余大、审计发现问题多、存在资产闲置的部门,相应压减项目支出预算。除了建立上述激励约束机制以外,还要通过组织和程序的适度再造,简化推行零基预算的基础条件。实践表明,不对现有财政供养的基础状态进行必要改革,让零基预算在原有人员冗多、机构庞杂、程序烦琐的基础上进行,会造成更冗杂、更烦琐的情况,零基预算科学理念不仅难以落实,还会造成负面影响。因此,要为借鉴零基预算理念创造必要的条件,改革简化组织结构和程序,取消不必要的机构和工作岗位、工作内容;去除冗余的层级并简化决策程序,降低组织和业务复杂性,构建简化、扁平型组织;在监察监督有效的情况下,简政放权,充分授权,鼓励在预算编制关键环节承担关键职责的工作人员以主人翁态度,主动创新,贡献大胆的想法,同心协力,破除难题,让采用零基预算理念和方法变得更加简单。推进零基预算方法,不仅要调动财政部门、单位财务部门积极性,还要把维持变革需要的责任感延伸到组织深处,做到领导重视、各方参与、人人有责。

本章参考文献

财政部预算司,1997.零基预算[M].北京:经济科学出版社.

崔惠玉,周伟,2020.中期视野下预算绩效管理改革的思考[J].财政研究(1):87-95.

苟燕楠,王海,2009.公共预算的传统与变迁:美国预算改革对中国的启示[J].财政研究(6):78-81.

胡正衡,2006.零基预算方法[M].北京:中国财政经济出版社.

李里,2016.珠海零基预算改革的实践探索[J].财会研究(2):14-15.

刘昆,2020.贯彻落实习近平总书记重要讲话精神扎实做好"六稳"工作全面落实"六保"任务[J].中国财政(14):3-6,b.

刘昆,2020.积极的财政政策要大力提质增效[J].求是(4):35-42,a.

马蔡琛,苗珊,2018.全球公共预算改革的最新演化趋势:基于21世纪以来的考察[J].财政研究(1):92-100.

马蔡琛,赵笛,苗珊,2019.共和国预算70年的探索与演进[J].财政研究(7):3-12.

马骏,2005.中国的零基预算改革:来自某财力紧张省份的调查[J].中山大学学报(社会科学版)(1):58-67,124-125.

马骏,叶娟丽,2004.零基预算:理论和实践[J].中国人民大学学报(2):122-129.

牛美丽,2010.中国地方政府的零基预算改革[M].北京:中央翻译出版社:151.

童伟,2019.基于编制本位和流程再造的预算绩效激励机制构建[J].财政研究(6):46-56.

王辰,李彤,2011.中美零基预算的比较及启示[J].经济纵横(8):97-99.

王海涛，2014.推动预算管理制度创新实施预算绩效管理[J].财政研究(9)：2-4.

杨广勇，杨林，2019.零基预算改革效果评价与未来推进：以珠海市 A 区为例[J].中央财经大学学报(1)：3-14.

CLYNCH E J，1982. Positive practitioner attitudes toward zero-base budgeting：a strategy for achievement[J]. State & local government review，14(2)：80-85.

DRAPER F D，PITSVADA B T，1980. Congress and executive branch budget reform：the house appropriations committee and zero-base budgeting[J].International journal of public administration，2(3)：331-374.

HAYES R B，CRON W R，1988. Changesin task uncertainty induced by zero-base budgeting：using the thompson and hirst models to predict dysfunctional behaviour [J].24(2)：145-161.

KAVANAGH，SHAYNE S C，2012. Zero-Base budgeting：modern experiences and current perspectives[J].Government finance review，1(2)：8-14.

第二十一章　财权与事权不匹配与经济增长：来自省以下财政体制改革的经验证据*

冯俊诚**

第一节　引　言

政府间财政关系是财政研究的基本理论问题。合理划分事权与支出责任是理顺政府间财政关系的重点理论问题和财政体制改革的难点(楼继伟,2018)。1994 年分税制改革后,财权上移、支出责任下放成为我国财政关系的典型特征。有学者认为,支出分权与收入集权是导致地方财政困境(杨见龙、尹恒,2015),引致地区间、城乡间发展不均衡(谢旭人,2009)和阻碍公共服务均等化实现(何振一,2007)等问题的制度性根源。纵观不同国家的财政体制,支出分权与收入集权也并非中国特色。在 20 世纪 80 年代以来的分权化改革浪潮中,超过 75 个发展中国家实施了财政分权改革(Ahmad et al.,2006)。有趣的是,国际组织基于财政自治理念而推行的财政分权改革,却产生大量财权和事权非同步改革的实例。在这些国家的分权改革实践中,中央政府在下放支出责任的同时,收入分权往往并不充分(Shah,2004;Brueckner,2009)。在跨国比较中,Gadenne 和 Singhal(2014)发现,发展中国家的税收分权程度不仅低于发达国家现有水平,而且低于 20 世纪初期欧美国家的分权水平。发展中国家次级政府税收收入占总税收收入的份额约为 10%,而该指标在发达国家为 20%(Bahl and Bird,2008)。发展中国家的财政基本事实与财政自治的理念相去甚远,现有西方财税理论面临来自发展中国家财政实践的挑战(Bahl and Bird,2008)。

财政体制改革中,支出和收入的分权状态往往同时发生改变,但现有文献往往仅单独探讨支出或收入分权的作用。如国内财政分权与经济发展研究中,多用支出分权指标来表征财政分权程度(张晏、龚六堂,2005;傅勇、张晏,2007;张军 等,2007;乔宝云 等,2005;陈硕、高琳,2012),忽略了对收入分权的考察。虽然,支出分权与收入集权的现象

* 本章写作时间为 2020 年,故本章论述以 2020 年为时间点。

** 冯俊诚,助理教授,厦门大学经济学院财政系。

引起学界关注，但学术界长期忽视了收入集权和支出分权所引致的财权与事权不匹配对宏观经济的影响，鲜有文献对财权与事权不匹配的经济效应展开严谨的经验分析。那么，财权与事权不匹配是否有利于中国经济发展？在未来，它是高质量发展的助推器，还是绊脚石呢？

十九大报告中明确指出“赋予省级及以下政府更多自主权”。省以下财政体制直接关系到基层地方政府财政能力和运行状况，与公共物品供给和经济发展紧密相连。中国政府层级分为中央、省、市、县和乡镇五个层级，然而，现有财政学研究多关注中央与省级政府间的财政关系，忽略了另外三个极为重要的层级（周黎安、吴敏，2015）。近年来，在教育、科技等领域，中央与地方财政事权和支出责任改革方案陆续出台；“营改增”后，增值税中央与地方的分享比例也由 75∶25 调整为 50∶50。此时，省以下财政关系如何调整迫在眉睫。基于此，利用 2000—2009 年地级市面板数据和省以下财政体制改革带来的“省—市”间财政关系变动，本章考察了财权与事权不匹配的经济效果。不同于现有研究多集中“中央—地方”的研究视角，本章以“省—市”间财政关系为突破点，试图从经济增长的角度评估财权与事权不匹配的经济效应，客观评价“支出分权和收入集权”的历史作用，为未来政府间财政关系的走向提供来自中国历史实践的启示。

本章主要理论贡献表现如下：首先，利用中国地级市面板数据对财权与事权不匹配经济效果展开经验研究，为现有理论分析提供了来自中国的经验证据，也从经济增长角度为发展中国家普遍存在的财权与事权不匹配现象给出了新的解释。其次，将研究视角由“中央—地方”转变成“省—市”，有效克服现有文献面临的样本不足或分权指标缺乏变异的问题，这使得本章能够更为准确地验证财权与事权不匹配对经济增长的影响。最后，从财权与事权不匹配经济效果的分析结论上，本章在丰富现有财政分权文献的同时，一方面直接为未来省以下财政体制改革提供经验借鉴和政策参考，另一方面也为未来中国中央和地方财政关系走向提供来自省以下财政改革的政策启示。本章也为未来中国财政体制改革如何在西方财政理论和中国实践、发达国家财政经验和中国改革路径之间的权衡取舍以及探寻中国财政改革路径提供些许参考。

第二节　理论假说与研究策略

（一）理论假说

在欧美等发达国家中，地方政府享有较高的财政自治，这一事实使得基于欧美国家历史经验发展起来的财政分权理论将财政自治视为理论分析的起点。如 Musgrave（1959）认为，通过地方税收来为财政支出筹集资金，有效地将地方政府提供公共物品的成本和收益联系在一起，税收被视为是公共物品的使用费或者公共物品的价格。辖区居民享受地方政府提供公共物品带来的好处,也承担了公共物品的成本(税收),进而确保了公共物品提供的经济效率。此时,分权改革意味着更高的财政自治水平和社会福利状况改进。在中国财政体制改革和财政研究过程中,欧美财政理论和实践是我们借鉴与参考的重要对象。在此背景下,财政自治天然地成为中国财政学界和财政部门孜孜追寻的终极目标,财权与事权相匹配也随之成为引领中国财政体制改革的指导思想,现实中财权与事权不匹配的现象被视为须予以根除的“顽症”。

当财政自治的理论概念与发展中国家普遍、长期存在的财权与事权不匹配现象相违背时,一些研究从税收征管能力(Bardhan,2002;Gordon and Li,2009)、政治因素(Gadenne and Singhal,2014)和征管效率(Bahl and Bird,2008)等方面来探寻导致发展中国家财权与事权不匹配产生的原因。此外,为数不多的文献则试图通过构建理论框架,以公共物品供给效率为标准来探寻最优的收入和支出分权组合,并以此来为发展中国家中普遍存在的财权与事权不匹配现象提供经济学方面的解释。例如,基于 Tiebout 模型的分析框架,Brueckner(2009)发现,当地方政府能够调整努力程度来改变公共物品供给数量时,支出分权和收入集权的组合既能克服由中央政府统一提供公共物品带来地方政府缺乏积极性的问题,又能抑制财政自治背景下地方政府利维坦动机所导致的超额财政支出问题。在税收竞争的理论框架下,Bellofattoa 和 Besfamille(2018)发现,当地方政府财政能力足够低时,事权下放与财权集中的体制较充分分权的体制更富有效率。

那么,财权与事权不匹配对中国经济增长究竟意味着什么呢?对这一问题的回答较为复杂。支出分权和收入集权的制度安排必然造成财权与事权不匹配,而转移支付则是协调财权与事权不匹配的产物。基于此,本章分别从支出分权、收入分权和转移支付三个角度来阐述两者之间的理论联系。首先,支出分权与经济增长。理论上,信息优势和辖区间竞争使得向地方政府下放支出责任的改革能够提高资源的配置和生产效率(Oates,1972;Tiebout,1956),进而有利于促进经济增长。同时,支出分权强化了地区间的经济竞争,致使财政支出结构更偏向生产性。国外的实证分析对财政分权与经济增长之间因果联系和作用机制难以形成较为一致的结论(Martinez-Vazquez et al.,2017)。在以财政支出指标来测度分权程度的中国经验分析中,支出分权确实促使财政支出结构更偏向生产性支出(傅勇、张晏,2007;张军 等,2007),但在支出分权对经济增长是否具有促进作用上,现有文献并未取得较为一致的结论(张晏、龚六堂,2005;陈硕、高琳,2012)。

其次,收入集权与经济增长。根据大推进理论,贫困地区要摆脱落后的经济状况,实现经济起飞需要投入大量资金进行基础设施建设,而收入集权为此类资金筹集提供更多的便利。即便在财政资金总量较低的情况下,收入集权的制度安排也能确保政府采取“集中力量办大事”的方式,在局部地区优先满足经济起飞所需的经济条件和物质基础,并通过“先富裕地区带动落后地区”的非均衡发展策略来实现经济的整体发展。此外,根据财政支出阶段论，在工业化早期，财政支出的主要目标是通过基础设施建设来推动国内统一市场的形成。在为基础设施建设筹集资金提供便利的同时，收入集权也在一定程度上缓解了基础设施外溢所引发的效率损失。"要想富，先修路"的共识容易建立，但地区间修路成本的分配方案往往难产，即呈现出"路难修"的状况。收入集权强化了上级政府对整体经济利益的关注，为基础设施外溢性的内部化提供更多的可能。但收入集权也会挫伤地方政府的积极性，对经济增长带来负面影响。在保护市场的财政联邦主义看来，地方政府支持经济发展的激励来自财政收入分成，较高的边际分成比例是确保地方政府维护市场经济、促进经济增长的重要动力(Montinola et al.,1995;Qian and Weingast,1997)。此时，对地区经济增长产生不利影响。

最后，转移支付与经济增长。财权与事权不匹配必然带来数量庞大的转移支付，此时，转移支付资金的分配和使用效率是关键。如果能够合理地利用转移支付资金来满足经济起飞的前提条件和克服公共物品提供中的外溢性问题，那么财权与事权不匹配势必将促进经济的长期增长。但现实中，转移支付资金在分配和使用上的低效率(马拴友、于红霞,2003)会制约这一作用机制的实现。

综上所述，财权与事权不匹配对经济增长的影响，作用机制众多、关系较为复杂，图21-1对两者之间的理论联系进行简短的总结和归纳。理论上，支出分权会带来资源配置效率的提升和偏生产性的财政支出结构，收入集权和高效的转移支付制度也有助于实现经济起飞所需的经济条件；但收入集权会降低地方政府发展经济的积极性，而低效率的转移支付也是促进经济增长的重要阻碍。现实中，财政支出分权是否积极促进我国经济增长仍有待进一步检验，转移支付的低效率和收入集权的不利影响却屡见报端。不论是

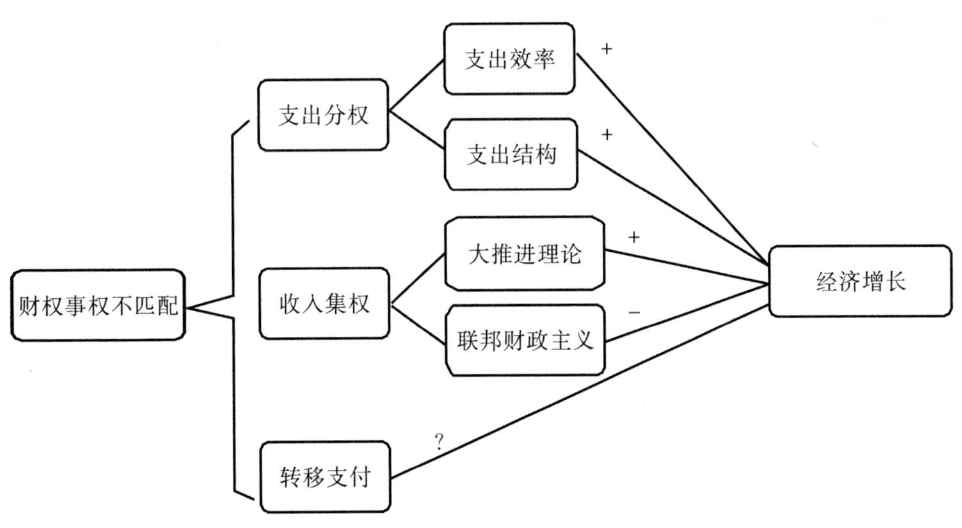

图 21-1　财权与事权不匹配与经济增长

注：图中正、负和问号分别表示经济变量与经济增长之间的理论关系为正向、负向和不确定。

支出分权、收入分权还是转移支付，它们自身与经济增长之间的理论关系较为复杂，众多研究的结果也不太一致，因此，从经验研究的角度，本章试图对省级财权与事权不匹配与地级市经济增长之间的数量关系进行分析，进而为尚不确定的理论结果提供新的经验证据。基于此，本章提出较为乐观的待检验假说：

研究假说：在省以下财政体制中，省级财权与事权不匹配有助于地方经济增长。

（二）研究挑战

在经验研究中，探讨财权与事权不匹配经济效应面临两大挑战：一是研究样本不足。对政府间财政关系而言，现有文献多将研究视角落在“中央—地方”层面，这使得展开经验研究面临样本数量严重不足的问题。若研究以一国为对象，那么，可用的研究样本为时间序列，每年仅一个观测值；虽然，采用跨国数据的研究能够带来样本数量的显著增加，但不同国家间迥异的财政体制也为跨国研究提出了新的挑战（Martinez-Vazquez et al.，2017）。二是关键指标缺乏变异性。政府间财政关系是一国的基本财政制度，在短期中往往较为稳定，仅在财政体制变革前后，政府间财政关系才会发生实质性变化。已有研究中，不少学者也构建不同指标来度量支出分权和收入分权状态。如果政府间财政制度并未发生改变，这些指标虽然在年份间有所不同，但其数值上的差异理应较小。此时，即便相关指标构建合理、准确，缺乏变异性的特征将严重影响计量估计结果的有效性。

本章将研究聚焦于省以下财政体制，以“省—市”间财政关系为切入点，既克服了样本数量不足的问题，又保证了关键指标在截面和时间上充分的变异性。首先，分税制改革后，财权上移和支出责任下放不仅表现在中央和省之间，省以下财政体制中也呈现出财权往上集中、事权向下转移现象（谢旭人，2009）。这使得本章得以运用地级市面板数据来估计财权与事权不匹配的经济效应。其次，2002 年《关于完善省以下财政管理体制有关问题的意见》（国发〔2002〕26 号）出台后，各省陆续开展省以下财政管理体制改革，这为本章研究中“省—市”间财政关系提供了充分的变异性。一方面省级政府在省以下财政关系中拥有较高的自主权，不同省份省以下财政体制在形式上不尽相同，在内容上也大相径庭（周黎安、吴敏，2015），这确保了核心指标在截面上存在较大的变异性。另一方面，在样本区间内，虽然改革的实施年份不尽相同，但绝大部分省份均进行了省以下财政体制改革，这保证了核心指标在时间上的变异性。

第三节　计量模型设定

（一）计量模型设定

为了检验财权与事权不匹配程度和经济增长之间的关联，本章从省以下财政体制入手，利用地级市面板数据探讨省本级财政收入和支出的不匹配程度对地级市经济增长的影响。在借鉴经典经济增长模型的基础上，基本计量回归模型设定如下：

$$Growth_{ijt} = \alpha_1 Mismatch_{jt-1} + \alpha_2 LGDP_{it-1} + \alpha_3 INV_{it} + \alpha_4 n_{it} + \alpha_5 FD_{it} + \mu_i + \lambda_t + \varepsilon_{it} \tag{21-1}$$

其中，$Growth_{ijt}$ 为省份 j 中地级市 i 在 t 年的 GDP 增长率，$LGDP_{it-1}$ 为滞后一期的人均 GDP（对数值），Inv 为固定资产投资占 GDP 比重，n 为人口增长率，FD 为文献中常用于衡量财政分权程度的指标，本章以地级市人均财政支出/省人均财政支出表示。为消除未观测到的城市特征因素和时间因素对估计结果的影响，本章分别加入个体固定效应（μ_i）和年份固定效应（λ_t）。

Mismatch 是核心变量，它表征该省财权与事权不匹配程度。在财政体制改革中，支出责任下放而财权并未随之下移，必然引致上级政府财政收入大于支出，本级政府财政收入小于支出，形成财政纵向的不均衡。上级政府面临的财政“盈余”是支出分权和收入集权改革的直接结果，财政“盈余”越大意味着财政收支不匹配程度越严重。基于此，借鉴 Gemmell 等（2013）构建财政支出和收入分权指标的方法，利用省本级财政收入和支出的不匹配程度来测度“省—市”间财权与事权不匹配状态，即采用省本级政府财政收入占全省财政收入比重与省本级政府财政支出占全省财政支出比重之间的差异来衡量该省财权与事权的不匹配程度。该变量的数值越大则意味着省本级财政收入占比越高，财政支出占比越小，即该省财权与事权不匹配程度越高。为了缓和反向因果关系引致的内生性问题，在回归中，本章均将 Mismatch 数值滞后一期。

现有财政年鉴中并未直接提供省本级政府财政收入和财政支出的数据信息，本章采用全省和地级市财政收支数据进行间接推算。具体而言，省本级政府财权与事权不匹配程度指标的计算分为两步：

第一步，计算省本级财政收入和支出。其中，

$$\begin{matrix}\text{省本级一般}\\\text{公共预算收入}\end{matrix} = \begin{matrix}\text{全省本年一般}\\\text{公共预算收入}\end{matrix} - \sum \text{地级市本年一般公共预算收入} \tag{21-2}$$

$$\begin{matrix}\text{省本级一般}\\\text{公共预算支出}\end{matrix} = \begin{matrix}\text{全省本年一般}\\\text{公共预算支出}\end{matrix} - \sum \text{地级市本年一般公共预算支出} \tag{21-3}$$

第二步，利用上述省本级财政收支数据分别计算省本级财政收入和财政支出占全省财政收入和支出的比重，并求解两者之差。因而，核心变量 Mismatch 的定义如下：

$$Mismatch = \frac{\text{省本级一般公共预算收入}}{\text{全省一般公共预算收入}} - \frac{\text{省本级一般公共预算支出}}{\text{全省一般公共预算支出}} \tag{21-4}$$

1994 年分税制改革实施时，为保护地方既得利益和照顾地方积极性，在财政制度上以税收返还的形式给予地方适当补偿。在财政数据的统计中，税收返还被视为财政转移支付而没有纳入一般公共预算的收入核算中，然而具有明确计算公式和分配方案的税收返还，理应被视作地方政府的税收收入。因此，考虑到税收返还的影响，调整后核心变量

Mismatch 定义如下：

$$\text{Mismatch}=\frac{\text{省本级一般公共预算收入}+\text{省本级税收返还}}{\text{全省一般公共预算收入}+\text{全省税收返还}}-\frac{\text{省本级一般公共预算支出}}{\text{全省一般公共预算支出}} \quad (21\text{-}5)$$

其中，省本级税收返还＝全省税收返还－Σ地级市税收返还。在后文实证分析中，本章分别采用不考虑税收返还和考虑税收返还的财权与事权不匹配指标进行回归分析，并以此来检验回归结果对财权与事权不匹配指标的敏感性。

（二）数据来源

本章的经济数据来自历年《中国城市统计年鉴》和《中国区域统计经济》，财政数据来自历年《全国地县市财政统计资料》和《中国财政年鉴》。鉴于《全国地县市财政统计资料》仅更新至 2009 年，本章样本数据的时间跨度为 2000—2009 年。考虑到一般省（区、市）的地级市与直辖市的区县之间在经济等诸多方面的不可比性，本章回归样本中剔除了直辖市的观测值。最终，本章回归样本包括 26 个省（区）时间跨度为 2000—2009 年的地级市面板数据。表 21-1 为回归样本中各主要变量指标的构建方法和描述性统计。

表 21-1　变量统计特征

变量	含义	样本数	均值	标准差	最小值	最大值
Growth	GDP 增长率/%	2686	12.77	3.71	−3.40	37.69
$Mismatch_{it-1}$	不匹配程度（不考虑税收返还）	2686	−3.76	9.61	−29.33	22.93
	不匹配程度（考虑税收返还）	2686	−3.08	8.98	−28.10	22.92
$LGDP_{it-1}$	滞后一期的人均 GDP，对数值	2686	9.28	0.74	7.41	11.93
Inv	固定资产投资占 GDP 比重/%	2686	42.49	18.24	16.02	80.82
n	人口增长率/%	2686	0.55	0.37	−0.34	4.93
FD	市人均财政支出÷省人均财政支出	2686	0.86	0.83	0.03	14.41

在不考虑税收返还因素的情况下，图 21-2 描绘出 2000—2009 年一般公共预算中省本级收入占比和支出占比的情况。从中可以发现：(1)各省（区）间省本级一般公共预算收入占比和支出占比存在较大差异。对山西、吉林、黑龙江、湖北、海南、四川、甘肃和青海等省份而言，省本级收入占比的数值在 30％左右，而江苏、浙江、福建、山东、河南和新疆等省（区）该指标数值不足 15％；对省（区）本级支出占比而言，黑龙江、海南、陕西、青海、宁夏和新疆等省（区）该比值维持在 30％左右，而在江苏、浙江、山东、四川和广东中，该比值低于 15％。(2)在时间维度，省（区）级政府财权与事权不匹配程度的变动也并未呈现出较为一致的趋势。山西、辽宁、吉林、安徽、福建、陕西和宁夏等省（区），省（区）本级一般公共预算收入占比和支出占比两条曲线随着时间不断靠拢，但一些其他省（区）如

江苏、河南、广东、四川、甘肃、青海、新疆等，并未发现这两条曲线存在靠拢的趋势。

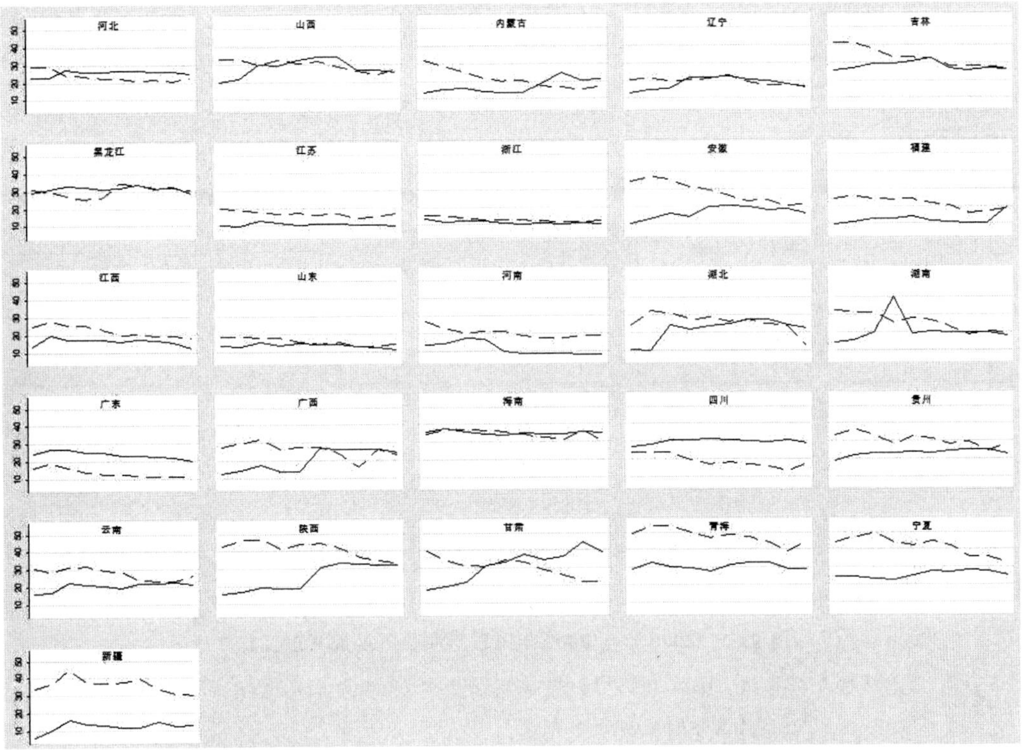

图 21-2　2000—2009 年一般公共预算中省本级收入占比和支出占比

注：图中实线为省（区）本级财政收入占全省财政收入比重（%），虚线为省（区）本级财政支出占全省财政支出比重（%）。

资料来源：历年《全国地县市财政统计资料》。

图 21-3 比较了 2000 年和 2009 年间 26 个省（区）财权与事权不匹配程度的变化情况。从图中可以发现：(1)变量 Mismatch 数值大于零的省（区）由 2000 年的 2 个增加到 2009 年的 11 个，这与谢旭人(2009)观测到省（区）以下财政体制中财权往上集中、事权向下转移的现象相吻合。(2)财权与事权匹配程度在不同省份间存在较大差异。以 2009 年为例，变量 Mismatch 数值最大的两个省份为甘肃和四川，具体数值分别为 22.9%和 18.0%，而新疆和河南的数值最小，分别为－18.5%和－10.6%。(3)2000—2009 年，Mismatch 变量取值波动较大。对比 2000 年和 2009 年的数据，变量 Mismatch 的符号发生改变的省（区）高达 11 个。其中，甘肃省 Mismatch 数值变化幅度最大，由－16.24%上升至 22.93%。(4)在省以下财政体制改革中，财权与事权相匹配的指导思想在为数不少的省（区）得到落实，财权与事权匹配程度较高的省（区）数目显著增加。例如，Mismatch 数值的取值在[－5，＋5]之间的样本由 2000 年 2 个省（区），增至 2009 年的 16 个省（区）。

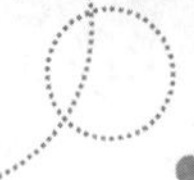

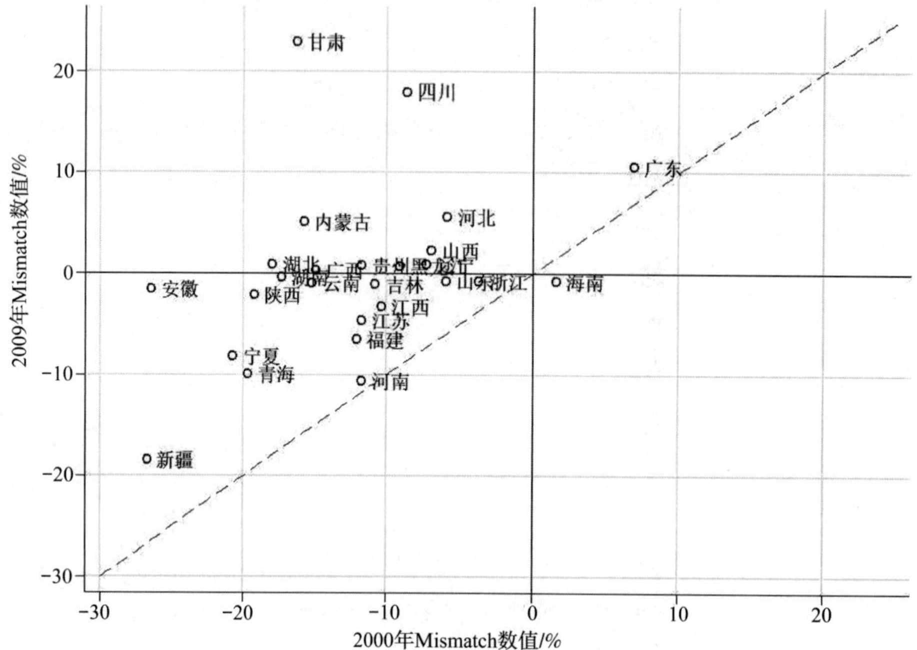

图 21-3　2000 年与 2009 年财权与事权不匹配程度变化

注：图中横轴为 2000 年 Mismatch 数值，纵轴为 2009 年 Mismatch 数值，虚线为 45°对角线。

资料来源：历年《全国地县市财政统计资料》。

第四节　基本实证结果

表 21-2 中列示了基本的实证结果，其中，列(1)～(4)回归中，变量 Mismatch 在计算时没有考虑税收返还因素。列(1)中仅加入衡量财权与事权匹配程度的变量 Mismatch，列(2)为经典的增长回归模型，第 3 列和第 4 列考虑到财政分权对经济增长的影响，分别加入常见的财政分权(FD)和财政自主度(Fis)指标。从估计结果来看，不论是否考虑财政分权因素，省本级财政收入和支出不匹配程度均显著促进经济增长。在效应大小上，省本级财政收入和支出不匹配程度每增加 1 个百分点会导致地级市 GDP 增长率提高 0.05 个百分点左右。即便将税收返还因素考虑在内，如表 21-2 的列(5)～(8)所示，上述结果仍旧成立。

表 21-2　基本实证回归结果

变量	不考虑税收返还				考虑税收返还			
	(1)	(2)	(3)	(4)	(5)	(6)	(7)	(8)
$Mismatch_{it-1}$	0.049***	0.054***	0.052***	0.048***	0.077***	0.073***	0.072***	0.069***
	(0.015)	(0.014)	(0.014)	(0.013)	(0.018)	(0.016)	(0.016)	(0.015)
FD_{it}			1.269**				1.260*	
			(0.643)				(0.640)	
Fis_{it}				−0.013				−0.012
				(0.010)				(0.010)
控制变量	否	是	是	是	否	是	是	是
个体固定效应	是	是	是	是	是	是	是	是
年份固定效应	是	是	是	是	是	是	是	是
样本数	2686	2686	2686	2686	2686	2686	2686	2686
Within R^2	0.409	0.453	0.456	0.454	0.414	0.456	0.459	0.457

注：表中的控制变量为 $LGDP_{it-1}$，Inv_{it} 和 n_{it}；括号内为稳健性标准误；***、** 和 * 分别表示 1%、5%和 10%的显著性水平。

表 21-3 中的稳健性分析围绕不同的回归样本展开。首先，在中国城市体系中，计划单列市有别于其他一般地级市。在财政体制中，计划单列市拥有相当于省一级的经济管理权限，在财政上，计划单列市直接与中央挂钩。这一特殊的财政制度安排会使得变量 Mismatch 的度量变得不太准确。基于此，在第 1 列和第 5 列的回归中剔除了包含计划单列市的省(区)样本，此时，Mismatch 变量的系数仍旧显著为正。其次，依据 Mismatch 的计算公式和一些财政支出的特殊性，省(区)下辖地级市数目的多寡会对 Mismatch 的数值产生影响。一般而言，一省(区)所下辖的地级市数目越多，省(区)本级财政支出占比越低。为了削弱样本中一省(区)过多(或过少)地级市数目对估计结果的影响，在第 2 列和第 4 列的回归中，剔除了省(区)下辖地级市数目低于 5 和高于 16 的样本。再次，自治区在政治、社会、经济等方面有别于其他省份，中央政府给予自治区的照顾性和优惠政策也有别于其他地区。此时，来自中央政府的优惠政策既影响了自治区的省(区)本级财权事权不匹配程度，又作用于自治区的经济发展，这会导致计量模型的估计结果有偏。基于此，在第 3 列和第 7 列的回归中仅保留非自治区的地级市样本。最后，2000—2009 年地级市行政区划的变化使得本章的回归样本为非平衡面板数据，在第 4 列和第 8 列采用平衡面板数据来检验表 21-2 中估计结果的稳健性。综上，在考虑不同因素对样本进行重新选择的情况下，Mismatch 变量的系数始终显著为正，估计结果与表 21-2 相一致。

表 21-3　稳健性分析:样本选择

变量	不考虑税收返还				考虑税收返还			
	(1)	(2)	(3)	(4)	(5)	(6)	(7)	(8)
	非计划单列省份	[5,16]	非自治区	平衡面板	非计划单列省份	[5,16]	非自治区	平衡面板
$Mismatch_{it-1}$	0.025*	0.062***	0.051***	0.042***	0.035**	0.086***	0.077***	0.077***
	(0.014)	(0.017)	(0.014)	(0.015)	(0.016)	(0.022)	(0.017)	(0.018)
控制变量	是	是	是	是	是	是	是	是
个体固定效应	是	是	是	是	是	是	是	是
年份固定效应	是	是	是	是	是	是	是	是
样本数	1976	1842	2427	2100	1976	1842	2427	2100
Within R^2	0.464	0.458	0.468	0.469	0.465	0.462	0.472	0.475

省以下财政体制改革促使省本级财权与事权不匹配程度发生剧烈变化,这有助于提高本章计量估计的有效性。那么,在考虑省本级财权与事权不匹配程度后,省以下财政体制改革是否仍会直接影响地级市的经济增长呢?在表 21-4 列(1)和列(4)中,加入省以下财政体制改革的时间虚拟变量 Subnational,该变量在该省省以下财政体制改革后,取值为 1,其他为 0。变量 Subnational 估计系数并不显著,这一方面是因为省以下财政体制改革对地级市经济增长的作用机制表现为,该项改革改变"省—市"间财政关系,进而对地级市经济增长产生影响。在计量回归模型中控制了省本级财权与事权匹配程度后,这一作用机制的经济效果被变量 Mismatch 所捕获;另一方面,不同省份的省以下财政改革在改革内容和改革方向上存在显著差异,其对地级市经济增长的影响在作用方向和作用大小上也存在差别。计量模型中,变量 Subnational 的系数反映的是这些政策效果加权后的平均效应。省以下财政体制改革的平均效应不显著并不意味着单一省份的省以下财政体制改革对经济增长的经济效应为零。同时,省直管县改革也是样本区间内发生的重要财政体制改革,在列(2)和列(5)中分别加入省直管县改革实施年份的虚拟变量(PMC)后,Mismatch 的系数依旧显著为正。此外,上文采用省本级财政收入/全省财政收入和省本级支出/全省财政支出之差来衡量财权与事权不匹配程度,在列(3)和列(6)回归中采用替代性指标 Mismatch_r(省本级财政收入占比/省本级财政支出占比)进行稳健性检验。综上,即便考虑到省以下财政改革的直接效应、省直管县改革的潜在影响和替代性指标之后,省本级财权与事权不匹配程度对地级市经济增长产生正向影响的结果仍旧存在。

表 21-4　稳健性分析:财政体制与替代指标

变量	不考虑税收返还			考虑税收返还		
	(1)	(2)	(3)	(4)	(5)	(6)
$Mismatch_{it-1}$	0.054***	0.052***		0.073***	0.073***	
	(0.014)	(0.014)		(0.016)	(0.016)	
Subnational	0.266			0.206		
	(0.211)			(0.208)		
PCM		0.033			−0.107	
		(0.227)			(0.221)	
$Mismatch\_r_{it-1}$			0.747**			0.942***
			(0.315)			(0.340)
控制变量	是	是	是	是	是	是
个体固定效应	是	是	是	是	是	是
年份固定效应	是	是	是	是	是	是
样本数	2686	2686	2686	2686	2686	2686
Within R^2	0.457	0.457	0.453	0.460	0.459	0.454

第五节　进一步分析

(一)异质性分析

省本级财权与事权不匹配程度促进了地级市的经济增长,那么,这种促进作用在不同地级市间表现出怎样的规律呢?哪些因素会影响财权与事权不匹配程度增长效应的发挥?

(1)经济发展水平。在表 21-5 的列(1)和列(3),本章以人均 GDP 作为经济发展水平的度量指标,采用交互项的方式进行检验。从回归结果来看,Mismatch 系数仍旧显著为正,而交互项系数显著为负,这意味着地级市经济发展水平的提高削弱了省本级财权与事权不匹配的增长效应。根据列(1)的估计结果计算,当人均 GDP 超过 21146 元时,财权与事权不匹配对经济增长的边际效应由正转为负。在回归样本中,2000 年仅有 17 个地级市人均 GDP 超过 21146 元,而 2009 年,人均 GDP 均值为 27745 元,超过 21146 元的城市多达 148 个,占比高达 52.7%。依据财政支出阶段理论,在工业化早期,经济发展水平较低,为了加快人口向城市集中,促进国内市场一体化,财政支出集中在基础设施上。此时,财权的集中使得省级政府掌握较多的财政资金,有利于推进省内诸如高速公路等基础设施项目建设。伴随工业化推进,经济发展水平得以提高,城市内部负外部性现象逐渐凸显,缓解交通拥挤、提高教育和医疗等公共服务水平成为政府支出的重点。而相对于省级政府,地级市政府更了解辖区民众对这些公共服务的需求,此时,财政支出分权增加了地级市政府的财力,有助于增进此类公共服务的供给效率。因此,在工业化早期,财权与事权的不匹配有利于地区经济增长,而随着工业化不断推进,该效应会逐渐削弱,甚至出现不利于地区经济增长的可能。

表 21-5　财权与事权不匹配增长效应的异质性分析

变量	不考虑税收返还		考虑税收返还	
	(1)	(2)	(3)	(4)
$Mismatch_{it-1}$	0.488***	0.121***	0.772***	0.160***
	(0.134)	(0.024)	(0.156)	(0.028)
$Mismatch_{it-1}\times LGDP$	−0.049***		−0.078***	
	(0.015)		(0.017)	
$Mismatch_{it-1}\times FD$		−0.094***		−0.121***
		(0.026)		(0.031)
控制变量	是	是	是	是
个体固定效应	是	是	是	是
年份固定效应	是	是	是	是
样本数	2686	2686	2686	2686
Within R^2	0.461	0.464	0.470	0.469

(2)财政分权。在省本级财权与事权不匹配状态既定的情况下,地级市本身财政分权状况对财权与事权不匹配的增长效应影响如何?在列(2)和列(4)中,采用 FD 与 Mismatch 交互项的来度量地级市财政分权和财权与事权不匹配的交互效应。交互项的系数显著为负,表明对于财政分权程度较低的地级市而言,财权与事权不匹配的增长效应更大,而在财政分权程度较高的地级市,财权与事权不匹配程度的增加甚至可能会对经济增长产生阻碍作用。对此的解释是,为了确保省内公共服务均等化,省政府会将筹集的财政资金在辖区内地级市之间进行重新分配。此时,财政资金较为匮乏(财政分权程度较低)的地级市往往能从中获得更多的转移支付资金,财政资金较为充裕(财政分权程度较高)的地级市会获得较少的转移支付资金,甚至成为省政府筹集省内转移支付资金的提供者。因此,财权与事权不匹配的增长效应会随着地级市财政分权程度的增加而减少。根据列(2)的估计结果计算,当地级市财政分权指标 FD 数值大于 1.29 时,财权与事权不匹配对经济增长的边际效应由正转为负。在回归样本中,财政分权指标均值为 0.86,该指标数值高于 1.29 的城市不足 10%。

(二)作用机制分析

在上文分析中,财权与事权不匹配与经济增长之间存在正向相关关系,根据图 21-1

中的理论框架，本章从财政支出结构和工业发展两个方面对它们之间的作用机制做初步探讨。

(1)财权与事权不匹配和财政支出结构。政府间的财政关系，即财政分权状态是影响公共物品提供的重要制度性因素。传统财政分权理论认为，地方政府比中央政府更了解居民偏好，信息上的优势使得财政分权会增进地方政府提供更多的公共物品(Oates, 1972)。在"为增长而竞争"的背景下，傅勇、张晏(2007)发现，财政分权导致地方政府在公共物品的供给上，存在"重生产、轻服务"的特征。财政分权导致财政支出更偏向于生产性支出，如基础建设(张军 等，2007)，而忽视社会服务性支出，如基础义务教育(乔宝云 等，2005)。那么，财权与事权不匹配程度对财政支出结构影响如何呢？

良好的基础设施是支撑经济长期稳定发展的重要基础。在经济发展早期，财政资金较为缺乏，此时，省政府将一省财政资金集中起来，将其投资于关乎全局经济发展的重点基础建设工程，不失为促进地区经济发展的有效举措。表 21-6 列(1)和列(5)的结果表明，在省本级财权与事权不匹配程度较高的省份，地级市的基础建设支出较多。如列(1)中，变量 Mismatch 每增加 1 个百分点，地级市基础建设支出占财政支出比例提高0.121个百分点。在表 21-6 中，分别以教育支出占一般公共预算支出比重(Edu)、科学支出占一般公共预算支出比重(Sci)和医生数/每 10 万人口(Doc)来度量地方政府在教育、科技和医疗等公共物品供给时，省本级财权与事权不匹配程度的提高均会导致社会服务性支出减少。

表 21-6　财权与事权不匹配与财政支出结构

变量	不考虑税收返还				考虑税收返还			
	(1)	(2)	(3)	(4)	(5)	(6)	(7)	(8)
	Infra	Edu	Sci	Doc	Infra	Edu	Sci	Doc
$Mismatch_{it-1}$	0.121*	−0.053**	−0.012***	−0.711***	0.155***	−0.076***	−0.007*	−0.670**
	(0.039)	(0.021)	(0.003)	(0.230)	(0.043)	(0.025)	(0.003)	(0.269)
控制变量	是	是	是	是	是	是	是	是
个体固定效应	是	是	是	是	是	是	是	是
年份固定效应	是	是	是	是	是	是	是	是
样本数	1489	2622	1949	2683	1489	2622	1949	2683
Within R^2	0.664	0.633	0.627	0.126	0.665	0.634	0.623	0.124

注：表中回归控制变量包括人均 GDP、GDP 增长率、财政支出、人口密度、财政分权和人口。

一方面，省本级政府集中更多的收入或承担更少的支出责任直接加剧了地级市政府财政资金的紧张程度，进而迫使他们削减公共服务方面的投入。另一方面，省本级财权与事权不匹配程度越高，地级市基础建设支出越多，在给定财政支出份额的情况下，更多的基础建设支出也在一定程度上挤出了对教育、科学、医疗等公共服务方面的支出。综上，与财政分权文献发现相一致的是，财权与事权不匹配程度的提高使得地级市财政支出结构偏重生产性支出，而忽视了服务性支出。

(2)财权与事权不匹配与工业发展。在经济发展早期，工业是经济增长的重要引擎。地方政府发展本地经济，一方面需要苦修内功，培育本地企业；另一方面可通过招商引资，吸引外部资本进入。外资企业对地区"软环境"的信号作用、存在的技术外溢与更大规模，使得吸引国外资本流入成为招商引资工作的重中之重(冯俊诚，2017)。在以 FDI(对数值)为解释变量的回归中(表 21-7 第 1 列和第 4 列)，Mismatch 的系数显著为正，这表明，省本级财权与事权不匹配程度较高的省份，下属地级市吸引更多的 FDI 流入。财权的集中使得一省能够更快、更好地拥有良好的基础设施，这为招商引资和外资流入提供了基本的物质保障。此外，在招商引资中，省与市之间存在一荣俱荣的关系，财力充裕的省级政府可为地级市在招商引资中能够提供更多的帮助和照顾。同时，财力的集中加强了省政府在地区事务的话语权，这有助于协调辖区内不同城市的招商引资行为，降低他们在招商引资中相互拆台和"内耗"的可能性。

表 21-7　作用机制分析

变量	不考虑税收返还			考虑税收返还		
	(1)	(2)	(3)	(4)	(5)	(6)
	FDI	G_debt	G_sec	FDI	G_debt	G_sec
$Mismatch_{it-1}$	0.016**	0.643***	0.158***	0.018**	0.633***	0.174***
	(0.008)	(0.217)	(0.048)	(0.007)	(0.231)	(0.056)
控制变量	是	是	是	是	是	是
个体固定效应	是	是	是	是	是	是
年份固定效应	是	是	是	是	是	是
样本数	2601	2127	2387	2601	2127	2387
Within R^2	0.358	0.196	0.322	0.358	0.194	0.322

注：表中回归控制变量包括 $LGDP_{it-1}$、Inv_{it}、n_{it} 和 FD_{it}。

为了进一步考察省本级财权与事权不匹配程度对地级市工业发展的影响，本章分别以工业贷款增长率(表 21-7 第 2 列和第 5 列)和第二次产业增长率(表 21-7 第 3 列和第 6 列)作为被解释变量。实证结果表明，省本级财权与事权不匹配程度越高，工业贷款和第二次产业的增长速度越快。一方面，基础建设支出和 FDI 流入本身会直接引致出更多的贷款需求；另一方面，更多的基础建设支出和 FDI 流入也会刺激更多的国内资本流入。

当资本更多流向工业时,无疑会促使工业贷款增加和第二次产业增长提速。

综合所述,在作用机制上,省本级财权与事权不匹配的增长效应可归结为:一是调整财政支出结构,通过促进生产性支出,弱化服务性支出来积累物质资本为实现经济起飞创造条件。二是经由基础设施建设来优化投资环境,吸引资本流入,引导贷款流向工业等方式促进本地工业发展,实现经济增长目标。

第六节　结　论

财政体制改革事关国家治理成败。如何理顺中央和地方权责关系,优化政府间事权和财权划分,构建支出责任和财力相适应的财政制度成为新时代中国财政建设的必然要求。分税制改革以来,收入集权和支出分权成为中国财政体制显著特征,本章以省以下财政体制为研究对象,以"省—市"间财政关系为例,利用 2000—2009 年地级市面板数据,考察了财权与事权不匹配对经济增长的影响。研究发现,省级政府财权与事权不匹配通过偏向生产性支出、优先发展工业等方式有效促进地级市经济增长。这一结论在为发展中国家财权分权改革中下放支出责任、保留财权现象提供了新的解释的同时,也从经济增长角度肯定了中国财政体制中"支出分权和收入集权"在历史上的积极作用。财权事权不匹配与经济增长之间正向的数量关系与现有西方财税理论的表述并不一致,这也意味着在我国具体财政改革的内容、步骤和过程,需密切结合本国国情和财税现实。在建立现代财政制度过程中,不仅要充分吸收和借鉴西方财税理论和经验,更要保持头脑清醒,不失去科学判断力,做到立足于本国实践。

进一步的研究中,随着地区经济发展水平和财政分权程度的增加,财权与事权不匹配程度对经济增长作用大小随之下降。这些研究结论表明,富有效率的财政体制改革应将基于国情的"摸石头过河"与理论指引的顶层设计有效结合起来。基于实际情况和现实问题,可通过摸索和逐步探寻的方式谋求合理、有效的短期过渡方案,而遵循财税理论的财权与事权匹配原则应成为长期制度建设的路线方针。保持开放的心态,以经济基本规律为指引,科学评估和总结历史遗产和教训,积极借鉴他国有益经验是确保中国财政体制改革脚踏实处,财政政策落地生根的重要前提。

本章参考文献

陈硕,高琳,2012.央地关系:财政分权度量及作用机制再评估[J].管理世界(6).

冯俊诚,2017.所有制、迁移成本与环境管制:来自重庆微观企业的经验证据[J].财贸经济(4).

傅勇,张晏,2007.中国式分权与财政支出结构偏向:为增长而竞争的代价[J].管理世界(3).

何振一,2007.财力与事权匹配:完善财税体制的关键[J].中国财政(6).

楼继伟,2018.深化事权与支出责任改革,推进国家治理体系和治理能力现代化[J].财政研究(1).

马拴友,于红霞,2003.转移支付与地区经济收敛[J].经济研究(3).

乔宝云,范剑勇,冯兴元,2005.中国的财政分权与小学义务教育[J].中国社会科学(6).

谢旭人,2009.健全中央和地方财力与事权相匹配的体制促进科学发展和社会和谐[J].财政研究(2).

杨龙见,尹恒,2015.县级政府财力与支出责任:来自财政层级的视角[J].金融研究(4).

张军,高远,傅勇,等,2007.中国为什么拥有了良好的基础设施?[J].经济研究(3).

张晏,龚六堂,2005.分税制改革、财政分权与中国经济增长[J].经济学(季刊)(5).

周黎安,吴敏,2015.省以下多级政府间的税收分成:特征事实与解释[J].金融研究(10).

AHMAD J, DEVARAJAN S, KHEMIANI S, et al., 2006. Decentralization and service delivery[A]// Ahmad E, Brosio G. Handbook of Fiscal Federalism[M]. Edward Elgar Publishing.

BAHL R, BIRD R, 2008. Subnational taxes in developing countries: the way forward[J]. Public budgeting & finance, 28(4): 1-25.

BARDHAN P, 2002. Decentralization of governance and development[J]. Journal of economic perspectives, 16(4): 185-205.

BELLOFATTO A A, BESFAMILLE M, 2018. Regional state capacity and the optimal degree of fiscal decentralization[J]. Journal of public economics, 159: 225-243.

BRUECKNER J K, 2009. Partial fiscal decentralization[J]. Regional science and urban economics, 39(1): 23-32.

GADENNE L, SINGHAL M, 2014. Decentralization in developing economies[J]. Annual review of economics, 6(1): 581-604.

GEMMELL N, KNELLER R, SANZ I, 2013. Fiscal decentralization and economic growth: spending versus revenue decentralization[J]. Economic inquiry, 51(4): 1915-1931.

GORDON R, LI W, 2009. Tax structures in developing countries: many puzzles and a possible explanation[J]. Journal of public economics, 93, (7-8): 855-866.

MARTINEZ-VAZQUEZ J, LAGO-PEÑAS S, SACCHI A, 2017. The impact of fiscal decentralization: a survey[J]. Journal of economic survey, 31(4): 1095-1129.

MONTINOLA G, QIAN Y, WEINGAST B R, 1995. Federalism, Chinese style: the political basis for economic success in China[J]. World politics,48(1):50-81.

MUSGRAVE R A,1959.The theory of public finance[M].New York: McGraw-Hil.

OATES W E, 1972.Fiscal federalism[M].New York: Harcourt Brace.

QIAN Y,WEINGAST B R,1997.Federalism as a commitment to reserving market incentives[J].Journal of economic perspectives,11(4):83-92.

SHAH A,2004.Fiscal decentralization in developing and transition economies: progress, problems, and the promise[R]. World bank policy research working paper,No.3282.

TIEBOUT C M, 1956.A pure theory of local expenditures[J].Journal of political economy,64(5):416-424.

第二十二章　财政分权对地方政府债务的影响研究
——基于城投债的证据*

黄寿峰　向淑敏**

第一节　引　言

我国1994年的分税制改革，提高了中央财政的集中度和控制力。与此同时，该项改革直接导致地方政府财权层层上移，而支出责任逐步下放，从而引发地方政府财权与事权不匹配的状况，使得地方政府的财政收入难以满足其支出需求，地方政府财权与事权的这种不匹配，加之省以下财政管理体制的不完善，最终导致地方政府债务水平不断上升。

中央决算报告显示，2018年我国地方政府债券发行高达41651.68亿元，2018年末，地方政府债务余额高达184618.67亿元，如果再加入政府或有债务，地方债务规模就更为庞大了。规模过大、增长过快的地方债务不利于资本积累、生产率提高以及长期经济增长，更为严重的是，一旦政府债务发生违约，甚至会引发金融危机。党的十九大报告指出，"在全面建成小康社会的决胜阶段，要坚决打好防范化解重大风险、精准脱贫、污染防治的攻坚战，使全面建成小康社会得到人民认可、经得起历史检验。"习近平总书记在第五次全国金融工作会议也明确指出，"防止发生系统性金融风险是金融工作的永恒主题。各级地方党委和政府要树立正确政绩观，严控地方政府债务增量，终身问责、倒查责任"。因此，加强地方政府债务管理、化解地方政府债务风险、规范地方政府举债，对我国坚决打好防范化解重大风险的攻坚战具有重要意义，是当前政府亟须解决的重要课题。

近年来，我国一直在大力推进财税体制改革，努力为经济高质量发展增添动力。随着我国经济进入新常态，理顺央地财政关系、深化财政体制改革更是成为财税体制改革的重中之重。2013年11月，党的十八届三中全会出台了《中共中央关于全面深化改革若

* 本章写作时间为2021年，故本章论述以2021年为时间点。

** 黄寿峰，教授，博士生导师，厦门大学经济学院、厦门大学宏观经济研究中心；向淑敏，硕士研究生厦门大学经济学院财政系。

干重大问题的决定》,该报告中指出要“建立事权和支出责任相适应的制度”。党的十九大报告中也提出,要“加快建立现代财政制度,建立权责清晰、财力协调、区域均衡的中央和地方财政关系”。因此,全面理顺中央与地方的财政关系以及省以下各层级财政关系,是未来我国政府部门的工作重点,也是打造现代化国家治理体系与提高国家治理能力的必要条件。为了加快理顺央地财政关系,国务院印发了《国务院关于推进中央与地方财政事权和支出责任划分改革的指导意见》(国发〔2016〕49 号),遵循该指导意见,相关改革拉开了帷幕,并列出了改革的时间表,分别从“推进中央与地方财政事权划分”和“完善中央与地方支出责任划分”两个维度进行。随着改革的不断推进,国务院办公厅又先后印发了《国务院办公厅关于印发基本公共服务领域中央与地方共同财政事权和支出责任划分改革方案的通知》(国办发〔2018〕6 号)、《国务院办公厅关于印发医疗卫生领域中央与地方财政事权和支出责任划分改革方案的通知》(国办发〔2018〕67 号)、《国务院办公厅关于印发交通运输领域中央与地方财政事权和支出责任划分改革方案的通知》(国办发〔2019〕33 号),自此,相关改革从公共服务领域、医疗卫生领域、交通运输领域逐步扩展,改革领域不断扩大、改革力度不断深化、改革活力不断激活。

在此背景下,本章将财政分权与地方政府债务置于同一框架下分析,综合全面地探究地方债务水平不断上升背后的财政体制原因。考虑到数据的可得性,本章从城投债视角展开相关研究。相较于现有相关研究,本章的边际贡献主要体现在:(1)结合我国特殊的财政分权体制,将财政分权与地方政府债务置于同一框架下研究,并采用目前较为完整的城投债数据,从财税体制角度揭示我国地方债不断高企的原因,为推进中央与地方财政事权和支出责任划分改革提供现实依据,为全面深化财税体制改革提供实践借鉴;(2)进一步深入探讨了财政分权影响地方债的多条重要作用途径,为全面推进预算管理制度改革,进而建立完整有效的政府债务管理体系提供理论依据和实际证据;(3)为了进一步克服财政分权与地方债之间可能存在的双向因果关系,本章还利用财政“省直管县”改革给地级市带来的分权冲击进行分析,并以此为切入点,较好地解决了本章可能存在的内生性问题。

第二节 研究假说

新中国成立以来,随着经济社会的不断发展,我国的财政管理体制与财政分权制度也不断演进。在计划经济年代,为了迅速巩固政权、维护经济稳定,我国实行中央高度集权的统收统支财政体制,而未建立分级财政制度。改革开放后,伴随着经济体制逐渐向社会主义市场经济体制过渡,我国实行了“划分收支、分级包干”的财政管理体制,财政分权制度开始确立并不断加强,地方财政收入稳步提升,预算外收入大大增多,但中央的宏观调控能力却逐渐减弱,中央财政更是入不敷出。为了解决这一问题,1994 年我国开始实施分税制改革，该项改革直接导致地方政府财权层层上移，支出责任逐步下放，进而引起地方政府财政压力不断增大，财权与事权越来越不匹配，使得地方政府的财政收入越来越难以满足其支出需求。在此情形下，地方政府会采取一系列"开源节流"的应对方式，如扩张土地财政、加强税收征管、减少相关公共服务供给、扩大财源增长、降低环境规制，当然，也包括举债。地方政府特别是基层政府在面临巨大的事权支出责任时，只能支配非常有限的财力，两者的不平衡加之省以下财政管理体制的不完善，最终导致地方政府债务水平不断上升；洪源等(2018)也发现，为缓解财政压力，地方政府会大规模发行地方债。Wildasin 和 Wilson(1996)对此持相同的观点，并且明确指出，经济体在转型的过程中，地方政府财政收入的增长往往无法与财政支出匹配，这会使得政府的财政赤字与融资困难随着分权深化而不断增加；Garcíamilá 等(2001)也认为，央地政府之间财政权力划分的不合理将会导致地方政府的配置效率低下和借款行为增加。因此，学术界普遍认同地方政府债务内生于财政分权体制的观点。

因此，如何从财政体制改革的角度化解地方政府债务风险，促进国民经济平稳运行，成为时下亟待解决的重大课题。我国地方政府债务主要由各级地方政府和事业单位债务、地方国有企业和融资平台公司债务及养老保险隐性债务等组成。其中，地方融资平台的债务受到了越来越多的关注。所谓地方政府投融资平台，是由地方政府及相关单位等使用财政款项、土地及股权等资产成立，肩负政府投融资功能，作为独立法人而存在。地方融资平台所募集的资金主要用于基础设施和公用事业建设，项目经济效益不高，需要政府补贴才能确保还本付息。此外，地方政府还可以干预与控制地方融资平台公司的相关经营计划、发展规划、人事安排等，更有甚者，地方政府官员可以直接兼任地方融资平台公司的负责人。因此，地方融资平台的债务事实上是地方政府的一种隐性债务。融资平台主要有三种融资形式：银行贷款、"城投债"与资本市场融资。实践中，由于市场融资渠道缺乏，加上城投债发行依靠的是政府信用，基本上不存在违约风险，即使某些政府到期无力偿还，中央政府也会在背后为其"兜底"，因此，城投债越来越受到地方政府的青睐，尤其当城市建设缺乏资金时，融资无门的地方政府更是热衷于发行城投债。

综上，由于财政分权反映的是地方政府财政自主性的大小，财政分权度越低，地方政府财政自主性就越小，自然也就越可能出现地方政府为应对财政压力而进行举债，即地方财政分权带来的财政压力将会促进地级市的城投债发行，由此，本章提出第一个假设：

假设 22-1：财政分权度越低，地方政府城投债发行得越多。

分税制改革后，地方政府财政压力随之增大，财力的不足迫使政府寻找新的增收途径，此时土地财政收入逐渐成为地方政府的首要选择。学者们也普遍认同地方政府财政压力直接导致土地财政的繁荣局面。随着政府主导的城市化和城市外延扩张加速，地方政府预算内靠城市扩张带来的产业税收效应，预算外靠土地出让收入，成为名副其实的"以地生财"。地方政府将土地作为担保和偿债来源，选择"土地融资"方式来解决城市基础设施建设资金来源，土地出让收入能促进城投债发行。

为此，本章提出第二个假设：

假设 22-2：财政分权将通过增加土地出让收入刺激城投债的发行。

改革开放以来，我国地方财政收支经历了由盈余向赤字的转变，分税制改革便是这一急剧变化的转折点。一方面，分税制的财政安排导致地方政府将中央转移支付作为公共池，地方政府竞相通过扩大支出规模来获得中央政府的财政补贴和转移支付，从而导致地方政府总的财政赤字规模不断升高。另一方面，地方政府试图通过公共支出来吸引要素流入，从而引发相互间的支出竞争，导致支出规模膨胀。因此，在地方政府相对缺乏独立征税权和其他融资途径时，越来越大的财政赤字压力促使其不得不发行城投债来弥补赤字缺口。故本章提出第三个假设：

假设 22-3：财政分权将通过扩大地方政府财政赤字来刺激城投债的发行。

在实行了以财政集权为特征的“分税制”改革后，中央政府显著地向上集中了财政收入，但并未相应地调整不同级别间政府的支出责任，这使得地方政府面临巨大的支出压力。在分权带来的财政压力下，地方政府降低了教育支出、科研支出等公共民生类支出，增加了经济建设的投入，如进行大规模的基础设施建设和投资环境改善来吸引资本流入和企业入驻，以培养新税基扩大财政收入。中国式分权和基于政绩考核下的政府竞争，造成了地方政府支出结构“重基础设施建设、轻公共服务和人力资本投资”的扭曲，中国地方政府重视经济建设支出而忽视科教文卫支出，中国县级决策者主要对上级负责，追求尽可能高的经济增长率而非居民福利最大化，导致其财政决策偏向基建支出的结论。以基础设施建设等配套工程为代表的固定资产投资，往往都是高经济投入的“资源密集型”工程，需要大量的财政资金投入。而分税制下的地方政府财政收入有限，难以支撑起所需的巨额资金，因此，发行城投债便成了地方政府的无奈之举。故本章认为，财政分权下降的地方政府为了保增长将会增加投资、发展经济，将通过发行城投债为辖区内的各项投资进行融资。因此，本章提出第四个假设：

假设 22-4：财政分权将通过加大地方投资力度来刺激城投债的发行。

第三节　模型设计与数据说明

（一）研究设计

本章的基础回归模型设计如下：

$$d\_debt_{i,t}=\beta_0+\beta_1\,FD_{i,t-2}+\beta_j X_{j,i,t}+\lambda_t+\mu_i+\varepsilon_{i,t} \tag{22-1}$$

其中，$d\_debt_{i,t}$ 为被解释变量，代表 i 市 t 年的城投债发行概率；$FD_{i,t-2}$ 作为解释变量，代表财政分权程度，为了克服模型的内生性问题，同时考虑从财政分权程度变化到城投债发行之间,地方政府的行为需要一定的反应时间,我们对所有回归中的解释变量均进行滞后两阶处理;β_0 为常数项,$X_{i,t}$ 代表控制变量,λ_t 表示年份固定效应,μ_i 表示个体固定效应,$\varepsilon_{i,t}$ 为不可观测的误差项。此外,为了使结果更为可信,本章还采用财政自给率($FR_{i,t-2}$)进行再次回归。β_1 为本章最关心的系数,如果 β_1 显著为负,则意味着财政收入分权程度越低城投债发行越多,H1 初步得到验证。

为了克服直接回归带来的内生性问题,我们进一步利用财政"省直管县"改革,采用双重差分法再次进行回归。相较于传统的双重差分法,"省直管县"改革采取了渐进式方式,各个省份之间及省以下各县市的改革时间各不相同,因此无法对所有样本设置统一的改革时点虚拟变量。故本章借鉴了 Hoynes 等(2011)的研究方法,即只将实验组别虚拟变量与实验时点虚拟变量的交叉项纳入模型中,考察其系数的符号正负与显著程度。由于各省份的改革实施时间并不相同,存在同一地级市下辖的各县陆续改革的情况,为了方便研究,若同一地级市下辖的各县在不同年份均有实施省直管县改革,本章在基准 DID 模型中将仅考虑初次改革的年份,并将其视为实施政策时间点。具体基准 DID 模型如下:

$$Debt_{i,t} = \beta_0 + \beta_1 Did_{i,t-2} + \beta_j X_{j,i,t} + \lambda_t + \mu_i + \varphi_{s,t} + \varepsilon_{i,t} \quad (22\text{-}2)$$

其中,被解释变量 $Debt_{i,t}$ 包含三个指标:发债概率、发债规模与单次发债金额,$Did_{i,t}$ 代表省直管县的改革变量。相较于基础模型,此处利用了"省直管县"改革带来的分权冲击。"省直管县"改革由各省政府独立推行,各省不同的决策方式与时间趋势将会对改革效果产生偏差,因此我们借鉴了陈思霞、卢盛峰(2014)的做法,在模型中加入了省份与年份的交叉固定效应 $\varphi_{s,t}$,其他变量设置与基础回归保持一致。由于"省直管县"改革弱化了地级市的财权,加重了地级市政府的财政压力,促使地级市谋求其他方式来维持其财政支配权。因此,分析市级财政分权下降对城投债的影响的一项很好的外生冲击。β_1 为本章最关心的系数,如果 β_1 显著为正,则意味着财政"省直管县"改革给地级市带来的财政分权弱化导致城投债发行增多,进一步验证假设 22-1。

为了更准确地估计"省直管县"对地级市城投债发行的影响,本章还引入了改革强度变量 $Intensity_{i,t}$,即某市改革县占该市全部县的数量之比,用来估计每次改革的强度,更好地刻画同一地级市进行的数次"省直管县"改革,具体回归模型如下:

$$Debt_{i,t} = \beta_0 + \beta_1 Intensity_{i,t-2} + \beta_j X_{j,i,t} + \lambda_t + \mu_i + \varphi_{s,t} + \varepsilon_{i,t} \quad (22\text{-}3)$$

如果 β_1 显著为正,则意味着财政省直管县改革强度越大,给地级市带来的财政分权弱化程度越深,城投债发行概率越大。

在此基础上,本章进一步以土地出让、财政赤字与固定资产投资分别作为中介变量检验财政分权对地方债影响的可能作用机制。令中介变量为 M ,则其回归模型如下:

$$d\_debt_{i,t} = a + b\ Did_{i,t-2} + c_j X_{j,i,t} + \lambda_t + \mu_i + \varphi_{s,t} + \varepsilon_{i,t} \quad (22\text{-}4)$$

$$M_{i,t} = d + e\ Did_{i,t-2} + f_j X_{j,i,t} + \lambda_t + \mu_i + \varphi_{s,t} + \varepsilon_{i,t} \quad (22\text{-}5)$$

$$d\_debt_{i,t} = g + h\ Did_{i,t-2} + IM_{i,t} + f_j X_{j,i,t} + \lambda_t + \mu_i + \varphi_{s,t} + \varepsilon_{i,t} \quad (22\text{-}6)$$

检验步骤为：第一步，考察式(22-4)系数 b 是否显著，若显著则可以进行中介效应的检验。第二步，检验式(22-5)中系数 e 与式(22-6)中回归系数 I 是否显著；如果两者都显著，则说明中介变量 M 在"省直管县"改革政策促使城投债规模扩大的作用机制中产生部分影响。第三步检验式(22-5)中系数 h 是否显著，如果该系数不显著，则说明为完全中介效应，否则说明直接效应显著。第四步，若 b、e 和 h 的符号相同则代表为部分中介效应，$be/(be+h)$ 为中介效应在总效应所占的比例。

(二)变量说明

本章的解释变量既包括传统的财政分权指标，也包括省直管制改革变量。其中，经典分权指标主要包括"支出指标"、"收入指标"以及"财政自主度指标"。学术界对于指标的具体选用并无规定，学者们可以根据自己的研究目的选择适合的指标。"支出指标"在新中国成立以来一直稳步上升，其趋势无法反映我国数次重要的财政事件，尤其是无法描述分税制改革后地方财政自由度下降的情况。而"收入指标"和"财政自由度"均能准确地刻画各个时期特别是分税制时期的集分权过程。同时，收支类指标有着各自的局限性，无法反映地区差异，仅能反映出跨时变化，因为这类指标在同一时点上拥有相同的分母，即共同的省份的财政信息，而"财政自主度"指标公式的分子和分母均能反映跨时和跨地区变化。因此，本章在收支指标中采用财政收入分权指标进行刻画，同时加入财政自主度指标来共同刻画财政分权程度。

本章的主要数据来源为：城投债数据利用了《城投债为何持续增长：基于新口径的实证分析》一文中整理的一套新口径城投债基础数据库，克服了 Wind 整理的城投债数据存在的诸多缺陷；省直管县改革数据为手工整理各省政府文件，并将改革发生的县匹配到各自的地级市，形成了本章地级市层面的省直管县改革数据；其他数据来源于 CEIC 中国经济数据库及各年的统计年鉴，各变量说明如表 22-1 所示。

表 22-1　研究变量说明

类型	变量名称	变量符号	变量说明
被解释变量（城投债）	发行概率	d_debt	本年是否发行城投债，是则为 1 否则为 0
	发行规模	Debt1	本年发行城投债金额的对数
	单次发行规模	Debt2	本年发行的城投债金额/发行次数的对数
	发行总次数	Times	样本年份总的发行次数
解释变量（财政分权）	财政收入分权	FD	地级市财政收入/所在省的财政收入
	财政自主度	FR	地级市财政收入/该地级市财政支出
	省直管县改革	Did	若地级市有下辖县成为改革试点，则自改革当年及之后所有年份均取值为 1，否则为 0
	改革强度	Intensity	该地级市该年的总改革县/所有下辖的县

续表

类型	变量名称	变量符号	变量说明
中介变量	土地出让	Land	土地招拍挂总收入的对数
	财政赤字	Gap	(预算内财政支出—预算内财政收入)/预算内财政收入
	固定资产投资	Inv	固定资产支出的对数
控制变量	经济总量	GDP	经济总量/人口的对数
	人口密度	Pop	人口密度的对数
	进出口总额	JC	进出口总额的对数
	外商直接投资	FDI	外商直接投资的对数
	贷款余额	Loan	金融机构贷款余额的对数
	金融危机	Crisis	2008 年及 2009 年为 1,其他为 0
	营改增	YGZ	实施营改增当年及之后的年份为 1,否则为 0
	强县扩权	QXKQ	实施强县扩权当年及之后年份为 1,否则为 0

根据本章的研究目的,我们对数据进行了如下处理:(1)删除行政管理体制特殊的北京、天津、上海、重庆、海南五省(市)的样本;(2)删除与地级市平行的盟、自治州等特殊样本;(3)删除数据严重损失的西藏自治区数据样本与一直实施省直管县的浙江省样本;最后的样本是 2006—2015 年 269 个地级市的观测值,数据总容量是 2690 个。主要变量的描述性统计如表 22-2 所示。

我们主要考察了被解释变量城投债的发债概率、发债总额和单笔发债金额,从表 22-2 的描述性统计不难看出:发债总额最大值为 6.656,最小值为 0,表明各地区发债金额差异较大,且部分地区在一些时候存在没有发债的情况;核心解释变量为财政分权,不管是从财政收入分权还是财政自给率来看,其最大值与最小值差异都很明显,而且标准差相对都较大,这表明,各地区财政自主性差异较大,财政收支情况不尽相同,有些地方财政缺口可能较大,部分地区财政状况相对紧张。

表 22-2 主要变量描述性统计

变量	观测值	均值	标准差	最小值	最大值
发债概率	2690	0.371	0.483	0	1
发债总额	2690	1.116	1.590	0	6.656
单笔发债金额	2690	0.820	1.093	0	3.599
财政收入分权	2684	0.0272	0.0300	0.0013	0.178
财政自给率	2665	0.472	0.225	0.0544	1.541

续表

变量	观测值	均值	标准差	最小值	最大值
改革变量	2690	0.544	0.498	0	1
改革强度变量	2690	0.392	0.441	0	1
土地出让金	2530	3.191	1.484	0	7.035
固定资产投资	2690	10.97	1.100	0	13.56
财政赤字	2665	1.818	1.928	−0.351	17.40
人均 GDP	2668	10.05	0.668	7.926	12.85
人口密度	2672	5.695	0.916	1.548	7.882
总发债次数	2690	3.710	2.526	0	10
金融机构贷款	2638	11.02	1.142	8.059	14.99
外商直接投资	2567	5.112	1.690	0	9.547
进出口总额	2651	6.880	2.006	0.0392	13.19

第四节　实证分析

(一)基础回归

在基础回归中，本章首先使用 Pooled Probit 模型、Pooled Logit 和 Fixed-Effect Logit 模型对式(22-1)进行估计，结果分别为第(1)、(2)和(3)列，再将核心解释变量替换为财政自给率进行再次回归，结果为第(4)、(5)和(6)列，实证结果如表 22-3 所示。

表 22-3　财政分权对城投债的影响

发行概率	(1)	(2)	(3)	(4)	(5)	(6)
	Pooled Probit	Pooled Logit	FE Logit	Pooled Probit	Pooled Logit	FE Logit
收入分权	−11.6677***	−19.6509***	−54.7966**			
	(3.0175)	(5.2980)	(21.3774)			
财政自给率				−1.7708***	−3.1800***	−2.5917**
				(0.3582)	(0.6151)	(1.1927)
时间固定	Y	Y	Y	Y	Y	Y
地区固定	Y	Y	Y	Y	Y	Y
样本个数	1878	1878	1733	1865	1865	1715
pseudo R^2	0.2434	0.2425	0.3855	0.2495	0.2511	0.3852

注：(　　)内为地级市层面聚类标准误，* 表示 $p<0.1$，** 表示 $p<0.05$、*** 表示 $p<0.001$。如无特殊说明，下面各表说明与此相同，不再赘述。

从实证结果可以发现:在不控制固定效应的情况下,财政收入分权对城投债发债概率的影响在1%的显著性水平上显著为负;在控制地级市和年份固定效应后,财政收入分权的回归系数在1%的显著性水平上仍显著为负,且系数的绝对值增大;用财政自给率再次进行上述回归,结果依然保持稳健。这说明,财政分权程度越低,城投债发行概率就越高,假设22-1初步得到验证。究其原因,财政分权程度反映的是地方财政自主性大小,而分税制改革使得地方需要与中央共享税收收入,打破了地方政府依靠自有收入支持本地财政支出的局面,降低了地方财政的自主性,形成了"强中央、弱地方"的格局。事权与财权的背离以及不健全的市场融资渠道,最终触发了地方政府的发债行为。

(二)"省直管县"改革的进一步检验

地方政府财政自主性下降时,地方政府为缓解财政压力,有可能采取举债方式,表现为财政分权对地方债的影响;但与此同时,如果地方政府举债过多,又可能反过来影响其财政自主性,即地方债对财政分权可能会有反作用。因此,前述实证分析财政分权对地方债的影响可能存在内生性问题,为此,本处将利用了"省直管县"改革带来的外生分权冲击做进一步分析,结果如表22-4所示。

表22-4　省直管县改革对城投债的影响

变量	(1)	(2)	(3)	(4)
	财政自给率	发债概率	发债总额	单次发债金额
改革变量	−0.0140*	0.1518**	0.1590*	0.2839**
	(0.0073)	(0.0662)	(0.0910)	(0.1369)
经济总量	0.1013***	−0.0407	0.2103	−0.0185
	(0.0222)	(0.0960)	(0.2502)	(0.2122)
人口密度	−0.0202	−0.2597	1.2236	−0.2971
	(0.0509)	(0.3587)	(1.1505)	(0.8271)
进出口额	0.0142***	−0.0399	0.0250	−0.0867
	(0.0051)	(0.0284)	(0.0790)	(0.0654)
贷款余额	0.0669***	0.2374*	0.0858	0.5901**
	(0.0251)	(0.1216)	(0.3117)	(0.2859)
外商直接投资	0.0126***	0.0383**	0.0698	0.0771*
	(0.0036)	(0.0192)	(0.0452)	(0.0437)
时间固定	Y	Y	Y	Y
地区固定	Y	Y	Y	Y
交叉固定	Y	Y	Y	Y
样本个数	1972	1977	1977	1977
pseudo R^2	0.7216	0.1612	0.2575	0.2869

由于“省直管县”改革削减了地级市的财权，加重了地级市政府的财政压力，促使地级市谋求其他方式来维持其财政支配权(才国伟 等，2011；倪志良 等，2018)，因此，财政“省直管县”改革后，地级市的财政收入会被制度性地削减，但仍要对县级进行财政补助，在教育医疗、农村改造等诸多方面提供配套资金，导致其财政自给程度降低，从而降低了财政分权度。从表 22-4 核心解释变量“省直管县”改革来看，第(1)列的系数显著为负，说明改革确实显著降低了地级市的财政自给率，恶化了当地的财政状况，符合现有相关研究的结论，也符合我们前述分析。而第(2)、(3)、(4)列的系数均显著为正，即改革地级市发债概率、发债规模和单次发债金额均比未改革地区的要高，这说明改革导致的财政自给程度降低促进了城投债的发行，进一步证实了假设 22-1。究其原因，根据《试点办法》的条例，改革后的地级市政府无法拥有下辖各县的财政收入，只能在辖区范围内集中收入，财政自主性大大降低，地级市政府难以承受财政压力，故不得不举债经营。

在进行双重差分法检验时，为估计结果的可靠性，必须进行平行趋势检验。假设平行趋势假设成立，那么财政“省直管县”改革对城投债的作用将只会发生在改革后，而在改革前，改革地级市与为改革样本的变化情况应该无显著差异。关于平行趋势假设检验设计如下：

$$\text{Debt}_{i,t} = \alpha_0 + \sum_{j=-3}^{6} \beta_j \text{ Reform}_{i,t+j} + \sum_{j=1} a_j X_{j,i,t} + \lambda_t + \mu_i + \varphi_{s,t} + \varepsilon_{i,t} \tag{22-7}$$

其中 $\text{Reform}_{i,t+j}$ 是虚拟变量，当地级市 i 为改革样本且为改革后 j 年时，该变量取 1，否则取 0。因此，β_0 表示改革当年的效果，β_{-3} 到 β_{-1} 为改革之前 1～3 年的效果，β_1 到 β_6 为改革之后 1～6 年的效果。对于非改革地级市，本章以改革时间最集中的 2009 年作为政策实施点，2006—2008 年对应改革前 1～3 年，2010—2015 年对应改革后 1～6 年。平行趋势回归结果如表 22-5 所示，从表 22-5 的结果可以看出，β_{-3} 到 β_{-1} 在统计上并不显著异于 0，没有呈现出一定的变化规律，这说明平行趋势假说是成立的，即控制组和实验组在财政“省直管县”改革之前是可比的。

表 22-5　平行趋势的回归结果

变量	(1)	(2)	(3)
	发债概率	发债总额	单次发债金额
前三年	−0.0480	−0.0726	−0.1448
	(0.0482)	(0.1493)	(0.1106)
前两年	−0.0703	−0.1779	−0.1565
	(0.0446)	(0.1388)	(0.1024)
前一年	−0.0206	−0.1060	−0.0649
	(0.0402)	(0.1272)	(0.0922)

续表

变量	(1)	(2)	(3)
	发债概率	发债总额	单次发债金额
控制变量	Y	Y	Y
时间固定	Y	Y	Y
地区固定	Y	Y	Y
交叉固定	Y	Y	Y
样本个数	1669	1669	1669
pseudo R^2	0.4063	0.5276	0.3910

为了进一步分析改革后每年的政策效果，沿用上文平行趋势的回归模型，再次进行回归分析，得到回归结果如表 22-6 所示：从表 22-6 的回归结果可以看出，不管是城投债的发债概率，还是其发债总额抑或是单次发债金额，相较于改革前实验组与对照组处于同一变化趋势，改革后实验组的发债概率、发债总额及单次发债金额均显著高于对照组，这说明财政“省直管县”改革对城投债的发行确实存在正向的影响，本章的结论是可信的。从时间上来看，“省直管县”改革对城投债发行的正向影响在两年后开始显著，一直持续到第七年结束，这与我们上文的滞后两阶处理是一致的。从改革影响程度来看，“省直管县”改革对城投债发行的影响先增大后逐渐波动，最终减小直至消失，影响时间较为长远。

表 22-6　改革后的政策效果

年份	发债概率	发债总额	单次发债金额
第一年	−0.0164	−0.0186	−0.0005
	(0.0254)	(0.0726)	(0.0612)
第二年	−0.0185	−0.0059	0.0152
	(0.0333)	(0.0974)	(0.0786)
第三年	0.0864**	0.2285**	0.2301***
	(0.0365)	(0.1023)	(0.0848)
第四年	0.1501***	0.4700***	0.3651***
	(0.0408)	(0.1212)	(0.0923)
第五年	0.0830*	0.4132***	0.1823*
	(0.0436)	(0.1399)	(0.0978)
第六年	0.1682***	0.8085***	0.3625***
	(0.0450)	(0.1497)	(0.1018)
第七年	0.1015**	0.6754***	0.0717
	(0.0500)	(0.1684)	(0.1067)

续表

年份	发债概率	发债总额	单次发债金额
控制变量	Y	Y	Y
时间固定	Y	Y	Y
地区固定	Y	Y	Y
交叉固定	Y	Y	Y
样本个数	2487	2487	2487
pseudo R^2	0.1608	0.4395	0.2229

为了刻画同一地级市进行的数次“省直管县”改革，得到更为准确的回归结果，本章引入了“省直管县”改革强度的变量 $Intensity_{i,t}$，模型的回归结果如表 22-7 所示。从回归结果来看，被解释变量不论是发债概率、发债规模，还是单次发债金额，系数均显著为正，这说明“省直管县”改革强度越大，城投债的发行概率及规模也就越大，假设 22-1 再次得到验证。出现这一结果也很好理解，地级市下辖的县被直管的越多，市政府能支配和占用的县级财政资源也就越少；当越来越多的下辖县与省之间的资金调拨和收支往来不再经过市级政府时，迫于财政压力，地级市往往通过加大城投债发行来增加财政收入来源。

表 22-7　省直管县改革强度对城投债的影响

变量	发债概率	发债总额	单次发债金额
改革强度	0.1017**	0.2962**	0.2315**
	(0.0446)	(0.1453)	(0.1077)
控制变量	Y	Y	Y
时间固定	Y	Y	Y
地区固定	Y	Y	Y
交叉固定	Y	Y	Y
样本个数	1977	1977	1977
pseudo R^2	0.3482	0.2578	0.3031

(三)稳健性检验

1.剔除异常样本

由于湖北省、安徽省、吉林省与黑龙江省在样本年份之前就已经实施财政“省直管县”，且分权改革实验包括了其下辖的所有县市，因此我们需要将该部分样本进行剔除。同样，本章对在样本期间未发行过城投债的城市样本也进行剔除。剔除异常值后，基础 DID 的回归结果如表 22-8 所示。

表 22-8　剔除异常样本的回归结果

变量	剔除四省样本			剔除未发债样本		
	发债概率	发债总额	单次金额	发债概率	发债总额	单次金额
改革变量	0.1559**	0.1027*	0.3013**	0.1761***	0.1509*	0.3380**
	(0.0636)	(0.0604)	(0.1305)	(0.0655)	(0.0838)	(0.1347)
控制变量	Y	Y	Y	Y	Y	Y
时间固定	Y	Y	Y	Y	Y	Y
地区固定	Y	Y	Y	Y	Y	Y
交叉固定	Y	Y	Y	Y	Y	Y
样本个数	1634	1752	1634	1534	1624	1534
pseudo R^2	0.7474	0.5428	0.5663	0.2692	0.2238	0.1922

从回归结果来看，在剔除该四省样本及未发债样本后，不论是发债概率、发债总额还是单次发债金额，其系数仍显著为正，且系数大小与全样本回归得到的结果基本一致。这说明本章的结论在剔除样本后依旧稳健，排除异常样本并不会对结论产生明显的影响。

2.分组回归检验

处于不同经济发展阶段的地级市在面对“省直管县”改革时，财政分权弱化的程度可能存在差异，故我们还应检验不同经济水平样本的分权效应。在回归设计上，我们以基年人均 GDP 为标准，在基准 DID 模型中将样本划分为低收入、中等收入及高收入三个组群再次进行回归，用来考察分权对城投债发行是否存在地区间异质差异。分组回归结果如表 22-9 所示。

表 22-9　分组回归结果

变量	(1) 低收入	(2) 中等收入	(3) 高收入
改革变量	0.0062	0.1013*	0.1091*
	(0.0474)	(0.0556)	(0.0644)
控制变量	Y	Y	Y
时间固定	Y	Y	Y
地区固定	Y	Y	Y
交叉固定	Y	Y	Y
样本个数	619	678	671
pseudo R^2	0.2692	0.2238	0.1922

结论表明:经济贫困组中参与实验的地级市并未显著增加城投债的发行;而经济水平中等组和经济发达组的正向效应显著,且经济发达组的系数更大。这背后可能存在的原因是:在经济落后的地区,在面对改革带来的巨大财政压力面前,地方政府加大了举债经营的动机,但由于经济过于落后财政体系不完善,投资者对政府的信心不足,因此地方政府往往未采取发行城投债的方式进行融资。而在经济发达地区,市场机制相对完善、融资渠道较为通畅、投资者信心更为充足,因此政府更有动力发行城投债来进行基础建设融资、发展地区经济。

3.反事实检验

为了证明本章得到的结果并不是偶然发生,我们采取了反事实实验的方法。假设财政"省直管县"改革发生的时间提前一年,定义一个新的改革变量再次对基础 DID 检验进行回归,检验本章的变量在样本区间内是否同样存在相同的因果关系。回归结果如表 22-10 所示。

表 22-10 反事实检验的回归结果

变量	(1)	(2)	(3)
	发债概率	发债总额	单次发债金额
新改革变量	0.0528	0.0935	0.1223
	(0.0690)	(0.0987)	(0.1487)
控制变量	Y	Y	Y
时间固定	Y	Y	Y
地区固定	Y	Y	Y
交叉固定	Y	Y	Y
样本个数	2016	2135	2016
pseudo R^2	0.0283	0.2505	0.0918

从回归结果可以看出,在定义了新的改革变量进行回归后,不论是发债概率、发债总额还是单次发债金额,其系数均不显著。这与基础 DID 回归中得到的显著为正的结果是显然不同的,因此该结果通过了反事实检验,可以说明本章的结论是稳健的,财政"省直管县"改革确实显著增加了城投债的发行概率与发行规模。

4.控制其他政策的影响

在样本年份期间,我国还进行了"强县扩权"改革。"强县扩权"改革的核心是指通过扩大县一级政府的管理权限,增加其经济事务上的自主权,从而促进县级经济的繁荣发展与城市化进程的稳步推进。这项政策将企业所得税减免、耕地占用税减免等税务管理权及固定资产投资项目、建设用地开发项目等经济管理权由市级政府下放至县。因此,与财政“省直管县”改革同步进行的“强县扩权”政策，很可能会影响财政“省直管县”的政策效果，使本章得到的结论不够严谨。故为了克服该项改革对本章回归结果的影响，本章在控制变量中加入“强县扩权”($QXKQ_{i,t}$)变量。在地级市进行了该项改革及改革之后的年份，该虚拟变量为 1，否则为 0。再次进行回归，结果如表 22-11 所示。从表 22-11 的回归结果来看，在控制了“强县扩权”的影响后，财政“省直管县”改革对城投债的发行概率、发行总额与单次发债金额的影响均显著为正，与前文的回归基本保持一致。这说明即使考虑了“强县扩权”改革，本章的回归结果依然稳健，财政“省直管县”改革确实改变了地方政府的债务行为，刺激了城投债的发行。

利用同样的方法，我们还分别控制了样本年份期间内发生的美国“次贷危机”以及 2012 年开始实施的“营改增”改革，从回归结果看，考虑这些重大事件的冲击后，得到的回归结果依然稳健，限于篇幅未在文中列出，备索。

表 22-11　控制强县扩权政策的回归结果

变量	发债概率	发债总额	单次发债金额
改革变量	0.1901*	0.2401*	0.3569*
	(0.0975)	(0.1441)	(0.1847)
控制变量	Y	Y	Y
时间固定	Y	Y	Y
地区固定	Y	Y	Y
交叉固定	Y	Y	Y
样本个数	1086	996	1086
pseudo R^2	0.0055	0.5456	0.0147

5.安慰剂检验

由于本章研究的样本时间跨度大，因此存在着许多不可控制的未知因素，影响城投债发行的因素可能并不来源于财政“省直管县”。为进一步论证城投债发行是由“省直管县”改革带来的而非来源于不可观测因素，本章在所有样本中随机选取实验组和对照组，重复抽样 1000 次对基准 DID 模型进行反复估计。从图 22-1 可知，经 1000 次反复随机抽样后得到的方程回归结果与前文估计值 0.1518 存在显著差异，这就表明“省直管县”改革刺激城投债发行的效应并不是源自不可观测因素，而正是来自财政“省直管县”带来的影响。上述回归结果通过了安慰剂检验，证实了本章财政“省直管县”对城投债发行的影响是稳健的。

6.考虑其他滞后期

考虑到“省直管县”改革对地方债的影响可能存在滞后效应，而且改革的月份不一，

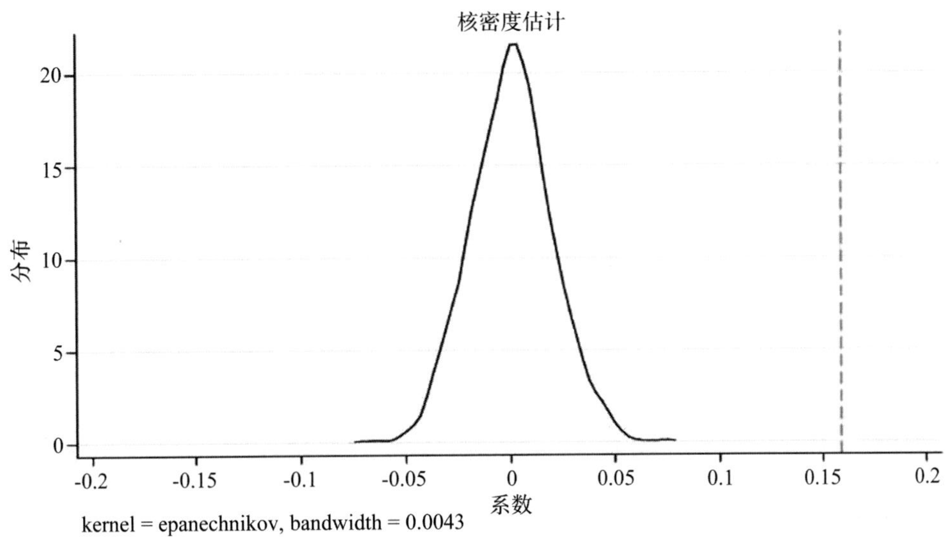

图 22-1　安慰剂检验核密度估计结果

所以前文将改革强度变量滞后了 2 期，本处进一步将其滞后 1 期进行回归，核心变量改革强度的作用依然显著，变化不大；我们的回归主要是局部静态分析，即控制其他变量，单纯考虑改革强度的作用，因此，在处理过程中没有将控制变量滞后，考虑到控制变量的影响也可能存在时滞效应，进一步将控制变量也滞后一期进行回归，基本结果相似。

(四)机制检验

1.土地出让

在地级市财政收入减少的情况下，土地出让成了地方政府增加收入的主要来源，巨额的土地出让金不仅可以改善财政状况，还将通过作为融资平台的抵押品及还款担保对城投债的发行产生重要推动作用。以土地出让作为中介变量的检验结果支持这一观点，在表 22-12 第(1)列和第(4)列表明，存在着部分中介效应，具体而言，财政分权度的降低一方面可以直接刺激地方债的发行，另一方面也可以通过增加土地出让行为获得更多土地财政收入，从而吸引投资者购买地方债，促进地方债的发行，这证实了本章的假设 22-2。

表 22-12　中介效应检验

变量	土地出让	财政赤字	固定资产投资	城投债发行概率		
	(1)	(2)	(3)	(4)	(5)	(6)
收入分权	−16.761***	−7.114*	−6.329***	−9.891***	−18.823***	−10.039***
	(4.383)	(4.024)	(0.873)	(2.922)	(5.362)	(2.992)
土地出让				0.194***		
				(0.047)		

续表

变量	土地出让	财政赤字	固定资产投资	城投债发行概率		
	(1)	(2)	(3)	(4)	(5)	(6)
财政赤字					0.149***	
					(0.052)	
固定资产投资						0.312***
						(0.110)
控制变量	Y	Y	Y	Y	Y	Y
时间固定	Y	Y	Y	Y	Y	Y
地区固定	Y	Y	Y	Y	Y	Y
样本个数	1878	1873	1878	1848	1873	1878
pseudo R^2	0.243	0.167	0.780	0.253	0.245	0.248

2.财政赤字

为验证假设 22-3,本处以财政赤字作为中介变量进行中介效应检验,表 22-12 第(2)列和第(5)列回归系数均显著,说明存在着部分中介效应,具体而言,财政分权度的下降既可以直接影响地方债的发行,也可以通过加剧地方财政赤字、恶化当地财政状况,刺激地方债的发行,这证实了本章的假设 22-3。究其原因,在财政分权下降的背景下,地级市政府承担的支出责任并未减少,为了吸引要素流入及获得中央政府的财政补贴,地方政府肆意膨胀支出,导致财政赤字不断加剧,为弥补日益扩大的财政缺口,地方政府扩大了城投债的发行。

3.固定资产投资

在财政压力下,地方政府的财政支出往往存在一定的偏向性,倾向于进行大规模的基础设施建设和投资环境改善,以吸引资本流入和企业入驻。而以基建设施为代表的固定资产投资需要大量资金,这就促使地方政府发行城投债为辖区内的各项投资进行融资。因此,我们以固定资产投资作为中介变量进行检验,结果如表 22-12 第(3)列和第(6)列。从结果来看,回归系数均显著,这表明财政分权度的下降既可以直接影响地方债的发行,也可以通过加大地级市的发展压力,增加为发展经济相应的投资支出,从而刺激地方为支出进行融资的债务行为,证实了本章的假设 22-4。

需要说明的是,我们利用同样的方法,将经典分权指标替换为财政自给率及“省直管县”改革变量,进行上述三条机制检验,结果仍然保持很好的一致性,限于篇幅未在文中列出,备索。

第五节　结论与政策建议

本章将财政分权与地方政府债务置于同一框架进行考量,既采用了传统的财政分权指标,也以财政"省直管县"改革给地级市带来的财政分权冲击为突破口,综合全面地研究地方债务水平不断上升背后的财政体制原因。结论表明:财政分权程度的降低将导致城投债发行概率和发行规模更大。通过机制检验发现,土地财政、财政赤字及固定资产投资支出在财政分权对城投债的影响中起着显著的中介作用,是本章的三条重要作用途径。

从本章的研究中可以发现,"中国式分权"模式下财权与事权不匹配,对地方政府的债务行为存在内在激励,使得地方政府债务愈演愈烈。因此,化解地方政府债务风险,就必须要建立权责清晰、财力协调、区域均衡的政府间财政关系。首先,各层级政府之间必须严格建立财政平衡的目标任务,促进各级财权与事权相一致。其次,地方政府各部门应当积极培育地方主体税种,完善地方税收体系,继续推进国家房产税、环境税等税收制度的改革,合理划分共享税在央地之间的占比,从而使财政收入能满足支出责任的要求。最后,在推行"省直管县"改革的过程中,我们应多关注地级市所面临的财政问题,拓宽地级市的融资渠道,增加地级市的收入来源,减少地级市对城投债的过度依赖,鼓励市县之间共谋区域经济发展,推动产业结构的优化升级和区域经济的持续发展。

本章参考文献

安苑,王珺,2010.财政分权与支出偏向的动态演进:基于非参数逐点估计的分析[J].经济学家(7).

才国伟,张学志,邓卫广,2011."省直管县"改革会损害地级市的利益吗?[J].经济研究(7).

曹婧,毛捷,薛熠,2019.城投债为何持续增长:基于新口径的实证分析[J].财贸经济(5).

陈硕,高琳,2012.央地关系:财政分权度量及作用机制再评估[J].管理世界(6).

陈思霞,卢盛峰,2014.分权增加了民生性财政支出吗?:来自中国"省直管县"的自然实验[J].经济学(季刊),13(4).

陈晓光,2016.财政压力,税收征管与地区不平等[J].中国社会科学(4).

范小敏,徐盈之,2018.财政压力,土地出让方式与空间竞争[J].山西财经大学学报,40(11).

傅勇,张晏,2007.中国式分权与财政支出结构偏向:为增长而竞争的代价[J].管理世界(3).

龚强，王俊，贾珅，2011.财政分权视角下的地方政府债务研究：一个综述[J].经济研究(7).

何杨，满燕云，2012.地方政府债务融资的风险控制：基于土地财政视角的分析[J].财贸经济(5).

洪源，张玉灶，王群群，2018.财政压力，转移支付与地方政府债务风险：基于央地财政关系的视角[J].中国软科学(9).

黄寿峰，2017.财政分权对中国雾霾影响的研究[J].世界经济(2).

李昊，迟国泰，路军伟，2010.我国地方政府债务风险及其预警：问题及对策[J].经济经纬(2).

李涛，周业安，2009.中国地方政府间支出竞争研究：基于中国省级面板数据的经验证据[J].管理世界(2).

李文星，艾春荣，徐长生，2009.财政分权与中国经济增长关系的再检验[J].浙江社会科学(11).

李永友，沈坤荣，2008.辖区间竞争，策略性财政政策与 FDI 增长绩效的区域特征[J].经济研究(5).

凌华，唐弟良，顾军，2005.公司化运作的地方政府贷款风险控制[J].金融研究(3).

刘东民，2013.中国城投债：特征，风险与监管[J].国际经济评论(3).

刘洪铎，2011.财政分权对地方政府财政赤字规模膨胀的影响：来自分税制改革后中国省级的观察和经验证据[J].经济与管理研究(7).

倪志良，宗亚辉，郭玉清，2018."省直管县"改革，土地融资激励与地区经济增长[J].现代经济探讨(10).

平新乔，2007.中国地方政府支出规模的膨胀趋势[J].经济社会体制比较(1).

邵军，2007.地方财政支出的空间外部效应研究[J].南方经济(9).

申珍妮，2018.财政压力与地方政府税收努力：基于省级数据的经验研究[J].税务研究(10).

孙秀林，周飞舟，2013.土地财政与分税制：一个实证解释[J].中国社会科学(4).

唐云锋，马春华，2017.财政压力，土地财政与"房价棘轮效应"[J].财贸经济(11).

唐云锋，马春华，2017.财政压力，土地财政与"房价棘轮效应"[J].财贸经济(11).

陶然，陆曦，苏福兵，汪晖，2009.地区竞争格局演变下的中国转轨：财政激励和发展模式反思[J].经济研究(7).

王世磊，张军，2008.中国地方官员为什么要改善基础设施?：一个关于官员激励机制的模型[J].经济学(季刊)，7(2).

王永钦，丁菊红，2007.公共部门内部的激励机制.一个文献述评：兼论中国分权式改革的动力机制和代价[J].世界经济文汇(1).

魏加宁，2010.地方政府投融资平台的风险何在[J].中国金融(16).

席鹏辉，梁若冰，谢贞发，苏国灿，2017.财政压力，产能过剩与供给侧改革[J].经济研究(9).

谢贞发，严瑾，李培，2017.中国式“压力型”财政激励的财源增长效应：基于取消农业税改革的实证研究[J].管理世界(12).

尹恒，朱虹，2011.县级财政基建支出偏向研究[J].中国社会科学(1).

余靖雯，陈晓光，龚六堂，2018.财政压力如何影响了县级政府公共服务供给？[J].金融研究(1).

张莉，年永威，刘京军，2018.土地市场波动与地方债：以城投债为例[J].经济学(季刊)，17(3).

周沅帆，2010.增信体系与债券市场发展[D].东北大学.

GARCÍAMILÁ T，GOODSPEED T，MCGUIRE T J，2001.Fiscal decentralization policies and sub-national government debt in evolving federations[J].Social science electronic publishing，46 (2)：66-80.

HOYNES H，PAGE M，STEVENS A H，2011.Can targeted transfers improve birth outcomes? Evidence from the introduction of the WIC program[J].Journal of public economics，95(8)：813-827.

JAEJOON WOO，MANMOHAN S. KUMAR，2015.Public debt and growth[J].Economica，82(10)：705-739.

LI HAN，JAMES KAI-SING KUNG，2015.Fiscal incentives and policy choices of local governments：evidence from China[J].Journal of development economics，116(4)：89-104.

REINHART C M，ROGOFF K S，2011.From financial crash to debt crisis[J].The American economic review，101(5)：1676-1706.

SHAWN XIAOGUANG CHEN，2017.The effect of a fiscal squeeze on tax enforcement：evidence from a natural experiment in China[J].Journal of public economics，147(3)：62-76.

WILDASIN D E，WILSON J D，1996.Imperfect mobility and local government behavior in an overlapping-generations model[J].Journal of public economics，60(2)：177-198.

第二十三章　财政收支因果关系：Meta 回归分析*

郭 婧　陶新宇**

第一节　引　言

长久以来，财政收支关系作为政府理财的原则性问题，持续受到学术研究的青睐。近些年，由于国际经济形势的复杂化，各国政府削减财政赤字、维护财政安全的诉求凸显，厘清财政收支因果关系更是作为寻求应对之策的重要途径之一（郭婧、贾俊雪，2017）。我国自古以来就有“以收定支”“以支定收”之说，西方财政学界自 20 世纪 60 年代以来，也相继提出四种假说，即以收定支、以支定收、收支同步和收支分离假说。在此过程中，特别是 20 世纪 80 年代以来，大量的实证研究立足于各国的财政实践，对财政收支关系加以检验，产生了数以百计的实证文献。然而，纵使四种财政收支关系都有其存在的理论依据，各国根据国情选择不同的预算原则也顺理成章，但问题是，即便针对同一国家的实证研究，得到的最终结论也往往存在很大差异，甚至大相径庭，出现了明显的实证困惑问题。

这便产生了一个令人极其感兴趣的问题：究竟是何因素导致财政收支关系结论如此迥异？本章试图利用 Meta 回归分析技术①，整合现有关于财政收支关系的实证研究，甄别实证文献的异质性来源。Meta 回归分析作为一种以多元回归模型为基础的定量型文献综述方法（彭俞超、顾雷雷，2014），在尽可能地全面覆盖迄今为止的财政收支关系实证研究文献基础上，在控制其他影响因素的前提下，探讨特定因素对财政收支关系结论异质性的影响，从而能在一定程度上科学地解决所谓的实证困惑问题。

* 本章写作时间为 2020 年，故本章论述以 2020 年为时间点。

** 郭婧，中央财经大学财政税务学院讲师；陶新宇，助理教授，厦门大学经济学院财政系、王亚南经济研究院助理教授。

① 国内学者将 Meta 分析亦称为“荟萃分析”或“元分析”。

第二节　理论背景与实证研究

当代财政理论对财政收支关系的研究，不再囿于国家预算应恪守怎样的原则，而是反过来探讨一国在实践中到底遵循了怎样的预算原则，或者说呈现出怎样的财政收支关系，以寻求有效控制财政赤字和公债规模之道。尽管财政赤字和公债规模的削减，最终都表现为减少财政支出或增加财政收入，但到底是应该削减支出还是应增加收入抑或同时并举，在很大程度上取决于财政收支因果关系如何(郭婧，2017；郭婧、岳希明，2017)。因此，自20世纪60年代特别是70年代以来，国际财政学界就财政收支关系展开了理论探讨，逐渐形成了四种理论假说，即以收定支假说、以支定收假说、收支同步假说及收支分离假说。到了20世纪80年代，或许是因为以美国为首的许多国家预算赤字不断增加，抑或由于大量成熟的计量经济学方法涌现，经济学界掀起了一股关于“财政收支因果关系”的实证研究热潮。

以收定支(量入为出)假说是指政府收入预算安排先于支出预算安排，财政收入的变化导致财政支出的变化。其中，Friedman(1978)的以收定支假说认为，政府会花掉能收上来的每一分钱，似乎具有“支出饥渴症”(郭婧、贾俊雪，2017)，财政收入增加必然会导致财政支出增加。因此，要削减财政赤字，就必须减税，以“饿死野兽”。相反，Buchanan和Wagner(1977)的以收定支假说认为公众会产生“财政错觉”，即减税会让公众觉得政府提供的公共服务的价格降低了，从而会增加对公共服务的需求，导致政府支出增加，所以，要削减财政赤字，就必须增税。在大量的实证研究中，针对发达国家(如Blackley，1986；Saunoris，2015)、发展中国家(如Darrat，1998；Narayan and Narayan，2006)、经济转型国家(Mutascu，2016)和中国(董根泰，2012；郭婧和贾俊雪，2017)的财政收支因果关系的实证分析结果支持以收定支假说。

以支定收(量出为入)假说则指政府支出预算安排先于收入预算安排，或者说政府根据支出需要来筹措收入。Peacock和Wiseman(1961)的财政支出梯度渐进理论、Barro(1979)的税收平滑理论和跨期预算约束理论都支持这一假说，并认为控制预算赤字的最佳方式是削减财政支出，尤其是在无危机时期(Narayan and Narayan, 2006)。在实证分析中，von Furstenberg等(1986)、Chen(2016)、杨海生等(2014)、杨子晖等(2016)得到的结论符合以支定收假说。

收支同步假说认为，政府的预算收支安排是同时确定的。Musgrave(1966)从跨期社会福利最大化的经济学角度、Meltzer和Richard(1981)从增量预算的政治学角度构筑了这一假说的理论基础，并认为要控制预算赤字，必须在保持支出规模不变的前提下增加收入，或者在保持收入规模不变的前提下减少支出。Manage和Marlow(1986)、Owoye和Onafowora(2011)、王立勇等(2015)等的实证研究为收支同步假说提供了证据。

收支分离假说则认为，政府的收支预算是彼此独立的，财政收支之间不存在任何因果关系。Baghestani 和 McNown(1994)结合美国的法律和制度框架下的预算过程提出了这一假说，也有一些理论佐证了这种假说，比如财政收支安排都取决于公民需要，或都取决于财政政策，或都取决于政治博弈。同样，也有一些实证文献验证了收支分离假说，例如 Ram(1988)、Mutascu(2016)、吴凯和储敏伟(2006)、邓晓兰等(2018)。

综上不难看出，四种财政收支关系假说都有相应的理论依据，各自也皆有大量的实证分析为之佐证。正因为如此，现有文献的实证结果存在明显的实证困惑问题。财政收支关系的实证结果的异质性为何如此之大？究竟是何种因素在起主导作用？为了解决这些实证困惑问题，我们需要在现有文献的基础上，利用定量 Meta 分析进行综合调查研究。

第三节　Meta 分析数据

(一)文献筛选

我们使用了一组互补的搜索策略，对以往相关研究进行识别和筛选。我们所用的一些最重要的中英文数据库和搜索引擎包括 JSTOR、Ideas、EconLit、RePec、EBSCO 以及中国期刊全文数据库(中国知网)、数字化期刊全文库(万方数据)等。此外，为了找到以上搜索中可能遗漏的文献，我们还从现有实证研究的参考文献中进行“顺藤摸瓜”式追踪筛选。

在搜索过程中，我们使用的一些关键词，包括“revenue-expenditure nexus”“tax and spend”“causal relationship”“fiscal sustainability”以及相应的中文词汇。1985—2019 年，研究财政收支关系的中英文期刊文章和工作论文共计 363 篇。本章按照下列三个标准，对上述文献进行进一步筛选。第一，选取使用主流计量模型的文献。第二，选取研究结论相对更为可靠的文献。第三，保证选取文献的计量结果前后一致。根据这些标准，我们最终筛选出 49 篇文献，其中 45 篇为已发表期刊文献，4 篇为工作论文[①]。

(二)变量选择

1.效应量的选择

Meta 回归分析的效应量测度的是变量之间关系的符号和强度，在经济学领域，应当是诸如偏相关系数、弹性、边际变化率等具有一定经济含义的指标[②]。然而，本章的情况有所不同：首先，效应量一般来自各文献中相似计量方程的回归系数，但在财政收支因果关系的研究中，大多数情况下只能从文献中提取到回归系数的联合显著性检验统计量或

① 这些文献的具体篇目可向作者索取。

② 也有研究因缺乏统一可比的效应量而选择 t 检验值作为因变量(Card et al., 2010)。

相应 p 值(例如 F 值和 $\chi 2$ 值)，这样的指标只能判断财政收支之间是否存在 Granger 因果关系，而无法揭示存在何种收支关系。其次，单个方向的联合显著性检验统计量只适用于判定单一方向的收支因果关系存在与否，而本章在判定收支关系结论时需要对两个方向(从收到支或从支到收)的统计量进行综合考量，因此单个方向的统计量不适合作为效应量。最后，本章的研究目的是探讨代表文献特征的各自变量是不是导致收支关系结论出现显著差异的因素，而非度量收支之间相互影响的具体程度。

本章借鉴 Card 等(2010)的研究结论分类法①，将样本章献结论按符合收支分离、以收定支、以支定收和收支同步四种假说的情况分为四类，并分别用 0、1、2、3 表示。由于早期有些研究，例如 Blackley(1986)、Manage 和 Marlow(1986)、von Furstenberg 等(1986)，在进行收支关系判定时只采用 1%或 5%的显著性水平，因此为使样本章献结论具有可比性，本章以 5%的显著性水平作为收支关系显著性判定标准②。

2.自变量的选择

自变量或解释变量对应于样本章献中单项研究的特征，这些特征可能会影响财政收支因果关系的实证研究结果。本章将这些特征归为四类：数据特征、收支度量特征、模型特征、发表特征。

(1)数据特征。首先，一个国家或地区的财政状况与其经济发展水平有着密切的联系，因此在不同的经济发展水平下，政府可能会作出不同的财政收支安排(郭婧和岳希明，2017)。我国财政学界就存在着一种较为普遍的认知，即“以支定收是发达市场经济国家的理财原则”。然而，在实践中，西方发达市场经济国家当真在恪守“以支定收”预算原则？恰好早期的财政收支关系研究多基于美国、英国等发达国家数据，而近年来又不断涌现出针对欠发达国家的研究，这为我们厘清这一问题提供了契机。其次，有关收支关系研究所使用的数据层级也有很大差异，大致可以分为全国层面③、中央层面和地方层面三级。不同层级的政府可能具有不同的政策目标和平衡预算约束，因此，使用不同政府层级的数据可能会对收支关系研究结论产生影响。此外，样本章献的数据时频归并各有不同，有些使用年度数据，有些使用季度数据进行收支关系检验。由于在年度预算执行过程中，可能会出现支出“前低后高”、年底“突击花钱”等现象(汪德华、李琼，2018)④，这可能导致不同时频归并下，财政收支关系的实证研究结论有所不同。最后，样本章献所使用的数据期的长短及年份也存在很大差异。数据期长短的不同影响到数据当中所包含的信息量，而不同年份的数据实证结果则可能体现了特定时期内的财政收支观念。

① 事实上，在无法构建出具有统一标准的效应量时，根据结论划分类别是进行 Meta 回归分析的又一种方法，已被大量文献所采用。

② 原因在于，如果以 10%为临界值，那么我们无法获知 5%为临界值的研究的不显著系数是否在 10%水平上显著。

③ 原始研究中如未说明数据层级，我们将其划为全国层面。

④ 有些西方学者称之为“年末狂潮”或“挥霍症”现象(Premchand，1993)。

因而,我们相应加入自变量数据时间跨度和数据起止年份中位数予以考察。

(2)收支度量。首先,在收入度量口径方面,鉴于绝大多数国家的主要财政收入皆来源于税收,我们将样本章献中的收入度量口径分为两类,即税收收入口径和其他收入口径;在支出度量口径方面,鉴于越来越多的研究在政府跨期预算约束框架下加入债务利息支出来探究财政收支关系(Chen,2016),我们将样本章献中的支出度量口径划分为总支出口径和不含债务利息的净支出口径。其次,关于收入和支出的度量指标选择,现有研究有两种常见做法,一是直接使用收支总额(名义值或实际值)作为度量指标,二是使用收支占 GDP 的比率作为度量指标,本章将收支度量指标分为名义值指标、实际值指标和比值指标。

(3)模型特征。由于财政收支关系的研究已经持续数十年之久,在此期间计量方法经历了一系列变迁。仅就样本章献而言,最早的 von Furstenberg 等(1985)与最新的 Phiri(2019)已相距超过 30 年的时间。这意味着,样本章献在实证检验财政收支关系时所使用的计量模型势必存在很大差异,本章将计量模型特征区分为标准 Granger 因果关系检验、线性误差修正模型、非线性误差修正模型和其他模型。同时,即便是采用相同计量模型的实证文献,其在模型设计上也可能存在区别,比如是否含有控制变量、是否考虑了结构突变。本章将控制变量特征划分为三类,即无控制变量、以 GDP 或 GNP 为控制变量和其他控制变量;也提取了模型的结构突变特征,分为有结构突变和无结构突变两类。

(4)发表特征。样本章献的收支关系结论也有可能受到了发表过程中的人为因素影响,从而出现发表偏倚问题。具体来说,Meta 分析是基于现有文献的再研究,如果样本章献受到编辑、审稿人或研究者更加偏好于统计显著的结果(Stanley,2005)或符合理论预期的结果(Doucouliagos,2005)等因素的影响,则会导致所谓发表偏倚问题。为此,本章加入论文状态虚拟变量(=1,是工作论文;=0,是发表期刊)、样本章献发表年份变量,对发表偏倚问题进行检验。

(三)描述性统计

本章共选取 49 篇样本章献,包含 445 个观测值,剔除由部分变量导致的缺失值后,实际使用的观测值为 436 个①。在自变量中,数据起止年份中位数、数据时间跨度和发表年份这三个变量为连续变量,其余变量均为类别变量。

表 23-1 给出了样本章献四种收支关系结论在数据特征、收支度量、模型特征和发表特征方面的双变量比较分析结果。其中,因变量为四种收支关系结论,构建为类别变量;自变量为文献特征,包括类别变量和连续变量两种形式。我们对类别变量形式的自变量进行 Pearson 卡方检验,以判断其与不同类别因变量之间的相关性;对连续变量形式的自

① 其中,收支分离、以收定支、以支定收和收支同步的观测值分别为 109 个、151 个、75 个和 101 个。

变量进行方差分析（F 检验），以判断其均值在不同类别因变量之间是否存在显著差异。双变量的统计比较结果，呈现了不同收支关系结论在不同自变量上的基本分布情况。

表 23-1 描述性统计（N=436）

解释变量	收支分离（N=109）	以收定支（N=151）	以支定收（N=75）	收支同步（N=101）	统计比较		
	百分比或均值（标准差）	百分比或均值（标准差）	百分比或均值（标准差）	百分比或均值（标准差）	$\chi 2$（Pearson）	df	p-value
数据特征							
经济发展水平					18.63	3	0.003
发达国家	77.98	89.40	80.00	67.33			
欠发达国家	22.02	10.60	20.00	32.67			
数据层级					16.54	6	0.067
全国层面	38.53	33.11	26.67	46.53			
中央层面	33.94	39.07	29.33	34.65			
地方层面	27.52	27.81	44.00	18.81			
时频归并程度					19.74	3	0.002
年度数据	76.15	87.42	62.67	82.18			
季度或月度数据	23.85	12.58	37.33	17.82			
数据时间跨度（年）	−0.20（1.05）	0.095（0.81）	−0.078（1.06）	0.13（1.13）	2.63（F）	3，432	0.2
数据起止年份中位数	0.10（1.00）	−0.035（0.67）	0.12（0.84）	−0.14（1.43）	1.29（W）	3199.76	0.82
收支度量							
收入度量口径					3.89	3	0.82
税收	19.27	18.54	9.33	15.84			
其他	80.73	81.46	90.67	84.16			
支出度量口径					15.02	3	0.013
总支出	80.73	91.39	92.00	96.04			
净支出	19.27	8.61	8.00	3.96			
度量指标					32.91	6	<0.001
名义值	37.61	58.94	24.00	44.55			
实际值	33.94	19.87	50.67	28.71			
比值	28.44	21.19	25.33	26.73			
模型特征							

续表

解释变量	收支分离(N=109)	以收定支(N=151)	以支定收(N=75)	收支同步(N=101)	统计比较		
	百分比或均值(标准差)	百分比或均值(标准差)	百分比或均值(标准差)	百分比或均值(标准差)	χ2 (Pearson)	df	p-value
计量模型							
标准 Granger 检验	48.62	47.68	33.33	30.69	47.48	9	<0.001
线性 ECM 模型	19.27	39.07	22.67	45.54			
非线性 ECM 模型	11.01	0.66	10.67	7.92			
其他模型	21.10	12.58	33.33	15.84			
控制变量					27.28	6	0.001
无	75.23	79.47	60.00	79.21			
GDP 或 GNP	17.43	7.28	12.00	3.96			
其他	7.34	13.25	28.00	16.83			
结构突变					22.76	3	<0.001
有	4.59	1.32	17.33	6.93			
无	95.41	98.68	82.67	93.07			
发表特征							
论文状态					2.81	3	0.82
期刊发表	91.74	94.04	96..00	90.10			
工作论文	8.26	5.96	4.00	9.90			
发表年份	0.16 (1.05)	−0.19 (0.87)	0.044 (1.10)	0.079 (1.02)	3.391(W)	3,207.13	0.095

注:(1)当自变量为类别变量时,结果为自变量在不同类别因变量中的百分比;当自变量为连续变量时,结果为自变量在不同类别因变量中的均值,括号内为标准差。(2)对连续变量数据时间跨度、数据起止年份中位数和发表年份均取对数后再标准化。(3)括号 F 表示传统 ANOVA 分析的 F 检验,括号 W 表示改进 ANOVA 分析的 W 检验。需要指出的是,W 的第二个自由度根据公式计算,不一定为整数。

表 23-1 前四列给出了在不同收支关系类别下,各自变量的相对分布情况;后三列分别给出各自变量四种收支关系结论分布差异组间比较的 Pearson 卡方检验(连续变量对应 F 检验或 W 检验)、自由度和 p 值。需要指出的是,随着组间比较的次数逐渐增多,犯第一类错误的概率增加,为了控制犯第一类错误的概率,本章采用 Holm(1979)方法对原始组间比较的 p 值进行调整。

在对三个连续变量数据时间跨度、数据起止年份中位数和发表年份进行方差分析之前,需先进行组别同方差检验。本章采用 Levene 检验统计量,结果表明,数据时间跨度变量($p=0.22$)通过了组别同方差检验,而数据起止年份中位数($p=0.0065$)和发表年份

($p<0.001$)均拒绝了组别同方差假设。因此，我们对数据时间跨度进行传统方差分析的 F 检验，而对另两个变量则采用改进方差分析的 W 检验。与前者相比，后者能够有效控制传统方差分析中各组之间样本数以及组内方差存在差异情况下，比较组别均值差异时所犯第一类错误概率过度增加的风险。为与样本章献保持一致，我们在判定显著性时，均以 5%作为临界值。

根据表 23-1 给出的双变量分析结果，我们作出如下四点总结。

首先，在数据特征方面，四种收支关系结论在数据层级($p=0.067$)、数据时间跨度($p=0.2$)及数据起止年份中位数($p=0.82$)上的分布无显著差异，而在经济发展水平($p=0.003$)和时频归并($p=0.002$)上的分布存在显著的差异。就经济发展水平而言，在样本章献中，与得到其他收支关系结论的文献相比，得到以收定支结论的文献有更大概率使用了发达国家的数据，而得到收支同步结论的文献更多使用的是欠发达国家或地区的数据。就时频归并而言，得到以支定收结论的文献使用季度或月度数据的可能性略高，而得到其他三种收支关系结论的文献更有可能使用的是年度数据。

其次，在收支度量方面，四种收支结论在收入度量口径上的分布差异并不显著($p=0.82$)，而在支出度量口径($p=0.013$)以及度量指标($p<0.001$)上的分布存在显著差异。就支出度量口径而言，相比于得到收支分离结论的文献而言，得到其余三种收支关系结论的文献使用总支出度量口径进行研究的可能性更高。就度量指标而言，得到以收定支结论的文献最有可能使用的是财政收支名义值，得到以支定收结论的文献更有可能使用的是财政收支实际值，而使用比值得到的收支关系结论的概率差异不大。

再次，在模型特征方面，四种收支关系结论在计量模型($p<0.001$)、控制变量($p=0.001$)以及结构突变($p<0.001$)上的分布皆存在显著的差异。在计量模型方面，得到收支分离或以收定支结论的文献，相对更有可能采用的是标准 Granger 检验，得到收支同步结论的文献相对更有可能采用的是线性误差修正模型，而得到以支定收结论的文献更有可能采用的是其他模型进行研究。在控制变量方面，得到以支定收结论的文献没有添加控制变量的概率最低，而得到收支分离结论的文献更有可能加入了 GDP 或 GNP 作为控制变量。在结构突变方面，与其他三种收支关系结论相比，得到以支定收结论的文献最有可能在研究中包含了结构突变的情况。

最后，关于发表特征，四种收支关系结论在论文状态和发表年份变量上的分布差异皆不显著。这意味着，没有哪一种收支关系结论更偏向于来自期刊文献或工作论文，抑或在发表年份上存在特定倾向，在一定程度上说明发表偏倚问题影响有限。

通过对效应量与自变量的双变量统计描述，我们发现，得到不同收支关系结论的文献确实在各类特征上有所差异。那么，人们可能会问：这些特征果真是导致文献得到不同收支关系结论的影响因素吗？哪些特征的影响程度可能更大？下面利用 Meta 回归分析，在控制其他特征的情况下，逐一考察各个特征对收支关系结论差异产生的影响。

第四节　Meta 回归分析

(一)模型设定

由于财政收支关系结论可分为四种情况,而当因变量包含两种以上分类结果时,需要采用多分类 Logit 或 Probit 模型进行 Meta 回归分析①。多分类模型分为有序和无序两种情况,而本章分析的四种收支关系结论不具有明显的顺序特征,因此采用无序多分类模型。又由于我们试图厘清不同文献特征导致的收支关系结论的相对概率,故最终采用无序多分类 Logit 模型②。

在以无序多分类 Logit 模型对现有收支关系研究结果进行 Meta 回归分析时,我们首先将收支关系结论分为收支分离、以收定支、以支定收和收支同步四类,分别以 0、1、2、3 代表。然后在这种四分类模型中,借鉴 Fontanella 等(2008)的固定基准类别分析方法,规定收支分离为基准类别,构建三组因变量 Y,并得到相应三组 logit 函数如下:

$$g_1(X)=\ln\left[\frac{\Pr(Y=1\mid X)}{\Pr(Y=0\mid X)}\right]=X'\beta_1$$

$$g_2(X)=\ln\left[\frac{\Pr(Y=2\mid X)}{\Pr(Y=0\mid X)}\right]=X'\beta_2$$

$$g_3(X)=\ln\left[\frac{\Pr(Y=3\mid X)}{\Pr(Y=0\mid X)}\right]=X'\beta_3$$

(23-1)

其中,$X=(x_1,\cdots,x_j,\cdots,x_n)$ 为自变量,涵盖了数据特征、收支度量、模型特征及发表特征。根据式(23-1),可知在给定 X 的情况下,四种收支关系结论的条件概率分别为:

$$\Pr(Y=0\mid X)=\frac{1}{1+\mathrm{e}g_1(X)+\mathrm{e}g_2(X)+\mathrm{e}g_3(X)}$$

$$\Pr(Y=1\mid X)=\frac{\mathrm{e}g_1(X)}{1+\mathrm{e}g_1(X)+\mathrm{e}g_2(X)+\mathrm{e}g_3(X)}$$

$$\Pr(Y=2\mid X)=\frac{eg_2(X)}{1+\mathrm{e}g_1(X)+\mathrm{e}g_2(X)+\mathrm{e}g_3(X)}$$

$$\Pr(Y=3\mid X)=\frac{eg_3(X)}{1+\mathrm{e}g_1(X)+\mathrm{e}g_2(X)+\mathrm{e}g_3(X)}$$

(23-2)

---

① Logit 或 Probit 模型没有本质上区别,区别仅在于对因变量取值概率的转换方式不同,采用 Logit 转换即对应 Logit 模型,采用 Probit 转换则对应 Probit 模型。

② 我们通过比较有序多分类 Logit 模型与无序多分类 Logit 模型对四种收支关系结论的预测概率分布情况,证明了本章采用无序多分类 Logit 模型的合理性。因篇幅所限,省略了此部分分析。有需要者请向作者索取。

根据式(23-2),我们构建对数似然函数,利用极大似然估计法,得到给定自变量对四分类收支关系结论成立的相对概率的影响系数,即 β_1、β_2、β_3。其中,以结论为收支分离的概率为基准,β_1 为给定自变量对结论为以收定支的相对概率的影响系数,β_2 为给定自变量对结论为以支定收的相对概率的影响系数,β_3 为给定自变量对结论为收支同步的相对概率的影响系数。

最后,我们确定用以进行 Meta 回归分析的最优模型。我们在模型中依次纳入数据特征、收支度量、模型特征以及发表特征四类自变量,分别得到四组模型,通过利用似然比检验以及 AIC 准则对四组模型进行比较,结果见表 23-2。

表 23-2　不同无序多分类 Logit 模型比较

解释变量	模型			
	(1)	(2)	(3)	(4)
数据特征	Yes	Yes	Yes	Yes
收支度量	No	Yes	Yes	Yes
模型特征	No	No	Yes	Yes
发表特征	No	No	No	Yes
似然值(log)	−563.57	−537.75	−482.65	−464.16
观察值	436	436	436	436
似然比 χ2 值(*df*)	54.74(12)	51.65(12)	110.2(18)	36.99(12)
P 值	<0.001	<0.001	<0.001	<0.001
AIC	1157.15	1129.5	1055.3	1042.32

通过对模型(1)～(4)的比较,我们发现两个基本事实:第一,随着自变量的增加,似然值逐渐增大,且根据四组模型似然比检验 χ2 值的比较,后一模型相对于前一模型总是显著提升了解释力;第二,根据 AIC 准则,后一模型总是优于前一模型。因此,我们认为加入全部自变量的模型(4)在解释力方面要优于其他三组模型,因此选用模型(4)进行 Meta 回归分析。

(二)Meta 回归结果

表 23-3 给出了无序多分类 Logit 模型关于四种收支关系结论概率比的组间优比(ods ratio),其中,收支分离结论为基准类别。与前文检验保持一致,这里同样将 5%作为显著性水平的临界值。

表 23-3 无序多分类 Logitic 模型关于四种收支关系结论的组间优比估计(N=436)

解释变量	Logit 1	Logit 2	Logit 3
	以收定支 vs 收支分离	以支定收 vs 收支分离	收支同步 vs 收支分离
数据特征			
经济发展水平			
欠发达国家	0.68 (0.38)	3.37 (2.44)	3.52** (2.05)
数据层级			
中央(联邦)层面	2.38 (1.27)	1.49 (1.14)	2.03 (1.16)
省地方层面	0.27** (0.14)	4.6** (3.32)	0.23** (0.14)
时频归并			
季度或月度数据	0.68 (0.36)	2.08 (1.16)	0.81 (0.50)
数据起止年份中位数	1.55 (0.36)	2.96*** (1.13)	1.44 (0.32)
数据时间跨度(年)	1.47 (0.39)	3.97*** (1.51)	2.28*** (0.66)
收支度量			
收入度量口径			
税收	1.79 (0.91)	2.25 (1.59)	3.38** (2.05)
支出度量口径			
净支出	0.39 (0.22)	0.58 (0.53)	0.13** (0.10)
收支度量指标			
实际值	0.35** (0.14)	1.98 (1.00)	0.37** (0.17)
比值	0.23*** (0.12)	2.33 (1.49)	0.29** (0.17)
模型特征			
计量模型设定			
线性 ECM 模型	8.99*** (4.56)	13.87*** (9.00)	24.99*** (14.24)
非线性 ECM 模型	0.33 (0.47)	71.31*** (92.54)	53.35*** (67.13)
其他模型	3.66** (2.37)	64.89*** (51.83)	14.96*** (11.34)

续表

解释变量	Logit 1	Logit 2	Logit 3
	以收定支 vs 收支分离	以支定收 vs 收支分离	收支同步 vs 收支分离
控制变量			
GDP 或 GNP	0.23*** (0.12)	0.59 (0.37)	0.09*** (0.06)
其他	4.58*** (2.58)	8.29*** (5.26)	9.56*** (5.90)
结构突变			
有	0.24 (0.22)	17.64*** (15.23)	2.14 (1.69)
发表特征			
论文状态			
工作论文	0.87 (0.60)	6.06 (6.06)	3.37 (2.54)
发表年份	0.63 (0.22)	0.16*** (0.07)	0.31*** (0.12)
常数项	1.48 (0.81)	0.01*** (0.01)	0.22** (0.14)
Model Statistics			
Area under the ROC curve(AUC)	0.82	0.88	0.84
Hosmer-Lemenshow GOF(df)	$\hat{C}=20.53(24)$，$p=0.67$		

注：(1)各组 ROC 曲线见附录。(2)被解释变量的基准类别为收支分离。解释变量的基准组分别为：经济发展水平：发达国家；数据层级：全国层面；时频：年度数据；收入度量口径：其他（只要不是采用税收度量收入的口径都归为此类）；支出度量口径：总支出；收支度量形式：名义值；计量模型：标准 Granger 检验；控制变量：无；结构突变：无；论文状态：发表期刊。(3)已对发表年份、数据起止年份中位数和数据时间跨度变量进行标准化。(4)括号内为组间优比的标准差，** 和 *** 分别表示在 5%和 1%水平上显著。

为解释表 23-3 中的组间优比，我们需要结合式(23-1)，得到：

$$OR = e\beta_j \tag{23-3}$$

其中，β_j 可以为式(23-1)中的 β_{1j} 、β_{2j} 或 β_{3j} ；OR 为组间优比，表示得到两种收支关系结论的概率比在第 j 个解释变量取不同值时的比值[①]。对于虚拟变量而言，组间优比

① 根据式(1)可知，以收支分离结论为基准类别，两种收支关系主要有三组，分别是以收定支对收支分离、以支定收对收支分离、收支同步对收支分离。

表示解释变量从 0 到 1 的变化所引起的收支关系结论概率比(odds)的变化;对于连续变量而言,组间优比表示解释变量 1 个单位的变化所引起的收支关系结论概率比的变化。

通过 Meta 回归分析,我们估计出自变量分别对收支关系结论为以收定支、以支定收以及收支同步的相对概率的影响效应(见表 23-3)[①]。

首先,数据特征均影响不同收支关系结论的相对概率。就经济发展水平而言,使用不同经济发展水平国家或地区的数据进行研究,主要影响了收支同步的相对概率。具体来说,相比于使用欠发达国家数据进行研究,在研究中使用发达国家数据明显降低了收支同步的相对概率($OR=1/3.52=0.28$, $p<0.05$),而以收定支和以支定收的相对概率没有受到显著影响。这意味着,与欠发达国家相比较,发达国家有更高的概率呈现出收支分离的收支关系。在理论上,收支同步显然是比收支分离更注重财政平衡的收支安排形式,因此检验结果似乎在一定程度上说明,在财政收支安排上,欠发达国家要比发达国家更为谨慎。就数据层级而言,检验结果呈现了两个事实。第一,相比使用全国层级的数据,使用中央层级的数据没有显著改变各种收支关系结论的相对概率,但使用地方层级数据则显著改变了各组收支关系结论的相对概率。这说明,相对地方而言,中央的收支安排与全国的收支安排更为一致,或者说,全国的收支安排更多地取决于中央的收支安排情况。第二,与使用全国层级数据相比,使用地方层级数据明显提高了以支定收的相对概率($OR=4.6$, $p<0.05$),同时显著降低了以收定支($OR=0.27$, $p<0.05$)和收支同步($OR=0.23$, $p<0.05$)的相对概率。这不仅表明不同层级的政府在收支安排上确实存在着差异,而且相比于全国层面的收支安排,地方政府似乎更倾向于"以支定收"。这一结果很可能是因为自 20 世纪 80 年代以来各国财政分权运动所致,或者说,地方政府承担越来越多的责任,在财政收支安排上,财政支出成为地方政府优先考虑的事项。另外,数据起止年份中位数以及数据时间跨度也对收支关系的相对概率具有一定的影响。具体而言,随着数据起止年份中位数的推移,以支定收的相对概率不断上升($OR=2.96$, $p<0.01$);而数据时间跨度越大,也会使以支定收的相对概率上升($OR=3.97$, $p<0.01$),同时收支同步的相对概率也会增加($OR=2.28$, $p<0.01$)。这样的结论一定程度上反映出政府进行财政收支安排时,对于平衡收支的态度。一方面,虽然以支定收和收支分离两种收支关系的收支平衡倾向都相对较弱,但以支定收的收支间约束力度仍强于收支分离。因此从收支分离到以支定收的财政收支安排转变,一定程度上说明随着时间的推移,收支平衡的意识和倾向得到提升。另一方面,数据期涵盖的时间跨度越大,越能体现出从收支分离向收支同步的转变,这意味着尽管财政收支安排可能受到短期内特定财政

---

① 为便于描述分析,下文中将做如下简化:"收支关系结论为以收定支的概率与收支关系结论为收支分离的概率的比值"简化为"以收定支的相对概率";"收支关系结论为以支定收的概率与收支关系结论为收支分离的概率的比值"简化为"以支定收的相对概率";"收支关系结论为收支同步的概率与收支关系结论为收支分离的概率的比值"简化为"收支同步的相对概率"。

目标的影响，但平衡收支安排仍然是维持财政可持续必须考虑的要素。

其次，收支度量对收支关系结论的相对概率有一定影响。在收入度量口径方面，与使用其他收入度量口径相比，采用税收作为收入度量口径明显提高了收支同步的相对概率（OR＝3.38，$p<0.05$）。在支出度量口径方面，与使用总支出口径相比，采用净支出（即总支出减去债务利息支出）口径使收支同步的相对概率大幅下降（OR＝0.13，$p<0.05$）。在收支度量指标方面，相较于使用名义值，当采用实际值时，收支同步的相对概率（OR＝0.37，$p<0.05$）和以收定支的相对概率（OR＝0.35，$p<0.05$）均明显降低；采用比值时也有类似的情况，收支同步的相对概率（OR＝0.29，$p<0.05$）和以收定支的相对概率（OR＝0.23，$p<0.01$）同样明显下降。

再次，模型特征显著影响收支关系的相对概率。在计量模型设定方面，与使用标准 Granger 因果关系检验的实证相比，采用线性误差修正模型得到以收定支的相对概率（OR＝8.99，$p<0.01$）、以支定收的相对概率（OR＝13.87，$p<0.01$）和收支同步的相对概率（OR＝24.99，$p<0.01$）都大大提高；采用非线性误差修正模型得到以支定收的相对概率（OR＝71.31，$p<0.01$）和收支同步的相对概率（OR＝53.35，$p<0.01$）也明显提高；采用诸如 Toda 和 Yamamoto（1995）检验等其他模型，也在一定程度上提升了得到以收定支的相对概率（OR＝3.66，$p<0.05$）、以支定收的相对概率（OR＝64.89，$p<0.01$）以及收支同步的相对概率（OR＝14.96，$p<0.01$）。即使采用同一计量模型，选择不同的控制变量也会改变产生不同结论的相对概率。加入 GDP 或 GNP 控制变量后，得到以收定支的相对概率（OR＝0.23，$p<0.01$）和收支同步的相对概率（OR＝0.09，$p<0.01$）明显比无控制变量时大幅下降；而如果加入的是其他控制变量，以收定支的相对概率（OR＝4.58，$p<0.01$）、以支定收的相对概率（OR＝8.29，$p<0.01$）和收支同步的相对概率（OR＝9.56，$p<0.01$）都比无控制变量时显著提升了。在结构突变的问题上，那些考虑结构突变的文献，得到以支定收的相对概率（OR＝17.64，$p<0.01$）明显高于没有考虑结构突变的研究。

最后，在发表特征方面，论文状态对收支关系的相对概率并不具有显著影响，但发表年份则会影响到收支关系的相对概率。具体来说，随着发表年份的推移，以支定收的相对概率（OR＝0.16，$p<0.01$）和收支同步的相对概率（OR＝0.31，$p<0.01$）都明显呈下降趋势。

（三）模型评估与发表偏倚

本章从模型校准和模型甄别两个角度，评估本章构建的无序多分类 Logit 模型预测的准确度。其中，模型校准用以评估预测值与实际观测值之间的拟合度，而模型甄别可以评估模型预测四种收支关系的精度。首先，在进行模型校准检验时，我们选用 Hosmer-Lemenshow 拟合度统计量 $\widehat{C}$ 作为检验标准，该检验原假设为模型预测值与实际观测值间无显著差异。表 23-3 的结果显示，无序多分类 Logit 模型校准结果未拒绝原假

设($p=0.67$),意味着我们使用的模型具有较好的数据拟合度。其次,在模型甄别时,我们借鉴 Fontanella 等(2008)的方法,采用统计量 AUC 作为评估指标。AUC 代表 ROC 曲线下方的面积,其数值介于 0 到 1 之间,当 AUC 值大于 0.8 时,即表示模型具有良好的甄别精度。表 23-3 的结果显示,模型中所构建的三个 Logit 方程,其统计量 AUC 值分别为 0.84、0.88 和 0.84,表明模型的甄别精度很好。综合模型校准和模型甄别的结果,本章所采用的无序多分类 Logit 模型得到的 Meta 回归分析结果具有较高的可信度。

针对样本章献的发表偏倚问题,我们结合发表特征的检验结果加以判断。本章在发表特征中考察了论文状态和发表年份两个变量对收支关系相对概率的影响。首先,论文状态对收支关系相对概率没有显著影响,也就是说所选取的样本章献,无论是否正式发表于期刊,其结论在收支关系的相对概率上都没有显著差异。这意味着在文献发表的过程中,没有明显受到审稿人或编辑对特定收支关系偏好的影响。其次,随着发表年份的推移,得到收支分离结论的概率相对于得到以收定支结论的概率没有显著变化,而同时分别相对于得到以支定收和收支同步结论的概率出现显著的上升,也就是说,总体来看收支分离的相对概率有所提升。一方面,收支分离结论事实上是基于不显著的统计结果所得,显然不符合 Stanley(2005)所说的发表偏倚情况,即编辑、审稿人或研究者更加偏好统计显著结果;另一方面,与其他收支关系结论相比,收支分离结论相对不符合一般的理论预期,事实上学术界对于收支关系的争论更多地集中于以收定支、以支定收或收支同步,因此得到收支分离结论的相对概率上升也不符合 Doucouliagos(2005)所说的发表偏倚情况,即编辑、审稿人或研究者更加偏好符合理论预期的结果。因此,本章的样本章献几乎不存在发表偏倚问题。

第五节　结　语

本章利用 Meta 回归分析考察了数据特征、收支度量、模型特征和发表特征等样本章献特征对财政收支因果关系实证研究结果的影响。需要指出的是,本章所说的得到某种收支关系结论的相对概率,是以得到收支分离结论的概率作为基准,其他三种收支关系结论的概率与之作比的结果。

就以收定支结论的相对概率而言,使用线性 ECM 模型或者其他模型、在控制变量中添加其他变量,都会使以收定支结论的相对概率上升;而使用州(省)和地方层面数据、使用实际值或比值作为收支度量指标以及使用 GDP 或 GNP 作为控制变量,都会使以收定支结论的相对概率下降。

就以支定收结论的相对概率而言,使用州(省)和地方层面数据、线性 ECM 模型、非线性 ECM 模型或者其他模型、考虑其他控制变量以及结构突变,都会使以支定收结论的相对概率上升,并且随着样本发表起止年份中位数的推移以及样本时间跨度的加大,以支定收结论的相对概率也会上升；而只有样本章献发表年份的推移，使得以支定收结论的相对概率显著下降。

就收支同步结论的相对概率而言，使用欠发达国家数据、采用税收收入作为收入度量口径、使用线性 ECM 模型、非线性 ECM 模型或者其他模型、加入其他控制变量，都会使收支同步结论的相对概率上升，并且随着样本时间跨度的加大，收支同步结论产生的相对概率也会上升；而使用州(省)和地方层面数据、采用净支出作为支出度量口径、使用实际值或比值作为收支度量指标、使用 GDP 或 GNP 作为控制变量，都会使收支同步结论的相对概率下降，并且随着样本章献发表年份的推移，收支同步结论的相对概率也会下降。

可见，本章所考察的数据特征、收支度量、模型特征和发表特征等样本章献特征均对收支因果关系结论的相对概率产生一定程度的影响，特别是模型特征对收支因果关系结论的相对概率的影响最为显著，影响程度也最大。因此，研究人员在未来分析财政收支因果关系时，要谨慎选择模型特征，因为模型的设定、控制变量的选择可能会对研究结果产生重大影响。

综合上述分析，本章提出或许未来需要进一步研究的一些重要问题。

第一，财政收支关系似乎并无一定之规。在理论上，虽然存在四种假说，但在实践中，各国政府或一国的地方政府到底遵循哪种预算原则，可能受到许多因素的影响。从长期来看，预算原则的选择受制于一国的政治制度、行政体制、文化传统等；从短期来看，预算原则的选择与一国的经济运行态势、财政状况、潜在财政能力等有关。

第二，发达市场经济国家或许并非恪守“以支定收”原则。我国财政学者从 20 世纪 80 年代到 20 世纪初关于政府理财观念或预算原则的大讨论，似乎得到了这样的共识，即发达的市场经济国家遵循的是“先进的”“科学的”以支定收原则。然而，本章通过对大量实证文献结果的 Meta 回归分析，并未发现“以支定收”与发达国家的财政收支安排存在必然联系。因此，或许不应将以支定收的预算原则视为发达国家的特点。

第三，地方政府预算也许未必完全囿于“以收定支”。一般而言，从理论主张到法律约束，都要求地方政府遵守“以收定支、收支平衡”原则①，但在实践中也许并非如此。当今世界各国的地方政府普遍存在入不敷出现象或都不同程度地陷入财政困境，说明地方政府并没有坚持“有多少钱办多少事”的以收定支原则。这一结果很可能是 20 世纪 80 年代以来各国的财政分权运动所致，或者说，地方政府承担了越来越多的责任，在财政收支安排上，财政支出成为地方政府优先考虑的事项。因此，要防范地方财政风险，不仅要设置“以收定支”的法律约束，还需要适当调整中央政府与地方政府的事权和支出责任，或者加强地方政府的财政收入能力。

---

① 比如，美国于 1985 年出台的《平衡预算与紧急赤字控制法》第 252 条的标题就是“坚持量入为出”；又如，我国《预算法》第三十五条规定，“地方各级预算按照量入为出、收支平衡的原则编制”。

本章参考文献

邓晓兰,金博涵,李铮,2018.我国地方财政收支互动性研究:基于省级面板 VAR 模型的实证分析[J].财政研究(7):14-27.

董根泰,2012.中国财政收支相互关系的实证检验[J].财经论丛(5):20-27.

郭婧,2017. 财政整顿策略:国际经验分析[J].中国软科学(03):144-155.

郭婧,贾俊雪,2017. 地方政府预算是以收定支吗? 一个结构性因果关系理论假说[J].经济研究(10):128-143.

郭婧,岳希明,2017. 财政收支因果关系研究文献综述[J].金融研究(02):31-48.

彭俞超,顾雷雷,2014. 经济学中的 META 回归分析[J].经济学动态(02):126-131.

汪德华,李琼, 2018."项目治国"与"突击花钱"[J].经济学(季刊)(04):1428-1451.

王立勇,黄卫挺,毕然,2015.中国财政失衡的动态调整特征研究[J].数量经济技术经济研究(8):89-103.

吴凯,储敏伟, 2006.中国财政收支的体制分离问题实证研究[J].统计研究(6):22-27.

杨海生,聂海峰,陈少凌,2014.财政波动风险影响财政收支的动态研究[J].经济研究(3):88-100.

杨子晖,赵永亮,汪林,2016.财政收支关系与赤字的可持续性:基于门槛非对称性的实证研究[J].中国社会科学(2):37-58.

BAGHESTANI H,MCNOWN R, 1994.Do revenue or spending respond to budgetary disequilibria? [J].Southern economic journal,61(2):311-322.

BARRO R J, 1979. On the Determination of Public Debt [J]. Journal of political economy,87(5):940-971.

BLACKLEY P R,1986. Causality between revenues and expenditures and the size of the federal budget[J].Public finance quarterly,14(2):139-156.

BUCHANAN J M,WAGNER R W, 1977.Democracy in deficit: the political legacy of lord keynes[M].New York: Academic Press.

CARD D, KLUVE J,WEBER A, 2010.Active labour market policy evaluations:a meta-analysis[J].The economic journal,120(548):452-477.

CHEN P F,2016.US fiscal sustainability and the causality relationship between government expenditures and revenues: a new approach based on quantile cointegration [J].Fiscal studies,37(2):301-320.

DARRAT A, 1998.Tax and spend, or spend and tax? An inquiry into the turkish budgetary process[J].Southern economic journal,64(4):940-956.

DOUCOULIAGOS C, 2005. Publication bias in the economic freedom and economic growth literature[J].Journal of economic surveys,19(3):367-387.

FONTANELLA C, EARLY T, PHILLIPS G, 2008. Need or availability? Modeling aftercare decisions for psychiatrically hospitalized adolescents[J]. Children & youth services review, 30(7): 758-773.

FRIEDMAN M, 1978. The limitations of tax limitation[J]. Policy review, 5(78): 7-14.

HOLM S, 1979. A simple sequentially rejective multiple test procedure[J]. Scandinavian journal of statistics, 6: 65-70.

MANAGE N, MARLOW M L. The causal relation between federal expenditures and receipts[J]. Southern economic journal, Vol. 1986, 52(3): 617-629.

MELTZER A, RICHARD SA, 1981. Rational theory of the size of government[J]. Journal of political economy, 89(5): 914-927.

MUSGRAVE R A, 1966. Principles of budget determination[A]//CAMERON H, HENDERSON W(eds.). Public finance: selected readings[M]. New York: Random House.

MUTASCU M, 2016. Government Revenues and expenditures in the east european economies: a bootstrap panel granger causality approach[J]. Eastern european economics, 54(6): 489-502.

NARAYAN P K, NARAYAN S, 2006. Government revenue and government spending nexus: evidence from developing countries[J]. Applied economics, 38(3): 285-291.

OWOYE O, ONAFOWORA O A, 2011. The relationship between tax revenues and government expenditures in European Union and Non-European Union OECD countries[J]. Public finance review, 39(3): 429-461.

PEACOCK A T, WISEMAN J, 1961. The growth of public expenditures in the United Kingdom[M]. Princeton NJ: Princeton University Press.

PHIRI A, 2019. Asymmetries in the revenue-expenditure nexus: new evidence from South Africa[J]. Empirical economics, 56(5): 1515-1547.

PREMCHAND A, 1993. Public expenditure management[M]. Washington, DC: IMF.

RAM R A, 1988. Multicountry perspective on causality between government revenue and government expenditure[J]. Public finance, 43(2): 261-270.

SAUNORIS J W, 2015. The Dynamics of the revenue-expenditure nexus: evidence from US state government finances[J]. Public finance review, 43(1): 108-134.

STANLEY T D, 2005. Beyond publication bias[J]. Journal of economic surveys, 19(3): 309-345.

TODA H Y, YAMAMOTO T, 1995. Statistical inference in vector autoregressions with possibly integrated processes[J]. Journal of econometrics, 66(1-2): 225-250.

VON FURSTENBERG G M, GREEN R J,JEONG J H, 1985.Have taxes led government expenditures? The United States as a test case[J].Journal of public policy,5(3):321-348.

VON FURSTENBERG G M, GREEN R J,JEONG J H,1986.Tax and spend, or Spend and tax? [J].Review of economics and statistics,68(2):179-188.

第二十四章　族群多样性、异质性偏好与省内财政分权安排*

邓　明**

第一节　引　言

对改革开放以来中国经济持续增长之谜的探讨一直是中国问题研究的热点，其中，与政治集权相结合的经济分权被认为是激励中国地方政府推动经济增长的重要制度原因(Qian and Xu, 1993; Qian and Weingast, 1997; Blanchard and Shleifer, 2001)。而作为经济分权的核心部分，财政分权对经济增长的作用同样被大量文献所证实(Zhang and Zou, 1998; Lin and Liu, 2000; 张晏、龚六堂，2005)。现有关于中国财政分权的文献所讨论的大多是中央政府与省级政府的关系，在这种关系中，考察的是省级政府的"自主"和中央政府的"授权"。

但是，必须意识到，中国是一个疆域辽阔、地区差异明显的大国。虽然从宪法上讲，中国是一个单一制国家，但是，改革开放以来中央政府赋予了省级政府较大的自主权去决定省级政府与下级政府间的财政关系。1993 年 12 月颁布的《国务院关于实行分税制财政管理体制的决定》明确指出，"各省、自治区、直辖市以及计划单列市人民政府要根据本决定制定对所属市、县的财政管理体制"，这事实上是将省以下政府同省级政府之间的财权与事权安排下放给了省级政府。1995 年颁布的《中华人民共和国预算法实施条例》也规定："县级以上地方各级政府应当根据中央和地方分税制的原则和上级政府的有关规定，确定本级政府对下级政府的财政管理体制。"根据这些规定，省级政府有权决定本省内政府之间的财政关系，地市级政府有权决定本市内政府之间的财政关系。在这个体制下，受各地区资源禀赋与初始条件的影响，不同省级政府可能会采取不同的方式划分它与其管辖的下级政府之间的财权与事权。中国基层财政问题研究课题组(2006)指出，在省级政府同省以下政府财权安排上，存在四种模式：第一，北京等 14 个省市实行的"分税加共享模式"；第二，河北、上海与安徽实行的"分税加增量提成模式"；第三，辽宁等 12

* 本章写作时间为 2019 年，故本章论述以 2019 年为时间点。

** 邓明，教授，博士生导师，厦门大学经济学院财政系。

个省份实行的“分税加共享和增量分成模式”；第四，江苏和浙江实行的“分税加增长分成模式”。而在支出安排上，各地区也存在显著差异，例如，2006 年，广东全省预算内财政近九成由省以下政府支出，而青海省却只有五成由省以下政府支出(吴木銮、王闻，2011)。

同中央与省级政府之间财政分权研究文献的汗牛充栋相比，省以下财政分权的广度和深度均明显不足，这显然与省以下财政分权关系在中国财政体制中的作用是不相匹配的。根据张光(2009)的测算，中国四分之三的预算内财政资金的使用者是省级以下各级政府，因此，省以下财政分权关系到中国绝大多数财政支出的使用及其效率问题。在已有的关于省以下财政分权的文献中，学者们大多侧重于对政策的评述与建议(吕炜、孙克竞，2008)，省以下财政分权差异的原因解释是一个“被遗忘的角落”。那么，究竟哪些因素导致了财政分权安排的地区差异？以 Tiebout(1956)和 Musgrave(1959)为代表的第一代财政联邦主义理论以及 Qian 和 Weingast(1997)等发展的第二代财政联邦主义理论都认为，设计财政分权的主要出发点是，各地居民的偏好不同，当信息不对称时，地方政府往往会比中央政府掌握更多关于本地区居民偏好的信息。因此，财政分权制度可以提高公共服务的供给效率。由此引申出来的思路是，如果要达到同样的公共产品供给效率，那么在居民偏好异质性程度更高的地区，分权程度应当更高。接下来的问题是，居民的偏好差异又源于什么呢？显然，一个重要的来源是族群多样性(ethnic diversity)所导致的文化差异，例如，西藏地区居民对藏语和汉语双语教学的学校有强烈需求，但这一点在东部地区则不存在。Oates(1972)的研究也认同了这一点，他认为居民的文化差异同公共产品偏好差异之间存在着高度的正相关性。

由此引出了本章的研究问题：地区的财政分权安排是否应该以及是否已经考虑了该地区内部的族群多样性？为此，本章构建了一个简单的理论模型阐述族群多样性对分权安排的影响，以此来论证设计财政分权时是否要考虑族群多样性；在此基础上，使用全国人口普查数据和人口抽样调查资料，构建地级行政区层面的族群多样性指标，实证检验省以下财政分权是否受到了族群多样性的影响，并实证检验了族群多样性作用于省内财政分权安排的机制。

第二节　文献综述

由于西方联邦制国家的地方政府拥有自主的税收立法权，因此，国外关于财政分权的早期文献更多的是关注州政府同其辖区内的地方政府的收入与支出关系(类似于中国的省级政府同省以下地方政府之间的财权与事权关系)，而非联邦政府与州政府之间的收入与支出关系(类似于中国的中央政府同省级政府之间的财权与事权关系)。Oates(1985)在研究政府集权程度与政府规模之间关系的开创性研究中，就是以州政府同州以下地方政府之间的关系为研究对象，使用各州收入(支出)同各州与其下辖地方政府的收入(支出)总和之比来度量各州的财政集权程度。

然而,关于中国财政分权的研究,无论是关于财政分权的度量(Zhang and Zou, 1998;Ma, 1997; Lin and Liu, 2000;陈硕、高琳,2012),还是财政分权对经济增长的作用(Zhang and Zou, 1998; Lin and Liu, 2000; 张晏、龚六堂,2005;沈坤荣、付文林,2005;贾俊雪、郭庆旺,2008;周业安、章泉,2008)、财政分权对财政支出的作用(傅勇、张晏,2007;龚锋、卢洪友,2009),抑或是财政分权对地方教育支出的作用(孙开、沈安媛,2019),关注的均是中央政府与省级政府之间的财权与事权关系。

当然,关于中国省以下财政分权的讨论也并非一片空白,但早期研究大多是对各个地方相关政策的概述(吕炜、孙克竟,2008),均无法提供相应的经验依据。此后,一些文献开始使用省以及省以下政府的支出与收入数据对中国省以下财政分权的测度展开研究。张光(2009)利用县本级支出、地市本级支出和省本级支出占省财政总支出比重来度量省以下财政分权;在其基础上,张光(2011)进一步强调了省内财政分权指标尤其是县级的分权指标与其他财政分权指标的区别。也有一些研究者讨论了省以下财政分权带来的影响,陶然和刘明兴(2007)研究了地市级财政自主度对该地区城乡收入差距的影响;庄玉乙和张光(2012)基于1997—2009年的跨省面板数据,分析了省对县级支出和收入分权对政府规模的影响;Uchimura 和 Jütting(2009)利用县级政府的省内财政分权指标,分析了财政分权对各省婴儿死亡率的影。杨良松(2013)基于1995—2008年省级面板数据发现,省级和地级政府对县乡级政府的财政支出分权有助于增加教育投入,而县乡级自主性会减少义务教育支出。

既然省以下财政分权会对省以下各级政府的支出产生显著影响,那么更值得关注的问题是:在统一的宪政体制下,中国的省以下财政分权产生差异的原因是什么?张光(2009)发现省以下财政分权与省内财政收入划分向县(市)倾斜正相关,与地方政府对转移支付的依赖负相关。吴木銮和王闻(2011)发现,来自中央的资助是影响省以下财政分权的重要因素。但是,上述讨论并没有涉及决定省以下财政分权的最核心因素,因为无论是以 Tiebout(1956)、Musgrave(1959)为代表的第一代财政联邦主义理论还是 Qian 和 Weingast(1997)等发展的第二代财政联邦主义理论都认为,居民的异质性偏好导致分权优于集权。居民偏好的异质程度难以度量,但不同族群的居民通常拥有不同的语言和文化,对同一公共产品的偏好也会不同。从这个角度讲,一个地区居民的族群多样性会影响居民对公共产品偏好的异质性程度,从而对政府的分权安排产生影响。Panizza(1999)基于跨国数据,首次检验了种族隔离对一个国家财政分权程度的影响,发现种族分化(ethnic fractionalization)显著抑制了一个国家的财政分权程度。Alesina 和 Zhuravskay(2011)基于跨国数据,从种族多样性、语言多样性和宗教多样性三个维度考察了多样性对政府质量的影响,发现多样性越高的国家,其政府质量越差。但是,关于一个地区的族群多样性对地区财政分权的影响,现有文献鲜有涉及,本章则试图针对中国这样一个地

区差异巨大的大国进行这方面的研究。

第三节 理论模型

本章在 Arzaghi 和 Henderson(2005)的基础上,构建一个简单的理论模型用以说明族群多样性缘何能影响分权程度。考虑一个有 n 个辖区的地区,其总人口为 $L=\sum_{i=1}^{n}L_i$,总产出为 $Y=\sum_{i=1}^{n}L_iy_i$,其中 L_i 为辖区 i 的人口,y_i 为辖区 i 的人均产出。假设政府的主要功能之一是向居民提供具备完全拥挤性的公共产品,公共产品的人均消费为 g。根据 Arzaghi 和 Henderson(2005),本章假定代表性个体具有 Cobb-Douglas 形式的效用函数:$u=x^{\alpha}g^{\beta}$,其中,x 为代表性个体所消费的私人产品,假设参数 α 和 β 满足 $\alpha+\beta=1$。假设政府通过对收入征税的方式为公共产品的供给融资,税率为 t_i①,则有 $x_i=y_i(1-t_i)$,因此代表性个体的效用函数可以改写为 $u_i=y_i^{\alpha}(1-t_i)^{\alpha}g_i^{\beta}$ 。为了便于讨论,本章假设地方政府在分权的选择上有两种状态:一种是处于分权状态;一种是处于集权状态。

当该地方政府选择集权时,政府存在一个固定的运行成本,假设为 F,并以公共产品的价格作为计价单位,此时政府的预算约束为:

$$Yt=F+g\cdot\left(\sum_{i=1}^{n}L_i\right);\ Y=\sum_{i=1}^{n}L_iy_i \tag{24-1}$$

上述预算约束可以改写为 $t=(F+gL)/Y$。此外,由于族群多样性的存在,本章假设公共产品的供给上存在一个衰减因子 δ,这个衰减因子刻画了族群多样性导致的居民对公共产品的感知差异,族群多样性程度越高,该衰减因子越大。因此,在集权状态下,代表性个体的效用函数可以表示为:

$$u_i=y_i^{\alpha}\left(1-\frac{F}{Y}-\frac{gL}{Y}\right)^{\alpha}\left[g(1-\delta_i)\right]^{\beta} \tag{24-2}$$

通过选择 g 来最大化上述效用函数,得到最优的人均公共产品和居民效用分别为:

$$g=\frac{\beta(Y-F)}{L};\ u_i=\alpha^{\alpha}\beta^{\beta}y_i\left(1-\frac{F}{y_i}\right)\left(\frac{1-\delta_i}{L}\right)^{\beta} \tag{24-3}$$

根据上式,可以得到,

$$\frac{\partial u_i}{\partial\delta}=-L^{-1}\alpha^{\alpha}\beta^{\beta+1}y_i\left(1-\frac{F}{y_i}\right)\left(\frac{1-\delta_i}{L}\right)^{\beta-1}<0 \tag{24-4}$$

根据式(24-4)可得,在集权状态下,代表性个体的效用水平随着该地区族群多样性程

① 中国是一个税收立法权高度集中的国家,各地方的名义税率是相同的。但是,中国的税收法律体系并没有十分缜密地限定各级政府的税收行为,使得地方政府在征税上具有较大的"自由裁量权",导致各地区的实际税率存在较大程度的差异,经常出现"中央决定名义税率、地方决定实际税率"的现象(安体富,2002)。因此,我们可以认为各个地方具有不同的实际税率。

度的提高而降低。在分权状态下，辖区 i 的地方政府运行成本为 F_i，所提供的人均公共产品为 g_i。分权状态下，由于地方政府具备完全信息，因此不存在公共产品供给上的衰减因子。因此，辖区 i 的预算约束为：$t_iL_iy_i = F_i + g_iL_i$，同样可以将其改写为：

$$t_i = \frac{F_i}{L_iy_i} + \frac{g_i}{y_i} \tag{24-5}$$

辖区 i 中代表性居民的效用函数为：

$$u_i = \left(y_i - \frac{F_i}{L_i} - g_i\right)^{\alpha} g_i^{\beta} \tag{24-6}$$

通过选择 g_i 来最大化上述效用函数，本章得到在效用最大化时的人均公共产品和居民效用分别为：

$$g_i = \beta\left(y_i - \frac{F}{L}\right)\ ;\ u_i = \alpha^{\alpha}\beta^{\beta}y_i\left(y_i - \frac{F}{y_i}\right) \tag{24-7}$$

由此，可以比较相对于集权状态，分权的得失情况：只要式(24-7)中分权状态下的效用值大于式(24-4)中集权状态下的效用值，政府就有实行分权的动力。也就是只要下式成立，那么分权就是较优的选择：

$$\left(1 - \frac{F_i}{y_iL}\right) \leqslant (1 - \delta_i)\left(1 - \frac{F}{Y}\right)\frac{F_i}{y_iL}^{\beta} \tag{24-8}$$

根据式(24-8)可得，一个地区的族群多样性程度越高，相对于财政集权，财政分权给代表性居民带来的效用溢价就越大。因此，如果这些地区的上级政府的目标函数是最大化辖区内居民的效用函数，那么，随着该地区族群多样性程度的提高，上级政府应当赋予该地区政府更多的财政自主权。由此，本章提出的一个可供检验的命题是：一个地区的族群多样性越大，该地区的财政分权程度越高。

第四节　模型、变量与数据

(一)模型与样本

本章所考虑的省以下财政分权主要是地级行政区与省级行政区之间的财政收支关系。根据前文的分析，本章构建如下计量模型来研究族群多样性对省以下财政分权的作用：

$$\text{dec}_{ijt} = \alpha + \beta\text{div}_{ijt} + \gamma X_{ijt} + \mu_i + v_t + \varepsilon_{ijt} \tag{24-9}$$

其中，dec_{ijt} 为省级行政区 j 的地级行政区 i 在时期 t 的省内财政分权指标，div_{ijt} 为地区 i 在时期 t 的族群多样性指标，X_{ijt} 是对省内财政分权可能产生作用的控制变量集合，α 为截距项，ε 为随机扰动项。μ_i 用于控制地区效应，ν_t 用于控制时期效应。本章使用的样本是中国地级行政区的面板数据，目前中国共有 333 个地级行政区，包含 293 个地级

市、30 个少数民族自治州、7 个地区和 3 个盟,剔除 2012 年之后新设立的 10 个地级市(三沙市、海东市、日喀则市、昌都市、儋州市、林芝市、吐鲁番市、哈密市、山南市和那曲市)后还有 323 个地级行政区;此外,目前中国还有 5 个计划单列市(大连、青岛、宁波、厦门和深圳),这 5 个计划单列市的财政收支大部分直接对接中央财政,与省级财政发生的关系较少,因此也从样本中剔除;再剔除一些存在数据缺失的地区之后,本章最终使用的是 305 个地级行政区的面板数据。

(二)族群多样性的度量

在现有文献中,族群的划分依据有很多,包括语言、肤色、种族和宗教等(Alesina et al., 2003),本章沿用 Dincer 和 Wang(2011)的做法,利用民族来划分族群[①]。类似于王振宇和顾昕(2018)的研究,本章使用 2000 年第五次全国人口普查资料、2010 年第六次人口普查资料和 2005 年的 1%人口抽样调查资料来测算各地级行政区的族群多样性。测算族群多样性的最常用指标是 Mauro(1995)提出的族群分化指标(ethnic fractionalization index, EFI),用于测算样本中任意两个人属于不同族群的概率。该指标的具体计算方式为:用 i 地区 j 族群人口数量除以该地区全体人口的数量,可以得到 i 地区 j 族群人口数量占该地区全体人口的比重,表示为 s_{ij};进一步,利用 s_{ij} 可以计算出 i 地区任意两个人来自不同族群的概率,即为 i 地区的 EFI:

$$\mathrm{EFI}_i = 1 - \sum_{i=1}^{n} s_{ij}^2 \tag{24-10}$$

由式(24-10)计算得到的 EFI_i 的取值范围为 0～1,取值越大就表明该地区族群越分化,亦即族群多样性越高。

(三)省内财政分权的度量

目前学术界度量财政分权的指标主要有两种,第一种是用财政收入和支出在不同层级政府间的划分来度量财政分权(Oates, 1972,1985),这种度量方式一般用下级政府的财政收支占上级政府的财政收支的比重来度量财政分权。下级政府和上级政府的财政收支数据,有时候用总量数据,有时候为了控制人口因素对财政资源的影响使用人均数据。Davoodi 和 Zou(1998)、Zhang 和 Zou(1998)、沈坤荣和付文林(2005)、傅勇和张晏(2007)、贾俊雪与郭庆旺(2008)、郭庆旺与贾俊雪(2010)等都使用了这类指标。这类指标源于西方学者的跨国研究,但在将该指标应用于中国省级财政分权或省内财政分权时均会面临一个问题,即所有下级政府在同一时点上均面临着相同的上级政府——省级财政分权面临着同一个中央政府、省内财政分权面临着同一个省级政府,这意味着在同一年份中,各地区财政分权的计算公式中——不论是省级财政分权还是省内财政分权,也不论是总量指标还是人均指标——分母均没有任何变异。因此,这类指标名义上使用的

---

① 当然,我们必须认识到,民族与族群并非同一概念,民族与族群之间的差异一直就是社会学家的研究热点之一,详见史密斯(2006)。

是比例值,实质上使用的是地方政府收支的绝对数或人均水平,反映的更多是各地区财政收支规模或人均收支水平的相对大小,而不是单纯的上下级政府之间的资源分配关系(Lin and Liu, 2000;陈硕、高琳,2012)。

第二种指标是从政治学的角度来定义财政分权,主要指财政收入和支出上的决策制定权力在不同层级的政府之间的划分(Ebel and Yilmaz, 2002)。Ebel 和 Yilmaz(2002)用地方政府依靠自有收入为其支出融资的能力来度量财政分权,具体计算方式为地方政府自有收入占本级政府总支出的比重,因此,该指标也称为"财政自给率(self-reliance ratio)"。正如陈硕和高琳(2012)所言,"一定程度的财政分权总是对应于某一级政府实际拥有的财政自主度"。相对于财政收支指标,我们认为财政自给率指标能更好地度量财政分权,因此本章采用的第一个省内财政分权指标为"财政自给率"指标。目前采用"财政自给率"度量分权程度的文献包括陈硕(2010)、龚锋和卢洪友(2009)等。

本章使用的地级行政区财政自给率指标(fis_au)=地级及以下财政收入/地级及以下财政支出。计算该指标的数据来自《全国地市县财政统计资料》。在使用该指标的时候需要注意,在 1994 年的分税制改革之后,中央政府将财权上收,但支出责任依然留给了地方政府,这使得绝大部分地区在 1994 年之后存在不同程度的收支缺口,从"财政自给率"指标的角度看,就是收入/支出比率是小于 1 的。由于分税制改革后不允许地方政府发行地方债,因此这个缺口是由中央向地方的转移支付来覆盖的。因此,本章计算的地级及以下财政收入包含了地级及以下政府所获得的税收返还性收入和财力性转移支付收入。

此外,还应该注意到,虽然学术界经常使用下级政府与上级政府的收支比例来度量财政分权,但是,纵观新中国成立以来中国财税体制改革的过程,无论是 1979 年之前的"统收统支"制度还是 1980 年开始的"分灶吃饭"改革,抑或是 1994 年的"分税制"改革,以税收为主的财政收入分配关系是财政分权的核心和主导,政府间事权划分并没有成为中国财政分权的核心内容(毛捷 等,2018)。中国各级政府的税收收入主要来自增值税、企业所得税和营业税,因此政府间的税收收入划分也主要围绕这三个税种展开。现行分税制体制下,中央与地方对增值税按 75∶25 的比例进行共享,对企业所得税和个人所得税按 60∶40 的比例进行共享。正如前文所言,无论是增值税还是企业所得税,中央政府设定的只是中央政府与省级政府之间的分成规则,对于省以下地方政府之间税收如何划分,中央政府没有明文规定。对地级政府而言,本地所产生的增值税、企业所得税和营业税还要与省级政府分成,这些分成比例不是全国统一规定的,而往往是上下级政府之间讨价还价的结果,形成上下级政府间的弹性税收分成(吕冰洋、聂辉华,2014)。这种弹性税收分成也为本章测度异质性的地级行政区层面财政分权提供了可能,本章所构建的第二类财政分权指标借鉴毛捷等(2018)的做法,用地级政府与省级政府间的税收弹性分成来度量地级行政区层面的财政分权。由于缺乏地级层面的营业税和企业所得税的相关

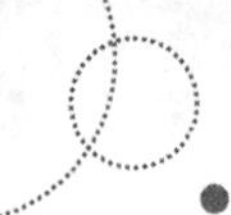

数据,因此本章在计算中仅包含增值税分成比例,其测算方法为:增值税分成比例=地级自有的增值税收入/地级地区实际征缴的增值税总额。地级行政区实际征缴的增值税总额减去地级自有的增值税收入即为中央政府与省级政府分享的增值税收入。

(三)其他控制变量

参照 Kee(1977)、Martinez-Vazquez 和 McNab(2003)、Letelier(2005)、Bodman 和 Hodge(2010)等的研究,本章还在解释变量中引入了地级市层面的经济发展水平(dev)、转移支付(fis_tran)、对外开放程度(open)、政府规模(gov_scale)和城市化水平(urban),分别用各地的人均 GDP、一般转移性收入与一般预算收入之比、当年实际使用外资金额与该地区全社会固定资产投资的比值、预算内财政支出占地方 GDP 比重、年末非农业人口占总人口比重来度量上述变量。

此外,地级行政区中有 30 个少数民族自治州,中国的少数民族自治政策赋予这些民族自治州较大的财政自主权,因此,其财政分权模式与其他地区的财政分权模式也存在较大差异。为了控制住这种差异,本章引入自治州虚拟变量(D_1),如果该地区属于民族自治州,取值为 1,否则取 0。

上述控制变量的数据来自各年度的《中国区域经济统计年鉴》;计算省内财政分权指标的数据来自各年度的《全国地市县财政统计资料》。由于只能获得族群多样性指标在 2000 年、2005 年和 2010 年三个年度的数据,同时,只能获得 1997—2009 年的各地市县财政统计资料,因此本章最终使用的数据是 305 个地级行政区在 2000 年和 2005 年的数据。

第五节 实证研究结果分析

(一)基准回归结果

由于本章的样本数据在时期上只有 2 期,属于短面板,因此表 24-1 报告了对回归模型(24-9)分别采用混合最小二乘(pooled_OLS)和固定效应面板数据模型回归(FE)的结果。

表 21-1 族群多样性(EFI)对省内财政分权的影响

变量	被解释变量:财政自给率		被解释变量:增值税分成比例	
	(1)pooled_OLS	(2)FE	(3)pooled_OLS	(4)FE
EFI	0.021* (0.011)	0.022* (0.012)	0.037** (0.018)	0.036** (0.018)
dev	0.001** (0.000)	0.001** (0.000)	−0.000 (0.000)	−0.000 (0.000)

续表

变量	被解释变量:财政自给率		被解释变量:增值税分成比例	
	(1)pooled_OLS	(2)FE	(3)pooled_OLS	(4)FE
fis_tran	−1.012*** (0.210)	−1.008*** (0.213)	−0.437* (0.241)	−0.436* (0.240)
open	0.071*** (0.018)	0.070*** (0.016)	−0.189 (0.144)	0.189 (0.147)
gov_scale	0.203 (0.142)	0.215 (0.133)	−0.037* (0.018)	−0.037** (0.017)
urban	0.505** (0.241)	0.507** (0.243)	−0.119* (0.065)	−0.120* (0.067)
D_1	0.010** (0.005)	0.011** (0.005)	0.050* (0.029)	0.049* (0.027)
常数项	−0.311*** (0.046)	−0.325*** (0.053)	0.186*** (0.055)	−0.197*** (0.049)
调整后的 R^2	0.304	0.307	0.265	0.273
N	610	610	610	610
时期效应	控制	控制	控制	控制
地区效应	控制	控制	控制	控制

注:(1) *、** 和 *** 分别表示在 10%、5%和 1%的水平上显著,下同;(2)估计系数的标准误为省际层面的聚类标准误。

从回归结果看,不论是以财政自给率度量的省内财政分权还是以增值税分成比例度量的省内财政分权程度,也不论是混合回归模型还是固定效应模型,一个地区的族群多样性程度越高,该地区的省内财政分权程度也就越高,从而初步验证了前文提出的待检验命题。从固定效应模型的估计结果来看,地级行政区层面的族群多样性每提高一个单位,平均而言,省内的财政自给率提高 0.022 个单位,省内的增值税分成比例提高 0.036 个单位。

在其他解释变量中,地区经济发展水平和对外开放程度对财政自给率有显著的提升作用,但对增值税分成比例没有显著影响;转移支付对财政自给率水平和增值税分成比例均有显著的抑制作用;政府规模的扩大显著抑制了增值税分成比例,但对财政自给率没有显著影响;城镇化程度的提高对财政自给率有显著的提升作用,但却抑制了增值税分成比例。

还需要特别关注的是民族自治州虚拟变量,结果表明,民族自治州的财政自给率程度以及增值税分成比例均要显著高于非民族自治州地区,这说明省级政府在安排省内财政分权时,会考虑到省内的民族自治州和非民族自治州之间的差异,通常会赋予民族自治州更多的财政自主权,这也从财政分权的角度验证了中国的民族自治政策。

(二)内生性的处理

尽管基准回归中控制了地区固定效应、省份固定效应和时期固定效应以最大可能地解决了遗漏变量问题,但仍需关注族群多样性和省内财政分权两个变量之间的反向因果问题。因为,族群多样性会影响分权安排,以分权为核心的财政体制安排也会影响到地区经济发展水平、公共产品供给,从而影响人口迁移并进而影响族群多样性。为了克服这种可能存在的反向因果关系,需要为族群多样性寻找合适的工具变量,这需要从划分族群的依据入手寻找导致族群差异的外生因素。

虽然学界在种群分类标准问题上长期缺乏一致观点,但很多学者认为,语言是划分族群的重要标准。就民族与语言的关系,英国圣公会牧师法拉(Frederic William Farrar, 1831—1903)在 1860 年出版的《论语言的起源》(*An Essay on the Origin of Language*)一书中指出,人类是否曾经是一个整体,光从语言学的角度是无法证明的,但语言学确实可以在某些方面揭示出民族的起源。如果遵循上述学者的观点,认为语言可以作为划分族群的标准,那么导致语言差异的原因是什么?英国学者帕默尔(1983)指出:"决定语言接触的社会交际从根本上来说是在空间中进行的接触和运动,所以言语像一切文化现象那样,为地理因素所决定并受到自然地理因素的限制。我国古代亦有关于语言分布的地域差异探讨,《礼记 · 王制》中有"广谷大川异制,民生其间者异俗,刚柔迟速异齐,……五方之民,言语不通,嗜欲不同"的表述,《汉书 · 地理志》也有"凡民函五常之性,而其刚柔缓急,音声不同,系水土之风气……"的表述,可见,自然地理因素,如地形、地貌,山谷、平原、河流等,都会影响语言的跨地区的传播,也就是说语言的使用范围会受到自然地理的影响。因此,一个地区的地理形态越多样化,其语言多样性程度也就越高,从而该地区的族群多样性程度也就会越高。同时,地理形态是严格外生的变量,因此,地理形态多样性不失为族群多样性的一个合理的工具变量。本章用如下方法来测算一个地区的地理多样性:

$$\eta_i = \frac{\left[\sum_j (x_{ij} - \bar{x}_i)^2 w_{ij}\right] / \left(\sum_j w_{ij}\right)}{\bar{x}_i} \tag{24-11}$$

其中,η_i 为地级行政区 i 的地理多样性变量,x_{ij} 为地级行政区 i 中的第 j 个县(区)的平均海拔,w_{ij} 为地区 j 的辖区面积,$\bar{x}_i = (\sum_j x_{ij} w_{ij}) / (\sum_j w_{ij})$ 为地级市 i 的平均海拔。本章使用 Zonal-Mean 函数从中国 1∶1000000 万数字高程模型数据中提取了中国各地级行政区的平均海拔,该数字高程模型数据来源于中国科学院资源环境科学数据中心,其空间分辨率为 1km×1km,采用 ALBERS 等积圆锥投影,辖区面积来自《中华人民共和国行政区划简册》。

本章利用地理多样性变量作为工具变量进行了两阶段最小二乘估计,回归结果如表 24-2 所示。在第一阶段回归中,本章发现地理多样性对一个地区的族群多样性有显著的解释力。Hausman 检验统计量表明,不论是对于哪种分权指标,都应当使用工具变量回归;Cragg-Donald Wald F 统计量检验了所使用的工具变量是不是弱工具变量,其原假设是"工具变量是弱工具变量",该统计量的估计值在两种分权指标下别为 50.036 和 43.819,均大于 Stock-Yogo 中 10%显著性水平时的临界值 24.58,因此,本章所使用的工具变量可以在 90%的置信度下拒绝弱工具变量的原假设。从第二阶段回归结果看,EFI 对财政自给率和增值税分成比例依然有显著影响,从而验证了族群多样性对财政自给率和增值税分成作用的稳健性。

表 24-2 族群多样性对省内财政分权的影响(两阶段最小二乘估计)

变量	第一阶段回归	第二阶段回归	
		财政自给率	增值税分成比例
EFI		0.058* (0.032)	0.041* (0.022)
η	0.241*** (0.058)		
Hausman 检验		42.181 [0.000]	60.033 [0.000]
Cragg-Donald Wald F 检验		50.036	43.819
调整后的 R^2	0.107	0.301	0.369
N	610	610	610
时期效应	控制	控制	控制
地区效应	控制	控制	控制

注:(1)Hausman 检验统计量下方方括号中为 p 值;(2)篇幅所限,仅列出核心解释变量的估计结果,下同;(3)在两个阶段回归中均使用固定效应模型。

(三)稳健性分析

由于回归中核心变量的度量指标的选取可能会产生不同的回归结果,为了考察结果的稳健性,本章选用不同的指标来度量族群多样性,并再次进行回归。Montalvo 和 Reynal-Querol(2005)构建了一种新的指标来测度族群多样性,该指标为族群极化指标(ethnic polarization index, EPI),测度的是人群中不同族群两极分化的程度,其计算公式如下所示:

$$\mathrm{EPI}_i = 1 - \sum_{i=1}^{n} s_{ij} \left(\frac{0.5 - s_{ij}}{0.5}\right)^2 \tag{24-12}$$

其中,s_{ij} 的含义与式(24-10)一样。利用式(24-12)计算得到族群多样性指标,本章再次对回归方程(24-9)进行了估计,估计结果如表 24-3 所示。表 24-3 的估计结果表明,地级行政区层面的族群极化指标对以自给率度量的省内财政分权没有显著影响,但对以增值税分成表征的省内财政分权依然有显著的提升作用。因此,即使改变了族群多样性的

度量指标，依然能找到族群多样性作用于省内财政分权的证据。

表 24-3　族群多样性(EPI)对省内财政分权的影响

变量	被解释变量：财政自给率		被解释变量：增值税分成比例	
	(1)pooled_OLS	(2)FE	(3)pooled_OLS	(4)FE
EPI	0.029 (0.025)	0.030 (0.021)	0.055* (0.029)	0.053* (0.028)
调整后的 R^2	0.300	0.302	0.268	0.270
N	610	610	610	610
时期效应	控制	控制	控制	控制
地区效应	控制	控制	控制	控制

(四)交通基础设施的作用

中国的少数民族之所以绝大部分会聚居在一个县或一个乡，是因为不同民族之间的文化交流存在空间障碍：空间障碍阻碍了不同文化之间的交融，使得某一民族背后的特定文化得以传承。如果以语言作为划分族群的依据，那么我们会发现，地理因素是导致语言多样性并进而导致族群多样性的重要原因。我们常常会"隔山不同语"来描述中国方言的多样性，因此，山区地形是导致语言多样性以及族群多样性的重要原因，这也是本章在前面使用地形多样性作为族群多样性的工具变量的重要原因。但是，也必须注意到，山区地形导致族群多样性的重要原因是山区地形使得受山脉阻隔的不同群体之间的交流存在空间上的困难。然而，这一点随着交通基础设施的改善而有所改变，大山里的居民大量走向城市，不同地区的文化融合不断加强，因此，前文理论模型中所提出的公共产品的衰减因子 δ 会趋向于 1，从而使得族群多样性对财政分权的作用变小。换而言之，交通基础设施的完善可能会削弱族群多样性对财政分权的作用。下面在前文的基准回归中引入交通基础设施这一变量以及该变量与族群多样性的交互项对这一猜测进行实证检验。本章使用各地级行政区的等级以上公路密度来度量交通基础设施，定义为等级以上公路里程与地级行政区辖区面积的比值，单位为千米/平方千米，数据来源于 CEIC 数据库。本章依然使用固定效应模型进行估计，估计结果如表 24-4 所示。从表 24-4 中首先可以发现，在引入了交通基础设施以及交通基础设施与族群多样性的交互项之后，两个族群多样性的度量指标 EFI 和 EPI 的系数均显著为正。其次，交通基础设施越好的地区，其省内分权程度越低①。进一步，我们发现，除了交通基础设施与 EPI 的交互项对

① 当然，必须承认，财政分权被认为是中国地方政府支出偏向于基础设施的重要原因，因此，此处交通基础设施对财政分权的作用会存在一定的内生性，但本章关注的焦点不是交通基础设施本身，而是交通基础设施与文化多样性的交互项，但后者并不会受到财政分权的影响。因此，此处我们没有为交通基础设施再去寻找工具变量。

财政自给率的作用不显著之外，交通基础设施与 EFI 的交互项对省内增值税分成比例和财政自给率的作用均显著为负，交通基础设施与 EPI 的交互项对省内增值税分成比例也显著为负。由于表 24-4 中 EFI 和 EPI 的系数均显著为正，因此，交通基础设施弱化了族群多样性对省内增值税分成比例的正向作用。这一结论的意义在于，省级政府在设计省政府与省以下政府间的收支划分时，要考虑族群多样性的作用，但同时也要注意到，族群多样性的作用不是不可改变的。

表 24-4　族群多样性对省内财政分权的影响(交通基础设施的作用)

变量	被解释变量：财政自给率		被解释变量：增值税分成比例	
	(1)	(2)	(3)	(4)
EFI	0.064** (0.007)		0.089** (0.042)	
EPI		0.016* (0.009)		0.050* (0.027)
tra	−0.167* (0.089)	−0.169* (0.090)	−0.203** (0.098)	−0.205** (0.099)
EFI×tra	−0.031** (0.015)		−0.026* (0.014)	
EPI×tra		0.150 (0.203)		−0.014** (0.007)
调整后的 R^2	0.311	0.318	0.285	0.281
N	610	610	610	610
时期效应	控制	控制	控制	控制
地区效应	控制	控制	控制	控制

注：本表的回归以及后续回归均使用固定效应模型。

(五)地区异质性分析

前文的分析表明，一个地区是否属于少数民族自治州对该地区的财政分权有显著影响，接下来要思考的一个问题是，民族区域自治制度是否会影响族群多样性对省内财政分权的安排？换句话讲，前文发现的族群多样性对省内财政分权的影响在民族自治地区和非民族自治地区是否存在异质性？为了回答这一问题，我们在前文的回归中引入民族自治州与族群多样性的交互项以及民族自治州与族群多样性的交互项，回归结果如表 24-5 所示。表 24-5 的结果表明，两个族群多样性指标与民族自治州虚拟变量的交互项对财政自给率的影响均不显著，但两个族群多样性指标与民族自治州虚拟变量的交互项对增值税分成比例的影响均显著为负，结合这两个族群多样性指标自身对增值税分成比例的作用系数，说明在民族自治州，族群多样性对增值税分成比例的作用反而不如非民族

自治州地区族群多样性对增值税分成比例的作用。对此,本章的解释是,中国的民族分布体现为“大杂居,小聚居”的特点,民族自治州通常是单一少数民族聚居的地方,族群多样性程度反而较低,省级政府在考虑同这些民族自治州之间的税收分成时,更多的是考虑其民族自治身份,而非族群多样性。

表 24-5 族群多样性对省内财政分权的影响(地区异质性)

变量	被解释变量:财政自给率		被解释变量:增值税分成比例	
	(1)	(2)	(3)	(4)
EFI	0.035* (0.018)		0.062* (0.033)	
EPI		0.068 (0.049)		0.087** (0.041)
$D1$	0.071** (0.035)	0.070** (0.034)	0.083*** (0.019)	0.084*** (0.021)
EFI×$D1$	−0.106 (0.157)		−0.227** (0.104)	
EPI×$D1$		−0.016 (0.028)		−0.180* (0.095)
调整后的 R^2	0.300	0.296	0.283	0.280
N	610	610	610	610
时期效应	控制	控制	控制	控制
地区效应	控制	控制	控制	控制

正如前文所言,根据中国基层财政问题研究课题组(2006)的划分,省内财政分权存在四种不同的模式:北京、天津、山西、内蒙古、吉林、黑龙江、山东、湖北、重庆、四川、贵州、云南、西藏与甘肃等地实行的“分税加共享模式”;河北、上海与安徽等地实行的“分税加增量提成模式”;辽宁、福建、江西、河南、湖南、广东、广西、海南、陕西、青海、宁夏与新疆等实行的“分税加共享和增量分成模式”;江苏和浙江实行的“分税加增长分成模式”。因此,本章考虑的第二个地区异质性分析是分析上述四类不同省(区、市)内财政分权模式下族群多样性对省(区、市)内分权作用的影响是否存在显著差异。但是,考虑到采取第二种模式和第四种模式的省(区、市)较少,我们主要对“分税加共享模式”和“分税加共享和增量分成模式”下的地区进行检验。具体的检验办法是引入虚拟变量 $D2$ 以及该虚拟变量与族群多样性的交互项,如果所在地为“分税加共享模式”,则 $D2$ 取 1;如果所在地为“分税加共享和增量分成模式”,则 $D2$ 取 0。引入该虚拟变量与交互项后的回归结果如表 24-6 所示。

表 24-6　族群多样性对省内财政分权的影响(模式异质性)

变量	被解释变量:财政自给率		被解释变量:增值税分成比例	
$D2$	−0.003*** (0.001)	−0.003*** (0.001)	−0.007** (0.003)	−0.007** (0.003)
EFI	0.021* (0.012)		0.034** (0.018)	
EFI×$D2$	−0.009 (0.014)		0.026 (0.030)	
EPI		0.032 (0.024)		0.052* (0.027)
EPI×$D2$		0.011 (0.009)		−0.004 (0.003)
调整后的 R^2	0.310	0.306	0.275	0.273
N	610	610	610	610
时期效应	控制	控制	控制	控制
地区效应	控制	控制	控制	控制

表 24-6 的结果表明,虚拟变量 $D2$ 对两种类型的省内财政分权有显著影响,这说明"分税加共享模式"与"分税加共享和增量分成模式"下,省内财政分权程度确实存在显著差异;但是,虚拟变量与族群多样性的交互项对财政分权的作用均不显著,说明不同分权模式下,族群多样性对财政分权的作用没有显著差异。

(六)机制检验

根据前文的理论分析可得,相对于集权,分权给代表性个体带来的效用溢价取决于衰减因子 δ,该衰减因子越大,分权带来的效用溢价就越大,上级政府分权的激励也就越大。该衰减因子刻画了族群多样性导致的居民对公共产品的感知差异。因此,族群多样性导致的居民对公共服务的感知差异是本章认为的导致分权优于集权的原因。

为了检验这一机制,本章使用来自中国综合社会调查(CGSS)的数据来分析族群多样性对居民公共服务感知差异的影响。CGSS 是由中国人民大学组织的一项面向 18 岁以上中国居民的微观社会调查,是一个全国性、综合性的大型社会调查项目。为了与本章的研究样本相匹配,本章使用的是 2005 年(CGSS2005)的调查数据,调查内容包括个人与家庭情况、心理健康、经济态度与行为评价等 7 个模块,满足了本章的后续研究需求。CGSS2005 调查了受访者对政府所提供的公共服务的满意度,这些公共服务包括为患者提供医疗服务、为老人提供适当的生活保障、提供优质的基础教育、捍卫国家安全、打击犯罪、公平执法、政府部门秉公办事、环境保护、帮助穷人等 9 项,5 分代表完全不满意,1 分代表完全满意,6 分代表无法选择。由于本章主要考察的是居民对地方政府提供

的公共产品感知情况，因此，剔除了捍卫国家安全这项主要由中央政府提供的公共服务。

本章建立简单的一元线性回归模型来分析族群多样性对居民的公共服务感知差异的影响。该回归的解释变量即为前文所构建的族群多样性指标——EFI 和 EPI，被解释变量为地级行政区层面的居民对各项公共服务感知的差异，用同一地级行政区的不同受访者对某一项公共服务打分的标准差系数计算得到，标准差系数越大，说明该地区受访者对公共服务的感知差异越大，对于公共服务满意度为"无法选择"的选项，在计算标准差系数时予以剔除。表 24-7 给出了不同解释变量和被解释变量组合下的回归系数。将该数据与前文的地级行政区层面的族群多样性数据相匹配，本章共得到 97 个地级行政区的截面数据回归结果如表 24-7 所示。该结果表明，族群分化指标度量的族群多样性越高的地区，居民在感知政府在提供医疗服务、提供优质基础教育、环境保护以及维护社会公正等公共服务方面的差异性越大；族群极化指标度量的族群多样性越高的地区，居民在感知政府在提供公共服务、提供优质基础教育以及维护社会公正等方面的差异性越大；仅仅只有族群分化指标度量的族群多样性显著抑制了居民在感知政府秉公办事上的异质性。由此可见，对于 CGSS 调查问卷所涉及的大部分政府公共服务而言，族群多样性程度越高，居民对政府公共服务的感知差异程度越大，从而验证了前文中所提出的族群多样性作用于分权的机制。

表 24-7　族群多样性对公共服务感知差异的影响

变量	样本容量	解释变量:EFI		解释变量:EPI	
		系数	标准差	系数	标准差
为患者提供医疗服务	97	0.616*	0.322	1.109**	0.528
为老人提供适当的生活保障	97	−0.312	0.280	0.114	0.083
提供优质的基础教育	97	0.357***	0.088	0.173*	0.089
打击犯罪	97	−1.305	0.929	−1.544	1.107
公平执法	97	0.084	0.120	−0.119	0.138
政府部门秉公办事	97	−0.073*	0.040	0.288	0.219
环境保护	97	0.440**	0.209	0.098	0.152
帮助穷人，维护社会公正	97	0.330***	0.106	0.501*	0.275

第六节　结　语

对中国这样一个大国而言，不同层级政府间的财权与事权安排对于地区经济发展具有非常重要的作用。因此，已有文献往往将关注的重点集中于财政分权的作用上，却忽略了导致不同地区财政分权异质性的原因。本章从族群多样性的视角出发，探讨了影响省以下财政分权的因素。本章首先构建一个简单的理论模型，探讨在不同的族群多样性程度下，集权与分权所带来的居民效用差异，我们认为，族群多样性程度越高，分权能够带来的居民效应提升空间越大，因此，政府分权的动力也会越强。为了验证这一机制，本章基于中国人口普查与人口抽样调查数据测算了一个地区的族群多样性程度，在此基础上实证检验了族群多样性程度对省级以下财政分权的影响。实证研究结果表明，族群多样性的提高确实会促使省级政府更多地向地级政府进行财政分权，在考虑了族群多样性的内生性之后，上述结论依然是显著的。但是，本章的分析还表明，上述作用并非固定不变的，交通基础设施会弱化族群多样性对省内财政分权程度的影响。

这项研究在理论和应用方面均具有比较明显的意义。在理论方面，首先，本章扩展了对于财政分权设计的认识，现有文献多是考虑财政分权的作用，而忽略了对其影响因素的探讨，仅存不多的研究也多是从经济因素方面进行考虑的，本章则首次从族群多样性的角度考察了财政分权地区差异的缘由。其次，本章基于中国的经验数据验证了中国的地方政府在安排本级政府同下级政府的财政分权关系时会考虑下辖地区的族群多样性，而这种族群多样性所带来的居民对公共服务偏好的异质性恰好与财政联邦主义的观点——分权的好处在于能够更好地适应居民的异质性偏好——是一致的。在应用价值方面，我国绝大部分的财政支出都是由省以下政府执行的，因此，研究省以下政府财政分权安排的因素对于更好地设计省以下政府同上级政府之间的财权与事权安排具有重要意义。

根据本章的研究，本章认为，在优化中国省以下政府同上级政府之间的财权安排时，不能仅仅从经济因素出发，还应当从文化、民族等因素出发，考虑不同民族背景下的居民对公共产品供给偏好的差异。在族群多样性高的地区，居民对公共产品偏好差异较大，而地方政府对这一偏好的了解要好过上级政府，因此，在这些地区，应当适当进行放权。当然，随着中国交通基础设施的不断完善以及在此基础上形成的跨地区人口流动和文化交融，这一作用可能会有所弱化，地方政府也需要考虑这些经济变量变动对财政分权安排的影响。

本章参考文献

安东尼·史密斯，2006.民族主义：理论、意识形态、历史[M].叶江，译.上海：上海人民出版社.

安体富，2002.如何看待近几年我国税收的超常增长和减税的问题[J].税务研究(8)：10-17.

陈硕，2010.分税制改革、地方财政自主权与公共品供给[J].经济学(季刊)(4)：1427-1446.

陈硕,高琳,2012.央地关系:财政分权度量及其作用机制再评估[J].管理世界(6):43-57.

傅勇,张晏,2007.中国式分权与财政支出结构偏向:为增长而竞争的代价[J].管理世界(3):4-12.

龚锋,卢洪友,2009.公共支出结构、偏好匹配与财政分权[J].管理世界(1):10-21.

郭庆旺,贾俊雪,2010.财政分权、政府组织结构与地方政府支出规模[J].经济研究(11):59-72.

贾俊雪,郭庆旺,2008.政府间财政收支责任安排的地区经济增长效应[J].经济研究(6):37-49.

吕冰洋,聂辉华,2014.弹性分成:分税制的契约与影响[J].经济理论与经济管理(7):43-50.

吕炜,孙克竞,2008.省以下财政体制改革框架分析[J].地方财政研究(2):15-19.

毛捷,吕冰洋,陈佩霞,2018.分税的事实:度量中国县级财政分权的数据基础[J].经济学(季刊)(2): 499-528.

潘越,肖金利,戴亦一,2017.文化多样性与企业创新:基于方言视角的研究[J].金融研究(10):146-161.

沈坤荣,付文林,2005.中国的财政分权制度与地区经济增长[J].管理世界(1):31-39.

世界银行.中国:省级支出考察报告[EB/OL]. http://www.worldbank.org.cn/chinese/Content/fiscal.pdf,2002.

孙开,沈安媛,2019.财政分权、空间效应与学历教育发展:基于 SDM 模型的经验研究[J].财政研究(4):42-54.

陶然,刘明兴,2007.中国城乡收入差距,地方政府开支及财政自主[J].世界经济文汇(2):1-21.

王振宇,顾昕,2018.族群多样性与地方经济增长:来自中国城市层面的证据[J].财经研究(2): 127-140.

吴木銮,王闻, 2011.如何解释省内财政分权:一项基于中国实证数据的研究[J].经济社会体制比较(6):62-72.

杨良松, 2013.中国的财政分权与地方教育供给:省内分权与财政自主性的视角[J].公共行政评论(2):104-134.

张光,2009.财政分权省际差异、原因和影响初探[J].公共行政评论(1):133-158.

张光,2011.测量中国的财政分权[J].经济社会体制比较(6):48-61.

张晏,龚六堂,2005.分税制改革、财政分权与中国经济增长[J].经济学(季刊)(1):75-108。

中国基层财政问题研究课题组.省级以下财政体制改革的分析及建议[EB/OL]. https://max.book118.com/html/2018/0606/171002751.shtm.

周业安,章泉,2008.财政分权、经济增长和波动[J].管理世界(3):6-15.

庄玉乙，张光，2012."利维坦"假说、财政分权与政府规模扩张：基于1997—2009年的省级面板数据分析[J].公共行政评论(4)：5-26.

ALESINA A，DEVLEESCHAUWER A，EASTERLY W，et al.，2003. Fractionalization [J]. Journal of economic growth，8(2)，155-194.

ALESINA A，ZHURAVSKAYA E，2011. Segregation and the quality of government in a cross-section of countries [J]. American economic review，101(5)：1872-1911.

ARZAGHI M，HENDERSON J V，2005. Why countries are fiscally decentralizing [J]. Journal of public economics，89(7)：1157-1189.

BLANCHARD O，SHLEIFER A，2001. Federalism with and without political centralization：China versus Russia [J]. IMF staff papers，48(Special Issue)：171-179.

BODMAN P，HODGE A，2010. What drives fiscal decentralization? Further assessing the role of income [J]. Fiscal studies，31(3)：373-404.

DAVOODI H，ZOU H，1998. Fiscal decentralization and economic growth：a cross-country study [J]. Journal of urban economics，43(2)：244-257.

EBEL R D，YILMAZ S，2002. On the measurement and impact of fiscal decentralization [A]//In MARTINEZ-VAZQUEZ J，ALM J.(Eds.) Public finance in developing and transitional countries：essays in honor of richard bird [R]. Cheltenham，UK：Northampton，MA：Edward Elgar.

KEE W S，1977. Fiscal decentralization and economic development [J]. Public finance quarterly，5(1)：79-97.

L.R.帕默尔，1983.语言学概论[M].李荣 等，译.北京：商务印书馆.

LETELIER S，2005. Explaining fiscal decentralization[J]. public finance review，33(2)：155-83.

LIN J Y，LIU Z，2000. Fiscal decentralization and economic growth in China [J]. Economic development and cultural change，49(1)：1-21.

MA J，1997. Intergovernmental relations and economic management in China [M]. Macmillan Press.

MARTINEZ-VAZQUEZ J，MCNAB R M，2003. Fiscal decentralization and economic growth [J]. World Development，31(9)：1597-1616.

MAURO P，1995. CORRUPTION AND GROWTH[J]. Quarterly Journal of Economics，110(3)：681-712.

MONTALVO J G，REYNAL-QUEROL M，2005. Ethnic polarization，potential conflict，and civil wars [J]. American economic review，95(3)：796-816.

MUSGRAVE R A，1959. The theory of public finance [M]. McGraw-Hill.

OATES W E，1972. Fiscal federalism [M]. Harcourt Brace Jovanovich.

OATES W E，1985. Searching for leviathan：an empirical analysis [J]. American economic review，75(4)：748-757.

PANIZZA U，1999. On the determinants of fiscal centralization：theory and evidence [J]. Journal of public economics，74(1)：97-139.

QIAN Y，WEINGAST B R，1997. Federalism as a commitment to preserving market incentives [J]. Journal of economics perspectives，11(4)：83-92.

QIAN Y，XU C，1993. Why China's economic reforms differ：the m-form hierarchy and entry/expansion of the non-state sector [J]. Economics of transition，1(2)：135-170.

TIBOUT C，1956. A pure theory of local expenditures [J]. Journal of political economics，64(5)：416-424.

UCHIMURA H，JÜTTING J P，2009. Fiscal decentralization，chinese style：good for health outcomes? [J]. World Development，37(12)：1926-1934.

ZHANG T ZOU H，1998. Fiscal decentralization，public spending，and economic growth in China [J]. Journal of public economics，67：221-222.